西方传统 经典与解释
Classici et commentarii
HERMES

HERMES

在古希腊神话中，赫耳墨斯是宙斯和迈亚的儿子，奥林波斯神们的信使，道路与边界之神，睡眠与梦想之神，亡灵的引导者，演说者、商人、小偷、旅者和牧人的保护神……

西方传统 经典与解释
Classici et commentarii
HERMES
施特劳斯讲学录

刘小枫 ◎ 主编

苏格拉底与居鲁士
—— 色诺芬导读（1963）

Lectures On Xenophon
A course offered in the winter quarter, 1963

［美］施特劳斯（Leo Strauss）◎ 讲疏
［美］纳顿（Christopher Nadon）◎ 整理
高挪英　杨志城 ◎ 译

华夏出版社

古典教育基金·蒲衣子资助项目

出版说明

1949年，已到知天命之年的施特劳斯执教芝加哥大学政治学系。自1956年起至去世（1973），施特劳斯授课大多有录音。

施特劳斯去世后，部分录音记录稿一直在施特劳斯的学生们手中私下流传，并经学生之手进一步流传，其实际影响断难估量。本世纪初，部分记录稿的影印件也流传到我国年轻学子当中。这些打印的录音记录稿文字多有舛误，还有不少明显脱漏，有些地方则因油墨模糊字迹难辨。

2008年，施特劳斯遗产继承人和管理人——施特劳斯的养女珍妮教授（Professor Jenny Strauss）和芝加哥大学"施特劳斯遗产中心"（The Estate of Leo Strauss）主任塔科夫教授（Professor Nathan Tarcov）决定整理施特劳斯的全部讲课记录稿，并在"施特劳斯遗产中心"的网站上陆续刊布，共享于天下学人。

2013年，本工作坊计划将陆续刊布的整理成果译成中文，珍妮教授和塔科夫教授得知此计划后，全权委托本工作坊主持这些整理稿的中译工作，并负责管理中译版权。

本工作坊按"施特劳斯中心"陆续刊布的整理本组织迻译（页码用方括号标出），翻译进度取决于整理计划的进度。原整理稿均以课程名称为题，为了使用方便，我们为每部中译稿另拟简要书名，并以副标题的形式标明课程名称。

刘小枫

2016年元月

古典文明研究工作坊

目　录

施特劳斯讲学录整理规划 / *1*

英文版编者导言 / *1*
英文编者说明 / *22*

第 一 讲　导论 / *24*
第 二 讲　《回忆苏格拉底》/ *56*
第 三 讲　《治家者》一 / *95*
第 四 讲　《治家者》二 / *141*
第 五 讲　《治家者》三 / *172*
第 六 讲　《希耶罗》/ *218*
第 七 讲　《邦国财政》《雅典政制》/ *262*
第 八 讲　《拉刻岱蒙政制》/ *311*
第 九 讲　《居鲁士的教育》卷一 / *355*
第 十 讲　《居鲁士的教育》卷二 / *396*
第十一讲　《居鲁士的教育》卷三 / *442*
第十二讲　《居鲁士的教育》卷四 / *484*
第十三讲　《居鲁士的教育》卷五 / *529*
第十四讲　《居鲁士的教育》卷六 / *571*
第十五讲　《居鲁士的教育》卷七 / *612*
第十六讲　《居鲁士的教育》卷八 / *654*

施特劳斯讲学录整理规划

首席编者　塔科夫（Nathan Tarcov）
执行编者　麦基恩（Gayle McKeen）
　　　　　李向利　译

施特劳斯不仅是著名思想家和作家，还是有着巨大影响的老师。在他的这些课程讲学录中，我们能看到施特劳斯对众多文本的疏解（其中很多文本他写作时很少或根本没提到过），以及对学生提问和异议的大段回应。这些讲学录数量上是施特劳斯已出版著作的两倍还多。对研究和修习施特劳斯著作的学者和学生们而言，它们将极大地增添可供参阅的材料。

1950年代早期，由学生记录的施特劳斯课程笔记的油印打字稿，就已经在施特劳斯的学生们中间传阅。1954年冬，与施特劳斯关于自然权利（Natural Right）的课程相关的首份录音资料，被转录成文字稿分发给学生们。斯多灵（Herbert J. Storing）教授从瑞尔姆基金会（Relm Foundation）找到资助，以支持录音和文字稿转录，从1956年冬施特劳斯开设的"历史主义与现代相对主义"（Historicism and Modern Relativism）课程开始，该资助成为固定的资金基础。自1958年起至1968年离开芝加哥大学，施特劳斯在这里开设了39个课程，被录音并转录成文字稿的有34个。从芝大退休后，1968年春季、1969年秋季和接下来的春季学期，施特劳斯在克莱蒙特男子学院（Claremont Men's College）授课，课程亦有录音（尽管最后两次课的磁带已佚）。他在圣约翰学院（St. John's College）四年的课程也有录音，直至他于1973年10月去世。

现存原始录音的质量和完整性差别很大。施特劳斯讲课离开麦克风时，声音会弱得听不到；麦克风有时也难以捕捉到学生们提问的声音，却常常录下门窗开关声、翻书声、街道上过往的车辆声。更换磁带时录音中断，记录稿就留下众多空白。若施特劳斯讲课超过两个小时（这种情况经常发生），磁带就用完了。录音磁带转录成文字稿后，磁带有时被再次利用，导致声音记录非常不完整。时间久了，磁带音质还会受损。1990年代后期，首先是格里高利（Stephen Gregory）先生，然后是芝大的奥林中心（John M. Olin Center，由John M. Olin Foundation设立，负责研究民主制的理论与实践）管理人，发起重新录制工作，即对原始磁带数码化，由Craig Harding of September Media承制，以确保录音的保存，提高声音清晰度，使之最终能够公布。重新录制工作由奥林中心提供资金支持，并先后由克罗波西（Joseph Cropsey）和施特劳斯遗稿执行人负责监管。格里高利先生是芝大美国建国原则研究中心（Center for the Study of the Principles of the American Founding）管理人，他在米勒中心（Jack Miller Center）的资助下继续推进这项规划，并在美国国家人文基金会保存和访问处（Division of Preservation and Access of the National Endowment for the Humanities）的拨款帮助下，于2011年完成了这项规划，此时他是芝大施特劳斯中心（Leo Strauss Center）管理人。这些音频文件可从施特劳斯中心的网站上获得：http://leostrausscenter.uchicago.edu/courses。

施特劳斯允许进一步整理录音和转录成文字稿，不过，他没有审核这些讲学录，也没有参与这项规划。因此，施特劳斯亲密的朋友和同事克罗波西最初把讲学稿版权置于自己名下。不过，在2008年，他把版权转为施特劳斯的遗产。从1958年起，每份讲学录都加了这样的题头说明（headnote）：

这份转录的文字稿是对最初的口头材料的书面记录，大部分内容是在课堂上自发形成的，没有任何部分有意准备出版。

只有感兴趣的少数人得到这份转录的文字稿,这意味着不要利用它,否则就与这份材料私下的、部分地非正式的来源相抵触。郑重恳请收到它的人,不要试图传播这份转录的文字稿。这份转录的文字稿未经讲学人核实、审阅或过目。

2008年,施特劳斯遗产继承人——他的女儿珍妮——请塔科夫接替克罗波西承担施特劳斯遗稿执行人的工作。此时,塔科夫是芝大奥林中心以及后来的芝大美国建国原则研究中心的主任,而克罗波西直到去世,已经作为施特劳斯遗稿执行人忠诚服务了35年。珍妮和塔科夫一致认为,鉴于旧的、常常不准确且不完整的讲学录已经大范围流传,以及人们对施特劳斯思想和教诲的兴趣持续不减,公开这些讲学录,对感兴趣的学者和学生们来说会是一种帮助。他们也受到这样一个事实的鼓励:施特劳斯本人曾与班塔曼出版社(Bantam Books)签订过一份合同,准备出版这些讲学录中的四种,尽管最终一个都没出版。

成立于2008年的芝大施特劳斯中心发起了一项规划:以已经重新录制的录音材料为基础订正旧的文字记录稿;转录尚未转录成文字稿的录音材料;基于可读性的考虑,注释并编辑所有的记录稿,包括那些没有留存录音材料的记录稿。这项规划由施特劳斯中心主任塔科夫任主席,由格里高利负责管理,得到来自维尼亚尔斯基家族基金会(Winiarski Family Foundation)、希夫林夫妇(Mr. Richard S. Shiffrin and Mrs. Barbara Z. Schiffrin)、埃尔哈特基金会(Earhart Foundation)和赫特格基金会(Hertog Foundation)拨款的支持,此外还得到大量其他捐赠者的捐助。筹措资金期间,施特劳斯中心得到芝大社会科学部主任办公室(Office of the Dean of the Division of the Social Sciences)职员伯廷赫布斯特(Nina Botting-Herbst)和麦卡斯克(Patrick McCusker)的大力协助。基于重新录制的磁带所修订的这些记录稿,远比原有的记录稿精确和完整——例如,新的霍布斯讲学录,篇幅是旧记录稿的两倍。熟悉施特劳斯著作及其所教文本的资深学者们被委任为编者,基础工作则大多由作为编辑助理的学生们完成。

编辑这些讲学录的目标，在于尽可能保存施特劳斯的原话，同时使讲学录更易于阅读。施特劳斯身为老师的影响（及魅力），有时会显露在其话语的非正式特点中。我们保留了在学术性文章（prose）中可能不恰当的句子片段；拆分了一些冗长、含糊的句子；删除了一些重复的从句或词语。破坏语法或思路的从句，会被移到句子或段落的其他部分。极个别情况下，可能会重新排列某个段落中的一些句子。对于没有录音资料流传的记录稿，我们会努力订正可能的错误转录。所有这些类型的改动都会被注明。（不过，根据重新录制的录音资料对旧记录稿做的改动，没有注明。）我们在尾注中注明改动和删除的内容（不同的拼写、斜体字、标点符号、大写和分段），尾注号附在变动或删除内容前的词语或标点符号上。文本中的括号显示的是插入的内容。缺乏录音资料的记录稿中的省略号仍然保留，因为很难确定它们指示的是删除了施特劳斯说的某些话，还是他的声音减弱到听不清，抑或起破折号作用。录音资料中有听不见的话语时，我们在记录稿中加入省略号。相关的课堂管理细节，例如有关论文或研讨班的话题安排或上课的教室、时间安排等，一律删除且不加注，不过我们保留了施特劳斯布置阅读任务的内容。所有段落中的引文都得到补充，读者能够方便地结合这些文本阅读讲学录。至于施特劳斯提及的人物、文本和事件，则通过脚注进行了确认。

读者应该谅解这些讲学录的口语特点。文中有很多随口说出的短语、口误、重复以及可能错误的转录。无论这些讲学录多么具有启发性，我们都不能认为它们可以与施特劳斯本人为出版而写的那些著作等同。

2014 年 8 月

英文版编者导言

纳顿（Christopher Nadon）　撰

一

[ⅰ] 施特劳斯早在生前就是备受争议的人物，最大的原因可能是他所持有的如下信念：在西方哲学传统中，有隐微写作（esoteric writing），它还广受践行。但仅次其后的原因可能是，在使他有别于其同时代人的其他特点当中，他对当时名气不大并且已被边缘化的色诺芬倾注过大量心血。在去世之前，施特劳斯就这位著作者写过三部专著和数篇文章，超过了他所疏解过的其他任何一位作家。在这么做时，他知道自己是在反时代潮流而动，也就是说，反对那种"在十九世纪出现而且在今天已经根深蒂固的强烈偏见"，这种偏见认为色诺芬的"心智如此简单狭隘或如此平庸，因而无法理解苏格拉底思想的核心或精深之处"。①

施特劳斯为什么要花如此大的力气为这个遭到贬低的人物恢复名誉，个中原因并非一目了然。上文所引施特劳斯对色诺芬名声的概述，回想起来其实有点夸大其词，不过，我们或许可以凭此获得

---

① Leo Strauss, *Xenophon's Socratic Discourse*, Ithaca: Cornell University Press, 1970, p.83. ［译按］中译本见《色诺芬的苏格拉底言辞——〈齐家〉义疏》，杜佳译，北京：华夏出版社，2010。

某种切入的视角。例如,我们就来说说马拉帕尔特(Curzio Malaparte)这个例子吧。此人是一名意大利政治作家和小说家,是施特劳斯的同时代人,与施特劳斯一样,也是古典教育的受益者。他的自传体小说《皮肤》(*The Skin*),几乎与施特劳斯的《论僭政》一书同时出版,记述的是二战期间同盟国征服意大利一事。马拉帕尔特在书中向他的意大利读者描述了"我所见过的最值得赞赏的人之一",即汉密尔顿(Jack Hamilton),此人是一名美军上校。为了表明"一个有教养的雅致男人"如何同时葆有"一种近乎孩子般的单纯和天真",为了表明一个美国人如何能够爱欧洲而同时没有变成一个"无根(deracinated)或堕落的"人,马拉帕尔特能够想到的最佳方式就是将汉密尔顿塑造成一个色诺芬的忠实读者和热爱者。在等待通过卡普阿(Capua)附近的沃托罗(Voltorro)河上的一座桥时,马拉帕尔特和汉密尔顿聊起温克尔曼(Winckelmann)如何讨论古希腊人关于美的观念。荷马时期的希腊,其风格是阴森的(Gothic)、悲哀的,与此相比,这位美军上校捍卫的是希腊化时期希腊的欢快和谐形象,在他看来,这种欢快和谐的精神后来在十八世纪的"法式希腊"中又出现了。"法式希腊"的说法促使马拉帕尔特问道:"那么,美式希腊会是什么样的呢?"汉密尔顿答道,那会是"色诺芬的希腊"。①

难道施特劳斯转向色诺芬,某种程度上是为了让自己适应美国人的品味,是为了向他的新同胞表明自己并非典型的欧式孱弱老学究?正如色诺芬本人已经做过的那样,施特劳斯或许很难说服那些怀疑智识探求(intellectual pursuit)的人们相信他们无需阻止一个进行智识探求的人领导一支深入敌后的雇佣军。② 但他至少可以表明自己是一个行动派和务实派。无论这个论点多么不充分,但它会获得某种合理性,如果我们转向由约翰逊(Alvin Johnson)为《论僭政》

---

① Malaparte, *The Skin*, New York: Signet, 1954, pp. 13-14.

② [译按] 指色诺芬曾带领一支希腊雇佣军,在波斯内陆经历重重危难,安全返回希腊一事,详见色诺芬本人所写的《居鲁士上行记》(*Anabasis*)。

所写的那篇最早的前言的话。约翰逊当时是社会研究新学院（New School）刚退休不久的院长，是在新学院中负责建立"流亡大学"的主要人物，[ii] 施特劳斯来到美国的头十年断断续续地在这里工作。下面是约翰逊前言部分的原话：

> 在经受古典学术短暂的奴役之后，我就逃到经济学理论的纷争里去了，这是我的好运气。我常常为了放松而转向古典作家。因为不用对古典学术负什么责任，所以，我都是读自己喜欢的作家。我喜欢塞内卡和色诺芬。
>
> 我认为色诺芬是第一个美国人，他像美国人那样以"敏锐而不受烦扰的目光直视事物的核心"。① 色诺芬和美国人常常被人指责"太肤浅"，因为我们是视觉理解型的人（eye-minded），看不见那些不在那里的东西⋯⋯
>
> 与大多数希腊人一样，色诺芬对其他希腊人的生活感到好奇：一个以特定身份生活的人是否享有真正的幸福。到底什么是真正的幸福呢？色诺芬思考过这个问题，但他和美国人一样，都没有为此想破脑袋。他想要的是务实的答案，而非模糊的终极答案。②

为了强化施特劳斯转向色诺芬的做法与他到达新世界这件事之间的联系，或许可以指出，施特劳斯用英文写的第一篇期刊文章和第一部著作都是以色诺芬为主题："斯巴达精神或色诺芬的品味"（"The Spirit of Sparta or the Taste of Xenophon"）和《论僭政》（*On Tyranny*）。当然，将色诺芬呈现给美国读者的这种想法，或者这种需求，或许有一个算不上谄媚但仍然算是实际的动机。在《论僭政》

---

① 这句话引自吉卜林（Kipling）的那首诗歌"一个美国人"，约翰逊以"核心"代替了原诗中的"需求"一词。

② Strauss, *On Tyranny: An Interpretation of Xenophon's* Hiero, New York: Political Science Classics, 1948, pp. vii – ix. [译按] 中译本参《论僭政：〈希耶罗〉义疏》，彭磊译，北京：华夏出版社，2016。该中译本没有收录这篇前言。

中，施特劳斯突出了这部研究之作的特征，即它累赘而且具有导引性质，而他希望这种特征对将来"在年轻时经过合适培养"的一代读者不再是必要之物。换言之，他写这本书，至少部分是为了那些受过有缺陷的培养之人。研究色诺芬会特别适合这样的目的，因为

> 色诺芬所运用的笔法，即便比起柏拉图最简单的作品，也要少得多。通过理解色诺芬的笔法，我们将会认识到，在解释柏拉图的任何一部对话时，我们都必须达到哪些最低限度的要求，时下的人们很少能够达到这些要求，以至于它们几乎不为人所知。①

施特劳斯看上去是把色诺芬当作适合头脑简单之人的柏拉图。然而，我们这些头脑简单的人即便能够承认这是一种恰当的策略，可能还是会感到困惑：我们究竟为什么就应该首先关注柏拉图的对话呢？

在1949年5月20日写给古特曼（Julius Guttman）的一封信中，施特劳斯就他转向色诺芬的问题给出了不同的说法，尽管这个说法也同样把色诺芬当作工具。古特曼并没有像施特劳斯那样对色诺芬有兴趣。他们俩的共同关注点是迈蒙尼德。我们即将看到，尽管在施特劳斯的心目中，拉比迈蒙尼德与将军色诺芬之间有一种特别的相似之处，但他在信中向古特曼解释了，他为什么选择色诺芬作为《论僭政》的焦点：

> 就迈蒙尼德而言，还有一个更艰深的难题。如果我的直觉正确的话，那么，比起今日人们通常认为的，甚至比起人们几乎一直认为的，或者比起人们至少这么说的，迈蒙尼德在更根

---

① Strauss, *On Tyranny*, Chicago: University of Chicago Press, 1991, p. 26。[译按] 中译文参《论僭政：〈希耶罗〉义疏》，彭磊译，前揭，页44。

本的意义上是一位"哲人"。这时，问题立刻就来了，即我们可以在何种程度上负责任地公开阐述这种可能性——这一问题当然会［iii］使得隐微写作问题立即成为合乎时宜的，或者如时下人们所说的那样，成为"生存性"（existential）问题。这也是一个原因，使我想要利用"廉价的材料"，由此也就是在某个策略上好用且非犹太人的对象身上，来呈现隐微写作这一原则问题——或者说呈现思想与社会的关系问题。我之所以选择色诺芬，部分是由于他与苏格拉底问题之间的关联，部分是因为如下假设：如果就连色诺芬这个看上去无害的作家都如此，那么……就更加……①

色诺芬在这里显得是一个随手可用的"廉价的材料"（corpus vile），一个方便操作的代替者。施特劳斯在《关于马基雅维利的思考》中将返回这种类比，他在那本书里声称：

> 马基雅维利把李维当作"廉价的材料"来利用，凭借这个廉价的材料，他可以展示自己怎样悄然地在"尊贵的材料"方面向前推进。②

施特劳斯实际上的确是在迈蒙尼德的作品中首次发现了隐微主义，而不是在色诺芬或其他古典作品中，这一点见于他与友人克莱茵（Jacob Klein）之间的通信。但是，同样见于这些通信的是，施

---

① 施特劳斯书信，引自 Heinrich Meier, *Leo Strauss and the Theologico-Political Problem*, Cambridge: Cambridge University Press, 2006, p. 24, n. 32. 施特劳斯在这里就《论僭政》所说的内容，很可能同样适用于他就色诺芬写的第一篇文章《斯巴达精神或色诺芬的品味》，此文与《〈迷途指津〉的文学特征》一文大概同期写成。

② Strauss, *Thoughts on Machiavelli*, Glencoe: Free Press, 1958, p. 142. ［译按］中译本见《关于马基雅维利的思考》，申彤译，南京：译林出版社，2003。

特劳斯认为色诺芬不只有工具之利，这甚至也见于他写给古特曼的这封信的末尾：

> ［《论僭政》］这部小作品是初步的研究。到某个时候，我应该会想要完成解读色诺芬的四部苏格拉底作品的义疏。

另外，施特劳斯看上去是在研读迈蒙尼德的过程中渐渐发现了隐微主义。在1938年1月和2月写于纽约的信中，施特劳斯告诉克莱茵"迈蒙尼德正越来越令人兴奋"，因为他已经看出迈蒙尼德绝非一个有信仰的犹太人，而是"真正自由的心智"，实际上是一个以"极致的精炼和嘲讽"来论说宗教的阿威罗伊主义者（Averroist）。[①] 受到这一发现的引导，还有阿维森纳（Avicenna）笔下一句话的启迪，即"柏拉图的《法义》中包含着对预言和神法的论述"，施特劳斯转向研究《法义》经，并且特别关注柏拉图使用的意涵丰富的（πολύνοῖα）或含混的言辞。与此同时，他也从其他作家那里证实了古典隐微主义的存在：

> 现在，我正在读希罗多德的书，我以天主教徒的名义发誓，他同样是隐微作家，而且是完美的隐微作家。[②]

[①] 施特劳斯致克莱茵的信，1938年1月20日和2月16日，引自Laurence Lampert, "Strauss's Recovery of Esotericism", in *The Cambridge Companion to Leo Strauss*, Edited by Steven Smith, Cambridge: Cambridge University Press, 2009, pp. 63 – 64。德文原文见Leo Strauss, *Gesammelte Schriften*, vol. 3, Edited by Heinrich Meier, Stuttgart: J. B. Metzler, 2001, p. 545, 550。［译按］中译见施特劳斯等著，《回归古典政治哲学：施特劳斯通信集》（重订本），朱雁冰、何鸿藻译，北京：华夏出版社，2017，页265和270，译文有所调整。

[②] 1938年10月15日和11月2日，施特劳斯致克莱茵的信，见Lampert, "Strauss's Recovery of Esotericism", pp. 66 – 67, 见 *Gesammelte Schriften*, vol. 3, p. 556, 558。［译按］中译见《回归古典政治哲学：施特劳斯通信集》，前揭，页277，译文有所改动。

施特劳斯总结道:"总之,这又发生了。"两周之后,他写道:"我发现自己正处于耗空自我的痴迷状态中:希罗多德之后,现在又是修昔底德。"① 施特劳斯心里一直想的是,其他这些作家如何有助于他理解柏拉图,特别是柏拉图的《法义》,他现在称其为"柏拉图最伟大的艺术之作"。② 于是,施特劳斯发现隐微主义的顺序看上去是从迈蒙尼德到柏拉图到希罗多德再到修昔底德。在这个序列上,色诺芬的位置在哪里呢?

[iv] 色诺芬第一次出现在施特劳斯与克莱茵之间的通信中,是在1938年11月27日,那是施特劳斯充分意识到自己发现了隐微写作传统的大约十个月之后。施特劳斯写道,"希罗多德、修昔底德、色诺芬,并非史家,而是显白劝世作品的作者"。他尤其着迷于《居鲁士的教育》,认为这部作品是"一部高超的讽喻之作,非常伟大":在这部著作里,"色诺芬描绘的居鲁士漫画像展示出苏格拉底是什么样的人"。只有通过这个中介,色诺芬才展示出真实的、隐藏起来的苏格拉底,而在《回忆》(Memorabilia)中,色诺芬展示的是明面上的苏格拉底。因此,色诺芬笔下的苏格拉底形象与柏拉图笔下的苏格拉底形象并无根本差异。③ 柏拉图与色诺芬之间的相似是另外一封信谈论的主题,信写于1939年8月18日:

> 色诺芬与柏拉图之间的一致简直是十分令人惊讶,有时候我会因为太过吃惊而吃惊地问自己:色诺芬与柏拉图竟是完全

---

① 1938年11月2日施特劳斯致克莱茵的信,见 Lampert, "Strauss's Recovery of Esotericism", p. 67, 见 *Gesammelte Schriften*, vol. 3, p. 558。[译按]中译见《回归古典政治哲学:施特劳斯通信集》,前揭,页280,译文有所调整。

② 出处同上注。

③ 1938年11月27日,施特劳斯致克莱茵的信,见 Lampert, "Strauss's Recovery of Esotericism", p. 68, 见 *Gesammelte Schriften*, vol. 3, p. 559。[译按]中译文见《回归古典政治哲学:施特劳斯通信集》,前揭,页281-282,译文有所调整。这封信的确切日期,纳顿的引用与中译本有分歧,中译本上写的是29日,德文版《全集》(*Gesammelte Schriften*)上写的是27日。

不同的两个人？①

然而，在这里，我们还是要回到一开始的问题：如果柏拉图与色诺芬是相同的，那么，为什么以一个来代替另一个呢？为什么施特劳斯一开始以色诺芬而不是以柏拉图为题写作，特别是考虑到，根据施特劳斯的看法，色诺芬讽刺斯巴达的那篇文章《拉刻岱蒙政制》是"写作技艺的杰作，只有柏拉图的《法义》比它技高一筹"？② 再说一次，原因可能是这位二流人物更容易把握。又或许，施特劳斯只是在满足他自己的品味或他对色诺芬的喜爱。施特劳斯称色诺芬而非柏拉图为自己"特别爱的人"，尤其是因为色诺芬有"勇气装扮成白痴"并且发展出了"一个完整的秘语体系，恰如迈蒙尼德那样"，而这些策略都与施特劳斯自己的品味极为相合。③

或者，与迈蒙尼德所处的情况一样，可能有外部原因致使施特劳斯不以柏拉图为素材来开始他对隐微主义的详解。尽管揭示柏拉图的思想看上去应该不会威胁到或从根基上破坏任何现存的宗教传统，但在施特劳斯的那个时候，有一个显要的思想流派——直到今天仍然如此——这个流派把柏拉图著作里的许多矛盾和义理上的不一致，归因于柏拉图人生历程中不同时期的智识兴趣和发展。如果我们承认柏拉图的隐微主义有可能存在的话，那么，建立在早、中、晚分期之上的关于柏拉图作品的释义就会土崩瓦解。如果一个新来的移民，身无分文又无正式教职，那么，在他职业生

---

① 1939 年 8 月 18 日，施特劳斯致克莱茵的信，见 Lampert, "Strauss's Recovery of Esotericism", p. 73, 见 *Gesammelte Schriften*, vol. 3, p. 579 – 580。［译按］中译文见《回归古典政治哲学：施特劳斯通信集》，前揭，页 305，译文有所调整。

② Strauss, "The Spirit of Sparta or the Taste of Xenophon", *Social Research* 6, 1939, pp. 529 – 530。［译按］中译见《苏格拉底问题与现代性》（第三版），北京：华夏出版社，2022，页 58 – 90。

③ 1939 年 2 月 16 日，施特劳斯致克莱茵的信，见 Lampert, "Strauss's Recovery of Esotericism", pp. 69 – 70, 见 *Gesammelte Schriften*, vol. 3, p. 567。［译按］中译见《回归古典政治哲学：施特劳斯通信集》，前揭，页 291，译文有所调整。

涯的这个特殊时期，他可能会选择推迟与古典学界的学术权威起争执，这样的做法完全可以理解。然而，即使是在发现色诺芬与柏拉图之间有极大相似性的过程中，施特劳斯还是注意到了二人的不同之处：

> 毫无疑问，色诺芬笔下的苏格拉底与柏拉图笔下的苏格拉底是同一个人，只不过色诺芬在表现苏格拉底时比柏拉图还要更加委婉，明显比柏拉图更加委婉。另外，色诺芬要比柏拉图更有阿里斯托芬的风格（也就是更下流）。我觉得，你要是结合色诺芬的原文（那些下流话，我当然不会译出来）读我的文章《斯巴达精神》，你会大笑不止。古典语文学者们是些无法形容的白痴！①

在公开出版的作品中，施特劳斯评断古典语文学者的诸种缺陷时措辞更为谨慎。在《斯巴达的精神》一文中，据施特劳斯分析，古典语文学者们贬低色诺芬的原因是，"他们没有虑及色诺芬身上的阿里斯托芬式的倾向"。② 我认为，施特劳斯的意思是，尽管柏拉图与色诺芬对苏格拉底的理解在本质上相同，[ⅴ] 但他们在呈现苏格拉底和更一般而言的哲学时，所用的修辞手段有所不同，或许也有不同的目标读者。

1963 年的色诺芬课程录音稿的第一讲在某种程度上支持了这一

---

① 1939 年 2 月 28 日施特劳斯致克莱茵的信，见 Lampert,"Strauss's Recovery of Esotericism", p. 72。这封信为我们理解施特劳斯后来提出的一个即便是带有玩笑成分的主张提供了不一样的启发，即，就获取有关苏格拉底的信息而言，色诺芬应该成为我们的首选资源，因为色诺芬"以行动展示出他愿意做一名史家"，见 Strauss, *Xenophon's Socratic Discourse*, p. 83。[译按] 中译文见《回归古典政治哲学：施特劳斯通信集》，前揭，页 293，译文有所调整。纳顿引文写的是 more aristocratic，而《全集》的原文是 aristophaneischer，意思是"更有阿里斯托芬的风格"，根据下文的内容，我们也可以判断出纳顿在这里是误写了。

② Strauss, "The Spirit of Sparta or the Taste of Xenophon", p. 511.

论点，施特劳斯给出了一个引人注目的对比：柏拉图与色诺芬分别如何改动了官方针对苏格拉底的指控。

  如果你对比这三个版本——指控原文、柏拉图［关于指控］的版本、色诺芬的版本，你就会看到柏拉图对指控原文所作的改动比色诺芬大得多。色诺芬是略微改动。这个差异体现出这两人著述的特征。柏拉图方式直接，言辞直截了当，比起色诺芬简直无限直白。我自己经历过这样一个时期：在逐渐领悟了色诺芬的写作方式之后，在相当一段时间内，我再也无法忍受柏拉图。因为相比于色诺芬那平静的声音，柏拉图太喧闹了，色诺芬说起话来，就像人群中的一个人对着人群说话一样，只有那些用心聆听的人才会听到某种更高层级的内容。（见本书英文版页码16）

在《论僭政》的导言中，施特劳斯专门思考了色诺芬的修辞术：

  可以合理地假定，色诺芬一时的名声衰退，正如李维和西塞罗一时的名声衰退一样，是因为人们对修辞术的重要意义的理解有所衰退：十九世纪特有的"理念主义"和特有的"现实主义"都受到"艺术"（Art）这个现代概念的引导，正因为如此，两者都没有能力理解这种低等的修辞技艺的至关重要的意义。两种"主义"能够借此为柏拉图或修昔底德找到一席之地，却完全不能恰切地理解色诺芬。①

由这段内容可知，这位"更有阿里斯托芬风格的"② 色诺芬受

---

① Strauss, *On Tyranny*, 1991, p. 26. ［译按］所引中译文参《论僭政》，前揭，页44，译文有所调整。
② ［译按］纳顿这里写的又是 more aristocratic，根据上文的内容，我们改成"更有阿里斯托芬风格的"。

到［施特劳斯的］关注，并非由于他与注重实际的美国式品味有什么相似性，而是因为现代式的感受力对他格外陌生。施特劳斯在其《色诺芬的苏格拉底言辞》中再次论及这一论题：

> 对于任何属人的事物，我们的时代自诩比以往任何时代都更为开放，但它确实对色诺芬的伟大之处视而不见。即便不是刻意，一个人也可能通过阅读和重新阅读色诺芬而对我们的时代有所发现。①

但是，色诺芬的效用的这个方面，给他的现代阐释者留下了一个难题。施特劳斯显然希望让色诺芬变得更为人知，希望人们更加严肃地对待他，然而，让色诺芬变得受欢迎或为人熟知，却可能会剥夺色诺芬作品的一些价值。可能正是这种担忧，才使得施特劳斯在其最后两部论色诺芬的作品中采用那种令人讨厌的修辞。然而，无论施特劳斯认为"这种低等的修辞术"有多重要，他仍然仅仅把它看作工具性的，即便是"对哲学而言一种不可或缺的工具"。② 因此，它一定十分灵活或适应性非常强。那么，可能是色诺芬展现哲学的方式有一些优长之处？这种方式使得色诺芬那种"沉静的声音"至少在某些情形下，比柏拉图"直白"和"嘈杂"的声音更可取？或者说，以有些不同的方式来表述这个问题：柏拉图的修辞中有缺点吗？这些缺点，色诺芬或没有，或甚至可能加以反对。

在施特劳斯笔下，"政治哲学"这个短语有好几种不同的含义。但一种意思是，有政治性的哲学（a philosophy that is politic），即哲学意识到自己与公民社会之间的危险关系，因此小心翼翼地注意自己对公民社会产生的影响并保护自己的声誉。与阿里斯托芬《云》中的苏格拉底不一样，那些敏锐的哲人明白，自己需要投身于一种

---

① Leo Strauss, *Xenophon's Socratic Discourse*, p. 84.
② Strauss, *On Tyranny*, 1991, p. 27.

哲学式的政治活动中，这种政治活动并不是要煽动性地确立哲人－王的统治，而是为了更审慎的目的，如施特劳斯在《什么是政治哲学?》中所言：

> 让城邦确信，哲人们并非无神论者，他们不会亵渎一切对城邦来说带有神圣性的东西，他们敬拜城邦所敬拜者，他们并非颠覆分子，简而言之，他们并非不负责任的冒险者，而是好公民，他们甚至是公民当中最好的人。①

为了在雅典保存哲学，苏格拉底决定牺牲自己的生命，这是苏格拉底对这项事业最打动人的贡献，施特劳斯称之为"最高等级的政治抉择"。② 施特劳斯将柏拉图沿这个方向的接续之功称为"巨大的成功"。他展开论述道：

> 柏拉图在希腊城邦为希腊城邦所做的事情，由西塞罗在罗马为罗马做了，西塞罗为维护哲学而采取的政治行动，与他反喀提林而支持庞培所采取的行动之间没有一丁点儿相同之处，这也是阿尔·法拉比在伊斯兰世界为伊斯兰世界所做的事情，也是迈蒙尼德在犹太教中为犹太教所做的事情。

然而，就在施特劳斯描述了柏拉图巨大的胜利之后，他也在考虑"它是否过于成功了"，即它并非成功，或者至少并非十足的成功。③ 关于这一点，施特劳斯引了普鲁塔克（Plutarch）《古希腊罗马名人对比列传·尼基阿斯传》（*Life of Nicias*）中的一段文字。普鲁塔克说，柏拉图避免了苏格拉底的命运并让哲学研究受到欢迎，采取的

---

① Strauss, *What Is Political Philosophy?*, Glencoe: Free Press, 1959, p. 126. ［译按］中译文见《什么是政治哲学》，李世祥等译，北京：华夏出版社，2014，页114。

② Strauss, *What Is Political Philosophy?*, p. 33.

③ Strauss, *What Is Political Philosophy?*, pp. 126 - 127。

方式是过表面上得体的生活并且"让自然的必然性臣服于神圣的、更卓越的诸原则"。①

柏拉图式政治学的这一维度所产生的特定影响,至少早在1933至1934年就是施特劳斯所关注的问题。在其生前未公开出版的著作《霍布斯的宗教批判》中,施特劳斯描述了霍布斯要详细阐述一门新政治科学的动机。

> 如果秩序与和平最终会到来,前提条件看上去是这样一种政治学:它仅仅建立在人之自足的反思能力上。古典哲学已经详细说明过这种政治学。但建立在苏格拉底所构想的基础之上的哲学式政治学不只是不拒绝与神学联手,它也没有能力拒绝这么做,无论如何,它向神学式政治学提供了它所具有的一些最危险的武器。因此,作为前提条件的新政治学,应该不仅仅独立于神学,而且要使得任何向神学式政治学的倒退将来永远都不可能。②

色诺芬会成为施特劳斯特别关注的对象,可能至少部分的原因是,他的辩护式修辞在给神学提供这种武器方面的危险性要小得多?因为色诺芬笔下的苏格拉底不只是避而不谈任何关于"好之理念"的学说,他是完全避而不谈"诸理念"。[vii] 关于虔敬,苏格拉底的讨论和行动,至少在《回忆》中,是如此[节制],以至于连霍布斯都会加以称赞。③ 或者,正如施特劳斯在1939年2月16日写给克莱因的信中所写,对色诺芬而言,节制($\sigma\omega\varphi\varrho\sigma\sigma\acute{\upsilon}\nu\eta$)本质上是指

---

① 普鲁塔克,《古希腊罗马名人对比列传·尼基阿斯传》,第23章。

② Strauss, *Hobbes's Critique of Religion*, translated by Gabriel Bartlett and Svetozar Minkov, Chicago: University of Chicago Press, 2011, p. 28。[译按] 中译见《霍布斯的宗教批判——论理解启蒙》,杨丽等译,黄瑞成校,北京:华夏出版社,2012,页87。

③ 色诺芬,《回忆》4.6;Hobbes, *Behemoth*, London: Bohn, 1860, pp. 214-217。

发表观点时的自制。① 很可能正是这种节制使色诺芬避免让自己笔下的苏格拉底谈论各种柏拉图式的论题，比如最佳政制，灵魂的各个组成部分，抑或人死后灵魂的继续存在问题。

既然没有色诺芬学说，也就不可能有色诺芬学派。没有学派，也就几乎不可能有自己的哲学传承。"哲学传承"于施特劳斯而言，相当于"无形的实体"（immaterial substance）之于霍布斯，是我们能够用嘴巴发出声并串起来的单词和空气震颤，实际上却是毫无指向的矛盾修辞。将这样一种观点归于施特劳斯，看上去可能会让人觉得奇怪，因为他自己就创建了一个学派并且将自己呈现为学习伟大传统的一名学生。② 然而，如果有一个观点令施特劳斯感到信服的话，这就是：政治上的必然性有时必须靠缺乏理性连贯性的行动来满足。施特劳斯知道并且看上去会赞同西塞罗的名言——"正是公共事务的本性常常会击败理性"。③ 那么，如果一个人必须创建一个学派，可能最好的做法是，在这个学派里面加入一块基石，这块基石的种种不合规范之处应永久威胁着这一学派大厦的完整性。在"不合规范"这个词的军事意义上来使用这个词，可以说，那么一个"非正规军人"就是色诺芬。

二

施特劳斯出版了如下直接以色诺芬为研究对象的著作：《斯巴达精神或色诺芬的品味》，④《论僭政——色诺芬的〈希耶罗〉义疏》，⑤

---

① 1939 年 2 月 16 日施特劳斯致克莱茵的信，见 Lampert, "Strauss's Recovery of Esotericism", p. 70。

② Leo Strauss, *Xenophon's Socratic Discourse*, p. 83.

③ Strauss, *The City and Man*, Chicago: University of Chicago Press, 1964, p. 22.

④ Strauss, "The Spirit of Sparta or the Taste of Xenophon", *Social Research* 6, 1939, pp. 502 – 536.

⑤ Strauss, *On Tyranny: An Interpretation of Xenophon's* Hiero, New York: Political Science Classics, 1948.

《重述色诺芬的〈希耶罗〉》,① 《古希腊史家》② ——这是一篇书评,评的是亨瑞(W. P. Henry)的《希腊历史写作》(*Greek Historical Writing*)一书,施特劳斯在这篇书评里还简要疏解了色诺芬的《希腊志》——还有《色诺芬的苏格拉底言辞:解读〈治家者〉》③ 和《色诺芬的苏格拉底》。④

在这些成果的激发之下,政治理论家和政治哲学研究者对色诺芬重新燃起了兴趣,因而催生出色诺芬多部主要作品的可靠新译本,还配有绎读文章,由康奈尔大学出版社出版,⑤ [viii] 此外还有学术

---

① Leo Strauss, "Restatement on Xenophon's Hiero", 第一次是以法文出版, 标题是"哲人的政治行动"(*L'action politique des philosophes*), 发表于 1950 年 10 月和 11 月的 *Critique* 上;后来扩展为"焦点"(Mise au point)收于法文版的《论僭政》(*De la tyrannie*, Paris: Gallimard, 1954);后来以英文出版并稍作修订, 收于文集《什么是政治哲学》(*What is Political Philosophy?*, Glencoe: Free Press, 1959, pp. 95 – 133);又收入后来英文版的《论僭政》当中。

② Leo Strauss, "Greek Historians", *Review of Metaphysics* 21, 1968, pp. 656 – 666.[译按]中译见《古希腊史家》,高诺英译, 载《苏格拉底问题与现代性》(第三版),北京:华夏出版社, 2022。

③ Leo Strauss, *Xenophon's Socratic Discourse: an Interpretation of the Oeconomicus*, Ithaca: Cornell University Press, 1970.[译按]中译见《色诺芬的苏格拉底言辞》, 杜佳译, 北京:华夏出版社, 2010。

④ Leo Strauss, *Xenophon's Socrates*, Ithaca: Cornell University Press, 1972.[译按]中译见《色诺芬的苏格拉底》,高诺英译, 北京:华夏出版社, 2011。

⑤ Xenophon, *Memorabilia*, translated by Amy Bonnette (1994); *The Education of Cyrus*, translated by Wayne Ambler (2001); *The Shorter Socratic Writings: Apology of Socrates to the Jury, Oeconomicus, and Symposium*, translated and edited by Robert Bartlett (2006); *Anabasis*, translated by Wayne Ambler (2008)。修订扩增版的《论僭政》(1991), 后由 Victor Gourevitch 和 Michael Roth 编辑, 其中也包含了色诺芬《希耶罗》的译本, 由伯纳德特修订和改正。[译按]康奈尔大学出版社还在 2018 年出版了 *The Shorter Writings*, Gregory McBrayer 编, 这部英译包括色诺芬的所有苏格拉底不在其中的短文。到此为止, 康奈尔大学出版社除了尚未推出色诺芬《希腊志》(*Hellenica*)的新译本之外, 已经出齐了色诺芬其他著作的新译本。

论文和著作,① 《城邦》(Polis) 期刊甚至还出过一期讨论色诺芬的专刊。② 过去施特劳斯对古典学者的影响比较有限,并且常常是间接的影响,但希金斯(Higgins)所著的《雅典人色诺芬——个体问题与城邦社会》是明显的例外。③ 然而,即便到了 1995 年,一位写色诺芬《治家者》研究专著的古典学教授还可以提出"事实上,在美国,[施特劳斯的]几个弟子一直活跃在当代的保守主义政治圈子里",以此来为自己完全忽略施特劳斯的做法正名。④ 另一位学者写了一部研究色诺芬《希腊志》的专著,此书在 1993 年出版,他倒是

---

① W. R. Newell, "Tyranny and the Science of Ruling in Xenophon's *Education of Cyrus*," *Journal of Politics* 45 (1983): 889 – 906; Christopher Bruell, "Xenophon," *History of Political Philosophy*, 3rd ed., edited by Leo Strauss and Joseph Cropsey (Chicago: University of Chicago Press, 1987), 90 – 117; Gerald Proietti, "Xenophon's Sparta: An Introduction," *Mnemosyne* 98 (1987); W. R. Newell, "Machiavelli and Xenophon on Princely Rule: A Double – Edged Encounter," *Journal of Politics* 50 (1988): 108 – 30; Richard Ruderman, "The Rule of a Philosopher – King: Xenophon's Anabasis," *Politics* II: Selected Papers of the North American Chapter of the Society for Greek Political Thought, edited by Leslie G. Rubin (Pittsburgh: Duquesne University Press, 1992), 127 – 143; Kenneth C. Blanchard, Jr., "The Middle Road of Classical Political Philosophy: Socrates's Dialogues with Aristippus in Xenophon's Memorabilia," *Review of Politics* 56 (1994): 671 – 96; Christopher Nadon, "From Republic to Empire: Political Revolution and the Common Good in Xenophon's *Education of Cyrus*," *American Political Science Review* 90 (1996): 361 – 74; Jacob Howland, "Xenophon's Philosophic Odyssey: On the *Anabasis* and Plato's *Republic*," *American Political Science Review* 94 (2000): 875 – 89; Christopher Nadon, *Xenophon's Prince: Republic and Empire in the* Cyropaedia (Berkeley: University of California Press, 2001); Thomas L. Pangle, "Socratic Political Philosophy in Xenophon's *Symposium*," *American Journal of Political Science* 54 (2010): 140 – 52.

② *The Political Thought of Xenophon*, edited by Dustin Gish and Wayne Ambler, in *Polis: The Journal for Ancient Greek Political Thought* 26: 2 (2009).

③ W. E. Higgins, *Xenophon the Athenian: The Problem of the Individual and the Society of the Polis*, Albany: SUNY Press, 1977.

④ Sarah Pomeroy, *Xenophon's Oeconomicus: A Social and Historical Commentary* (Oxford: Clarendon Press, 1994), p. 24.

力主有必要以隐微的方式来阅读《希腊志》，即便他刻意不提"隐微"这个词和施特劳斯的作品。① 在研究色诺芬的《拉刻岱蒙政制》时，利普卡（Lipka）仍然认为，施特劳斯试图在整篇作品中寻找反讽（irony）的做法毫无事实根据，可是，他后来承认，至少有三个段落实际上是在反讽。② 更近的事情是，格雷（Gray）认为施特劳斯对色诺芬的解释"有悖常理"，但她在与之争论时绝非持一种嗤之以鼻的态度。③ 这是一种缓慢却稳定的进步。

1963 年的讲课录音稿涵盖了色诺芬的多部作品。第一次课是导论课，但有相当多的篇幅在讲《回忆》，整个第二讲也是如此。第三、四、五讲分析《治家者》。④ 第六讲分析《希耶罗》。[ix] 第七讲分析《邦国财政》和《雅典政制》或曰《老寡头》，人们通常认

---

① Christopher Tuplin, *The Failings of Empire*: *A Reading of Xenophon*, *Hellenica*, 2.3.11 – 7.5.27 (Stuttgart: Steiner, 1993).

② MichaelLipka, *Xenophon's Spartan Constitution* (Berlin: de Gruyter, 2002), p. 55; cf. pp. 16, 101, 116.

③ Vivienne Gray, *Xenophon's Mirror of Princes*: *Reading the Reflections* (Oxford: Oxford University Press, 2011), p. 177.

④ 课堂上使用的《回忆》和《治家者》的英译本是马尚特（E. C. Marchant）的译本（Cambridge, MA: Harvard University Press, 1923）；所使用的《希耶罗》《邦国财政》和《拉刻代蒙政制》的英译本是马尚特的《短篇作品集》（Cambridge, MA: Harvard University Press, 1925）；所使用的《居鲁士的教育》的英译本是米勒（Walter Miller）的译本，两卷本（Cambridge, MA: Harvard University Press, 1914）。所使用的《雅典政制》英译本，出自《色诺芬全集》（*The Whole Works of Xenophon*），译者是 Ashley Cooper, Spelman, Smith, Fielding, 还有其他人（New York: Bangs Brothers, 1855），页 693 – 702，但无论是施特劳斯还是这门课程的朗读者都通篇做过相当重大的修改，以使得译文更加信实。[译按] 为了让读者更好地理解所引的文段，我们在翻译课堂上朗读的这些大段引文时，没有选择参照课上所用的英译文，而是选择根据更加信实的译本译出——即康奈尔大学出版社出版的色诺芬著作的英译本，这些新的英译本都出自施特劳斯的后学，Xenophon, *Memorabilia*, translated by Amy Bonnette (1994); *The Education of Cyrus*, translated by Wayne Ambler (2001); *The Shorter Socratic Writings*: *Apology of Socrates to the Jury*, *Oeconomicus*, *and Symposium*, translated and edited by Robert Bartlett (2006); *Anabasis*, translated by Wayne Ambler (2008); *The Shorter Writings*, edited by Gregory McBrayer (2018).

为《雅典政制》是伪作。第八讲分析《拉刻岱蒙政制》。后面八次课讲《居鲁士的教育》，如我们已经看见的，它对于施特劳斯发现色诺芬而言是一部重要的作品，然而，关于这部作品，施特劳斯公开发表的东西非常之少。

关于古代与现代的政治哲学之间的关系问题，这份录音稿中还有许多一般性的表述，其中包括一场讨论，讨论的是施特劳斯眼中"古典哲学中唯一的理论漏洞"，这个漏洞为马基雅维利提供了"切入的楔子"（第九讲，英文页219）。这份讲稿使我们看到，施特劳斯在何种程度上把色诺芬解读为后者总在沉思其论证中的形而上学及神学要素和义涵——甚至在他并未明说其观点时也是如此。在课堂上，施特劳斯看上去在某些方面更愿意放下他自己的那种色诺芬式的节制，这种节制体现在他那些以色诺芬为题的公开作品里，特别是其最后两部论色诺芬的著作。他在写给索勒姆（Scholem）的一封信中宣称，这两部著作"并非我已经写下的最后两部作品，但我相信，它们是[我的]最好的著作，其中的某些部分，您可能会感兴趣"。① 让我从讲解《回忆》的课程中举两个这样的例子。

在《回忆》卷三第十四章，色诺芬叙述了苏格拉底针对一个光吃肉不吃面包的饕餮之徒发出的批评之辞。在《色诺芬的苏格拉底》一书中，施特劳斯给出了如下解释：

> 这里的情境是，有个在座者就着肉本身来吃肉本身（itself by itself），也就是说不就着面包吃。依照这一点，本卷的最后一节②处

---

① 1972年11月17日，施特劳斯致索勒姆的信，见 *Gesammelte Schriften*, vol. 3, pp. 764–65。[译按]中译见《回归古典政治哲学：施特劳斯通信集》，前揭，页473。

② [译按]见《回忆》3.14.7：他也曾说，在雅典人的方言里，"吃得好"（τὸ εὐωχεῖσθαι）被说成"吃"（ἐσθίειν）。他说，加进"好"（εὐ）字，考虑的是吃的那些东西不会使灵魂和身体痛苦，也不难找到。所以，他也用"吃得好"指称那些生活得有秩序的人（τοῖς κοσμίως διαιτωμένοις）。

理的是苏格拉底对"雅典方言所用的"一个词语的解释。①

我认为,施特劳斯对这个段落的这种解释,证实了他在《色诺芬的苏格拉底》的前言中所说的话:"若没有这种不合适之举,我本会更啰嗦。"对于智慧者而言,一个词可能就足矣,甚至连一个词都不必用,可是,对于我们其余的人来说,它给文本理解所带来的启发微乎其微。下面这段引文是施特劳斯在1963年课程的第二讲对同一段落的阐释:

> 这里有一个绝妙之处,我们不能很好地在翻译中把它表达出来,在第二节的开头。这个家伙正在吃肉,就肉本身来吃肉本身(itself by itself),这是柏拉图表达理念时最喜欢用的词。这个家伙在某种程度上吃的是纯粹的理念。
>
> 大家看,这是色诺芬式的玩笑,这个玩笑当然预设了——因为如果不知道这些事物并且不理解这些事物,是说不出这个笑话的。所以,我想,这会有助于我们理解色诺芬谈论哲学的方式。如果一个人不思考哲学问题,就无法理解色诺芬,而色诺芬又是以这样一种方式进行写作的,以至于大家在阅读时可能会完全错失哲学。②

如果施特劳斯在出版物中对于"解释一则笑话这种惹人讨厌的事"有所犹豫的话,那么,他在课堂上则更容易地放下了此类

---

① Strauss, *Xenophon's Socrates*, p. 91。[译按]中译见《色诺芬的苏格拉底》,前揭,页83。

② [译按]古希腊人吃肉一般要搭配着面包吃。"光吃肉"(*τὸ δὲ ὄψον αὐτὸ καθ' αὑτό*),其字面意思为"就肉本身来吃肉本身"。*αὐτὸ καθ' αὑτό*的表达暗示的是苏格拉底的"理念论",参见柏拉图,《帕默尼德》(*Parmenides*) 130b1 – 10,《斐多》(*Phaedo*) 100b3 – 7。感谢中国人民大学古典文明研究中心的彭磊老师提供的注释。

顾忌。①

[x] 第二个例子涉及《回忆》中关于嫉妒和闲暇的独特定义。在《色诺芬的苏格拉底》中，施特劳斯表明这两个定义实际上无法适用于明智之人，以此来突出这两个定义的独特性。随后，他以下面这个句子来总结这一两页的分析：

> 前面的解读与另一项解释并非不相容，根据这后一项解释，我们不得不将这两个概念用于诸神：诸神嫉妒吗？诸神有闲暇吗？②

下面这一段是他在课堂上就同一个段落给出的分析（见第二讲）：

> 所以，诸神喜欢行事好的人。诸神喜欢他。但这暗示出什么呢？诸神不嫉妒他的福分。这个观点，即诸神嫉妒幸福之人、嫉妒有福分的人，就等于认为诸神嫉妒自己的朋友这种荒谬的观点。大家现在理解关于嫉妒的定义了吧。当苏格拉底谈到嫉妒是对朋友的幸福感到不满、感到不快时，他心中所想的是诸神的嫉妒这个重大问题。我相信这是唯一的解释。

所以，施特劳斯在课堂上明明看作"唯一的解释"的内容，在公开出版的作品中，他只是间接地提了一下，将之看作一种未加详细解释的替代解释，还将其附在一种得到扩展但在他看来尚有缺陷的解释之后。

课程录音稿的用处当然不仅仅在于阐释色诺芬笔下的一些特别段落，尽管这项功用不可否认。要是认为施特劳斯在课堂上表达的

---

① Strauss, *On Tyranny*, 1991, p. 28.

② Strauss, *Xenophon's Socrates*, p. 81。施特劳斯的档案中留有一篇论文的开头，该文以《居鲁士的教育》为研究对象，好像可以追溯到二十世纪三十年代。

观点比在著作中一贯更加直言不讳或毫不遮掩,这将会是愚蠢的想法。例如,施特劳斯在课堂上跳过不讲《回忆》中最有趣(也是位于中间位置)的一节,而他为此做辩解时的那种像律师一样的、近乎老练的方式,值得我们思考:

> 我们今天上课的做法当然站不住脚,因为我们只是从《回忆》中摘出一些零星片段。但如果我们想理解色诺芬,就必须对《回忆》略知一二,既然如此,那我们就合理地选择《回忆》中第一眼看上去理论味最浓的部分,即定义。现在让我们转向卷三第九章。

"那我们就合理地选择《回忆》中第一眼看上去理论味最浓的部分,即定义。"在我看来,这是一个配得上一流裁剪者的辩解理由。一旦我们看到了这一点,就要警惕,不要采纳只是从表面含义推导出的内容,也不要视这种推导所得为定论。因而,这份课程录音稿的主要益处将会是提醒我们记住,不只在课堂上,特别是在出版著作中,施特劳斯是多么愿意拐弯抹角和躲闪逃避,从而可以让我们更清楚地认识到他在任何语境中对其读者提出的要求。

英文编者说明

此次文字转录依据的是现存的课堂录音和原有的记录稿。课程共有十六讲，其中四次课的录音还在：第八讲（不完整），第十一、十二和十六讲。其余十四讲则得自原有的记录稿。

关于课堂上朗读的文本，记录稿收入的是课程指定书目中的文字，但保留了原有的拼法，并且标明了所有段落的出处。

在有录音保存下来的课上，显然兰肯（Donald Reinken）是朗读者，负责朗读那些挑选出来的段落，所以就注明了他的名字。在只留有原记录稿的课上，朗读者极可能也是兰肯，但仅标注为"朗读者"。

本次课程的指定书目有：

Memorabilia, *Oeconomicus*, *Symposium*, *Apology*, trans. E. C. Marchantand O. J. Todd（Leob Classical Library）（Cambridge, MA：Harvard University Press, 1923）.

Hiero, in Xenophon, *Scripta Minora*, trans. E. C. Marchant（Leob Classical Library）（Cambridge, MA：Harvard University Press, 1925）.

Ways and Means, trans. E. C. Marchant and G. W. Bowersock（St. Edmundsbury Press, 1925）.

Athenian Constitution, in *The Whole Works of Xenophon*, trans. Maurice Ashley Cooper, et al.（London：Jones and Company, 1832）.

Constitution of the Lacedaemonians, trans. E. C. Marchant and G. W. Bowersock（St. Edmundsbury Press, 1925）.

Cyropaedia I and II，trans. Walter Miller（Leob Classical Library）（Cambridge，MA：Harvard University Press，1914）.

纳顿（Christopher Nadon）负责编辑这份记录稿，他得到了布拉特（Tiffany Bratt）、加罗（Robert Garrow）、克莱因（Steven Klein）、罗斯（Misha Mintz-Roth）和韦斯（Evan Weiss）的帮助。

关于施特劳斯讲学录整理计划的概况和编辑事宜的指导原则，请参看前面的总体说明。

第一讲　导论

（无具体日期）

[1] 施特劳斯：现在我们进入正题。第一个问题是，我们为什么要转向色诺芬？如果我们可以假设政治哲学研究是一项正当合理的事业的话，那么，研究政治哲学之本源的做法当然就特别合乎情理。

根据一种古老的传统说法，政治哲学的本源便是苏格拉底。苏格拉底占据这个特殊地位，不仅因为他是政治哲学的创建者，还因为他以其生活方式而出名，不仅仅因其教诲，还因其生活方式，其中包括他的死。不单因其教诲，还因其生活方式而出类拔萃的政治哲人，屈指可数。苏格拉底从不写作，关于苏格拉底的教诲还有他的生活，最著名的撰述出自柏拉图之手。然而，就柏拉图而言，人们总是害怕或者说担心柏拉图把很多属于他自己的东西加诸苏格拉底，那个苏格拉底已经不是［原本的］苏格拉底了。至少，为了矫正柏拉图的苏格拉底撰述，我们需要色诺芬。色诺芬身上没有柏拉图的那些独特品质，这些品质诱惑柏拉图在某种程度上夸大苏格拉底。

我无法不提下述事实：色诺芬在当下的名声相当不好。十八世纪末之前，他一直享有很高的声誉，不过，情况从那时开始有变。来看看是谁首先攻击色诺芬的声誉，这相当有意思。这个人便是鼎鼎大名的德意志罗马史史学家尼布尔（B. G. Niebuhr）。① 我不知道

---

① Barthold Georg Niebuhr，古希腊罗马历史学家。参氏著 *Lectures on Ancient History*, 3 vols., trans. L. Schmitz, London：Taylor, Waltonand Maberly, 1852。

他是不是莱茵霍尔德·尼布尔（Reinhold Niebuhr）的先祖——我从未研究过他们的家谱——但无论如何，尼布尔除了是学者之外，还是普鲁士的政治家，并且在这方面是非常杰出的人物。那么，他为什么要批判色诺芬呢？这很有意思。这是十九世纪早期对法国大革命的回应，特别是回应拿破仑的如下企图——建立一个压制各民族（如德意志人）的普世的欧洲帝国。那时候，一种有力的爱国主义在德意志有非常强大的影响力。这便是尼布尔攻击色诺芬的起因。

色诺芬做了什么呢？在色诺芬的时代，雅典与斯巴达之间几乎是冲突不断。色诺芬参与了雅典与斯巴达之间的科罗内亚（Coronea）战役，但他站错了边，即站在了斯巴达一边。尼布尔当然直接说，这样的行为非常不爱国。然而，尼布尔没有考虑到我们如此熟悉的如下事实：一个人即便站错了边，也可能是正派的人。请想一想二战期间那么多在美军中间作战的德国人和意大利人，还有其他类似的事。一个极其重要的政治事实是，爱国主义，即为国家献身，可能与那些更高的责任相冲突。国家与其政体之间的差异，这是在我们的时代我们极为熟悉的重大而棘手的现象，我们的时代对此极为熟悉；十六和十七世纪，即宗教战争的几个世纪，对此也极为熟悉；希腊人也完全熟悉。但对于某几代人而言，这一现象却变得模糊不清。但尼布尔的情况当然非常特殊，他对色诺芬的恶评并不是缘于任何这方面的考虑。

可以说，色诺芬与现代品味特别格格不入。柏拉图的神圣疯狂再加上辩证法，修昔底德坚定的冷静和肃剧感，都立刻［在现代］得到了回应。但这两种东西，色诺芬都没有。色诺芬的特征充其量可以用十八世纪古典学者创造的如下词汇来描述：[2] 高贵的质朴和静默的恢宏（noble simplicity and quiet grandeur）。如你们所知，这些品质在我们的时代并无太大的需求，在十九世纪也是如此。通过研读色诺芬，通过开始理解色诺芬的进路所具有的特征，我们间接地帮助自己更好地理解自己，我们这些二十世纪的孩子。我们可以说，这是我们继承的遗产中与今天的我们尤其格格不入的部分。所以，研读色诺芬并不是在浪费时间。

更重要的是，要提出"我们应该如何阅读色诺芬"这一问题。我相信，色诺芬的坏名声部分要归因于如下事实：人们没有按照色诺芬所希望的方式来阅读他。我给大家举几个例子。

在《居鲁士上行记》（*Anabasis*）中，色诺芬记述了一支军队从沿海向小亚细亚腹地进发的行军过程。这本书在某种程度上是一部记叙军事战役的自传体作品，我后面会讲到这一点，色诺芬自己参与了这场军事行动并且表现出众。他写道："他们来到一座广大、繁荣而且有人居住的城。"① 然后，几天之后，他们来到一座"广大、繁荣的"城。那么，这是什么意思呢？所有的居民都离开了后面那座城，因此，那座城再也无人居住。在这个特殊的语境中，在第一个此类例子中，他不避麻烦，在几行文字之后［译按，《上行记》1.2.24］说居民离开了那座城。稍后，我将以更有条理的方式来解释这一点。

我再给大家举一个例子。《居鲁士上行记》中有一场战斗，［并且］至少在色诺芬看来，正义的一方失败了。波斯大王靠着［某个希腊人即梅侬的］背叛行径逮捕了［希腊］众将领，并且处死了他们。于是，色诺芬谈论起这些将领，还记述了他们各自的性情。其中一个人名叫梅侬（Menon），此人是柏拉图一部对话的主人公之一，这篇对话就冠以《梅侬》（*Menon*）（［译按］常译作《美诺》）之名。② 色诺芬说，这个梅侬是个坏透了的家伙，一个地道的匪徒和骗子，背信弃义。没有什么事比当梅侬的朋友更危险了。梅侬只尊敬自己的敌人，因为敌人时刻保持警惕，他蔑视自己的友人。波斯大王也抓住了梅侬这个人，大王把所有其他将领都斩首了，却用了整整一年的时间把梅侬折磨至死。

有人会想，波斯大王为什么会如此特别关心这些希腊人的道德

---

① 《居鲁士上行记》1.2.6，1.2.23。

② ［译按］在柏拉图的这篇对话里，这位梅侬带着一群奴隶随从由忒萨利（Thessaly）来到雅典，他是高尔吉亚的学生。苏格拉底与梅侬就人的德性问题进行了对话，涉及"德性是什么以及德性是否可教"这些关键问题，其中还涉及著名的"［知识即］回忆说"。

品行呢，以至于他用特别残酷的方式来惩罚这个希腊人的恶行。色诺芬并没有回答这个问题。他给出的唯一回答是：在说了梅侬与其他将领的下场不一样之后，梅侬"并非只是被斩首，这被认为是最快的死法"——之所以说"被认为"，是因为关于这个话题存在着多种观点——"而是受了整整一年的酷刑，一个罪恶之徒罪有应得的"。色诺芬补充了一点，写道，"据说他"受了整整一年的酷刑，在年末时才死去。① 换言之，色诺芬清楚表明：波斯大王本该以这种特别恰当的方式惩罚恶行，这可能是太过美好因而不大真实的事。

我将给大家举另外一个例子。首先，我将给大家摆出一些事实，我们会看到色诺芬的意思是什么。在《居鲁士的教育》（Cyropaedia）的开篇处，色诺芬说起波斯帝国创建者的双亲，他写道，居鲁士的父亲据说是冈比赛斯（Cambyses），[3] 至于他的母亲，人们一致承认是嫚达妮（Mandane）。我希望大家领会到了要点。领会到了吗？好的。上面是关于色诺芬写作方式的几个例子。

现在让我给大家读一读《居鲁士上行记》的一段话，这是色诺芬自己的一篇演讲的结尾词，位于卷五末尾："铭记好事多于铭记坏事，是高贵的、正义的、虔敬的，也是更快乐的！"② 可以说，这就是原则：色诺芬更喜欢谈及好的事物。有时候他不幸被迫要谈及坏事，但他是以一种非常克制的方式这样做。例如，当人们离开了那座城时，色诺芬不会说那是一座被弃之城，他只会说这座城富裕、广大并且无人居住。大家看到要点了吗？色诺芬不会明说这座城遭弃这件坏事。他通常是这么做的。这是高贵的、正义的和虔敬的，也更令人愉悦——因为铭记一个人已经克服的恶当然不会不令人愉快，这是令人愉快的，但铭记美好的事物，荣誉和诸如此类的事物，令人愉快得多。这就是色诺芬的写作通常所采用的方式，现在我们

---

① 《居鲁士上行记》2. 6. 29。
② 《居鲁士上行记》5. 8. 26。[译按] 相关分析，可参布泽蒂，《苏格拉底式的君主色诺芬：〈居鲁士上行记〉的论证》，高挪英、杨志城译，北京：华夏出版社，2020，页30，220。

必须开始看一看这种写作方式意味着什么。

　　色诺芬使得事物比它们本来的样子更令人愉悦，但并非因为他看不见令人不快的事物，而仅仅是由于他认为呈现令人不快的事物是残酷的、是不美好的。他确实是温厚的人。这种写作方式意味着什么？在色诺芬作品的一些抄本中，他被称为演说家（orator）色诺芬。色诺芬是一个演说家。人们一直以来都在将色诺芬与别人对比，一来因为苏格拉底而忍不住拿他与柏拉图对比，一来又拿他与修昔底德对比，因为他续写了修昔底德的《伯罗奔半岛战争志》，即写了一部《希腊志》（Hellenica），这是修昔底德史书的续篇。

　　色诺芬不是像柏拉图那样的哲人，也不是像修昔底德那样的史家，他是一位修辞家（rhetorician）。是的，他是一个特殊种类的修辞家。在《居鲁士上行记》中，他提到军中一位名叫普罗克色诺斯（Proxenus）的战友，此人曾是著名修辞术教师高尔吉亚（Gorgias）的学生。色诺芬记述了战友普罗克色诺斯与他自己之间的差异，以此透露他自己的这种修辞术有别于高尔吉亚或普罗克色诺斯或任何其他修辞术士的那种修辞术。普罗克色诺斯显然是非常良善的人。他也遭波斯大王斩首，只是被斩首，而不是受酷刑折磨至死，因为他确实是个好人。他曾是高尔吉亚的学生。他都有哪些德性呢？他尤其擅长领导贤人，认为靠赞扬或不赞扬就完全足以领导贤人。但当他不得不与一大群士兵这样的顽劣之徒打交道时，他就彻底手足无措了，因为他做不到严厉，做不到强硬。但色诺芬在这两件事情上都做得十分成功，即统领贤人与统领顽劣之徒。这表明了我们可以称之为苏格拉底式的修辞术与普通修辞术之间的差异。

　　顺便说一下，亚里士多德在《尼各马可伦理学》末尾处关于智术师的特征所说的内容，确证了这里对高尔吉亚和所有这类修辞术士所作的分析。非常简单地说一下，亚里士多德的批评大意是：这些修辞术士或智术师太过乐观了。他们相信逻格斯（logos）的全能，逻格斯意味着理智与仅仅是有说服力的言辞的。逻格斯有巨大的局限，大多数人是不愿意服从理智和言辞的。因此，修辞术不能取代政治科学或政治学的位置，甚至无法成为政治科学或政治学非常重要的构成部分。色诺芬与亚里士多德在这一方面有共识。

我可能得顺带提一下，一般著作在阐述所谓智术师的教诲时，会对比智术师与马基雅维利、霍布斯还有其他这样的人。我认为，[4] 在这种对比中，就像在所有这类对比中一样，可以得到一点儿真知灼见。但在具有决定性的方面，这种对比是错误的，因为修辞术对于马基雅维利或霍布斯来说并不发挥任何作用，可对于智术师而言，修辞术至关重要。为了清除那种导致色诺芬遭到冷落的偏见，这些是我必须要说的内容。

现在让我先概述色诺芬的作品，好让我们所有人略微知道这门课程的设计意味着什么。首先，色诺芬写了四部与苏格拉底有关的作品，四部作品都以苏格拉底为主人公：《回忆》（*Memorabilia*，旧译为《回忆苏格拉底》）、《治家者》（*Oeconomicus*）、《会饮》（*Banquet*）和《苏格拉底在法官面前的申辩》（*Apology of Socrates*）。这是色诺芬作品中的一个庞大部分，但大家一定不要认为这些著作都是大部头。很薄的一册书就可以全部收入所有与苏格拉底相关的作品。我们用"S"来代表"苏格拉底"，好吧？

下面是另一批作品。一部名为《居鲁士的教育》，另一部名为《居鲁士上行记》（直译为"居鲁士的上行"）：Anabasis 的意思是"上行"。这两个题目都很有意思，顺便说说，因为《居鲁士的教育》——我们一定得明白这个标题的意思是什么。居鲁士的上行只是《居鲁士上行记》卷一的内容，但整部著作冠以"居鲁士上行记"之名，而它仅仅是卷一的内容，最多是前两卷的内容，剩余的篇幅都在讲述希腊人在色诺芬的带领下向海边下行。① 这当然是两个非常不同的居鲁士：一个是波斯帝国的创建者大居鲁士，一个是大居鲁士两代或三代之后的小居鲁士。我这会儿记不清楚确切的谱系了，但我们可以把这二人当作同一个居鲁士，因为我们在《治家者》第四章第十六至十九节读到——具体内容马上就会朗读给

---

① 施特劳斯在这里口误混淆了《居鲁士的教育》与《居鲁士上行记》的标题。编者对文本作了修正，好让每个标题与他的讲述相符。

大家听。

学生［读文本］：

有人还说，居鲁士，一个有着至高盛名的君王，曾经对那些被叫来接受奖赏的人说，他自己配得上因这两件事情而得到奖赏；因为他说他既最擅长耕作田地，又最擅长保卫所耕作的田地。（《治家者》4.16）①

施特劳斯：这是在谈论农业，就连这位君主都是一名农民，这是［苏格拉底］在赞美农业时说的话。

学生［读文本］：

克里托布鲁斯说："如果居鲁士说过这话，苏格拉底喔，那无论如何，比起当一名娴熟的战士，他对于让其田地多产以及耕作田地同样感到自豪。"

苏格拉底说："是的，以宙斯的名义，要是居鲁士还活着，似乎他本会成为一名杰出的统治者。关于这一点，有许多证据，但尤其是如下这个事实——在他前去为争夺王位而向其兄长进军的路上，据说没有一个人从居鲁士身边叛逃至大王一方，反倒有成千上万的人从大王身边叛逃至居鲁士一方。人们自愿服从一名统治者并且甚至愿意在危难关头和他站在一起，我认为这一点也是证明统治者身上的德性的重要证据。在居鲁士活着时，其友人都在他身旁一起作战，当他倒下时，他们所有人在他的尸体附近战斗至死，只有阿里艾

---

① ［译按］为了让读者更好地理解所引的文段，我们在翻译课堂上朗读的这些大段引文时，没有选择参照课上所用的英译文，而是选择根据更加信实的译本译出，此处中译依照 The Shorter Socratic Writings 里的英译文译出，见 The Shorter Socratic Writings, edited by Robert Bartlett, Ithaca：Cornell University Press, 1996, p. 53. 下同，不——赘述。只有在施特劳斯纠正译文时，才保留课堂上所用译文。

奥斯（Ariaeus）除外，因为此人恰巧被安排在左翼。"（《治家者》4.17–19）

施特劳斯：这位当然指的是小居鲁士。但"有人还说，居鲁士，一个有着至高盛名的君王"。而小居鲁士从未当过大王。换言之，苏格拉底在此将两位居鲁士等同起来了，他掌握这条信息，当然只能通过色诺芬（也就是说，历史上的苏格拉底并不掌握这条信息，而色诺芬非常了解这两位居鲁士之间的差别）。[5] 这赋予我们在某种程度上将这两位居鲁士等同视之的权利，所以，现在我们能够得出的结论就是，色诺芬的作品有两极：苏格拉底与居鲁士。苏格拉底是一位哲人，正如我们所说，而居鲁士是一位治邦者、大王和将领。因此，问题马上就来了，这两种事物之间的关系是什么？哲学与政治（包括统兵之道）之间的关系是什么？

如果大家读一读《回忆》卷三第一章，就会发现苏格拉底完美地掌握着统兵技艺。这是苏格拉底在那儿所说的内容——一个掌握着统兵技艺的人就是一名将军；他的肩章上有几颗星还是没有星，是完全无关的小事。将兵之道在于知识，在于技艺，而苏格拉底掌握着知识。换言之，苏格拉底并不仅仅是一位哲人；他是一位哲人—将军。① 但是，有如下差别：苏格拉底不教授统兵技艺，而他教授，例如，农耕技艺；而居鲁士这位将军当然不是哲人，不教授哲学。所以，这里面是有某种重要区别，我们马上就会注意到。

苏格拉底与居鲁士这俩人，由一个了解他们俩人的第三者联系在一起，我可以问问是谁吗？色诺芬自己。色诺芬是这二人的关联之处，因为色诺芬曾站在居鲁士这一边与居鲁士的王兄即波斯大王阿尔塔克瑟尔克瑟斯（Artaxerxes）作战。因此，作为关联之处的色诺芬在一定程度上在自己身上呈现出这个人与那个人之间的关系问题，我们可以称之为理论与实践之间的关系问题。这是苏格拉底与

---

① 施特劳斯的原话是："一位哲人，破折号，将军"。

居鲁士之间的一个暂时性的区别，我们尚未考虑过它，它是如此明显，但大家不会想到它，因为它太明显了。然而，某某［译按：课堂上发言的学生，姓名不详，下文中凡出现"某某"皆是这种情况］先生可能能够帮到我们。

学生：居鲁士是个异族人。

施特劳斯：让我们用一个更难听的词：蛮族人（barbarian）。这就是希腊人本有的称呼方式。所以，这人是个希腊人，那人是个蛮族人。这把我们带到另一个主题面前：希腊性（Greekness）。色诺芬已经处理过这一主题，他采取的方式是将自己的一部作品命名为《希腊志》（Hellenica），Hellenica 即指希腊事务；我们不应该按通常的译法将之译作《希腊史》。毫无疑问，以色诺芬为主人公的那部著作当然是《上行记》。

居鲁士是个蛮族人，更确切地说，是个波斯人，波斯帝国的创建者。我们发现，希腊人主要分裂为两极——斯巴达与雅典，就像居鲁士与苏格拉底或蛮族人与希腊人这两极一样。斯巴达与波斯之间有重大的近似之处。《居鲁士的教育》第一卷所描述的波斯政体是理想化的波斯，①雅典与之相距甚远。

现在我们可以进入色诺芬的其他作品，从政治角度谈论雅典的著作即《雅典政制》（Athenian Constitution/Regime of the Athenians）和《邦国财政》（Ways and Means or On Revenues），其中《邦国财政》是现存最早的政治经济学专论。我们将会读到它。色诺芬还写了《拉刻岱蒙政制》（Spartan Constitution/Regime of the Lacedaemonians）。

现在，我们几乎已经面面俱到了，有一点除外。我们已经看到，统兵之道是一个非常庞大的主题。在隶属于统兵之道的各种技艺中，令人印象最深刻的是骑兵指挥官的技艺，大家当然都知道的。大家一定不要忘了，即便在今天，坦克以及此类部队，都是部分地由骑兵转化而来。无论如何，[6]这些骑在马背上的男人曾无可置疑地

---

① ［译按］此处的"波斯"当有误，应为"斯巴达"，即理想化的斯巴达。

享有一种不在马背上的人可能无法享有的尊荣。因此，色诺芬以《骑兵指挥官》(Cavalry Commander)① 为题写了一部作品，另外一部是《论骑术》(On Horsemanship)。但是，还有一种与战争技艺相关的意象非常重要，人们过去一直认为它对于理解战争有重要作用，这就是狩猎。贤士猎人将跨在马背上，当然，他的猎犬与之相伴，因此，色诺芬还写了一篇短文《论狩猎》(On Hunting)，② 即带着猎犬狩猎。

我相信，我们现在已经面面俱到了，不，还没有，因为苏格拉底是希腊思想家，居鲁士是非希腊的统治者。问题自然就来了，特别是对于希腊人来说，希腊的统治者怎么样呢？一部是《阿格西劳斯》(Agesilaus)，另一部是《希耶罗》(Hiero)：阿格西劳斯，我们能够称之为斯巴达的一位合法国王，而希耶罗是一位希腊僭主。我相信，我在概述时没有遗漏色诺芬的任何一部作品。就整体的导论而言，这些内容可能就足够了。

无论如何，比起从居鲁士这一方开始，我们难免更有兴趣从色诺芬笔下的苏格拉底这一方开始，尽管我们会在这门课程的后半段讨论居鲁士。但我们先对苏格拉底研究一二，为那做好准备，因此，我们必须简略地探讨一下色诺芬的苏格拉底作品，即四部苏格拉底作品本身。它们之间有何关联？《回忆》一书一共有四卷，卷一的前

---

① [译按] 这篇短文标题更信实的英译应是 The Skilled Cavalry Commander，即《高明的骑兵指挥官》。这篇短文的希腊语标题是 Hipparchikos，这个希腊语形容词与表示马或者骑兵 [队] 的希腊语单词（hippos 或 hippeus）以及表示统治者的希腊语单词（archon）有关联，而且这个特别的形容词的后缀 -ikos 指的是一种技艺。Hipparchikos 不是只意为骑兵指挥官（hipparchos），而是意为"精通统领骑兵的 [人]"或"关于骑兵统领术的叙述"。色诺芬其他与 Hipparchikos 最相似的标题有 Kunegetikos [精通猎狗狩猎术之人]，Oikonomikos [精通治家术的人] 以及希耶罗或 Turannikos [精通僭主术的人]，这些标题也暗示出技艺，而且可以修饰某个得到暗示但未明言的人或叙述，参 The Shorter Writings，edited by Gregory McBrayer, ibi., p. 381。

② [译按] 这篇短文标题更信实的翻译应是《精通猎狗狩猎术之人》(Cynegeticus/The One Skilled at Hunting with Dogs)。

两章是为苏格拉底辩护，反驳那种认为苏格拉底犯了死罪的指控。这部著作的大部分内容是在处理另一个主题。现在就让我们读一下《回忆》卷一第三章的开头部分。

学生［读文本］：

> 我现在会尽可能地写下我回忆的内容——在我看来，他实际上过去如何常常使他的同伴们受益，部分是通过在行为上展现出他自己所是的那类人，部分还通过交谈。（《回忆》1.3.1）①

施特劳斯：这就是《回忆》剩余内容的主题：苏格拉底使他的同伴们受益。那么，"使他的同伴们受益"是什么意思？"使一个人的同伴们受益"这种一贯做法是什么意思？色诺芬为我们解答了这个问题，他是一个诚实的人，解答了我们所有的问题。在《回忆》末尾，如果你来读最后一段的话。

学生［读文本］：

> 在那些知道苏格拉底即知道他是什么类型之人的人里面，所有那些渴望德性的人甚至现在都仍然最渴望他，因为他在关切德性方面非常有益。在我看来，毫无疑问的是，就他是我所已经描述过的那样而言——如此之虔敬，以至于没有诸神的判断，他就什么也不做，如此之正义，以至于不会伤害任何人，哪怕是些微的伤害，而且在最大程度上②使得那些与他交往的人获益。（《回忆》4.8.11）

---

① ［译按］此处中译依 Bonnette 的英译文译出，同时参考了中国人民大学的彭磊老师的《回忆》中译稿，见 *Memorabilia*, translated and annotated by Amy Bonnette, Ithaca: Cornell University Press, 1994, p. 18。除非特别说明，以下的《回忆》中译文皆据此英译本译出。在此特别感谢彭磊老师的慷慨分享。

② ［译按］这个短语（ōphelein ta megista）也可以翻译成"在最重要的事情上"，施特劳斯在此采取的是后一种翻译。

施特劳斯：我们在这儿停一下。照字面来翻译："在最重要的事情上使那些利用他的人受益"。使自己认识的人受益，这属于哪项德性呢？正义。所以，《回忆》主体部分的主题是正义，即"使人受益"这种宽泛意义上的正义。

《回忆》的前两章是反驳针对苏格拉底的指控。指控的内容是："苏格拉底犯下不义之行"，因为他做了这样和那样的事情。[7] 驳倒这种指控，就意味着苏格拉底没有犯过这些不义之事。苏格拉底是正义的，但现在是更狭义上的正义，即意为合法或守法的那种正义。我们可以说，《回忆》的主题是苏格拉底的正义，因而，其他三部苏格拉底作品的主题就不是苏格拉底的正义。但是，依据什么原则来划分其他三部苏格拉底作品呢？这简单。读一下《回忆》1.1.9。

学生［读文本］：

因为实际上他认为诸神关切人类，但不是像多数人所认为的那样。因为他们认为诸神知道一些事情，而不知道其他事情。但苏格拉底认为诸神知道所有事情——所说的、所做的和暗中所思虑的事情。（《回忆》1.1.9）。

施特劳斯：我们在这儿停下。"所说的、所做的和暗中所思虑的事情"。三种事情。所有的人类活动被分为这三种。说，做，静思默想。如果大家看看其他三部苏格拉底作品的开篇，就会看到，每一部作品都以其中一项为主题：《治家者》涉及苏格拉底的发言或谈话；《苏格拉底的申辩》涉及苏格拉底的静思默想；位于中间的《会饮》涉及苏格拉底的行动。关于《会饮》，我不得不加一点限定。《会饮》探讨了苏格拉底的行动，也探讨了其他人的行动，因为苏格拉底并非唯一在其中有所行动的人。色诺芬还将这些行动描写成贤人们的玩笑式行动。所以，苏格拉底在某种程度上完全不是一个行动着的人；他只像贤人们玩笑式地行动那样玩笑式地行动。

这带来了另一个问题。我相信，这是［色诺芬的］苏格拉底作品的写作安排,但它提出了另一个问题:探讨贤人们玩笑式的行动而不是记述贤人们严肃的行动,这难道不是最惹人不满的事情吗?我们必须在色诺芬的哪部作品中来寻找贤人们严肃的行动呢?《希腊志》,即那部《希腊史》,① 原因如下:《希腊志》根本没有告诉我们它讲的是什么。这是迄今为止唯一一部以"在这些之后" ($\mu\varepsilon\tau\grave{\alpha}\ \tau\alpha\tilde{\upsilon}\tau\alpha$) 开篇的著作。大家见过一开篇就是"在这些之后"的著作吗?对于这个不同凡响的开篇,人们可以给出很好的理由:这是修昔底德《伯罗奔半岛战争志》的续篇。因此,色诺芬才说"在这些之后",指的是修昔底德搁笔之处。首先,我会说,没有一个正常地续写他人作品的人会这么做。他会说:"到此为止所发生的事,奥罗儒斯(Olorus)之子修昔底德已经写过,现在我,雅典人色诺芬,将往下续写。"这么说并非冗余之词。把《希腊志》的结尾部分拿过来看看,就能够轻而易举地表明这一点;《希腊志》差不多是以"在这些之后"收尾的。② 这当然不是说它真的以这个表达收尾。其意思是,《希腊志》的结尾写的是发生在公元前362年的勒乌克特拉战役(the battle of Leuctra)。每个人都曾期待——可希腊再次陷入乱局——每个人都曾期待:无论哪一方赢得这场战争,这种无序,这种混乱,都将终止。但如此巧合的是,在勒乌克特拉战役后,乱局更甚于之前。然后,色诺芬继续说,"在这些之后"发生了什么,我就留待别人去讲述吧。所以,我认为我们可以说,色诺芬以"在这些之后"开篇,以"在这些之后"收尾,这正是色诺芬的这种措辞所传达出的非常重要的信息。我们所谓的历史,就是一连串的之后、之后、之后、之后。每一个"之后"所共有的东西是:处于混

---

① [译按] 施特劳斯在这里是以通行的译名来提及色诺芬的《希腊志》。

② [译按] "在这场战斗之后,比起以前,希腊出现了更严重的失序和混乱。就让我写到这里为止吧。至于在这些之后发生的事情,大概有其他人会关心($\tau\grave{\alpha}\ \delta\grave{\varepsilon}\ \mu\varepsilon\tau\grave{\alpha}\ \tau\alpha\tilde{\upsilon}\tau\alpha\ \emph{\i}\sigma\omega\varsigma\ \emph{\"{\alpha}}\lambda\lambda\omega\ \mu\varepsilon\lambda\acute{\eta}\sigma\varepsilon\iota$)。"这是《希腊志》的最后两句话。中译文由译者根据 Marchant 校勘的牛津古典文本的《希腊志》校勘本译出,参 E. C. Marchant, *Historia Graeca*, Oxford Classical Texts, Oxford: Oxford University Press, 1900。

乱中的世界。如果大家看看所有时代和所有地方的编年史，至少在所有文明民族当中，大家将会发现一直有混乱、冲突、转折时代，或者不管你如何称呼它。因此，它是深思熟虑之后写下的开篇，而非无心为之。关于色诺芬的作品，暂时就说这些吧。

[8] 我想特别就色诺芬笔下的苏格拉底形象说几句，给大家举《回忆》的几个例子，《回忆》当然是色诺芬最重要并且内容最丰富的苏格拉底作品。色诺芬如何展现苏格拉底的正义呢？这本著作分为几个部分。现在我还不能详说。但其中一个特别清楚的部分是卷三的第一至七章。这七章讲述的是苏格拉底如何对待那些渴望高贵或美丽事物的人，比如，渴望政治荣誉的人。第一个人是渴望成为著名将领的年轻人，他想要成为像阿伽门农（Agamemnon）那样的人。这个年轻人并非十分成功，但他对这种高贵之物的渴望之情真实存在。随后两章的开篇都是无名之人。再往后（即第四章），我们上升了；我们来到一位在世的将领尼科马基得斯（Nicomachides）面前，① 将领是高位，正是他的名字表明他对战争和胜利有兴趣。这一章（即第四章）很迷人，我们在其中发现了一句可以用于一部经济学原理著作的箴言：不要小看 the economic men（即"善于治家的男人们"）。这句话在今日不危险，但过去在希腊是有危险的。好。接下来（即第五章），我们来到了伯里克勒斯（Pericles）面前，当然不是那位著名的伯里克勒斯，而是他的儿子。再往后我们来到我们的老朋友格劳孔（Glaucon）面前，大家已从柏拉图的《王制》（旧译《理想国》）认识了格劳孔。现在就让我们来读一下格劳孔那一章的开头部分。第六章。

学生［读文本］：

---

① ［译按］根据《回忆》卷三第四章的内容，尼科马基得斯这个人虽然认为自己配得上将领这个职位，但雅典人并没有选他，反而选了一个擅长治家却不擅长战斗的人为将领，苏格拉底与尼科马基得斯的对话便围绕此事展开，集中讨论的是什么人有资格担任将领一职。因而，施特劳斯这里称尼科马基得斯为将领是有些奇怪的，毕竟，根据《回忆》的说法，我们没法判断出尼科马基得斯之前担任过将领。

阿里斯通的儿子格劳孔试图成为一名演说家并对城邦的领导位置孜孜以求，尽管他还不满二十岁。他的任何一个友人或亲戚都无法制止他，尽管他会使自己被人从讲坛上拽下来并且使自己沦为笑料。只有苏格拉底，看在柏拉图和格劳孔的儿子卡尔米德的份上，才对他有兴趣，成功制止了他。（《回忆》3.6.1）①

施特劳斯：我们在这儿停一下。大家看到了，为什么马尚特这么译呢？"苏格拉底看在格劳孔的儿子卡尔米德和柏拉图的份上，才好心对待格劳孔。"马尚特为什么要颠倒［卡尔米德和柏拉图的］顺序呢？这是在犯罪啊。大家看到了。当我们转向下一章时，大家将会读到一场发生在苏格拉底与卡尔米德之间的对话。有一点我必须得说：如果只是看在格劳孔自己的份上，苏格拉底对格劳孔不感兴趣，这一点很清楚。苏格拉底是看在别人的份上才对格劳孔感兴趣的，这些人当然与苏格拉底更亲密，这很自然。色诺芬在第七章上升了，这一章记叙的是苏格拉底与卡尔米德之间的对话，卡尔米德是格劳孔的儿子，② 也是柏拉图的亲戚，柏拉图的一篇对话就是以卡尔米德为主人公。③ 那么，看到色诺芬从格劳孔上升至卡尔米德之后，大家期待什么呢？卡尔米德，大家也看得到，毕竟并不是来自最高层级的人。必须提及他的父名：卡尔米德——格劳孔的儿子。然后，色诺芬提及另一个名字时就没有说到其父名，因为在那个情

---

① ［译按］此处的中译文根据讲稿给出的 Marchant 的英译文译出。下面的中译文根据 Bonnette 更忠实的英译文译出：格劳孔，阿里斯通的儿子，出于对统治城邦的渴望而试图发表公共演说，尽管他当时还不到二十岁，他的其他亲人或朋友没有一人能够阻止他，免得他被人从讲坛上拽下来而且使自己变得可笑，但苏格拉底看在格劳孔的儿子卡尔米德和柏拉图的份上对格劳孔好心好意，自己一人阻止了格劳孔。

② ［译按］这个格劳孔并不是刚才提到的那个阿里斯通的儿子格劳孔，只是两者同名而已。卡尔米德是刚才提到的那位年轻的格劳孔的舅舅。

③ ［译按］即《卡尔米德》（*Charmides*），中译文参彭磊，《苏格拉底的明智》，北京：华夏出版社，2015。

境中，大家不需要：柏拉图。那么，依理，第八章就应该写柏拉图。看一场苏格拉底与柏拉图的对话，会是趣事一件，但没有迹象表明存在这场对话。下面让我们来看看第八章的开篇。

"当阿里斯提普斯（Aristippus）试图诘问苏格拉底时。"第八章，在一定程度上还有第九章，涉及的人物是阿里斯提普斯。阿里斯提普斯成了占据柏拉图位置的人，这不可思议。但是为什么——为什么色诺芬可以在一定程度上用阿里斯提普斯来代替柏拉图呢？阿里斯提普斯与柏拉图有什么共通之处？阿里斯提普斯是一位哲人，他创建了所谓的昔兰尼学派（Cyrenaeic School）。但在色诺芬构建的体系中，这是一件趣事。所以，我们看到了这些：从卷三开篇处上升，直到我们来到卡尔米德面前，卡尔米德是最高的。卡尔米德以他自己的方式成了一个重要的人，在雅典的寡头派革命之后，他成了三十僭主中的首领之一。但他显然是一个兼有邪恶与巨大魅力的人。这一点从柏拉图的对话《卡尔米德》中已经可以看出。但他并非平庸之人。

[9] 接下来我们就遇到了阿里斯提普斯。再接下来就是轻而易举地往下降。大家将会看到苏格拉底稍后来到几个手艺人面前，① 接下来是一个放荡的漂亮女人（即第十一章），再接下来是一个身体非常孱弱的人（即第十二章），再往下到结尾，即第十三到十四章，就干脆是苏格拉底在不同情境下碰到的无名之人了。此处的顶峰，即柏拉图，消失了。我们必须弄清楚这个现象。这并非孤例。在卷四第一章，色诺芬可以说是从头开始，论及苏格拉底如何以不同的方式与不同的人打交道：他如何与第一种类型的人谈话，也就是说，首先是最好的人；接下来是有这种缺陷的人；再接下来是有那种缺陷的人，等等等等。所以，苏格拉底是让自己适应不同类型之人的才量。让我们看看卷四第二章的开篇。

学生［读文本］：

---

① ［译按］与画家、雕刻家和胸甲匠人的对话，见卷三第十章。

我现在将记叙苏格拉底如何对待那些自认为已经获得最好的教育并且为自己的智慧感到骄傲的人。(《回忆》4.2.1)

施特劳斯：显然，这是另一种有缺陷的类型，因为这些人并非最好的人，这些人当然是没有任何充分的理由便相信自己受到完美的教育，他们还以他们的智慧为骄傲。色诺芬以一个名为欧蒂德谟（Euthydemus）的人为例加以说明。欧蒂德谟是苏格拉底在卷四剩余部分的谈话对象，虽然并非每一章都是，但几乎由此往下贯穿了整个卷四。① 所以，《回忆》卷四的第二至六章是在写苏格拉底与欧蒂德谟的谈话，从色诺芬的记述来看，欧蒂德谟是一个等级很低的人。还有其他类型的低等级人物。我们必须弄清楚苏格拉底如何与最好类型的人谈话，色诺芬在卷四第一章的开篇（4.1.2）描述了最好类型的特征。色诺芬明确地表达了这一点，不，还是让我们首先转向卷一第六章第十四节吧。

卷一第六章写的是苏格拉底与一名智术师即安提丰（Antiphon）的对话，这场对话非常重要。我们无法全读。苏格拉底试图向安提丰解释自己的生活方式。我们可能得读一读第十三至十四节，因为这两节总述了哲人与智术师之间的区别。可以读了。

学生[读文本]：

"安提丰，这是我们中间的共识：年轻美貌与智慧以类似的方式高贵地给予或可耻地给予。因为如果有人为了钱想要把自己的年轻美貌出卖给任何一个想要的人，人们称之为卖淫者；但如果有人认识到谁是一个既高贵又好的爱欲者而与这人交朋友，我们就认为他是明智的（moderate/$\sigma\omega\varphi\rho o\nu a$）。同样，还有一些人为了钱把自己的智慧卖给任何一个想要的人，这样的人，人们称之为智术师，正好像他们是卖淫者一样。"（《回忆》1.6.13）

---

① [译按]卷四第四章记叙的是苏格拉底与智术师希琵阿斯（Hippias）关于正义的对话。

施特劳斯：他们现在叫作知识分子。是吧？在某种程度上也可以是教授，但情况没那么简单。现在我还不能展开解释。

学生［读文本］：

"但我们认为，一个人把自己所具备的任何好东西都教给一个他知道有好天性的人，从而与之结为朋友，那么，这个人就做了适合一名既高贵又好的邦民的事情。因此，安提丰，正如其他人因一匹良马或是狗或是鸟而感到快乐，我自己则因好友而感到更快乐。如果我有一些好东西，我就教给他们，我还把他们推荐给我认为可以使他们在德性上受益的其他人。在和我的朋友们一起阅读时，我会仔细琢磨古代智慧之士在其作品中写下并留给我们的珍宝。[10] 如果碰上一些好东西，我们便摘录下来。我们认为，如果我们彼此之间成为朋友，① 这便是很大的收获。"当我听到这些内容时，我便认为他本人是幸福的人，② 并且他把那些听从他的人引向高贵与好。（《回忆》1.6.13 – 14）

施特劳斯："幸福的"可能是不及之译。我会译成"受到福佑的"。据色诺芬所言，苏格拉底做过的事情就是：与友人们一起阅读古代智慧之士的著作，并且在其中寻求珍宝。色诺芬在任何地方都没有举出一个苏格拉底这种消遣的事例。正如他略去了苏格拉底与柏拉图之间的对话，他也略去了苏格拉底与苏格拉底称之为好天性［译按：即具备好天性之人］之间的对话，甚至提都没提这样的对话。我可以举出其他例子。

顺便看一下，卷一第三章有一场苏格拉底与色诺芬之间的对话，

---

① ［译按］有一个抄本的读法是"对彼此有助益"（ōphelimoi），而不是此处的"彼此之间成为朋友"（philoi）。见 Bonnette 的英译本，页 30 的脚注。

② ［译按］Bonnette 译为"受到福佑的"（blessed），马尚特译为"幸福的"（happy）。该段的其他内容都译自 Bonnette 的译本，只有这个词除外。

但这场对话只是确证了我的说法。因为苏格拉底对色诺芬非常不友好,苏格拉底称其为"你个傻瓜","你个糟货",苏格拉底没有这么叫过其他任何人。这让大家想起什么来了?

学生:谐剧[译按:旧译"喜剧"]。

施特劳斯:在阿里斯托芬的《云》(*Clouds*)中,苏格拉底以这些字眼儿叫他的学生。换言之,色诺芬在讲述自己与苏格拉底之间的关系时,采用的是完全反讽的方式。《回忆》卷四第六章第十三至十五节讲了这条原则。在此,我们必须特别小心地注意马尚特的翻译。

学生[读文本]:

> 每当有人与苏格拉底争论——①

施特劳斯:过度不及的译法。

> 每当有人就某个主题反驳苏格拉底,而这个人又说不出什么明确的东西,只是毫无证据地断言某人比另一个人更明智或是更好的政治家,或者更勇敢或者任何同类的内容时,苏格拉底就会大致以下面这种方式把整个论证(logos)引回到前提。

也就是说,什么是政治家?什么是政治家?第十四节对此加以详述。那么,"谈话被引回到前提时,就连反驳者都逐渐看见了真理"。换言之,我们知道什么是政治家,什么是真正的政治家之后,就能够轻而易举地看出,比起忒米斯托克勒斯(Themistocles),伯里克勒斯是不是一位更好的政治家,或者什么别样的人。让我们继续吧。这是苏格拉底与反驳者谈话时的做法。

学生[读文本]:

---

① [译按]这是马尚特的翻译。

每当他自己要辨明一个问题时，都是在获得普遍同意之后再向前推进——（《回忆》4.6.15）①

施特劳斯：译得又不够准确，应该是"每当他自己以言辞来检审某种事物时"。换言之，是苏格拉底而非别人主动发起谈话时，他是从获得最广泛认可的事物向前推进，因为他相信这是言辞方面的安全。"因此，当他发言时，他比我所知道的任何人都更加成功地获得聆听者的同意。"苏格拉底说，荷马让奥德修斯拥有一名安全发言者的品质，[11] 也就是说，奥德修斯有能力从人们同意的事物出发来引领言辞的展开，人们同意的事物即对人而言看上去是真实的事物。

色诺芬在此区分了两种苏格拉底式的辩证法。一种用于与反驳者的谈话，另一种用于与非反驳者的谈话，换言之，用于与那些只是聆听的人谈话。在第一种情形中，他向前推进的方式是让真理自身向反驳者显明。② 在第二种情形中，他最成功地让所有听众达成了共识。他并不上升至基本前提，上升至这里所说的假设，而是从大家同意的观点向前行进，却从不越出普遍同意的观点的范围。色诺芬为什么称第一种类型的人——其实他指的是聪明颖悟者——为什么他称这些人为反驳者，"反驳者"是多多少少带贬义的称呼，这个问题一言难尽，但在根本上与我们前面已经提及的问题是一回事。反驳者——他不得不检审所有言辞：谁是反驳者，谁不是反驳者呢？还有，反驳涉及什么？我的意思是，反驳有可能是非常低级和非常无趣的。

通过讲述《回忆》的第一章，我可以具体说明我今天提出的这些要点，我可能会这么做。但还是让我先来看一看我有没有讲清楚吧，欢迎任何反对意见，反驳，还有提问。请讲。

---

① ［译按］原文误作 4.6.13。这是马尚特的英译文。
② ［译按］在原文中，此处为逗号，后面是"换言之，当他与只是聆听的人谈话时"，这半句话疑是衍文，故在正文中删去。

学生：色诺芬关于苏格拉底的记述有多可靠呢？

施特劳斯：怎么说呢？要看情况而定。当大家像阅读帕森斯（Talcott Parsons）① 的著作或《记者》（*The Reporter*）甚或一些更好的东西那样来阅读色诺芬时，大家当然会得到如下印象：色诺芬要么是某种退伍上校，政见保守的老人类型，要么是英国公立学校的学生。后一种印象给人的印象要好些。19 世纪有位色诺芬作品的翻译者，即达金斯（H. G. Dakyns），就以这种英国学生的心态来阅读色诺芬，因此，达金斯的译文和他对色诺芬的整体把握，要比我们在别处看到的更胜一筹。换言之，[色诺芬是] 一个不可能有能力理解苏格拉底之要义的人。我认为，这是今天相当普遍的看法。所以，换个说法，[色诺芬是] 一位美好的贤人，或许是一位美好的贤人，甚至这都成问题。不过，让我们说，他是一个美好的贤人，但属于不可能有能力理解苏格拉底的那种更具骑兵和农夫色彩的贤士。这在今天是非常通行的看法。[关于] 色诺芬的苏格拉底是哪个苏格拉底，有各种各样的理论，既然它不可能是真实的苏格拉底。安提斯忒尼斯（Antisthenes）的苏格拉底，我不知道是谁。这些是可以被完全驳倒的假说，但这是乍看之下而已。

我当然是在暗示，如果一个人理解色诺芬，他就会有不同的看法。还是让我稍加阐明吧。上一代希腊哲学最优秀的研究者之一是伯内特（John Burnet），他是柏拉图全集的编辑者。而伯内特对这个问题持如下看法：色诺芬当然一点也不理解苏格拉底，色诺芬受到苏格拉底的吸引，是由于苏格拉底杰出的军事声誉（大家知道的，在德里乌姆 [Delium]，苏格拉底与拉克斯（Laches）共同撤退，在珀狄岱亚 [Potidaeia]，苏格拉底救了阿尔喀比亚德 [Alcibiades]），还有其他这类事情。有意思的是，所有这些事情，我们都是从柏拉图那里知道的。色诺芬对这些事情只字未提。色诺芬只是说，苏格拉底是个正义的人，无论是在和平时期，还是在战争时期和战争中。换言之，苏格拉底是尽责的邦民，被征召入伍时，他便外出打仗，

---

① 帕森斯（1902—1979），美国社会学家。

但［在色诺芬笔下］没有任何涉及苏格拉底军事声誉的内容。①

［12］伯内特所犯的这个严重而怪诞的错误，当然表明了这种偏见是何等强大。人们，并且是有学识的人们，如果不是完全受惑于一种十分强大的偏见的话，是不会犯此类愚蠢错误的。我确定这种偏见是错的，并且我相信我能够举些例子。关于那些最重要的问题，色诺芬表面上说得非常之少。可以说，色诺芬讲述这些问题的方式给人留下这样一种印象：他对这些问题所知甚少或几乎不关注它们，他主要对作为某种四处布道者的苏格拉底感兴趣。苏格拉底到处布道，② 说"要有德性！""要自我克制！"诸如此类的话，大家知道的。这是大家从相当多的段落中得到的印象。然而，当大家更用心地阅读这些段落时，就会看到其中包含着许许多多其他内容。然而，我必须得说，所有这些如此简单的言辞，充其量是令人着迷的，如果是走马观花地读一遍，其中的许多话简直是淡而无味的，这么说没有问题，但所有这些言辞都是经过深思熟虑的，并且包含着非常深刻的思想。

我给大家举一个例子，如果我没记错的话，这是苏格拉底的私人问题。苏格拉底娶了大名鼎鼎的克珊蒂佩（Xanthippe）。苏格拉底的儿子朗姆普罗克勒斯（Lamprocles）对唠叨不已的母亲极为不满，于是向苏格拉底抱怨。苏格拉底甚至没想过要跟克珊蒂佩谈一谈，他试图改变儿子。但色诺芬并没有这么说。没有苏格拉底与克珊蒂佩之间的对话，只有他与儿子朗姆普罗克勒斯的这次对话。好，我只提一个要点。朗姆普罗克勒斯抱怨的事情是他的母亲辱骂他——苏格拉底问他：她咬你了吗？（这毕竟是件大不幸的事）朗姆普罗克勒斯说：没有，但她对我说的话没人能听得下去。这时，苏格拉底说：你去过剧场吗？——去过。你听过那些演员激烈地对骂吗？——

---

① ［译按］关于这一论题的精彩论文，参 Iraj Azarfaza, "Overcoming the Powerful Prejudice against Xenophon: A Debate between Leo Strauss and Friedrich Schleiermacher," *Interpretation*, 48：1, Fall 2021。

② ［译按］施特劳斯此处用的是 stump preacher, 这一表达大概源于美式英语的 stump speaker, 指的是四处巡回发表政治演说以获得选民支持的政客。

听过,但演员们并不是当真的(mean it)!朗姆普罗克勒斯说。苏格拉底立即说:难道你妈妈是当真的吗(Does your mother mean it)?

大家看,这个玩笑妙就妙在 meaning 一词的含混性。在某种程度上,他母亲的确是当真的,但在某种更深层的意义上,她当然不是当真的。meaning 一词的含混性是一种把戏。在所有这样的故事中,即使它们没有什么其他明显可见的优点,也有这种优点,但还有更多。

现在我会以更明确的方式回答你的提问。当色诺芬在《回忆》第一章谈论指控的第一部分内容时——其大意是说苏格拉底不信城邦所信奉的诸神——他谈到了苏格拉底虔敬的行事,然后他在第十节转向了一个多多少少更加关键的主题。

学生[读文本]:

> 此外,苏格拉底总是在[人们]看得见的地方——

施特劳斯:换言之,苏格拉底无法在私下里干任何不虔敬的事,因为天亮时他就已经在户外了,一整天都是。因此,每个人都能够知道苏格拉底做了什么,他做的事,没有一丁点儿不合道德的成分。可以继续读了。

学生[读文本]:

> 因为他过去经常一大早就去长廊和田径场散步;当市场挤满人时,人们在市场上可以看到他;白天剩下的时间里,他总是在他可能会跟最多人在一起的地方;他大部分时间都在说话,任何人想要听他说话,都可以听。但从没有人看见或听见苏格拉底做任何不虔敬和不神圣的事。(《回忆》1.1.10)

[13] 稍等一下。大家看到色诺芬描绘的苏格拉底形象了吧:总是待在户外,所以每个人都可以知道苏格拉底做了什么。另外,他总是在说话,一个总是整天待在户外的人保守着自己的思想,这是

不可能的；要是这样的话，你们就不会知道。但是，既然苏格拉底一直在说话，那他就是完全敞开的。我们到了要害处。苏格拉底没有做过任何不虔敬的事，也没有说过任何不虔敬的话。

学生［读文本］：

他甚至不谈论别的言说者非常钟爱的那种论题，即"万物之本性"，他也不去思索师者（Professors）所谓的"宇宙"，或宇宙如何运转，以及支配天上现象的那些法则：实际上，他会认为，用这些问题来烦扰心灵是十足的愚蠢行径。①（《回忆》1.1.11）

施特劳斯：马尚特的翻译不够紧贴字面，但主要内容是正确的。苏格拉底把研究自然（φύσις）和宇宙（κόσμος）当作十足的蠢事。可以了。请继续。

学生［读文本］：

首先，他会考察，他们思考这类事情，究竟是因为他们以为自己已经充分认识属人事物，还是因为他们相信忽视属人事物、考察属神事物才是应做的事。而且他想知道他们是否看不到人是不可能弄清楚这些事情的，因为他认为，就连那些对于谈论这些事情最高傲的人，彼此也意见不同，相反，他们像疯子一样对待彼此。（《回忆》1.1.12–13）

施特劳斯：大家看，这是一条过分简单化的批评，任何一个对哲学略有所闻的人都自然会提出这样的批评：各种学派，各种观点；

---

① ［译按］此处中译按照马尚特的译文译出。按 Bonnette 的英译本翻译如下："因为他并不以其他大多数人的方式谈论万物的自然，考察智者们所称的'宇宙'，考察它是怎么样的，以及哪些必然性导致每一种天上的事物的生成。相反，他表明，思索这类事情的那些人很傻。"

简单的常识对所有高深理论的反动。这是［色诺芬］军人面相的一部分。那让我们继续。

学生［读文本］：

> 因为在那些疯子里头，有些人甚至不怕可怕的东西，而有些人甚至被不令人恐惧的东西吓到；有些人认为，即便在人群中，做任何事或说任何话都不可耻，有些人却认为，人甚至不应该走到人们中间；有些人不尊重庙宇、祭坛或其他神圣的东西，而有些人却连石头、一块偶然的木头和野兽都敬拜；那些操心"万物之本性"的人也是这样的。（《回忆》1.1.14）

施特劳斯：我们在这停一下。大家看到疯狂是什么了吧。疯狂总是某种形式的极端主义。例如，或者是什么都不怕，即便是可怕的事物也不怕，或者相反，害怕任何东西，一只老鼠或诸如此类的东西都害怕。还有其他例子：没有任何羞耻感地在公开场合做一切事；相反的情况是害怕到甚至都不与人打交道。极端。都是同样的极端。

学生［读文本］：

> 苏格拉底认为，那些操心"万物之本性"的人也是这样的。

施特劳斯："操心"一词当然用得妙。这也是从平常的观点来看的：操心那些与自己无关之事的人［是疯的］，比如说，操心月亮的另一面。这并非色诺芬的杜撰。好。可以继续了。那他们做了什么？

学生［读文本］：

> 有些人认为存在仅仅是一，有些人认为存在是无限的多；有些人认为万物永远在运动，有些人认为任何东西都不会运动；有些人认为万物生成又消亡，有些人认为任何东西都不会生成或消亡。（《回忆》1.1.14）

[14] 施特劳斯：我们在这停一下。大家看，苏格拉底说，正如普通种类的疯狂在于极端，在这些操心者中间亦然，疯狂也呈现为极端。我们此处有三个例子：一些人说存在是一，其他人则说存在在数量上是无限的；一些人说万物一直处于运动之中，其他人则说无物运动；其中一些疯子说万物生成又消亡，而其他人则说无物生成又消亡。这些都是极端观点。

正如从前面那些普通的疯狂例子中，我们可以轻而易举地分辨出中道，也就是不疯；也就是说，不是害怕一切，也不是什么都不怕，而是害怕应当合理地害怕的东西。同样，我们在此也被引向一种中道，它摆脱了这种极端的疯狂所具有的种种缺陷。那么，这里所提到的是哪些［疯狂］呢？重复一遍，让我们一步一步来：存在是一；存在在数量上是无限的；那么，介于两者之间的是什么？这两者都是疯狂的观点。因为，存在是一，这是荒谬的，例如，X 先生来自 Y 先生。而存在在数量上是无限的，① 也荒谬，这一点可能没那么容易阐述清楚，但这两者之间的中道是什么？存在是有限的。有限的。这能是什么意思呢，既然明显——无限意味着无数，而人明显是无数的，尽管有各种各样的人口数字。如果你在人的例子上不相信这一点，那么，举老鼠、虱子的例子你就会相信，这些东西的数量从来都没有被计算过。既然在某种意义上显然有无数的、无限多的存在者，存在是有限的又能是什么意思呢？

有许多存在者，但数量有限？我会告诉大家。我们将会在《治家者》里为此找到证据：种类（classes）。事物的种类是有限的；在这个意义上，存在是有限的。大家明白了吧？这是一个要点。

接下来是第二个要点。认为万事万物都一直在变化，这是一种疯狂，另一种疯狂是认为无物变化。那么，介于两者之间的是什么呢？有一些事物永不变化，其他事物则常常或一直在变化。我的意思是，这些是每一个读过柏拉图的人都会知道的最简单的观点。色

---

① ［译按］原句为 but being in number one，但这句话应是在复述"存在在数量上是无限的"，意思显然完全相反，可能有误。

诺芬在这里暗示出这些观点。色诺芬为什么止步于这些和类似的说法呢？当然还有更多的说法，尤其有意思的是，我们将在《治家者》中看到与之相关的东西：在一场十分现实的竞赛中，如何安排你家里的家具和其他器具，关于种类和类别或形式的学说便在此得到暗示。色诺芬为什么以这种方式推进，这个问题一言难尽，然而，他理解这些东西，这不成问题。请讲。

学生：这一点可能以后会变得清楚，但色诺芬认识柏拉图吗？

施特劳斯：他没提过"柏拉图"吗？

学生：色诺芬私下认识柏拉图吗？

施特劳斯：他至少知道柏拉图。大家看，下面我们就要进入一个领域，它应该称为八卦，可现在人们称之为传记。这就是一个实例。问题是：他们多大年纪？他们何时出生，何时去世？色诺芬何时离开雅典，参加小居鲁士的征伐，是公元前401年吗？

学生：公元前400。

学生：公元前399。

[15] 另一个学生：是苏格拉底死亡的年份。

施特劳斯：是的，是苏格拉底死的那年。我认为，苏格拉底死的时候，色诺芬不在雅典，所以，色诺芬是在公元前401年离开雅典的。色诺芬当时多大年纪呢？我们知道柏拉图的年纪。柏拉图生于公元前428至427年间，色诺芬离开雅典时，柏拉图大约二十六岁。那色诺芬当时多大年纪呢？我粗略记得，有证据显示他当时四十岁左右，比柏拉图年长。那位伯内特曾经以下面这个巧妙的理由反驳上述观点：在《居鲁士上行记》[译按：2.1.13]中，一名希腊叛徒那时恰巧代表波斯大王行动并恰巧对作为希腊人代表的色诺芬说话，此人称色诺芬为"年轻人"（νεανίσκος）。伯内特接下来说，这个称呼只适用于非常年轻的人；所以，色诺芬离开雅典时很可能是十八岁，可以说就像是刚刚高中毕业。然而，[要看] 语境——我听到过有人称五十多岁的人为"年轻人"，这是在这些五十多岁的人说了只有年轻人才会说的东西时。换言之，偶然地使用"年轻人"这一称呼，这根本就不足为凭。我会说，我们有理由假设，色诺芬当时已经是比较成熟的人，大致与柏拉图同龄或者甚至比柏拉图大一点。色诺芬当然知道柏拉图，我毫不怀疑这一点。

大家看，有许多故事在流传，然而，古代尤其是古代晚期的八卦与现代的八卦一样糟糕。例如，[人们说，]当柏拉图在《法义》卷三[译按：694c5]中说居鲁士的教育（大家知道，这是色诺芬著作的标题）很糟糕时，这便是在挖苦色诺芬。换言之，这些人，绝大多数是德国教授，在阅读像柏拉图和色诺芬这样的人时，把他们当成了相邻大学里互相挖苦的教授。这当然是荒谬的，如果一个人理解《法义》卷三并且理解《居鲁士的教育》，就会看到这两者之间没有什么重要的区别。

那些人就是利用这些东西来制造八卦。人们对这八卦一无所知——我们能够知道的事情只有：当我们已经理解了色诺芬并且已经理解了柏拉图，便可以看出其中的关联。我相信——基于我所理解的内容，当然我并没有理解所有内容——我相信二人之间有着根本的一致，这二人在根本上是一致的。下面是一些相当引人注目的一致之处。例如，柏拉图写了许多篇关于苏格拉底的对话，大家都知道的；但只有一部对话的标题出现了苏格拉底的名字——《苏格拉底的申辩》。色诺芬也只有唯一一部作品，其标题出现了苏格拉底的名字——《苏格拉底在法官面前的申辩》。柏拉图写了一部《会饮》，色诺芬也写了一部《会饮》。

至于他俩谁剽窃谁，如今当然是众说纷纭。柏拉图模仿色诺芬了吗，还是相反？我们对他们的创作日期一无所知，因此无法对此发表意见。[在他俩之间]不存在任何类型的敌意，只是色诺芬拒绝直白地谈论更高的事物（the higher things）。我说的是诸如此类的事物，比如关于各种理念的那一整套学说，数学，以及一切与善的理念相连的事物。大家在色诺芬的作品里找不到这些内容。

很久以前，有人曾告诉我——不幸的是，这人缺少将它用笔记下来的实践智慧——他曾在一位文艺复兴时期作家的著作里读到，色诺芬是苏格拉底圈子的看门狗（watchdog），这意味着色诺芬在各种敌人面前捍卫那一立场——我们几乎可以说，捍卫那一传统，这就是色诺芬为之献身的任务。这是个合理的观点，它当然并未恰如其分地评价色诺芬，但在一定程度上解释了色诺芬的记述与柏拉图的记述之间的区别。但我觉得没有必要向大家推销［16］色诺芬，因为大家将会阅读色诺芬，会形成自己的判断。就当下而言，这回答能让大家满意吗？

学生：柏拉图尊崇帕默尼德（Parmenides）和"一"。从我们刚刚读过的文本来看，似乎苏格拉底认为两种立场都过于极端而加以拒斥，［柏拉图］似乎意见有点偏，因为［在他笔下］苏格拉底更尊崇"存在是一"的观点。

施特劳斯：情况并没有这么简单，因为当柏拉图在《智术师》（Sophist）中系统讨论这个问题时，爱利亚异乡人——苏格拉底在此处没有说话，而是爱利亚异乡人在说——才是帕默尼德的精神后裔，爱利亚异乡人与帕默尼德的关系要比苏格拉底曾经与帕默尼德的关系更亲密。爱利亚异乡人说到了弑父的必然性：他们不得不谋杀帕默尼德，当然不是杀死这个人，毕竟帕默尼德早就去世了，而是谋杀他的逻格斯，即他的论点"存在是一"。这没有问题。大家还须记得：这部对话没有提及任何人名。比起指名道姓地谈论一个恰好持此观点的伟人，拒斥一个无名之人的观点会没那么无礼。其实没区别。不，我想表明的就只有这一点。

此处清楚表明了色诺芬所理解的苏格拉底持有的哲学立场。有明显的区别。你可以说，色诺芬要平淡得多。例如，柏拉图在他的对话中从未以自己的名义说话。[1] 从未。而色诺芬总是以自己的名义说话，即便只是在记述某场据说苏格拉底进行过的对话时。色诺芬说：我曾听说他进行过这场谈话。色诺芬一直都是读者与苏格拉底的故事之间活生生的纽带。这是一个非常明显的区别。

但是，有件小事可以体现出柏拉图与色诺芬之间的另一区别。大家读指控时，也就是《回忆》［卷一第一章］第一节当中针对苏

---

[1] ［译按］柏拉图在《斐多》（Phaedo）中提到过自己（59b10），仅此一次，但柏拉图在此并未发言。

格拉底的指控,大家都知道,色诺芬说,针对苏格拉底的指控大概如下,大致如下。色诺芬说的是"大意"。这非常含混。这可以按字面理解,也可以不按字面理解,但色诺芬很明确地表示自己没有一字不差地引述。碰巧我们知道这一针对苏格拉底的指控的文本内容,因为一位后世作家即拉尔修(Diogenes Laertius)一字不差地引述了它。柏拉图在《苏格拉底的申辩》中引述这一指控时,他笔下的苏格拉底在引述时说"大致是这样"。如果你对比这三个版本——指控原文、柏拉图的版本、色诺芬的版本——你就会看到柏拉图对指控原文所作的改动比色诺芬大得多。色诺芬是略微改动。这个差异体现出这两人著述的特征。

  柏拉图方式直接,言辞直截了当,比起色诺芬简直无限直白。我自己经历过这样一个时期,在逐渐领悟了色诺芬的写作方式之后,在相当一段时间内,我再也无法忍受柏拉图,因为相比于色诺芬那平静的声音,柏拉图太喧闹了。色诺芬说起话来,就像人群中的一个人对着人群说话一样,只有那些用心聆听的人才会听到某种更高层级的内容(something of a higher order)。此处我做了笔记。色诺芬换成了"带进"(εισφέρων)。这是一个要点。我认为,这是他所作的唯一改动。① "带进"(importing),这只是一点点的改动,我认为,色诺芬想借此来表明自己写作的特征。你们还有任何其他想法要提出来吗?请说。

  学生:您说《会饮》是关于贤人们的玩笑行动,且没有一部作品写贤人们的严肃行动,除非转向《希腊志》。我想知道是否能够为《治家者》辩护一下呢。

  施特劳斯:但在《治家者》的开篇处,色诺芬写道,"苏格拉

---

 ① [译按]拉尔修用的是 εισηγούμενος,其现在时第一人称单数为 εισηγέομαι,意思是引进、介绍进来。施特劳斯在课堂上将色诺芬所用的 εισφέρων 译作 importing,而他公开出版的《色诺芬的苏格拉底》则将之译成 carry in。色诺芬的具体说法如下:因为对苏格拉底的起诉大概是下面这样的内容,即苏格拉底行了不义,在于他不敬城邦所敬的诸神,还带进(εισφέρων)新的不同的精灵;他行了不义,还在于他败坏青年。

底谈话",即言说。你也不可忘记,苏格拉底在哪里种地呢?对于农耕,苏格拉底有着完美的知识。哦,顺便提一嘴,这一点也是可以轻而易举地用来质疑色诺芬的理由之一。苏格拉底经证明掌握了[17]农耕技艺的整全知识,尽管苏格拉底当然从未在任何农田上耕种过。苏格拉底与之谈话的那位农夫-贤人说:你是怎么知道所有这些事情的呢?我们是怎么种蔓菁的呢?苏格拉底说:嗯,是这样这样的。这时,那位农夫-贤人问:然而,你是怎么知道所有这些事情的呢?苏格拉底说:嗯,我曾经路过并看到一个正在种蔓菁的农夫,便记在心里了。这证明了所有的知识都是回忆。这个著名的论点,在此处如此明显地……①是啊,但有些人认为色诺芬蠢笨,色诺芬如此蠢笨,以至于有些人认为,这实际上就是色诺芬对这一学说的全部理解。这段文字只是众多其他标志性段落中的一个,人们可以用它们来振振有词地否定色诺芬的才智,可一旦我们开始阅读色诺芬著作中的其他一些段落,否定色诺芬才智的做法就会站不住脚。

你的问题是什么来着?哦,不,我会说是贤人们的严肃行为。我相信就是这个。还有另外一个证据,即当你阅读《希腊志》时,尤其是在后面几卷中,你会看到几处明确的离题话。说它是明确的离题话,我指的是[那里说,]"现在让我们返回到我们离开的地方"。如果我没有记错的话,所有这些离题话都是在讲希腊的僭主。② 这意味着僭主并非《希腊志》的主题。而根据简单的人物位列表,僭主并非贤人。因此,一部以贤人的严肃行动为主题的作品必然将任何一位僭主排除在外。

还有一些其他内容,但我现在记不得了。我相信提到的这些是有辩护作用的。然而,我们一定不可忘记这些细节,这些细节很重要,因为它们是打开色诺芬的唯一钥匙。我们一定不可忘记这个简

---

① [译按] 这指的是柏拉图著名的认识论学说即[知识即]回忆说,详见柏拉图的《美诺》《斐多》和《斐德若》(*Phaedrus*)这几部对话。

② [译按] 见《希腊志》6.1.19,6.5.1,7 3.4,7.4.1。

单的、可以一下子就明了的问题：哲学与政治的问题，理论与实践的问题，贯穿全书。每一部分都有许多小部分；在真正意义的政治思想中，雅典与斯巴达之间的敌对，民主制与寡头制的对抗——在某种程度上甚至是民主制与君主制的对抗，因为有斯巴达的两位王在——清晰地呈现出问题所在。接下来是这个非希腊的但很重要的替代选项，即绝对王权，波斯君主制。这当然是《居鲁士的教育》的重大主题，色诺芬在其中展示出一位宪政君主（constitutional monarch）如何凭借其自然天赋和他的教育变成一位绝对君主和帝国的创建者。这是《居鲁士的教育》的主题。当然，色诺芬如何看待居鲁士所做的这种趣味盎然的尝试，我们读到这部著作时就会看到。

第二讲 《回忆苏格拉底》

1962年1月8日

[18] 施特劳斯：谢谢你这篇颇有助益的论文。① 你有许多有见地的观点。首先，你开篇的看法就很有道理：苏格拉底，正如苏格拉底在此处显现出来的样子——不仅在这个特定的段落里，而且特别是在这里——就是亚里士多德所描绘的苏格拉底。这没有问题。[亚里士多德]在他那历史式的概述中证明了这一点，色诺芬自己则已经用他的《希腊志》证明，无论如何，他是一位史家或者他可以是一位史家。所以，可以说，如果希望了解历史上的苏格拉底，我们就转向亚里士多德和色诺芬而非柏拉图。这是有见地的开篇；至于这是否十分重要，我先不评论。

你的第二个十分重要的做法是对比卷三与卷四当中的各种定义。你说卷三的定义在一定程度上由苏格拉底提出，而卷四中的定义则是辩证式的、谈话式的，以此从总体上正确地描述了两者之间的差别。卷四的谈话对象主要是欧蒂德谟，还有希琵阿斯（Hippias），这也说得非常好。你很好地解释了欧蒂德谟这位单纯的邦民与这位举世闻名的希琵阿斯之间的关系：他俩是同一种类型的傻瓜。我认为你做得很棒。当你进入细节时，你清楚地看到了贯穿始终的关键论题是"德性与知识之间的关系是什么"。或者可以断定，无论如何，"德性等同于知识"，但［卷三与卷四之间］有如下差别：至少在一

---

① 这次课以阅读一名学生的论文开始，该论文的内容没有收录进来。

定的程度上，卷四所涉及的知识被定义成关于法律的知识，而在卷三所提及的知识当中，没有暗示有法律方面的知识。我认为，这个评论非常好。你还把这个评论与如下事实结合起来：卷三关于政治的讨论没有提及现实的政体，而卷四则提到了现实的政体。此外，现实的政体与法的关系当然更为密切，并且这些政体都是从法的角度加以定义的。这一点非常有见地。也有一些论点，你的论证并未让我信服。等我们读到文本的相关地方时，我们再来谈论相关内容。你在卷三关于勇敢的讨论中看出了真勇敢与假勇敢之间的区别，这一点我可以同意。但我们必须看看细节。我们稍后再来处理。

你断言（如果我对你的理解是正确的，毕竟要理解你的意思并非总是那么容易），按照自然规律，人与人之间在勇敢方面的自然差异与人在才智方面的自然差异相同。你说的是这个意思吗？

学生：是的。我认为两者等同。

施特劳斯：好，这必须得到证明。你还说卷三关于德性与知识的整个探讨的后面紧跟着一种关于嫉妒的定义，我不是很明白你的意思。你如何解释这一安排呢？实际上，这个定义出现得相当突兀，而且在许多人看来讲不通。你就此说了什么呢？

同一个学生：[听不清]

[19] 施特劳斯：这有些牵强。但即便我忽略那一点，关于嫉妒的定义本身也怪得很。我是说，不仅仅是这个定义出现的位置。你记得这个定义吗？

同一个学生：记得。[嫉妒是]对友人们的好运感到痛苦。

施特劳斯：是一位友人。我们来看看嫉妒。一般而言，你能够说嫉妒在本质上是对友人们的好运感到不开心吗？例如，如果琼斯先生嫉妒米勒先生成为某个市区的市政委员会委员，那他俩是朋友吗？

同一个学生：不是。

施特劳斯：他俩可能也并非任何严格意义上的敌人，当然也不是友人。好。我们将试着解决这个问题。

我们今天上课的做法当然站不住脚，因为我们只是从《回忆》

中摘出一些零星片段。但如果我们想理解色诺芬，就必须对《回忆》略知一二，既然如此，那我们就合理地选择《回忆》中第一眼看上去理论味最浓的部分，即定义。现在让我们转向卷三第九章。

上次课我提到了［这一章的］语境。我不能指望大家还记得，那么，我来为大家回顾一下吧。卷三，这一卷本身，讲的是苏格拉底如何对待那些渴望美或高贵或美好（kalon）事物的人，也就是有抱负的人。苏格拉底从一个无足轻重的无名之人开始，这个家伙想成为一名将领，阿伽门农那样的将领，但此人显然永远不会成为阿伽门农那样的人。这一点极为清楚。之后苏格拉底逐渐上升。在某个特定的地方，提到了一个有名字的人，此人做过将领，① 浑身是伤疤，他还把这些伤疤展示给公众看。随后我们继续，终于碰到了柏拉图的兄弟格劳孔，之后是十分杰出的卡尔米德，他是未来的僭主。② 此时我们以为要听到柏拉图的声音了，要听到苏格拉底与柏拉图的对话了。但这样的对话没有出现。我们反而看到另一位哲人，即阿里斯提普斯。这就到了我们要读的地方。阿里斯提普斯位于第八章的开篇处。第八章的剩余部分和第九章是苏格拉底与无名之人的对话。再往后，苏格拉底下降至与手艺人对话，社会的下层人；再往后就是与一名放荡女人的对话；在第十一章，等

---

① ［译按］准确地说，从《回忆》卷三第四章的内容来看，施特劳斯此处所说的尼科马基得斯这个人肯定当过百夫长（company leader/λοχαγός）和分队队长（squadron commander/ταξίαρχος），但我们无法判断此人有没有当过将领（general），此人当时向苏格拉底抱怨雅典人为什么不选举他当将领。施特劳斯在此好像混淆了此人与卷三第二章的那个被选为将领的无名之人，见 3.2.1 和 3.4.1。

② ［译按］卡尔米德，是柏拉图的舅舅，此人通常被认为是三十僭主中的一员，这个三十僭主团体是在雅典被斯巴达征服后由斯巴达尤其是吕山德（Lysander）扶持起来的僭政统治团体，不过，按照现有的文本证据，卡尔米德应该是由三十僭主任命负责统治佩莱乌斯港的十人团里的其中一人，而不是三十僭主。可参 Debra Nails, *The People of Plato*, Indianapolis: Hackett, 2002, pp. 90-94。

级更低了。再往后（第十二章）是厄皮格内斯（Epigenes），[1] 苏格拉底对厄皮格内斯的态度很不好，因为厄皮格内斯的缺点不是别的而是身体差，但他显然比那位美貌女人的等级还要更低，因为她至少有好体格。再往后我们就来到了第十三和十四章，苏格拉底的谈话对象是无名之人，这些对话表面上十分枯燥乏味，然而，苏格拉底在这些对话中也对人有用，使人受益。这就是大致的顺序。所以，我们要读的地方是卷三论述的顶峰。必须考虑论述所在的位置。有话要讲？

学生：我没有看出来卷三前七章是单纯的上升过程。第三章的对话对象是一名骑兵指挥。他应该比那个当将领的人等级低。[2]

施特劳斯：让我们来看一看。尽管这并不是什么非常重要的问题，但我们还是来核对一下。第一个是想成为将领的年轻人（第一章）；接下来是某个被选为将领的人（第二章）；第三个人看起来更低，相当正确，也就是说，此人曾当选为骑兵指挥官，这比将领的职位低。相当正确。我现在无法处理你的反驳，[20] 因为我还没有重读文本。可能你是对的，可能这里有个难点。乍看上去确实是有个难点。但在下一场对话（第四章），作者确实提到了一个有名字的人，第一个人名，这意味着人们一定知道此人：尼科马基得斯，每个人都知道他是谁。接下来是伯里克勒斯的儿子（第五章），等等等等。我现在解决不了这个难点。但它乍看上去是个难点。行，还是让我们先放下吧。你满意我做出的这个限定吗？好。

现在的要点是我们正在卷三论述的顶峰处，或接近顶峰处。我们将要在卷四，某种意义上是整个卷四，读到什么呢？[3] 接下来的问

---

① ［译按］此人是安提丰（Antiphon）之子，按照柏拉图的说法，他在苏格拉底去世时曾陪在苏格拉底身边，见《斐多》59b，以及柏拉图的《苏格拉底的申辩》33e。

② ［译按］这个学生指的是卷三第二章的那个被选为将领的无名之人，见3.2.1，所以，他才说不是单纯的上升过程。

③ ［译按］施特劳斯的这句话似乎不完整，至少在语法上如此：What we will read in Book IV is, in a way, the whole Book IV。

题是：卷三的顶峰，也意味着是卷一至卷三整个论述的顶峰，如何与卷四相关联，而卷四某种程度上其实重复了卷一至卷三的整个论述？简单说来就是：哪些定义更好、更高，是卷三给出的那些定义，还是卷四给出的那些定义？这是问题所在。

让我们来看看发生了什么。第八章以如下评论开始：阿里斯提普斯试图反驳苏格拉底，就像他自己之前被苏格拉底反驳那样。后面这件事发生在卷二第一章。阿里斯提普斯想报复苏格拉底，因此，他挑起了谈话。但苏格拉底更关心的是帮助自己的同伴，而不太关心在对话中取胜或驳倒阿里斯提普斯：

> 因此，苏格拉底回答问题时，不是像那些害怕讨论（logos）可能会陷入纠缠的人，而是像那些确信要最大限度地正确行事的人。①

我粗略地翻译了一下，这里的文本难懂并且到处都遭人修改，因为人们认为要是按照文本流传到我们手上的样子，这一处文本是无法翻译出来的。这会把我们引向一个极大的问题。我们只牢记这一点：此处苏格拉底不是发起谈话的人，苏格拉底不是像平时那样说"告诉我这是什么"，而是有人向苏格拉底发问，苏格拉底处于守势。阿里斯提普斯问了苏格拉底什么呢？他问苏格拉底是否知道某种好的东西。阿里斯提普斯期待苏格拉底说"知道"，并且期待然后苏格拉底会说：举个例子，"钱是好的"。这时阿里斯提普斯就会向苏格拉底表明钱如何可以是不好的，或者任何其他东西。苏格拉底为了避免落入阿里斯提普斯的套路，会给出怎样的回答？苏格拉底说："你的意思是我是否知道什么东西对发烧好？""不是"，阿里斯提普斯说。"对眼炎，眼疾好？"——也不是。"对饥饿好？"——也不是对饥饿好。苏格拉底说：

---

① 《回忆》3.8.1。施特劳斯的翻译或意译。

但如果你问我是否知道某种好的东西，这种东西不是对于某种东西而言是好的，那我就不知道它并且我不需要它。①

这是第一回合。这是什么意思呢？好意味着对某物来说好，如果不是这样，我不知道也不需要它。这是第一回合。这是什么意思呢？好意味着对某物来说好。没有绝对的好——斩钉截铁地反驳了柏拉图，当然是反驳柏拉图的善的理念。这是一个简单务实之人所持的观点，一个退伍上校的观点：好东西对某物来说是好的。这就是苏格拉底的观点。很好。这个观点有些道理，不是吗？

接下来，阿里斯提普斯继续问苏格拉底是否知道某种美的（kalon）东西，kalon 这个单词还有"美好的"（fine）或"高贵的"（noble）的意思。苏格拉底说"许多东西"。苏格拉底的说法与上一回合不一样。阿里斯提普斯问：美的事物彼此都相似吗？苏格拉底说："其中的一些彼此极其不相似。"所以，有无限多种不相似的美的事物。但阿里斯提普斯说："但美的东西怎么会与美的东西不相似呢？"这是一个著名的苏格拉底式的或柏拉图式的问题。如果我们把所有这些事物称为"美的"，无论它们多么不相似，那一定有某种东西是它们都共有的；这当然就是定义所涉及的内容，这种共同的要素。然后，苏格拉底作答，他避开了这个庞大的问题，[21] 举出例子来回应阿里斯提普斯。例如，苏格拉底说："一个在跑步上好的人与一个在摔跤上好的人。"② 但他在这里用的词不是"好"，而是"美"（kalon）。③ 某种东西对于某个目的而言可能是美的。苏格拉底仅仅解释了为什么能够有无限多种美的东西，却没有说明所有这些美的事物中的"一"。

我们无法读完全部内容。苏格拉底与阿里斯提普斯的争论此后

---

① 《回忆》3.8.1 – 3。

② [译按] 这句话按照 Bonnette 的译本翻译如下：一个在摔跤方面美/高贵的人不像一个在跑步方面美/高贵的人。施特劳斯在此把 kalon 译为 beautiful，Bonnette 译为 noble，kalon 兼有这两种含义。

③ 《回忆》3.8.4 – 5。

很快就结束了,引向了什么结论呢?"好"一直都是对某物而言好。经证明,美与好相同。那么,好与美或高贵是相同的东西,并且它们一直都是相对的,不是相对于每一个傻瓜的个人观点,而是相对于处境而言,不是今天那种意义上的相对主义。相对于某种东西:相对于跑步,相对于患肺炎,或者任何其他可能的事物。好的。

在进入任何细节之前,让我们试着理解这一点。这意味着什么呢?我们能够用一个共同的术语来表达好与美,这是你们所有人都无比熟悉的术语:价值(values)。所有价值都是相对的,它总是意味着对某物而言有价值,当然这里面并没有什么规律。没有体现秩序原则(an ordering principle)的任何内容,关于此,没有谈到任何东西。是对于拯救一个人的灵魂来说有价值,还是对于治好头痛有价值,这类东西没有得到考虑;作者也没有哪怕是片刻尝试着谈论一下当把"有价值"应用于所有这些事物时,"有价值"意味着什么?论证的水平很低。这意味着什么呢?

这是苏格拉底与阿里斯提普斯的整个谈话。顺带说一下,苏格拉底在探讨好的事物时从未发誓。在探讨高贵或美的事物时,苏格拉底发了三次誓,而且苏格拉底发誓并不是因阿里斯提普斯先发誓而受到引诱。通常而言,是另一个人先发誓,然后苏格拉底跟着做,但这里可以说是苏格拉底自发地发誓的极少数几个例子之一。

苏格拉底的立场是什么?没有什么东西是单纯的好东西。每一种东西的或好或美,都是为着什么而好或美。这是清楚的吗?如果这是真的,如果没有什么东西就其自身而言就是好的,那么,可以从中推导出什么结论?让我们实事求是地说,而不预设任何浮夸的学说。正如大家已经从某某先生的报告论文当中看到的,稍后会有关于德性的大量论说。实际上,德性才是论题,主要的论题。因此从中推导出的当然是:德性并非单纯的好东西。德性一定是对某种东西而言是好的。它不能就其自身而言就是好的,而是对别的事物而言好。在这场探讨中,没有什么是单纯的好东西,比如财富,或者举的其他例子,因为这种东西也可以是不好的。德性有时候也会是不好的。这难道不是必然的结论吗?如果每一种好的东西——让我重复一下要点。

没什么东西是单纯的好东西：第一，凡好东西也可以是不好的；第二，任何好东西都只是相对于其他东西而言好。可以说，这是一种完全未经启蒙的实用主义，人们过去常常称苏格拉底为实用主义者。对某种东西而言是好的，这个"对……而言"又如何呢？问题就来了。当然是总是对人类而言是好的，这被视作理所当然。但人本身又如何呢，或者个人自身又如何呢？如果人就是谈及"其他东西"时的参照标准，那么，人难道不是在一定程度上被预设为好的吗，如果每一种东西都是以人为参照才变得好的话？那是什么意思呢？我们不知道。

然而，我们随后会得到解释，而且是阿里斯提普斯不在场时苏格拉底给出的一番解释。出于某些原因，苏格拉底不想当着阿里斯提普斯的面探讨上述问题。我们必须弄清楚苏格拉底为什么不想这么做。现在给出的例子是什么？苏格拉底以房子为例。[①] 我们提到了好的房子，精良的房子。[22] 我们是着眼于什么，才会把房子称为好的或美的房子？随后进行了探讨。我们现在无法全读。我只是试着简单概括一下，以便给大家一个提示。第八章第十节末尾的几句话，我们应该读一下，苏格拉底当时在总结他们关于房子的讨论。

学生［读文本］：

> 简而言之，在这个房子里，主人能够一年四季都快乐地安居其中，并且能够安全地存储自己的财物——

施特劳斯："财物"（the belongings），准确的译法是"存在物"（the beings）。但这是希腊语的习惯用词：属于他的那些东西。但"存在物"还有其他含义。"最安全的方式"。请继续。

学生［读文本］：

---

① ［译按］见《回忆》3.8.8–10。

>　　这房子可能是既最令人快乐又最美。至于绘画和装饰品，它们所夺走的乐趣要大于它们所给予的乐趣。(《回忆》3.8.10)

　　施特劳斯：苏格拉底在上文中表达的，就是这个关于房子建筑的十分冷静的观点：实用性，实用性，没有那些没意义的愚蠢装饰。然而，其中的要点——大家在这里看到他以强调的语气提起一种东西。苏格拉底在此做出区分：他自己，苏格拉底说起"[房子的]主人"时，说的是"他自己"。当然，他就是"他自己"，是谈及每一种好的、坏的、美好的或丑陋的事物时的参照标准，即这个人，这个个体的人。

>　　他在这个地方以最快乐的方式逃避每个季节中所有的不愉快并且能够以最安全的方式放置财物。

这里区分了令人快乐的与安全的。这就是要点所在。我画了一张表来表示。①

Beautiful 美的	Good 好的
Beautiful 美的	Useful 有用的
Pleasant 令人快乐的	Useful 有用的，或 safe 安全的

　　苏格拉底在此首先从两点考虑出发，即美的与好的，接下来便是美的与有用的。所以，好的就是有用的。但"美的"意味着什么呢？然后，苏格拉底用"令人快乐的"代替了"美的"。那么，我们就有了一个重要的答案，因为每一种有用的东西都是对于某种东西而言才有用。它并非本身就是好的，而是仅仅着眼于"什么是有用的"才算是好的？然而，有某种东西，它从来都不仅仅是有用

---

① [译按] 以下图表非原书所有。

的，而且是因为它自己本身就值得选择。我们好像得到了答案：快乐。快乐，接下来就是快乐的与安全的。安全，自然是"有用"的一种形式。因为，如果大家有，应该是什么东西呢，我不知道你们每一个人最喜欢什么，比如说，某些保存起来的果实吧，好的，你着眼于将来的快乐，把这些果实安全地放置在一个阴凉的房间，所以，这在一种特殊的意义上是有用的，对于将来的快乐而言是有用的。快乐依然是最高的动机。好。我们就到此为止。

我们在此可以顺带说一下。前文提到的阿里斯提普斯，可以说是第一个教导享乐主义的教师，其教义是"好等同于令人快乐"。他是称为昔兰尼学派的创始人，这是我们所知的第一个享乐主义学派。只是顺带提一下这一点。苏格拉底看上去一定程度上是在阿里斯提普斯［离开］之后——换句话说，不当面向阿里斯提普斯表明他是多么智慧——只是在阿里斯提普斯离开后，苏格拉底才这样说。让我们先暂时到此为止。

但接下来我们读下文时会得到一种有些不同的印象，请读第八章的末尾，即我们之前停下来的地方。

学生［读文本］：

> 对于庙宇和祭坛而言，最合适的位置，他说，是交通非常不便且显眼的地方；因为低声祈祷时能看到它们，这是令人快乐的，满怀着神圣的想法去靠近它们，这是令人快乐的。（《回忆》3.8.10）①

施特劳斯：苏格拉底现在从普通的房子转换到诸神的房子和祭坛上来了，在这里他只提到了哪一点考虑？令人快乐。只有令人快乐；这里没有提及任何关于实用性的内容。这暗示着什么呢？这是

---

① ［译按］按 Bonnette 的英译文翻译如下：最合适于庙宇和祭坛的地方，他说是那种最人迹罕至同时又最明显可见的地方；因为对于那些看着它做祈祷的人，这是令人快乐的，而且对于那些洁净之人，靠近它也是令人快乐的。

什么意思呢？庙宇没有任何实用目的，目的只是使人高兴。[23] 这是什么意思呢？这对享乐主义这个问题有什么作用呢？如果明显的好的东西就是令人快乐的东西，那庙宇就比房子好无数倍。这难道不是显而易见的吗？这当然不是阿里斯提普斯的意思。我们知道这一点。所以，大家看到了，享乐主义并非如阿里斯提普斯看上去所认为的那么简单的东西。我们可以这么说。但还有一个要点。大家记得，苏格拉底把美的转换成令人快乐的，把好的转换成有用的或安全的。然而，苏格拉底论说的最后一步是令人快乐的与美的。我们当然知道这一点：我们还没有解决美与好之间的关系这个问题。有话要讲？

学生：您能够解释一下，您如何看待最后一步论说将美与令人快乐对立起来的做法吗？

施特劳斯：但你看这里的要点是，苏格拉底在此没有明确地提及美。你可以说，当苏格拉底说到"最恰当的"或"最适宜的"（πρεπωδεστάτην）时，① 他是在暗示美。这当然是涉及美了，但没有明确说出来。

那么，出现的内容就是这一点。美与好之间的区别，似乎这是不可避免的——对于希腊人来说当然是不可避免（我们不止一次地返回这一点）——这很难维持，然而，在一定程度上又必须维持。令人快乐与美之间的关系就自身而言也是复杂的。例如，美特别意味着辉煌的东西，比如说，荣誉，伟大的荣誉，胜利。你也可以说这是一种特别的快乐，但与普通意义上的快乐即感官上的快乐有区别。我现在不深入这个问题。我们先放着，来看看我们能够从下文学到什么。

在这初次探讨好与美之后，在看起来稍微远离了表象之后——但还绝没有解决难题——苏格拉底现在转向关于道德的更具体的问

---

① ［译按］ ναοῖς γε μὴν καὶ βωμοῖς χώραν ἔφη εἶναι πρεπωδεστάτην ἥτις ἐμφανεστάτη οὖσα ἀστιβεστάτη εἴη· ἡδὺ μὲν γὰρ ἰδόντας προσεύξασθαι, ἡδὺ δὲ ἁγνῶς ἔχοντας προσιέναι。这是卷三第八章第十节的最后一句话，即讨论庙宇和祭坛的那句话。

题，也就是好的或高贵的（即美的）习惯（habit）。这当然是关于好与美的问题最有趣的一部分。一个人，一个无名之人，在这里问苏格拉底：勇敢或男子气到底是可教的（靠教育而来）还是天生的？（见3.9.1）这里没有提出那个通常的问题，即"……是什么？"。所提的问题是：勇敢，无论它可能是什么，是可教的还是天生的？但这当然并非苏格拉底的过错，因为对话不是由苏格拉底发起；是另一个人发起了对话，这个家伙认为没必要先问一问"勇敢是什么"，因为每个人都知道勇敢是什么。好的。但这是苏格拉底不问"勇敢是什么"的充分理由，却不是色诺芬不问这个问题的充分理由。大家看出这里的区别了吧？为什么色诺芬安排某个人问"勇敢是可教的还是天生的"，而不是让他首先问"勇敢是什么"？我们稍后必须再来看看色诺芬为什么不问"勇敢是什么"。好的。

我们现在必须把一件重要事情记在心里。我们先前已经从苏格拉底口中听到，没有什么东西是单纯好的，因此，没有任何德性是单纯好的。没有任何德性是单纯好的。我们必须记着这点。尽管"德性是什么"这个问题还没有提出来，但实际上已经得到了回答。答案是什么，苏格拉底给出的清楚的答案是什么？是什么呢？

学生：[听不清]

[24]施特劳斯：不，不，这不是关键性的要点。这个答案并没有明确给出，但事实上是给出了，即灵魂的力量。灵魂的力量。谁要是想多了解一点点像色诺芬这样的人用什么方式写作的话，我便会提到下面这一事实：在卷三第八章的第一部分（即3.8.1-7），大家会看到一个好东西列表，一共列举了九种东西，正中间的就是力量（见3.8.2-3）。力量也可能是指身体力量。身体的力量并非在各种情况下都是好的。如果大家对此有任何怀疑，那么，我建议大家读一读《回忆》卷四第二章第三十二节。关于身体力量的坏处，色诺芬在那举了一个很低级的例子，也就是说，如果你身体十分强壮，那么，战争期间你可能会被征召入伍。这证明身体的力量不是一种好东西。但其中的暗示当然是——这才是关键的内容——灵魂的力量在各种情况下都是好的。所以，我们不能完全止于这种普泛而笼统的论断：没有任

何好而不坏的东西。灵魂的力量，这个说法让大家想起以前听说的某种东西了吗？我们上个季度没有读过卢梭吗？我们不是也在卢梭著作中发现那个定义了吗——灵魂的力量？[1] 在苏格拉底与卢梭之间的时代里有许多人说过，但都仅仅是顺带一提，所以，苏格拉底之后有一段漫长的历程：德性是灵魂的力量。有话要讲？

学生：如果德性是灵魂的力量，并且我们可以将其当作放之四海而皆准的说法，那么，这个说法与第一个说法，即没有什么东西是单纯的好，不矛盾吗？

施特劳斯：看上去会。让我先解决一个小的不准确之处。德性是灵魂的力量。勇敢是一种特定类型的灵魂力量，也就是说，针对激起恐惧的事物的灵魂力量，如死亡，创伤，还有其他东西。好的。我认为它与第一个说法相矛盾。换言之，没有任何好而不坏的东西，这个笼统的说法并不完全正确。它需要加以限定。有一种东西或另一种东西是单纯的好；如果你不相信我，那么，我请你们实验一下。灵魂的力量会在任何时候是坏的吗，不管在任何层次上？在最低的层次上，身体的力量可以是坏的，我们已经看到了；你可能被征召入伍并且面临各种各样的危险，而你若没有被征召入伍，就不会面临这些危险。然而，灵魂的力量又如何呢？毕竟某个身体孱弱的人也可以拥有坚强的灵魂。灵魂的这种力量会给他造成任何伤害吗？严格来说？偶尔，与某种别的东西相关联时；然而是别的东西将会伤害他，而非灵魂的力量。但是，让我们来实验一下，看看你们会不会找到一个灵魂的力量伤害了人的事例。

学生：[听不清]

施特劳斯：如果有时间的话，我们将会读到一个段落，并在里面看到一个说法，大意几乎就是"某种东西是单纯好的"，我们还将考虑这种东西与灵魂的力量之间的关系。还是先不管它吧——

学生：我可以举一个处心积虑想出来的谬误例子，看看灵魂的

---

[1] [译注] 卢梭，《论科学和文艺》，刘小枫译，上海：华东师范大学出版社，2021，页22。

力量如何被理解成智慧：一个勇敢的人可能会冲进着火的建筑，为要把一只猫弄出来，但如果他是个灵魂稍微强大些的人，可能就会考虑更好的做法是不是——

施特劳斯：你露馅啦，某某先生，因为苏格拉底指的是——我相信是——灵魂的力量。就算灵魂的力量与智慧并不等同，至少两者的关系非常密切。

学生：我本无意泄密。

[25] 施特劳斯：你不也说到猫了吗？不管怎么说吧。现在这里的难题是，是由某某先生提出来的，他还把这个语境中的勇敢，把勇敢等同于敢于冒险（daring），大胆（boldness），这当然可以是很坏的东西并且肯定不是一直都好的东西。让我先说完这个。勇敢（以及在某种程度上，德性）大体上既要求天性又要求用心，天性与训练，正如我认为的；并且苏格拉底用一些问题证明了这个观点。可还有一个重大问题没有得到解答：勇敢是好的吗？因为我关于灵魂的力量所说的内容色诺芬当然没有明确说出来。所以，我们还完全是晕的。从我们先前听到的内容，大家还记得每一件好东西从不同的立场来看也是坏的。那么，勇敢，或者一般而言的德性，一直都是好的吗？让我们读一下第三节的末尾。

学生［读文本］：

> 因此，清楚的是，每一个人——那些天性更好的人以及那些天性比较迟钝的人——都应该既学习又习练那些他们想要在这个方面成为值得引人注目之人的事情。（《回忆》3.9.3）

施特劳斯："他们想要在这个方面成为值得称道的人"。这看上去是说：如果一个人想变得出名，德性就是好的。所以，出于对荣誉的考虑，德性才是好的。依此来看，荣誉应该是比德性等级更高的好东西。但我们必须看一下这个结论是否真的有效。你的问题是？

学生：［听不清］

施特劳斯：好，我可以重述一下你的问题吗？这种灵魂力量是什么东西？当我们听到"灵魂的力量"这个表达时，我认为，我们一定会有某种理解，但当然"灵魂的力量"也可以意味着某些更低级的事物。例如，有种东西人们称之为"精力"（energy），这种叫法已经长达大约两百年。一个精力充沛的人。你听过这个说法吗？精力可以部分地代替先前被称作灵魂之力量的东西。所以我们必须让这个问题敞开。我想引入的只是这点考虑：可能有某种绝对好的东西，不像其他有限定的好东西，也就是说它们也可以是不好的。你们明白了吗？这就是关于勇敢的探讨的总结。再说一遍，"勇敢是什么"这个问题在此并没有被提出来。

下文明确说，所有德性都是智慧。所有德性，倒回去，当然也会适用于勇敢，如果勇敢的确是一种德性的话。但勇敢是一种德性吗？这个我们就不知道了。我相信这里从未说过这个问题。如果我记得清楚的话，这里从未说过这个问题。让我们把这个问题记在心里。我们现在遇到了"所有德性都是智慧"这个论断，这是至关重要的、非常有名的苏格拉底式论断。

苏格拉底在第四节的开端是如何开始的呢？"他不区分智慧与节制。"这也可以翻译成"他不把智慧与节制彼此分开"，这个译法更好，因为它更深刻并且能够在色诺芬全书范围内适用。而"苏格拉底不区分两者"这种论断在卷四就已经遭到驳斥，因为苏格拉底在那里清楚地将智慧与节制区分开来。但暂时而言，这里读上去好像是说苏格拉底直接把智慧与节制（moderation）等同，又将节制等同于克制（ἐγκράτεια）。智慧，我们知道智慧是什么，所以不必为它下定义。moderation 的含义很广泛，然而，例如，[26] 亚里士多德在《尼各马可伦理学》中也使用了这个词，而当亚里士多德说到 moderation 时，其意思是克制感官快乐。

学生：在翻译中，他们用 prudence 代替了 moderation。

施特劳斯：好吧，σωφροσύνη 在一些特定的语境中有 prudence 的意思。它还可以有谦逊（modesty）的意思。例如，某个不高估自己并且在那方面切合实际的人，因为他不会高估自己，这样的人也被称为 σώφρων。为了避免把各种难题最小化，我将一直用 moderation

来翻译σωφροσύνη，即使这么翻译在有些语境中显得很难懂。再说一遍，苏格拉底在这里看上去说智慧与节制同等，节制与克制同等。这当然是一种不一般的智慧观，不过，以今日流行的哲学词汇言之，它也不是完全怪异的观点。我指的不仅是在今天，而且是对许多代人来说亦然，因为现在"哲学"不再有任何意义了，大家也知道的。"哲学"的意思恰恰等同于非理性的习惯：比如当某个人说起一个没有聪明才智的国务卿的对外关系"哲学"时。我有相似的说法，不过也不完全相似，是我自己杜撰的：早餐要吃煮老了的鸡蛋是我的哲学。"哲学"仅仅意味着一种习惯。当然也可以是一种完全不理性的习惯。让我们忘掉"哲学"在今天的含义吧，那仅仅是可耻的和令人厌恶的，但在一种更加可敬的大众传统中，当你说"他的行为像个哲人"时，比如说，在不幸、逆境什么的或是其他情形中时。这句话在一定程度上有特定含义。这种大众传统意义上的哲学接近于克制，一种自制，不仅是享乐方面的自制，还有恐惧和悲伤方面的自制。但还是必须说它是十分大众的哲学观。人们之所以认为色诺芬对哲学一窍不通，这当然是一个原因，因为色诺芬笔下的苏格拉底会说诸如此类的话。同一个苏格拉底也说其他的话，可他们不一并加以思考，因而他们能够满足于此〔译按：指代苏格拉底的道德教条式话语〕。好的。

这是什么意思呢？苏格拉底不把智慧与节制分离开。他不分离知识与应用、知识与选择：知道某种东西好意味着也依照这种知识行动，否则你就不是真正地知道。知道意味着选择。知识与选择，理论与实践，彼此不能分开。这当然暗示出（亚里士多德《尼各马可伦理学》卷一探讨了这个著名的故事），苏格拉底这个据说教授这种学说的人，不得不否定这种可能性：一个人可能知道何为正确却做了错误的事。著名的例子是：我赞同更好的，却依从更坏的。[1] 我

---

[1] 奥维德，《变形记》，7.20–21。〔译按〕施特劳斯在此没有引用完整，完整的句子是：Video meliora proboque, deteriora sequor〔我看到并且赞同更好的，却依从了更坏的〕。

知道也赞同更好的，却还是依从了更坏的做法。一些人知道他们在任何情境下都不应该这么做，却还是做了。大家一定听说过，也在书中看到过这样的人。苏格拉底看上去似乎却盲目到连这样的事情都不知道，尽管此类例子在希腊诗歌里比比皆是。

这一点也可以适用于下文出现的正义，但苏格拉底在这里没有定义智慧、节制、克制和正义。但有一点是清楚的。苏格拉底现在将德性的好视作理所当然，尽管我们在开始时得知没有什么东西单纯地好，现在他则直接理所当然地认为德性是单纯地好。苏格拉底何以能够这么做？苏格拉底现在如何就能够将"德性是好的"视作理所当然，尽管他曾经告诉我们没有什么东西单纯地好，任何东西同时也是坏的？我们必须稍微开动一下脑筋。有话要讲？

[27] 学生：我认为这是因为德性意味着知道如何使用东西。

施特劳斯：很好，但你能向理解能力最差的人把这一点解说得百分之百清楚吗？

学生：在第八章，一个东西好，只有用于人们使用它所要达到的目的而言，才是好的。德性是关于目的的知识，因此，德性告诉你如何正确地使用东西。

施特劳斯：我试着十分简单地来解释一下。让我们举个例子。当阿里斯提普斯问苏格拉底那个居心不良的问题时，他期待苏格拉底会说，比如说，健康是好的。好。然后阿里斯提普斯就会向苏格拉底表明，在哪些情形中健康是坏的：如果那个家伙当时病了，那他就不会犯下谋杀案，也就绝对不会被绞死。好的。每一种特定的东西都可以是坏的。但问题当然就来了：在一种情形中，某个东西是坏的，那就不去碰此物；在另一个情形中，某个东西是好的，那就选择此物。这一点清楚吗？那么，是什么使得一个人有能力在这些东西好的时候选择它们，在它们坏的时候舍弃它们呢？就是智慧。因此，这恰恰是从否认有任何单纯好的东西而得来的结论：一定有某种单纯好的东西。这一点清楚吗？——如果大家所想的不只是粗暴否认，也在想否认的依据所在。否认当然意味着，在某些情境中，比如说，健康是好，在其他的情境中，健康则是坏的。这是基于理性所作的区分。一个傻瓜只会停留在否认,而忘记理性,他绝对不能做到理性,你们看,因为理性还给你关于原则方面的暗示,而完全粗暴的否认则是不明朗的。那么,这时候你就得出了这个结论。你对要点的理解十分到位。

学生:您说智慧像最好的法或好法,因为好法命令你做该做的事,不做不该做的事。

施特劳斯:我不清楚你说这句话的意思。

学生:智慧像好法。

施特劳斯:但是,智慧有无限的变通性而好法没有;因此,这个例子不好。可是,就发命令与发禁令而言,智慧像法,这是你的意思,对吧?好的。关于上面这些内容,还有其他东西要提出来吗,此处的要点?我认为我们已经取得了某种进展。

在讲清楚所有德性是某种智慧之后,苏格拉底一定也会谈及恶:告诉我们,看一看我们在看待恶的时候,这一观点是否还有效。如果德性是智慧,那么恶就是无知。这一点是清楚的。比起"德性是智慧"的说法,"恶是无知"看上去更奇怪一些。当我们说起一个恶人时,我们的意思并不是说他是一个无知之人;我们知道许多无知之人并不邪恶,没有人会把天性非常良好的无知之人称作恶人。所以,苏格拉底必须进一步加以说明,他在第九章第六节就做了这件事。苏格拉底的话说得相当突兀,"疯狂,他说,实际上就是智慧的对立面,但他并没有说无知就是疯狂。"这就是苏格拉底所做的事。他现在改变了术语。我们本以为会看到智慧与无知,而苏格拉底却说,不,让我们来谈一下疯狂。智慧与疯狂。大家看到了吧?当然,这自然会影响到智慧的含义。就两个相互关联的术语而言如果其中一个的意思被改变,[28] 另一个的意思也会受到影响。苏格拉底说这话的意思是什么呢?这话相当于什么呢?让我们读下文。

学生[读文本]:

不过,他并不认为无知就是疯狂;对自己无知,而且就自己不懂的事情而言,假定并且认为自己实际上知道,他以为这

最接近于疯狂。(《回忆》3.9.6)

施特劳斯：大家看这里的一个要点。无知现在意味着对自己无知。因此，智慧意味着什么呢？自知。好的。是吧？现在我还可以说缺乏自知；苏格拉底没有说这是疯狂。他说这很接近疯狂。那继续。

学生[读文本]：

然而，大多数人，苏格拉底宣称，不把那些在普通人的知识范围之外的事务上犯错的人叫作疯子，而是把疯狂的称号给了那些在人们都具备知识的事务上犯错的人。例如，如果一个人把自己想象得如此之高，以致经过门框时还得弯下腰——

施特劳斯：苏格拉底也可以[说得]非常易于理解，大家看到了吧。继续。

学生[读文本]：

或者认为自己很有气力，以致要尝试举起房子或者从事所有人明显觉得不可能的其他事情，[许多人]就声称这人疯了。至于那些在小事上出错的人，许多人并不觉得他们疯了，正如他们把强烈的欲望称作——

施特劳斯：爱欲（Eros）。

学生[读文本]：

而是把严重的心智错乱称为疯狂。(《回忆》3.9.7–8)

施特劳斯：是的。苏格拉底在这里谈到他的用法与通俗用法之间的不同。按通俗的说法，一个人直到疯得引人注目了，才会被称作疯子。但是，就"疯狂"一词更精微的含义而言，疯子就是每一个缺乏自知的人——而不只是在此简单直接的意义上,即一个人明明只有四英尺高却自认为身高十英尺,这不是什么严重的事。然而,如果一个人认为,例如说,举个简单的例子,他知道自己能够通过预考却没有充分地进行准备,这也是疯狂,尽管我们平时不把这样一个人称为疯子,因为这么做会使得我们不合理地扩大疯狂的范围。无疑,苏格拉底的意思是,某种程度上每个人都是疯子,因为谁能够自己声称他知道自己呢?那么,话说回来,智慧的对立面是疯狂。

从这一点当中,我们对智慧有何了解呢?至少如下:智慧,无论哪种形式的智慧,或节制(moderation)或自知,只有当一个人以此为根据选择对自己最有助益的东西时,智慧才是智慧。让我来解释一下。我们从最一般的问题开始:什么是好?我们已经看到,好总是相对于某种东西而言,相对于切近的目的,而最终相对于个人自己而言。那么,如果你不知道自己,你又怎么能够在不自知的情况下选择对自己好的东西呢?这一点不清楚吗?因此,没有自知的话,就无法有好,无法选择好的东西。在选择好东西这个行为上,知识与选择彼此不可分,这一点也清楚;当然,苏格拉底以要求自知而出名;大家可能从相关的一般文献中了解到了这一点。

[29] 这些内容富于暗示性,还有许多的含义,但是,如果我现在就条理清楚地说出来,只会让人感到困惑。但有一点我必须说出来,否则我们就理解不了这个语境。我们在这里看到苏格拉底将智慧与疯狂对立起来。当然,在日常用语中,智慧的反义词不是疯狂,而是完全的愚蠢——不智慧,或者随便你怎么叫。把疯狂用作节制的反义词才是通常的做法。例如,在雅典的政治用语中:反民主派,即那些更好的人,就自认为是节制之人。他们不像普通人那样吵吵闹闹、激情澎湃。他们怎么称呼民众的呢?疯子。因为他们如此情绪化,正如他们今天也会这么说。所以,疯狂真的是节制的对立面。可是,既然苏格拉底在这里已经将智慧与节制等同,那他就可以把疯狂理解为智慧的对立面。然而,节制还有另一个对立面——人们经常用到的,节制还有更丰富的意思(不仅仅指饮食方面的克

制）——那就是肆心（hybris, ὕβρις），让我们称之为傲慢。肆心，就其首要含义而言，当然与疯狂不同。例如，拿像阿尔喀比亚德这样一个家伙来说，他就是肆心的化身，并非严格意义上的疯子，而是一个充斥着肆心的人。可是，疯狂和肆心都被理解成节制的对立面。当然，疯子和极为傲慢之人有一个共同点，即他们都缺乏自知。无论是更为狭义上的自知，还是更为广义上的自知，这两种人都没有关于人之为人的限度的知识，这更是肆心之人的情况。

我们转向下一个主题。苏格拉底在没有任何开场白的情况下就引入这一主题：嫉妒。苏格拉底把嫉妒定义成对朋友的成功感到不快，这当然是个奇怪的说法，因为，我们可以看看我们是如何理解嫉妒的——或者如果你认为这有可能是一种现代的偏见，那就请读一读亚里士多德《修辞学》［译按，卷二，1387b—1388a］关于嫉妒的定义，你将会看到其中丝毫没有限定于朋友的说法。所以，苏格拉底的定义奇怪。让我们把它当作一个大谜题先放着。稍后我们可能能够解决。下一个主题是闲暇，苏格拉底也是未作任何说明就直接引入。苏格拉底说的是什么呢？闲暇是一种做事。换言之，闲暇并非不行动，躺在吊床上或类似的事情。是［做］什么呢？因为，那些下棋的人，还有那些玩乐的人，大家知道的，一起坐在酒吧里开着玩笑，就连他们也在做某事，他们不是不行动。好的。可闲暇是哪种做事呢？闲暇是那种做更坏的事而不是做更好之事的做事。看上去应该是这样，因为苏格拉底说——让我们来读第九节。看看或审查一下闲暇是什么……可以继续了吗？

学生［读文本］：

［在考察闲暇是什么时］，① 他说他发现大多数人都在做事，因为甚至下跳棋的人和专事搞笑的人也在做事。不过，他说所有这些人都有闲暇，因为他们明明可以去做比这些更好的事。（《回忆》3.9.9）

---

① 这半句话不在录音稿中，所以补上，放入方括号。

施特劳斯：大家看到了，这是要点。他们闲着。为什么？因为他们本可以去做更好的事。是这样吗？现在，闲暇的意思就是做更坏的事而不是做更好的事。是这样吗？因为他们本可以做更好的事。如果这是我们说赌徒是在闲着的理由，因为他们本可以做更好的事，那么，闲着的意思就是做更坏的事而不是更好的事。不是这个意思吗？好，我请求大家的帮助，因为这非常难。

学生：这就像是罪恶？总是没有做到本应该做的事。

[30] 施特劳斯：行。你说的是更普遍的情况。比如说，闲暇是作恶。行。让我们继续，苏格拉底接下来说了什么？

学生［读文本］：

没有人有闲暇从更好的事转到较坏的事上去。要是一个人这样转，他就说缺少闲暇困扰着这人，因此，这人做得糟。（《回忆》3.9.9）

施特劳斯：是的。苏格拉底在这里看上去说得正相反。不是这样吗？缺少闲暇，ascholia，是从更好的事转向更坏的事，意味着做得不好。这难啊，非常难。让我来给个临时性的说法，它更加贴近普通的理解和常识，但无论如何都不是对这个难题的解答。让我们取第二个表述，即闲暇是一种做事，且它在于做更好的事而非更坏的事。如果是这样的话，那么，闲暇等同于做得好。这当然是我们从其他著名的希腊作家那里知道的一种观点，特别是亚里士多德［译按，《尼各马可伦理学》1177b］：闲暇的活动是好的和最高的活动，因为闲暇并不意味着消遣。消遣是低的，尽管我们需要它，但它是低级的东西。接下来就是心灵的活动。千万不要忘了，我们的"学校"（school）这个词，就直接源于古希腊词"闲暇"。我承认这极其荒谬，不过，这一点引人注目。它提醒我们学校应该是什么，而不是实际中的学校是什么。它意味着在学校这个地方，我们参与我们能够参与其中的最高类型的活动。这是学校的含义。因此，如果大家感兴趣的话，可以就一个关于高等教育的研究项目申请经费。

会有证明这个研究项目有其正当性的说辞。但我不相信大家可以要到经费。好的。

接下来苏格拉底忽然第一次转向政治。政治，实实在在的行动，当然不是闲暇，第九节的令人不解之处可能源于如下事实：苏格拉底在首次大体上谈及各种德性之后，便转向政治。那关于政治，他都说了什么呢？这里的总体论点是什么？很简单：统治，王政，是知识。正如他先前所说的"德性是知识"，现在他说一般而言的王政或统治是知识。他还说，通常那些被称为统治者或王的人根本就不是统治者，因为他们无知。苏格拉底举了五个例子：

> 诸王和诸统治者不是拥有权杖的人，不是被随便什么人选出的人，不是通过抽签获得官职的人，不是凭暴力［得权］的人，不是凭欺骗［得权］的人，而是那些知道如何统治的人。（《回忆》3.9.10）

位于中间的是那些抓阄选举出来的人，就应该这样安排次序。为什么呢？为什么抓阄选举在中间呢？抓阄选举是哪种政制的特点？我明白，是民主制。苏格拉底就是生活在民主制之下。这当然是针对所有普通政制的批评，但尤其针对古典时代所理解的民主制。好的。中间位置这一原则，在上下文当中，居于中心的内容最重要。那苏格拉底接下来会怎么说呢，可是，当然还是有大的困难，如果某个人说马克米兰（Macmillan）不是一个统治者，[1] 不是首相，那会是荒谬的做法。马克米兰显然是首相，因为他是合法选举出来的。因此，会有尖锐的反对意见冒出来，苏格拉底将在下文一一探讨。"王权或统治是知识"当然暗示着统治者或王是一种关于灵魂的医生。好的，大家可曾见过未受过恰当培训的医生？或者另一个例子，比如领航员。领航员也是掌握一门技艺的人。第十二节提出的一条反对意见是，僭主没有义务服从理智之人，显然没有这种义务。在这

---

[1] Harold Macmillan，1957—1963 年间任英国首相。

里，僭主代表了任何一个没有统治知识的统治者。苏格拉底说了什么？来读第十二节。

[31] 学生［读文本］：

> 要是有人就这番话说，僭主①可能不服从那些说话正确的人，他就说："一个人怎么可能不服从呢，既然惩罚摆在那里，如果不服从那说得好的人？因为，不管在什么事上，如果一个人不服从那说得好的人，肯定要犯错误；犯了错误，便会受到惩罚。"要是有人声称暴君甚至可能处死一个富有理智的人——（《回忆》3.9.12–13）

施特劳斯："暴君"这个翻译当然是胡扯，是"僭主"，他老是这样，② 我知道。

学生［读文本］：

> 他就说："你认为处死自己最好的盟友会不受惩罚，或者只受到轻微的惩罚？你认为这样做的人会安然无恙，还是会由此很快毁灭？"（《回忆》3.9.13）

施特劳斯：那么，苏格拉底说的是什么呢？如果僭主不听从智慧之士，那就不复是僭主了。更确切地说，只有听从智慧之士，以此分有智慧，僭主才是僭主。对于君主们，对于非法君主们来说是这样的情况，对于少数人或多数人的非法统治而言当然也是这样。所有普通的政制都是僭主式的政制。只有在一定程度上听从智慧之士，他们才能够作为僭主持续存在。这当然是以非常令人不悦的方式表达出来的，因为苏格拉底选的是僭主这种最招人恨的例子。僭

---

① 马尚特的译文是"暴君"（despot）。［译按］在一些关键词语上，课堂上的朗读者修改了马尚特的译文。

② 指译者马尚特。

主只有通过服从知道如何统治的人来分有知识，才是僭主，从文脉来看，这个知道如何统治的人应该是僭主的盟友，一位合作者，正如他们用二十世纪的语言说的那样。

学生：也有可能把那一节解释成这个意思吗：尽管一个僭主可能在没有最佳咨议的情况下维持自己的统治，但某种形式的来自神的惩罚可能可以使僭主不越雷池？

施特劳斯：我认为，我们在此还是应该止步于苏格拉底所表达的意思：知识对于统治是如此必不可少，以至于一个或一伙无知的人，只有靠某种程度上间接地分有知识，才可以统治。比如说，这种间接分有，可以是臣服于由一个智慧之士设计的法律，大家知道的，或者臣服于在原则上不可更改的宪制（constitution）。如果是这样的话，那么，统治者们无论多么无知，都以臣服于不可变的法律的方式分有了智慧。

学生：但是有完全拒绝服从这种法律的僭主。

施特劳斯：你看苏格拉底说什么：他们将毁灭。这很可能不是非常充分；我承认。因此，我们就只能暂时止步于如下观察所得：在这一章，在这次探讨中，关键论点是"德性是知识"，统治是知识。恶是无知。臣服是无知。在"臣服"一词的真实意义上，臣民就是无知之人。智慧之士永远不会当臣民，这一点也是暗示出来的意思。这如何与所有时代都人尽皆知的事实相兼容呢，稍后我们可能得弄明白。但大家看到了，色诺芬是多么有必要再多写一些啊！只有寥寥几页，因为他在这里让我们全然不知。

时间正在过去。在第十四节，有人再次问苏格拉底一个问题，与关于勇敢的问题一样，现在问的是："什么是最可取的事物？"苏格拉底的回答是"好作为"（doing well）。[32] 强调意义上的作为：好作为。大家知道的，这与通常的用法不一样，他很成功（he is doing well）通常意味着他收入好、孩子好，等等等等，而这里是指好好地做、好好地行事。"好作为"，εὐπραξία，不同于幸运，εὐτυξία。幸运，完全取决于你有哪种运气。而比所有其他东西更可取的东西就是好好地做、好好地行事。这意味着好好做，当然是在已经学习完并且已经受到恰当的训练之后。在此可以这样回应我们的问题。

在开篇处，有无数种东西是好的，但仅仅是相对好；也可以是有许多种东西是好的，但仅仅是相对好，它们也可以是坏的。我们显然需要一个原则，用以区分从什么立场来看这些东西好，从什么立场来看这些东西坏。首要的答案是：个人。在某个特殊处境中对他而言是好的东西就是好的，在某个特殊处境中对他而言是坏的东西就是坏的。然而，这个个体太模糊，因为他自己可以是坏人，那么，对于一个坏人而言是好的东西，比起对于一个好人和所有其他种类的个人而言是好的东西，就没那么好。换言之，我们必须知道，我们必须有更好的答案，而不只是关于自我的知识。

知道自己，这意味着什么呢？它当然意味着知道一个人是否好和在哪种程度上好，一个人是否坏和在哪种程度上坏。不可能谈及任何其他的自知。例如，如果你知道自己有浪费钱的倾向，花掉的钱比手里有的多，如果你不知道这是一个坏习惯，这就是绝对的蒙昧了。所以，自知意味着以好与坏为准绳的关于自我的知识。所以，据以审视参照点——即个人——的好与坏是什么？在这里，答案给出来了：好好做，好好行事，即有德性的生活。

可是，有人还可以问，为什么好好做就是好的呢？古希腊人日常称之为幸福或福分（felicity）的东西为什么就好？或许不可以提这个问题？让我们来读第十五节。

学生［读文本］：

> 他还说，最好和最为神所喜爱的人，在农事方面，是那些在农耕上做得好的人；在治病方面，是那些在医术上做得好的人；在政治方面，是那些在政治事务上做得好的人。他说，什么事都做不好的人毫无用处，也不为神喜爱。（《回忆》3.9.15）

施特劳斯：对。大家看，苏格拉底在这里看上去是说，好或福分看上去就在于用处。好好行事的人有用，当然，是对于他人有用。这是一种看法。苏格拉底提到的另一种看法是为诸神所爱。这看上去是在暗示福分并非本质上就好，而是从其他人与诸神的角度来看才好。所以，我们的问题又成了开放的。现在我只提其中一点暗含之义。苏格拉底在此理所当然地认为，好人为诸神所爱或者是诸神的一位朋友（在古希腊文中是同一个单词）。诸神喜欢行事好的人。诸神喜欢他。但这暗示出什么呢？诸神不嫉妒他的福分。认为诸神嫉妒幸福之人，嫉妒有福分的人，就等于认为诸神嫉妒自己的朋友，而这是荒谬的观点。大家现在理解关于嫉妒的定义了吧。当苏格拉底谈到嫉妒是对朋友的幸福感到不满、不快时，他心中所想的是诸神的嫉妒这个重大问题。我相信这是唯一的解释。①

[33] 现在是很晚了，但由于下次课我们还有很多内容要探讨，所以，关于《回忆》卷四中的探讨，我至少得稍微说一下。我们在卷三里面临哪些难题呢？我认为有两个。第一，我们不清楚在无数种好与美的事物当中，什么是确立秩序的原则——何者更高、何者更低，当然还有何者是最高的好东西。第二，德性在什么意义上是知识，特别是，王政统治在什么意义上是知识？卷四的探讨针对的是欧蒂德谟，这个人物的位阶可能低于卷三第八和九章苏格拉底的谈话对象。卷四的探讨如何开始的呢？我们转向卷四第三章的开篇。

让我试着紧贴字面翻译一下这个开篇："苏格拉底不急于使他的同伴们变得长于言辞、行动和计谋（devices）。" μηχανικούς也可以是指与机械相关之意。它也可以是诡计的意思。他不急于使他们变成那样。"但他认为，在此之前，他们应该具备节制。"② 所以，苏格拉底教诲的基础层面涉及的是节制，在同伴们具备任何其他德性之前。当大家读第三章与第四章的开篇时，就会发现，节制分为两个部分。节制是与智慧非常不同的某种东西。节制包含两个组成部分：虔敬与正义。现在苏格拉底不再将虔敬与正义理解成智慧的组成部分。虔敬意味着（苏格拉底没有正式定义虔敬，但从文脉可以判断）礼敬诸神并尊崇诸神，感恩诸神。这是欧蒂德谟的表述。或者说，

---

① [译按] 可对比 Strauss, *Xenophon's Socrates*, p. 81。
② 《回忆》4.3.1。

虔敬就是如城邦法律所命令的那样,向诸神献祭以取悦诸神。只要每个人都能够听懂并服从礼法的命令,那么,虔敬就与智慧没有一星半点的关系,这一点十分清楚。关于虔敬,就是这么多内容,与此处对应的卷三的相关内容〔译按:应是《回忆》3.9.4 – 5 处〕甚至都没有提及虔敬。

下一个主题是正义。苏格拉底,不是希琵阿斯,是苏格拉底,在这里所作的论断是:正义等同于合法。合法当然意味着城邦法律所说的内容。希琵阿斯说:如果是这样,那正义还有什么好让人尊敬的呢?因为世上有那么傻的法律条文以及其他类似的事情。我们看看苏格拉底在第四章第十四节的回答。

学生〔读文本〕:

> 希琵阿斯说,"苏格拉底啊,人们如何会认为法律或遵守法律是严肃的事情呢,因为看到正是那些制定法律的人常常修正它们,在认真审查之后废除它们。"
>
> 苏格拉底说,"城邦经常也是开始进行战争,只是为了再次媾和。"
>
> "的确是。"他说。
>
> 他说,"那你认为,你因为法律可能遭废除而贬低那些守法的人,与你因为可能缔结和约而指责那些在战争中守秩序的人,你的这两种做法有什么不同吗?或者你责怪那些在战争中热心帮助自己祖国的人?"
>
> 他说,"不,当然不。"(《回忆》4.4.14)

〔34〕施特劳斯:是"以宙斯的名义,我当然不"。指责在战争中表现良好的战士并且是出于相同的理由,这是荒唐的——然而,"中间参照体"(tertium comparationis)是什么?战争与法律的变动有什么共同之处?不好笑吗?不是奇怪得很吗?是什么呢?我相信可以解释如下。让我们以这种方式来进行:很清楚,在这里我们看到了战争与和平;战争是变动,和平是稳定。这是他断言的内容。

这讲得通吗?

学生:我认为这种对比的意思是,正如战争可以转变为和平一样,法律也可以修正,那么,撤销法律就与签订和约同等,还有战争——

施特劳斯:行,战争干扰着安全,不是吗?法律的改动对应战争,和平对应法律的稳定。我认为,通常的说法是,法律的每次变动都是一种干扰,至少在先前的时代,战争当然也干扰着日常的安全。但其中暗示的意思是,正如战争作为困扰人的东西要求纪律(discipline)和好的秩序一样,法律的改动也要求纪律和好秩序。这是什么呢?可以看看今天美国与之等同的东西。什么是有纪律的法律变动呢?

学生:各种修正案。

施特劳斯:不,你不需要修正案来变动法律。合乎宪法的法律变动是有序的,不合乎宪法的变动是无序的。在古代,人们没有这样的一部宪法,但有关于有序地变动法律的其他规定。用更一般的说法,一定有某种更高的法,因为如果你能够变动一种法律,那么,这种法律对于变动者就没有约束力;否则你就无法变动它。但如果好的变动与坏的变动之间有区别,有序的变动与无序的变动之间有区别,那么,变动者,尽管不服从普通的法,但一定服从一种更高的法。在美国,更高的法是清楚的:宪法。但对于苏格拉底或希琵阿斯来说,等同之物是什么呢?苏格拉底在这里说,是不成文法。因此,苏格拉底随后转向不成文法。

关于不成文法,这是极为重要的段落,苏格拉底的说法又奇怪地与关于不成文法的一般理解不同。一个特别的事例是:禁止乱伦是一种不成文法。为什么呢?因为乱伦会生出糟糕的后代。苏格拉底没有提及自然法。只字未提自然法。但他说的是某种像自然法的东西,一种自带效力的自然法。苏格拉底的话有一个重要的暗示,父母与子女之间的乱伦违背不成文法,但兄弟姐妹之间的乱伦并不当然就违背不成文法。这与柏拉图《王制》中的观点完全相同,完全相同的观点,那里〔译按:见《王制》461d-e〕也只是禁止不同代际之间的人乱伦,并未禁止同代人之间的乱伦。

在下一章,第五章,让我们也看看开篇处。在这里,他们相当不正当地改变了文本内容。"现在我要说的是,苏格拉底如何也使他的同伴们更长于采取行动。"① 然后,苏格拉底谈到同伴们的节制教育。从现在起,这是非常不同的事物了。在这里我们看到了节制。大家记得,在卷三,我们看到智慧等同于节制(moderation),将节制等同于克制(continence)。② 现在变了。智慧不同于节制(我们稍后会看到这一点),节制又不同于克制。什么是克制?它含义广泛,不仅是指快乐方面的克制,还有恐惧方面的克制,缺乏克制,即不克制,则是受奴役。所以,克制是自由。我试探性地提议,自制就是苏格拉底在卷三所说的灵魂的力量。③ 灵魂的这种力量不是智慧,而是[35]智慧的基础。卷一第五章([译按]第四节)明确说到克制是德性的基石。

现在让我们转向卷四第五章第六节。

学生[读文本]:

至于智慧这最大的好,难道你不认为,由于阻止人们[接近智慧],不自制把他们投向了智慧的对立面?(《回忆》4.5.6)

施特劳斯:让我们在这里停下。大家看出苏格拉底在这里做什

---

① 《回忆》4.5.1。

② [译按]准确而言,卷三第九章第4节的说法是:他并不把智慧和节制区分开来,而是认定那种认识并使用那些美的和好的东西与知道并避开丑的东西的人既智慧又节制。他还被问到,有些人明明知道应该做什么却做了相反的事,他是否认为这些人既智慧又自制,他说:"他们并不比不智慧和不自制的人[智慧和自制]。因为我认为,所有[智慧和自制的]人尽其所能选择他们认为对自己最有利的事情,并践行这些事情。所以,我认为,那些行事不正确的人既不智慧,也不节制。"这里应该无法推断出"智慧等同于节制(moderation)"。

③ [译按]指上文关于卷三第八章第2-3节的讨论。参上文英文版页码24-25的相关内容。

么了吗？他穿插了——这是唯一恰当的描述了——出现在整本书中最重要的一句话，什么是最大的好。他说的不是"一种非常大的好"（$μέγιστον\ ἀγαθόν$），他说的时候带了定冠词，"这最大的好"（$τὸ\ μέγιστον\ ἀγαθόν$），最高的好是智慧。如果智慧是最高的好，那么，克制就不可能是最高的好。克制只是智慧的基础。节制也是这样。下文表达清楚了，我们只读这一章的最后两节。第十一节。

学生［读文本］：

"苏格拉底啊，在我看来，"欧蒂德谟说，"你的意思是，被那些经由身体的快乐征服的人是没有任何德性的。"

他说，"欧蒂德谟啊，因为一个不克制的人与最无知的野兽有什么不同呢？不审查最好的事物而是千方百计去寻求做最令人快乐的事情的人，与最无思想的动物有什么不同呢？毋宁说，只有克制的人才有可能去审查最好的事物，而且通过按照种类在言辞和行动上把它们划分开来，以选择好的事物而避开坏的事物。"

他又说，以此方式，人们会变得最好、最幸福和最擅长交谈。他还说，"问答式的论辩术"（dialegesthai）得名于那些聚在一起根据种类区分事物的人的集体思考；因此，应该试图尽可能地为这做好准备，而且试图最关切这一点，因为人们会因此变得卓越、最适于领导和最善于交谈。(《回忆》4.5.11 - 12)

施特劳斯：好的。有一个要点。这大概可以当作某种程度上更精确的关于何为智慧的定义，而智慧，现在我们知道它并不等同于节制或克制。苏格拉底说智慧与谈话有关，希腊语是 dialegesthai。[①]大家知道，现在用得非常普遍的单词"辩证法"（dialectics）就源于此。dialegesthai 这个古希腊语单词是中动态动词（我现在无法解释古希腊语的初阶语法），是 $διαλέγειν$ 的一种更基本的形式，意思是

---

① 这个词见于《回忆》4.5.12，4.6.1 用的词是$διαλεκτικωτέρους$。

"分离""分开"。按照苏格拉底的理解,辩证法就是按照种类(kinds)或群族(tribes)来分开各种事物。我们后面会在另一部作品中听到这一点。① 这就是理解。这是苏格拉底的关切之所在。因此,"一种东西是什么"这个问题总是牵涉到事物所属的种类。大家永远不会问"米勒先生是什么",而是问"米勒先生是谁"。"米勒先生是什么"这个问题的答案当然是:一个人。然而,"什么是"牵涉的[36]问题"什么是人"总是涉及事物的种类,如果不对照其他种类,你就永远无法理解一个种类本身。举个简单的例子:关于人,传统的定义是具备语言能力的动物,只有将人与其他动物区分并对立起来,该定义才明白易懂。通过分离种类,你就理解了每一种类的特殊性。下一章的开篇处,可以继续了吗?

学生[读文本]:

> 我现在也将试着表明,苏格拉底还如何使得他的同伴们更擅长交谈(διαλεκτικωτέρους)。因为苏格拉底认为,那些知道任何一个特定的事物是什么的人,也能够向别人阐释这一点——

施特劳斯:紧贴字面来译,是"每一种存在者是什么"。所以,这里是没有限定的,指的是所有的存在者。苏格拉底一直都这么做。可以继续了吗?

学生[读文本]:

> 而且他说,相反,那些不知道的人误己又误人,这完全不足为奇。出于这些原因,苏格拉底从没有停止与他的同伴们一起审查每一种存在者是什么。(《回忆》4.6.1)

施特劳斯:"每一种存在者是什么",苏格拉底重复了一遍。此处最优抄本上的读法是,"因此,他从没有停止在同伴们中间思考每

---

① [译按]即《治家者》。

一种存在者是什么",并不一定是"与同伴们一起"。我认为"在同伴们中间"是最好的读法;这真是好的读法。无论如何,苏格拉底在下文解释了——不,有个东西我们必须考虑——下一个要点。关于"什么是虔敬"的探讨,以此作为例子,什么是虔敬?答案是:虔敬意味着关于规定崇拜诸神的法律的知识。德性是知识。虔敬是一种德性,所以,虔敬一定是一种知识。那么,是哪一种知识呢?关于规定诸神崇拜的法律的知识。这个观点当然十分糟糕。难道大家不认为阿尔喀比亚德在亵渎秘仪和破坏赫耳墨斯(Hermes)神像的时候非常熟知这些法律吗?按照上面的观点,阿尔喀比亚德就是虔敬之人了。[据此,]一个心地单纯、不知道所有这些法律的人,行,举另外一个例子,一个奸诈的律师,一个无原则的奸诈律师,当然要比一个没有受过法律方面培训的最诚实的人更加正义。因为这个单纯的人没有受过法律方面的培训,所以不知道法律,或者所知甚少,而奸诈的律师却的确非常熟知法律。特别是如果这个奸诈的律师受雇于财团的话,那他必须非常熟知法律,否则对于财团来讲,他就完全无用。这里所犯的推导错误是什么呢?要点是什么?让我们来读这一章的第三节。

学生[读文本]:

苏格拉底:那么,知道这些法律的人会知道应该如何敬拜诸神吗?

欧蒂德谟:至少我是这样认为的。

苏格拉底:那么,知道应该如何敬拜诸神的人难道不会认为他应该按照自己所知的方式来做这件事,而不是按其他方式吗?

欧蒂德谟:他确实是这样认为。

苏格拉底:每个人都以自己认为应该的方式来敬拜诸神,而不是按照其他方式?

欧蒂德谟:我认为是这样。

苏格拉底:那么,关于诸神,知道什么是合法的人,将合法地敬拜诸神吗？

[37] 欧蒂德谟：当然。(《回忆》4.6.3-4)

施特劳斯：于是就有了下面的结果。大家看到了，某人可能知道应该怎么做，却并不这么做，这个简单的、显而易见的难题完全被忽略了。这个论证是个简单的不合逻辑的推导。换言之，色诺芬在此表明，将德性与知识等同的这种理解是错误的理解，这并非苏格拉底在表达德性与知识等同的意思时的方式。其他例子都是大概表达同样的意思。

第七节明确以智慧为主题，智慧在这里被等同于知识，$\dot{\epsilon}\pi\iota\sigma\tau\acute{\eta}\mu\eta$ 这个单词转译成拉丁语便是 scientia，就是我们今天的"科学"一词。那么，最完美的知识应该是关于万物的知识。这种知识对于人来说是不可及的，因此，人只可能去接近它。然后，好与美得到定义，直接被等同于有用，我们已经看到，该定义在根本上不可能有效。有话要讲？

学生：但知识的诸种最高形式——已经知道它们的人至少将会在特定程度上有德性地行事，这难道不是好的柏拉图教义吗？

施特劳斯：好吧，这略微复杂些，正如我们所见。我们必须有某种准备。只提最切近的先决条件：克制。大家必须具备了克制，否则，我们永远无法在这些高的事务上变成有知识的人。很简单的实际例子：如果某人经常感到饿或渴，或什么都怕，这是亚里士多德的例子，害怕房间里的每一只苍蝇，此人又如何能够思考呢，他如何能够专注呢？必须有一个打下的基础。但这本身不是知识。这个基础是由日常的践习（habituation）而得来。这是柏拉图常常暗示的意思。

学生：只有以某种方式已经获得的某种类型的知识才是智慧。

施特劳斯：哦，有各种各样的知识并不是如此，正如亚里士多德清楚表明的，某个人可以是个非常好的铁匠，但同时品性可能十分糟糕。这完全可能。但知识科目的等级越高，这种可能性就越小。我可以用简单的常识语言来表述吗？这些最高等级的事物要求高度的洞察力，敏锐。如果一个人具备这种敏锐，他当然也会对自己的行动与感受有这种敏锐。大家明白吗？他简直不能忍受它们。他无法做那样的事。换言之，苏格拉底和柏拉图严肃表达的意思是：作为一名哲人却不是一个正派人，这不可能。哲学史上有一些例子似乎反驳了这个观点。我相信，这些例子仅仅证明了这些人不是真正的哲人，但这个问题一言难尽。不，这在那些人的哲学里有所体现。如果某个人无法控制较低的事物，或者让我这么来说吧，就他无法控制较低事物而言，他无法自由地思考。我认为这是一个以实际经验为基础的看法，这也可以用实际经验来加以检验。但我们必须先具备一些关于"哲学是什么"的知识，否则我们可能会说，我知道那么多品性糟糕的哲学教授。但把哲人与哲学教授相等同，这当然本来就是武断的假定。

在第十至十一节，苏格拉底再次谈及男子气或勇敢。对话表明，勇敢预设了关于激起恐惧之情的事物的知识。显然，不能把一名婴幼儿冲向火堆的举动称为勇敢，因为他不知道火堆是令人害怕的事物；而苏格拉底接下来这种意义上的知识，即你知道火危险或狮子危险，[38] 从日常意义上的知转向了强调意义上的知。我不知道如何用英语表达出来。即便是用拉丁语来表达，也难以做到。拉丁语动词 nosco 的意思仅仅是知道，例如，我知道这个家伙。而另一个动词 scio 的意思，可能是指知道并且理解。知道（knowing）可怖的事物与理解（understanding）可怖的事物，两者之间的不符合常规的交替使用，使苏格拉底在这里甚至当然可以断言，勇敢是智慧或者说知识。①

第十二节的主题是统治者，没有只言片语提及王政统治中的知识要素或理解要素。提到了五种政制：王制，僭主制，贵族制，财阀政制和民主制。贵族制在中间。我可以问为什么吗？中间一定是最重要的内容，但是从什么角度来看呢？大家会做何猜测？我会猜

---

① ［译按］苏格拉底在第十节交替使用了 εἴδω 和 νοέω 这两个动词的不同形式，εἴδω 的拉丁对译词是 nosco，νοέω 的拉丁对应词是 scio。

测，色诺芬认为贵族制是最好的政制。他如何定义贵族制呢？"贵族制"政体，其官职由那些"履行"（fulfill）法律或更好地"成全法律"（complete）的人来担任。① 任何法律都需要成全，因为法律在应用于特殊的情境时要求人做出判断。这种意义上成全法律的人，即解释法律的人，用日常语言怎么称呼呢？使得一个人能够解释法律好让法律适用于特定情境的这种品质，又怎么称呼呢？公正之人。公正（equity）。正义的意思通常是守法，而公正是对法律的提升，公正的解释。公正的希腊语是ἐπιείκεια，公正之人是ἐπιεικής。在日常语言当中，人们把ἐπιεικής用作"更好之人"的同义词，也就是那些应该在贵族制中施行统治的人。所以，可以说贵族制就是公正之人的统治，［公正之人］就是凭着其聪明才智和所受的训练而有能力公平公正地解释法律的人。

有一点我必须提及，你们当中的一些人将会发现它好玩。我之前说过卷三的结构：始于无名之人，上升到一个高度（即卷三第七章），然后再下降。卷四的最后两章又是苏格拉底与无名氏的对话。让我们转向卷三第十四章第二节。我们也读读第一节吧。

学生［读文本］：

> 每当他的一些聚餐同伴带少量的肉而其他人带大量的肉时，苏格拉底都会吩咐童仆或者是把量小的肉放出来共同食用，或是把它平均分给每个人。所以，那些带大量的肉的人耻于不一起享用那些放出来共同食用的东西，耻于不放出自己的肉；所以，他们也把自己的肉放出来共同食用。由于他们吃到的肉并不比带的少的人多，他们也就不再花很多的钱买肉。（《回忆》3.14.1）

施特劳斯：大家看，这是一个关于苏格拉底的教育的小故事。请读下一节。

---

① 《回忆》4.6.12。

学生［读文本］：

有一次他看到一位聚餐同伴已经停止吃面包，只是吃肉，当时人们正在谈论名称——每一个名称是因为什么类型的事情而存在——（《回忆》3.14.2）

施特劳斯："名称"在这里当然意味着严格意义上的"单词"，一般而言的单词。

[39] 学生［读文本］：

——他就说："男人们，我们能够说，究竟是因为什么类型的事情，一个人才会被称作'吃肉者'呢？因为在有面包的时候，当然所有人都是就着面包吃肉，但我认为他们不会因此而被称作吃肉者吧？"

"不，当然不"，其中一个在场者说。（《回忆》3.14.2）

施特劳斯：有个东西我必须得说说，否则大家将无法理解它。吃肉者译自希腊文的ὀψοφάγος。[①] φάγος就是吃者，ὄψον是大家放在面包上面吃的食物。对于希腊人来说，面包是主食，大家再往面包上加点东西，这可以是肉或鱼，我相信鱼比其他肉更常见，人们称之为ὄψον。被称为ὀψοφάγος的那个人，即吃肉的人，他只吃一点点面包，而吃很多这种更馋人的东西。换个说法，就是个老饕。请继续。

学生［读文本］：

他说："这个呢？假设某人只吃肉而没有吃面包，不是因为

[①] ［译按］ὀψοφάγος 由 ὄψον 和 φάγειν [吃]，ὄψον泛指除主食面包以外的所有食物，包括各类肉食、菜、调料，因而又有美味佳肴之意。ὀψοφάγος 既可以表示"肉食者"，也可以表示"好吃美味、讲究吃喝"。此词又见 3.13.4。感谢彭磊老师提供的这条注释。

他正在接受训练，而是为了快乐，那他会被认为是个吃肉者吗，或者不是？"

他说："几乎没有其他人会是个吃肉者。"

另一个在场者说道："那个吃大量肉来吃下一小片面包的人呢？"

苏格拉底说："在我看来，他也配得上被称为吃肉者。每当别人向诸神祈求大量的庄稼收成时，他大概会祈求大量的肉食。"

当苏格拉底这么说时，那个年轻人认为苏格拉底是在说他，可并没有停止吃肉，而是拿起一些面包就着吃。苏格拉底看到后，就说："你们那些坐在这个人旁边的人要仔细盯着这个家伙，看他是把食物当成他的肉，还是把肉当成他的食物了。"（《回忆》3.14.3 - 4）

施特劳斯：好的，紧贴字面的译法是：他是吃面包就肉，还是吃肉就面包。这些都是非常精致的故事，但大家必须承认，无论如何它们并没有浓烈的哲学气息。但此处妙就妙在词语问题。根据所有时代的明智之人的看法（并非所有人都一直是明智的），词语问题，即语言学上的分析，比实质问题要低许多等级，因为尽管明智之人会小心对待他们的词语，但他们知道词语是服务于言说事物的。好的。既然这是非常低的探讨，他们就在此并且只在此探讨词语，而在更高的层次上，在卷三第八和第九章，他们谈及事物是什么，或者事物的存在。好的。

这里有一个绝妙之处，我们不能很好地在翻译中把它表达出来，在第二节的开头。这个家伙正在吃肉，用肉本身来吃肉本身（itself by itself），这是柏拉图表达理念时最喜欢用的词。[①] 这个家伙在某种

[①] [译按] 古希腊人吃肉要搭配着面包吃。"光吃肉"（τὸ δὲ ὄψον αὐτὸ καθ' αὑτό），其字面意思为"就肉本身来吃肉本身"。αὐτὸ καθ' αὑτό的表达暗示了苏格拉底的"理念论"，参见柏拉图，《帕默尼德》130b1 - 10，《斐多》100b3 - 7。虽然序言部分已给出这个注释，但为了方便读者理解，故在此再次给出。

程度上吃的是纯粹的理念。大家看,这是色诺芬式的玩笑,这个玩笑当然预设了——因为如果不知道这些事物并且不理解这些事物,是说不出这个笑话的。所以,我想,这会有助于我们理解色诺芬谈论哲学的方式。[40]如果一个人不思考哲学问题,就无法理解色诺芬,而色诺芬写作的方式却可能使大家完全注意不到哲学。好的。①

---

① 这看上去是第二次课结束,因为下一句话以讨论一篇学生的论文开始。原稿并没有表明这是一次停顿。

第三讲 《治家者》一

[41] 施特劳斯：我很喜欢你的论文。① 但我并不同意你做的每一个论断。我只提几点，我认为它们非常好。我不同意这份纲要，但是，你可能在论文中更加清楚地展开讲述的某种东西从中显现出来。治家这种技艺，你说，是女人性的技艺。这种女人性的技艺经证明是政治技艺。这很有趣，但这是他［苏格拉底？］暗示出来的。我们必须看看这是什么意思。接下来，你也非常清楚地看到了农耕技艺与战争技艺之间一定程度上的激烈较量，哪一种更好。这里暗示出某种东西：农耕技艺是整个谋生技艺的替代品，谋生的技艺在某些方面类似于战争技艺。这听上去很有趣，不是吗？但对我们来说，可能不如对希腊的贤人②那么有趣。你可曾听说过战争技艺与经济/谋生技艺之间的比较？人们认为两者之间有共有的东西吗？

学生：博弈论？

施特劳斯：不，那些是纯学术的东西，可是得自真实的生活：搏斗、战斗。你可能听说过"竞争"这个词。我相信，这是一种重要因素。现在，关于资本主义精神这一主题的文献数量可观，尤其是根源于马克斯·韦伯关于这一论题的著名论著。③ 根据韦伯的看

---

① 这次课以阅读一篇学生的论文开始，该论文没有收录进来。

② ［译按］其字面含义是"既美又好之人"，中文没有完全对应的词，姑且以"贤人"对译。

③ ［译按］即《新教伦理与资本主义精神》。

法，资本主义精神意味着这种观点：资本的积累在道德上是好的，即便它本身并不是目的。过去一直都有人热衷于积累大量财富。贪财是与这个世界一样古老的恶习。但是，有人自己不贪财，却是人类的教师，在某种程度上教其他人以这种特别的方式成为贪财者，这是新鲜事。在现代，这样的事当然有。但在所有前现代的著作中，唯一近于这种著作的例子见于色诺芬的《治家者》，《治家者》是一本相当现代的书。当某某先生注意到这本著作把增加一个人的财富而不仅仅是理财描写成治家技艺的功能时，他就意识到了这一点。关于这一点，我们稍后再谈。

我相信，你一直不停地说"乐园"（paradise），[①] 会给你的一些同学造成一点点困难。我不相信那些没读过——他翻译成"乐园"吗？行，译成"园林"（park）会更简单。既然"乐园"一词在古典希腊思想中并不带有这些神学上的隐含意义，译成"乐园"还有些误导人。我们有时候还是必须要十分简单。好的。

现在来看看某某先生提出的一个问题，我来转达给大家。"您可以简要概述一下我们上次课的那些内容吗？在余下的课程里牢记它们将会是重要的。"《治家者》前七章涉及我们上次讲到的哪个主题呢？大家想起上次的任何一个主题了吗？

学生：我相信有一个主题是作为明辨的知。

施特劳斯：换句话说，更一般而言，这问题是：德性等同于知识吗，或德性超出知识了吗？这个问题出现了。我们后面会处理它。

[42] 第二个问题：什么是好？难道这个问题不是一直都会出现吗？财产的定义：财产是一个人拥有的好东西的总和。那么，好东西是什么呢？这是其中的两个主题；可能还有更多的主题。

现在让我们连贯地讨论一下我们的任务，以此来开始今天的课

[①] [译按] 英语里的 paradise 源自古希腊语的 paradeisos（意为"花园，尤其指波斯的皇家花园"），该单词在《治家者》里第一次出现在第四章第 13 节。Carnes Lord 将之译为 garden，这种译法不带任何与基督教神学相关的含义。见 *The Shorter Socratic Writings*，前揭，页 52。

程。这是《治家者》，在色诺芬的作品中，这是最重要的苏格拉底言辞（logos）。色诺芬的其他苏格拉底作品，包括《回忆》，都不只是苏格拉底的言辞（logoi）而已，它们一向都还承担着其他一些功能。但《治家者》没有其他功能，就是向我们展现苏格拉底的言辞（logos）。苏格拉底或色诺芬为什么选择 oikonomia［即治家］这个主题来达成这种意图呢？如果心里一直记得 economics 在这里的意思是治家，那我们就可以用 economics 这个单词。色诺芬为什么选择这个主题呢？如果苏格拉底只有一个主题可以谈论，那么，首选主题会是什么呢，如果只有唯一的机会，苏格拉底会挑什么主题呢？

学生：［听不清］

施特劳斯：可能不完全是这个。我们没有读完《回忆》，但《回忆》讲了很多关于王者技艺的内容。① 所以，王者技艺或政治技艺看上去是个更恰当得多的主题。色诺芬为什么要选择治家［这个主题］呢？这篇著作的男主人公是克利托布洛斯（Critobulus），我们已经听说过。大家知道关于克利托布洛斯的任何情况吗？知道他的家庭关系吗？这会有些帮助。

学生：他是克力同（Criton）的儿子。

施特劳斯：克力同的儿子，那个著名的克力同，他试图救苏格拉底出狱。现在让我们来看看《回忆》，如果大家查阅一下卷二第九章开篇处，那是苏格拉底与克力同之间的对话。

学生［读文本］：

  我知道有一回他听克力同说，对于一个想做自己事情的男人来说，在雅典的生活（bios）很难。（《回忆》2.9.1）

施特劳斯：阶段（period）。② 所以是年老时的克力同。他想做自己的事情。这是柏拉图《王制》中的著名说法，正义就是做自己

---

① ［译按］尤其见《回忆》3.9.10 和 4.2.11。
② ［译按］施特劳斯在此似乎是用 period 来翻译希腊文里的 bios。

的事情。那么，当然在通常的意义上，做自己的事情意味着什么呢？这个说法的实际意义是什么呢？

学生：[听不清]

施特劳斯：过退休生活，而不是政治生活，不是当个好管闲事的人，不是当政治家。所以大家看到，克力同的儿子将来也会过退休生活，但他必须做点什么。他做什么呢？他关心他的私人事务、他的私人财产。他是个治家者。我们现在能够说的就是这么多。那时候这种生活被看作那些更好的人所采取的生活方式，他们不会走进市场与那些疯子谈话，疯子就是民众，而是过一种私人生活，相当的不起眼，否则的话，他们会陷入麻烦。有一种人是所谓的诽谤者，诽谤者使得这些人的生活相当不自在，正如大家从《回忆》卷二第九章看到的那样，苏格拉底在此讨论了诽谤者这一主题。

还有一个要点。《治家者》的开篇相当奇怪，大家将会读到："我也曾听他像这样谈论治家。"① [43] 色诺芬甚至都没有说"我听苏格拉底"。奇怪。如果大家把《回忆》从头到尾看一遍，就会发现只有一章以完全相同的方式开篇，那就是卷二第四章，这一章的主题也同样是朋友。这听起来挺熟悉的，不是吗？朋友以某种方式是《治家者》的一个重大主题。大家也看到，友谊本身并非一种政治关系，而是私人关系。好的。总体性的导论就是这么多内容。现在让我们转向第一章。

其主题是：什么是治家？苏格拉底向克利托布洛斯提问，以此发起对话："告诉我，克利托布洛斯，治家是不是某种知识或技艺的名称，正如医术、冶金术、建筑术或木工术一样？""我觉得是这样的。""正如我们能够说出这些技艺中每一个的工作是什么，我们是否能够说出治家的工作是什么？"这时克利托布洛斯说："在我看来，好治家者（οἰκονόμος）的工作就是治理好自己的家业（οἶκος）。"② 他不是说治家者的工作是什么，而是说好治家者的工作是什么。怎么

---

① 《治家者》1.1。
② 《治家者》1.1–3。

会这样呢？比如说，如果有人问他什么是木工，他不会说好木工的工作，而是说木工的工作。他为什么只用"好的治家"来定义治家呢？这是两种不同的东西。毕竟，某个人可以是个鞋匠，但又不是个好鞋匠。有话要讲？

学生：我认为他是想听听苏格拉底先说什么。

施特劳斯：克利托布洛斯说的话不是在提问题，而是在回答。苏格拉底问的不是一名好治家者的工作是什么，他问的是一名治家者的工作是什么。行，我相信有人可以这样回答：除了赤贫者（我们可以忽略这些人，因为他们与问题完全不相干），每个人都在以某种方式治家，尽管不曾学过什么治家的技艺。在治家这件事情上，令人感兴趣的是一名好治家者，然而，至于其他技艺，不管你操持的是什么，不论操持得多么拙劣，你都得学过相应的技艺。我的意思是，即便最拙劣的鞋匠，也知道一些不是鞋匠的人完全不知道的东西。这一点为我们理解治家技艺带来了第一点启发。比起其他技艺，治家技艺与前科学阶段的联系要更紧密得多，如果我可以这么说的话。如果你要成为一名鞋匠，你必须多多少少当一段时间学徒。而要成为治家者，就不必然如此了，因为你在某个时刻得到一些财产，你就不得不打理这份财产，就算你的打理是立刻花掉它。立刻花掉也是治家的一种做法，当然是拙劣的治家，但仍然是治家。

第二个要点，出自苏格拉底，是苏格拉底将这种治家技艺与一个人自己的家业分离开。苏格拉底说："如果某个人知道如何治理家业，他也会知道如何治理另一个人的家业。"[①] 所以，换句话说，一个没有家业的穷人仍然可以具备治家技艺，难道不可以吗？一个穷人也可以当一名治家者。克利托布洛斯在下一节引入一个微小的改动：不只是治理好一个人的家业或产业。[②] 这当然是重大的一步，

---

① 《治家者》1.4。

② ［译按］克利托布洛斯说，"如果他接管一份家业，能够按需办事/支出（τελεῖν τε ὅσα δεῖ），能够通过制造盈余（περιοϑσίαν ποιῶν）来增加家业的话"。

但在这里只是悄悄提及,我们必须稍后来看这一点。第五节又向前迈了一步:家业不限于单个城邦的构成部分。我们可以更进一步,[44]可以说一个人可能[在那个城邦]拥有家业但根本就不是那个城邦的邦民。一名外侨(metic)难道就不能拥有地产或治理地产吗?所以,甚至在某种程度上把治家技艺与城邦完全分离开了。

接下来,第六节开始进行棘手的讨论,苏格拉底问:我们正在说的家业,确切地来说,是什么呢?我们得知,一个人所拥有的东西的总和就是他的家业。所拥有的东西,它们是什么呢?当然不是用过的火柴。没人会去数它们,可能玩耍的孩子会,但成年人不会。所以,所拥有的东西是有用的东西的总和,是他所拥有的对人有好处的东西。每个人都能够使用的东西。

这就把我们引向上次我们碰到的重大难题,即苏格拉底与阿里斯提普斯的对话。如果某个人拥有,比如说几箱威士忌,并且为了摧毁自己的心智或健康而使用威士忌,那这些威士忌还是真正的好东西吗,还是有价值的东西吗?当然不是了!对于这个人来说,威士忌是坏东西。所以,只有一个人拥有并且使用、能够有用地加以使用的东西才好。这种主张蕴含着非常重要的结论,因为一个人可能非常富有,却可能在财富使用上最差劲。那么,在某种意义上,根据上面的主张,这个人就不拥有任何财产。上面的主张暗含着柏拉图的《王制》里那些著名的凡物公有式结论,因为,从这个主张出发,当然就导致,恰当说来,没有人能够拥有任何东西,除了他能够很好地加以使用的那些东西,只要他能够好好地加以使用。当然,存在一种有趣的临界状况:某人可能拥有某种他不会使用的东西,例如,他不会骑马,但他拥有一匹马。有一个简单的解决办法:他可以把它卖了。这也是间接使用的一种方式。于是,苏格拉底说:"是的,如果他懂得怎么卖个好价钱的话",否则,他就可能正是在卖出时促成自己的毁灭。让我们现在转向第十二节的开篇。

学生[读文本]:

苏格拉底对此说道:"要是他知道卖的话。如果他卖掉,换来他不知道如何使用的东西，即便被卖掉，它们也不是财富，至少根据你的论证。"

"你好像在说，苏格拉底啊，钱（ἀργύριον）也不是财富（χρήματα），如果一个人不知道如何使用钱。"（《治家者》1.12）①

施特劳斯：嗯，应该采用不同的译法，因为翻译成"财富"的这个单词（chremata）还有一个普通的意思，即"钱"，尽管这是派生出来的意思。那么，克利托布洛斯在这里说的就是：苏格拉底啊，你看起来是说，就连银子、银币，②都不是钱，如果一个人不知道如何使用它的话。所以，我们现在其实是在说钱，钱现在被定义成一种有用的东西，人能够好好使用的东西。只有这一点把钱的特征赋予它。美元对于一个不知道如何使用它的人来说就不是钱，比如说，他会把美元用于达成某个荒唐的目的。特别重要的一点出现在第十四节。

学生［读文本］：

那么，钱——

施特劳斯：银子。

［45］学生［读文本］：

那么，银子要放得离这人远点，克利托布洛斯啊，如果这人不知道如何使用它，也不要放在财富之列。

施特劳斯：更紧贴字面的译法是：对于银币（ἀργύριον），如果一

---

① ［译按］文中的《治家者》中译文参考了彭磊老师的《治家者》中译文未刊稿，在此特致谢忱。

② ［译按］希腊语的 ἀργύριον 就是"银币"的意思。χρήματα 指"所需之物，所用之物"，尤其指"钱财"。

个人不知道如何使用它,就要让他把它扔得远远的,因为它都不是钱了。

学生[读文本]:

> 对于朋友们,如果一个人知道如何使用他们,由此从他们身上受益,我们称他们为什么?
> 财富/钱,当然!(《治家者》1.14)

施特劳斯:必须紧贴字面来译:"'财富/钱,宙斯在上'($χρήματα\ νὴ\ Δί'$),克利托布洛斯说。"

这不是很有趣吗?就连朋友,当你能够使用他们时,都是财富/钱。麦克弗森(Macpherson)先生写了一本论霍布斯和洛克的书,我还没有读,书名是"独占的个人主义"。[①] 对于霍布斯和洛克来说,这个词不是贬义词,如果这里不是"独占的个人主义",我还真不知道是什么了。什么东西都是从用处的角度来看待的,就连人,就连朋友。

我上次提到过色诺芬笔下的苏格拉底身上的这种实用主义倾向,大家处处可以见到。只是一个人绝不可忘记的是,实用主义仅仅是这个故事中非常小的一个构成部分,却无处不在。朋友是财富/钱。我说过,朋友是贯穿整部著作的一个主题。让我们牢记:朋友在这里被看作财富/钱。这一点在下文会引出什么东西,我们随后将会看到。在下一节。

学生[读文本]:

> 至少根据你的说法,敌人也是财富/钱喽,对于那位能够从敌人身上受益的人来说。

施特劳斯:显然。请继续。

[①] C. B. Macpherson, *The Political Theory of Possessive Individualism: Hobbes to Locke*, Oxford: Oxford University Press, 1962.

学生［读文本］：

"至少在我看来如此。"

"因此，好治家者就知道如何使用敌人并由此从敌人身上受益。"

"毫无疑问。"

"你也看到，"他说，"克利托布洛斯啊，有多少平民的家业是通过战争增加的，又有多少君王［译按：只有'君王'依循了 Merchant 的译法］也是如此。"

（《治家者》1.15）

施特劳斯：他们翻错了；他们采用了错误的［校勘］文本：

你也看到，克利托布洛斯啊，有多少平民的家业是通过战争增加的，又有多少僭主也是如此。

最终的结论可以推导出来了。不受任何限制约束：任何有助于增加你财富的东西，财富是指对你有用之物的总和，每一个这样的东西都是好的。［46］既然能够靠战争发财，既然能够靠僭政发财，为什么不这么做呢？稍后我们必须来看看是不是这么简单。大家可能已经看到，《治家者》这部著作结束于对僭政的控诉，[①] 这很合理，因为在论证的第一回合，僭政是作为财富的可敬来源出现的。好的。然而，克利托布洛斯就在此时打断了这个话题。你在论文中强调了这一点，某某先生。这是第一次中断。克利托布洛斯说了什么？

学生［读文本］：

"不过，你说的这些在我看来说得很美，苏格拉底啊，"克

---

① ［译按］见《治家者》21.12。

利托布洛斯说,"但这个对我们显得是什么呢：我们看到有些人既有知识又有本钱,他们能够利用它们来工作以增加家业,可我们发觉他们不愿意做这些,因此,我们看到知识对他们并没有益处。对于他们,知识难道既不是财富/钱,也不是所拥有的东西?"(《治家者》1.16)

施特劳斯：大家看,这是另一个要点,如果任何有用的东西都是钱,技艺当然就是钱了。知识和技艺都是钱。这是很琐碎的；必然如此。但如果知识,如果拥有知识是钱,怎么会有人拥有知识却没有钱呢?粗俗的钱。让我们区分钱和粗俗的钱。这个问题会让你们觉得奇怪吗?尤其是在这个语境里。为什么呢?

学生：苏格拉底。

施特劳斯：正是呢。大家看到,我们必须也每时每刻都想着苏格拉底,我们还没有这么做。苏格拉底是个怎样的治家者呢?我们不可忘了这个问题。那么,苏格拉底的情况如何呢?我们必须看看我们将了解到什么。克利托布洛斯提出这个问题,这无论如何当然是提出了德性与知识的问题。到目前为止,这部作品向我们悄悄地暗示出：治家技艺是一种德性,因为凭借治家技艺,我们获得或拥有好东西,赶走或扔掉坏东西。而德性是知识。我们现在看到克利托布洛斯说："可是,有人具备获利技艺,却没有获得任何钱。"这是德性与知识问题的一种特殊形式。但苏格拉底在这里给了一条答复,某某先生有转述。很简单：如果他们拥有知识却并不应用,那么,他们就是某种奴隶,即欲望的奴隶。这等于承认德性不单单是知识。一个人可能拥有知识,却同时屈服于欲望或诸如懒惰、灵魂软弱、无所用心之类的恶习。它们可与知识共存。但苏格拉底在第十八节给出一个更精确的定义。

学生［读文本］：

［苏格拉底说］他们怎么会没有主人?如果他们祈祷幸福,并想要做那些他们从中会获得好处的事情,却被统治者们阻止

做这些。(《治家者》1.18)

施特劳斯：[这里的统治者]也就是各种恶习或欲望。那苏格拉底在这里说的是什么呢？苏格拉底限定了这个表述：有一些具备知识但贫穷的人。苏格拉底的答复是：这些人（洛克会怎么说呢？）又懒又不理性。每一个理性勤勉的人都将致富，如果有人不富裕，这当然就是他懒惰又不理性的证据。但苏格拉底在此处作了一个容易遭人忽略的限定。他说："他们怎么会不是非理性的呢，如果他们祈祷或希望繁荣或幸福（eudaimonein）而又受阻得不到钱？"[47] 换句话说，他提出了第三个因素：不仅需要知识和摆脱低级欲望，还要有一个积极的欲求，即欲求繁荣。让我们把这用在苏格拉底身上。如果苏格拉底贫穷，那么，现阶段我们应该拿出什么说法来解释呢？

学生：苏格拉底身上没有欲求。

施特劳斯：他并不欲求这种意义上的幸福。所以，他很可能掌握着致富的技艺、治家的技艺，却没有致富的欲求。这意味着什么，我们必须稍后再看。在第19节列举恶习时，有一种恶习的缺席引人注目，因为从当前角度来看，它并非恶习。这就是贪婪，因为贪婪当然不会伤害到任何人的获利行动。贪婪甚至可能是一股动力。第一章的探讨大概就是这样。现在让我们转向第二章。克利托布洛斯在开篇处再次开启了讨论。

学生[读文本]：

关于这些东西，我觉得我听你说已经听够了。不过，我审视自己的时候，我觉得我发现自己能很好地控制这些东西，所以，如果你要建议我做什么来增加家产——（《治家者》2.1）

施特劳斯：大家看到，"增加"现在老是出现。

学生[读文本]：

我觉得我是不会被你称作"女主人"的这些东西拦住的。

施特劳斯：这些女主人是那些欲望。

学生［读文本］：

> 那么，放心吧，给我你有的好建议吧。或者，苏格拉底啊，你已判定我们足够富有，并且觉得我们不需要更多财富/钱?。（《治家者》2.1）

施特劳斯：克利托布洛斯用这种方式进行自我诊断。克利托布洛斯要把全部教诲都套用在自己身上，他是一个切合实际的人，他不是光听，就像［苏格拉底讲的话］跟他没什么关系一样，而是试着套用在自己身上。他知道他具备所要求的自制。他拥有关于自我的知识，所以，他不受这些欲望的摆布，但他没有关于治家的知识。他不具备这种知识，但可能是他并不需要这种知识。可能他不需要增加他的财富，因为他已经足够富裕了。苏格拉底对克利托布洛斯说了什么呢？我们没时间读这个。苏格拉底套用在自己身上：我已经足够富裕了，因为我需要的东西样样都有，而你克利托布洛斯肯定是穷的，尽管以世俗的标准来看你是个百万富翁，但按照严格的标准，你是个穷人。请读第四节。

学生［读文本］：

> "那么，尽管你这么认识，却还是认为自己不需要更多财富，却为我的贫穷同情我？"
>
> "因为我的［财富］，"他［苏格拉底］说，"足够带给我让我满足的东西。但对于你所拥有的排场（σχῆμα）和名声（δόξα），即便你现在拥有的东西多出三倍，在我看来，对你也不足够。"（《治家者》2.4）

［48］施特劳斯："排场"（σχῆμα），指的是你用来装扮自己的排场，还有名声。大家知道，这些是身份的象征，大家听说过。克利托布洛斯必须在这个世界中以大人物的形象出现，这得花钱，对

于这个目的而言，他根本没有足够的钱。在这里我们顺带看到，之前当苏格拉底说如下内容时他的意思是什么：如果一个人希望幸福（马尚特的译法是"希望繁荣"），如果一个人希望在共同体中成为受人仰望的有名望之人，那么，这个人需要很多很多钱。但苏格拉底没有这种欲望。请讲。

学生：如果是认真看待苏格拉底的这条回复，您会怎样将它与前一章第十六节的内容进行对比呢？克利托布洛斯在那里谈论那些知道如何增加财富却不去增加财富的人，对比之下，就产生了如下思路：苏格拉底确实知道如何增加财富，他也增加了他的财富，只是增加到够他满足自己需求的程度。

施特劳斯：但我们还是有问题，可能只是出于八卦的原因：苏格拉底正从事什么行业呢？苏格拉底的生计是什么，用警察质问的话来说？这会是个问题。我们必须将这个问题记在心间；我们很快会得到一个答案。好的。于是，苏格拉底展示了克利托布洛斯在方方面面需要多少东西，为了朋友，为了献祭，为了作为盟友的同胞邦民。为什么一个人，一个只有私人身份的人，需要盟友呢？我们稍后再处理这个问题。尤其是，最糟糕的一点当然是克利托布洛斯无所用心，所以，他有这些极大的需求但他并不努力。他自然是个相当穷的人。至于苏格拉底，请读第八节。

学生［读文本］：

"至于我呢，如果我还额外需要什么，我知道你也认识到，有些人会帮助我，他们只需提供很少的东西，就能使我的生活富足。而你的朋友们，虽然他们已有的对他们各自的情况而言很充足，甚至比你有的对你的情况而言更为充足，但还指望着从你这里受益。"（《治家者》2.8）

施特劳斯：大家看到，这是一种非常复杂的关系。大家看到苏格拉底说到自己时，如何小心翼翼地避免提"朋友"这一单词，他说的朋友仅仅是指克利托布洛斯的朋友。但其中暗含的意思是清楚的：苏格拉底靠他的朋友生活。现在我们理解"朋友就是钱，宙斯在上"这个说法的深意了。好的。所以，苏格拉底不可见的生计是什么，关于这个问题，我们在这里得到一个暂时性的答案。好的。

朋友问题是《回忆》的一个重要主题。一共有七章，即《回忆》卷二第四章至第十章，都是以"朋友"为主题，其中的第九章是讲克力同的朋友问题。我们务必读一读。

学生［读文本］：

我知道有一回他听克力同说，对于一个想要专心做自己事情的男人来说，在雅典的生活很难。"因为现在，"克力同说，"有些人要对我提起诉讼，不是因为他们遭受了我的不义，而是因为他们认为我宁愿出钱了事也不愿惹上麻烦。"（《回忆》2.9.1）

施特劳斯：这些人就是著名的诽谤者（sycophants），大家知道吧？雅典的法律中没有检察官；每个人都可以随意对人提出控告。每一个想要控告的人。这些想要控告的人，不是普通意义上具备公共精神的邦民，而是靠控告人来过活的人，换言之，就是某种合法的敲诈者。有人来到你面前，说你做了这样那样的事情，作为邦民的责任迫使我向城邦告发你的所作所为。［49］于是，你说，不要这么做，我的孩子们，你们知道的，等等等等。只要你不控告我，我将给你想要的任何好处。这时诽谤者说：多大的好处？等等等等，于是交易达成了。这些人当然尤其盯着富人。还要我解释一下诽谤者为什么偏爱富人而不是穷人吗？不用解释的。克力同是一个非常富有的人。苏格拉底如何处理这个难题呢？

学生［读文本］：

"告诉我，克力同，你养狗吗，让它们为你把狼从羊群旁边赶走？"

"当然［养］。"克力同说，"因为养［狗］比不养［狗］对我更有利。"

"那你怎么没养一个男人呢,一个愿意并且有能力把那些企图对你行不义的人从你身边赶走的人?"

"我会乐意[这样做],"他说,"如果不是怕他会反过来针对我本人的话。"(《回忆》2.9.3)

施特劳斯:大家看到了。请继续读。
学生[读文本]:

怎么?你没看到吗,讨好一个像你这样的男人而受益比惹他仇恨而受益愉快得多?

施特劳斯:换言之,这人是诽谤那些诽谤者的人,因此,他是相对诚实之人。他敲诈那些敲诈者。所以他们找到了他,一切就都搞定了。阿尔克德莫斯(Archedemus)在克力同家里总是受到欢迎,这很自然。让我们来读一读这一章的末尾。最后一句。

学生[读文本]:

此后,阿尔克德莫斯受到尊重——(《回忆》2.9.8)

施特劳斯:嗯,"阿尔克德莫斯便成了克力同的朋友之一,并受到克力同其他朋友的尊重"。大家相信苏格拉底会尊重这位敲诈那些敲诈者的人吗?我确定他不会。我还会推导出如下论断:苏格拉底不属于克力同的朋友。这本书中根本没有出现苏格拉底的朋友。[①] 如果大家在宽泛的意义上使用"朋友"一词,指的是你们好心对待的人,那么,克力同当然是苏格拉底的朋友。但在更深的意义上,克力同不是苏格拉底的朋友。好的。这如何运用于我们并不关切的那

---

① 施特劳斯在这里也可以是指 Book 即《回忆》卷二。[译按]苏格拉底的真正意义上的朋友实际上至少在《回忆》第一卷第六章第 14 节出现过。因此,这里更可能是指《回忆》卷二。

个问题呢？换言之，苏格拉底有另一种朋友。这才是关联所在。好的。

让我们返回论证。克利托布洛斯现在已经看到自己需要增加财富。他需要增加财富的技艺，或治家的技艺。此时他还不具备这种技艺。克利托布洛斯做了次好的事。他请求苏格拉底成为他克利托布洛斯的统治者。大家知道，这是柏拉图《王制》中最高层面上的一个经典情境：非哲人必须接受哲人的统治。现在，苏格拉底有这个绝好的机会来成为克利托布洛斯的统治者。苏格拉底做了什么？请读第十节。

[50] 学生［读文本］：

因为我看到你，苏格拉底啊，知道一种致富的工作：创造结余（balance）。（《治家者》2.10）

施特劳斯：是"制造盈余"。

学生［读文本］：

所以，我猜想，一个从很少［收入］存下来钱的人，就能很轻松地从很多［收入］制造很多盈余。

施特劳斯：是的。这当然又是苏格拉底的治家技艺的问题。什么是苏格拉底具备的唯一的致富工作呢？此处没有指明这种"致富的工作"是什么，但每个人似乎都知道他具备一种。它是什么呢？克利托布洛斯没有称其为知识或技艺；他称之为一种致富的工作。我们不知道它是什么。苏格拉底现在真的身处困境。他向克利托布洛斯表明，克利托布洛斯需要一位统治者，但克利托布洛斯在此处理解成苏格拉底可以做这位统治者。所以，苏格拉底必须变成克利托布洛斯的统治者，即他的治家者。苏格拉底如何才能够摆脱这个困境呢？柏拉图的对话《忒阿格斯》（*Theages*）中有类似的主题，年轻的忒阿格斯想变成城邦中的大人物，如果可能的话就成为僭主，他请求苏格拉底来做他的僭政训练师。苏格拉底也必须脱离这个困境。某某先生,有话要讲?

学生:我只是想知道人名阿尔克德莫斯(Archedemus)的含义。

施特劳斯:好的,arche 令人想起统治者,demos 令人想起民众。是的,你能够——

学生:[听不清]

施特劳斯:不,他不统治。他真的只是"狗","看门狗"。好的。现在让我们来看一看,我们读到哪里了。苏格拉底如何摆脱困境。当克利托布洛斯说"治理我的产业,增加我的产业"时,苏格拉底如何回答?苏格拉底给了简单的回答:既然他自己没有产业,他就从来都没有学过治理产业的技艺;另外,自然也没有人曾把自己的产业交给苏格拉底,让苏格拉底凭着试错来学习如何打理。好的。所以,苏格拉底完全不具备使一个人的财富增长的技艺。有话要讲?

学生:我认为,因为苏格拉底想得到一些便捷的科学,所以他不愿意接受纯知识,科学本身,而只是看它有实际效用才接受它。

施特劳斯:眼下我们对治家技艺还是一无所知,当然还有制鞋术和其他实践技艺。我们对这些高级的事物一无所知。它们出现得相当晚,如果它们出现了的话。但有一点已经清楚了:治家技艺到目前是最高的技艺,因为它是获得好东西的技艺,获得、保有和增加。所以,治家技艺是生活的技艺,可以说,它是我们听说过的技艺当中的最高者。苏格拉底否认自己具备这种技艺,这个做法当然很糟糕,因为我们从开篇处就已经看到,每个人多多少少都是自己家业的治理者,并且苏格拉底治理得相当好,他如何治理的我们不知道,但他依然一直保持着身体与灵魂的合一,结了婚、生了小孩。所以,他具备治家的技艺。因此,他不承认自己具备该技艺,就不是一个好的回答。但克利托布洛斯仍旧没法反驳苏格拉底,因此,苏格拉底就到此为止:"我不具备这种技艺,但我将把你带到一位掌握这种技艺的大师面前。"就像如果有人来找苏格拉底,想向他学吹笛子,苏格拉底会告诉这个人:[51]我教不了你,可某某是吹笛子大师，我将把你引介给他。还有另一个例子：在柏拉图的对话中，对于想在法庭演说或这类事务上接受训练的人，苏格拉底说：我知道普罗塔戈拉，我该把你介绍给普罗塔戈拉，或高尔吉亚或任何一个人，你将跟随他学习。那个家伙是谁呢？在柏拉图的《申辩》中是埃文努斯（Evenus），卡里阿斯（Callias）想找个人教育他的儿子，苏格拉底便把卡里阿斯引介给埃文努斯。在这里也一样。是的。

顺便说一下，[关于] 这个说法，如果我可以就第二章的结尾部分只谈一点体会的话，我们当然需要某种别的东西。我们看到我们需要的第一种东西是知识，我们不妨说是技艺。然后，我们不妨说，我们还需要自制。但即使我们拥有这两者，也还是不能保证成功。我们还需要其他东西，是什么呢？

学生：克制。

施特劳斯：它跟自制一样，都是控制欲望。

学生：意愿，主动的意愿。

施特劳斯：正确。有话要讲？

学生：你需要财产。

施特劳斯：是的，我们确实需要财产。这很正确。但既然财产在这里同样并非一个论题，就让我们把它放在较低的等级上，用亚里士多德的术语 [译按：《尼各马可伦理学》1.8.15–17] 来称呼它：用品（equipment）。怎么样？但除了这些东西之外，我们需要某种最高层次的东西。某某先生，你在论文中提到了：运气。例如，如果你有一个农场，你非常勤勉，你知道怎么很好地翻耕和收割，然而，可能会遇到非常糟糕的天气，然后，你的所有辛劳都白搭了。机运的希腊语是τύχη。你必须要有好运气。因此就需要诸神。这就是第二章的结尾。你想说什么别的东西吗，某某先生，还是我弄错了？没有啊。

那让我们接下来转向第三章的开篇。不好意思，某某先生？

学生：您说，如果您对比苏格拉底否认自己知道这门技艺与前面的内容，那么，苏格拉底的说法就不是很好。但是您能够根据事实让任何结论都更为严谨。例如，苏格拉底说就连一个穷人都可能知道这门技艺。

施特劳斯：可能。

学生：可能。

施特劳斯：当然。那你会怎么解释它呢？如果苏格拉底具备治家技艺，但拒绝教授这技艺，那问题就会是：他为什么会拒绝教授呢？

学生：这基本上就是我试图问的东西。

[52] 施特劳斯：我相信，我们尚未有足够的材料来回答这个问题。可能苏格拉底认为克利托布洛斯没什么希望，这会是一种解答。可能是，我们不知道。让我们等等吧。我们手头上还没有足够的资料（data）。data 是个极为正当的（legitimate）用词，如果是以复数形式来理解的话，因为它在拉丁语中就是复数形式，而不是像它用于社会科学中那样是不可数的单数名词："数据是一种象征（data is a symbol）。"因此，我们可以使用 data 这个单词。data 这个单词比社会科学更古老，可以上溯至古典时代，特别是数学：给定的东西（the given things）。

学生：让我只是提前说一下吧。稍后苏格拉底事实上在这些事务上与贤人知道得一样多。

施特劳斯：我向你保证苏格拉底具备治家的技艺，但他不愿意教授。或许可能他只是不想教给克利托布洛斯。这个我们并不知道。我们必须等一等。现在让我们来读第三章第一节。

学生[读文本]：

听了这些，克利托布洛斯说，"苏格拉底"，——

施特劳斯："听了这些，克利托布洛斯说"，该个句式相当频繁地出现在这次对话中，也相当重要。它出现得相当频繁。它一直都需要我们特别加以思考。毕竟，色诺芬本可以只说："于是，克利托布洛斯说"。而"他听了"意味着，如果大家不重新考虑苏格拉底说的话，将理解不了随后的内容，可以说，克利托布洛斯便是在完全理解苏格拉底的话以后才开始说话的。

学生［读文本］：

"我是不会放你走的，苏格拉底啊，除非你向我表明你在这些朋友们面前许诺的东西。"

"那么，"苏格拉底说，"克利托布洛斯哦，要是我首先向你表明，有些人用很多钱建造了一间没用的房子，有些人用少得多的钱建造了一间应有尽有的房子，你觉得我是不是向你展示了治家的工作（τῶν οἰκονομικῶν ἔργων）之一？"

"当然。"（《治家者》3.1）

施特劳斯：让我们在这里停一下。大家看到，一些校勘者已经把这一段还有后面整个部分删掉了，因为这里有一个真正的难点：论证中的突然转向。可是，删除当然是大家能够做的最愚蠢和最懒惰的事了。大家必须看看这么做是否讲得通。我提出如下解释。全文开头的文字完全不是这次对话的开始；探讨已经进行了一段时间。进行到某个点的时候，苏格拉底说："告诉我，克利托布洛斯，治家是某种知识的名称吗？"（1.1）直到这时，色诺芬才开始记述。此前的话题是什么，我们略知一二。

在这次对话更早的内容里，也就是在色诺芬没有记述的部分，苏格拉底一定向克利托布洛斯作过一个承诺，因为记述下来的部分中并没有做出承诺。承诺的内容是什么呢？当然，这只能通过下文来看。然而，我们读过的段落已经表明了承诺的内容："你觉得我是不是向你展示了治家的工作之一？"这显然是苏格拉底给克利托布洛斯的承诺，为他罗列建筑术的各项工作。那么，就必须先说说什么是建筑术；解释了什么是建筑术之后，苏格拉底现在就转向承诺过的话题。［53］眼前的内容对于整个后文来说十分重要。苏格拉底提到的第一个话题是建筑术。大家在这里需要一个列表。那么，我应该怎么来称呼它呢？［施特劳斯在黑板上写下］HB，行吗？建筑术（House building）。好的。我还将在这里写上另外的内容：苏格拉底与克利托布洛斯。当后者知道这个话题的时候,我将画上一个加号,不知道时,我就画一个减号。那建筑术是什么情况呢?他们知道吗?请读下一节。

学生[读文本]:

"那么,要是我接下来向你展示,有些人拥有非常多的、各式各样的器具,可当他们需要这些器具时却没法使用它们,也不知道它们是否完好,结果自己不胜烦扰,又去使劲烦扰家奴,还有些人拥有的不比上面这些人多反而还少,可当他们需要[这些器具]时,它们在他手边立即可用?"

"还能是别的什么原因呢,苏格拉底啊,除了说:对于前一类人,每一样东西都被随意扔在什么地方,对于后一类人,每样东西都井井有条地放在指定的地方?"

"是的,宙斯在上,"苏格拉底说,"而且,每一样东西不是被安排在随意指定的地方,而是被安排在适宜的地方。"

"在我看来,"克利托布洛斯说,"你说的这个也属于治家。"(《治家者》3.2-3)

施特劳斯:让我们在这里停一下。所以,第二项是房子里面的东西,让我们在最宽泛的意义上称之为"家具"。在这件事情上,克利托布洛斯知道获得成功的原因。一些人能够保持秩序,而另一些人不能。所以,我们给克利托布洛斯一个加号。我会假定苏格拉底也知道使一个人的东西保持有序的技艺。而关于建筑术,两人都没有说此类的话,既然如此,我就假定两人都对建筑术一无所知。让我们来看一看。我们继续。请读第四节。

学生[读文本]:

"那么,"他说,"如果我向你展示,家奴在有些地方可以说是全都被捆绑起来,却还是经常逃跑,在有些地方被解除束缚,却愿意劳作和留下来,在你看来,我难道不是向你展示了治家的一项值得看（αξιοθέατον）的工作吗？"

"是的，宙斯在上，"克利托布洛斯说，"肯定是。"（《治家者》3.4）

施特劳斯：管理奴隶。为什么有的人擅长看管奴隶，另一些人则不擅长，两人只字未谈其中的原因，既然如此，我就假定这也是超出两人知识之外的话题。现在让我们转向下一节。

［54］学生［读文本］：

"还有耕作相似土地的人们，有些人声称自己被耕作毁了，而且很困乏，而有些人由耕作而充足地和高贵地获得他们所需要的一切？"

"是的，宙斯在上，"克利托布洛斯说，"兴许因为他们大肆花费，不仅仅在所需要的东西上花费，也在给自己和家业带来伤害的东西上花费。"

"兴许有一些这样的人，"苏格拉底说，"但我不是说他们，而是说那些不能应付必要的开支却声称耕作的人。"

"这是什么理由［译按：只有'理由'译自 Marchant 的英译 reason］呢，苏格拉底？"（《治家者》3.5–6）

施特劳斯：是"原因"。大家看得到，这里是原因问题。有知识的人知道原因："这是因为什么原因呢，苏格拉底？"可以继续读了吗？

学生［读文本］：

"我会带你去找他们，你看了就会明白。"

施特劳斯：种地看起来是苏格拉底一无所知的东西。克利托布洛斯不［知道］。就是出于这个理由，苏格拉底将向克利托布洛斯展示，带他去那里见一名成功人士。有话要讲？

学生：［听不清］

施特劳斯：但这里有任何提到"原因"的地方吗？

学生：［听不清］

施特劳斯：是的，这是仅有的事实。但那里有任何提到"原因"的地方吗？没有。我承认，我正在做的事情是赌一把。可是，让我们来看看它是否说得通吧。好吗？

学生：［听不清］

施特劳斯：让我们来看一看。让我们先只是概览"治家工作"的内容，按照他们今天的说法，概览各种"经济功能"（economic functions）。① 现在让我们继续下一节，第七节。

学生［读文本］：

"那你看的时候应该检验你自己是否认识。可我现在［和别人一样］知道，为了看谐剧，你一大早就起床，走很远的路，还使劲地一再劝说我一起去看。可你从来没有邀请我［看］这样一种工作。"（《治家者》3.7）

施特劳斯：这是非常有趣的。大家看到了克利托布洛斯的困境，作为一名治家者，他为什么那么穷：他对谐剧的兴趣要远远大于对种地的兴趣。他甚至还引诱苏格拉底起大早，引诱苏格拉底与他一起去观看谐剧。"热切"一词也可以修饰"与苏格拉底一起去"，或修饰"说服苏格拉底去观看谐剧"，所以，也可以译成：他正在热切地说服苏格拉底去观看谐剧。那么，这是一位好的治家者。请继续吧。

［55］学生［读文本］：

"所以在你看来我很可笑，苏格拉底啊。"

"在自己看来更可笑，我很确定"，［译按：'我很确定'译自 Marchant 的英译］他说。

---

① ［译按］economic 这个单词如果是放在色诺芬的语境下，我们统一译成"治家"，这里是现代语境，则按现代的"经济"含义来对译之。

施特劳斯：不是"我很确定"，是"宙斯在上"。
学生［读文本］：

"至于养马，要是我向你展示，有些人落入缺乏生活必需品的境地，有些人却因为养马变得非常富有，同时夸耀［养马的］利益？"

"我看到这些人，也知道每一类人，但我丝毫没有因此变成获利之人中的一员。"

"那是因为你看他们就像看肃剧演员和谐剧演员一样，我认为你不是为了成为诗人，而是为了在看或听某种东西时感到快乐。兴许这样也是对的，因为你不想成为诗人。但因为你不得不使用马术/养马，所以你不认为自己是傻子吗，如果你不考虑避免成为这项工作的外行，尤其当同样的马用起来好，卖起来也有利可图时？"

"你是让我驯养幼马，苏格拉底？"

"不，当然不。"［译按：'当然不'译自 Marchant 的英译］（《治家者》3.8–10）

施特劳斯：是"不，宙斯在上"。语气十分强烈。
学生［读文本］：

"正如我不会让你买些小孩子，并训练他们成为农夫。在我看来，马和人只有到了一定年龄，才会立即有用，并不断变得更好。"（《治家者》3.10）

施特劳斯：下一项是马术。看来苏格拉底也知道［马术］。克利托布洛斯不知道马术。我们来看下一项。请继续。
学生［读文本］：

"我还能展示，对于所娶的妻子，有些人这样使用［妻子］，结果拥有了帮助增加家业的工友，有些人却以最毁害家业的方式对待她们。"

"为此应该,苏格拉底啊,责怪丈夫还是责怪妻子?"

"要是羊的,"苏格拉底说,"情况糟糕,我们通常要责怪牧羊人;要是马做了坏事,我们通常责骂骑者;至于妻子,如果她被丈夫教导了好的东西却做了坏事,兴许妻子就应受责怪。可如果丈夫没有教导既美且好的东西,尽管她对这些东西无知却还是使用她,丈夫不就应受责怪吗?无论如何,他说,克里托布洛斯啊,因为我们在场的都是朋友,你要对我们说出真相。有没有其他什么人,你托付给他的严肃之事比你托付给妻子的还多?"

"没有",他说。

[56]"有没有什么人,你跟他交谈比你跟你妻子交谈的还少?"

"如果有的话,也没有很多人",他说。

"你娶她的时候,她还是个非常年轻的小女孩,之前尽可能少地看和听?"

"当然。"

"她若知道她需要说或做的东西中的一些,那难道不是比她犯错更令人惊讶吗?"

"不过,你说那些拥有好妻子的人,苏格拉底啊,他们是自己教育妻子的吗?"

"没什么会像探究 [这事] 一样——"(《治家者》3.11–14)

施特劳斯:紧贴字面的译法是:"没有什么会像再看一看这项事务一样——"。

学生 [读文本]:

苏格拉底说,"我会把阿斯帕西娅介绍给你,她会比我更有知识地向你展示所有这些。"(《治家者》3.14)

施特劳斯:好的。那苏格拉底知道训练妻子的技艺吗?可以认定克利托布洛斯不知道这项技艺。所以,我的意思是,将这份列表当作一个纯粹的假设,我认为,从整体的角度看这么做说得通。苏格拉底拥有使一个人的东西保持有序的技艺,克利托布洛斯也拥有。拥有这项技艺不是太难。而建筑技艺,两人也都没有。两人也都没有对待奴隶的技艺。苏格拉底可能能够教给克利托布洛斯什么东西呢?耕地技艺与养马技艺。在这本书中,苏格拉底将要教授耕地技艺,我们要到下一次课才可以读到那里。以下是色诺芬必须做出的选择,或者可以说是苏格拉底必须做出的选择:他应该教克利托布洛斯耕地技艺呢,还是养马技艺?这在你们当中的一些人听起来挺熟悉的吧?苏格拉底可能会教养马技艺?这里提到了克利托布洛斯的一个不良嗜好,这个嗜好毁了作为治家者的克利托布洛斯:他常去看各种谐剧。

有一部非常著名的谐剧,苏格拉底是男主人公,且在剧中与马术间接相关:这部剧就是《云》。在《云》中,那个来到苏格拉底面前的年轻人已经用马术毁了自己的农民父亲,不是因为养马,而是因为对马太过关注。在某种意义上这正是《治家者》的背景。我们稍后会听到更多涉及《云》的内容。我想,我们应该记住:这两种技艺特别重要。大家看到,有趣的是,苏格拉底没法教那项技艺。当然,有一个难题:苏格拉底当然是个非常出名的人物,可我们知道这部对话发生时,他那时是否已婚?

学生:色诺芬对马的兴趣那么浓厚,还难以选择吗?

施特劳斯:在其译文的导言中,马尚特在一定程度上讨论了这个论题。关于一个才智正常的人做得了什么,马尚特对此的看法非常奇怪。大家知道,色诺芬有一个农场,当然是在他遭雅典流放之后,斯巴达人给了他一个农场。[①] 他是一名骑手。换言之,色诺芬会将自己的技艺给予苏格拉底,大家知道,这在创作艺术上当然是荒唐的。要么是色诺芬太傻瓜,以至于想通过苏格拉底之口来呈现农耕技艺,尽管苏格拉底教授这门技艺完全没有可信性;要么就是苏

---

① [译按] 详情见色诺芬《居鲁士上行记》(*Anabasis*) 5.3.7–13;另参布泽蒂,《苏格拉底式的君主色诺芬:〈居鲁士上行记〉的论证》,前揭,第五章第二节。

格拉底教授这门技艺在这个语境中有其含义。

苏格拉底怎么教得了农耕技艺呢？色诺芬稍后会向我们讲解，从未当过农夫而且可能连脚都没有到过农田的苏格拉底，怎么能胜任教授农耕技艺的教师，[57] 作者稍后会予以讲解。相似地，苏格拉底可能也可以教授马术，但苏格拉底没有这么做。我们必须稍后再来看这一点。

我们现在概览了重要的治家技艺。无论如何，并非所有治家技艺都在这里被提到；其中的一些稍后会被提及。但我应该说，这些都是治家的工作。治家技艺的分支，在最宽泛的意义上，既然是治家，治理家业，当然需要有个房子，因此，建筑技艺就是一种从属技艺，在某种意义上属于治家技艺。房子的内部，内部的装饰，任何与之相伴的东西，显然还有保持内部秩序的技艺。自然还有奴隶。仆人，男仆或女仆，耕种，马匹，自然还有妻子。但我列举得并不全面。我们稍后将看到别的东西。

现在我们转向下一章。论题是由克利托布洛斯提出，由他决定的。让我们来读第四章的开篇。

学生［读文本］：

"可你干嘛非得展示所有［知识］呢，苏格拉底？"

施特劳斯：所有，意思是，所有赚钱技艺。

学生［读文本］：

"因为，要在所有技艺上拥有必需的工匠并不容易，变得对所有技艺富有经验也不可能，但有些知识被认为最高贵，也最适合我去关切，请你向我展示这些知识以及那些从事它们的人，你本人要尽你所能教导我，在这些事情上帮帮我。"（《治家者》4.1）

施特劳斯：克利托布洛斯想学那些"被誉为最高贵的"，也就是最光彩照人的技艺，因为他关切隆重的排场。我们绝对不可忘记这一点。他想成为这个意义上的幸福之人。于是，苏格拉底才详细讲了城邦（polis）对各种匠人技艺的见解。什么是匠人技艺呢？普通手艺人的普通手艺。苏格拉底特别关注享有能征善战之誉的城邦所持有的见解，关注这些城邦说了什么。所有这些城邦都对普通的手艺评价很低，但都高看农耕。

这时苏格拉底援引了最高权威。从隆重的排场来看，谁堪称最高权威？波斯王。与波斯王相比，就连最富的希腊人也只是赤贫者。那么，波斯王做什么呢？让克利托布洛斯和我们吃惊的是，我们了解到，波斯王是一个充满热情的土地耕种者。这里面暗含要义。关于农耕，那些重要的希腊人持什么见解？我们可以从色诺芬那里得知，不一定要去找碑铭或这类东西。

让我说得更确切一些：乍看起来，在任何此类事务上，最高的希腊权威是斯巴达城邦。斯巴达人如何看待农耕呢？贤人并不耕种，种地的事由希洛特（Helots）① 或类似的人来做。苏格拉底从最高的希腊权威即斯巴达，转向纯然的最高权威即波斯，就是为了让农耕得到称赞。波斯王为什么是纯然的最高权威，为什么比斯巴达更高？

学生：更古老。

施特劳斯：并且更强大。换言之，仅仅从威望、形象的角度来看，波斯王比斯巴达高得多。这在某种程度上是《居鲁士的教育》的基础。因为居鲁士所为之事比任何一个希腊人所为之事都更加伟大。[58] 希腊的那个超越居鲁士的"居鲁士"后来才出现，那就是亚历山大大帝。在那之前，从统治与帝国的角度来看，居鲁士是希腊人所知道的最了不起的人物。

是的，那么，关于这一点，就有个难题冒出来，某某先生提到过，即农耕与战争的相对地位确切来说是怎样的？让我们来读第十五节。

---

① ［译按］又译为黑劳士，是斯巴达邦民的奴隶。在斯巴达征服邻近的美塞尼亚（Messenia）地区后，斯巴达人俘虏奴役了当地的原住民。这群人虽然给斯巴达提供了大量的免费劳动力，但同时也给斯巴达内部的稳定留下了严重的后患。

学生［读文本］：

"有些人声称，克利托布洛斯啊，当王赏赐礼物时，他首先要召请那些在战争中表现得好的人，因为如果没有这些保卫者，耕多少地都没有任何益处。其次要召请那些把领土耕作得最好并使之多产的人，因为他说，如果没有这些劳工，即便勇敢的人也活不了。"（《治家者》4.15）

施特劳斯：换言之，两种人在某种意义上看起来属于同一等级。农夫需要战士，战士需要农夫。但是，难道波斯王不还是区分了两者的等级吗？

学生：他首先邀请的是战士。

施特劳斯：你如何解释这个奇怪的处理方式？他为什么把更高的等级给予战士？既然两者相互需要，那看上去就应该是同一等级。

学生：如果你是一名战士，缺食物了，还可以去劫掠别人的田地。

施特劳斯：还有呢？

学生：如果你是农夫，为了得到你的食物，你就得依靠你的田地，还有，或者依靠战争技艺来保护你，或者不干扰到你的耕种。战士更加独立。

施特劳斯：但他仍依赖食物。让我们来读下一节。

学生［读文本］：

"据说居鲁士，那位名声最显赫的王，曾经告诉那些被召来接受礼物的人，他本人理当接受两方面的礼物，因为，他说，他在耕作土地上是最好的，在保卫被耕作的土地上也是最好的。"（《治家者》4.16）

施特劳斯：大家看到了。有意思的是，王是第三种可能性。在这里，大家遇到农夫，之后是战士，之后是统治者，当然，这是一个上升的次序。出于某种理由,王更高。既然统治的帮手是战士而非农夫,那么战士就居于更高等级。再次提一下柏拉图的《王制》,那里不正是一样的吗?——统治者,然后是士兵或护卫者,然后是农夫和手艺人。

学生:战士使财富增长,农夫只是维持现状。在获取之事上,战士们要更加凶悍无情。

施特劳斯:是的。但我们还没有探究一下凶悍无情是不是坏的。我们暂时仍旧是这样的视角,可有事情已经改变了。光彩(splendor)的视角加入进来:更为光彩的获得形式受到偏爱,[59]这不同于单纯地擅长获得而不考虑如何获得。换言之,政治视角插入进来并影响了主要的治家事务。

这一点在下文中就变得清楚了,这确实是一个转变,统治者的德性(第十八和十九节)成了重大论题,一个出乎我们预料的话题。从治家到统治的技艺,几乎是个难以察觉的转换。关于统治者的德性,苏格拉底讲了一个关于斯巴达名将吕山德(Lysander)拜访小居鲁士的故事。吕山德在伯罗奔半岛战争末期是举足轻重的大人物,是那时最著名的斯巴达人。他对居鲁士充满敬重,大家知道的,居鲁士毕竟是波斯王位的第二继承人,并且事实证明居鲁士是一名土地耕种者,没有哪个斯巴达贤人会想着去种地。所以,在这里,就连一名斯巴达贤人都转向了农耕,至少在想法上变了。他只是不能付诸行动。到目前为止就是这些。对斯巴达的这种含蓄批评十分重要。它将成为色诺芬其他作品的主题。①

---

① [译按]至少是色诺芬如下著作的重要主题之一:《拉刻岱蒙政制》《希腊志》《阿格西劳斯》《居鲁士的教育》《居鲁士上行记》。另参施特劳斯,《斯巴达精神或色诺芬的品味》,陈戎女译,载《苏格拉底问题与现代性》(第三版),刘小枫编,刘振、彭磊等译,北京:华夏出版社,2022;布泽蒂,《苏格拉底式的君主色诺芬:〈居鲁士上行记〉的论证》,前揭;C. Nadon, *Xenophon's Prince: Republic and Empire in the Cyropaedia*, Berkeley, CA: Berkeley University Press, 2001; G. Proietti, *Xenophon's Sparta: An Introduction*, Boston: Brill, 1987; C. Tuplin, *The Failings of Empire: A Reading of Xenophon's Hellenika 2.3.11 – 7.5.27*, Stuttgart: Steiner, 1993。

第五章有一篇十分讲究修辞的关于农耕技艺的颂辞。在本章末尾，就是第十七节，苏格拉底说："说农作是其他技艺的母亲和养育者，这人说得高贵。"我相信，说这句话的不是别人，正是高尔吉亚。我在某个地方做过笔记，在忒弥斯提乌斯（Themistius）的《演说集》（Orationes）第三十篇，① 我现在还没有去找它，但我认定那一定有什么东西。顺便说一下，阅读这样一番讲究修辞的言辞时，必须打起十二分精神，因为修辞会令你倾倒，然后你就只会说：嗯，听起来是好，但没有结构。这番言论的结构非常清晰。我只向大家说明色诺芬是如何表明这一点。色诺芬在第二节说"首先"（πρῶτον），第三节开篇处说"然后"（ἔπειτα），而且同一个词又出现在第三节稍微靠后的地方，在第五节的开头我们再次看到了这个词，第十二节的开头是"此外"（ἔτι）。一共有五点内容。这表明了整段言辞的谋篇。位于中间的部分在第三节末尾，也包括第四节在内，让我们来读一读。"然后——"

学生［读文本］：

"许多佳肴，土地会长出一些，也会养育一些，因为放牧畜群［译按，'放牧畜群'译自 Marchant 的英译］的技艺——"（《治家者》5.3）

施特劳斯：更紧贴字面的译法是，"牧羊的技艺"。有趣的是苏格拉底单独挑出牧羊的技艺，而不是牛。

学生［读文本］：

---

① 君士坦丁堡的元老忒弥斯提乌斯的演讲赞美农业是法和正义最重要的源头之一，并且说"农业为每一个人提供……不管这个人是画家还是雕刻家，不管我们正在谈论的是商人还是水手，我为什么需要把每一种职业都列举出来呢？就没有人不需要农业"。第三十篇演讲，"人应该躬身于农耕吗？"，见 The Private Orations of Themistius, trans. Robert J. Penella, Berkeley: University of California Press, 2000, pp184–188, p. 188。

> "因为牧羊的技艺与农作连接在一起，这样人们才会有东西献祭使诸神满意，也才会有东西自己使用。土地虽然提供最充足的好东西，却不容许人们虚弱无力地获取这些东西，而是使人们习惯于忍受冬日的寒冷和夏日的酷热。它锻炼那些用双手劳作的人，由此增强他们的力量；它还会让那些只是关切耕作的人变得有男子气，因为它让他们早起，并迫使他们精力充沛地来回走动。[60] 因为，无论在乡下，还是在城里，那些最重要的活动都有其时令。"（《治家者》5.3-4）

施特劳斯：大家看到，苏格拉底在这里说的是那些用自己双手干活的人。他们是谁呢？根据整件事情的语境来看，是奴隶。农耕技艺让那些在田地上干活的奴隶获得了力量。这一点有些重要。为什么呢？让我们来读第十四节。

学生［读文本］：

> "农作还同时教育人们互相帮助。因为，攻打敌人需要和人们一起，耕作土地也要和人们一起。所以，想要耕作得好的人，就需要让那些农人充满工作热情并且愿意服从。领导抗击敌人的人也需要谋划同样的事，向那些做好人应做之事者赠予礼物，并惩罚那些不守规矩的人。农场主需要常常激励那些农人，丝毫不少于统帅需要常常激励士兵；奴隶们需要好的希望，丝毫不少于自由民需要好的希望，甚至还更需要，这样他们才会愿意留下来。"（《治家者》5.14-16）

施特劳斯：为什么奴隶比自由民需要更多的希望？
学生：他们盼头更少。
施特劳斯：我明白。换句话说，他们的境况非常糟糕。另外，他们非常努力地工作，并且在外面待在田地里。他们变得健康强壮。可以理解吗？这能帮助我们理解吗？
学生：他们可能变得有威胁了。

施特劳斯：我明白。大家现在就理解了，邦民为什么需要盟友，不是针对外敌，而是在自己的城邦内部。《王制》当中有一处说得妙，我认为是在卷九，那里讲的是一个拥有许多奴隶的人，如果突然之间他单独与奴隶们待在一起，会发生什么事，他会有什么样的命运。① 所以，关于奴隶的这个问题，就在面前。让我们从这个角度来思考第十一节。大家一定不能忘记这里是苏格拉底在说话。

学生[读文本]：

"在我看来，令人惊讶的是，如果一个自由人拥有某种比这更令人快乐的所有物，或发现了某种比这一[关切]更令人快乐或对生活更有益的关切。"（《治家者》5.11）。

施特劳斯：那么，一个直接的问题是：为什么苏格拉底不是一名农夫呢？为什么实际上不是呢？这可能与奴隶问题有些关系。可能。柏拉图笔下有一个事件我们必须加以考虑。在《普罗塔戈拉》这篇对话的开篇处，一个名叫希珀克拉底（Hippocrates）的年轻家伙，一大早就叫醒苏格拉底，因为普罗塔戈拉来了雅典，希珀克拉底想去见此人。他以为苏格拉底认识这些智识人，并且当然能够把自己介绍给他们。希珀克拉底当时很累，因为他昨晚很晚才睡。他昨天在追捕一个逃掉的奴隶。在柏拉图笔下，这是理所当然的事情。每个人都会去追；奴隶就像其他任何东西一样，是一份财产。[61]苏格拉底对这个话题的沉默极其发人深省，我的意思不是说苏格拉底主张废除奴隶制，在那个时代这是荒唐的，他也没有能力做这件事。我认为这是清楚的。

好的，让我们来看一看。我们现在读的是——这一章末尾有一点内容，我必须提醒大家注意。这与前面的问题有很大的关联，在

---

① 《王制》578e–579b。[译按]同参色诺芬《希腊志》3.3.4–11 的基纳顿（Kinadon）阴谋造反事件；参 Dustin Gish, "Spartan Justice: The Conspiracy of Kinadon in Xenophon's Hellenika," *Polis* 26（2）：339–369。

第十九节。
学生［读文本］：

听了这些，苏格拉底说："但至少我认为，克里托布洛斯啊，你知道诸神主宰农作中的工作，不少于他们主宰战争中的工作。我认为，你看到，战争中的人在进行战争行为之前，都会去取悦诸神，通过献祭和占卜询问应该做什么、不应该做什么。关于农作的行为，你认为就不那么需要安抚诸神了吗？"（《治家者》5.19–20）

施特劳斯：我们先前探讨过诸神这一主题。除了技艺与自制之外，还需要好运气。但我心里想到的是："战争行动"和"农业行动"或行为。正如我们所见，战争与农业的对比贯穿始终。接下来，克利托布洛斯在下一章开头重复了这一对词，但做了些微改动。

学生［读文本］：

"这些呢，苏格拉底啊，在我看来说得美——你劝诫人要试着在诸神的帮助下开始每一种工作，因为诸神既是战争的工作的主宰，同样也是和平的工作的主宰。"（《治家者》6.1）

施特劳斯："诸神既是战争的工作的主宰，同样也是和平的工作的主宰"——不是苏格拉底而是克利托布洛斯称其为"和平的"。苏格拉底称之为"农作的"。另外一项，两人的说法倒是相同："战争的"。苏格拉底没有称"农作的"行动为和平的行动。这与那个重大主题有些关系。农业行动不单单是和平，不仅因为我们稍后就会遇到的竞争性因素，还因为奴隶也包括在其中。这不是一种纯然和平的关系。关于奴隶，色诺芬的《希耶罗》中有一段文字非常有力。我们将会读到的。邦民互相保护，避免暴死于外邦人和奴隶之手（见《希耶罗》4.3）。这些是内敌。好的。

在第六章第一节，克利托布洛斯想让苏格拉底接续之前中断的关于治家工作的探讨。这里缺了某种东西。是缺了一项呢，还是仅仅缺了已经列举出来的六项的细节？这是个问题。会有哪个缺了的项目吗？有什么东西是治家工作的一部分但没出现在那六项当中吗？一点也不牵强的。

学生：养孩子。

施特劳斯：正是。这本书根本没有探讨养孩子的事，我们必须看看为什么。我认为我们必须思考羊。这本书没有探讨畜牧工作。这也是个问题。我们必须看看我们能不能找到答案。但是，羊当然应该在思考的范围之内，因为苏格拉底明确提到羊了（见5.3–4）。下文，即第二节，清楚表明有遗漏的项目。请读第二节。

[62] 学生[读文本]：

"那么，"苏格拉底说，"如果我们首先回到我们已经探讨并一致同意的内容，以便——要是我们有能力的话——试着这样探讨其余的内容并取得一致，怎么样？"（《治家者》6.2）

施特劳斯：换句话说，还有其他没有提及的项目。这是一份总结，一个重复，简要的重述。在每一个好作家笔下，从来没有一模一样的重复。从来没有。总是有偏离之处。这些偏离之处可能看上去微不足道，但从来都不是微不足道的。在这里有一个非常明显的补充，马尚特当然会说苏格拉底在前面从没说过这一点，我确定一些十九世纪的德意志校勘者还会说，这是后来窜入的衍文，必须删掉。让我们来读一读这段补充的内容，第六至第七节，也就是在这个问题出现的地方：他为什么应该变成一位农夫，而不是从事任何其他行当。

学生[读文本]：

"我们也声称，对此最清楚的证明是，如果敌人侵入乡下，一个人让农夫们和手艺人们分别坐开，并分别问他们觉得是要保卫乡村，还是放弃土地去守卫城堡。"[译按："城堡"译自

Marchant 的英译]（《治家者》6.6）

施特劳斯：是"守卫城墙"。
学生［读文本］：

"此种情形下，我们假定，那些挂念土地的人会投票决定保卫［乡村］，那些手艺人会［投票］不做抵抗，而是如他们已被教育的那样一直坐着，既不劳苦、也不冒险。"（《治家者》6.7）

施特劳斯：这是个极为有趣的问题，就其自身而言，它是个纯粹的军事问题，但与政治有广泛的关联：谁是最好的士兵？年轻时，我了解到下面这个来自经验的事实：截至第一次世界大战时，最好的士兵一般而言是农民，农民阶级。但在第一次世界大战中，在发生于索姆（Somme）和其他地方的高度工业化的战斗中，事实证明产业工人比农民在这类战争中更有勇气。这至少是我在德国了解到的情况，我觉得，在英国和法国也不会有什么不同。因此，这个延续数千年的传统，即农民阶级是军队的根基，是个非常有趣的问题。这种传统的根基是什么？农民是更优秀的士兵——果真如此吗？在苏格拉底所讲的这个特殊事例中，答案是清楚的，但这并没有使农民成为更优秀的士兵。当农民的田地遭到彻底毁坏时，他们要比城里居民更恼火。这是一个在修昔底德还有阿里斯托芬笔下处处可见的故事，大家知道的：斯巴达人彻底毁了雅典人的田地，所以，雅典农民不得不在城里待上几年。他们当然非常不满，对该死的斯巴达人满腔怒火，而手工艺人和商贩在同样的情况下遭受的战争损失要小很多。

然而，清楚的是，这与农民是更优秀的士兵这一事实并不相干，而是与农民像这样尤为好战的事实有关。我在上面给出的论证当然一点儿也没有解决这个问题。大家知道，这并没有证明这个问题。有一段出自后人之手的内容，也是在讲这个论题。让我看看我是否还记得。有一个十分强有力的政治主张青睐农民，而反对城里的手艺人和工人，你们当中一些人会记得是出自亚里士多德。亚里士多德在《政治学》卷六（1319a）中探讨民主制时，提出了"什么是最好的民主制"这个问题，他说了什么呢？

学生：农业民主制，因为农民们将会在城外，并且不会集合起来。

[63] 施特劳斯：他们不会去参加大会，无论是议事会还是法庭。如果一年只进一次城来选举官员，他们是乐意的，但他们不愿意像城里的民众那样天天参加大会。这当然是一条严格政治性的理由：贤人，更高等级的人，基于各种坚实的依据，宁要虽帮不上忙但顺从的民众，也不愿要不顺从的民众。很自然，这无疑是一个非常有力的政治性论证而非军事论证，因为，色诺芬在他整个从军事视角支持农民的论证中，一直不断地——起码在这里是如此——提到，要考虑到人们想什么、相信什么、认为什么——人们现在把这些叫做"意识形态"。但上面那些都并不必然是坚实的理由。我认为我们必须牢记这个十分重要的问题。

下面是苏格拉底补充的另一点内容，在第六章第九节。

学生［读文本］：

"看上去，这一工作本身学习起来最容易、干起来最快乐——"（《治家者》6.9）

施特劳斯：苏格拉底悄悄塞进来的另一点内容："最容易学"。他之前没有说过。但这随后将成为一个大的话题。顺带说一下，第十节，也与士兵问题有关。

学生［读文本］：

"在我们看来，农作还在某种程度上刺激那些劳作者变得勇敢，因为农作是在堡垒外面产生和培育［生活］必需的产品。由此，这种生活方式本身［看上去］在诸国家（states）名声最好——"（《治家者》6.10）

施特劳斯：不是"国家"，而是"各个城邦"。

学生［读文本］：

"因为它看上去为共同体提供了最好和最忠诚的公民。"

施特劳斯：紧贴字面的译法是"最友好的"，而不是"最忠诚的"。这我之前说过。这些人是乡村的顺民，他们不像城里的工人和手艺人那样对贤人大发牢骚。第十一节。

学生［读文本］：

"苏格拉底啊，在我看来，我已经极其充分地被说服，由农作来谋生是最高贵的、最好的和最快乐的。但你先前声称，你学习到了下列情况的理由［译按：'理由'译自Marchant的英译］——有些人这样耕作，结果从农作中充足地拥有了他们需要的东西——"（《治家者》6.11）

施特劳斯：如此云云。更紧贴字面的译法是"原因"，而不是"理由"。知道原因当然意味着拥有真正的知识。为什么有些农夫成功，另一些则失败，苏格拉底拥有关于原因的知识。他具备农耕技艺，因此可以真正地教授这种技艺。这里当然有一点区别，而这个区别可能可以消除你们其中一些人所感受到的难题。苏格拉底可能不具备全面的治家技艺但却具备其中这个重要的部分，即农耕技艺。这可能吗？因为，毕竟，要想具备治家技艺，你不仅必须擅长出售出产的东西，即你不需要的出产物，而一个人可能是个很好的农民同时却是个很糟糕的售货人。［64］苏格拉底为什么不愿意教授治家技艺，面对这个难题，这是一种解决方式。所以，苏格拉底仅仅能够教克利托布洛斯培育最好的产品，但不教克利托布洛斯如何出售，也不教如何买进农场所需要的各种东西。所以，苏格拉底接下来就应该教授农耕技艺了。

但苏格拉底还是没做这件事。他把克利托布洛斯带到另一个人面前（苏格拉底是怎么说的?），一个既高贵又好的人。应当按照这个词平常的译法来自由地翻译：一名贤人。现在，这个话题得到了相当大的扩展。我们已经看到的第一个扩展是从治家技艺到政治－军事技艺，而现在，我们进入了道德哲学的最高论题，即贤人。农耕与贤人的关联之处是：贤人是作为一名贤人农夫来谋生。因此，当然也必须对农耕加以探讨。但做完美的贤人与农耕不是一回事，因而是一个高得多的论题。为农耕的正当性所做的最终说明是，农耕是贤人从事的活动，因此，这就是最高的原因。可是，某种奇怪的东西出现了。他们不是提出"什么是贤人风范"这个问题——在某种程度上这与"什么是德性"这个问题相同——没有发生这类事情。他们看一位贤人，他们只是看一位贤人。如果有人提问"什么是一只兔子"，那我们就看一只兔子，这看上去是十分稳妥的做法，但是，我们当然还要提前知道什么是一只兔子。这是一只兔子而不是一只猫，我们知道。可我们又如何知道我们看到的是对的人，是一位贤人？我们怎么知道的呢？

学生：声誉。

施特劳斯：声誉。贤人风范主要显现在 $\delta\delta\xi a$ 即意见中。苏格拉底先简要地描述了一下自己的困境，因为如果紧贴字面来翻译的话，贤人风范的意思是既美又好的品质。所以，当苏格拉底看到一个美人时，他就想，"嗯，这个人可能是好人"。但他失望了不止一次，于是，他必须靠耳朵来进行下去，意思是，苏格拉底被人们所说的话引向了伊斯霍马霍斯（Ischomachus）这个人。于是，有一天，苏格拉底碰见了伊斯霍马霍斯，伊斯霍马霍斯平常都很忙，要么是在农场，要么是在市场。但是，当时伊斯霍马霍斯有些闲暇，他正坐在神庙里，神庙的柱廊下，并且有空。伊斯霍马霍斯正在等人，已经约好了，但对方尚未出现。这就是一个秩序问题，你准时并且认定别人也准时。苏格拉底开门见山地问他："你都做些什么，以至于每一个人都称你为贤人？"苏格拉底问伊斯霍马霍斯时没有一丝拘谨。苏格拉底的直截了当当然把伊斯霍马霍斯逗乐了，同时后者也为自己有这么好的声誉而感到高兴。于是，伊斯霍马霍斯开始说话，

大家将会在第三至第七节看到:

"对于做了什么才被称作既美且好的[这个问题],伊斯霍马霍斯笑了,并感到快乐。'至少在我看来,'他说,'有些人在跟你谈论我的时候,他们是否叫我这个名称,我并不知道。当他们为了一艘三层桨战船和歌队训练的费用叫我交换财产时,从没有人,'他说,'去找既美且好,而是清楚地,'他说,'叫我伊斯霍马霍斯和我父亲的名字并传唤我。"①

伊斯霍马霍斯,某某人的儿子,就像苏格拉底是索弗隆尼斯科斯(Sophroniscus)的儿子一样,这并非政治称号,被称之以父亲之名是一种更高的东西。至少在雅典是这种情况。伊斯霍马霍斯没有告诉我们他父亲的名字,这是个很大的遗憾,因为我们不能够辨认出他是哪个伊斯霍马霍斯。伊斯霍马霍斯在雅典是个相当普通的名字。关于这个特定的伊斯霍马霍斯是哪一个,我稍后将给大家一个假设,但现在我们无论如何都还没有做好准备。

[65]伊斯霍马霍斯[白天]从不待在室内。他一直待在室外,他的脸,他红润的脸庞表明,他从不待在室内,因为室内的工作由他妻子来完成。因此,话题就变成了——苏格拉底无比惊讶,伊斯霍马霍斯的妻子居然在他的生活中发挥着如此大的作用。《治家者》这一相对较短的部分②的前四章,也就是第七至十章,讲的是伊斯霍马霍斯的妻子,男人的事情在第十一章才出现。

---

① 《治家者》7.3,施特劳斯的译文。
② [译按]《治家者》可分为两部分,第一至六章是苏格拉底与克利托布洛斯的谈话,第七至二十一章是苏格拉底与伊斯霍马霍斯的谈话。第二部分又可分为两个小部分,第一小部分(第七至十四章)讲贤人风范,第二小部分(第十五至十九章)讲农艺。第二部分的第一小部分又可以划分为三个部分,其中的第七至十章是女人学。见施特劳斯,《色诺芬的苏格拉底言辞——〈齐家〉义疏》,页188。但奇怪的是,施特劳斯在这里说的"相对较短的部分",然而,从内容上来看,施特劳斯在此当指《治家者》的第二部分,这一部分是"相对较长的部分"。

这十分奇怪。先妻子，后男人，与自然的顺序相反。这当然并非偶然为之。

有一个非常重要的例子，也是女人在其中先出场，之后才是男人，是一部十分重要的著作。

学生：《吕西斯特拉特》（Lysistrata）吗？

施特劳斯：这是一部谐剧，男女显然翻转过来了。《吕西斯特拉特》是完全颠倒的东西，女人在其中位于顶端。不是它，而是在荷马作品中，是《奥德赛》，在冥府，当奥德修斯下去找死人时。哪一卷来的？我不记得了。

学生：卷十一。

施特劳斯：先是女人们，然后是男人。当然，不管荷马的理由是什么，为什么女人在前面，这是一个问题；而为什么女人在这里先出现，则是另一个问题。我就只是当作一个问题提出来。关于这个重大的论题，我们当然知道一点：在这一领域，苏格拉底与克利托布洛斯一样无知，因此，聆听伊斯霍马霍斯这位妻子管理专家的说教，对他们二人来说都极为重要。我认为，这一章确实令人着迷，所以，我希望你们当中没有人享受不到阅读它带来的巨大乐趣。但是在这里，我们还不能读这一章。

伊斯霍马霍斯完全就是他妻子的教育者，因为她尚未满十五岁，婚前就是在养育女孩的古老原则之下长大成人：尽可能少听、少看、少说。她只学到她必须行事谦逊。这当然是一条很好的教诲，但不充分，所以，伊斯霍马霍斯必须给她真正的教育。那么，教育的第一个论题是什么呢？

学生［读文本］：

"我祈求［译按：'祈求'是 Marchant 的译法］你告诉我——"（《治家者》7.9）

施特劳斯：不，是"诸神在上"，一个十分宽泛的祈祷。

学生［读文本］：

"'诸神在上,'我说,'伊斯霍马霍斯啊,你最先开始教她的是什么,请给我讲讲。因为我会更乐意听你讲这些,相比于你给我讲最美的体育竞赛或马车竞赛。'"(《治家者》7.9)

施特劳斯:第一个论题是生孩子。伊斯霍马霍斯与妻子的这场对话显然发生在新婚之初,但我们不知道是在多久以前。然而,看上去是过了好久了。作者将这段关于教育妻子的讲述呈现为新婚之时发生的事,这解释了为什么书中没有讲管理孩子的事,他们那时还没有孩子。这对理解书中没有管理孩子的内容有一些帮助。第十二节提到了孩子们,伊斯霍马霍斯称孩子们为盟友。[66]生活就是战争,即使在和平中,大家也一直需要盟友;当然,孩子是最自然的盟友。这也不是苏格拉底说的话,我们必须记在心间。苏格拉底不是这种意义上的战士。

伊斯霍马霍斯接下来细讲了婚姻中的节制品质。但节制当然是个太过含混的词。妻子必须做的是"让财产的状况尽可能好,并且以高贵且正义的方式尽可能多地增加财产。"① 这是得体的治家技艺。所以,重要的道德限定就进来了:增加你的财富,但要高贵地、正义地来增加。无须多言,这就排除了僭政和其他罪行。

接下来伊斯霍马霍斯以两性间的自然差异为基础,用长长一段话描述了夫妻之间的关系。他将这种自然差异追溯至神。第十六节,我们可以读一读。

学生[读文本]:

'那你看到什么,女人说,我做了能帮助增加家业?

宙斯在上,我说,就是诸神使你自然地就能够做的事情($\check{\epsilon}\varphi\upsilon\sigma\acute{\alpha}\nu$ $\sigma\epsilon$ $\delta\acute{\upsilon}\nu\alpha\sigma\vartheta\alpha\iota$)以及法律所赞美的事情,你要试着尽可能好地去做这些事情。'(《治家者》7.16)

---

① 《治家者》7.15,施特劳斯的译文。

施特劳斯：是的，更紧贴字面的译法是："诸神在你身上种植了能力使你能够去做的事"。"种植"（φύω）与自然（φύσις）有相同的词根。我们谈及的自然与礼法（νόμος）之间的区分在这里显然是有意为之。"礼法与自然一同赞许的事。"自然与法律都同意赋予两性不同的功能，而且还是相互支持的功能。女人被比作蜂后。我对蜜蜂所知甚少，可是，就算我对蜜蜂的事门儿清也不会有任何帮助，我们必须知道关于蜜蜂色诺芬知道什么。色诺芬从未写过蜜蜂，但我在维吉尔的《农事诗》（*Georgics*）中看到，第四首农事诗的主题是养蜂。我在诗中发现，根据这里的观点，蜜蜂并非通过性交来繁殖，繁殖是自发地产生于蜜蜂的遗骸、花朵和其他事物上。[①] 亚里士多德也持这种观点，[②] 所以，这看上去是古代的观点。我们必须记住这一点。

接下来伊斯霍马霍斯以一定的篇幅细讲了男性与女性这个主题，包括其他物种，还有人类这一特殊的物种。人类的独特性在于人要孩子是为了年老时有帮手。在前苏格拉底思想中，这是一个著名的论题：在所有种类的动物中，养育和照顾后代都是自然的；但是在人类这个物种里，还有父母年老时得到回报的期待。其他物种身上不存在这种期待。按照平常的观点，这是一种归因于礼法的习俗。

伊斯霍马霍斯提到的人的第二种独特性是人生活在居所之中，这一点不完全正确，因为就以野兽为例，野兽也有某种房子。但无论如何，伊斯霍马霍斯把有无居所、室内与室外之间的区分用作两性间区分的基础。室内的活儿由女人来干，室外的由男人来干，室内或室外家务的功能区分事实上成了理解两性间自然区分的基础。可以说，伊斯霍马霍斯在这里给出一种治家式的两性生理学与灵魂

[①] 维吉尔，《农事诗》第四首，行281-314。
[②] ［译按］关于蜜蜂的繁殖，见亚里士多德，《动物志》553a-b，颜一译，收于苗力田主编，《亚里士多德全集》第四卷，北京：中国人民大学出版社，2016，页179-180。

学，[67] 并以各种家务功能来理解它；女人当然有更多的恐惧，男人则更为勇敢。

我认为，第三十三节里有一点应该特别提及。

学生［读文本］：

'她待在蜂窝中，我说，而且不许蜜蜂懒惰，而是派那些需要在外面工作的蜜蜂去工作；每一个蜜蜂带进来的东西，她都知道并接受，并保管这些东西以待需用之时。当使用的时节到来，她就把公正之物分配给每一只蜜蜂。她还掌管家里面蜂窝的营构，以便营构得既美又快；她关切刚出生的孩子以便它们得到养育，一旦幼蜂长大并且变得能够工作，她就派它们向外殖民，还有一只［蜜蜂］领导这新一代。'（《治家者》7.33–34）

施特劳斯：这是什么意思呢，如果我们用表达人类事务的词汇来重新表达的话？蜂后这样的明喻透露出什么含义呢？女人是政府，分配给每个人符合正义的东西。诸如派人出去建立殖民地这样的职能，是由谁来承担呢？当然是政府。所以，我们就面对着一桩怪事：女性的或女人的是政治的，男性的则是非政治的。多么奇怪啊。可是，下面这个简单的事实表明这并非色诺芬的独特之处：在柏拉图的《治邦者》中，用来表明治邦者的功能的那种技艺是编织的技艺，女人特有的技艺，它在古典时代就是这样为人所知。接下来，什么是男人的事务呢，如果政治——政治当然包括将职，将职从属于治邦——如果最高的政治技艺属于女性，那么，什么是最卓越的男性技艺呢？

学生：哲学。

施特劳斯：这讲得通吗？哲人不正是那些坐在室内谈话的人吗，就像女人一样？大家知道，真正的邦民就持这种观点。哲人就是谈话者。他们坐在房子里谈话，这些事恰恰应该是女人做的。哲人不外出到市场去。我认为理由是：最高意义上的政治人，包括王，都属于城邦，他生活于城邦之内，即使他征服别的城邦，也仍然是为了城邦。出到城邦之外的人,在这种意义上生活在城邦之外的人,是哲人。因为哲人超越了城邦。我认为这就是背后的理由。

第三十五节的开篇之处,这段文字非常令人着迷,这位十五岁的女孩。她说什么?

学生[读文本]:

'难道我,女人说,也需要做这些事情?
当然,你需要,我说,待在家里;家奴里面有一些必须在外面工作,你需要一并派出他们,还有一些必须在家里面工作,你也应该掌管他们;'(《治家者》7.35)

施特劳斯:让我们接下来读第三十七节。

[68] 学生[读文本]:

'不过,在适合于你的诸种关切中,我说,有一项或许显得不太令人愉快:一旦家奴里面有人生病,你就必须关切所有事情以便他受到照料。
宙斯在上,女人说,实际上,这最令人愉快了,如果那些得到很好照料的人至少会心怀感激,并变得比之前更友好。'(《治家者》7.37)

施特劳斯:所以,她显然自己就明白这件事的根本。是的,她知道如何获得尊敬,并且她有一定的抱负。请继续。

学生[读文本]:

"我赞赏她的回答,伊斯霍马霍斯说,并说:女人啊,难道不是通过蜂房中的蜂后的这样一些预见,蜜蜂们才会这样对待她,以至于当她丢弃[蜂房]时,没有一个蜜蜂认为应该待在后面,而是全都跟着她?"(《治家者》7.38)

施特劳斯：大家看到这种重要的暗示：如果蜂后是妻子的榜样，那她必须外出。换句话说，这表明了我曾表明过的意思。对于我稍后要说的内容，这段话还有一种纯粹搞笑的暗示。

我在这次课最后要说下面这一点。我认为这一章的最后一节表明，伊斯霍马霍斯与妻子之间的对话发生在很久之前。换句话说，并不是发生在他们新婚之时，而是发生在很多年之前，因为伊斯霍马霍斯说"我好像记得"。如果发生在大约一年之内，他就不会这么说。对话发生的时间为什么重要呢？在这里，我们看到一个教育的例子：伊斯霍马霍斯教授家政技艺，这是德性的一种形式。他教授家政技艺。问题当然就是：她获得了这门知识；而如果德性就是知识，那么，她就变成了一名完美的妻子。这当然是个重大的问题。她变成一名完美的妻子了吗，还是没有？这里没有给出答案。我们必须让这个问题保持开放。

针对著名的论题"德性即知识"，这向来是一个简单的实践检验，不仅在色诺芬的著作中，还有在柏拉图的著作里。苏格拉底在某种意义上教授德性。他们获得知识。他们变成好人了吗？这一直是个问题。此处的问题是：伊斯霍马霍斯的妻子变成一个好女人了吗？我们稍后再来探讨。

第四讲 《治家者》二

[69] 施特劳斯:① 你提出了一些我没有看出来的论点，你极有可能是正确的。你一方面将女管家（maid）的品质与妻子的品质进行对比，另一方面又将它与监工（$\dot{\varepsilon}\pi\iota\tau\varrho\acute{o}\pi o\varsigma$）的品质进行对比。② 你观察到的某些差异非常值得考虑。但话说回来，你没有点透你所讲的内容中暗含的一些论点。但只需再迈一步，意思就会清楚得多。例如，你在文末说，伊斯霍马霍斯教他的监工正义（见第 14 章）。这意味着伊斯霍马霍斯教授德性。"德性可教吗？"是由苏格拉底提出来的最重大的问题之一。如果就连伊斯霍马霍斯都能够教德性，苏格拉底当然能。这当然无比重要，"德性是不是知识"与"德性是否可教"这两个问题不可分，对此我也不必多讲。因为，如果某种东西是知识，就以数学为例吧，那它当然可教。这一点我们必须稍后再考虑。

我只谈一下你提出的另外两个观点。第一点关系到如何理解色诺芬。我很高兴见到你已经得出结论，认为马尚特阅读色诺芬的方式相当不充分。有一个特定的层次，是马尚特达不到的。我承认，马尚特当然是个极端的例子，但通常人们阅读色诺芬的方式更加接近马尚特，而不是接近那种我认为智慧的方式。你提出的最根本的

---

① 施特劳斯在点评某个学生的论文，论文在本次课开始的时候宣读，所读的内容没有收录进来。

② ［译按］女管家，见 9.11 – 13；监工，见第 12 – 14 章。

问题关系到秩序问题，即 τάξις，你还提到了现代秩序观与古典秩序观之间的区别。你能说得稍微更清楚些吗？

学生：[听不清]

施特劳斯：嗯，我们的秩序观念与古典的秩序观念之间当然有关联，这一点你们每一个人通过如下事实都知道：直到相当晚近的时候，在某种程度上甚至直到今天，人们还在说"自然的法"（natural law），"自然之法"（the law of nature），比如说牛顿。这就是秩序，自然的秩序。可是，典型的现代概念与典型的古典概念之间的区别是什么呢？

学生：[听不清]

施特劳斯：对，也在那里。逻格斯（logos）毕竟是一个数学术语。嗯。有话要讲？

学生：[听不清]

施特劳斯：那是一件事情，但这当然仍旧是一个问题，即这是不是（我该怎么说呢）与现代科学自身相对立的现代的科学哲学（modern philosophy of science）。这可能是个问题。所以，它是某种更基础的东西。当人们今天说起他们在科学中、在自然科学或社会科学中寻求什么时，他们寻求的是某些行为规范（some regularities of behavior）。但是，规范意味着某种不同的东西。例如，当你如今说一个人的行为不规范，比如他偷东西、老是迟到、在考试中作弊，还有其他不合规范的行为等等，这种行为在另外一种意义上完全可能是"规范"的，也就是说，它可能变成一个社会的习惯，从而在那个社会中它就是常规的行为。大家明白我说的是什么意思吗，明白我想说什么吗？古典观念 [70] 更类似于我们现在说"不规范"时所表达的意思，即它是就秩序是一种好秩序而言的，而未必指行为规范，无论是好行为还是坏行为。我认为这是一个至为重要的含义，需要我们更加细致地去分析。

接下来让我们连贯地探讨一下这次课程的内容。我们不能再像上次那样奢侈，不考虑任何时间限制了，因此，这次课不得不比上次更加有选择性。但我必须提醒你们注意整体的语境。我们正在处理的是治家，治家的技艺，它是使人家业增加的技艺。一个人的家业意味着他拥有的所有好东西之和。所有的好东西在这里被看作人占用或利用的对象。朋友也是钱。所有的活动都被看作为了占用而使用的手段，包括战争和僭政。僭政是发财、发大财的一种方式。显然，僭主无需像阿达莫斯基（Benyamin Adamowski）先生①那样，还得交一份自己花费明细的账目。这是显而易见的。像赫鲁晓夫（Khruschev）这样的人，爱花多少钱就花多少钱，无人有权过问。好的。

但是，为了变成这种意义上的好治家者，你必须控制你的所有欲望，贪婪除外。你可以放纵你的贪婪。希腊人会把贪婪叫作爱收益。你可以尽你所能放纵你对收益的爱。所以，爱收益被假定为好的，这与普遍的观念相反，根据流行观念，爱收益是一种缺陷。大家知道吗？有一部柏拉图对话，其主题谈的也是这个论题，即《希帕库斯》（*Hipparchus*），②大家可能读过。有话要讲？

学生：[听不清]

施特劳斯：当然。我会谈到这个问题的。但我们必须先来看论证的第一层次。第一条陈述说明不带任何附加条件的爱收益的正当性。可是，后面出现了一个限定：只有在一个人知道如何使用好东西时，好东西才是好东西。这暗示出的问题是：难道不存在这么一种界限吗，一旦超出这个界限，一个人便再也不能使用他拥有或获取的东西？正如某某先生指出的那样，在这里，苏格拉底与克利托布洛斯之间的区别是关键的。苏格拉底的需求很少，因此富裕，即便以绝对值来看他可能是个穷人；克利托布洛斯需求很多，因此他贫穷。他为什么贫穷？因为他摆阔，因为他在意摆阔。凡勃伦

---

① 1963年，阿德莫斯基挑战在任的芝加哥市长德利（Richard J. Daley），竞选芝加哥市长。
② [译按] 中译文参《政治哲学之根：被遗忘的十篇苏格拉底对话》，潘戈尔编，韩潮等译，北京：商务印书馆，2019。

(ThorsteinVeblen)把这种行为叫作什么？炫耀消费。[1] 他是一个爱炫耀消费的人。如果一个人在意摆阔，那这个人必须获取多少东西是没有上限的。实际上问题在这个时候就冒出来了：这些生活方式中哪一种更值得青睐，是有无限多的获取但最终都花在摆阔上，还是有限获取，虽然我们还不知道这种生活方式的目的是什么？但我们现在已经达成共识。好的。

克利托布洛斯谈起一种高贵的生活方式，从而，正是他以此提出了非实用主义的立场。那是在第四章。"一种高贵的生活方式"一开始只不过意指先前被称为"摆阔"的那种东西，等于某种打造出好排场的东西。高贵，精美（fine），都是对应同样的希腊语单词（即 kalos），即令人印象深刻的东西。后来却转变成了某种不同的东西。克利托布洛斯在意摆阔。然而，克利托布洛斯的态度部分地与下面这种观点一致：好区别于高贵或精美。

正如苏格拉底所表明的那样，身体与灵魂的良好状况，关心自己的朋友与城邦——这些都是严肃的内容，没有透露出任何的摆阔意味——也是拥有财富或获取财富的一种理由。这一点清楚吗？苏格拉底无法大规模地关心其朋友们的需求，[71] 因为他没有足够的财富。因此，一个理性的人就能够说：我想用钱帮助我的朋友们，因此，我想获取［钱］。这是一桩可以做的体面事。但这里必须要提的问题是：为什么朋友和城邦是有用的东西呢？因为二者所涉及的仍然是个人的自我利益。让我们只限于城邦问题。从很低的实际立场来看，城邦为什么有用？请想一下一个想致富的人。他为什么必须承认城邦有用？

学生：保护。

施特劳斯：完全对。假如没有城邦，他获取的每一种东西都会被抢掉。所以，这是严格意义上的实际考量。一个人需要城邦。好

---

[1] Veblen, *The Theory of Leisure Class: An Economic Study of Institutions*, 1899. ［译按］中译本见：凡勃伦，《有闲阶级论》，蔡受百译，北京：商务印书馆。

的。这是实用主义的立场,但是高贵或精美的立场已经进来了,两条线现在在某一点上有所交汇,好与高贵,在贤人身上——贤人意味着,如果紧贴字面来译的话,既高贵又好的人。某某先生?

学生:[听不清]

施特劳斯:我没有看出来。但这是个好观点。你怎么解释它?

学生:[听不清]

施特劳斯:什么是昂贵地荣耀诸神呢?那是什么意思呢?意味着哪些行为?献祭。问题是:关于献祭的合理性,苏格拉底的看法是什么?如果苏格拉底本来认为献祭是一种不合理这一行为,那他就不会强调献祭。在这里我们没有证据来支持苏格拉底认为献祭不合理的主张。但有一部以此为主题的柏拉图对话,即《游绪弗伦》(*Euthyphron*),这是一部必读对话。我们可以说,苏格拉底在这部对话中确实表明献祭是某种不合理的东西,因为献祭预设了神有需求。献祭是一种交易,人与诸神之间的交易,这是有些荒唐的观念。是的。这不难理解。

在引入伊斯霍马霍斯之后,在伊斯霍马霍斯变成了教师之后,出现的第一个论题是女人学(从 7.4 开始),不是医学意义上的女人学,而是关于女人的逻格斯(logos)。这主要是伊斯霍马霍斯与妻子之间的对话,而不是伊斯霍马霍斯与苏格拉底之间的对话。可是,当你读到你不知道伊斯霍马霍斯是在对谁说话的地方时——我相信译文无法体现出来,但是在希腊文中体现得出来——那是很有趣的。当伊斯霍马霍斯说"女人,做这件事",他是在指苏格拉底呢,还是在指他的妻子呢?这很有趣,不止有趣。在很多节文字当中,例如在第七章,从第十节到章末,苏格拉底完全沉默。并且苏格拉底在绝大多数时间里都是沉默的。色诺芬在这里将平常都是由苏格拉底扮演的角色分派给了伊斯霍马霍斯,这么做当然有各种理由。伊斯霍马霍斯在这里扮演苏格拉底的角色、扮演德性的教师,真的是格外奇特的事。其中的一个理由当然是,这是在教授德性,而出于某种理由,在色诺芬或苏格拉底看来,这一定得采取对话的形式;第二,因为这场对话让我们注意到一件苏格拉底不能够做而伊斯霍马霍斯有能力做的事情，[72]也就是教导伊斯霍马霍斯的老婆。当然。是的，这也挺幽默的。某某先生，你有什么要说？

学生：[听不清]

施特劳斯：可能是这样的。但这个难题或许关系到女人的教育问题。如果进入细节，就会发现要害不在于女性的那一面，而是两性之间的某种共同之处，那么就必须超越女性的那一面。你明白我说的意思吗？它可能有助于我们理解严格来说在德性方面对人的教育，而不仅仅是理解女人的教育。但首先，你说得正确。我只提一提出现在第七章讨论中的那种最高视角，就是自然（φύσις）与礼法（νόμος）的区分，自然与礼法。伊斯霍马霍斯将自然等同于诸神所做的事情。第八章和接下来一章的重大主题是秩序（τάξις）。伊斯霍马霍斯先举了三个例子：一支歌队，一支军队，一艘战舰。这当然极为有趣，这位令人无法忍受的迂夫子，向妻子解释了如何用各个部队来构成秩序，就好像她想要成为一位士兵，甚至还可能不止如此。但这无疑仍然是关于秩序的极其重要的例子，尽管在这场特定的对话中，这例子放错了地方。让我们来读第八章第九节。

学生[读文本]：

'如果我想要一种无序——'

施特劳斯：译的不对，是"在我看来，无序有些类似于此——"

学生[读文本]：

'如果一个农夫把大麦、小麦和豆子放在一块，之后，当他需要大麦饼或小麦面包或佐料时，他就需要拣选，而不是直接拿来使用，如果它们被小心地分开放？'（《治家者》8.9）

施特劳斯：这句话的暗含之义看起来是：没有秩序的时候，就需要分离。既然无序，就需要分离、分开不同的种类。但他们一直做的事情，正如下文清楚表明的那样，就是分离，使事物分开。这里暗含的意思是，对我们来说首要的事情，正如亚里士多德所说，看上去就是无序。我们首先面对的就是某种无序，我们不得不找出潜在的秩序。现在夫妻二人谈论的是家事中的秩序。每一样东西必须放在它应在的位置上，放在适合它的位置上，因为你若不知道你把手套放在了哪里，那几乎就与没有手套一样糟糕（尽管不是完全一样糟糕，也几乎一样糟糕）。所以，放在哪里，这至关重要。然而，接下来的秩序范例不是由歌队、军队或者战舰提供的，而是由一艘拥有所有东西的腓尼基商船提供的。难道那时没有雅典商船吗，或者科林斯商船，或者任何其他地方的商船吗？伊斯霍马霍斯为什么这么做呢？大家还记得，在前面的对话中（即 4.16 – 25），居鲁士，波斯王子，是农夫－战士的范例。那里是个波斯人，此处是个腓尼基人。为什么呢？

学生：腓尼基人不是就连在希腊人中也以贪婪而闻名吗？

施特劳斯：正是。这些真正的商人。所以，伊斯霍马霍斯在这里暴露了自己的品味：尽管他是个贤人，但本质上是个商人。这一点在下文中会显现得无比清晰。在柏拉图的《王制》中，例如在436a 和其他地方，就单单突出了腓尼基人是最出色的商人。在为事物安排秩序上，必须考虑什么呢？[73] 首先，有多少和在哪里：有多少双为人们准备的鞋子，以及它们放在哪里。这是秩序的两条原则，如果我可以用一个大得惊人的词来说，那就是"范畴"（categories）：在哪里和有多少——数量和地点。我们在这里将会发现其他一些这类令人生畏的事物。在第十五至十六节，我们看到对话中套着另一场对话：在伊斯霍马霍斯与妻子的对话中，伊斯霍马霍斯讲述了他与腓尼基人的对话；在苏格拉底与克利托布洛斯的对话中，苏格拉底讲述了他与伊斯霍马霍斯的对话。柏拉图的作品中也有这样的例子，对话之中的对话之中的对话。这个主题本身就需要大篇幅的探讨。现在我们没法做这件事。

已经清楚表明的是，秩序似乎不仅仅在有利或方便的意义上好，而且看上去也美。这是另一个根本不同的考虑。这一点特别有趣。第二十节，我们可以读一读。

学生［读文本］：

"的确，所有其他东西都会显得更美，如果它们有序存放的话。每一样东西都显得是器具的歌队，而且所有这些东西之间的间隔也显得美，因为每样东西都分开放，正如一支圆形歌队①不仅本身是美的景象，歌队成员之间的间隔也显得美且没有阻碍。"［译按："没有阻碍"是 Marchant 译法］（《治家者》8.20）

施特劳斯：不是"没有阻碍"，是"并且洁净"，"纯净"。美并且纯净。所以，有趣的是，没有任何东西的地方，怎么美并且纯净呢？靠周围的事物。然而，就连空白处都可以美并且纯净，这本身就是非同寻常的事，不是吗？当然，空白之处没有用处。

学生：这也可以应用于写作技艺吗？

施特劳斯：或许可以。这值得思考。好的。每一种东西都在自己的位置上。但有的地方可以没有任何东西，这种情况可以有。大家一定不能忘了，这里没有空间概念。地方。每一种东西都被放在自己的位置上，但是，可能有一个地方空无一物，这个地方可能变得有意义，就像我们今天说的，尽管空空如也，却有意义，因为它所占据的地方与其他地方构成某种关系。让我们来读高潮那一段，也就是这一章的末尾，因为这一节提出了一个关键问题。到这里时，伊斯霍马霍斯已经描述了秩序之美。

学生［读文本］：

"我说的这些是否真实，我说，女人啊，我们可以检验它们，不会有什么损失，也不用非常辛苦。此外，我们也不用气馁，女人啊，我说，为了难以找到一个会学习那些地方并且记得把每一样东西放回原处的人。因为我们知道，整个城邦拥有

---

① ［译按］酒神歌队，五十人组成，围着祭坛跳舞，而不是肃剧和谐剧中的人数很少的歌队，方形。

的东西是我们所拥有的一万倍,可是,当你命令任何一个家奴去买什么东西并从市场上带给你时,没谁会不知所措,每个人都显得知道该去哪里找每一样东西。个中原因不是别的,我说,而是因为每样东西都有序地放在固定的地方。"(《治家者》8.21-22)

施特劳斯:他知道地方($\chi\acute{\omega}\varrho\alpha$)。为什么就连一个外邦奴隶都能够毫无困难地找到角落里的杂货铺呢?因为每一种东西都在自己的位置上。于是,矛盾的事就出现了。可以继续了吗?

学生[读文本]:

"但在寻找一个具体的人[译按:"具体的人"译自 Marchant 的译法 person]时——"

施特劳斯:是"一个人"。

[74] 学生[读文本]:

"有时这个人也在同时寻找对方——他经常在找到之前就先放弃。个中原因不是别的,正是因为没有安排好各自应该在哪里等。"(《治家者》8.23)

施特劳斯:紧贴字面的译法是:"没有固定好每个人应该在的地方。"伊斯霍马霍斯要表明的意思差不多是:这会是一个多么精彩的世界,其中每一个人一直待在自己的地方。这样一个世界不会精彩吗?推而言之,这意味着什么呢?一个没有变动的世界,没有纷争($\sigma\tau\acute{\alpha}\sigma\iota\varsigma$)的世界,在这个世界里,秩序($\tau\acute{\alpha}\xi\iota\varsigma$)首先是他们今天称之为静态秩序的那种东西。这是个重大问题,重大的理论问题:秩序能够与变动、运动兼容吗?后面会处理这个问题,也就是下一章。有话要讲?

学生:[听不清]

施特劳斯：当然，那是件趣事。那当然是以行动来反驳他的整个"哲学"，当然。要到更靠后的地方，它才会出现。有话要讲？

学生：关于军队和商船这两个例子，我注意到保持秩序的理由都是自我保存或安全。

施特劳斯：最终可能是，可首要的当然是保存各种东西。

学生：他们还谈了战争中的胜利和公海上的安全。提到了风暴。这与家事中的方便与美形成对比。

施特劳斯：什么？

学生：自我保存。

施特劳斯：怎么会形成对比呢，如果你需要任何东西的时候就能够找到它？例如，一支枪：如果你不得不向一个窃贼开枪，那么一直知道枪在哪里当然就方便，因为这有助于自我保存。而如果每一种东西都有序安放，这还是美的。你能够找到你的牙刷、你的枪，或者随时可能需要的任何东西。

学生：但伊斯霍马霍斯与妻子对话时，是在方便和美之外提到了自我保存。

施特劳斯：因为自我保存，以上帝的名义，是不够的，就连一个非常穷的人都可以做到自我保存；伊斯霍马霍斯和妻子关心致富。自我保存仅仅是暗含之义，你知道吗？自我保存在这里并没有成为主题。我的意思是，毕竟，如果你是一个注重实际的人，你极少被迫去想自己的自我保存；我的意思是——在芝加哥或许不是这样——这毕竟是极少数情况。

在大部分时间里，你想的是舒适的自我保存——如果我可以引用洛克的话——也就是一些便利或美丽的东西，而不是自我保存。如果你所在的房子着火了，你不确定能否及时逃出，那么这是一个会想到自我保存的情境；可是，在平静的时代，在和平中，在一座治安良好的城市，这样的事极少发生。只有在十分激进的思考当中，比如霍布斯所作的思考，[75] 自我保存才会成为诸如牙刷这类琐碎事物的真正根源而出现。好的。

第九章还是以秩序为主题。并且秩序主题在下文中得到了详述。

不幸的是,我们只能够读其中一部分。让我们来读第八节。

学生[读文本]:

"我们还单独留出一个月的花销,并分开存放那些经过计算够用一整年的花销,这样我们就会较少忽略年末时的情形。按群族①区分了家里所有的东西后,我们就把每一样东西归置到合适的地方。之后,有些器具家奴们每天都要使用,比如做面包的、烹调的、纺羊毛的以及其他此类东西,我们就向那些使用它们的人指明它们应该放在哪里——"(《治家者》9.8)

施特劳斯:把每一种东西都按群族(tribe)进行划分,把每一个群族都安排在特定的地方。这就是分开,把这个与那个分开。"分开"这个单词让我想起了《奥德赛》卷九的一个段落(我只是顺带提一下,它对于一种更广泛的研究可能有价值),第220行,我们读一下:"每一种都是单独圈禁,初生的分开,夏天的羊羔分开,羊群中年轻的羊也分开。"②

"分开"(apart)的希腊语是 χωρίς,色诺芬用的就是同一个单词。在描写珀吕斐莫斯(Polyphemus)的山洞时,即圆目巨人珀吕斐莫斯,这个单词出现了。珀吕斐莫斯是前政治状态的人,即治家的人,他有家业但不是城邦的一员。这是一个非常有秩序的人,

---

① [译按] φυλή 可以表示 type、race、class、tribe,L. S. J. 解为 γένος,即种类,唯一一个例证,《治家者》的 3.7,3.8 各出现一次。但据 Pomeroy 说,色诺芬更常用 φῦλον 表示"种类",见《希耶罗》9.5,《居鲁士的教育》1.2.5,1.4.17,《邦国财政》4.30,因此这里应该理解为"群族"。色诺芬运用了公共与私人的类比,并在 9.14-15 延续了这一类比。伊斯霍马霍斯的群族划分是根据功能而非自然,把相似的东西划分成不同的组,因此,他在前面把祭祀用具与普通炊具区分开来。这里划分的都是人工制品,参施特劳斯随后的解读。

② Homer, *Odysssey*, trans. Samuel Henry Butcher and Andrew Lang, New York: P. F. Collier & Son Co, 1909, p. 125. [译按] 王焕生先生的中译文是"早生、后生和新生的一圈圈分开饲养,互不相混",见《奥德赛》,王焕生译,人民文学出版社,1997/2011,页 159。

正如我们在此处所见，同时是个食人者。换句话说，这种有序并不保证其他的一些东西。我相信，如果一个人联系《奥德赛》的这些诗句，还有亚里士多德在《政治学》开篇处对治家所发表的言论来研读《治家者》的话，可能会发现一些非常有趣的东西。有话要讲？

学生：群族在这里可以理解成"范畴"吗？

施特劳斯：我会讲到的。不要用"范畴"。我自己是太随意了，请大家原谅。让我再用一次，然后就让"范畴"出局。我们迄今已经看到两种［范畴］，即在哪里和有多少。对群族的思考现在出现了。如果是以问题的形式，"群族"看起来会是怎么样的呢，像在哪里和有多少？

学生：什么种类。

施特劳斯：或者是"什么"（what）；直接就"什么"。大家将会看到，也有根据季节来进行的分配：在什么时间，人们需要它们，即什么时候（when）。但是，核心的考虑因素实际上是"什么"，即什么种类，什么群族，就像伊斯霍马霍斯在这里的叫法一样。这非常正确。并且它就是一种分离（λεγεῖν）；①《回忆》卷四第六章有一个段落也是这么用的。把一个种类从另一个种类中分离出来。② 顺便说一下，"种类"这个词，以同样的意思出现在《创世记》第一章。非常有趣的是，这种根本性的考虑竟然也同样出现在《创世记》中。但有东西一定会让我们感到震惊：这些"群族"又如何呢？平常在用到"群族"时，我们的理解是什么？珀吕斐莫斯在他的山洞里区

---

① ［译按］λεγεῖν是主动态的不定式，但该单词只有是中动态的时候才有"选择，挑选"之意，与"分离"没有关系。这里应该是 dialegein，意为"分离、分开"，见《回忆》4.5.12。

② ［译按］根据这里的语境，施特劳斯可能不小心说错了，应该是《回忆》4.5.12 涉及"论辩术"（dialegesthai）的那一节，那里出现了 dialegein，参上注。dialegesthai 是意为"分离"的主动态动词 dialegein 的异态形式。《回忆》4.6 只出现过与 dialegesthai 同源的 dialektikos / διαλεκτικός这一单词，见4.6.1，没有出现过 dialegein。见 Xenophon: Memorabilia, translated and annotated by Amy Bonnette, Ithaca, NY: Cornell University Press, 1994, p. 138 和 p. 169, n. 51。

分开的东西又是什么种类呢？在《治家者》里，它们是人工制品，所以严格来说，它们并非"群族"。我的意思是，一个罐子不能生出一个罐子；它们是人工制品。所以，在这里的对话中，一切有序安放的东西都是人工制品。[76] 这与我们已经在第八章末尾发现的问题有什么关系呢？莫非伊斯霍马霍斯对秩序如此狂热，以至于希望每一种东西都一直在自己的位置上，从不移动？人工制品作为人工制品从不移动，难道不对吗？有时人工制品的确会移动，然而那是人使它们移动。没有永动机（perpetuum mobile）。发动机或飞机当然是一种不移动的东西，只有人将运动赋予它，它才动得起来。所以，伊斯霍马霍斯偏爱完全静止的状态，这与他对人工制品的偏爱有关。人工制品在《王制》卷七开篇的洞穴喻中也是关键物品。让我们继续。

伊斯霍马霍斯接下来讨论了女管家。他解释了她必须具备哪些品质：自制，她必须记忆力良好，诸如此类。这些必须是她天生（by nature）就具备的，尽管没说明这一点，但这些品质不是别人教给她的。她受到的教导是对主人与女主人友好善意，关心家业的增长或对家业的增长感兴趣，她还受到教导要做正义的人（见9.11-13）。所以，她必须具备某些我们所谓的道德品质。但她处于从属地位。相比之下，妻子的确不是立法者，却是法律的护卫者。

第九章第十五节。妻子占据了议事会的位置，城邦的议事会，在非民主政制中，这就是政府的位置。所以，她就是政府，正如我们先前也看到的那样（［译按］见《治家者》7.33）。我相信，伊斯霍马霍斯指明了某种在我们看来并不令人惊讶的东西：妻子，政府，妻子对她的统治有极为浓烈的兴趣，因为那是她的房子。所以，在这里，我们再次看到了与私利的关系，私利一直被预设成位于治家的根基处。因为这些是她自己的东西，这足以轻松地让她竭尽全力了。尽管她年轻，但她很清楚一点：她不是为别人而是为自己工作。好的。

在第十章的开头，苏格拉底称赞了伊斯霍马霍斯的妻子，并且认为她有男人般的理智（ἀνδρική ἡ διάνοια）。自然地，如果她是执政者，那她就须具备男人般的理智。大家记得，我们先前已经探讨过这一点（[译按]见英文页码第68页）。我只想说与我上次说的内容有关的一点内容：初看起来，统治当然是男人的事务。这无须赘言。女人待在家里，城邦是男人的事务。荷马的诗句怎么说来的？

学生：打仗的事，让男人来管。①

施特劳斯：在赫克托尔（Hector）与安德洛玛克（Andromache）之间的对话中，赫克托尔对安德洛玛克说："打仗的事，让男人来管。"战争与城邦当然不可分开。而在色诺芬这里，我们了解到，出于某种奇怪的理由，统治——城邦和战争，真的是女人性的事务。我认为，这是理解柏拉图《王制》中著名的两性平等论题的关键，这论题不只限于柏拉图有，我们看到这里也有所暗示。《王制》中的反讽（irony）并不在于女人应该成为战士和统治者，而是她们应该成为哲人。这才是反讽，原因是统治与战争在那里具有根本上的女性特征。

我们有证据，单纯经验上的证据。大家浏览政治史，可以发现一些杰出的女人，你们可以随喜好挑一些，比如：凯瑟琳（Catherine），伊丽莎白一世，还有其他相当多的人。还有一些人尽管没有统治，但实际上统治着统治者，比如荷兰政治家奥尔顿（Jan van Olden）的祖母。奥尔顿感到害怕；他才二十岁就已经是国家议事会（Council of State）的成员，自然会害怕。他祖母告诉他：我的孙儿，你不知道，用那么一丁点儿智慧，就可以治理世界了。这给了他必要的勇气。所以，她知道统治是什么。大家当然会发现杰出的女商人比她们的丈夫精明很多，[77]以及诸如此类的事情，但从根本上来说，这是同一类事，即实践生活（active life）。

问题是理论生活。这当然是某些现如今不应该说的话，出于一些明摆着的理由，不过还是得说，直到不久之前，这都是所有人的观点。这一观点尚未被完全驳倒。如果大家浏览一下哲学史，前三十位伟大的人物，没有一个女人跻身其中，这是真的。但是，在古

---

① 见荷马，《伊利亚特》6.493。

典时代令人震惊的事不是与哲学相关的事情——因为贤人对哲学特别不感兴趣——而是关于政治，即统治方面的事。

是的。我们尚未解决的新问题是什么？在第十章的第二节。

学生［读文本］：

"伊斯霍玛霍斯于是说，'那好，'他说，'有一次我看到她，苏格拉底啊，抹了很多白粉，以便看上去比实际还要更白皙，还抹了许多胭脂，以便使得她的脸颊更红润，她还穿着高底鞋，以便看上去更高。"（《治家者》10.2）

施特劳斯：让我们稍微更加紧贴字面来译：

"以便看上去比实际（than she was）还要更白皙，以便显得比真实情况（than the truth）更红润，以便看上去会比她自然的情况（than she was by nature）更高。"

所以，这三项内容就放在一起了，正如大家所见：是（to be），真实（truth），自然（nature）。三者与"看上去"和"显得"不同并且相反。"看上去"和"显得"当然是不真实的。色诺芬在这里以拉家常的方式探讨这个论题。伊斯霍马霍斯试图让妻子相信这么做没有好处，她用这些造假的方式达不到她想要达到的目的。我们寻求的，我们可以说（这是我们能够用来转译伊斯霍马霍斯的思想的方式），是赤裸裸的真理（naked truth），当然，在此首先是应用在女性的身体上。人（Men）天生就欲求自然的东西。让我们把第七节作为例子来读一下。

学生［读文本］：

"'那你一定认为，'伊斯霍玛霍斯说他说，'女人啊，相比于你自己的肤色，我并不会因为白粉的颜色或胭脂的颜色而更快乐。正如诸神使马最令马快乐、使牛最令牛快乐、使羊最令

羊快乐，人们也假定一个人纯粹的身体最令人快乐。"（《治家者》10.7）

施特劳斯：换句话说，那是自然的：人对自然的、不加修饰的人的身体的自然欲求。好的。她当然受到了恰如其分的羞辱，然而，这是她希望受的。她是怎么说的呢？她在第九节怎么回答的？

学生［读文本］：

"'还能怎样，'他说，'如果不是她此后从来没有再做这类事情，而且试图以纯粹的和合适的方式展示她自己。她还问我是否有什么建议，以便她可以使自己真正美［译按：Marchant漏译了'显得'］而不是仅仅看上去美。'"（《治家者》10.9）

施特劳斯：停一下，是"以便她真正显得（φαίνοιτο）美，而不是仅仅看上去（δοκοίη）美"。这是一种精益求精。到目前为止，"显得"（to appear）看上去与"是"（to be）直接相反。我们现在了解到，存在（being）可以很好地如其所是地显现自己，那不仅仅是看上去的样子。她希望因"是美"而显得美，而她用化妆品做到的是看上去美。让我们读下文。如何做到这一点呢？我们必须先读完它。下一节。

［78］学生［读文本］：

"'我就建议她，苏格拉底啊，'他说，'别像奴隶那样一直坐着，而要在诸神的帮助下试着像主人那样站在——'"（《治家者》10.10）

施特劳斯：对，"站立"。换句话说，她不该再坐着，而应该站起来，走到织布机旁边。我们那个有趣问题的答案是什么呢：存在之所"显得"（appearing）——区别于存在之所"貌似"（seeming）——如何达成呢，用最一般的词汇来表达？

学生：靠行动（action）。

施特劳斯：靠运动（motion）。坐着当然是一种清楚的静止形式。正是运动使之发生变化。通过做和看，就使之发生变化，即这种秩序与运动的联合，而这是我们一直在徒劳寻求的东西。让我们来读第十二节。

学生［读文本］：

"与奴仆相比较，如果一个妻子更纯粹、穿着更得体，她的形象（ὄψις）才使人入迷（κινητίκον），尤其当她自愿取悦［丈夫］而不是被迫服侍［丈夫］时——"（《治家者》10.12）

施特劳斯："使人入迷"，其希腊文是κινητικόν，这是"运动"（kineō）的派生词。① 她看上去正在引发运动，当然也暗示着"使人入迷"中所暗示的意思，但首要的义项是运动。她通过运动创造运动。我们之前听了很多属于人工制品的纯然静态的秩序，与之相比，这是一种更高的［秩序］形式。是的。让我们看看我们现在读到哪里了。有话要讲？

学生：这强有力地呼应了克利托布洛斯最后说的话。他说他想要配得上作为一名贤人的声誉，也就是说，想要是一名贤人并且想要表现出来——

施特劳斯：这当然是个问题。有类似之处，这没问题。但克利托布洛斯所说的话是一个难得多的问题：好看的面容源于健康的活动吗？诚实的声誉与真正的诚实之间的对比关系完全与此相同吗？这一点是清楚的吗？让我用公式来表达：好面容和健康活动之间的关系，等于好声誉与真正的正派之间的关系。当然有相似之处。好面容是每个人都能看到的东西；一般说来，好面容显示出健康的活动。好声誉是某种你可以立即看见或不如说立刻听到的东西。每一

---

① ［译按］κινητικόν的意思有"促动的，推动的；激动的"；kineō的意思有"促动，使运动/移动；激发，激起"等。

个人都说，多么好的一个人；这体现着正派。但事情并非如此简单，可能这并非一个好的类比关系。好声誉与真实的正派之间的关系，可能要比好面容与健康活动之间的关系复杂得多。但你把它提出来是非常正确的。这是一个问题而非答案。某某先生有话要讲？

学生：[听不清]

施特劳斯：这还没有被完全排除在外。化妆技巧的价值非常有限，这难道不仍然是真实的吗？化妆技巧也许在舞厅里够用，但在婚姻里是不够的，正如伊斯霍马霍斯指明的那样。你明白吗？好的。你必须稍微动用一下你的想象力。

学生：每个人都已经被电视广告洗脑了。

施特劳斯：不完全是。针对电视广告的洗脑，有一个非常简单的防护措施，因为广告是自我矛盾的，而且彼此之间互相矛盾。我的意思是，即使广告上说所有的医生都推荐巴非林和阿司匹林，它们也不可能是抵御头痛的完美药品。[79] 单单这种矛盾就足以使每个有点理智的人不信任两种药品中的任何一个。是吗，某某先生有话要讲？

学生：您在黑板上写这个公式，背后带有什么强调意义吗？

施特劳斯：没有。我相信这个公式十分简明地陈明了问题。可见之美与身体健康之间的关系，等同于可听闻的声誉与其背后的正派之间的关系吗？当然不，因为一个人内心的状况要比他的健康、他的身体状况容易隐藏得多。我相信这个问题不难理解。

此时，我们已经讨论了这些最重要的女人学问题：自然与礼法；秩序与静止和运动的关系；还有"是"（being）与"显现"（appearing）这个重大问题。我们可能能够把这些问题与自然/礼法问题联系起来。在第七章，自然与礼法呈现出一种和谐之相，但是，由于秩序问题和秩序与静止之间的联系，我们被迫提出如下问题：在自然的事物中，也就是在变化和运动的事物中，能够有秩序吗？在人工制品中间，显然能够有秩序：我们以合乎秩序的方式将人工制品生产出来，然后以合乎秩序的方式来安放。然后，我们已经看到，并非所有显现出来的东西都是表象，并非所有的美都是习俗美。有自然的美。女人有活力，那是自然的美；可能它并不等同于所有的习俗美，但确实有自然美。

然而，我想强调的一个要点是，此处的所有这些例子中，与好截然不同，美或高贵（kalos）都是人的专属。畜生不关心美或高贵。畜生关心好——它们需要食物和睡眠，人也一样需要，但畜生不关心美。我提醒大家一件很简单的事，那就是每位养了一只美丽母狗的主人都有的噩梦。我至少认识两位朋友身陷这种非常麻烦的处境中。这只狗完全不关心［主人是谁了］。主人可以是教养最良好的淑女，也可以是任何一个又丑又老的流浪汉，对这狗来说都足够好。所以，大家看到，美是一种属于人的关切。好比美更为根本，并且在某种意义上是最高的关切。但美的领域专属于人。好的。

在第十一章的开头，我们了解到女人学还不完整，这是自然的，因为我们尚未听到伊斯霍马霍斯的妻子后来如何行事，例如，特别是作为母亲，她如何行事。我们不知道这一点。第十一章，作者通过对比苏格拉底的生活，为我们描述了男人伊斯霍马霍斯的生活，这位丈夫的生活。从文字上来看，这一章是《治家者》的中间一章。它当然事实上就是中心的一章。这时我们惊讶地注意到，苏格拉底在与伊斯霍马霍斯谈话时就已经因其生活方式而出名了。他因闲谈和丈量空气而出名。这些是谐剧诗人向他发起的控告，特别是阿里斯托芬。用非谐剧的话来讲，这意思是，苏格拉底由于将修辞术与自然研究结合起来而出名。但那时苏格拉底还不知道什么是贤人风范，什么是属人的事物。

柏拉图的《斐多》中那个关于苏格拉底生平最著名的段落也隐含着同样的观点，苏格拉底在那里讲述了自己年轻时所做的事情：①他当时在研究阿那克萨戈拉（Anaxagoras）和其他事物，在研究自然哲学，后来他陷入某些难题之中，然后就发生了变化。《治家者》这里的说法就是同一事件的色诺芬版本。从某个时刻起，苏格拉底开

---

① 《斐多》96a 以下。［译按］中译文参《柏拉图四书》，刘小枫编译，北京：三联书店，页 499–507。

始研究起属人的事物来。色诺芬这里讲的是第一个阶段。苏格拉底接近这个自然的男人。[80] 既然并非所有人都顶着贤人风范这个名头，苏格拉底就去问雅典这位最重要的贤人伊斯霍马霍斯：你都做什么事情，以至于人们称你为贤人？这是个绝对稳妥的经验式做法。《治家者》展示出苏格拉底如何研究属人的事物，但不是苏格拉底如何传达自己研究的结论（在《回忆》中可以找到苏格拉底如何传达自己研究的结论），而是他如何研究属人的事物。我们可以说，这里呈现出苏格拉底的对话。

我们从下文，就是第三至六节了解到，贫穷的苏格拉底想变成一个好人，好男人（hombre）。他不想变成一个 καλοςκάγαδός，即"贤人"，因为如果要成为一名贤人，你必须是富裕的，平常意义上的富裕，而苏格拉底不富裕。所以，我们在此看到两种生活方式：贤人的生活方式与苏格拉底的生活方式。下面是个非常好的故事。苏格拉底与马，我认为，这是一个绝对漂亮的故事。人们跟在一匹著名的马后面跑，每个人都看重这匹马。这时苏格拉底问马夫："这匹马有钱吗？"毕竟，首先我们敬重的人都有钱。这时马夫说（马夫是如何回应的呢？）——他盯着我看，好像我神志不清一样，不仅仅是没经历过事或是森林里的婴儿，因为马夫不知道答案，仅知道只有一个神志不清的人才不知道一匹马无法有钱。一匹马怎么能有钱呢？马夫问。这时苏格拉底再次得到勇气，说：如果一匹没有钱的马能够变成好马，前提是它天生具备好灵魂，那么，这对于一个人来说也是可能的，如果他天生有好灵魂——苏格拉底理所当然地认为自己有。注意这一点。很好。这就是那时发生的事。

下文的第八节清楚表明了我们已经知道的要点。[成为贤人]需要的三种东西：智慧或明智（prudence），勤勉（ἐπιμελής）和好运。所以，仅有知识是不可能够的。

在第八至九节，某某先生转述过，苏格拉底与伊斯霍马霍斯之间的不同之处变得完全清楚了。苏格拉底道出如下事实：他不关心城邦中的荣誉。城邦中的荣誉当然是伊斯霍马霍斯的主要关切。关于这两种生活方式，这是一种暂时性的描绘：关心在城邦中做一个有荣誉的人，伊斯霍马霍斯，贤人；不关心这件事的人，苏格拉底。我们要稍微注意下第十八节。让我们来读一下。

学生［读文本］：

"在我做完这些后，仆人让马打个滚，把它牵回家"（ἐπειδὰν δὲ ταῦτα γένηται, ὁ παῖς ἐξαλίσας τὸν ἵππον οἴκαδε ἀπάγει）——（《治家者》11. 18）

施特劳斯：马尚特是怎么翻译的——小童让马打了个滚儿？这句话原封不动地取自阿里斯托芬的《云》第三十二行。[①] 这可能并非色诺芬唯一一次借用谐剧诗人的诗句，但这一次我们可以看得出来。这句话在《云》里当然不是出自苏格拉底之口，而是出自斐狄庇得斯（Pheidippides）之口，此人在《云》中是苏格拉底的学生。在《云》中，苏格拉底使斐狄庇得斯从马术转向哲学，苏格拉底教斐狄庇得斯修辞术，也就是使更弱的言辞（logos）变成更强的言辞。而在《治家者》中，苏格拉底向伊斯霍马霍斯学习贤人风范。这正是色诺芬对阿里斯托芬的回应，回应阿里斯托芬对苏格拉底的攻击：苏格拉底绝非像阿里斯托芬在《云》中所说的那样败坏青年，而是向贤人风范方面的最高权威，也就是伊斯霍马霍斯，学习贤人风范。第十一章的末尾，伊斯霍马霍斯说"我并不能使弱的言辞变得更强"，此处色诺芬则是在谈更弱的言辞与更强的言辞这个问题。让我们读一下本章末尾。

［81］学生［读文本］：

"当讲真话有利时，我就非常适宜地［抗辩］——"

施特劳斯："这时我轻而易举就赢了"——在与他妻子的论辩中。

---

① ［译按］《云》第三十二行的内容如下：ἄπαγε τὸν ἵππον ἐξαλίσας οἴκαδε。色诺芬只是调整了词序。

学生［读文本］：

"但讲谎话有利时，苏格拉底啊，宙斯在上，我并不能使坏的事情显得更好——"

施特劳斯：紧贴字面的译法是"我并不能使弱的言辞变得更强"。苏格拉底怎么说？

学生［读文本］：

"而我说，兴许是因为，伊斯霍玛霍斯啊，你不能把谎话变得真实。"（《治家者》11.25）

施特劳斯：这是一个完全不同的命题。把更弱的言辞变得更强只是一种修辞技巧，当然，伊斯霍马霍斯不是一个好修辞家，因此他没有能力做到这一点。然而，苏格拉底说的是真正的难事，弄假成真，这没有人能做到。好的。

大家看到，关于两种生活方式的讨论，即关于苏格拉底的生活方式与伊斯霍马霍斯的生活方式的讨论，非常短，只有一章。我们看到，有三章以监工为主题（即 12 - 14 章）。大家在伊斯霍马霍斯身上可能会错过的东西——因为色诺芬写得如此简短——可以在关于监工的部分有更充分的收获。从下文中，大家将可以看到这一点。因为伊斯霍马霍斯已经教育过他的监工，他向苏格拉底展现了他如何教育监工。他首先教育监工要好心对待自己的主人，他施益于监工，以让监工好心事主。此处，伊斯霍马霍斯没有进入苏格拉底以某种方式暗示出来的问题：施益是确保好心的可靠方式吗？这提出了感恩（gratitude）这个重大问题。所有人都会感恩吗？伊斯霍马霍斯看上去视之为理所当然，而苏格拉底对此则不确定。讨论的基础当然是所有人都对自己好心（见 12.8），但这并不必然意味着他们会好心地对待向他们施益的人。但无论如何，好心当然并不够，监工还必须是个勤勉（ἐπιμελής）之人。在这一点上，如何使人用心这个问题出现了,苏格拉底不得不意识到自己还不知道这个问题。第九至十节。

伊斯霍马霍斯清楚表明,当然有人无法成为用心之人,也就是那些在酒、睡觉和性事上极不克制的人。他们没希望成为用心之人。但那种爱收益的人则完全不同。我们先前已经知道这一点。爱收益当然也是一种恶,但可以说在治家上是一种德性,而其他东西即便在治家上也是恶。伊斯霍马霍斯通过称赞、责备还有惩罚来使这类人变得用心。下文中会出现更多这方面的内容。

但是,关键点在第十三章的第三至五节:监工($\dot{\epsilon}\pi\iota\tau\rho o\pi o\varsigma$)必须是天生就会统治、指挥的人。换句话说,诸如蒙哥马利元帅(Marshal Montgomery)[①] 这样的人物身上令人震惊的那种东西,你必须在每一个监工身上找到,如果他要当个好监工的话。因此,看到伊斯霍马霍斯声称他能够使人们成为有王者气的人(kingly),我们就不惊讶了:天生就会统治的人,其最高的形式就是有王者气的人,因为一个在共和政体中短暂统治过的政治家,与一个终生都在统治的王相比,根本不算什么。但是,人如何被造就为统治者或王?这当然是最重要的问题。

[82] 伊斯霍马霍斯的回答平淡得令人震惊。其他有生命的动物是靠威逼利诱来学习服从。这也是教育绝大多数人所采用的方式。但就人而言,在那些最高的人中,除了威逼利诱还需要某种别的东西,那就是逻格斯,即言辞,其中首要的是称赞。要诉诸他们对称赞的渴求。一头驴或一只羊不关心称赞。至于狗,爱狗者相信狗关心称赞,不爱狗的人则否认。但就人而言,对称赞的爱在更好类型的人身上发挥着一定作用,这一点完全清楚。所以,这是关键。我稍后会对此再多说几句。还是让我先完成总体的概括吧。

在第十四章,监工还需要那种正义,即不偷盗。在这之前说的是监工需要分配性正义。监工必须分给下属他们应得的东西。如果一个人好,就得到更好更多的食物。一个人不好好工作,得到的食

---

① 全名为 Bernard Law Montgomery,曾任英国陆军元帅,1887—1976。

物就更少、更差。这是分配性正义。但他还需要那种正义，例如不偷盗，如果加以详述的话，那就是亚里士多德用交换正义（commutative justice，《尼各马可伦理学》5.4）而不是分配性正义所表达的东西。这与第十四章第九节有关联。我们或许应该读一下。

学生［读文本］：

"另一方面，如果我观察到，有些人被激励变得诚实，不仅仅是因为他们通过诚实而拥有了更多——"

施特劳斯：翻译为"诚实"的那个单词，紧贴字面的译法是"正义"。

学生［读文本］：

"也因为他们渴望得到我的赞美，我就会把他们看成自由人，不仅使他们富有，也尊崇他们为既美又好的人。"（《治家者》14.9）

施特劳斯：即"贤人"。换句话说，奴隶，伊斯霍马霍斯正在说的是奴隶，也能够成为贤人。多么令人惊奇啊！奴隶能够成为贤人。为什么？前提是他们有属于贤人的动机，那就是爱称赞。请讲。

学生：在某种意义上，开始于第十一章的探讨看上去持续了很久。苏格拉底给出一种安排：首先告诉我，你如何保持自己的健康，最后告诉我，你如何使自己更富裕。苏格拉底没有明确说他想听伊斯霍马霍斯如何对待其朋友和同胞邦民。现在，我们还没有，但我们将读到伊斯霍马霍斯如何使自己更富裕。我们已经读过他如何保持强壮。这不是在讲他如何对待他的钱财，即他的朋友们吗？

施特劳斯：让我这么来说，联系下面的问题：他如何成为贤人？他无法使自己成为一名贤人，因为他是从小孩时就开始是贤人了，但通过讲述他如何教育监工和间接教育奴隶，他展示出自己如何成为一名贤人。一个好奴隶与一名贤人、与一个好王之间没有本质区别。这是什么意思，我过一小会儿再谈，还是先让我们继续吧。要点到底是什么呢？主人的德性与奴隶的德性没有本质上的区别。没有本质上的区别。这当然与亚里士多德在《政治学》开篇处的教诲相反。在《政治学》的开头，对于那种认为王的技艺、政治技艺与治家技艺相等同的观点，亚里士多德提出了异议。这个观点当然暗示着王的德性与治家者的德性，甚至可能与奴隶的德性并无本质上的区别。[83] 这是柏拉图暗示过的观点，特别是在《治邦者》(*Statesman*) 中，而色诺芬则是在《治家者》还有《回忆》中暗示过，特别是以尼科马基得斯为主人公的《回忆》卷三第四章。苏格拉底在这一章说过这句漂亮的话，"别小看那个善于治家的男人" (3.4.12)，因为成为一名好治家者所需要的东西，正是你要想成为一名将领或政治家所需的东西。色诺芬为什么这么做？色诺芬甚至比柏拉图更极端，因为色诺芬说，监工，甚至奴隶，只要有德，就与政治家或王一样。这当然就政治科学的当今情况提出了一个非常重要的问题。这话听起来熟悉吗？我的意思是当今政治科学与色诺芬所说的内容之间有亲缘关系，只是当今政治科学所用的术语不同。没有人会再提到德性，而是用了不同的术语，他们现在怎么说的？有话要讲？

学生：治理（administration）。治理是相同的，无论是涉及公共治理还是企业治理。

施特劳斯：换句话说，是废除公共与私人之间的本质区别，当然。废除所有这些区别。有话要讲？

学生：最高法院被当作一个小团体来研究。

施特劳斯：很好。当然了。我的意思是，你说小团体，比如说，芝加哥南区（South Side）的人组成的小团体，比如说，实验学校的"家校协会",① 比如说 1916 年在瑞士、在列宁周围的那个小团体。它们在政治上的重要性是一样的，当然了。但这种 SS② 的进路与色

---

① PTA 是 Parent‑Teacher Association 的首字母合写。实验学校指的是芝加哥大学的实验学校，一所男女同校全日制私立学校，隶属于芝加哥大学。

② 施特劳斯在这里可能指的是社会科学或南区的那种进路，而不是纳粹党卫军（Schutztaffel）的那种进路。

诺芬或在这个问题上与柏拉图之间的区别是什么？我认为我们应该试着去理解这一点。当今社会科学的观点否认了政治与亚政治之间的区别，为的是废除所有的本质区别，所有的本质区别，社会学家所做的自然不过是为心理学家要做的事情铺路，心理学家不过是为动物心理学家铺路，动物心理学家最终不过是为生物－化学家铺路。这是整个大背景。

而在色诺芬那里，政治与亚政治之间的本质区别之所以在此遭到否定，恰恰是为了呈现出最重要的本质区别，也就是一切"社会性的"东西与哲学式的生活方式之间的区别。我认为这才是关键。换句话说，色诺芬所做的区分——当然并非最终站得住脚，这一点他比任何人都知道得更为透彻——是澄清问题，然而，社会学家所做的事情只是掩盖了问题。色诺芬关心的，是呈现严格意义上的统治行为的特征，不管是农场里由奴隶来践行的统治，还是波斯王居鲁士在最宏大的规模上进行的统治，而今天的社会学家对统治这个现象不感兴趣。他们将统治降级为社会交往的一个要素。难道不是这样吗？我的意思是，政府：治人者与治于人者。但那是一种浅薄、流俗、土里土气的（folksy）观点。

实际上，有各种种类的行动和交互行动，它们在根本上被理解为某种机械式的系统。色诺芬知道，存在着人对人的统治，他想理解统治，想理解统治的积极责任还有它本质上的局限，因为苏格拉底所做的事不是进行统治，无论它可能会被叫做什么。换用一种不同的说法，[84] 苏格拉底或色诺芬在这里用暗示的手法清楚表明，世界征服者（如居鲁士）的德性与在农场里指挥二十个奴隶的卑微监工的德性之间没有本质区别，要表明的意思是：此德性的所有这些形式，与苏格拉底具备的那种德性之间有根本性的区别。前者我们可以称之为——它被称为贤人风范，色诺芬在一定程度上将这个漂亮的语词赠送给每一个想拥有它的人，包括监工和奴隶。但苏格拉底所为不属贤人风范。不属贤人风范吗？顺便说一下，在希腊语中，好人（ἀγαθός）与贤人（καλοςκἀγαθός）之间的这种区分有着重大的作用。

亚里士多德的《优台谟伦理学》(*Eudemian Ethics*)的结尾处有一个很有趣的探讨,它没有出现在《尼各马可伦理学》。因此,它没有得到充分考虑。亚里士多德从一个不同视角谈起这种区分,即斯巴达人只关心做好人,从根本上来说,这意味着斯巴达人是实用主义者。而贤人既关心实用性又关心荣誉。① 提及《优台谟伦理学》结尾处的探讨,只是为了说明一个事实,即不仅色诺芬会做出这样的区分,亚里士多德也会。好的。

苏格拉底的德性,如果我们不把它称为贤人风范,那应该如何称呼它呢?当然,我们可以说,追随色诺芬的用法,苏格拉底是个好人但不是一个贤人。我们也可以说,可能还更正确些,毋宁称其为智慧。但什么是智慧呢?什么是智慧?我们应该从今天的课程任务中就智慧意味着什么这个问题学到一些东西,这样,我们就不只是简单地重复那些著名的且太过著名的智慧定义了。苏格拉底最关心的东西是什么,他对其他人的所有帮助都源于他独自所做的事情。我们今天已经看到:秩序。我们已经看到"是"(being)与"显得"或"看上去"之间的不同之处。这些是苏格拉底关心的那类事物。换句话说,苏格拉底与贤人之间的不同,在根本上与色诺芬在《回忆》卷四第六章提到的那两种辩证法之间的不同,是一样的。

前几天我在办公室见到了某某先生,他抱怨道——一个极为合理的抱怨,如果我理解对了他的意思的话——我看上去有些理所当然地认为,色诺芬的写作方式,不同于今天每一个人的写作方式。我可能会这么回答——我在你们离开之后很久才想到怎么答复:我们第一次聚在一起时已经特别谈及这个段落([译按]指《回忆》4.6.14 – 15),谈及《回忆》是如何构造起来的,并特别谈及色诺芬如何区分各色人等,以及苏格拉底如何用不同的方式对不同类型的人说话。这至少使我们可以假设,可能色诺芬在写作时对不同的人有不同的写法,比如说,一种是贤人,在最好条件下会成为贤人的

---

① [译按] 参本讲稿英文版页213。

人，即积极实践类型的人，另一种是在最好条件下会成为爱沉思者的人。对于你的抱怨，这就是我的回复。好的。

我们还有几分钟时间，我们知道下一次将探讨《治家者》余下的部分，它讨论的是一名贤人最好应该要掌握的那种技艺，那种知识，即农耕技艺。我们将会学到相当多，不仅是关于农耕，还有关于掌握农耕技艺的苏格拉底，还有我们可能之前从未思考过的关于农耕技艺的一些看法上的改变。还有什么问题吗？某某先生？

[85] 学生：关于那两个东西，就是您最后说的那些内容，我没有搞懂。其一是对智慧的定义，您把它用来说苏格拉底对秩序的关切。在我的印象中，秩序恰恰是伊斯霍马霍斯关心的东西啊。

施特劳斯：你能帮我吗？

学生：秩序经证明是事物之间的区分。

施特劳斯：[按照群族/种类进行区分]（κατὰ φυλὰς διεκρίνομεν）。① 治家者以可见的方式通过把罐子和盘子分开放而做的事情，思想者则以不那么可见但至少同等清晰的方式来做：思想者区分狗和驴子，尽管他并不一定把狗放在一个圈厩里，把驴子放在另一个圈厩里。但是，可以说，思想者有用来放置狗和驴子的那些比喻性的圈厩，而且这些比喻性的圈厩，经反思，要比治家者所使用的真实圈厩真实得多，因为它们不是人工制品。这是典型的苏格拉底（我们也可以说是柏拉图）看事物的方式：从低微的事物，比如罐子和盘子以及人们如何有序地归置这些事物，辨认出最高的事物。他们都思考这些更高的事物，正如柏拉图从爱收益中——爱收益是低下的事物——辨认出最高者，因为爱收益，爱某种好东西，某种对我有好处的好东西，如果得到恰切理解的话，当然也是爱最高的好。② 因此，那是一种高度可欲的爱收益，实际上也绝对必要。当柏拉图探

---

① [译按] 见《治家者》9.6。

② [译按] 这是柏拉图的短篇对话《希帕库斯》的主题，这里的 love of gain 对应希腊语的 philokerdēs 这个单词，可译成"爱利、爱收益"等，中译本参《政治哲学之根：被遗忘的十篇苏格拉底对话》，前揭。

讨爱欲时，他也从爱欲中看到了某种东西，它超越所有对血脉延续的关切，如果我可以这么说的话，就是超越家庭、性的永久存续（sexual perpetuity）；他看到了对一种总是永久、持续之物的关切，这东西从本质上独立于任何人类行动，无论是自然的人类行动还是人为的人类行动。这就是柏拉图、苏格拉底看的方式。这就是特有的家常风，我们在色诺芬的作品中见得非常多，但在柏拉图笔下也见得到。我们只有在柏拉图作品中才看到那些非常讲究修辞和激荡人心的段落，在色诺芬作品中则找不到与之直接相像的东西，但在柏拉图笔下，我们也一直都看得到这种低微的事物。有话要讲？

学生：苏格拉底与贤人之间的不同是方法上的不同，还是实质上的不同？

施特劳斯：你说的方法是指什么呢？

学生：分类的方法。伊斯霍马霍斯安排罐子和盘子的秩序，而苏格拉底处理理念的分类。

施特劳斯：但首先，种种理念就是种种的种类。绝不要忘记这一点。

学生：但这是不同的事情。罐子不是——

施特劳斯：伊斯霍马霍斯把自己局限于人工制品上。他只是区分人造的东西，这些人造物是供人使用的。然而，由人制作并供人使用的东西必然是派生物，因为首先，人工制品预设了制作所取材的自然材料，第二，制作者，即人，亦不是由人制作的供人使用的东西，所有的自然之物莫不如此。关于自然之物，伊斯霍马霍斯可以说是无动于衷，只有一个例外。自然在什么地方大量涌现呢？[86] 在伊斯霍马霍斯开始谈他的技艺时。农耕技艺与近乎所有其他技艺，或者可能就是所有其他技艺之间的区别是什么？这里有一种技艺除外，但它可能也是农耕技艺的一种形式。

学生：农耕依赖于各种要素。

施特劳斯：但你能告诉我，你怎么做出鞋子吗？你必须首先杀一只动物或砍一棵树。杀死了那种活物之后，接下来你就准备好死去的动物或那颗树木死去的那一部分，用来做鞋。可你怎么得到一颗李子呢？谁造出李子？活着的李子树。所以，在农耕技艺中，或者在这个问题上，在畜牧技艺中，自然（φύσις）的出场要远多于所有其他技艺。所以，这里是再补充一次。

大家知道，我们已经看到，这位秩序的狂热信徒想望着所有东西都是死的，好使它待在它该死的地方。然而，他接下来还是被迫，当他面对妻子时——至少在那个情形下，她必须运动，否则她就只会有人造之美而没有自然之美。此时，这位技艺（τέχνη）的狂热信徒同样被迫求助于那种最近似自然（φύσις）的技艺，因为农夫所做的事情仅仅是大地所做的事情中很小的一部分。你想说点什么吗？

学生：农夫遵从自然，而其他技艺改变自然。

施特劳斯：在高得多的程度上［改变自然］。好的。还有问题吗，某某先生？

学生：我想知道，为什么在第十一章，伊斯霍马霍斯开始谈论忠诚是必要的呢？

施特劳斯：他说的不是忠诚，是"好心"（εὔνοια/benevolence），这是个希腊语单词。

学生：然后到第十三章或十四章，他又回过头来讲诚实。

施特劳斯：不是诚实，是正义。

学生：我想知道两者的区别是什么。

施特劳斯：莫非你从来没见过，就此而论，一个男人或女人对另一个人好心但却绝对不诚实吗？很容易发生这种情形。甲对乙好心，但甲可能偷丙或其他许多人的东西。伊斯霍马霍斯并不要求监工对所有人好心。可以想象，对人好心可能意味着正义。有可能。但他应该对他的主人好心。对主人好心，他可能对主人好心，却偷主人的东西。这不可能吗？可能的。他足够富裕；我是否喝掉那瓶威士忌，都不会让他变得更穷。这不可能吗？他不会把主人出卖给任何其他人，但偷点小东西还是可以与好心并存的。好心当然是非常实用的东西，但它自身并不表明就是一种高的品质。这可以指各种事情。有时，怀好心可能比抱恶意更实用一些。这可以成为怀有好心的一种非常低下的动机。但正义是不同的东西。

学生：在具体的情境中，当然会不同，但我认为，就伊斯霍马霍斯而言，好心与正义背后隐藏着的关切大概是相同的。

［87］施特劳斯：很遗憾，英译文翻译得不够好。可是，即便你采用这个翻译，你也必须看到，伊斯霍马霍斯称之为忠诚的东西又会造成什么后果，而他称之为正义的东西又会造成什么后果，而其中的暗示当然是，偶然偷主人东西与对主人有好心并不矛盾。因此，在好心之外，必须引入正义这种德性。

下次见，某某先生。

第五讲 《治家者》三

[88] 施特劳斯：你的一些论点，我相信站不住脚。① 这部分缘于如下事实，你不得不依靠英译文，实际上每个人都是。例如，你提到《回忆》卷三第九章第四节的一段话，苏格拉底无论如何都没有把智慧等同于明智（prudence），是英译者将两者等同了，苏格拉底是将智慧与节制（moderation）等同起来。两者的区别非常大。

让我试着提醒你贯穿全书的那些差别。顺便说一下，我们已经在阅读《回忆》中的那个段落时看到，苏格拉底在卷三所说的内容在卷四中又重复了一遍。智慧与节制之间的关系，在卷四才变得真正清楚起来，并不是在卷三。所以，卷三第九章第四节的那句话只是一种临时性的说法。但是，隐藏在背后的分析，当然是《治家者》中的表述，十分简洁。

成功需要三种要素：知识、用心和诸神的喜爱；或者按照属人的必然推论，后者也可称为虔敬，因为人们认为，比起不虔敬之人，诸神更喜爱虔敬之人。所以，这三种东西是需要的。我们没法说其中哪一种是决定性的，因为如果没有知识和用心，诸神的喜爱也不会降临。

学生：[听不清]

施特劳斯：比如说，一个对农耕一无所知，而且在农场里不干任何活的人，他也可能成为一名成功富足的农民，你是要说这个吗？

---

① 本次课以阅读学生的一篇论文开始，该论文没有收录进来。

学生：［听不清］

施特劳斯：嗯，你可以说，与过于简单的命题相比，知识是完全足够的，有时它就是足够，有时是看似足够。在那个意义上，你是对的。但如果要陈述得清清楚楚：知识，用心或勤勉，还有虔敬——让我们这么称呼它，就是这三样东西。然后就出现了关于知识的那个重大问题。你在某种程度上联系苏格拉底在《治家者》中所说的内容，即《治家者》第十五章以下的内容，用明智（prudence）来翻译它，① 我认为这样翻译完全是错的。这可能也要部分地归咎于译者，还是让我们忘掉它吧。

这里的关键词是"技艺"，在这件事情上当然是农耕技艺。所以，你需要的是技艺、用心和虔敬。你心里想的以及我们一定不能忘记的那个问题当然是：道德知识究竟在何处起作用，明智（这是道德知识的含义）究竟在何处起作用？换句话说，凭借掌握任何恶棍都可以掌握的知识，你能够成为一名成功富足的农民吗？当然，每一个恶棍都可以做到用心吗？道德知识以某种方式在这里起作用，通过虔敬起作用吗？这应该是问题所在。

既然今天的内容很多，时间又有限，我建议现在就开始讨论。不幸的是，我们今天要读完《治家者》。今天的课程安排，我们从第十五章的开头部分开始，苏格拉底在那里重述了监工的各种品质。如果大家对比一下前面的内容，就会发现，[89] 苏格拉底略去了正义，而正义曾在伊斯霍马霍斯的表述中起相当重要的作用。我们稍后必须看看苏格拉底略云正文意味着什么。不可能只是他忘了。

就在这时，苏格拉底诱导伊斯霍马霍斯转向他的技艺，即农耕技艺。伊斯霍马霍斯谈到这门技艺，谈到纯粹与认知有关的要素。伊斯霍马霍斯以称赞农耕开始，他说农耕是极好的技艺，是最仁爱的技艺。仁爱（φιλανθρωπός）在希腊语中的意思是"爱人"，没有更多的意思了。这个语词并没有很高深的含义。与之相似，一些人爱

---

① ［译按］由于我们不知道学生提了什么问题，所以只能根据这里的语境，大概猜测这个"它"可能指"知识"或"技艺"。

狗，另一些人爱驴子，另一些人爱人。这里未必有更多的含义。农耕技艺是仁爱的，因为它对人非常和善。你不必竭尽全力去学它，特别是它还很容易学会。比如说，函数论可能就不仁爱，因为你必须十分努力地去理解它。在第十五章第五节，请读一下。

学生［读文本］：

"但我觉得，伊斯霍玛霍斯啊，我已经充分学习了你所说的这些，即必须怎样来教导监工。因为我觉得我学习到，你宣称你如何使他对你友好，如何使他用心、能够统治并且诚实。"（《治家者》15.5）

施特劳斯：不是"诚实"，是"正义"。大家看，这很奇怪，因为在某种程度上，这一节与苏格拉底在第十五章开头所说的内容相同，苏格拉底好像没有听到伊斯霍马霍斯在这一章第一至四节所说的话。苏格拉底好像没有听到伊斯霍马霍斯称赞农耕技艺的仁爱品质。当然，不用说，校勘者们（特别是十九世纪的校勘者）删掉了这部分文字。这是消除所有难题最容易的方式了。苏格拉底没有听到对农耕的称赞，或者，可能更好的说法是，苏格拉底假装没有听到，这给了苏格拉底重复陈述的机会，即重复关于监工的陈述，正如我们已经从读过的文字中看到的那样。

苏格拉底现在引入了正义，而先前他不曾提及正义（见15.1）。苏格拉底以此方式把我们的注意力引向监工的正义品质，而先前他落下了正义。这是什么意思呢？在称赞农耕技艺时，伊斯霍马霍斯已经提及一种技艺，即农耕技艺。伊斯霍马霍斯说起来就好像农耕技艺是一种活生生的东西、有生命的东西，农耕技艺爱人，与狗、马等等一样，特别是狗，狗既爱人又温和。这是某些动物具备的品质，农耕技艺也有。这就提出了一个重要问题：一种技艺可以是仁爱而且温和的吗？这是个问题。让我们转向第十一节，我们在那里找到一个答案。

学生［读文本］：

"实际上,其他匠人都以某种方式隐藏他们每一个人所掌握的那门技艺最关键的内容,但在农夫们里头,那位最美地栽种的人会极其快乐——如果有人看他[栽种],那位最美地播种的人也一样。如果你询问那些美美地完成的东西中的任何一样,他会告诉你他到底是怎么做到的。"(《治家者》15.11)

施特劳斯:译错了,是"他丝毫不会向你隐瞒他是怎么做的"。这里的要点是:所有其他技艺,除了农耕技艺,我们可以说,所有技艺,严格而言都有所隐藏。但是,隐藏显然是不仁爱的,因为隐藏就意味着向人隐藏。换句话说,这里影射出的问题是:技艺的仁爱品质怎么样呢?或者用不同的表达方式:知识与人道主义——我们或许可以这么叫——两者之间存在自然的和谐吗?在农耕之事上,是真的有,至少这是伊斯霍马霍斯的论点。至于其他技艺,便有下面这桩怪事:每门行业都有秘密。大家知道,甚至直到今天,在那些更赚钱的技艺上仍然如此,当然,[90]其他技艺也是。建筑师和其他手艺人都有行业秘密,这具有超出狭义的技艺之外的多种含义。

伊斯霍马霍斯在下一章详述了"农耕易学"这个论点。农耕没有什么花色($ποικίλος$,multicolored)。① "花色多"不是一个表示称赞的词语,而是繁复高深之意。其对立面是简单、单色,人们经常把"简单"与"正义"当成同义词来用:简单的人,直率的人;这人一点也不耍花样。这是农耕技艺的特性。农夫得知道土地的自然。"自然"这个语词在这里非常明确地出现(见16.4),但土地的自然不像其他事物的自然那样是隐藏的,以至于你得成为某种科学家才能理解它;土地的自然是坦露的。只要从旁经过,一个人就能够知道。苏格拉底举了水手的例子(见16.7):他们从田地旁驶过,连摸一摸都不用,就能够指出这是一块良田,那块是劣田。要说农耕

---

① [译按]见16.1,伊斯霍玛霍斯用的是这个形容词的最高级形式,$ποικιλώτατον$。

技艺不是容易学的知识,那我就不知道什么东西容易学了。我们稍后再来看这是什么意思。第十六章第九节。

学生[读文本]:

"在我看来,伊斯霍玛霍斯啊,我乐于首先学习——因为[学习]尤其属于一个爱智慧的男人——如果我想要得到最多的大麦和最多的小麦,我该如何耕作土地。"(《治家者》16.9)

施特劳斯:这是十分强烈的反讽?要不然是什么?当然,有一点很清楚:苏格拉底在这里说自己是一个爱智慧的男人(hombre)。这一点很重要。"爱智慧"这个单词在色诺芬作品中并不是那么经常出现,这就更需要我们加以注意。如果富兰克林(Benjamin Franklin)写下"哲学"一词,没有人会惊讶。大家知道他们更广泛地使用"哲学"一词。费城有一个组织,名为"美国哲学协会"(American Philosophic Society),① 也处理此类事情。在他们那,"哲学"的含义很简单,就是可以满足最低下的实践目标的任何关于自然的知识。大家知道,这是富兰克林和十八世纪的其他人所理解的哲学。

这当然不是苏格拉底的理解,也不是色诺芬的理解。这里实际上是反讽。它再次提出如下问题:苏格拉底想要成为一名农夫吗?毕竟,经事实证明,他是一名非常有能力的农夫,正如我们所发现的那样。他样样事务都知道;他只是不知道他的确知道,然而,他从未有过哪怕一丁点儿的动机想成为农夫。让我们接着读。

学生[读文本]:

伊说:"那你知道必须翻耕新地为播种做准备吗?"

---

① 1743年由富兰克林创建。

苏说:"我知道。"
伊说:"要是我们在冬天开始耕地呢?"
苏说:"会很泥泞。"
伊说:"你觉得夏天开始怎么样?"
苏说:"地会很硬,一对牛犁不动。"
伊说:"也许必须在春天开始这一工作。"
苏说:"可能,那个时候翻地,最容易把土块弄散。"(《治家者》16.10–12)

施特劳斯:大家看到,苏格拉底知道这些东西。我认为,放在今天,只要不是生活在像芝加哥这样的城市,每一个人都会具备关于农耕的这种知识,只是路过看看就可以掌握。还是让我们看看这一点的真实含义是什么。我们转向第十七章第二至三节。

[91] 学生[读文本]:

"因为,当秋天一结束时——"

施特劳斯:是"当秋天来临"。
学生[读文本]:

"所有人,我以为,都眼巴巴望着神——"

施特劳斯:"那位神",指的是司雨神宙斯。
学生[读文本]:

"'看他何时会给土地降雨,从而允许他们开始播种。'"
"'没错,'我说,'伊斯霍玛霍斯啊,所有人也都认识到,他们不会自愿在干旱的土地上播种,因为,显然那些在接到神的命令之前播种的人,要跟许多惩罚较量。'"
"'那么,在这些问题上,'伊斯霍玛霍斯说,'全世界想法

一致。'"（《治家者》17.2－3）

施特劳斯：更确切的是"所有人"，不是"全世界"。这是普遍知识。所有人的看法都一样。

学生［读文本］：

"'在神所教导的东西上，的确想法一致。比如，冬天的时候，所有人都觉得穿上厚厚的衣服更好，要是他们能够的话；所有人都觉得烤火更好，要是他们有木头。'"（《治家者》17.3）

施特劳斯：让我们在这儿停一下。我们已经在这里看出了某种东西。我们最先谈到关于自然的知识，不是所有事物的自然，而是土地的自然。土地的自然，田地的自然，容易知道。现在我们看到这意味着什么。如果某种东西那么容易理解，那么所有人都知道它。人们不是凭学习、凭教导，而是天生就知道。所以，这里暗示的意思是，有关于自然的、人们自然就会的知识这么一种东西，所有人，至少是所有成年人，实际上不用任何教导就可以掌握这种知识。我们在此当然必须提出一个问题，它关乎某个比农耕远为重要的论题，至少在理论上更重要：有没有关于行动原则的、人们自然就会的知识，我们可以称其为道德规范（morals）、称其为正义的事物？我们必须把它当成问题记在心里。

难题只有在特定情况下才冒出来。第四节，我们刚才停下来的地方。

学生［读文本］：

"'但在这一点上，'伊斯霍玛霍斯说，'许多人对播种的事情有分歧，苏格拉底啊：究竟是早些播种最好，还是［季节］中间播种或最晚播种最好。'"

"'神，'我说，'并不遵照秩序来引领每一年，而是有的年

份早些播种最美，有的年份中间播种最美，还有的年份最晚播种最美。'"（《治家者》17.4）

施特劳斯：在这儿，换句话说，神或者自然并不遵守一个清晰的秩序，此时人们就有分歧了，怀疑就冒出来了。用到正义的事物上，在不同的地方和国家，也有不同的正义事物，[92]因此，就会出现在农耕领域不会出现的难题。我们在这里无法详细谈论农耕的细节。

学生：[听不清]

施特劳斯：当然。但问题当然是：在所有变化中，不是暗示出某种不变的东西吗？也就是说，当变化总是以相同的方式发生时，比如说，春夏秋冬[的轮替]。因此，在可变之中肯定有不变的东西，即变化的规则。他们多次提到其他技艺，有些是开玩笑的，例如在第七节，苏格拉底对比了播撒种子的技艺与弹奏竖琴的技艺。这两件事情你得做得"均匀"。现在的想法当然是，均匀地播撒种子当然比均匀地弹奏竖琴要更容易得多。这又是为了阐明农耕技艺特有的仁慈或仁爱（the particular humanity or philosophy）。[①] 请读第八节。

学生[读文本]：

"'当然。'他说，'可要是有的土地贫瘠些，有的土地肥厚些呢？'"

"'你说的是什么意思？'我说，'是不是说贫瘠些的就弱些，肥厚些的就强些？'"

"'我就是说这个，'他说，'而且我是在问你：你给两种土

---

① [译按] 此处恐怕有误，这里的 philosophy 应该是 philanthropy，这里的语境一直都在讲农耕技艺如何容易学习，如何对人类温和，如何爱人。此外，这里是 humanity [仁慈] 与之构成同义关系。再说，前面并没有提到过什么农耕技艺特有的哲学，施特劳斯在使用"哲学"一词时是相当谨慎的。因而，很可能是把 philanthropy 误写成了 philosophy。

地同样多的种子,还是给哪种土地的种子多些?'"

"'至少我认为,'我说,'越烈的酒就要加越多水;越壮的人就要给他加越多的负担,要是需要搬运什么东西的话;如果有些人需要养育,那么我会命令那些最富有的人养育更多的人。'"(《治家者》17.8—9)

施特劳斯:不是"最富有的人",而是"更有能力的人"。大家也可以说"更强的人",经济实力上更强的人。可以继续了吗?

学生〔读文本〕:

"'不过,要是有人在一块弱的土地里种进更多庄稼,'我说,'它是否会变得更强,就像牲口一样?你要教给我这个。'"
"伊斯霍玛霍斯笑着说,'你在开玩笑吧'"——(《治家者》17.9—10)

施特劳斯:玩笑是什么?苏格拉底说,如果这块田较弱、较差,你就多播种子进去,如果这块地更强,你就少播些种子进去。这当然是荒唐的,那是由于"弱"和"强"意思上的含混性。苏格拉底很清楚地知道这一点。苏格拉底并没有犯错。因为他认为一个人显然不会在这件事情上犯错。这是苏格拉底开的一个玩笑。苏格拉底在这部作品中在开玩笑,显然,苏格拉底在《治家者》中开的玩笑要远多于其他任何作品,至少远多于《回忆》。诸如这样的句子:"伊斯霍马霍斯这时候笑了"——说某某人笑了,这在色诺芬或柏拉图的作品中都很少见。大家能够轻而易举地数出来。苏格拉底当然从来不笑。但有一次,有一次苏格拉底笑了。① 苏格拉底经常开玩笑,但苏格拉底被别人说在开玩笑,则极其罕见。在这部著作中,

---

① 〔译按〕至少在色诺芬笔下,说苏格拉底明确笑了的地方,应是《苏格拉底在法官面前的申辩》第 28 节末尾处。

苏格拉底开玩笑就像发誓一样频繁。相应地，这部著作中的发誓次数比整部《回忆》多出许多。① ［93］之所以把玩笑和誓言放到一起，我认为这还是容易理解的。例如，在谐剧中人们就老是发誓。"宙斯在上"是某种不严肃的东西。在严肃的对话中，人们不这么做。我就这么简单地提一下。

让我们来读第十五节，因为尽管当前的话题即农耕具有明显的重要性，但下面总是有另一个话题潜伏着。让我们来读第十五节。

学生［读文本］：

"'那么，'他说，'在你看来，我们派人锄地不合理吗？'"
"'当然。但我在思考，'我说，'伊斯霍玛霍斯啊，恰当地引入比喻是多么好啊。因为，你一说到那些雄蜂，就激起了我对莠草的强烈愤怒，比你刚才只谈论莠草的时候强烈得多。'"
（《治家者》17.15）

施特劳斯：应是"比你刚才谈论莠草本身的时候强烈得多"。苏格拉底在这里谈起了比喻或者说意象（image）问题。我们得知比喻意味着什么：用别的某种东西代替这种东西本身。不是把莠草称为

---

① ［译按］在《治家者》中，克利托布洛斯以宙斯的名义发誓共9次，见1.4、1.6、1.7、1.14、1.17、3.4、3.5、3.6、4.14；以诸神的名义发誓一次，2.3。苏格拉底在第1-6章中，均"以宙斯的名义"发誓，共7次：1.19、2.12、2.14、3.3、3.8、3.10、4.18；在第7-21章这一部分，是苏格拉底先以宙斯的名义发誓，苏格拉底在这一部分以宙斯的名义发誓共10次，见7.2、12.2、17.14、18.8、19.3、19.7、19.10、19.11、19.14、20.29；在这一部分，苏格拉底还两次以赫拉的名义发誓，见10.1和11.19；苏格拉底以诸神的名义发誓共5次，见7.9、10.9、12.6、12.10、13.4。伊斯霍马霍斯发誓共21次，均是"以宙斯的名义"，见7.7、7.15、7.16、8.1、11.2、11.25、12.1、12.4、12.5、12.6、12.9、12.12、12.15、12.18、13.2、14.1、17.11、20.26、21.2、21.7、21.11。伊斯霍马霍斯的妻子三次发誓：7.8，间接发誓，是伊斯霍马霍斯对苏格拉底提到他妻子"对诸神发誓"；7.37，以宙斯的名义；7.40，以宙斯的名义。全书共58次发誓。

莠草，而是称莠草为农耕中的雄蜂。为什么要这么做？为什么要用比喻呢？至少在某件重要的事情上，是为了激起对这种东西本身的愤怒。如果你仅仅称莠草为莠草，你可能是中立的；但如果你称莠草为雄蜂，那么，你对雄蜂的所有憎恨就一股脑儿地加在莠草之上。所以，这当然也暗示出，某个人如果不受替代之物即替代的意象所左右，一直只看事物本身，即莠草，而不受莠草可以被称为雄蜂这个事实影响，那这个人就不会变成农夫，因为一名农夫为了辛勤劳作需要这样的刺激。大家明白了吧？愤怒这种激情有助于培养用心。而如果那些人没有这种激情带来的刺激，则会缺少这种要素。他就不会成为农夫。这当然是整个修辞话题所暗示的东西。

就我的理解能力而言，第十八章没什么特别重要的内容。

第十九章的主题是果树。方法总是相同的：事实证明，仅仅是靠路过看见，苏格拉底就知道整件事情，路过看见为他提供了充分的农耕知识。这非常清楚地表明，在农耕的事情上，知识的重要性是多么有限：苏格拉底知道一切，但他仍然并非农夫。至少第二个因素，即用心，他是没有的，我们必须看看为什么。让我们来读第十二节，因为这一节中有"轻微的不规范之处"，这使得那些校勘者将其删掉了。

学生［读文本］：

"'关于葡萄树的种植，'他说，'苏格拉底啊，你碰巧认识的这些完全和我一样。'"

施特劳斯：这个话题之前没提到过。苏格拉底怎么说？

学生［读文本］：

"'那也应该这样来种无花果树吗？'我说。"（《治家者》19.12）

施特劳斯：我们需要的内容就是这些。大家注意到什么了吗？

明显的不规范。没有条理。苏格拉底把同样的事情做了两次，或者说伊斯霍马霍斯把同样的事情做了两次。伊斯霍马霍斯谈了一个话题，苏格拉底假装没听到。这是个小例子，但足以表明色诺芬的写作方式。伊斯霍马霍斯谈起的话题是什么，苏格拉底不想谈起的话题是什么？

[94] 学生：葡萄树。

施特劳斯：为什么？你能想象出为什么伊斯霍马霍斯对葡萄树兴趣盎然，而苏格拉底对它一点都没有兴趣吗？

学生：你用葡萄能做的东西，用无花果做不了。

施特劳斯：请说出是什么？

学生：葡萄酒。

施特劳斯：你看，你做的是一个典型的科学式表述——你知道你在此没有认出生活的真相。肯定的。就是它。其背后是什么呢？为什么伊斯霍马霍斯愿意谈起它，而苏格拉底不愿意呢？不好意思？

学生：[听不清]

施特劳斯：不，我认为原因是苏格拉底不太确定伊斯霍马霍斯是否对饮酒有过分强烈的兴趣，苏格拉底想反对饮酒。因此，并不需要改动文本。我只提一个可对勘之处。换句话说，原因在于苏格拉底对自制的关切。在《云》417 行，正义的逻格斯（dikaios logos）——正义的逻格斯这么早就已经出场了？① 无论如何，这句话是对古老生活方式的称赞，古老的生活方式对比摩登的、苏格拉底式的、不落俗套的生活方式：这句话称赞戒酒是美好古代的标志，而现在每一个人老是喝醉酒。所以，这两处文字无疑非常契合。

下文出现了一个总体性的评论，其中更深一层的东西再次显露无遗。我们得读一读。第十四节及以下。

学生 [读文本]：

"'既然你看过，'他说，'你有什么不认识的呢？难道你不

---

① [译按] 施特劳斯也怀疑文本位置是不是搞错了，应为《云》行 962。

知道,'他说,'苏格拉底啊,怎样把陶片放在泥上面?'"

"'的确,宙斯在上,'我说,'对于你所说的这些东西,伊斯霍玛霍斯啊,我没什么不知道的。但我又一次在想,你刚才笼统地问我是否知道种树时,为什么我竟然说不知道。因为我觉得我无法对应该如何种树发表看法。但当你试图就一个个问题来问我时,我对你的回答,如你所说,恰恰就是你这个被称作厉害的农夫/种地好手的人所认识的那些。'我说,'伊斯霍玛霍斯啊,难道提问就是教导($διδασκαλία$)?因为,'我说,'我现在明白了你问我每一个问题的方式:你用我所知道的来引领我,并表明我认为自己不知道的东西跟它们相似,从而说服我相信——我认为——我也知道那些东西。'"

[95] "'那么,'伊斯霍玛霍斯说,'关于钱币,要是我问你它美还是不美,我能说服你相信你知道如何辨别美的钱币与劣质的钱币吗?关于吹笛手,我能说服你相信你知道如何吹笛子吗?还有关于画家和关于其他这类[人]?'"

"'或许能,'我说,'因为你已经说服我相信我知道农作,尽管我知道,从没有人教给我这一技艺。'"

"'这不可能,'他说,'苏格拉底啊。但我刚才对你说过,农作是一种如此爱人和温和的技艺,会使那些看到和听到它的人立即知道它。'"(《治家者》19.14–17)

施特劳斯:大家看出要点了吧?此处以玩笑的方式指涉的严肃思想是:人们知道他们不相信自己知道的东西。苏格拉底不相信自己知道农耕技艺,而实际上他掌握这门技艺,只不过他不知道自己掌握了。这在你们当中的一些人听来挺熟悉的吧。

学生:柏拉图的《美诺》。

施特劳斯:柏拉图得出的论点是什么?知识就是回忆,但一个人不知道自己知道。一旦你开始教一个人,那么,知识,或理解,经证明就是回忆。柏拉图以此表达什么意思呢?柏拉图内心想的是什么?柏拉图的作品当然没有提及农耕。农耕只是个玩笑。柏拉图的作品涉及了例如数学的内容，但最重要的是涉及了柏拉图称之为理念（ideas）的那种东西。学习就是回忆，因为每一个人天生就具备关于理念的知识。每一个人的灵魂在出生之前就看过理念，这使得灵魂成为人的灵魂。大家看到了类似之处：在这里也是，就其并非靠努力习得而言，这种［关于农耕的］知识是自然的。关于理念的知识首先并非靠努力而习得，农耕是件普通的事，但基本问题相同。

自然就会的知识（natural knowledge）是所有习得性知识的基础。这个玩笑是，你把"自然的非习得的知识"这一说法应用于农耕。我们只要用一个从未离开过芝加哥的人来替换苏格拉底，这个人就没有能力回答伊斯霍马霍斯的不少提问。苏格拉底能够轻而易举地答上来，因为苏格拉底至少见过一次这种农活的工序，因此知道。如他们所说，农耕技艺并非一种先验的（a priori）知识。有话要讲？

学生：您说每一个人天生就具备关于理念的知识。这是在常识意义上使用"理念"（eidos）这一语词吗，每一个人在常识上都知道"理念"是什么意思？

施特劳斯：不是"理念"（eidos），必然不是。这是个希腊词，可能没有直接对应的现代单词来译它。让我很简单地说一下。人与整全之间有一种根本性的和谐。这是"理念"（eidos）的意思。反之就是不存在和谐，因此，我们的知识完全基于我们对各种材料（data）的组织，材料由此变得对我们来说秩序井然，这是现代式的观点，特别是康德的观点，但不只是康德持有这样的观点。这是他的意思。

人类的心智与整全之间存在一种自然的和谐。这并不意味着所有人不用任何努力就都知道所有事情，绝非如此。但作为人类，他们在自身之内拥有可以保证这种可能性的因素，只是可能性而已。有话要讲？

［96］学生：您想追求这种可能性吗？

施特劳斯：不想，但如果有必要的话，当然追求。

学生：① 因为我不确定这些相互矛盾的观点是否可以调和起来。可能我还不理解。

施特劳斯：好吧，根据康德的看法——康德只是这种观点最激进的解释者——物自体（thing in itself），这是他的叫法，或世界本身（the world in itself），是无法理解的（inaccessible）。我们能够做的事情就是凭我们天生就具备的归类能力（categories），建构一个有序的整全，他称之为现象世界（phenomenal world）。可是，我们所理解的这个整全并非真正的整全，否则的话，就得存在一种自然的和谐了。在某种意义上，这是现代人与古代人的关键差别。

我们在第十六节读到的那些例子当中，伊斯霍马霍斯提到了一个例子，在钱的事情上，人们难以知道如何区分正确与错误的，区分真实与虚假的。苏格拉底可以区分好土质与劣土质、好庄稼与劣庄稼，但他无法区分真钱与假钱。重要的是，苏格拉底知道农耕技艺，但他不知道治家技艺，因为如果你连好钱与坏钱都区分不了，你怎么能够是一名好的治家者呢？有话要讲？

学生：我有一个问题。据认为，苏格拉底知道农耕技艺，但知识在农耕的事情上并不重要。

施特劳斯：农耕知识的重要性就在于它唾手可得。但某种东西可能既唾手可得又十分重要，最简单的例子，我能想到的，就是空气。空气唾手可得。几乎在任何一个你能够去到的地方，你都拥有空气。空气是世界上最普通的东西，但你必须承认，如果脱离空气，即便是很短的时间，你就活不了。所以，空气极为重要又极其易得。怎么就不可以有极为重要同时又容易获得的那类知识呢？我们一般都会忽视唾手可得的东西，这其实是合理的。这是理所当然的事情，但知道我们可能视之为理所当然的事物，这在理论上绝非不重要。

学生：［听不清］

施特劳斯：噢，不，他举的不是驴子的例子。他举的例子是土地。你怎么样才能够区分一头好奶牛与一头坏奶牛？最不济，你也

---

① 与问上一个问题的学生可能是同一个人。

必须试着为它挤挤奶吧。老实说，你不能光凭看就能把奶挤出来。单就我们的牛奶供应而言，可能还好，但对于挤奶工来说，她可能是个非常令人厌烦的顾客了。我觉得，这也会减少它的价值，不是吗？①

学生：[听不清]

[97] 施特劳斯：是的。所以，换句话说，农耕是一门特殊的技艺，就连畜牧都与农耕有区别。这里再举狗的例子。狗的品质可能会非常具有欺骗性。狗能够假装很友善，然后突然就开咬。土地不会做这种事。所以，在第十九章末尾，我们已经获得了关于农耕技艺的完美知识。

现在出现了一个重大问题，苏格拉底在第二十章开头提出了这个问题。既然每一个人都具备农耕知识或农耕技艺，可以将好农夫与坏农夫区别开来的也就不是知识，而是某种别的东西，是用心。

让我们读一读第二十章篇首。

学生[读文本]：

"当时我说，'伊斯霍玛霍斯啊，如果与农作有关的事情这么容易学习，而且所有人都同样多地知道应该做什么，为何并非所有人都做得同样好，而是有些人生活富足，还获有盈余，而有些人甚至不能给自己提供生活必需品，而且还欠了债？'"（《治家者》20.1）

施特劳斯：大家看到，所有人都知道农作，但并非所有人都做得到。大家看出来这种差别可以应用到另一个领域吗？

学生：知识与德性。

施特劳斯：例如，让我们假定有那么一部分道德知识，你可以说，所有人无论如何都具备这部分知识，同时也能够绝对肯定地说，并非所有人都会遵照它来行动。于是，整个问题又出现了：道德知

---

① [译按] 由于不清楚学生问的问题，这里的意思并不是很清楚。

识是像农耕技艺一样容易得到呢，还是说道德知识可能更像其他并非所有人都具备的某种技艺呢？有话要讲？

学生：[听不清]

施特劳斯：但是，在农耕的事情上，我相信它是明显的。柏拉图与苏格拉底在其他方面的意思可能并不是像哲学史家有时候给出的讲法那样简单，就连亚里士多德都在《伦理学》中讲过它，亚里士多德当然对它的理解更充分，但认为它甚至值得单独列项讨论。大家知道，毕竟柏拉图与苏格拉底不会去讲不值得讨论的东西，就连暂时性地讲讲都不会。好的。让我们继续。

学生[读文本]：

"'我会告诉你，苏格拉底，'伊斯霍玛霍斯说，'并非农夫的知识或无知致使一些人富有、另一些人贫穷。你不会听到，'他说，'这样流传的说法：家产毁尽，是因为播种的人播得不均匀'"——（《治家者》20.2-3）

施特劳斯：大家看到，伊斯霍马霍斯真的是夸大其词。就连最平庸的理解力也看得出。请继续。

学生[读文本]：

"'或因为他种树种得不直，或因为一个人不知道什么样的地会长葡萄从而把葡萄树种在了不长葡萄的地里，或因为一个人不知道为播种预备新地的好处，或因为一个人不知道往土里施肥的好处。你更可能听到的是：某个男人没有从田地里获得谷物，是因为他不用心往地里播种或施肥；某个男人没有酒，是因为他不用心种植葡萄，也不用心让他种的葡萄为他结果实；[98]某个男人既没有橄榄也没有无花果，是因为他不用心也不做什么来获得它们。'他说，'苏格拉底啊，就是这类东西使得农夫们彼此不同，并获得不同的成功，而根本不是因为有些人似乎发现了某种智慧之物用于劳作。'"（《治家者》20.3-5）

施特劳斯：我希望这一点现在彻底清楚了。好的。本应该如此。现在让我们来看第十节。还是伊斯霍马霍斯在说话。

学生［读文本］：

"尽管他们确切知道它如何产生"——

施特劳斯："它"指的是肥料。

学生［读文本］：

"尽管制造大量肥料很容易，但有些人用心把肥料收集起来，有些人则忽视之。还有，上面的神提供水，所有洼地都成了沼泽；土地提供各种杂草，打算播种的人必须清理土地"——（《治家者》20.10–11）

施特劳斯：让我们在这里停一下。制作肥料极其容易。极其容易的事情，许多人还是不做，怎么可能呢？或者"容易"一词意义含混？我们已经了解到，农耕是所有技艺当中最容易的。但当大家跟农民谈话时，特别是老派的农民，他们不会同意大家的说法；如果大家已经尝试过在一块土豆地里干活，例如，大约在秋天，大家也会说它并非在每个方面都容易。什么地方难？例如，是腰背，而不是脑袋。换句话说，我们必须把别的东西也纳入考虑。第十三节。

学生［读文本］：

"即便一个人完全不知道土地能够生产什么，也没法看到它长的庄稼和树木，没法从任何人那里听到关于它的真相，对所有人来说，检验土地不也比检验马或检验人容易得多？"（《治家者》20.13）

施特劳斯："比检验人容易得多"。继续吧？为什么呢？

学生［读文本］：

"因为土地不会为了欺骗而展示什么,而是坦率地真实表明它所能做的和所不能做的。"(《治家者》20.13)

施特劳斯:土地从不欺骗。土地绝对诚实。比一匹马[诚实],更比一个人[更诚实]得多。还有——请读下一节。

学生[读文本]:

"在我看来,土地提供了所有容易认识和容易学习的东西,从而最好地检验了那些坏人和懒人。"(《治家者》20.14)

施特劳斯:我们需要的就是这些内容。正因为土地绝对诚实,她才是最好的检验人的东西。请继续。下一节,第十五节。

学生[读文本]:

"在土地上的懒惰清楚暴露了一个怯懦的灵魂。"(《治家者》20.15)

施特劳斯:紧贴字面的译法是"坏灵魂"。在所有其他情况中,可能还有疑虑,即便是轻微的疑虑。但此处可以确定,毫无疑虑。继续吧。

[99]学生[读文本]:

"因为没有人说服自己相信,人没有生活必需品还能活着。一个人既不知道其他赚钱的技艺,也不愿意种地,那他显然就打算靠偷窃、抢劫或乞讨为生,或者就是完全没有理性。"(《治家者》20.15)

施特劳斯:有话要讲?
学生:这里的好与坏,说的是你积极或是慢吞吞吗?
施特劳斯:此处情况特殊,"坏"与懒散有关,懒惰是"坏"

的一种形式。有话要讲？

学生：要是一个人对种地不感兴趣，就像苏格拉底不感兴趣一样，那又如何呢？

施特劳斯：很好，你得用不同的方式来说。如果伊斯霍马霍斯在这里说得真对，那就让我们将伊斯霍马霍斯的话套用在苏格拉底身上。苏格拉底是什么情况呢？显然不是农民。另一方面，他有挣钱的技艺吗？有话要讲？

学生：[听不清]

施特劳斯：但这还是一种生钱的技艺吗？这个问题一言难尽。这里提到了三种东西，都是拥有挣钱技艺——即农耕或任何其他技艺——的替代选项，那就是偷窃、抢劫或乞讨。没有证据表明苏格拉底曾偷窃过；也没有表明苏格拉底抢劫的证据。那么就剩下乞讨了。看看那些富裕的家伙，其中一个，比如克力同，是否可能在某些情绪糟糕的时刻有这样的感觉：他们不得不关照苏格拉底，苏格拉底是个乞丐。苏格拉底非常贫穷，正如他所说的那样。这是此处的玩笑意味，但非常有趣。

我们绝不可忘记这个悖谬的事实：苏格拉底，一个并不从事盈利技艺的人，正在教授一门盈利技艺。这与现代的情况不同：凯恩斯（Keynes）[①]勋爵教授经济学技艺，我的理解是，他以恢宏的方式从事这门技艺。他后来赚了数百万英镑，然后又失去它们，然后又重新得到。这是真的，这里面没有什么困难的地方，因为行动与言词充分一致，但就苏格拉底的情况而言，行动与言词不完全相符。这一节中还有一个非常简明的区分："他不知道其他盈利的、生钱的技艺，也不愿意种地。"严格说来，知识不是种地所需要的东西。种地的意愿更加重要。就这么顺带一说吧。第二十一节，请读。

学生[读文本]：

---

① John Maynard Keynes，很有影响力的经济学家和公务员，曾在一战期间任职于英国财政部。两次世界大战期间，他从金融市场上积累了大笔个人财富。在那些年里，他担任剑桥大学国王学院财务长，极大地提高了剑桥的金融地位。

"你怎么能说这不是怠惰（ἀργόν）——"

施特劳斯：我们现在知道这些了。怠惰，怠惰的各种形式。

学生［读文本］：

"毁坏家业的更多是这些东西，而不是极度的无知。因为，如果各种花费从家业里面完整地取出，［100］而所完成的工作又不足以弥补花费，那就不应该奇怪，这会带来亏缺而不是盈余。"（《治家者》20.21）

施特劳斯：我认为，这里已经充分表明农耕技艺不等于治家技艺。农耕技艺是治家技艺的一部分，而不是全部，因为有些人可以是出色的农夫，却在保持收支平衡上笨拙不堪。这一点是清楚的。

我们现在知道苏格拉底具备农耕技艺。这一点已经得到清楚证明。但还是没有证据表明苏格拉底具备治家技艺，因此，当苏格拉底说"克利托布洛斯啊，我不能教你治家技艺"时，我们看到他是多么正确。他不知道治家技艺，但他的确知道农耕技艺。但这是两种非常不同的事物。第二十三节，我们可以读，提到了一项重要内容。

学生［读文本］：

"因为他（［译按］即伊斯霍马霍斯的父亲）说，买那些耕作好的田地要花很多钱，而且没法改良；他认为那些无法改良的田地不能提供同等的快乐，正如任何所有物和［所养的］牲畜，只要能变得更好，他都认为它极其令人快乐。一块田地由荒芜变得丰产，没什么有比这更大的改良了。"（《治家者》20.23）

施特劳斯：牲畜。这毕竟是一部以家业治理为主题的著作。我对希腊农业所知甚少，可是，单根据这本书来看，我们会知道牲畜的确有一定的影响,前文已经提到马,特别是牧羊的技艺,大家还记得吧?关于羊,色诺芬当然也表达清楚了;不过,当然还有奶牛。他为什么对养牛(cattle-raising)完全不提呢?如果大家读一下古代关于经济的其他著作,例如,维吉尔的《农事诗》,会看到畜牧和养蜂,① 我知道在阿提卡养蜂也很重要。那么,色诺芬为什么只谈更狭义上的农耕呢?理由是什么?

学生:[听不清]

施特劳斯:噢,不,他不是素食主义者。不,这毫无疑问。另外,至少在一般情况下,马匹不是用来吃的。他还写了论及马的作品,你可以说他是想在一部专门的著作中来探讨养马问题。但这并非足够好的解释。在《治家者》中,这一定有创作上的用意。有话要讲?

学生:[听不清]

施特劳斯:为什么应该是这样子呢?你的意思是……不,我相信不是这样的。

学生:[听不清]

施特劳斯:是的,如果你对发现新品种特别感兴趣的话。但改良田地还是可能的。我不相信在农业上正在应用任何人工授精。我不这么认为。但是,存在这样的事情,你能够对树木做,当然也能够对田地做。色诺芬谈到过树木。有人举手了。我提出如下解释。[101]我们从第七章开始谈一种"由双方组成的对子"(bipartition),一种基本的"由双方组成的对子",即两种性别:在家中、在室内的女人;在外面的男人或丈夫。这有一种特定的深层含义,因为在室内的女人是真正的统治者,与政治相关的是女人;在外面的男人,耕种,φύσις,自然。让我们来看看动物。动物在哪里?它们在里面还是外面?有一个例子,这个例子得到一些讨论,那就是蜜蜂。蜜蜂当然有房子,它们生活于其中的时间像人一样多。不用说,牛也有牛圈。种植谷物或树木显然是室外活动;而与牛有关的

---

① 维吉尔,《农事诗》,第四首,行281-314。

活动不完全是在外面。就这么简略说说吧。

在我们就要开始读的这一节里,伊斯霍马霍斯详述了他父亲那个非常有趣的策略。这位父亲如此爱农业,以至于一见到荒芜的地就买入然后加以改良。他一次又一次地这么做。请读第二十四节。

学生〔读文本〕:

"'你要知道,'他说,'苏格拉底,我们至今已经使许多田地的价钱比原来翻了好几番。苏格拉底啊,'他说,'这一策略这么有价值,又这么容易学,你现在听到它,你走的时候就和我一样知道它,你也可以教给其他人,如果你愿意的话。'"(《治家者》20.24)

施特劳斯:大家看到,伊斯霍马霍斯不相信苏格拉底会实际去做这件事,他只相信苏格拉底可能会把这件事教给别人。大家看到了吧?让我们继续吧。

学生〔读文本〕:

"我父亲既不是从其他人那里学会了这个〔策略〕,也不是经过深入思考才发现它——"

施特劳斯:紧贴字面的译法是"凭忧心",[1] 这是针对哲学的一个特别爱用的词或玩笑话。他们正在忧心。显然,他们是为人们不必为之忧心的事物忧心。

学生〔读文本〕:

"而是因为爱农作和爱辛劳,他说他渴望这样的田地,以便自己有事情做,同时为受益而快乐。苏格拉底啊,在我看来,我父亲

---

[1] 〔译按〕《治家者》20.25;这里的希腊文是 μεριμνᾶν,是 μεριμνάω 的现在时分词形式,有"为……焦心/忧心/忧虑不安"之意。另见《回忆》1.1.14。

出于自然是雅典人里面最爱农作的。"(《治家者》20.25 –26)

施特劳斯:"天生地",对。没有人教他。没有人鼓动他。他的心天生就奔向农耕。这就是这句话的意思。继续?

学生［读文本］:

"我听到这就问他,'那么,伊斯霍玛霍斯啊,你父亲是留着他耕作的所有田地,还是卖掉它们,如果他能赚很多钱的话?'"

"'当然是卖掉',伊斯霍玛霍斯说。"(《治家者》20.26)

施特劳斯:是"他卖掉,宙斯在上"。大家注意到苏格拉底所问的这个简单问题了吧。

学生［读文本］:

"'但他会立即买另外一块荒芜的地,因为他爱劳作。'"

[102]"'你是说,'我说,'伊斯霍玛霍斯,你父亲真的爱农作——"(《治家者》20.26 –27)

施特劳斯:是"出于自然",是"出于自然真正爱农作"。

学生［读文本］:

"'——完全就像商人们爱谷物一样。因为,出于对谷物强烈的爱,商人们只要听说哪里有最多的谷物,就会航行到那里,穿越爱琴海、黑海和西西里海去寻找谷物。拿到了能够拿到的最多的谷物以后,他们就带着谷物穿越大海,甚至把它们装到自己所乘的船上。需要钱时,他们也不会在他们碰巧所在的地方随意贱卖,只要听说哪里的人们最看重谷物——'"(《治家者》20.27 –28)

施特劳斯：是的，"最受敬重的"（most honored），一样的，请继续。

学生［读文本］：

——"'哪里谷物最值钱，他们就把谷物运到那里，转卖给那里的人们。你父亲看上去差不多也是这样爱农作的。'"（《治家者》20.28）

施特劳斯：好的。让我们来读下一节。

学生［读文本］：

"伊斯霍玛霍斯对此说道，'你在开玩笑啊，'他说，'苏格拉底啊。但我认为，那些建成房子就卖掉，然后再建其他房子的人，同样是爱建房子的人。'"

"'当然，'我说——"（《治家者》20.29）

施特劳斯：是"宙斯在上"。

学生［读文本］：

"'宙斯在上，我向你发誓，'我说，"——

施特劳斯：大家看到，语气非常强烈。"宙斯在上"和"我向你发誓"。这在色诺芬作品中可能是独一无二的。请继续。

学生［读文本］：

"'——伊斯霍玛霍斯啊，我相信你所说的：所有人都出于自然爱那些他们认为会给自己带来益处的东西。'"（《治家者》20.29）

施特劳斯：译得不恰当。"我相信你所说的，或我信任你所说的：出于自然，所有人都相信①自己爱那些他们相信自己从中受益的东西。"让我们来探讨一下这句话。这是一个十分重要的段落。苏格拉底这个针对伊斯霍马霍斯或他父亲的玩笑无疑就在于：伊斯霍马霍斯没有看出，是爱收益，而非爱谷物或爱农耕，驱动着自己的父亲。其微妙之处是：正是这种无知，严重的无知，这种缺乏自我知识，使伊斯霍马霍斯成为他所是的贤人。但为了看出这个微妙之处，我们还必须更进一步，本章末尾暗示出这一点。根本性的问题是："爱"意味着什么？不弄清这个问题，我们就无法知道贤人是什么，因为贤人是由贤人所爱的东西来定义的。

我给大家读一读色诺芬《希腊志》当中的一个段落，它是色诺芬笔下最美、最简洁、最发人深省的段落之一，即《希腊志》卷七第三章第十二节。[103] 厄乌弗戎（Euphron）是某个希腊城邦（[译按] 即西居翁 [Sicyon]）的僭主，他的同胞公民

护送他的尸体回到西居翁，把它埋葬在市场中，他们在市场纪念他，就好像他是城邦的创建者一样。就这样，似乎绝大部分人都把好人定义成那些给他们带来好处的人 (οὕτως, ὡς ἔοικεν, οἱ πλεῖστοι ὁρίζονται τοὺς εὐεργέτας ἑαυτῶν ἄνδρας ἀγαθοὺς εἶναι.)②

简而言之，流行的庸俗观点认为，好人即指向"我"施益的人。我认为，我们所有人都时不时会发现自己犯了这种错误。这是太人

---

① [译按] 在《治家者》的牛津古典文本系列的校勘本中，第一个 νομίζειν 被括起来，基于某个并不重要的抄件。见 Xenophontis Opera Omnia, edited by E. C. Marchant, vol. 2, Oxford: Oxford University Press, 1901。Lord 的英译本保留了这个 νομίζειν [认为/相信]，见 Xenophon, The Shorter Socratic Writings, edited by R. Bartlett, Ithaca, NY: Cornell University Press, 1996, p. 99。

② [译按] 另参施特劳斯，《自然权利与历史》，彭刚译，生活·读书·新知三联书店，2016，页 130 注释 8。需要指出，该中译本错误地把色诺芬的《希腊志》(Hellenica) 译成"色诺芬《海伦篇》"，还把色诺芬的《居鲁士的教育》(Cyropaedia) 错译为"色诺芬《塞罗培蒂亚篇》"，如见页 87 注释 7。

性的看法，可它是错的，因为某个人可能带给我很多好处却是个可恶的家伙。例如，他可能对其他人非常恶劣，这样的事有时会发生。我听说过，有的人肆无忌惮地敛财，然后又向其他人施益——当然不是向那些他曾经劫掠过的人施益——那他也是个施益者。在更高的层次上，前面的定义当然也对。所以可以说，理解属人事物的第一步是要弄清楚"好人"不等同于"施益者"，当然，是不等同于向［评价者］本人施益的人。

这不是真正的爱，而一直都是最粗鄙的利己主义。伊斯霍马霍斯的父亲当然也是这样子的。他并不爱田地，他爱收益；或者，如果他确实爱农耕的话，那么，这种爱也非常粗糙地混合了爱收益与爱农耕。很可能我们大多数人都是这种情况，我们爱两种十分不同的东西，但没有察觉出其中细微的区别。真正的爱意味着因某种事物自身的缘故而爱它。然而，绝大多数人都不爱，不爱他们从中受益的东西；他们只是相信自己爱它。更精确的表述是：人们相信自己爱他们相信可以从中受益的东西。

［磁带断了］

施特劳斯：……他们可能背驼了而不自知。我认为这是个妙句。你得思考一会才能理解。对于改动文本而言，这怕是个足够好的理由，因为作者就该写得让每个人一听到就能够理解。这是许多学术研究的潜在原则，正如我们在这里所见的那样。[①]

当然，一个好人或一个好东西只可能是有益的，但有益不是好（goodness）的本质特征。有一种简单的经验性证据表明这种区分是必要的，那就是那种被称为"钦佩"的现象。因为如果我们是真心地钦佩，那我们其实就不会关心与我们相关的利益，即对我们而言的好。举个简单的例子：一名敌方将领，打败了某人本国的军队，这个人还是可以钦佩那将领，把他看作伟大的将领。由于"钦佩"没有前述特征，因此，它在古典的道德取向中占有重大地位。"钦

---

① ［译按］由于磁带中断，缺乏前面的语境，故这里的意思并不是很清楚。

佩"是向上看的一种形式。[与"钦佩"相关的]那种普遍现象是向上看,只有从向上看某种东西开始,而不是只关心它在我看来是怎么样的,一个人才开始能够理解道德现象。也可以这样来表达,比如说:人天生是可以表达恭敬的动物,其他动物则不是,在狗和马等动物身上只是看似如此。

为了理解苏格拉底与伊斯霍马霍斯之间的区别,最终还是得从这句话开始。伊斯霍马霍斯并没有做出上述区分。伊斯霍马霍斯相信自己爱他相信自己可以从中受益的东西,这种糊涂态度是伊斯霍马霍斯的本质。在各种不同层面上,这当然都是可能的,在美好(nice)这个词的普通意义上,伊斯霍马霍斯是个好人。其他做同样事情的人则不如伊斯霍马霍斯那样好。但这并非关键的区分:知道这种谬见的人与不知道这种谬见的人之间的区分才是关键的区分。某某先生?

学生:严格说来,一个贤人会是像伊斯霍马霍斯的父亲那样的商人吗?

施特劳斯:这个问题非常好。实际上相当正确:伊斯霍马霍斯的父亲实际上并非贤人。这是色诺芬玩弄的精巧诡计之一。[104]在所有古典作家当中,色诺芬与现代事物关系最密切,下述事实证明了这一点:马基雅维利引用色诺芬的次数多于引用任何其他一位古典作家——当然,仅次于李维(Livy),毕竟马基雅维利要用罗马史家李维的著作来当罗马史材料。但是在政治思想家当中,马基雅维利引用色诺芬的次数多于其他作家,因为色诺芬实验了柏拉图和亚里士多德没有实验过的各种非主流的可能性(marginal possibilities)。这里是其中一种。

真实的问题是贤人农夫。这是农耕与商业的综合:他从事田地的交易至少与他种地一样多。那是一种马基雅维利主义,我们将会在色诺芬论僭政的著作见到,在那部著作中,他实验了好(nice)僭主这种可能性,这也是一种亚里士多德忍受不了而柏拉图也几乎忍受不了的非主流的可能性。色诺芬进行了实验,因此,对于所谓的资本主义精神的真正历史来说,《治家者》是一部非常重要的著作，我们在此书开头部分就发现，增加财产代替了治理家庭。这是第一步。大家可以从这里继续向前。色诺芬显然在某个地方做了限定，但他愿意做出这种让步。色诺芬当然是以玩笑的方式来做出这种让步，我们从下面这一点可以看出：伊斯霍马霍斯的父亲在提升了田地的价值后就卖掉它们，而苏格拉底对这事感到非常惊讶。所以，这个问题非常好。

学生：关于伊斯霍马霍斯是不是真正的贤人，作品中有任何透露吗？

施特劳斯：当然。你所提的问题绝对有必要提出来，我们得看看色诺芬笔下的其他贤人，看他们是否经得起第二十章末尾所说的测试，是否有能力进行那种区分。根据我掌握的关于色诺芬还有柏拉图的知识，我会说，从苏格拉底的角度来看，伊斯霍马霍斯在这一方面与其他贤人之间没有差别。

现在让我们转向最后一章，先看前两节。伊斯霍马霍斯在这里区分了严格意义上的农耕与其中的统治要素，即农耕事务中的治人之事。让我们来读读这两节。

学生［读文本］：

"'但我在想，'我说，'伊斯霍玛霍斯，你多么好地用整个论证支持了你的假定（ὑπόθεσις），因为你假定，农作的技艺在所有技艺中最易学。通过你所说的这一切，我现在彻底被你说服了，相信的确如此。'"（《治家者》21.1）

施特劳斯：大家看，这是伊斯霍马霍斯的假设（hypothesis），就是这个词。"假设"在此指伊斯霍马霍斯提出来要予以证明的论点。这就是伊斯霍马霍斯的论点，他已经证明得让苏格拉底满意了。接下来？

学生［读文本］：

"'宙斯在上，'伊斯霍玛霍斯说，'但是，苏格拉底啊，所有这些行为——农作术、治邦术、治家术和战争术——共通的东西是统治（ὑπόθεσις），在这个方面，有些人的头脑跟其他人大为不同。"（《治家者》21.2）

施特劳斯：不，是"在这个方面，我同意（συνομολογῶ）你，有些人的头脑跟其他人大为不同"。译文漏了"我同意你"。先是伊斯霍马霍斯的论点。现在伊斯霍马霍斯告诉我们一个苏格拉底的论点。伊斯霍马霍斯如何得知该论点的呢？[105] 即在苏格拉底看来，人们的洞察力千差万别——这意思是，在农耕之事上，洞察力上的区别没有显出来，因为每个人看一眼就能理解农耕（伊斯霍马霍斯尤其如此认为），但说到建筑术（housebuilding）① 的另一要素，即统治人，洞察力就至关重要，而且在这方面人们的差别很大。这是苏格拉底的主张，不是伊斯霍马霍斯的主张，伊斯霍马霍斯同意苏格拉底的主张，但它是苏格拉底原有的论点。伊斯霍马霍斯是如何得知的？据我所知，不是从这部著作中，而可能是从之前的对话中。毕竟，他们二人知道彼此，我们先前看到过，伊斯霍马霍斯认出了苏格拉底。也可能是因为苏格拉底的名气大。苏格拉底名声在外，正如我们在第十一章所见。

学生：[听不清]

施特劳斯：有一个简单的检验方法。如果苏格拉底不告诉伊斯霍马霍斯他的名字，那伊斯霍马霍斯知道苏格拉底叫什么名字吗？

学生：对，他知道苏格拉底。

施特劳斯：但伊斯霍马霍斯知道他是苏格拉底。比如说，一个人可能知道国防部长麦克纳马拉（McNamara）② 但不认识他。所以，如果麦克纳马拉突然走进来，他就不知道那个人是麦克纳马拉。

---

① [译按] 此处根据语境，更有可能是 household management，即治家。可能是施特劳斯一时口误。当然，建筑术的话，在一定程度上也要涉及统治管理其他人，前文也多次提及建筑术。

② Robert S. McNamara, 1961—1968 年担任国防部长, 其间的美国总统分别是肯尼迪和约翰逊。

学生：[听不清]

施特劳斯：可能是什么人先前有一次把苏格拉底指给伊斯霍马霍斯看过。有第三种可能性：伊斯霍马霍斯知道苏格拉底，但并不是有人把他介绍给苏格拉底，而是因为有人告诉他"这就是那个有趣的家伙苏格拉底"。有可能。反正伊斯霍马霍斯以某种方式知道了苏格拉底持有如下观点：在人们的理解力上，存在着重要的自然不平等。

我们已经看到色诺芬在第十一章化用了《云》，当时苏格拉底在说人们如何描述他的生活方式，说他丈量空气云云：在《云》中，丈量空气这类事情当然非常重要。《云》描写了苏格拉底如何根据学生的能力来挑选学生，在这部谐剧中，苏格拉底总是选择了错误的男孩或年轻人。但苏格拉底仍旧以丈量空气一类的事情而出名。所以，这是重要的。

进行统治的人，适合进行统治的人，必须知道什么呢？他们还必须拥有言辞的力量，以便使臣民开心地干活。他们必须特别靠称赞来做到这一点。这是伊斯霍马霍斯在第三节所说的内容。让我们转向第五节。

学生[读文本]：

"与天才（genius）相反"——

施特劳斯："天才"这个单词在希腊文中对应的是"神性的人"。但有关联，大家知道吧："天才"对应的希腊文是 δαίμων，δαίμων 是一个神，或者是像神一样的东西。就此而言，如果采用"天才"的原初含义，这么译也并非不可能；但按照这个词当前的用法，那种意思就再也辨认不出来了。你们肯定从他们称之为天才的各种竞赛中看到这一点了。接下来看第五节。

[106] 学生[读文本]：

"而那些神性的、好的和有知识的人，如果统治同样这些

[士兵]，甚至常常还要接收[更差的]其他人，[士兵]就会耻于做任何可耻的事，认为服从更好，并以服从为傲——无论是每一个人还是全体所有人——在需要辛劳时就付出辛劳，绝不会不情愿。正如一种爱辛劳会在个人身上产生一样，在整支军队中，有赖于好的统治者，也可以产生爱辛劳和爱荣誉，即渴望统治者看到自己在做某种高贵的事。"（《治家者》21.5-6）

施特劳斯：大家还是看到对称赞的关心。这种对称赞的关心正好是这种含混的东西。这个贤人没有看出称赞有什么问题、声誉有什么问题。但苏格拉底看出来了。第八节。

学生［读文本］：

"一个人可以公正地称这些人为伟大的头脑（μεγαλογνώμων）。要是有许多认识这些内容的人也跟随他，那就有理由说：他是带着一大伙儿人（μεγάλῃ χειρί）行进，既然许多手（πολλαί χεῖρες）"——（《治家者》21.8）

施特劳斯：用希腊文来讲，这种翻译更好："一个伟大的心智（mind）和一只伟大的手（hand）"。所以，他有一个伟大的心智，是不够的。他还必须有一只伟大的手，或者让我们这么说，一只伟大的手臂（arm）。大家将会看出个中的区别是什么。

学生［读文本］：

"他的意志"——

施特劳斯：是"心智"（mind）。"许多手愿意服从"。

学生［读文本］：

"许多手愿意服从他的心智，而且他是一个真正伟大的男人，如果他能够通过心智而不是通过体力完成伟大的事。"

(《治家者》21.8)

施特劳斯：心智与力量的对立，γνώμη 与 δύναμαι，在修昔底德笔下也是非常明显地出现。换句话说，智力上的优越不同于臂力上的优越，后者控制着手臂。这是伊斯霍马霍斯的发言，大家注意。这不是苏格拉底说的话，但据称是在详细阐述苏格拉底的思想。我们必须再读几节。第十节。

学生［读文本］：

"可如果主人出现，苏格拉底啊，'他说，'在工作现场——主人是最能够伤害坏的劳工并尊荣充满热情的劳工的人——而劳工们却没有任何突出的表现，我就不会钦佩他；但是，如果他们看到他就受到激励"——（《治家者》21.10）

施特劳斯：紧贴字面的译法是："他们就动起来"。大家还记得"静止与运动"这个论题吧；有人让劳工们动起来了。① 可以继续了吗？

学生［读文本］：

"每个劳工都精神抖擞，每个劳工都爱胜利和爱荣誉，彼此竞争并要努力成为最强者，那么，我就会断定他［主人］拥有一些王者的气质/性情。"（《治家者》21.10）

［107］施特劳斯："有王者的气质"（ἤθους βασιλικοῦ），"性情"（ἦθος）这个单词就派生于此。我们不再感到惊讶，主人，主人当然首先是奴隶的主人，自然不止有称赞的权力，还有惩罚的权力，这正是需要手、需要军队的理由。我们不再惊讶于伊斯霍马霍斯将奴隶的主人比作一个王者式的人，因为我们已经看到，就连作为奴隶

---

① ［译按］见上文英文版页码78处关于《治家者》10.12 的讨论。

的监工，也可以是有王者气的人物。不再令人惊讶。下一节。

学生［读文本］：

"这是最重要的事，在我看来，在所有由人来干的工作中，包括在农作中。不过，宙斯在上，我并不是说看了就能学会这个，或者听一次就能学会。我断定，如果谁想要能够掌握这些，他就需要教育，需要有好的天赋"——（《治家者》21.11）

施特劳斯：是"好的天性"。

学生［读文本］：

"最重要的是，他必须是个天才。"（《治家者》21.11）

施特劳斯：不对，是"变得"，是"最重要的是他需要变得有神性"，不是"天才"。这是什么意思呢？大家看到，这里再次提及王者技艺与农耕技艺之间的差异，由两者的亲缘关系带出来的差异。所以，他不是天生就有神性。他有好的天性，但他是变得有神性。为什么呢？他是如何变得有神性的？让我们来读一下最后一节的第一句话。

学生［读文本］：

"因为在我看来，这种好——统治自愿［服从］的人——并不完全是属人的（ἀνθρώπινον），而是属神的，显然它被给予那些真正加入了节制（σωφροσύνη）之秘仪的人。"（《治家者》21.12）①

施特劳斯："节制"。节制这一品质是获得的。所以他必须接受

---

① ［译按］第21章的第一节是苏格拉底说话，随后2–12节都是伊斯霍马霍斯在说话。

教育。他必须有好的天性，而且他还必须获得节制。根据我们从《回忆》看到的内容，节制不同于教育，这不再会让我们感到惊讶。"变成有神性的"这个说法出现在柏拉图《法义》818c 的相似语境中。不过，《法义》中说的是"通过学习已经变成有神性的"。现在来读最后一句。

学生［读文本］：

"专制统治"（despotic rule）——

施特劳斯：他为什么不译成"僭主式统治"（tyrannical rule）？专制统治在希腊语中指主人对奴隶的统治，是完全合法的。不合法的统治是僭政统治，意思是统治一个政治社会时，就好像其成员不是邦民而是奴隶那样。这才是僭政。这只是许多野蛮中的一种，他为此被正义地定罪，而不只是被谴责。①

学生［读文本］：

"对不自愿［服从］的人的僭主式统治，在我看来，［神们］把［这种统治］给予了他们认为应当像在地狱中的坦塔罗斯那样生活的那些人，据说坦塔罗斯永远生活在对再次死亡的恐惧之中。"（《治家者》21.12）

施特劳斯：伊斯霍马霍斯肯定说的是"在哈得斯中"（in Hades），而不是"在地狱中"。所以，僭主是王的对立面，我们从《回忆》中得知这一点，②僭主过的是极其不幸福的生活。这一点体现在下面这些用词上：僭主生活在哈得斯，他是死的。活着的僭主已经死了，但还始终害怕只有活着的人才能感受到的最大痛苦。大家

---

① ［译按］参施特劳斯对古希腊僭政问题的经典分析，《论僭政》，彭磊译，北京：华夏出版社，2016。

② ［译按］《回忆》4.6.12。

知道坦塔罗斯的故事吧，坦塔罗斯得不到吃的喝的，[108]并且一直处于痛苦之中。死人拥有的唯一好处就是再也不能死了，而坦塔罗斯连这个都没有。他还承受着活人遭受的最大不幸，他是个绝对悲惨的人。这是《治家者》的结尾。这是个十分奇怪的结尾，如果大家想一想《治家者》这部作品以王与僭主的对立收尾。这是向《希耶罗》的一个非常自然的过渡，我们下次课将会探讨。而且下次课无论是谁宣读关于《希耶罗》的论文，我都请他再次思考一下《回忆》卷四第六章第十二节的内容。

现在，让我们试着尽已所能地好好总结一下。苏格拉底知道农耕技艺。他知道统治技艺。但他不知道治家技艺，因为他不知道收支的事情。苏格拉底为什么实际上是一个好人而不是一个贤人（用希腊文来讲，他是ἀγαθός而不是καλοςκἀγαθός），是因为他不懂严格意义上的治家技艺吗？请大家注意最后一章完全没有提贤人风范（καλοςκἀγαθία）。对此我没有研究过。从什么时候起"贤人"这一语词就彻底消失了？我相信苏格拉底已经有一段时间没说"贤人"这个词了。

还应该提及一点：农耕。苏格拉底知道农耕技艺。现在农耕被用作了另一种技艺的同义词，苏格拉底因拥有后面这种技艺而享有盛名。在哪种技艺中，你们会做像撒种这样的事？其中一些种子会破土而出，另一些则不会。

学生：教育。

施特劳斯：教育，对的。《斐德若》有讲到。我们可以说，教育是最高形式的修辞，因为教育肯定是言说，甚至早在进步主义（progressive）教育时代之前，言说便是教育里从属程度很高的事物。教育意味着言说，因此，教育的技艺就是言说的技艺，即最高形式的言说技艺。因此，探讨言说技艺的《斐德若》把言说技艺与农耕或某个特殊种类的农耕进行了对比（见《斐德若》276b–277a）①。

---

① [译按]中译参《柏拉图四书》，刘小枫编译，北京：三联书店，页395–397。

学生：在希腊语中，年轻人（νέος）与休耕地（νεός）是同一个词，在这里是反讽吗？

施特劳斯：我没想过，但可能是。但我不知道它们是否在词源上相同，可能相同。这是个很好的问题。让我们向李德尔（Liddell）和斯科特（Scott）请教一下。① 谢谢你。很可能是。我之前没有想过。

让我简略地说说这部对话与色诺芬的其他苏格拉底著作之间的关系。我在课程开始之初做过一个对比，根据这个对比，《治家者》的主题看上去是苏格拉底的最重要的逻格斯，即苏格拉底的最重要的言辞。《回忆》以苏格拉底的正义为主题。其他三部苏格拉底作品，包括《治家者》在内，主题都不是作为正义之人的苏格拉底：《会饮》以苏格拉底的行动为主题，《苏格拉底在法官面前的申辩》以苏格拉底静默的思索为主题。《会饮》中的主要人物是谁，某某先生？

学生：卡里阿斯。②

[109] 施特劳斯：此人非常浮夸。即便我们不说他是个浮夸的蠢货，也得说他确实非常浮夸。他非常富有，出身于古老的家族。《苏格拉底在法官面前的申辩》中，谁是苏格拉底的谈话对象？

学生：赫尔莫根涅斯（Hermogenēs）

施特劳斯：赫尔莫根涅斯是谁？

学生：卡里阿斯的弟弟。

施特劳斯：卡里阿斯的弟弟。所以，他俩是一家的。两人之间最明显的差异是什么？

学生：卡里阿斯很富有，赫尔莫根涅斯很穷。

---

① 权威著作《希英辞典》（The Greek – English Lexicon）的编者，该辞典首版于1843年，现在简称 LSJ 版希英辞典。

② [译按] 实际上，卡里阿斯在《会饮》中的戏份不多，从这个意义上，很难说他是主要人物。但这次对话在卡里阿斯位于佩莱乌斯港口的豪宅里举行，而且正是卡里阿斯主动邀请，甚至可以说是主动强迫苏格拉底及其同行伙伴参加这次会饮的，从这个意义上，或许可以说他是主要人物。

施特劳斯：然而，我们能够轻易得知，卡里阿斯不只很富有，他还是个挥金如土的家伙。所以，在一场以治家为主题的谈话中，这二人都不可能是对话者。卡里阿斯富有但不能管理好自己的财富，赫尔莫根涅斯则很穷。所以，苏格拉底必须寻找另一个人，这个人是伊斯霍马霍斯。伊斯霍马霍斯富裕并且是个好的治家者，但就没有别的雅典人满足这些条件吗？可能没有这么一个人，我不知道，这个人所从事的事须是农耕与田地贸易特有的综合。色诺芬急切地要在自己的治家著作中表达这种奇想。

但是，还有另一个要点，我想提醒大家注意。有一个［与色诺芬］同时代的演说家，名为安多奇得斯（Andocides），在他的《论秘仪》这篇演说里，[①] 有一桩涉及秘仪的丑闻和一件大讼案，他说："卡里阿斯，希波尼科斯（Hipponicus）之子（就是我们这里说的这个卡里阿斯），娶了伊斯霍马霍斯的女儿。"在雅典不知道有多少个叫伊斯霍马霍斯的人，这是个很普通的名字。可是，在这里，我们看到：有个人叫伊斯霍马霍斯，恰好是卡里阿斯的岳父。既然事情都发生在一个家庭里，那我至少会看看我们是否能搞懂下面这个说法："与伊斯霍马霍斯的女儿一起生活不到一年，卡里阿斯就占有了女儿的母亲和女儿。"母亲和女儿象征着德墨忒尔（Demeter）和科瑞（Kore）。"他把两个女人都放在家里。他一点不感到羞耻，也不害怕双生子女神（twin goddesses）。"伊斯霍马霍斯的女儿难以忍受这样的处境，试图上吊自杀未遂，后来离开了卡里阿斯的家。"母亲以此赶走了女儿。后来卡里阿斯腻烦了这位母亲，就把她也赶了出去。"她声称——这个"她"当然是指伊斯霍马霍斯的妻子——自己怀了卡里阿斯的孩子。起初卡里阿斯否认孩子是自己的，可后来认了这个孩子。安多奇得斯后来提到伊斯霍马霍斯的妻子，我们这位伟大的朋友，他是怎么说的呢？"这个最胆大妄为的丑老太婆"。我认为在这里提起它极为合适，因为这个叫法有助于我们理解一个

[①] Andocides, *On the Mysteries*, 124 – 127. *Minor Attic Orator*, vol.1, trans. K. J. Maidment, Cambridge, MA: Harvard University Press, 1941.

有趣的问题。正如我们所见,伊斯霍马霍斯把自己说成是教育他人的完美教育者,他教育家里的奴隶,尤其是教育他的妻子。但教育的最后结果——当然是受教育者的情况如何,如果可以这么说的话——将在很多年以后才看得出来。这就是德性与知识那个著名问题的一个简单的例子。她在他们结婚之后的第一周里获得了知识,但这并不意味着她会依知识行事。我想,我们提到过的这种可能性已经说明了"德性可教吗"这个重大问题。

[110] 我说过,《治家者》不是以苏格拉底的正义为题,它讲的不是苏格拉底使人们受益,当然尤其不是讲苏格拉底使克利托布洛斯受益。苏格拉底向克利托布洛斯传授一门技艺,农耕技艺。但教人一门技艺并不必然使此人受益。这讲得通吗?我们得考虑语境。苏格拉底为什么要教克利托布洛斯农耕技艺?因为克利托布洛斯必须以某种方式谋生,我们知道这一点。克利托布洛斯为什么得挣很多钱呢,有什么特定的理由?大家还记得吗?

学生:他有朋友要供养。

施特劳斯:不,这不是首要的理由。

学生:摆阔。

施特劳斯:摆阔。换句话说,苏格拉底把克利托布洛斯的目标当作某种前设来接受,然后给他实现目标的方法。而在呈现苏格拉底的正义的《回忆》中,色诺芬展现出苏格拉底会使人们变得虔敬、自制、做别人的好朋友等等。我认为,这就是对此的解释。

我还有几点要补充。苏格拉底的最重要的逻格斯[言辞]以治家技艺为主题,而根据《回忆》的一些段落,治家技艺看上去是最高的技艺。① 至少从标题来看,《治家者》没有以王者技艺为主题,而王者技艺才是最高的技艺——难道不是每个人都看得出来当王要比当治家者气派很多吗?这意味着什么呢?实际上,《治家者》当然讨论了王者技艺。大家只要读一读最后一章,论治家的著作以王与僭主的对立收尾,而只有一篇以王者技艺为主题的对话才适合有这

---

① [译按]尤其是《回忆》卷三第四章。

样一种结尾。

这背后有什么含义？第一个要点，我们已经讨论过：治家技艺与王者技艺之间没有本质区别，柏拉图在《治邦者》(Statesman)① 里也提出过相同的论点；因此，看上去这一点没多大不同。可是，这么说不是很充分，因为政治生活与治家生活之间还是有一些区别，即便不是本质性区别。我们看到了两段转述的对话，这个事实表明存在着区别。我说的不是伊斯霍马霍斯转述的他与妻子之间的对话，这是完全不同的事情。有两段转述的对话：一段由苏格拉底转述，一段由伊斯霍马霍斯转述。

学生：伊斯霍马霍斯转述的关于商船的对话。

施特劳斯：腓尼基人。伊斯霍马霍斯与腓尼基商人的对话。另一个处呢？

学生：当然是苏格拉底关于马的对话。

施特劳斯：这不是与伊斯霍马霍斯的转述相对应的内容。吕山德，那位斯巴达将领，还有谁？

学生：小居鲁士。

[111] 施特劳斯：小居鲁士，那位波斯王子。这两人都是严格意义上的政治人，将领当然是政治职位。而那两人都是治家者：持家者伊斯霍马霍斯，腓尼基商人当然也是。这两人[译按：指腓尼基商人与小居鲁士]有什么共同点？

学生：蛮夷。

施特劳斯：对，都是蛮夷。与之谈话的则是希腊人。现在我使用一个旧时卖弄学问的教师所耍的老把戏，其实在问题如此明显的地方就不该再提问了：谁没有与蛮人谈话？

学生：苏格拉底。

施特劳斯：是苏格拉底，当然。苏格拉底只是转述了其他人与蛮人的对话。这跟非人道毫不相干，我们必须在某种程度上从明智角度、从象征意义来理解这一点。苏格拉底是如此疏远野蛮，如果

---

① [译按] 见258e5。

将希腊性理解为野蛮的对立面，那么苏格拉底与野蛮一点关联都没有。政治人物与治家人物都与野蛮有些关系。这是用象征的方式来表达出苏格拉底与野蛮的关系。我认为这将是理解《居鲁士的教育》的关键，因为居鲁士是蛮夷中掌握统治技艺的大师，在统治技艺方面比任何希腊人都要更卓越。这是色诺芬的看法。我们必须记在心里。

但为什么还要在书名中强调治家学呢？我们得考虑色诺芬的苏格拉底作品的整体语境。先是《回忆》，它开篇引用了针对苏格拉底的指控。大家还记得那个指控吗？苏格拉底犯有不义之行，因为他不信城邦所信的诸神，还败坏青年。两个指控。在指控者看来，苏格拉底对年轻人做的最坏的事情是什么？他并没有使他们成为大肆挥霍之人或赌徒等等。

学生：他教他们嘲笑长者。

施特劳斯：但在城邦看来，这不是最严重的。

学生：他教他们使更坏的事情看起来更好。

施特劳斯：指控当中并没有说这一点。我们在这里展开的内容中也没有说到。

学生：是闲散吗？

学生：他教他们鄙视民主制。

施特劳斯：这是一个。但还有更严重的。

学生：[听不清]

施特劳斯：噢，不。苏格拉底败坏青年的两个主要证据人物是阿尔喀比亚德和克里提阿斯（Kritias）：阿尔喀比亚德是民主制下危害极大的人，克里提阿斯是寡头制下危害极大的人。[112]但在指控者看来，这两个家伙都有的毛病是什么？

学生：他使他们成为僭主。

施特劳斯：僭主。他使他们成为僭主式的人物。这就是苏格拉底对年轻人的败坏。既然如此，比起政治技艺，治家技艺面临敌对批评的可能性就要小得多，因为苏格拉底教授的政治技艺肯定不是民主式的政治技艺。我们能够确定这一点。"民众"（demos）这个单词，更不要说"民主制"了，从没有在《治家者》中出现，我们还见到一些明确的反民主的段落。

顺便说一下，最后一段特别清楚。奴隶的主人在某种程度上是政治上的统治者即王的模型。二者都是君主式的统治者。当然还有监工，也是作为奴隶的"君主"在统治。如果大家对此有任何怀疑，可以读一下西塞罗的《论共和》(*De Republica*)，斯基皮奥（Scipio）在第一卷中谈论为什么君主制是单一政制（simple regimes）当中最好的。其例子是：家庭。家庭是君主制式的统治，因此，如果城邦与家庭相似，那么城邦也将会是君主制式的统治。直到费尔默（Robert Filmer）①，甚或费尔默之后，这种类比一直在发挥重要作用。

我们在《回忆》的引导下可能会产生这样的期待：最重要的苏格拉底的逻格斯会被命名为"擅长王者技艺的人"（βασιλικός），即关于王者的逻格斯。但色诺芬从没有写过这样一部对话。色诺芬笔下最重要的苏格拉底的逻格斯题为"治家者"。但色诺芬做了另一件事情来弥补这种缺失，大家会以为那是什么呢？他写了《擅长僭政的人》（*Tyrannikos*）。但这只是副标题，主标题是"希耶罗"。完整标题是"希耶罗，或擅长僭政的人"。但现在我们看到一件趣事：在《希耶罗》中，谁是僭主的老师？

学生：西蒙尼德斯。

施特劳斯：不是苏格拉底。我觉得，这就是这些事情的整个语境。我认为我们现在已经准备好研读《希耶罗》了。我们还有几分钟时间，你们当中还有人要问点什么吗？

学生：[听不清]

施特劳斯：你想要说什么呢？如果我理解得对，你是说，伊斯霍马霍斯几乎没有就强力，即没有就用强力来对付奴隶说些什么。这是你想说的吗？

学生：[听不清]

---

① 费尔默，《父权制》（*Patriarcha*）的作者，1680 年出版。洛克在其《政府论下篇》中火力全开地反驳费尔默的这种论点。

施特劳斯：不，我们得看一看。我相信不是这样的，因为色诺芬还有柏拉图都确定：若没有强制，人们就无法在一起生活。

学生：[听不清]

施特劳斯：我认为，你无法证明色诺芬或苏格拉底把奴隶制视为一种可避免的恶。色诺芬把奴隶制看作一种恶，这毫无疑问。这毫无疑问。但色诺芬和苏格拉底并没有把奴隶制视为一种可避免的恶。[113] 这是否缘于他们的视野受限，或缘于他们如何理解人们可能做到什么事情——至少是基于他们当时希腊的整体生活方式和状况——则是另外一个问题了。某某先生？

学生：在评论全书的结尾段落时，您暗示说，这些段落暗示出治家者与王者式的人之间有某种不同之处。或者，这个主张是立足于两者本质上是相似的？

施特劳斯：你从色诺芬那里得到的第一印象是，家庭与城邦之间只有规模大小上的而没有本质上的不同。可是，更加细心地阅读这些段落就会看出，这个印象只在某种意义上是真实的，即两者都总是要统治人。家庭与城邦本质上的区别是间接出现的。我认为有两个语词，而且这两个语词是相关的。一个是法律。严格来说，家庭里没有法律。家庭里有命令，但没有法律。另一个语词也与法律有关：家庭里没有自由，因为家庭里有依附，就连妻子也是依附性的；孩子当然更具从属性，奴隶则完全是从属性的。所以，自由与法律，两者都是政治现象或公共现象，在家庭里不存在。

家庭里的所有自由都是经别人勉强同意的自由，即一个父亲能够公开或沉默地授权一个孩子做这样或那样的事情，他也能够随时收回授权。在城邦中，这是不可能的。在城邦中，任何人或任何事物要改变地位，都得有法律依据。你看出要点来了吗？但另一方面，如果你说的是绝对君主制，那家庭与城邦之间的差别当然可以忽略不计了。这不是真的吗？因为王就是共同体的父亲。我不知道你是否读过费尔默的著作与洛克对费尔默的批评；① 他们的交锋突出了政

---

① 洛克对费尔默的批评，见洛克《政府论上篇》。

治社会与家庭之间的类比的可疑特征。当然在亚里士多德的著作中也是这样，但洛克以更长的篇幅详述了这个问题。

学生：家庭与城邦本质上相似这个论点出现在当时日常的理解里吗？我感觉，亚里士多德一上来就分析这个论点，像是因为它在某种意义上是当时流行的理解。

施特劳斯：不，不是当时流行的理解，而是可以有的最高理解。最高的，我的意思是，谈论过这个话题的思想最深刻的人或人们曾下此论断，我指的是柏拉图，苏格拉底。你的意思是说因为亚里士多德在《政治学》的第一页就谈起它？是的，但理由如下。亚里士多德试图表明，政治联合体是最高的联合体，它之所以是最高的联合体，是因为政治联合体服务的目标是最高的目标。为了表明这一点，亚里士多德必须在最高的联合体与较低的联合体之间，在最高联合体的目标与较低联合体的目标之间，做出区分。因此，亚里士多德马上就处理下述立场，即所有的联合体，所有有意义的联合体，可以说都是同一种类。故此，亚里士多德得马上面对这个论点，并且接下来就得表明家庭在本质上不同于政治联合体，当然也不同于主奴联合体，等等。这就是理由所在。当然在亚里士多德的心中，柏拉图是在亚里士多德之前谈论过此类话题的最有能力的人。这当然不是当时流行的观点。城邦有一种家庭从来都没有的宏伟气度，这是清楚的。

[114] 学生：至于治家技艺与王者式技艺的关联，为什么会跑题这么久去谈农耕问题呢，还有关于牲畜的枝节性话题？

施特劳斯：贤人，这是开始处；贤人当然也得有一种生活来源。哪一种是唯一与贤人身份相称的活动？在这里，伊斯霍马霍斯的回答与直到十八世纪［工业革命］（在一些国家甚至不止是十八世纪）的每一位英国绅士都会给出的回答一样，当然是农耕。伊斯霍马霍斯自然不会亲自干脏活，但他是一位贤人农夫，因此，你得就农耕说点什么。这部分并没有占太多篇幅。一共有五章，从第十五章到第十九章，全文共二十一章。但农耕包含着［自然与技艺］这个重大问题。农耕部分当然提出了其他各种问题，特别是农耕技艺是最贴近自然的技艺：在这门技艺当中，相比于自然所做的事情，人的技艺是最不重要的。柏拉图的《法义》卷十有一个段落①就涉及这个自然与技艺问题。那里提到了三种技艺，即医术、农耕和健身术，比起对人的工作的依赖，这三种技艺更加依赖自然所做的工作。农耕位于中间。显而易见，医术和健身术不适合一位贤人。从治家的角度来看，毕竟，如果一名医生急于发财，人们不会把他看作真正的医生。就农夫而言，情况就不一样了。健身术不是很赚钱的行当。医术比起健身术是更受人尊敬的职业。所以，我认为选择农耕是自然而然的。

学生：可是，这并没有触及另一项遗漏的内容，关于牲畜的枝节性话题。

施特劳斯：我试着解释一下，这里关键性的区分是室内与室外。城邦属于室内。用城墙取代家门，我们就明白了。室外，和城墙之外，但牲畜并不只是生活在室外，它们还得要回到圈厩里。我相信这是谈到牲畜话题的理由。另外，正如我所说，只有农耕才是修辞的象征、教育的象征，而畜牧不是。我看不出一个人如何用畜牧来试着解释教育，可能驯马在某种程度上可以，但这不是最高形式的教育。你更可能把这用于解释军事之类的事情。

学生：在第九章，苏格拉底两次问起伊斯霍马霍斯的妻子是否真的有履行丈夫教给她的责任，而伊斯霍马霍斯两次都避开了，② 这不就表现出伊斯霍马霍斯不能有效地把自己的妻子应该履行的职责教给她吗？接下来，还有他的妻子把他带上法庭的那段内容。③

施特劳斯：我明白。不完全是这样。伊斯霍马霍斯把这件事说成是他在家里所受的一种审判。什么？我想，噢，抱歉。你可能是

---

① ［译按］见《法义》889d。中译文可见《柏拉图〈法义〉研究、翻译和笺注》（三卷本），林志猛译，上海：华东师范大学出版社，2019，第二卷，页207。

② ［译按］见9.1（"'结果怎么样？你觉得女人，'我说，'伊斯霍玛霍斯啊，有没有听从你认真教导的任何东西？'"）和9.18（"'结果怎么样？'我说，'伊斯霍玛霍斯啊，女人听了这些，有没有听从你？'"）。

③ ［译按］见11.25。

对的。如果你是对的,那对我也有好处。可能你是对的,我不知道。无论如何,即便《治家者》没有暗示伊斯霍马霍斯妻子的未来情况,但标题也提醒我们有这种可能性。毕竟,文中没有提到任何属于这桩婚姻的孩子,所以,对话的时间一定是很早之前了。后来,伊斯霍马霍斯的女儿与卡里阿斯成了丑闻流言的事主。他们时不时会这么做,就连最伟大的作家也是。柏拉图也会。

我只提一点。柏拉图《普罗塔戈拉》中的对话发生在卡里阿斯的家里,就是这个卡里阿斯。对话中有一处细节非常明显地暗示,卡里阿斯的家是哈得斯(Hades)。苏格拉底和希珀克拉底要进去时,那里有一个克尔贝罗斯(Kerberus),一名奴隶,不准他俩进去。[1] [115] 接下来就引用了几行荷马关于哈得斯的诗文,切合当时的情境。[2] 根据我们的所见,雅典人中有流言把卡里阿斯称为哈得斯,因为哈得斯就是与他的妻子还有女儿生活在一起,因此,卡里阿斯被称为哈得斯。柏拉图一定是在某种意义上利用了流言中的一个小玩笑,把它当作《普罗塔戈拉》的表层。这么做完全可以。毕竟这不再有冒犯意味,因为色诺芬和柏拉图著书之时,这些人都死了。至少隔了一代。[3]

学生:还有一个例证,显示出伊斯霍马霍斯与妻子开始谈话时,他是在哪里说话的。在第八章,伊斯霍马霍斯开始教导妻子应该如何安排家中事物。在第九章,伊斯霍马霍斯已经完成教导之后,妻子叫伊斯霍马霍斯把东西放在他告诉过她的地方。

施特劳斯:嗯,可能你是对的,这种不好的苗头(the snake)已经可以看见了。这是可能的。好的。

---

[1] 《普罗塔戈拉》314d。

[2] 《普罗塔戈拉》315c。

[3] [译按] 同参《苏格拉底问题五讲》第三讲结尾处的内容,中译文见《古典政治理性主义的重生》(重订本),郭振华等译,北京:华夏出版社,2017,页212–213。

第六讲　《希耶罗》

[116] 施特劳斯：[上课中]……这无疑是真的，在这篇对话的后半部分，这位诗人统治、驾驭着那位僭主。你给出的其他一些说法非常有见地，① 但我还是必须批评一下。你思考了亚里士多德《政治学》中关于僭政的内容，这是非常好的做法，因为亚里士多德在《政治学》中明确探讨了如何改良僭政这个问题。② 我的意思是，换句话说，亚里士多德明确做了色诺芬在《希耶罗》中藏着掖着的事情。这个问题的基本答案是：以可能的最大程度去接近王政。这就是僭政改良的程式化表达。改良的限度有哪些，你表述得非常好。一位僭主可以变成统治自愿服从的臣民的统治者。但僭主绝不可能变成法律之下的统治者。法律绝不可能进入僭政。

根据《回忆》（4.6.12）关于王政的定义，王政是在法律之下统治自愿服从的臣民。但法律绝无法进入僭政。当然，这就提出了一个更深入的问题，只依据《希耶罗》无法充分回答。也就是说，法律之下的统治是真正最高形式的统治吗？在《治家者》中，我们已经看到伊斯霍马霍斯将王比作治家者。而治家者就并不是在法律

---

① 本次课以阅读学生的一篇论文开始，该论文没有收录进来。
② [译按] 亚里士多德，《政治学》1314a – 1315b，中译文可参：苗力田主编，《亚里士多德全集》第九卷，颜一、秦典华译，北京：中国人民大学出版社，2016，页203 – 206。

之下进行统治。这个话题将会出现在《居鲁士的教育》中，我们将会在那部著作中看到，宪政君主制（constitutional monarchy），我们也许可以这样粗略地称呼它，被转变成绝对君主制，这一转变被呈现为一种进步。我们必须将此记在心间。

这与你提出的另一个观点有关系。你还看了《王制》卷九，柏拉图关于僭主惨状的描写。《希耶罗》与《王制》卷九之间有着惊人的一致。但不同之处是什么？我不是说任何细节上的不同，而是非常广义上的不同。

学生：[听不清]

施特劳斯：对，当然。这是要点。换句话说，应该对僭主生活知道得最清楚的人，即僭主本人，展示出了他的生活是多么悲惨。这当然是个大笑话，因为我认为，细心地研究《希耶罗》将会表明，希耶罗并不像他宣称的那样不幸福。他不幸福的最重要根源是什么？他的不幸福的核心是什么？男童恋（pederastic relation），这就是全部了。换句话说，僭主的生活并不像看上去那么糟糕。当然，这是整部作品中的反讽的一部分。《希耶罗》的说法当然也与色诺芬自己的作品《治家者》一致，也就是与伊斯霍马霍斯说的话一致：僭主生活在地狱中。你这样说相当正确。希耶罗关于僭主的生活所说的正是：我生活在地狱中。但不幸的是，他并非像他宣称的那般生活在地狱中。

你说得很好：希耶罗谴责僭政，这是一种行动，旨在阻止西蒙尼德斯过于热切地想要自己变成僭主。大家知道，这就好比某个人要是说"我想变成美国总统"，那么总统肯尼迪会说"不要这么做"。当然，可能会有这样的事。

我还发现你的如下说法是有助益的：在《回忆》中，闲暇问题正好在王政问题之前得到讨论（3.9.9 – 10）。这当然值得思考，如此安排意味着什么是个一言难尽的问题，你这么说非常明智。但它意味着某种东西，对此我毫不怀疑。

你对马尚特的挖苦非常恰当。这个人相信他自己远比色诺芬更有智慧，仅仅因为他生活在二十世纪，这是不对的，一个人可以生活在二十世纪却又比某个生活在两三千年之前的人蠢上无数倍。[117] 有一些人直接忘掉了这个明显可见的客观事实。好的。所以，我谢谢你。你找到那个段落了吗？

学生：第十章第四节末尾。

施特劳斯：但它与某某先生提出的问题有什么关系吗？

学生：他想把τεταγμένοι译作"几个世纪"（centuries）。

施特劳斯：τεταγμένοι源于动词τάσσω，意思是委任、安排，有时用作军事术语。不过，我看不出来怎么——

学生：嗯，问题在于这些人是那些受指派的人。

施特劳斯："如果他们受命去看守这些人，看护这些人，这些人就会知道自己在这一方面也受益于雇佣军。"嗯，这个词还不够重要，不用老想着。在稍后的某个时候，我们可能会谈起这个词。

现在让我们首先来分析一下整篇对话。它显然包含两个部分，正如某某先生所见。第一部分是前七章，后一部分是第八至十一章。第一部分讲僭政的坏处，僭主在说话；第二部分讲改良僭政，诗人西蒙尼德斯在说话。僭政的坏处是第一个论题，然而，探讨是从僭主的视角出发，而不是从城邦的视角出发，这很关键。僭主生活对僭主有害，不是有害于僭主的德性，而是有害于僭主纯粹的便利和快乐。所以，个人的优先性居于首要地位：僭主不是被看作城邦中的一员，而是一个非政治的或超政治的个体（apolitical or trans-political individual）。专属的好与共同的好之间没有一致之处；换句话说，公民（the citizen）与人（the man）之间的区分在这里是第一个前提，这种区分贯穿于整个古典政治思想。但是，《希耶罗》里特有的情况是，它从快乐而不是任何其他视角来看待僭主的生活。我们已经在《回忆》中看到过快乐问题，即卷三第八章里谈论"好"的那一节，著名的享乐主义者阿里斯提普斯在里那起着某种特定的作用。

现在让我们来思考一下《希耶罗》的开篇，对话的情境。"诗人西蒙尼德斯曾有一次到僭主希耶罗那里。"① "曾有一次"，这当然是神话的口吻，自然，西蒙尼德斯也没有与希耶罗生活在一起。他有一次去拜访希耶罗。正如西蒙尼德斯后来所说，人们不喜欢与僭主长时间待在一起。人们获得精美的礼物，但僭主可能会把它夺去，因此还是带着贵重礼物越早离开越好。"两个人都找到空闲之后，西蒙尼德斯说……"所以，之前两个人都很忙，他乘飞机抵达，必须休整休整，剃个胡须，还有随便什么其他可能的事。他们之间有事务上的往来，这也是可能的。大家知道，后来文中提到僭主从智慧之士那里购买的东西——可能是一首西蒙尼德斯不得不向僭主致敬的诗。

"西蒙尼德斯说"。西蒙尼德斯开启了对话："你愿意给我讲讲，希耶罗，你可能比我更好地知道的东西吗？""这些是什么样的事，"希耶罗说，"我还可以比你知道得更好？[118]你是一个如此智慧的男人（humbre）。"男人。换句话说，一个可怜的僭主知道而一个如此智慧的人都不知道的东西，到底是什么？这时西蒙尼德斯为希耶罗举了一个例子："我知道你过去是平民而现在是僭主"，甚至可以说"你生来是个平民"。当然没有人生来就是僭主，这是明摆着的。就连最完美的僭主也有段时间并非僭主：

"既然你经历过这两种状况，因此就可以期待，你比我更知道僭主的生活与平民的生活有何不同，就属人的快乐与痛苦这

---

① 研讨课用的是洛布译本：Xenophon, *Hiero*, trans. E. C. Marchant, in Xenophon: Scripta Minora, trans. E. C. Marchant (Leob Classical Library), Cambridge, MA: Harvard University Press, 1925。在整个讲课过程中，施特劳斯自己意译了许多段落。[译按]译者有时会参考施特劳斯《论僭政》前面的英译文以及 *Xenophon: The Shorter Writings* (Edited by Gregory McBrayer, Ithaca, NY: Cornell University Press, 2018) 的英译文译出，同时参考彭磊老师的相关中译文，见施特劳斯，《论僭政》，彭磊译，北京：华夏出版社，2016。凡施特劳斯纠正译文处，皆保留了 Marchant 译法。

一方面而言。"

不只是男人（humbre）的快乐与痛苦，是全部人的。大家看到了吧，西蒙尼德斯答得蛮好：我从来都不是僭主，我怎么能知道僭主的生活，就属人的快乐与痛苦而言，看起来是什么样子的？只有经验能够告诉我们。智慧之士没有当过僭主便无法知道僭主的生活，这当然是骗人的话。希耶罗说，"你为什么不也，既然你还是平民"——没有人能够知道这样一位智慧之士以后会不会变成僭主——"为什么你不提醒我回想起平民生活中的事情呢"，希耶罗在此说的是快乐与痛苦。"这么一来，我认为我就最能够向你表明两种生活的不同。"所以，这是重要的。西蒙尼德斯有可能变成僭主。自然，因为西蒙尼德斯是一位智慧之士，不智慧的人不能够做的所有事情，西蒙尼德斯都有能力做。说得更简单一些：西蒙尼德斯是一个拥有作为一个僭主所需知识的僭主，而非实际践行僭政统治的僭主；实际践行，这是次要的。《回忆》中的著名论题：王政，主要是知识，而不是实际的践行。"于是，西蒙尼德斯说，'关于平民，我似乎已经观察到，'"大家知道，他［西蒙尼德斯］不是一个平民。他视平民为爬虫，看不起平民，这一点体现在他说平民是ἰδιώτης。①

"我似乎已经观察到，这些平民对景象感到高兴与不快是通过眼睛，对声音是通过耳朵，对气味是通过鼻子，对饮食是通过嘴巴，对性是通过什么，我们所有人都知道。"

大家看，西蒙尼德斯是一个多精细的人。

"至于热与冷，硬与软，轻与重，我们似乎是通过身体来加以区分，在这种区分的基础之上，对它们感到高兴或痛苦。但

---

① ［译按］ἰδιώτης有多种含义：平民；士兵；私人；无专业知识的外行；没有知识的人，没有受过教育的人。

是对于好事物与坏事物，我们似乎"——

大家看到，西蒙尼德斯渐渐地从这些平民，这些爬虫——他过去是居高临下地看他们——过渡到"我们"。所以，他自己也是一介平民。他毕竟承认他也就是一介平民。

"我们似乎是通过灵魂本身从好事物与坏事物中享受快乐，有时通过灵魂与身体一起。至于睡眠，我似乎观察到我们从中享受快乐，但是用什么方式，通过什么，什么时候，我相信我相当无知，但这毕竟并不令人惊奇：如果事物在我们醒着时比在睡着时带给我们更明显、更明确的感受。"①

现在让我们来看一看。我重复一下关键点。拥有僭政技艺的人是僭主，这是关键点。大家看到，西蒙尼德斯详细列举了所有的快乐与痛苦，他区分这些快乐与痛苦，就单单通过看每一种感知器官，也就是用来感受的器官，如眼睛、耳朵等等。但是，这里有一个区别。大家看到，他使用了"好事物与坏事物"的说法。好事物与坏事物也是令人快乐的。但好与坏是"令人快乐"下面的一个次级划分。这清楚吧？关于好的问题，大家还记得我们在《回忆》卷三第八章所看到的内容吗？这些都是快乐与痛苦，其中一个次级划分是好与坏。是吧？一个次级划分。其他事物并不是本身就是好的或坏的——景象、声音、气味。但好事物与坏事物根本上就不相同。我们将看到论证脉络的划分大概如下：第一章，②未作限定的各种快乐，也就是，没有好与坏这样的限定；第二至六章，好或坏的事物。接下来第七章是某种别的东西，此前根本没有提到过，[119] 这就

---

① 这些引用的段落，或者是施特劳斯对《希耶罗》第一章的翻译，或者是他在复述文意。

② [译按] 原文为 Book one，疑有误，据《希耶罗》的章节划分，改为 Chapter one。

是荣誉。荣誉，我们不得不把荣誉称为美或高贵——与好相对立。

所以，我们就有了一个完全清晰的区分：令人快乐的事物、好的事物、高贵的事物；不过，同时我们也持有一个理解，即好的事物与高贵的事物是对令人快乐的事物的修正。令人快乐的事物，其品性多少有些复杂。前六章压根儿没有提及荣誉，就连暗示也没有。

希耶罗对西蒙尼德斯的列举完全满意，大家从下文可以看出来。关于快乐的种类，僭主与平民之间没有什么不同。换句话说，没有第六感，不存在僭主特有的第六感，因此不存在僭主所特有而普通人用五种感觉都无法拥有的快乐与痛苦。所以，是完全的一致。然而，西蒙尼德斯挑起了麻烦，他说，但在量上有差别。从景象、声音、气味等等这些事物上，你得到的快乐要多得多，得到的痛苦要少得多。可是，希耶罗予以否认。

学生：[听不清]

施特劳斯：但希耶罗绝不会断言存在一种只有僭主才有的第六感。

学生：[听不清]

施特劳斯：因为希耶罗不是个十足的傻瓜。我还可以给你一个更加具体的理由。如果荣誉真的是关键问题，且出于某种理由希耶罗不愿意提，那么，希耶罗当然完全满意，因为西蒙尼德斯不曾就荣誉说一个字。这是希耶罗感到满意的一个低级理由。更为直接和明显的理由是，西蒙尼德斯的列举是完整的。你还能提出别的什么吗？西蒙尼德斯已经举出了所有可以感觉到的快乐，而且所有不可以感觉到的快乐都被"好"这个词涵盖了。

学生：[听不清]

施特劳斯：但是，我们在这里不得不只讨论什么种类的快乐。

学生：我心里想的是，希耶罗难道不是有某种很强的理由来断言自己之于普通人的优越性吗——

施特劳斯：但显然没有。显然，这一点并不清楚，我们只能够经推断而得出的理由是，希耶罗丝毫无意在与西蒙尼德斯的私人对话中炫耀自己。相反，希耶罗的兴趣颇为不同：让西蒙尼德斯满足于自己的平民地位。大家知道，西蒙尼德斯是那么聪明的一个家伙，所有种类的事情西蒙尼德斯都能够做。西蒙尼德斯可能自己并不想变成僭主，但西蒙尼德斯可能想让自己的一个特殊的朋友来照顾希耶罗——愚弄希耶罗，正如人们所说；然后，这位特殊的朋友将变成叙拉古的僭主，而西蒙尼德斯则会身处尊位，即他最好的朋友和崇拜他的人将成为僭主。你还可以想望什么更好的命运呢？这比最有望得到洛克菲勒基金①的资助好多了，因为他们会改变，大家知道的。你必须从实际出发去思考这些问题，否则就不能够理解。好的。

[120] 所以，希耶罗否认僭主的快乐更多、痛苦更少，但这对于西蒙尼德斯来说不可信，因为所有人都知道僭主过的生活当然比平民的生活快乐得多。于是，希耶罗解释为什么就连像西蒙尼德斯这样的人都弄错了。由你来读一下？第十节。

学生［读文本］：

"诸神在上"，② 希耶罗说，"这是因为他们没有经历过这两种生活，才对此妄加猜测。但我将试着向你表明我说的是实情，先从视觉说起。如果我没有弄错，你就是从视觉开始说起的。"（《希耶罗》1.10）

施特劳斯：让我们在这里停下。所以，换句话说，显然西蒙尼德斯一定弄错了僭主的生活及其快乐，因为西蒙尼德斯从未当过僭主，这当然是谬误的论据。希耶罗的话乍一看讲得通：你怎么能够判断一种你从未经历过的生活呢？但你可以探究得足够深入，抵达

---

① 洛克菲勒基金成立于 1913 年，创建者是老约翰·戴维森·洛克菲勒（John D. Rockefeller Sr）先生还有他的儿子小约翰·戴维森·洛克菲勒（John D. Rockefeller Jr）。它的宗旨是在全世界促进"全人类的安康"。

② 译文原文是"当然"而非"这位神在上"。［译按］正文是 by the gods，脚注中是 by the god，希腊文原文是带有强调意味的"宙斯在上！"，正文可能是输入错误。

事物的根源，这样你就能够就所有种类的生活说些什么，这是希耶罗显然不了解或至少了解得不够充分的事情。好的。只有实际的僭主能够知道僭主的生活怎么样。现在，这位实际的僭主告诉大家僭主的生活怎么样。僭主的生活很可怕。大家直接从当事人口中听到这话。这是可以想象到的对僭政最令人信服的谴责——此乃《希耶罗》背后的观念；根据这种观念，这里的谴责远比你从柏拉图《王制》卷九或亚里士多德《政治学》所读到的内容更令人信服，因为在这两部著作中，都是从不曾做过僭主的人在谈论僭主的生活。但这是谬见，这并非完全是经验主义的谬见，而是将经验（ἐμπειρίκα）绝对化的谬见：为了知道某件事情，你必须去经历它。这不完全正确，因为你或许可以经历一些基本的东西，通过思考这些基本的内容，你也可以知道充分发展之后的事情。

接下来他们讨论了各种感官之乐：景象，声音，饮食，气味和性。饮食位于中间，全文中，我们只在这个部分看到了西蒙尼德斯与希耶罗之间一场真正的对话。西蒙尼德斯真的对食物感兴趣。他看上去喜欢餐桌上的快乐。他可以一直吃到这些上等的牛排和一个僭主能够吃到的任何东西。那时不像今天，天天吃上牛排当然不容易。西蒙尼德斯看上去对餐桌上的快乐更有兴趣，而不是任何其他事物。在这一部分，希耶罗真的特地向西蒙尼德斯表明：如果你认为我们吃得比你们平民更好，那就弄错了。希耶罗特地这么做，证据是，在他们已经完成["吃"这个话题之后，又回过头来谈论吃]，让我们来读第二十四节。

学生［读文本］：

"可我认为，你们身上抹了昂贵的气味，你们旁边的人比你们本人更享受它们，正如一个吃过饭的人自己不会感受到那些不雅的气味，可他旁边的人却感受强烈。"（《希耶罗》1.24）

施特劳斯：大家看到，这里的话题是气味。西蒙尼德斯毫无困难地承认，在气味上，僭主没有什么优越之处，因为，如果他们喷了香水，其他人也一样对香味感到开心。这是显然的。好的。但希耶罗说了什么呢？

［121］学生［读文本］：

"是这样，而且一个人总是拥有所有种类的食物，进食时就会对任何一种食物都没胃口；一个人缺少某种食物，一旦这食物出现在他眼前，他就会津津有味地大吃特吃。"（《希耶罗》1.25）

施特劳斯：大家看到，希耶罗回到食物话题，而他们先前已经解决了这个问题。希耶罗对食物如此关心，不是因为他是一个非常热切的吃货，而是因为他的印象是西蒙尼德斯非常嫉妒僭主们的餐桌。

最后一个话题是性，从第二十六节到本章末尾。让我们读一读下一节。

学生［读文本］：

"很可能仅仅是性方面的享受，"西蒙尼德斯说，"让你们产生对专制主义（despotism）的欲望。"（《希耶罗》1.26）

施特劳斯：不是"专制主义"（despotism），而是"对僭政"。

学生［读文本］：

"因为成了僭主，你们就可以享用你们眼中最美的人。"（《希耶罗》1.26）

施特劳斯：大家看到要点了吧。关于所有其他感官之乐，已经说尽了：僭主在那些事上并不比平民情况更好，所以我们可以忘掉它们。这一点上有共识。但还有一个话题：性。在这里，僭主看上去显然更为优越。性有多么重要可见于如下事实：在第三十一节，西蒙尼德斯提到了一个人名，戴洛科斯（Dailochos），这是希耶罗的挚爱。不用说，这是同性恋关系，希腊人对同性恋的看法与我们并不一样。就感官之乐而言，同性恋是希耶罗的兴趣所在，这并不是说希耶罗对吃得好不感兴趣，而是说吃无关紧要。紧要的事情是同性恋关系，它后来出场了。希耶罗真的对僭政感到不满的方面，主要是他的爱情生活，唯一的方面是爱情生活，因为他从不知道，他们是爱他呢，还是"爱"僭主。换句话说，他们并非真爱他，而只是看重他的地位。好的。有话要讲？

学生：关于餐桌上的快乐，希耶罗的论证中有个谬误。希耶罗无法在餐桌上控制住自己，这是他的论证所依据的事实。只要能两周不上烤天鹅肉，他肯定能够快乐地享用烤天鹅。可事实是，只要他想，他就有机会吃到烤天鹅。

施特劳斯：好的。但更深层的理由是，希耶罗毕竟还是一个有些聪明才智的人，因此，吃不是他生活中主要关切的东西。我的意思是，如果你看一下对这些事物的普遍评价，我认为，一个人会说，一个把主要心思放在爱情上的人，会比一个把主要心思放在吃上的人更为可敬一些。

学生：西蒙尼德斯接受了希耶罗的说法，并没有揪着错误不放。

施特劳斯：当然没有。西蒙尼德斯为什么不那么做呢？

学生：他是暂时收手不玩。

[122] 施特劳斯：对，当然，因为他要玩更大的。因为他知道他永远无法说服希耶罗确信僭主与平民的餐桌上的差异是关键问题，他知道这并不是问题所在。这一点是清楚的。一个相当有钱的平民也能够吃上非常好的食物，要做到这个，你不必当僭主。但是，此处的另一个要点是，希耶罗能够把手伸向每一个男孩或女孩。这一点看上去更为有趣，是吧？好的。我们当然得知道希耶罗对爱的理解是什么，第三十四至三十六节详述了这一点。让我们来读。某某先生，你有问题要提？

学生：关于荣誉问题。是西蒙尼德斯引入了称赞问题。

施特劳斯：对，西蒙尼德斯毫无困难地同意了希耶罗就声音所说的内容。嗯，对于声音，我们会想到音乐和此类事物，但西蒙尼德斯说的是一种实际得多的声音：称赞。在这方面，西蒙尼德斯主动说：你的处境更糟糕，因为你永远无法相信一个称赞你的人不是仅仅在奉承你。所以，这就解决了。这确证的只是我先前说的话：西蒙尼德斯在列举各种快乐时，对荣誉保持沉默，因为他要留到更合适的时机再讲。西蒙尼德斯在第一部分给人的印象是，他主要关注感官之乐。看看他列举的内容，比如说，九项中至少六项是身体的快乐。这在某种程度上打消了希耶罗的疑虑。一个主要关心感官之乐的人绝不会对当僭主抱有强烈的兴趣。看看历史上所有的僭主：就算他们非常沉溺于感官之乐，这也并非他们的特性。所以，希耶罗感到高兴，因为不用担心来自西蒙尼德斯的危险。

学生：西蒙尼德斯提到自由人的称赞，我不知道他用了多大的力度来强调它。我不知道西蒙尼德斯这么一提有多重要。

施特劳斯：很重要，但在整个第一章的语境中一点也不重要。就是顺便一提而已。食物与性要重要得多。诗人与僭主之间的区别是，诗人关心吃，而僭主关心性。其中包含许多深意，因为两种快乐之间有一个明显的差异：食物是严格意义上的私人事务，性从来都不是私人的事，性一直是社会性的。智慧之士关心的快乐在根本上是私人性的（ἰδιώτης）；僭主关心的快乐在根本上是社会性的。就食物与性的话题而言，这已经到话题的最深层次了，但我不想展开，因为我们现在必须继续往下读。让我们来读第三十五节以及以下，关于希耶罗在爱情上的快乐。

学生[读文本]：

"我本人相信，从不情愿的敌人那里夺取，是所有事情中最令人快乐的。"（《希耶罗》1.34）

施特劳斯：听听这。生活中最令人快乐的事情是，违反敌人的意志从他那里夺取东西。这是一位真正的僭主。喜欢胜利。继续。

学生[读文本]：

"但我认为,最令人快乐的宠幸来自那些心甘情愿的男童。"

施特劳斯:换句话说,没有战斗。和谐存在,但它并非完全正确的东西。让我们看一下希耶罗如何纠正它。

[123] 学生[读文本]:

"例如,如果他与你心有灵犀"——

施特劳斯:不对。是"如果他以爱来回应你"。

学生[读文本]:

"他的顾盼令人快乐,问询令人快乐,应答令人快乐,而斗气和争吵最令人快乐也最销魂。"(《希耶罗》1.35)

施特劳斯:大家又看到了吧?"斗气和争吵最令人快乐"。爱人们战斗,但他们是战斗着的爱人。但还是有战斗。没有这种刺激,对希耶罗来说,就不是真正的快乐。是的。继续。

学生[读文本]:

"享用那些不情愿的男童,至少在我看来,更像是抢劫,而不太像是交欢。"(《希耶罗》1.36)

施特劳斯:这很妙。"享用那些不情愿的男童,至少在我看来,更像是抢劫,他说。""他说"这个表达当然把我们的注意力吸引到了前面紧挨着的那个语词:抢劫。希耶罗不赞同抢劫所有人。大家看到了吧?僭主就是最大程度的强盗。但希耶罗在这件事上不想当一名强盗。他接下来怎么说?

学生[读文本]:

尽管抢劫来的好处和对敌人的困扰带给抢劫者一些快乐——

施特劳斯：正像他自己先前所说的那样。只是在他自己看来，他当然不是一名强盗。

学生［读文本］：

"但是，把快乐建立在所爱欲之人的困扰之上，亲吻却遭来怨恨，抚摸却遭来厌恶，这难道不是一种恼人的、可悲的不幸吗？"（《希耶罗》1.36）

施特劳斯：对。关键点是，为了真正的快乐，胜利和战斗的因素必须参与爱情之中。这是希耶罗的爱情观。关于快乐的这一部分，就讲这么多。

在第二章，我们会看到好事物与坏事物。就在第二章开篇处，西蒙尼德斯非常明确地表示，目前为止所谈论的整个话题，也就是身体的快乐，在严肃的人那里，是无关紧要的。

请读一下第二章开头。

学生［读文本］：

对此，西蒙尼德斯说道："但你提出的这些要点都是微不足道的。"（《希耶罗》2.1）

施特劳斯：不是"你提出的这些要点"。是"所讨论的这些事物都微不足道"。

学生［读文本］：

"因为许多人，我看到在那些被视为男人的人里，情愿忍受饮食和佳肴上的损失，甚至情愿远离性事。"（《希耶罗》2.1）

施特劳斯：大家看到，所以，男人，真正的男人们（hombres），对这种事情不感兴趣。

学生［读文本］：

"但是，你们在下列事情上肯定比平民强得多：你们谋划大事，并迅速施行；你们拥有最多的非凡之物；你们拥有无可匹敌的骏马，精美绝伦的兵器，给女人们的最上乘的首饰，最富丽堂皇的房子，[124] 里面是价值连城的器物；此外，你们还有在数量上和在知识上最好的仆人；你们还最有能力伤害敌人、有益于朋友。"（《希耶罗》2.2）

施特劳斯：[1]"帮助朋友"。对。这是问题所在。那么，这些当然是好事物或坏事物，有别于只是令人快乐和痛苦的事物。可以涵盖所有这些东西的一般说法是什么？什么是好的事物？如果我们要试着为西蒙尼德斯所提到的东西寻找一个最周全的表达。

学生：外在的好。

另一名学生：奢侈品。

施特劳斯：不完全是。希耶罗有远大目标，正如马尚特所译，目标并非外部的东西。我相信，我们可以说是各种行动，行动有别于快乐、激情、财物；当然有财物，但是，财物，绝佳的财物，仍然是财物。这些才是关键。那么，形势变得更严峻了：没有人能够否认，就干大事的能力与财物而言，僭主比平民更具优势，所以，如果西蒙尼德斯被这两样东西吸引，而不是被身体上的快乐吸引，那他就真的是希耶罗的一个危险敌人。所以，形势严峻起来了。

现在希耶罗的回答比先前长许多。他不再说：你弄错了，西蒙尼德斯啊，因为你从来没做过僭主，你从没有体验过僭政。希耶罗不再说这样的话。请读一下希耶罗的回答。

学生［读文本］：

希耶罗对此说道："人们中的大多数，西蒙尼德斯啊，被僭政蒙蔽，这我一点也不觉得奇怪，因为我觉得杂众完全是通过

---

[1] ［译按］此处遗漏了"施特劳斯"，据上下文来看，这一段文字出自施特劳斯之口，故补上。

'看'来判定某些人幸福还是悲惨。而僭政呢,① 它展示了那些被认为极有价值的所有物,并公开呈现给所有人看,但它把那些艰困藏在僭主们的心中,那里才是人们的幸福与不幸的贮藏之所。"(《希耶罗》2.3-4)

施特劳斯:是"僭主们的灵魂"。
学生[读文本]:

"这里才是贮藏人的幸福与不幸的所在。大多数人对此浑然不觉,就像我说的,我并不奇怪。但是,你们也不知道这些,据认为,你们通过头脑比通过眼睛把大多数事情看得更通透——这就让我奇怪了。"(《希耶罗》2.4-5)

施特劳斯:大家看,希耶罗感到奇怪的是,一个从未做过僭主的智慧之士,居然不知道僭政的那些华美之处多么具有欺骗性,因为作为智慧之士,他们的观点就应该比通过眼睛得来的观点更好。大多数人看见的只有外部的魅惑和华美,这些傻瓜被它骗了,但你们应该用心智的目光来看事物,你们应该看得透。所以,大家看,经验并不重要;重要的是心智的目光在还是不在。好的。

[125] 希耶罗就是在这个基础之上展开论证的。他并没有遵循西蒙尼德斯在第二章开头列举诸事物时的次序,如果这样做,他就应该说房子、给女人的饰品,还有其他物品。他没有这么做,因为这是荒谬的,因为在西蒙尼德斯所谈起的所有这些事物上都会得出相同的说法。希耶罗给出一个不同的次序,首要的是,他以如下次序引入了西蒙尼德斯不曾谈起的话题。他们首先探讨了战争与和平,讨论期间,两人都没有断定和平是否好、战争是否坏。这很有趣。当然,这与僭主式的心智相对应,僭主自然视战争为好,与平常视

---

① 在通篇译文中,课堂上的朗读用"僭政""僭主""僭主的"代替了原译文中的"专制主义""暴君""专制的"。

和平为好的观点相反。接下来，希耶罗表明，僭主，特别是如果战争是某种好东西的话，僭主从中得到的乐趣远远少于平民。这是关键的论点。第十五节。

学生［读文本］：

"因为，当国家"——

施特劳斯：是"城邦"。
学生［读文本］：

"在战斗中征服对手时，的确不容易说清，击溃敌人有多么快乐。"（《希耶罗》2.15）

施特劳斯：让我们来数一下："在击溃敌人时"。
学生［读文本］：

"追击敌人有多么快乐，杀戮敌人有多么快乐。人们在行动时多么欢跃，收获了多少荣耀的名声，多么欣喜地相信自己开拓了邦土。每个人都伴称"——（《希耶罗》2.15–16）

施特劳斯：看，位于中间的是他们多么享受杀敌之乐，他们多么为杀戮行为感到骄傲。这是战争的真正快乐，即杀戮。城邦军队中的成员都能够充分享受这种乐趣。希耶罗说，但僭主能吗？答案是不能，因为在僭主的战争中，也就是僭主与其臣民之间的战争中，他必须隐藏这种快乐。他必须说，我感到十分抱歉，我必须毙掉这些家伙，大家知道的吧。希耶罗以很妙的方式加以详述，他们，即邦民们，如何奔走相告，吹嘘他们杀死了多少敌人，而数字多于实际所杀之数，这场伟大的胜利在他们看来是那么宏伟。妙得很。当然，希耶罗略过了某件事，即僭主可能向外敌开战，那么，他当然可以像其他任何人一样享受这种杀戮行为。他之所以没有提及这一点，是因为这会限制他对僭政的谴责。

下一个话题是情谊/爱（friendship），① 第三章。希耶罗明确说，情谊/爱是一种好东西。它是一种好东西，但僭主被剥夺了这种好东西。这是关于孤独的著名说法，这些遭人憎恨的人发现自己处于这种孤独之中。不幸的是，我们无法读完这一整章。让我们读一下第三节。

学生［读文本］：

"就连诸城邦也没有忽视这一点"——（《希耶罗》3.3）

施特劳斯：就连城邦，城邦根本就不应该关心个人之间的关系，比如个人间的情谊/爱。

［126］学生［读文本］：

"情谊/爱对人们而言是极大的好，而且非常令人快乐。无论如何，许多城邦都认为，唯独杀死通奸者可以免受惩罚，这显然就是出于如下理由，即这些城邦认为通奸者破坏了妻子对丈夫的情谊/爱"——（《希耶罗》3.3）

施特劳斯：大家理解这一点吗？我是说，希耶罗给出证据来证明城邦视情谊/爱为极大的好，而且因为诸城邦把情谊视为极大的好，所以视杀死通奸者——我估计是抓了现行——为不受惩罚的行为。这一点清楚地体现在这句话的希腊语版本里，因为希腊语用到了相同的词语："许多城邦都认为（νομίζουσι），唯独杀死通奸者可以免受惩罚……因为这些城邦认为（νομίζουσι）通奸者破坏了妻子对丈夫的情谊/爱。"这是一个法律上的推定，因为理论上也有可能，在

---

① ［译按］对应的希腊语单词是 philia，既有"友谊"的意思，又有"爱"的意思。《希耶罗》第三章的第一句话是：*φιλίας δ' αὖ καταθέασαι ὡς κοινωνοῦσιν οἱ τύραννοι*［你再来看看爱，僭主们分享到多少］。

某个特定的情况下，情谊的破坏者是那个坏女人，即那个坏妻子；她显然是个坏妻子。但立法者据以出发的前提是，错在奸夫，而非妻子。这简略地表明了法律的整个问题，法律推定的问题。这一点清楚了吗？关于法律问题，十分重要的是，法律一直得做法律推定，而这些法律推定在理论上的可靠性是十分可疑的。想一想无罪推定吧，一个人被推定为无罪，直到有证据证明他有罪。其罪行可以是绝对显眼的。想一想辛迪加（Syndicate）[①] 的事情吧，然而谁也拿他们没办法。

学生：［听不清］

施特劳斯：但这不是要点。法律推定妻子绝对没有自我防卫能力。这在实践中极为重要，大家知道，关于孩子的地位、继承还有所有这种事情。非常要紧。这里只是顺带间接提及。希耶罗在下文中提出的论点是情谊/爱对被爱的人好，不是对主动爱的人好。爱，情谊，在希腊文中是同一个单词，即 $\varphi\iota\lambda\iota\alpha$。换句话说，希耶罗从非常实际的视角来看待情谊。情谊对于被爱者来说非常实际。情谊会帮助你，情谊有利于你的利益。他没有把情谊说成是一种朝向他人的行为。在第三章第九节，我们会再次看到法律话题。

学生［读文本］：

"这些人如此遭到在自然纽带的联结和法律约束下最该爱他们之人的仇恨，他们如何能够相信自己被其他什么人爱？"（《希耶罗》3.9）

施特劳斯：紧贴字面的译法是："那些出于自然以及法律的强迫而最应该爱他们的人。"自然与法律之间存在和谐，然而，是强迫带来了这种和谐。例如，孩子出于自然就爱父母。另外，法律也强制孩子们爱父母。《治家者》第七章第二十九至三十节中有一个与此相

[①] 美国的各犯罪组织松散联合起来的团体，媒体在 1930—1940 年间将其戏称为国家犯罪辛迪加，是电视节目在二十世纪五十年代常谈的话题。

似的段落，伊斯霍马霍斯在其中说，自然做某件事情，另外，法律也称赞自然促使人们做的事情。一个是称赞，一个是强迫。《希耶罗》中的法律观要严酷得多，严酷得多。换句话说，《希耶罗》只用小小的篇幅传达出一种对法律的分析。

［127］下一个话题是信任。希耶罗就信任说了什么呢？我们已经看到了和平与战争，情谊/爱，现在是信任。嗯，总之，信任是任何其他事物的先决条件，包括情谊/爱。信任并不是像情谊/爱一样本身就是好东西，本身就是某种令人快乐的东西。现在，那凶险的下一步，是父邦或城邦。让我们来读第四章第三节。

学生［读文本］：

"对其他人来说，父邦是非常宝贵的。"（《希耶罗》4.3）

施特劳斯：紧贴字面的译法是"极有价值"，这也几乎可以是"值钱"的意思。请继续。

学生［读文本］：

"因为邦民们无偿地互相保护，防范奴隶，也防范作恶之人，为的是不叫任何邦民死于暴力。"（《希耶罗》4.3）

施特劳斯：多么重的霍布斯气息。可以继续了吗？

学生［读文本］：

"他们在防范措施上走得如此之远，以至于许多人立法规定，就连杀人犯的帮凶都被断定为不洁净的；因此，有赖于父邦，每一位邦民都很安全地生活着。然而，对于僭主"——（《希耶罗》4.4-5）

施特劳斯：诸如此类。僭主们当然缺这些。没有人会保护僭主免于暴死。然而，关键点在于，祖邦，与情谊/爱不同，也被看作手段，正如信任一样。

然而，在同一章，从第六节到这一章的结尾（第6-11节），转向所有物这一话题，西蒙尼德斯曾提到过这个话题。第四章第六节也是整个中间部分的中间段落，中间部分指的是第二至六章。嗯，我们不能全读。我们只读一下这一章的第八节。

学生［读文本］：

"还有，你将会看到，就连贫穷也是在平民中比在僭主中要少见。因为要判断多与少，不应由数字来衡量，而是看其用度；所以，多于够用就是多，少于够用就是少。尽管僭主拥有的是平民的许多倍，可是，就必要的开支而言，僭主手头还不如平民充足。因为，平民能够随心所欲地削减日常开支，可僭主们不能这么做，因为僭主们的最大笔同时也是最必不可少的开支是用来保命的，削减这些开支就被认为是自我毁灭。"（《希耶罗》4.8-9）

施特劳斯：简略重述的治家原则。贫穷与富裕不能用绝对数量的美元或你拥有的东西来衡量，而是与需求有关，我们已经从《治家者》中见到过。

那么，现在我们来看第六个话题，即下一章中的各种德性。有话要讲？

学生：当您说《希耶罗》的中间部分——

［128］施特劳斯：是这一部分的中间。整篇对话的中间部分是以德性为主题的那一章，即我们现在就要读的。

学生：是色诺芬划分成这些章的吗？

施特劳斯：不，我们没有权利这么假定。我们什么也不知道。大家看，例如，第四章有三项内容：信任，父邦和财物。我的意思是，划分成这些章是否出自色诺芬，不可知。如果把这种划分追溯至色诺芬，我也不会感到奇怪。我的意思是，这种划分在很多情况下都非常有道理，例如，在《治家者》的二十一章中，位于中间的

第六讲 《希耶罗》 239

第十一章，主题是与伊斯霍马霍斯的生活方式相对立的苏格拉底的生活方式。但我们无法知道这种划分是否出自色诺芬之手。很难讲。例如，就连《王制》或修昔底德的著作，其卷数的划分也不知道出自谁手。《王制》划分成十卷很有道理；十卷划分法在所有细节上都非常有道理，但我们没有证据证明是柏拉图做了这种划分。

学生：可是，你没有可以证明不是这么划分的证据。

施特劳斯：没有。但是一些人有某种途径，他们据此确信这种划分不可能出自柏拉图或修昔底德之手。不，我绝不会以这种途经为基础。关于德性的这一章是这篇对话真正的中心，极为有趣。我将简略叙述一下。希耶罗提到三种类型的德性。让我们称之为秩序（orderliness）、智慧，这两者在此处紧密相连，还有正义。这是第一次罗列。第二次罗列是勇敢，又是智慧和正义。[1] 非常奇怪。现在我们必须看看这是什么意思。秩序，其希腊文是 ἀλκίμους，这是 ἄλκιμος 的宾格复数形式，能够轻易地转为节制之意（moderation）。在《高尔吉亚》中，在柏拉图的《高尔吉亚》中，这一点非常清楚。节制可以轻易地转变为自制，感官上的快乐、食物和饮料等等方面的自制。希耶罗说这些要表达什么意思呢？他表达的意思从下文中浮现出来，即僭主不可能任用正义的、自制的和有自由心智的人——ἐλεύθεροι 这个语词的本意。他不能够任用这样的人，他只能使用不义的、不自制的和奴性的人。我相信，这不需要任何证明。

但是，如果我们现在看一下这个列表，并且允许秩序以上面描述过的方式转换为节制，然后再转换为自制。僭主不能任用正义的人，那勇敢的人和智慧的人，这两种人又怎么样呢？僭主能用勇敢的人和智慧的人吗？让我们来设想一下，在这个共同体中，僭主身

---

[1] ［译按］这两次列举都出现在第五章第一节。第一次列举时用的是 τοὺς ἀλκίμους τε καὶ σοφοὺς καὶ δικαίους，第二次列举时用的是 τοὺς ἀνδρείους...... τοὺς δὲ σοφούς......τοὺς δὲ δικαίους，因此，有变化的只是第一项，施特劳斯把 ἀλκίμους 翻译成 orderly，而不是按照通常的译法译为 brave（见 *LSJ* 的解释）。彭磊老师的中译本 ἀλκίμους 译为"勇武者"，把 ἀνδρείους 译成"勇敢者"，见施特劳斯，《论僭政》，彭磊译，北京：华夏出版社，2016，页 28。

边都是胆子最小的懦夫和最蠢的傻瓜。僭主会遭遇什么？很简单：他一天都撑不了。所以，僭主必须用智慧的人和勇敢的人。毫无疑问，这些硬汉，即僭主的保镖，不可以是懦夫；此外他还必须有精明的咨议官。此为要事。这里当然没有区分精明即低级意义上精于算计的聪明与真正的智慧。他为什么害怕智慧之士？唯恐智慧之士会谋划什么事情，唯恐他们会设计出这种或那种聪明的诡计。僭主怕这样的人。但是，僭主又显然需要这样的人，否则僭主就无法存活。这也是要事。在某种程度上，僭主能够用有秩序的人，甚至是必须在各个层次上用这些有秩序的人：他必须赋予他的财政以某种秩序，他当然也可以用文雅的、彬彬有礼的侍臣。这些也可归入秩序之中。大家看，有一种对僭主宫廷的某种现实的理解，就藏在对僭政表面上不加限定的批评中。

这里有非常重要的一点，另一个要点。僭主害怕勇敢之士，唯恐他们为了自由铤而走险；他害怕智慧之士，唯恐他们构想出某种聪明的计谋；［129］他害怕正义之士，唯恐大多数人渴望受他们统治。这是三种不同的危险。例如，大多数人并不喜欢受勇敢之人的统治。大家很可能知道，并不是每一个以勇敢品质出名的将领都是受选民喜爱的统治者。艾森豪威尔将军是个特殊的例子，但他从没有像某些人所说的那样在怒火中开过枪。① 艾森豪威尔将军不是帕顿将军。但大家看到要点了：勇敢的人可能关心自由。人们渴望正义的人来做统治者。关于智慧的人，希耶罗没有说任何此类的内容：人们希望智慧的人来做统治者，或者智慧的人会为自由而冒险。这情况很特别。智慧之士某种意义上处于可疑的位置，因此，可想而知智慧之士对于僭主可能有用处。正如《回忆》中所说，智慧之士也许可以成为僭主的盟友。大家还记得卷三第八至九章中的那个段落吧（［译按］卷三第九章第十二节）？智慧之士也许可以成为僭主的合作者。好的。

---

① 关于艾森豪威尔的这种说法众所周知，这可能真的适用于他 1942 年 11 月之前的生涯，其间他在突尼斯前线。

现在，下一项，在德性后面的一项，出现在这一章的末尾。爱国主义，即爱城邦。僭主一定是个坏邦民或坏的爱邦者。接下来是什么？这时我们来到了第六章，各种快乐，快乐是第一部分也就是第一章的话题。僭主没有快乐。恐惧取代了快乐。关于这一点，某件非常奇怪的事发生了。当你这时回顾整个第二部分的讨论时，也就是第二章至第六章，你将会看到希耶罗极少叫西蒙尼德斯的名字，只在谈论情谊时、谈论财物时、谈论德性时，还有就是此处谈论快乐时叫了西蒙尼德斯的名字。谈论和平与战争、信任、父邦和爱国主义时，希耶罗没有叫西蒙尼德斯的名字。在以快乐为题的这部分文字中，即第六章第七至十节，希耶罗屡次叫西蒙尼德斯的名字，让我们来读上下文。希耶罗希望使西蒙尼德斯完全意识到僭主的生活是如何可怕地饱受恐惧的折磨，为此他必须诉诸西蒙尼德斯的恐惧体验。希耶罗在第六章第七至八节这么做了。

学生［读文本］：

"如果你像我一样了解战争"——

施特劳斯：不对，是"如果你也经历过战事"。

学生［读文本］：

"西蒙尼德斯啊，而且曾经贴近敌营作战，请你回想一下，那些日子你吃的是什么饭，睡的是什么觉。僭主们遭受的就是你那时遭受的痛苦。僭主们遭受的痛苦比这还要可怕，因为僭主们相信，他们不仅看到正对面有敌人，而且四周全都有敌人。"（《希耶罗》6.7－8）

施特劳斯：这是清楚的。换句话说，公民只是在战斗刚开始之前和战斗之中所经历的东西，就是僭主终生的心理状态。这有多么可怕啊，你［西蒙尼德斯］自己的经验可以证明。可是，这种经验向西蒙尼德斯证明了什么呢？

换句话说，战争并不像你说的那样坏。餐桌上的各种快乐——你认为我西蒙尼德斯与之有密切关联——在军事征伐中绝未缺席。尽管恐惧，我们依然吃得津津有味。所以，僭主的生活哪里出了问题呢？这是要点。这时希耶罗说了什么？

学生［读文本］：

希耶罗说："没错，你的确如此，西蒙尼德斯啊！"

［130］施特劳斯：是"宙斯在上"。希耶罗在发誓。

学生［读文本］：

"没错，宙斯在上，西蒙尼德斯！这些卫兵的面前还有卫兵，就是法律，所以，他们为自己恐惧，而这也就使你们免了恐惧。"（《希耶罗》6.10）

施特劳斯：大家看，换句话说，正是在这一点上，法律问题变成了主题。这就是区别。僭主治下没有法律，法律存在于非僭政的统治中。法律给邦民以安全，特别是那种能够对抗恐惧的安全。

学生：希耶罗说，他出钱雇佣卫兵来保卫自己，卫兵就像丰收季的劳工。您知道丰收季的劳工像什么吗？

施特劳斯：不知道。我猜他们待不久，就是一季。这不是一种长久的合伙关系，与邦民们之间的合伙关系不一样。

学生：把雇来的卫兵除掉以免付给他们钱，就算在今天这也经常发生，比如把他们毒死什么的。

施特劳斯：但我相信这种做法不可长久，不是吗？毕竟消息会逐渐散播开来。做希耶罗的雇佣兵有生命危险，因为人们曾看着他们进了叙拉古，但没有从那里离开。修昔底德笔下（［译按］《伯罗奔半岛战争志》I. 132）有许多故事：一名男子，他与派人出使波斯王联络叛变事宜的斯巴达国王泡赛尼阿斯（Pausanias）有关联。这一次会派这个男子去，而他观察到，所有去波斯的人没有一个回来，他便打开信件。泡赛尼阿斯在信上明确写着：你当然得杀掉这个家伙，就像你杀掉他所有的前任一样。他自然没有去，而是把这封信拿给斯巴达的权贵们看，于是泡赛尼阿斯被杀死，而不是这名可怜的男子。我并不认为这个问题很重要。我会说，我认为待不久才是要点。他们就来一季，而你的同胞邦民作为你的保护者并不仅仅是一季的时间。某某先生？

学生：似乎在柏拉图和亚里士多德笔下，恐惧的观念作为僭政中的促动力量，主要是就僭主的臣民而言才得到强调，而非强调僭主自己的恐惧。

施特劳斯：这个结论很显然得自《王制》。但这不对，柏拉图把僭主描述得像一个与许多奴隶一起待在某座孤岛上的平民，这样的僭主当然充满恐惧。

学生：他们认为这里的区别是［听不清］

施特劳斯：对，当然，之所以强调，我认为仅仅是因为希耶罗是从他自己内心出发而说话，而在《王制》中是由一个旁观者来说。这是唯一的区别。对，某某先生？

学生：卢梭的《社会契约论》论及僭主与暴君的区别时，提到了《希耶罗》。卢梭是在讨论法律的语境中考虑两者间的区别。在他那里，区别取决于［131］僭主是否篡夺权力而不管他如何统治，而暴君只是用……统治——

施特劳斯：但这并非原初的区别。原初的区别是：僭主是共同体（commonwealth）的非法统治者，而暴君（despot）是统治奴隶的完全合法的统治者。暴君是某种完全不同的东西。希腊语的 despotēs 的意思是主人（master）。中世纪开始区分缺少合法头衔的僭主（a defectu titulu）与实操的僭主（ab exercitu），这种区分的意思是，后一种僭主，实操的僭主，是不正义地进行统治的合法君主，另一种连合法的统治者都不是，他缺乏合法的头衔。通常的观点认为，如果我记得没错的话，一个缺乏合法头衔的人，当然人人可以诛之，因为这是正义之举；他是一名彻头彻尾的罪犯。另外一个则是个复杂的问题，因为他有好的头衔，但却滥用了这个头衔；问题在于何以为继。可能王国的官员们必须召集起来商议并谴责他的不义。我认为，在十八世纪，专制（despotism）这个术语开始被应用于任何形式的绝对君主制，而据传统的理解，绝对君主制可以是完全合法的。在十八世纪，这种观点开始变得重要：没有一种绝对君主制能够是合法的。我认为，洛克在这个问题上起过很大作用，但洛克还没有使用这个术语。但比如在孟德斯鸠笔下就成了这个样子，即专制主义就是绝对君主制，他在此有些诡辩地宣称：古代法兰西的君主制并非专制，而是王政，因为它是有限性质的。这当然在某种程度上是对的，因为［欧洲］封建主义的荣誉原则是王政的特征，而专制的原则是恐惧。恐惧，孟德斯鸠当然只是在说臣民的恐惧，他对暴君的恐惧不感兴趣。令人蒙羞的事情只是，古典学者本应该知道得更多一点，却用暴君（despot）来翻译希腊文里的僭主（τύραννος），特别是马尚特，这非常糟糕。

学生：我好奇的另一件事情是，您提到中世纪做出的区分，但是早在色诺芬的时候有没有在僭主与暴君之间做出区分呢？

施特劳斯：我告诉过你了。专制统治在那时候是某种完全合法的东西，因为奴隶制在当时是合法的。

学生：但不会有单独一个人统治着许多奴隶的城邦，不是吗？

施特劳斯：当然不会。暴君的意思是"奴隶的主人"，专制可以说是一种与家政相关的统治，是家政统治的一部分，但严格而言不能说有政治共同体的暴君。如果他统治共同体就像主子统治奴隶那样，那他就是僭主而非暴君。就其自身而言，这当然是个有趣的问题，专制主义这个术语含义扩大了，从而专制主义获得这种政治上的含义，即成了一种政治统治，绝对君主制，这个问题我尚未有现成答案，但我认为答案可以找到。我很可能会从孟德斯鸠看起，在孟德斯鸠笔下，这个问题显然有重要地位。我认为"专制"这个词绝没有在洛克笔下出现。所以，我推测，肯定是在这两人之间的某个时期，这个语词出现了。今天所用的这个说法，即东方专制主义，出自孟德斯鸠。

学生：您会认为卢梭并不知道自己在谈论什么吗，当他说自己从色诺芬那里了解到这一点的时候?

[132] 施特劳斯:不。具体是什么内容?它是在一个脚注中吗?

学生:《社会契约论》卷三第十章末尾处。

施特劳斯:他具体说的是什么?

学生:他说:

> 我从色诺芬那里了解到希腊人对僭主与暴君所作的一个区分,而亚里士多德使这个区分变模糊了。僭主是篡权的人,无关乎他如何统治——

施特劳斯:我会说,卢梭才智过人、思虑周全,没有人能够轻易指控他犯低级错误。可能这话与我正要说的内容有些关系。

在这一部分(《希耶罗》第二至六章)的最后,即第六章第十二至十六节,希耶罗谈起助友损敌这个话题,西蒙尼德斯列举僭主拥有的巨大利好时提到过这个话题(2.2)。希耶罗当然力图表明,僭主无法帮助他的朋友,也无法伤害他的敌人。这是清楚的。不幸的是,现在我们必须思考得更快一些了。

第三部分从第七章开始了,这一部分以荣誉为主题。非常简略地说,它是这样。西蒙尼德斯说,目前我们所讨论的这些统统只不过是鸡毛蒜皮的事。财物和这一类的东西,并非人们对僭政变得感兴趣的原因。这个东西是荣誉,优越感,其他每个人可以认识到的优越性。希耶罗的回答也非常清楚:这并非变成僭主的好理由,因为我们知道这些荣誉是由恐惧激发的,因此并非真正的荣誉。让我们只读很少的一些要点。让我们来读第三节。

学生[读文本]:

> "因为我觉得,希耶罗啊,人与其他动物的区别"——(《希耶罗》7.3)

施特劳斯:"人"在这里指的是男性;让我们这么说——男人

（hombre）。男人与其他动物有如下区别。

学生［读文本］：

"就在于对荣誉的追求。"

施特劳斯：显然没有哪个狗、马、小鸡全力追求荣誉，尽管色诺芬在他以马为主题的作品中声称一匹雄性种马会炫耀。狗主人也说狗狗对荣誉、称赞、奉承十分敏感。但色诺芬显然不信。请继续。

学生［读文本］：

"因为所有动物看起来都同样从食物、饮料、睡眠和爱情①中得到快乐；但是，对荣誉的爱，既不会在没有理性的动物身上，也不会在每一个人身上自然地萌生。"（《希耶罗》7.3）

施特劳斯：是"不在所有人身上"。

学生［读文本］：

"对荣誉和赞美的激情会自然地萌生于那些"——（《希耶罗》7.3）

［133］施特劳斯：希腊文里是"爱欲"（ἔρος），而不是"激情"。

学生［读文本］：

"萌生于那些最不同于畜群的人，他们被认为是真男人，而不仅仅是人。"（《希耶罗》7.3）

施特劳斯：是"不再是人"。因为人，人不算什么。每一个人都

---

① 马尚特译文原文为"性"。

是人。但男人（hombre），则是特殊的事物。关心荣誉是其中特有的差异。可以继续了吗？请读下一节。

学生［读文本］：

"所以，在我看来，你们合理地忍受着你们在僭政中所承受的这一切，因为你们比其他人更受尊荣。再没有哪种属人欢乐看上去与神圣的乐事更为接近的了。"——

施特劳斯：译得不对。是"看上去更接近于神圣"。而不是更接近诸神所拥有的快乐。只是"接近于神圣"。

学生［读文本］：

"没有哪种属人的欢乐显得比伴随着荣誉而来的欢乐更接近神圣了。"（《希耶罗》7.4）

施特劳斯：对。希耶罗的回答是，荣誉看上去也是西蒙尼德斯所关心的东西，肯定的。如果一个人爱荣誉爱到那种程度，他就不会介意僭主生活的种种辛劳和烦扰。荣誉是某种更重要的事物。无须说，他也不会被如下事实阻止：只有通过犯罪，你才能够变成一名僭主，必须不断地犯罪。犯罪不算什么。荣誉才是真实的东西。

学生："显得是"，西蒙尼德斯说。

施特劳斯：对。但"显得是"，这个语词是一个奇妙的绣品，因为，"看上去"的意思也可以是"被认为是"，当然也可以是真的。如果僭主没有真实的荣誉，那么，结论是什么呢？结论是什么？让我们来读第十一节。

学生［读文本］：

当西蒙尼德斯听完所有这一切时——（《希耶罗》7.11）

施特劳斯：对，这是重点。"在西蒙尼德斯听完所有这一切后"。

这是对前文所有讨论的总结。西蒙尼德斯说了什么？

学生［读文本］：

"但是，希耶罗啊，如果做僭主是如此不幸，你也认识到了这一点，你怎么不摆脱如此深重的恶呢？为什么其他任何人也从来没有谁自愿放弃僭政，一旦他获得了僭政？"（《希耶罗》7.11）

施特劳斯：这个问题问得好，不是吗？摆脱僭政是如此容易，因为希耶罗曾在前文表示，当他去另外一个城邦旅行时，他就可以只待在那个城邦，就是这样。好的。所以，摆脱僭政是易事。但希耶罗如何回答呢？

学生［读文本］：

"因为，"他说，"西蒙尼德斯啊，这正是僭政最悲惨之处，就连摆脱它都不能够做到。因为，一个僭主怎么可能清偿他所抢掠的那么多人的钱财呢？他怎么能反过来亲身经历他对那么多人的囚禁呢？［134］他又怎么可能提供那么多条命来抵偿他杀死的那些人呢？不过，如果上吊自尽对什么人有益的话，西蒙尼德斯啊，你可要知道，"他说，"我本人发现僭主这么做最有益，因为，无论是保有还是放下这些罪恶，都只对僭主一人无益。"（《希耶罗》7.12－13）

施特劳斯：大家对希耶罗的论证有什么话要说？他无法放弃他的僭政，因为他无法弥补他犯下的无数罪恶。相反，他怎么做？他增加罪恶。这真是个无情的论证，一个非常政治的论证。好的。

学生：这里的"得益"是什么意思？

施特劳斯：对他无益。活着做一个僭主，或放弃僭政，对他都无益。换句话说，两种生活方式都不可能，既然没有第三条生活道路，就只有死路一条了，实际上，这就意味着自杀。他选择了一种特定的自杀方式，很可能就是上吊自尽。这是个一言难尽的问题，因为他认为上吊是最容易的方式。关于最容易的自杀方式，人们有许多理论。色诺芬在某个地方①讨论过，他说，那些忧心于这些问题的人说，苏格拉底死去的方式，即服用毒芹汁，是最容易的。换句话说，此处的暗示是，有理性的人不会忧心于这些，但我觉得希耶罗曾短暂思考过。但是，这里的重点在于，重复一次：希耶罗不放弃僭政的理由显然不真实。

学生：对于身处此位的人，一旦有了这种不堪的过往，他们就真的绝不能够在不自陷险境的情况下放松统治的力度，希耶罗的论证难道讲不通吗？过渡的过程——

施特劳斯：可是，他在前面说过，他可以去别的城邦旅行，然后直接消失。有相当多活下来的僭主。他说得好像所有僭主都被杀了似的，这并不真实。可能大多数在位的僭主被杀了，但肯定不是那些出走后遭废黜的僭主。这件事可行。这个理由当然特别荒唐。如果希耶罗说的是你说过的内容，即放弃僭政对自己不安全，我们还可以考虑，可希耶罗说的是他无法弥补犯下的不义之行，就是说他无法在某种程度上变成正义的人。我认为这显然是伪善。这就是现在我们在这里碰上的问题。西蒙尼德斯本可以说，"对，为什么不呢"，然后开始与希耶罗一起讨论这个问题："嗯，我会建议你不要上吊，我这里有一种可以毫无痛苦地将人杀死的上好毒药"，或者其他这类东西。

然而，最非同寻常的事情如下。西蒙尼德斯在下文中建议希耶罗如何变成一个幸福的僭主。这才是非同寻常的事情，即你犯下了无数谋杀罪和其他罪恶，尽管如此，你还是能够变成一个完全幸福的人，可以应得地受到每一个人的崇敬。大家也可以思考一下僭主如何获得权力的问题，一个人可以靠谋杀和所有其他手段获得权力但仍然被他的臣民视为一种福祉，这就是该对话极其怪诞的教诲。

---

① 色诺芬的《苏格拉底在法官面前的申辩》第七节和第三十二节；《上行记》2.6.29。

这当然是反讽,这也解释了马基雅维利为什么对这部作品的引用超过任何其他古典文本。这是其中的暗示,因为在下文中它完全被忘记了,但我们不应该忘记。马尚特先生可以忘记,但我们没有权利这么做。

[135] 在下文中,西蒙尼德斯给出了诊断。作为一个明智的医生,西蒙尼德斯说:"你的问题是什么,你的困扰的根源是什么?"非常简单:你想为人所爱。当"人"(human beings)出现时,大家一定要记得人与男人(hombres)之间的区别。可以说,你想得到这些爬虫们的爱,这是你想望的所有。这容易,特别是对于一个统治者来说。人们对身处高位的人给予的善意所怀有的感激之情,相较于来自一个同等地位之人的相同善意,要强烈许多。今天与几千年前一样,都是如此。来读一读这些段落中的任何一个。西蒙尼德斯怎么说的?"设若统治者和平民看到某个人并且友好问候他,在这种情形下,你认为谁的问候让听者更快乐?"举一个小一点的例子,芝加哥大学的校长在大街上跟你打招呼,与另一边某个看门人跟你打招呼,普通人更看重哪一个呢?当然是校长。这不清楚吗?现在让我们考虑极端情况:僭主与非僭主。情况显而易见。所以,让我们来读第五节。

学生[读文本]:

"此外,在我本人看来,来自诸神的某种荣誉和恩惠跟随着一个进行统治的男人。因为不仅统治使得一个男人更高贵,而且即便是同一个人,看到在统治的他也比看到身为平民的他更令我们快乐;与那些更尊贵的人交谈,比与那些跟我们平等的人交谈更令我们自豪。"(《希耶罗》8.5)①

施特劳斯:现在我们每个人都必须检审一下自己,自己在这方面是怎么样的。这至关重要。我知道不少人真这么觉得,但也有人

---

① [译按]原文为7.5,应是输入之误,改正为8.5。

不觉得如此。但这是个重要的问题。那么，下一节吧。

学生［读文本］：

"而最心爱的人"——

施特劳斯："最心爱的人。"① 大家知道这个表达在这里是什么意思吧。请继续。

学生［读文本］：

"也就是你最主要地指责僭政的方面"——（《希耶罗》8.6）

施特劳斯：希耶罗最激烈的抱怨不是针对僭主的罪恶和其他可耻的特征，而是这个非常狭隘和微不足道的话题，的确是微不足道的话题：希耶罗的情事。换句话说，希耶罗的不适没到非喝毒药不可的地步。西蒙尼德斯这样一个智慧之士能够轻易而明智地处理这件事情。请继续。

学生［读文本］：

"最少对统治者的年老不满，也最少考虑他们碰巧结交的统治者的丑陋。"（《希耶罗》8.6）

施特劳斯：当然，我们知道这一点。但这里，在第八节，整个对话中唯一一次，希耶罗立即插嘴。为什么呢？因为他现在满意了。西蒙尼德斯并不希望希耶罗不幸。西蒙尼德斯是个友好的医生，因此，希耶罗可以坦率地讲话。这坦率的回答是：

"但是，你忘了，西蒙尼德斯啊，尽管我们僭主必须做许多

---

① ［译按］即男童。

招人爱的事情，比如各种施舍，我们也必须做许多招人恨的事情，我们必须征税等等。"

这是个严肃的问题，西蒙尼德斯在下一章给出了很好的回答，这个回答马基雅维利轻易就予以采纳了。是什么呢？简单：你自己做那些使你为人所爱之事；你来施舍；至于令人不快的事，让手下人去干，[136] 如果有必要，你可以说，"嗯，我不知道他的所作所为"，就这么简单。在其他事务上，比如发奖品，设立每一项竞赛，你来颁发奖品，人们将多么爱你啊。

学生：这让我想起色拉斯（Haille Salassie），① 不管去到哪儿，他从不降任何人的职，而是升每个人的职。

施特劳斯：可是，那些应该被降职的人怎么样了？

学生：他们升迁了。

施特劳斯：我会说，这么做反而会导致不称职的情况。必须有人被降职。我认为他们会被什么人杀掉，而主要的送葬者将会是色拉斯。这是马基雅维利会推荐的做法。

学生：[主动说了关于墨索里尼的轶闻，细节上并不清楚]②

施特劳斯：他声称对此感到十分抱歉。是的，当然是。关于这个话题，最妙的一个故事，你会在马基雅维利的《君主论》中发现。博尔贾（Borgia）想让罗马尼阿（Romagna）这个地方变得有秩序，那里的一切都无比混乱，于是，博尔贾找到一个像希姆莱（Himmler）的人，③ 我忘了他叫啥，把此人派往罗马尼阿。这个人（即雷米罗）在一周之内就建立了秩序。他又是绞杀，又是把人开膛，又是分尸，还有诸如此类的手段，每个人都惊恐不已。这时博尔贾认为：雷米罗做得太过分了。于是有一天，这个城市的公民们

---

① 1930—1974 年间埃塞俄比亚（Ethiopia）的皇帝。
② 是最初的抄写者注明的。
③ 这个人是雷米罗（Remirro de Orco），见《君主论》第七章。[译按] 希姆莱是德国纳粹党的头目，党卫军司令，盖世太保的头目，他组织并且监督实行屠杀犹太人的计划。

早上醒来时，发现雷米罗在市场上被砍成了四块。于是，这个仁慈的政府自然使每个人都感到高兴。关于这个话题，这是我所读过的最妙的故事。是的，奖品尤其重要。

现在让我们来看第九章第五节。

学生［读文本］：

"有什么妨碍其他政治事务这样子得到完成呢？因为所有城邦都划分为几个部分——有的按照'群族'分，有的按照'组'分，有的按照'伙'分——统治者们掌管着每个部分。如果有人像对歌队那样为这些部分设立奖赏，奖励武器的精良、纪律的严明、骑术的高超、战场上的英勇以及契约中的正义，很可能人们就会因为热爱竞争而全力以赴地去完成所有这些事。"（《希耶罗》9.5-6）

施特劳斯：好。这两节重要，因为它显示出最重大的奖项要给予什么。哪些是最重大的奖励对象？武器，纪律，骑术，战争中的勇敢——政治生活的勇敢当然极度不可欲；还有契约关系中的正义，因为真正的正义自然是不可能实现的。换句话说，你需要一种经过稀释的德性。这些是作为僭主的臣民可以具备的德性，但是，如果再多，就会对僭主造成危险。接下来，这种巨大的力量也被应用于农耕。奖品，所有项目的奖品。第七至八节对此加以详述。接下来我们要读的第九节，奖品也被应用于更低的经济追求上。

［137］学生［读文本］：

"如果贸易对城邦有什么益处的话"——

施特劳斯：大家看，"如果"。这仍然让人想起贤人的观点。

学生［读文本］：

"贸易巨头一旦受到尊荣，他就会聚集更多商人。此外，如果为城邦发现某种不会引起痛苦的岁入的人会受到尊荣，如果这一点变得显而易见，那么，也不会无人从事这种思索本身。"（《希耶罗》9.9）

施特劳斯：西蒙尼德斯在稍后的第十节中将发明某种岁入扩展到了其他发明。这是古典政治哲学中非常罕见的例子之一，将发明当作某种应该得到鼓励的东西。一般而言，当然，他们不愿意鼓励发明、创新，因为技艺或技术层面的创新很可能产生政治上的影响，引发政治上的动荡，亚里士多德在《政治学》卷二论希波达摩斯（Hippodamus）的那一部分详细探讨了这个论题。希波达摩斯，一个十足的大傻瓜，曾力荐创新：必须奖励并报答发明者。亚里士多德说：多危险的提议，因为这势必产生政治上的影响。技术上的变动引发社会变动，社会变动引发政治上的变动，哪个智慧的立法者愿意政治上有变动呢，毕竟变动就是毁灭他的成果？这是重大的论题。

但是希耶罗完全满意，他只有一个问题；这是最后一个问题，第十章。

学生［读文本］：

希耶罗说："西蒙尼德斯啊，我认为这些你说得很美，不过，关于雇佣兵，你有什么要说的呢？如何才不会因为他们而招致仇恨？或者你是说，只要统治者赢得爱，他就不再需要任何卫兵？"（《希耶罗》10.1）

施特劳斯："宙斯在上，他当然需要他们。"别这么傻，居然认为你会受欢迎到不再需要保护的地步。希耶罗的问题还是相对理智的。这些花了我大笔钱并且致使我如此遭人讨厌的雇佣军怎么办呢？西蒙尼德斯对希耶罗抱有善意，说：不，你一定不能这么做，你的统治会完蛋的。接下来西蒙尼德斯告诉希耶罗可以如何使用雇佣兵，并热情洋溢地描述了雇佣兵可以变得多么招人爱，变成人人都会爱上的有同情心的天使。当然特别是如果雇佣兵在战争中真正地打仗，邦民们就不用再面临那么多的危险，这会使雇佣兵变得相对受欢迎。这一点，我们将只多读一件事情，在第十一章的第一节中。

学生［读文本］：

"你应该，希耶罗啊，毫不迟疑地把个人的所有物花在公共的好上。"（《希耶罗》11.1）

施特劳斯：在希耶罗完全没有征求他意见的情况下，西蒙尼德斯就提出了这条建议。你不可坐拥并独享自己的财富，你还必须把财富用于公共目的。

学生［读文本］：

"因为在我看来，城邦方面的花费比个人方面的花费更必要，对于一个身为僭主的男人来说。"（《希耶罗》11.1）

［138］施特劳斯：① 他必须是个真正富有公共精神的人。举个小例子，他一定不能派他自己的马，他私人的马去参加奥林匹亚赛会或其他赛事，而我们碰巧从品达笔下得知，就是这位希耶罗干过这种事。这样你就是犯傻，西蒙尼德斯说，你必须鼓励你的臣民去竞逐这些荣誉。僭主应该只与其他僭主竞争，与其他城邦的统治者竞争。竞争什么呢？谁把自己的城邦治理得最幸福、最宏伟，谁就是赢者。换句话说，你必须完全改变你的生活方式。你必须变成你城邦的施益者，那时你将会是完全幸福的人。西蒙尼德斯怎么说的？在第十四节，把父邦视作你的家产。这当然指正反两个方面，父邦是你的私人财产，但是你也必须像照顾自己的东西那样来照顾父邦。你必须视邦民为你的同伴，这意味着你必须爱他们，你必须喜欢他们。

---

① ［译按］原文遗漏掉了"施特劳斯"。

"你必须把邦民们视作同伴,把朋友们视作你自己的孩子,把孩子们视作你的灵魂,还要努力在善举上胜过所有这些人。"(《希耶罗》11.14)

你必须是至高的施益者。

"因为,如果你用施与好处让朋友们折服,敌人们就无力抵抗你。如果你做到所有这些,你要知道,你就会获得人间最高贵也最蒙福的所有物。因为你将幸福却不受到嫉妒。"①

因为不会有人嫉妒这样一个人——他像穷人一样凌晨四点钟起床,夜半十二点钟上床,辛劳不已,整整一天都在为他人的利益而勤奋工作。过最辛劳的生活吧,你将因此不再受人嫉妒。这是极富反讽意味的说法,当然,第十一章中的整个这一节,其希腊文都是用带ἄν的祈愿式,即潜在祈愿式(potential optative),②意为"你将"。这是未来漫长故事的一个部分;好僭主们是人们祈愿的对象("会做");不幸福的僭主则是人们实际体验到的对象。希耶罗,一个应该知道这些的人,从他自己的经历出发告诉你他有多悲惨,不幸福的僭主生活有多悲惨。是的,某某先生?

学生:一个好僭主为什么不是王呢?如果希耶罗在所有这些事情上足够智慧,他为什么不会变成一位王?

施特劳斯:如果希耶罗足够智慧来做这些事情。但他之前从未想过这些,是吗?

学生:没有。我想起了您的评论,您说亚里士多德说僭主只能变成半个好人。

施特劳斯:对,因为——

---

① 《希耶罗》11.15。施特劳斯的英译文。

② [译按]潜在祈愿式的用法,参《剑桥古典希腊语语法》,顾枝鹰等译,上海:华东师范大学出版社,2021, 34.13, 54.7。

学生：法律。

施特劳斯：不是，是因为过去的经历。如果你已经犯下种种罪行，这必然会影响你的余生。这是亚里士多德的意思。僭主充其量是个半邪恶之人，亚里士多德说；我们不能够说僭主是半个好人。亚里士多德很严格的。

学生：从理论上，他可以发生转变。

施特劳斯：是，当然。

学生：如果他遵循建议，他会变成王而不再是僭主。

[139] 施特劳斯：你看到我们为阅读《居鲁士的教育》做了多么充分的准备了吗？在《居鲁士的教育》中，我们看到一个变成统治者的人，不只是一个小小城邦的统治者，而且是全世界的统治者，可以说，是一个帝国的统治者，同时他没有犯下罪行，这是第一点。第二点，他不需要一个智慧的人来提建议。他自己就掌握了事物的根本。希耶罗不是自己思考这些事物，仅仅这一事实就标志着他不属于顶级的人。某某先生？

学生：在第五章，您说到僭主之于智慧之士的中立态度，可以这么说。僭主反对正义之士，因为正义之士会清除掉僭主，僭主还反对自由民。您说智慧之士处于模糊的地位：“智慧之士，唯恐他们暗中策划谋反。”

施特劳斯：太狭隘了，因为这个翻译只指向一种特殊的事物。不过还算可以接受，因为这就是希耶罗表达的特定含义。但希耶罗用了一个更广义的词语：他们可能谋划什么事情。希耶罗当然是说谋划某种不可欲的事情；就是暗中策划阴谋。好了，我们就不要为此争执了。

学生：我只是不确定模糊性何在。

施特劳斯：西蒙尼德斯在这次对话中谋划了某种事情，难道他没有吗？这个亮堂堂的意图：奖品。令人不快的事情，让你的手下人去做；留住你的卫士。谋划，但西蒙尼德斯谋划的是某种可欲的事情。于希耶罗而言这是重大的经历，希耶罗看出像西蒙尼德斯这样一位智慧之士并不必然，甚至对他本人，谋划某种不可欲的事，相反，西蒙尼德斯对他希耶罗友好。这当然是这篇对话中的特殊之处。这里的智慧之士不是苏格拉底，显然不是，而是西蒙尼德斯，比苏格拉底早一两代。

当然，色诺芬本可以写苏格拉底与某个实际的或潜在的僭主之间的对话，苏格拉底周围有许多这样的人。阿尔喀比亚德，与阿尔喀比亚德对话，讨论僭政统治如何施政，这本是最容易做到的事情；或者与某个实际的僭主对话也行。马其顿曾有一个叫阿尔克劳斯（Archelaos）的人，就法律而言，他是个合法君主，但他落得骇人的僭主这种臭名。色诺芬本可以轻易地写这么一场对话，不是吗？当然，色诺芬不会以任何方式将苏格拉底写成连教唆僭主这样的事都干的人，像西蒙尼德斯显然在做的那样。

作为僭主的协作者行事的人，一定是稍微有些品格不佳的人物，西蒙尼德斯正是这样的人。在严格意义上的智术师出现之前，西蒙尼德斯被视为或过去被视为智术师，他拿钱，急切地要钱。在十八世纪，有人把西蒙尼德斯称为希腊的伏尔泰（Voltaire）。大家知道，伏尔泰也是非常擅长投机生意和名声稍微不好的商务交易。他是智慧之人，但正如他们所说，略位于名声不好的人物这一边。既然西蒙尼德斯曾经拜访希耶罗是众所周知的事情，那么西蒙尼德斯就是自然而然的对话人选。这种结合：西蒙尼德斯，希耶罗。有话要讲？

学生：关于色诺芬与马基雅维利的关系，在我看来，马基雅维利决定性的决裂，与下面两件事有关：一是征服机运，二是评定一个人不是以他应该如何行事，而是以他实际如何行事为依据。如果这是这样的话，您总结这篇对话时提出的要点，即好僭主是祈愿的对象，不幸福的僭主则是实际体验到的对象，该要点会与色诺芬和马基雅维利之间的区别有很大的关系。

［140］施特劳斯：这是个一言难尽的问题。我用来做总结的那个说法肯定只是这篇对话的部分外观。不幸福的坏僭主，这种僭主是经验之事，而好僭主是愿望之事。但我们已经看到，实际上希耶罗并不像他声称的那般不幸福，他所提及的经历并非他真实有过的经历，你知道的。因此，那种可能性——我会说，僭主的悲惨未必

如希耶罗所说的那般深重——好僭主的可能性也不像这篇对话的外部形式所表明的那样微小。所有这些问题将以最大的规模出现在《居鲁士的教育》中,因为在那里你会看到一位王,用现代语言来说,居鲁士开始时是宪政式的王(constitutional king),也就是处于法律之下并统治着自愿臣服的臣民。他后来又统治着许多——数以百万计——自愿臣服的臣民,可以说是整个亚细亚,而且没有法律[约束他]。[这是]绝对君主制。所以,换句话说,居鲁士就是在最大程度上的、西蒙尼德斯建议希耶罗要变成的那种人。这是真实的试验。这是一种解决方式吗?

事实上,色诺芬,与每一个明智的人一样,当然青睐宪政式政府。可还是有一个更重大的理论问题,这个问题就是:限制国王的法律并不必然是良法。问题是,例如说,在特定的条件下,受到宪政限制的国王为了人民的好而违宪行事,这不是更智慧的做法吗?[这是]一个重大的、一再出现的问题。想一想林肯吧。① 这个重大问题无疑一直在他们面前:法律的统治是粗陋的统治。智慧地进行统治,不受任何法律的掣肘,在柏拉图和亚里士多德笔下处处可见,在色诺芬那里当然也是。对。

支持你的观点的是,对于亚里士多德来说,对于阿奎那(Thomas Aquinas)也一样,僭主与王之间的决定性区别,更多地取决于王代表人民行事——为了全体的好行事,而僭主则追逐自己的好——更少地取决于臣民的自愿臣服和法律。这是首要的区别,其他的都是非原则性问题,尽管非常重要但仍是从属性的。我认为这才是要点。换句话说,问题是,关键问题是νόμος,即法律。说苏格拉底败坏青年,这个说法的实际含义是,苏格拉底使雅典的法律变得可疑。苏格拉底做到这一点,不是通过建议年轻人去抢、去偷,还有做诸如此类的事情。相反,他只是向他们展示服从大多数人的意志这件事是多么困难,甚至多么荒谬。因为雅典的法律等同于大多数人的

---

① [译按]参雅法,《分裂之家危机:对林肯—道格拉斯论辩中诸问题的阐释》,韩锐译,赵雪纲校,上海:华东师范大学出版社,2007。

意志，这就是民主制的法律，而在相当多的情况下，大多数人的意志是非常不智慧的意志。民主制中有某种特定的怪异之处。对民主制的热忱不应该过于极端，以至于让我们根本察觉不到这种真实的难题，因为民主制能够成为一种好政制的唯一方式，就是人们要意识到民主制特有的各种危险。民主制的危险之处就在于：大多数人的意志被视为，事实上是必须被视为智慧的。这就是应该遵守大多数人的意志之所指。

遵守一个显然愚蠢的东西，明显不是有道理的做法；这种做法只有通过一长串的推理才能够变得有道理。请想一想任何一条不合理的法律。但这是一件非常复杂的事情，尤其是如果考虑到另一事实，即，违宪行动（用今天的法律术语来讲）实际上是几乎不可避免的情形，就像林肯在内战期间至少某些特定处境中所感受到的那样。这种事情在每个地方都会发生，我认为，如下诱惑（temptation）肯定每个人都偶尔感受过，即认为正是由于法律上的细节规定，而未能惩罚那些臭名昭著的谋杀者和其他恶棍。这些法律上的细节规定有非常好的理由，因为它们意在保护那些从一连串情况来看显得像是罪犯的无辜之人。但这也有其他的负面效果，即对于那些毫无道德原则的罪犯以及他们的律师，法律不能动他们分毫。这就是问题所在。我们必须面对，事情当然就是这样。

[141] 让我试着再陈述一遍。在这里我们看到的是僭政，它是一种坏政制；我们看到僭政如何能够得以改进。接下来，我们还会看到另一种坏政制，色诺芬认为的坏政制，即民主制。那么，民主制如何能够得以改进呢？这是下次讨论的主题，下次我们讨论《邦国财政》（On Revenues）。根据色诺芬的看法，还有另一种坏政制，那就是寡头制。出于某种理由，色诺芬没有就此专门写一部作品，除非我们说《拉刻岱蒙政制》是这样一部作品。

好政制有：王政和贵族制。或许你可以说，色诺芬在《拉刻岱蒙政制》中以某种方式将斯巴达政制展现为贵族制。色诺芬没有写关于王政的对话，但有一篇关于家政治理的对话。以家政治理为主题的对话即《治家者》论及王政，但采取的方式是，王政话题的教育者实际上不是苏格拉底,而是伊斯霍马霍斯,特别是在最后一章。伊斯霍马霍斯当然不像苏格拉底那样与色诺芬有密切关系。但我们当然想听一听色诺芬这么做的理由——色诺芬对王政作何思考,我相信答案只在《居鲁士的教育》中找得到,因为在那里色诺芬以他自己的名义说话。就连苏格拉底都没有在这部作品中出现。《居鲁士的教育》是一部叙事,而非一部戏剧性的对话。

第七讲 《邦国财政》《雅典政制》

[142] 施特劳斯：你说这是一部以改进雅典的民主制为主题的著作。① 这无疑是实情。但你说通过节制来［改进］，你采纳的是《回忆》卷四对节制所下的定义，根据这个定义，节制包含正义与虔敬。② 这两项德性当然起着非常重要的作用，然而，当你谈论关于和平的那一章时，我看到你立足于某种基本原则，我们到后面得稍微重述一下这项基本原则。班上有经济学家吗？这篇文章具有浓烈的经济学色彩，我们读的时候可能需要他的帮助。没有吗？不过，没有也很好，因为某某先生对经济学学者和庸俗的经济学计算所发表的言论可能激起经济学家的一丝敌意。可是，我必须向大家重复一下苏格拉底的说法：不要小看那些善于治家的男人们（the economic men）。当你提到"疾病"时，听起来就像是在说瘟疫，那场著名的瘟疫，可是我相信你讲到的那个段落并不是在说那场瘟疫。第四章第九节。让我们来解决一下这个问题："当城邦因为欠收或战争而病倒时。"③ 这里说的不是身体上的疾病，而是城邦的疾病，缘于——

学生：我视之为一种隐喻。

---

① 本次课以阅读学生的一篇论文开始，该论文没有收录进来。
② ［译按］参《回忆》卷四第三章和第四章。
③ ［译按］此句的希腊文如下：ὅταν τε αὖ νοσήσωσιν αἱ πόλεις ἢ ἀφορίαις καρπῶν ἢ πολέμῳ，当诸城邦要么因为粮食歉收，要么因为战争而遭难（νοσήσωσιν）。这里的动词νοσήσωσιν字面意思便是"生病，患病"。

施特劳斯：我明白了。那就可以。在这里"疾病"的意思是隐喻性的，我的意思是，城邦的疾病是隐喻的用法，不是缘于身体疾病的一种疾病。篇首的问题你表述得非常好。我们将加以探讨。现在让我们转向这部作品。

首先，我提醒大家注意色诺芬作品的整体语境，我只说那些在此有必要记着的内容。我们已经读了两部作品，《治家者》和《希耶罗》。《治家者》论及王政，关于王政的教诲由伊斯霍马霍斯直接给出，但苏格拉底转述了关于王政的这种教诲。就此而言，苏格拉底本人认同它，否则他就不会转述。关于僭政的教诲完全与苏格拉底无关，西蒙尼德斯与希耶罗在苏格拉底出生之前早就去世了。所以，关于僭政的教诲完全与苏格拉底无关；僭政如此邪恶，苏格拉底不想与之有任何关联，哪怕是改进僭政。

现在我们来到民主制面前。民主制在苏格拉底看来也是一种坏政制，但是这一次，色诺芬自己——我的意思是他甚至做得比让苏格拉底说话还要过，因为他自己来教导民主制如何能够得到改进，而这也意味着民主制如何能够得到稳固。如果某人写一本改进纳粹政制的著作，那它从根本上就是一部纳粹著作，因为它会表明纳粹政制如何能够得到稳固。所以，色诺芬认同民主制，就像西蒙尼德斯通过教育希耶罗如何变成一名好僭主而变成希耶罗的协作者一样。色诺芬在这篇作品中以同样的方式变成了雅典民主制的协作者。我们必须提前知道这些内容。

我们从篇首开始阅读时，便看到这部作品的第一个单词是"我"（ἐγώ），英译文当然没体现出来。这是表示强调。在希腊语和拉丁文中，不需要用人称代词，动词形式会显示出其人称代词；如果加上人称代词，比如"我认为"，那就是在强调"我"。这是色诺芬唯一一篇以"我"（ἐγώ）开头的作品，[143]《希耶罗》是色诺芬唯一一篇"我"这个单词从未出现的作品。色诺芬不想与僭政有任何关系。而在这篇作品中，色诺芬以强调的语气出现。这篇作品的最后一个单词是"城邦"。所以是"我"—"城邦"，个中关系复杂，因为色诺芬曾遭他的城邦流放，我们一定不能忘了这事。这至少表明这部作品位于《希耶罗》的相反一极,一边色诺芬出现得最少,另一边色诺芬出现得最多。《希耶罗》与《邦国财政》都有可以互换的标题,只有这两部是这种情况,前者是"希耶罗"或"擅长僭政的人"('Ιρέων ἤ τυραννικός),而这一篇,我们应该怎么说呢,"岁入"或"论岁入"(Πόροι ἤ Περί προσόδων)。① 这个事实表明了两部作品之间的关联。现在让我们来读第一节。

学生[读文本]:

> 我一直相信这一点:[诸政体的]那些领导者可能是什么样的,诸政体就也会成为什么样的。②(《邦国财政》1.1)

施特劳斯:让我们在这里先停一下。更为紧贴字面的译法是:"统治者们是怎么样的,政制也就会成为怎么样的。"这是一个相当不严密的表述,正如某某先生已经指出的那样。但这是古典思想的一个关键原则。领导者的品性规定了一个政体的特性,而领导者不只是指那些正把持着官位的家伙(这是附带情况),还有那种受到偏爱的人。在寡头制中,统治者当然是富人,这是自然而然的。只有富人才能成为统治者,不是因为他们有些其他品质,

---

① [译按] πόροι ἤ περί προσόδων。其中的πόροι是πόρος的复数主格形式;πόροι一般首先指的是海上和陆上的道路,然后指的是完成或做成某事的方式,与表示缺乏的单词aporia[没有办法]相对,aporia经常用来指苏格拉底经常让其对话者陷入其中的那种困惑状态。在更狭隘的含义上,πόροι指提供资源或钱财的办法,或者指资源本身。προσόδων是πρόσοδος的复数属格形式,受περί的支配,πρόσοδος意为"税收、岁入、利润"等。

② Xenophon, *Ways and Means*, trans. E. C. Marchant and G. W. Bowersock, St. Edmundsbury Press, Ltd, 1925, 1.1. [译按] 马尚特将Πόροι ἤ Περί προσόδων译作了"方式与方法"。本讲《邦国财政》所有引文的中译都依据牛津古典文本的希腊文(*Xenophontis Opera Omnia*, Opuscula, edited by E. C. Marchant, vol. 5, Oxford: Clarenden Press, 1920)和Ambler更紧贴希腊文的新英译文(*Xenophon: The Shorter Writings*, Edited by Gregory McBrayer, Ithaca, NY: Cornell University Press, 2018)译出,只有在施特劳斯对Marchant的英译文挑错时,我们才按照Marchant的英译文译出。

决定性的品质就是他们富有,这也意味着受富人统治的整个社会都专注于财富。或者举我们更熟悉的例子,民主制:民主制的原则是自由,这首先意味着任何一个自由人,即非奴隶,都有资格登上最高的官位。不要求其他的资格。他不必富有,他不必是大学毕业——尽管偶尔可能会有这个要求,但没有宪法条款作此规定。民主制专注于自由,自由的人们为了自由而统治,正如寡头制中的富人们为了财富而统治。这种相似性至关重要。但色诺芬用它指的是某种更加特定的含义,因为他关心的不是这种特殊政制即民主制的某个缺陷。

顺便说一下,下面这一点清楚吗?从上几代人开始,这种 πολιτεία 或政制的观念,有点消失不见了。对 πολιτεία 常见的翻译是 constitution,这非常误导人,因为你会因此想到法律文件。在这一方面,他们所做的事接近于现在所谓的"政治社会学"(只是他们在政治社会学中所做的事情与这些问题几乎不相干),而不是这个希腊词所指的东西,即超法律的现象。大家知道这意味着什么。大家抱怨民主制的政治理论对政党体系不着一词,这种抱怨很有名。这是合理的抱怨,因为若无政党体系,现代民主制就不可理喻,大家都知道,美国宪法对各政党保持沉默,所以这部宪法在政治体系方面会误导人。这是非常合理的批评。但这个批评不适用于诸如色诺芬或亚里士多德这样的人用"政制"所表达的意思,因为他们当然意指实际的秩序,而不仅仅是必须参照实际秩序加以解释的法律条文。

在每一种政制中,都是一种特定类型的人处于支配地位,这就是色诺芬和亚里士多德的主张。举好战的封建制贵族的例子,这一点就非常清楚了:这种类型的人进行统治并且在各个方面将自己的特质赋予整个社会,[144] 因为不属于这个阶层的人屈服于统治阶层,受统治阶层这样或那样的影响,从而终究被型塑。民主制看上去是所有人而不是一部分人的统治,但古典思想家们说,民主制仍然是一部分人的统治。因为在他们所理解的民主制中,每一个自由人都有投票权,无论富裕还是贫穷、高尚者还是坏蛋,在投票权上都并无区别。但是仍有一个稳定的多数人群体：穷人就是多数人。亚里士多德说"就是这样"，在每一个社会中，大多数人都是穷人。其中的理由很神秘，但事实却无法否认。"穷人"在这里意味着必须工作谋生的人。因此，民主制实际上就是穷人的统治，因此穷人处于支配地位。当然穷人可能选举富人担任高官，特别是那些要求某种技能的职位，比如将职和财政管理。他们通常不会选个穷人来负责财政，因为这个穷人可能在不得已时利用这个好时机自肥。但是，像伯里克勒斯这样正派的人为了变成民众的领袖，不得不背叛自己所属的阶层，所以"民主制是穷人的统治"这话仍然成立。让我们来看看难题是什么，读一下第一节接下来的内容。

学生［读文本］：

既然一些雅典领导者过去常说，他们认得出正义——

施特劳斯：是"他们知道正义"，知道正义是什么。

学生［读文本］：

他们和其他人一样知道正义是什么；但是，他们宣称，由于杂众（masses）的贫困——

施特劳斯："杂众"是十八世纪兴起的语词，因为法国大革命和此类事件。牛顿物理学。应该译为"大多数人"（Multitude）。

学生［读文本］：

但是，他们说，由于大多数人的贫困，他们被迫更加不义地对待那些城邦。（《邦国财政》1.1）

施特劳斯：就是那些臣属于雅典的城邦。是的，让我们在这里停一下。雅典人说："嗯，我们像其他人一样清楚正义是什么，但我们迫不得已多少做些不义之事，是因为大多数人的贫困。他们需要钱，所以，我们才以不义的方式来榨取盟邦。"有话要讲？

学生：我想返回您一分钟之前所作的解释里的最后那句话，当时您说，这一点依然有效，这种古典的民主观念。

施特劳斯：我说过吗？

学生：您的确说过。

施特劳斯：好，那我是说到点子上啦！

学生：我不想让它就这么溜过去。

施特劳斯：不，不。你不会允许我让它溜过去的，是吧？

学生：如果您说那句话的意思是这个观念对那个时代是充分的，可如果您的意思不止于此，而认为看待当今这个真实的世界时，这个观念也准确……

[145] 施特劳斯：嗯，我之所以迟疑，就是因为如下事实：现代民主制与古典民主制并非完全相同。这不用说，但还是有共同之处。看看这些制度，比如累进所得税（progressive income tax）：除了在民主制中，否则绝对不可能征收累进所得税。或者遗产税：有祖业的富豪，或甚至是新晋富豪，他们当然享有财富带来的自然而然的优势，但他们根本上还是处于防御一方。从政治上来说，这不真实吗？

学生：我自己不会接受这一点，从……的观点来看——

施特劳斯：我也是个穷人，但我们现在是在客观地谈论。

学生：好的。有人可能会客观地质问：富豪们享有的那些优势是不是太大了，因而他们实际上获得了社会的最终优势。

施特劳斯：好吧，这个国家中的大多数人当然希望保留私人财产。这十分清楚。就此而言，所有的私人财产，无论是富人的还是穷人的私人财产，严格来说都是安全的。但这没有问题，噢，请看一看税收。一个偏爱财富的政治体系显然会制定截然不同的税收体系，其中不会有遗产税的问题。请想一想自 1911 年以来发生在英国贵族身上的事,地主贵族和他们的城堡等诸如此类的东西。① 就是这样。在一个非民主制的政制中,受民众欢迎的言辞远远不及在民主制中那般重要。现在你看到,总统候选人必须赢得电视辩论的胜利,这件事情本身与政治能力没有丝毫关系。这是民主制的许多症状之一。幸好这件事情是有争议的,但还是有可能作出这样的声明——比如我看到过密歇根大学校长汉娜(Hanna)就作过一个这样的声明,声明规定,密歇根大学到1970年之前应该拥有四万名学生,而只有院系停止要求只有天才才可以被录取为密歇根大学的学生,才可能达到这个数字。我可以未听说过密歇根大学的学生都由天才组成。但是你看到,这样的话却可能出自一个有相当权力的人之口。这表明了某种东西。其要点在于,根据这种理念,现代民主制是一种受限的民主制;直接的标志就是它是代议制民主制,其理念是,人民从他们之中选举一名精英来当他们的代表。至于选举出来的代表实际上是不是精英,当然是个复杂的问题,但这就是这种制度下面潜藏的理念,你可以从《联邦党人文集》(*Federalist Papers*)中见到这一点。

学生:可以提出的另一种看法是,实际上在进行统治的富人们屈从于一些特定的让步,如果他们要使自己的统治持久,富人们就得时不时地向民众作出这些让步。

施特劳斯:你再往前走一步就会得出马克思主义对自由民主制的解释了。但,是这样的吗?

学生:我们可以为此争上两个钟头。

---

① [译按]美国自由民主制下的个人收入所得税采用累进税率制,税率按收入的不同,分为10%、15%、25%、28%、33%和35%多个税级。根据遗产价值的大小,美国的遗产税税率从18%至48%不等。但是,这些民主制特色的制度或许不影响我们提出如下问题:美国这个国家的立国精神是否偏爱财富呢?如果美国的立国精神的确基于洛克和孟德斯鸠等人的政治哲学教诲——追求舒适的自我保存以及大力发展商业,那么,我们就更要思考美国的民主制度设计是否只是为了更好地追求舒适的自我保存和发展商业,从而更好地帮助国民自由地追求财富。提问的学生随后也提出了另一种看法。

施特劳斯：自由民主制当然不是这么简单。好，我就说现代民主制，根据它最初的理念，它并不是要成为一种绝对的（unqualified）民主制，［146］这样我就可以走出我陷入其中的所有难题了。这个说法当然真实。你可以从参议院制度中非常清楚地看到它，也可以从严格意义上的代议制政府中非常清楚地看出来。代议制政府是要由精英来统治，但它臣属于大众的支配，这是当然的，但代议制仍然不是直接民主制。所以，《邦国财政》这里的问题是改进有别于僭主制的民主制。我们在这里也顺带看到正义的知识是不够的。大家还记得那个著名的论题吧：德性是知识吗？这些人知道正义，但他们因为大多数雅典人的贫穷而不能正义地行事。除了知识之外，你还需要亚里士多德所说的用品（equipment），如果没有用品，德性将有所欠缺。请继续，现在让我们来读这句话的结尾。

学生［读文本］：

出于这一点，我便着手考虑，［雅典］邦民可否以任何方式完全用自己的［土地］养活自己，这也是最公正的方式。（《邦国财政》1.1）

施特劳斯：是"最正义的方式"。大家看，最正义的方式是，你从自己的田地上得到食物，而不是得自那些受你剥削的可怜属邦。好的。

学生［读文本］：

因为我认为，如果这一点可以做到，这既会帮助他们摆脱贫困，也会帮助他们摆脱希腊世界对他们的猜疑。（《邦国财政》1.1）

施特劳斯：不是"希腊世界"，是"希腊人"。换句话说，这句话的基本意思是：雅典人在当时行事相当不义，而色诺芬将教导如何才能够停止不义之行，如何才能够通过色诺芬在下文所提议的改变来停止行不义。这一点清楚了吗？贫困是实际的不义之行的根源，因此，色诺芬必须看看如何才能克服这种贫困。这是现代民主制非常熟悉的一个话题，这是一种社会保障，只是形式上是希腊的形式而已。到那时，雅典人就会正义地行事。大家必须承认这种奇思妙想的合理之处，某某先生有话要讲？是吗？好的。

现在色诺芬谈起的第一个话题是土地，阿提卡的土地，阿提卡的自然。这是第一章的话题。他将阿提卡描述得非常美好：雅典什么都有。但当然了，你若看得稍微仔细些，看到色诺芬用来叙述各种话题的篇幅，你就会看到阿提卡的田地和农业出产没什么东西值得吹嘘的。雅典人拥有的石头和银矿要远远多于它所提供的食物。这个描述中有相当大的夸张成分。修昔底德的《伯罗奔半岛战争志》开篇处，即卷一第二章第四至五节，修昔底德说，因为土壤贫瘠，阿提卡在古时候是个相当安全的地方。没有人想要贫瘠的土地，人们对伯罗奔半岛平原和其他地方更感兴趣。所以，色诺芬说得稍微过头了。大家看到了。让我们只读这一章的最后一节。

学生［读文本］：

此外，大多数城邦都有制造麻烦的蛮夷住在附近，但雅典的诸邻邦本身也都与蛮夷相隔甚远。(《邦国财政》1.8)

施特劳斯："在最高的程度上"($\pi\lambda\varepsilon\tilde{\iota}\sigma\tau o\nu$)。例如，难以看出斯巴达怎么就离蛮人如此之近。比起农业基础，色诺芬当然更着重强调石头和银子，还有地理位置。其中的暗示当然至关重要：改进农业——这个属于《治家者》甚至还有《希耶罗》的重大论题——对阿提卡没什么帮助。在这一章，色诺芬论述了这个地方自然产出的好东西。下一章，他转向进来的东西，也就是$\pi\rho\acute{o}\sigma o\delta o\varsigma$，即收入。他在第二章第一节说了什么？［147］侨民，定居雅典的外邦人。首先引入的是侨民，因为侨民必须交某种形式的税，侨民还工作。这是第一个重要的内容。这暗示出什么？让我们来读第三节。

学生［读文本］：

而且城邦也会受益,如果邦民们一起当兵参战,而不是像我们现在做的那样让吕底亚人、弗里吉亚人、叙利亚人还有其他各类蛮夷与邦民们一同排成战斗队形。因为许多[雅典]侨民都是这些人。(《邦国财政》2.3)

施特劳斯:"侨民"。大家看,侨民不仅仅包括希腊人,甚至包括蛮夷,但是,当色诺芬提出这个关于完全自由的雅典移民政策的全面提议时,他完全不提他们的蛮夷出身。在下文中,色诺芬甚至说出了使马尚特先生感到震惊的话:军中最高雅的部分当然是骑兵;这些不应该在步兵、重甲兵队伍中效力的侨民,却应该在骑兵中效力,以此来吸引侨民。这极为悖谬。我们稍后将解释这一点。请读第七节。

学生[读文本]:

如果我们设立侨民监护者的公职,就像我们设立孤儿监护者的公职那样,如果哪些监护者吸纳了最多的侨民就赋予他们某种荣誉的话,这也会使得侨民们更怀有善意,并且可能所有没有城邦的人都会渴望成为雅典的侨民,也会增加[雅典的]岁入。(《邦国财政》2.7)

施特劳斯:"所有无邦的人"应该是更好的译法。所有无邦的人都会来阿提卡,他们在那是大受欢迎。据认为,色诺芬是非常反动的老顽固上校,这一条提议于他而言非常奇怪。大家会怎么解释?当然无需说,这篇作品的作者好几十年都是无邦之人。我们一定不能忘记这一点。

那么,这意味着什么,这条提议?嗯,当色诺芬稍后谈起奴隶时,我们再来处理,因为在这两件事情上他的应对方法相似。所以,第一件事情是极端自由的移民政策:没有任何限制。这自然与老派雅典人的观点完全相反。相对来讲,雅典民主制当然相对更支持侨民和奴隶,这从许多事情上都可以看得出来。例如,柏拉图《王制》

卷八描写奴隶在雅典的处境时说，雅典奴隶的处境比其他地方的奴隶好得多。但色诺芬在这方面已经走得远远超出了其他一切。换句话说，就是在改进民主制方面。但这说的是一般的民主制，而雅典特殊的民主制对侨民和奴隶则尤其开明，因此，才有了色诺芬的这个提议。色诺芬要开明得多，但这是在遵从民主制的路线，因此在政治上是正确的。

下一章的主题是其他形式的收入，这是位居中间的经济话题，即贸易和船运。请大家再次回想《治家者》：唯一有贤人风范的收入来源是农耕，贤人顶多敢从事的是田地买卖，正如我们所见。大家知道伊斯霍马霍斯父亲的绝佳构想吧？让苏格拉底惊奇的是，他买进荒废的田地，加以改进，却并不保有田地，而是为了收益再次卖掉田地。所以，普通的贸易和船运当然在贤人风范之外，几乎不可能被视为贤人风范。这是色诺芬的下一个重大提议。这是这部著作位居中央的经济话题。换句话说，我们不可以仅仅考虑一个话题所占的行数，还必须考虑它所处的文本位置。［148］然后，第四章的最后一个话题是银矿。第四章是全文最长的一章。我们必须稍微花时间思考这一章。让我们从第三节开始。

学生［读文本］：

显然，盛产白银的地点没有缩小成更小的地点，而是一直在扩展而变得更多。(《邦国财政》4.3)

施特劳斯：嗯，只要银矿里满数雇用工人，就不会有人缺工作；实际上，这里一直有劳工们干不完的工作。也请读一下第四节末尾，同一章。

学生［读文本］：

但当很多人［进行挖掘和寻找］时，银矿就会显得多很多。所以，在我所知道的劳作类型中，只有在这种劳作中，才没有人会嫉妒那些扩大经营的人。(《邦国财政》4.4)

施特劳斯：嗯，还有第五节末尾。

学生［读文本］：

在矿上工作时——

施特劳斯：这里说的是"在银矿上工作时"（ἐν δὲ τοῖς ἀργυρείοις ἔργοις）。

学生［读文本］：

所有人都说他们缺少劳力。（《邦国财政》4.5）

施特劳斯：第七节。

学生［读文本］：

因为说到家用器具也是这样，一旦某人为［其］房子获得足够的［器具］，他就不再购入更多的。（《邦国财政》4.7）

施特劳斯：换句话说，比如说，当只有放一套浴室用具的空间时，没有人会买二十套。请继续。

学生［读文本］：

但没有人获得过如此多的银子，以至于不再缺少［银子］。而如果某人有极多的［银子］，他们把多余的部分埋起来时得到的快乐不少于他们花掉它时得到的快乐。（《邦国财政》4.7）

施特劳斯：换句话说，银子是需求无限、供应无限，开采阿提卡的银矿可使人永远兴旺发达。多妙的事情！但可能有一点小困难。第十节。

学生［读文本］：

如果某人说黄金不比白银少有用处，我不会反驳这一点；然而，我知道，每当黄金显得太多时，黄金本身就变得不那么值钱，但这会让白银更值钱。(《邦国财政》4.10)。

施特劳斯：对。有显而易见的困难吧？什么困难。

学生：如果白银数量过多，又如何？

施特劳斯：就会有通货膨胀。依我看。这当然是色诺芬只在第十节加以暗示的内容。这是一个极富空想色彩的提议：为了拯救阿提卡，为了使雅典变得正义，[149] 而一心产出白银。嗯，十六世纪在南美发现了黄金之后，欧洲所经历的事情，我们知道得多一点，大家知道的。有话要讲？

学生：我注意到，在第一章，还有第三、四章，都有提到和平与战争。和平与战争看上去对这些章有重要意义。

施特劳斯：你的意思是，在战争中，银矿会遭遇什么事情？

学生：色诺芬的经济学提议，看上去是要将雅典从好战的共同体转变为爱好和平的共同体。

施特劳斯：这是第五章的内容了。那是第五章的论题。

学生：但我认为，我已经在前面几章看见了这个论题。

施特劳斯：嗯，可能你得等到我们探讨和平问题时，那时我们再回来看这些段落。现在让我们来读第十一至十二节。

学生 [读文本]：

现在我表明这些，从而我们可以有信心带领尽可能多的劳力进银矿，也可以有信心在这些事情上做准备，因为银矿永远不会枯竭，白银永远不会不值钱。

施特劳斯：不是"尽可能多的劳力"，是"尽可能多的人"($πλείστους\ ἀνϑρώπους$)，稍微更贴字面来翻译的话。

学生 [读文本]：

而在我看来，城邦比我先认识到这些；至少城邦向任何想要在矿上工作的外邦人提供平等的税待遇。(《邦国财政》4.11-12)

施特劳斯：换句话说，色诺芬的提议在某种程度上已经被人占先了，他只是想以非常大的规模来做实际的政治家们迄今已经在做的事情。一些特定的暗示非常引人注目；第十七节。

学生［读文本］：

如果我正在谈及的这些得到落实，唯一的新颖之处就是，正如平民通过买入奴隶而获得永久的收入一样，城邦也可能买入公共奴隶，直到每位雅典人有三名奴隶。(《邦国财政》4.17)

施特劳斯：大家看，这个花招的另一个暗含之义是雅典奴隶人口的暴增。数不清的外邦人、自由民，还有数不清的奴隶将会来到雅典，当然也会彻底改变这个共同体的品质。让我们来读本章最后两节。这可能是某某先生心中所想的东西。不对，是读四十一至四十二节，抱歉。

学生［读文本］：

如果有人担心如果战争被唤醒的话，这种准备就会没有意义，那这些人就应该考虑下，如果这些做成了的话，是侵略者而不是［我们］城邦将更害怕战争。因为对于战争来说，有什么宝贵的东西比人更有用呢？因为他们就足以替城邦填满许多战舰，［150］而且许多步兵将有能力为城邦给敌人造成负担，如果有人照管他们的话。(《邦国财政》4.41-42)

施特劳斯：换句话说，人口大增使雅典的军事力量更强大了。
学生：当我读这部著作的第一章时，我认为恰好相反，因为色诺芬在那里说，由于大多数人的贫困，我们被迫有些不义地对待其他城邦。其中的暗含之意是他的提议会使雅典人在对待别的城邦时少些不义，也就是不再那么好战。

施特劳斯：雅典人不义地对待那些城邦，这当然首先体现在那些城邦不得不交的各种税。其次，属邦的许多诉讼是由雅典的法庭来审理的，属邦付钱给审判员（juror），[①] 审判员就是靠这种收入生活的。我认为这些才是要点，而不是指战争。

学生：我只想指出，色诺芬也在第二十二节说有充沛的劳动力，而在之前，他说缺少劳力。

施特劳斯：稍微有些不同，我相信。他之前的意思是，比起现有的劳力，他们总是可以使用更多的劳力；并且他说，我们将以最大的规模做这件事，我们可以使用所有种类的奴隶。

学生：在第五节末尾，他说，每个人都说自己缺劳力。

施特劳斯：这是目前方案中的情况。但从前可没有那么多的奴隶，以至于每一位雅典人有三名奴隶。色诺芬当然没有区分男人、女人和孩子。也就是说，如果雅典人口数是 X 的话，奴隶的人数就是 3X。这甚至还没有把侨民算进来。色诺芬要的比这更多。

学生：第二十二节的内容是找［银矿］管理者。

施特劳斯：你这么认为？

学生：是，第二十二节的话题是，他将如何找到充足的人来管理奴隶，他说许多不想用双手劳作的公民将会乐意管理银矿。

施特劳斯：是，这是对的。肯定的，因为他们不必在银矿上干脏活。有话说吗，某某先生？

学生：在第二十二节，看上去有某种逻辑错谬。你让奴隶成为什么种类的士兵或水手呢？

---

① ［译按］古希腊民主制下的 judge 或 juryman/juror 应翻译为审判员，因为彼时没有现代英美法系里的法官（judge）与陪审员（juryman/juror）的区分。可参施特劳斯，《修辞术与城邦》，何博超译，上海：华东师范大学出版社，2016，页 44。

施特劳斯：摇橹划船的。非常需要划船的人。这是最重要的部分。一艘三层桨战舰上的战士人数非常少。重点在于划船，然后是运用战术策略（tactical maneuvers），一个人指挥战舰撞击敌舰。他们派城邦的底层人即最穷的人来做摇橹手。［151］这在当时是通行的做法。那干嘛不使用奴隶来做这些事情呢？不要忘了桨帆船奴隶的时代，奴隶可不是社会中顶受人尊敬的部分。

学生：除此之外，还有另一个方面；色诺芬的确有谈到奴隶也在步兵中效力。

施特劳斯：是轻装兵。

学生：我只是觉得，在管控士兵时，会面临更多的麻烦。

施特劳斯：色诺芬在此没有探讨如下问题，即外邦人和奴隶的人数远多于公民时，该怎么办。他没有探讨这个问题，就像他没有怎么探讨通货膨胀问题一样。

学生：罗马实际上尝试着在陆战中使用奴隶。

施特劳斯：可就连罗马都有著名的奴隶战争。① 现在让我们看一看第五十节，还是第四章。

学生［读文本］：

因为这里也会成为一座人口稠密的城邦，如果它以这种方式建立起来的话——（《邦国财政》4.50）

施特劳斯：也就是在银矿附近。

学生［读文本］：

而且那里的土地对于土地所有者的价值不会小于城中心的

---

① ［译按］即罗马奴隶起义（Roman Servile Wars）或曰罗马奴隶战争，可能指发生在罗马共和国时期的两次西西里奴隶起义和斯巴达克斯领导的起义：第一次西西里奴隶起义（即第一次奴隶战争）（公元前137年—前132年）；第二次西西里奴隶起义（即第二次奴隶战争）（前104年—前101年）；斯巴达克斯起义（即第三次奴隶战争）（前73年—前71年）。

土地的价值。如果我说到的这些［措施］得到落实的话，我同意，① 城邦不仅更容易得到钱，它也会变得更加服从、更有秩序、更善战。(《邦国财政》4.50 – 51)

施特劳斯：换句话说，从每一种政治视角来看都会是巨大的改进。这个大规模的前所未闻的银矿开采行动。这三条经济上的提议：第一，非常自由的新移居政策；第二，增进贸易和船运；第三，开采银矿。好的。现在我们已经看完了这三种提议，单凭它们就足以使雅典人更为正义。但必须满足一个条件，即一个政治条件，色诺芬在第五章提到了它。某某先生，你有话想说吗？

学生：对最后一句话有感而发。这只是所有政治宣传的口吻呢，或者，我也辨认出了斯威夫特（Swift）的《一个小小的建议》(*A Modest Proposal*) 的口吻，这种感觉对吗？

施特劳斯：有些道理。只是不太明显。我曾听一名搞政治史的学者说过，当时我们正在谈斯威夫特的《一个小小的建议》，我告诉他：你要知道，斯威夫特是在反讽。大家知道这个关于如何解决爱尔兰问题的著名奇想吧：因为爱尔兰人的孩子太多而食物太少，所以那就让爱尔兰人吃掉孩子，这么一来，食物有了，孩子也少了。我说了下面这番话，冒犯到了那位政治史的学者：嗯，斯威夫特的意思并不能按字面意思来理解。就斯威夫特而言，这个奇想显然是在开玩笑；在《邦国财政》中则不太明显。我们必须稍后再来弄明白。让我们先继续读下一章的开头。

［152］学生［读文本］：

如果看起来确实需要有和平，所有的收入才能足额进账的话，那么，不是也值得设立和平监护者么？(《邦国财政》5.1)

---

① ［译按］由于我们不清楚色诺芬在同意谁的看法，所以有校勘者修正了文本，改成"我现在说/认为"。见 Ambler 的注释，*Xenophon：The Shorter Writings*, edited by Gregory McBrayer, 前揭, p. 376。

施特劳斯：换句话说，我们已经有了孤儿监护者，现在设立侨民监护者一职。然后，我们再做一件事，设立和平监护者一职。但这个做法当然稍微难些，因为是否能够保持和平并不完全取决于雅典。请继续。

学生［读文本］：

> 因为推选出这一公职，会使得这个城邦对所有人都友好得多，而且更合适所有人进来。（《邦国财政》5.1）

施特劳斯：所以，和平是政治条件。接下来，色诺芬在下文中记述了和平的益处，特别是对雅典而言。我们无法全读。请读第三、四节。

学生［读文本］：

> 因为，如果城邦安宁，哪个等级的人不需要她呢？船主和商人们将登列榜首。还有那些富有谷物、葡萄酒、橄榄油和牲畜的人，以及有头脑并且有钱进行投资的人。（《邦国财政》5.3）①

施特劳斯：译者们删去了一些内容。"那些富有谷物的人，那些富有葡萄酒的人，那些有甜葡萄酒的人"——后者可以译成"喜欢

---

① ［译按］此处根据 Marchant 的英译文译出。若根据 OCT 和 Ambler 的英译译出，则如下所示：因为当城邦处于安宁之时，首先，有哪些船主和商人会不需要她呢？（τίνες γὰρ ἡσυχίαν ἀγούσης τῆς πόλεως οὐ προσδέοιντ' ἂν αὐτῆς ἀρξάμενοι ἀπὸ ναυκλήρων καὶ ἐμπόρων;）那些有很多谷物的人、那些有很多葡萄酒的人（以及那些贩卖美酒的人）会不［需要她］吗？（οὐχ οἱ πολύσιτοι, οὐχ οἱ πολύοινοι [οὐχ οἱ ἡδύοινοι];）那些有很多橄榄油的人、那些有很多牲畜的人以及那些能够靠自己的判断和银子赚钱的人，又怎么样呢？（τί δὲ οἱ πολυέλαιοι, τί δὲ οἱ πολυπρόβατοι, οἱ δὲ γνώμῃ καὶ ἀργυρίῳ δυνάμενοι χρηματίζεσθαι;）Ambler 把 ἡδύοινοι 翻译为"那些喜欢喝葡萄酒的人"（take pleasure in wine），按照 LSJ 的解释，ἡδύοινοι 意为"做甜酒买卖的人"（dealers in sweet wine），Ambler 还在注释中说，有一些校勘者删掉了这个奇怪的内容。

享用葡萄酒的人"——"那些有许多橄榄油的人,那些富有羊的人"。大家看到,译者们之所以删去其中的部分内容,是因为他们太执着于字面意思,将这篇作品当作经济学宣传作品。还有其他哪些人?

学生[读文本]:

> 手艺人和教授(καὶ μὴν χειροτέχναι τε καὶ σοφισταί)——

施特劳斯:不是"教授",是"智术师"。

学生[读文本]:

> 智术师,还有哲人(καὶ φιλόσοφοι)又如何呢?(《邦国财政》5.3-4)

施特劳斯:一个教授用"教授"来翻译"智术师",真不可思议,不是吗?请继续。

学生[读文本]:

> 诗人,还有那些从事这些事情的人又如何呢?那些渴望[看或听]值得看或值得听的神圣或世俗事情的人又如何呢?而且那些需要快速卖出或买进许多东西的人又如何呢,他们在哪里会比在雅典更可以获得这些呢?(《邦国财政》5.4)

施特劳斯:所以,总归雅典将成为希腊世界的中心。但此时你可以提出如下问题(现在我们碰到了一个关键的政治议题):如果雅典人是从政治上掌控整个希腊世界,而不是靠雅典的吸引力,那雅典人不是可以做得更好吗?请读下一节。

学生[读文本]:

> 如果没有人会反驳这些,如果某些想要城邦恢复领导权的

人认为通过战争比通过和平可以更好地达成这一点的话,那请他们先想一想波斯战争,我们获得对[希腊]舰队和希腊财库的领导权,是通过使用暴力呢,还是通过施益给希腊人?(《邦国财政》5.5)

[153]施特劳斯:诸如此类。换句话说,雅典帝国的政治掌控比不上用和平方式使雅典对每个人都有吸引力。雅典的领导权,比如说,自波斯战争以来,来自和平和正义,而不是来自战争。色诺芬在下文中详述了这一点。让我们转向第十一节。

学生[读文本]:

如果有人以为在钱方面,战争比和平对城邦更有利可图的话——

施特劳斯:大家记得《治家者》中的一个说法吧,其中一种致富方式是战争与僭政。

学生[读文本]:

我不知道,比起再次思考之前发生的事情对城邦造成的影响,还能如何更好地作出判断。他将会发现,以前在和平时期是多得多的钱被带进城邦,而在战争期间这些钱都花光了。如果他思考一下的话,他就会认识到,在现在这个时候,由于战争,我们的许多收入也减少了,那些进来的收入已经在许多不同的[事情]上遭到挥霍;而当海上出现和平后,岁入增加了,邦民们也有可能按照自己想要的方式使用它们。(《邦国财政》5.11-12)

施特劳斯:问题是,色诺芬说的是哪个时期?他在这里说的是伯罗奔半岛战争时期,还是公元前四世纪开初或中期的战争?他提起海上的和平,以此对他的说法加以限定,因为如果没有海上的和平,雅典当然就无法复苏了。更确切地说,如果雅典控制着海洋,如果她有目前最强大的海军,陆地上的战争就不是什么严重威胁。无论如何,这个说法——即和平从纯收益的角度来看比战争更可欲——并不完全与《治家者》的观点一致。我们必须说的,就是这么多。好的。和平政策必不可少,这是总体的论点。自然,在最后一节,如果有人不义地对待城邦,雅典就必须开战,这不用说。不存在绥靖政策(No Munichs)。① 好的。关于政治的这一章就是这样了,现在我们来看结论,篇幅短小的第六章。之后我们将试着做通盘考虑。请继续。

学生[读文本]:

但如果所说的这些[措施]没有任何不可能做到或难以做到的事情,而且如果当这些事情做成之后我们与希腊人的关系更加友好,如果我们会居住得更安全,我们会有更好的名声,而且民众——(《邦国财政》6.1)

施特劳斯:"民众在生计方面会富足起来"(καὶ ὁ μὲν δῆμος τροφῆς εὐπορήσει)。

学生[读文本]:

而富人将会摆脱战争的开销;而且既然会有许多纯收益,我们将会比目前更气派地庆祝节日,将会修缮神庙,将会修复城墙和船坞,将会归还祭司、议事会、官员、骑士等级古老的[报酬和特权],那怎么会不值得尽可能快地着手实行这些[措施]呢,以便我们可以在当今时代就亲眼看到城邦在安全中繁

---

① [译按]即《慕尼黑协定》(The Munich Agreement or Munich Betrayal),第二次世界大战爆发之前,英、法、德、意四国首脑在德国慕尼黑召开的会议上达成这一协议。英法为了避免战争爆发,签署《慕尼黑协定》,而牺牲掉捷克斯洛伐克的苏台德地区,出卖没能参会的捷克斯洛伐克,这是一项绥靖政策。施特劳斯在此是用 Munich 来指代绥靖政策。

荣昌盛？（《邦国财政》6.1）

[154] 施特劳斯：来总结下这一点：色诺芬所做的提议足以使城邦幸福繁荣，同时让邦民安全地生活，西蒙尼德斯试图在《希耶罗》中让僭政达到同样的目标。好的。但这是一种解决方法吗？此处定义的幸福，加上安全，是政治生活的目标吗？请读下一节。

学生［读文本］：

> 如果你们决定要做这些，我会建议你们派人到多多那和德尔斐，询问诸神，在当下以及在日后，以此方式安排城邦是否更合意、更好。（《邦国财政》6.2）

施特劳斯：好的。这是什么意思？诸神会告知什么？色诺芬无法回答这个问题，因此必须求问宙斯和阿波罗。两位神将会如何回答呢？两位神会提供什么信息呢？要向两位神求问的确切问题是什么？这些安排现在和以后是否对城邦好？但这不是还有更宽广的维度么？作者以这种方式描述的目标，即此处定义的幸福，是不是好的呢？色诺芬无法予以保证，因此，需要诸神关于此事的意见。

学生：［听不清］

施特劳斯：可问题在于色诺芬让雅典人向诸神提什么问题："在当下以及在日后，以此方式安排城邦是否更合意、更好。"假设所有事情都得以执行，这会保证幸福吗，如果色诺芬建议雅典人做的所有这些事情他们都做到的话？让我们假设这没问题，那么这会更好吗？在《回忆》的篇首（谁手头有《回忆》？），第一卷第一章：

> 他还说，那些想要高贵地治理家政和城邦的人还额外需要占卜术。因为，要成为一位高明的木匠、铜匠、农夫、凡人的统治者、这一类工作的审查者、推理者、治家者或将领，他认为所有这一类事情都是学习问题，并且能够通过人的理智获得。但是，在这些事情上最重要的东西，他说，诸神都为他们自己

保留着,它们都是人们所不清楚的。因为,一个人种地种得美,但不清楚谁会收获果实——

意思是按照农耕技艺的所有规定去种地。

但不清楚谁会收获果实。一个人建房子建得美——

意思是按照建筑技艺的所有规定去建房子。

但不清楚谁会住在里面;一个人善于将兵,但不清楚将兵[对他]是否有利;一个人善于治邦,但不清楚领导城邦[对他]是否有利;

即统治城邦。

一个人为了快乐、幸福而娶了个美娇娘——

施特劳斯:马尚特是怎么译的?

却不清楚是否会因为她而愁苦;一个人攀上了在城邦中有权势的姻亲,但不清楚是否会因为他们而被剥夺城邦。①

现在让我们把苏格拉底的话应用到我们正在说的事情上。如果城邦做了所有这些事情且变得非常富裕,那么,富裕对城邦就好吗?城邦也会遭受嫉妒,诸如此类。所以,至少出于这个理由,我们必须求问诸神。现在,下一点,请读最后一节。

[155] 学生[读文本]:

---

① 《回忆》1.1.7-8。施特劳斯的译文。

如果他们（诸神）同意这些的话，那我会说，我们需要询问，为了以最高贵和最好的方式做这些事情，我们应该把哪些神争取过来。在向他们指定的那些神献祭并获得好的祭兆之后，就合适开始这项工作。因为在神的护佑下做这些事情时——这些行动总是成就对城邦更合意和更好的事——就是合适的。（《邦国财政》6.3）

施特劳斯：这里的 εἰκός，可以译成"合适""很可能"，也可以译作"当然"。大家看，向诸神问了两次。第一，我们应该做什么，我们应该接受这项政策吗？第二，[1] 为了这些事情将来顺利，我们该向哪位神献祭。这让大家想起了类似的事情吗？

学生：《上行记》

施特劳斯：讲讲这个故事吧。

学生：色诺芬的友人普罗克色诺斯（Proxenus）邀请他加入居鲁士的军队，色诺芬去找苏格拉底征求建议，苏格拉底让色诺芬去问那位神该不该去。

施特劳斯：色诺芬去了德尔斐，问为了做成这件事应该向哪位神献祭。然后色诺芬回来告诉苏格拉底，于是苏格拉底说：你这个淘气鬼，你自己决定了去，就不问神你是否该去，在已经做出决定的情况下，你问神你应该向哪位神献祭才可以旅途顺遂。我们在这里看到，老年时的色诺芬不像年轻的色诺芬那般不严肃了。好的。

可是，这部作品的总体意旨是什么？当然，我们看到，这需要更为细致的探讨，并且我相信，这种细致的讨论要求讨论者比我更加了解雅典的政治经济学。如果我要就这部作品写些什么的话，那我要花时间去学习，但现在我还不知道雅典的政治经济学。

学生：[听不清]

---

[1] [译按] 原文此处有一个脚注，说的是根据原抄录稿，列举时用的是"2"和"b"，为了保持一致，将"2"改作了"a"，中译者将"a"和"b"译作了符合我们表达习惯的"第一"和"第二"。

施特劳斯：某某先生，你在反驳苏格拉底。苏格拉底对色诺芬说：你不问神两个问题，不是向神提出两个问题而是只提一个，你做错了。你可能可以说，色诺芬在《上行记》中所取得的军事成就证明了色诺芬行事明智。你可能可以这样说，但这又引出一个非常复杂的问题：在苏格拉底和色诺芬那里的整个占卜问题。但如果我们看一看关于改进雅典民主制的这些提议，它们相当于在说什么呢？不可否认，城邦现在不是十分正义。要如何使城邦变得正义呢？

学生：那立足于如下预设，即只存在一个问题。

施特劳斯：当然，因为雅典人说，我们穷得富不起来。于是，色诺芬的回答是：我将向你们表明如何能够变富，然后你们将变得正义。现在，如果我们用一般的话来说，使一个人或城邦变富，以此使他们更正义，或者更普遍而言，使他们富裕起来，以此使他们正义，这就是那个问题。这一点讨论过了吗？某某先生，你听说过这一点的。好的。

[156] 色诺芬在其他什么地方讨论过吗，就是这个我们再熟悉不过的有趣提议？使人们富裕起来，就有可能使人们成为正义的人吗？在色诺芬的《会饮》中，有一段非常微妙的相关讨论。在《会饮》中，每个人都被要求讲一讲自己最引以为豪的事物。卡里阿斯（我们先前在讲《治家者》时已听说过此人），这个有钱的傻瓜、自负的蠢驴说，我引以为豪的事情是我使人们变得正义。怎么做到的？给他们钱就行。那他们就不必再偷抢和行贿，或者任何你可以说出的坏事。卡里阿斯与安提斯忒涅斯（Antisthenes）之间有一场短暂的探讨，后者就是犬儒学派著名的创始人，在色诺芬的评价中是一个非常低的人物，但他足以反驳卡里阿斯的说法。他向卡里阿斯提出如下问题："你用钱帮助他们摆脱困境，他们所有人都感激你吗？"卡里阿斯回答："不，他们通常都不感激我。"安提斯忒涅斯说，"这就是咄咄怪事了，你能够使他们在其他每一个方面都变得正义，却不能使他们正义地对待你"，因为知恩图报是正义的一部分。所以，这并非明智的提议，尽管在某些情况下，由于需求如此之大，肯定需要金钱上的帮助。但是，作为整体的政策提议，

我不认为它符合苏格拉底或色诺芬的思想。

学生：在第一句话中，他们说自己的确知道正义是什么。若要色诺芬的提议切合实际，他们就得根本就不知道正义是什么，难道不是吗？

施特劳斯：对，你当然可以这么说。这绝对没错，这是正确的，因为这一种正义，即人们通过获取钱财就可以得到的正义，不是真正的正义。但不严谨地说，它当然是正义。因为我认为，许多人之所以不诚实或稍微不诚实，只是因为非常穷，如果日子过得去，他们就不会去偷东西。有适量的收入却在商店行窃以求获得刺激的人——或者该让精神病学家来处理这样的人——我认为这样的人是少数，而那些要饿死或接近于要饿死的人，可能是常见得多的情况。

但是，正义问题还有另外一面。关于正义的理解有不同层次，色诺芬《希腊志》的某个地方在一个非常简单的层次上给出了答案。某个小亚细亚的小僭主（梅狄阿斯［Meidias］）征服了邻近诸邦，对其课以重税，后来，一位明智的斯巴达将军（即德尔居里达斯［Derkylidas］）攻占了这些城邦，僭主便沦为其阶下囚，但这位将军并没有杀他，而是说：你再也不能在这些城邦生活了。僭主说：那我该做什么呢？斯巴达将军说：回到你出身的城邦，你属于那里，这才正义。所以，回到你父亲的房子里，靠那些属于你的东西过活。① 这是一种天然意义上的正义，大家知道。这当然预设了对社会秩序之正义的一般信念，它是自然而然的。如果大家采纳马克思主义者的观点，那他则会质疑整个社会秩序，他会说这只是原始和天然意义上的正义，而不是更深层意义上的正义。色诺芬也会说，这并非对正义最深的理解，可是，实际上足够好了。由此，如果色诺芬的提议可行，如果雅典人经营他们的银矿并以此致富，雅典的经济就会持续繁荣下去，雅典人也就不再需要向其他城邦征税了，这

---

① ［译按］施特劳斯的回忆不够准确，这里记叙的事件见于《希腊志》3.1.10－28。

当然是更好的。有话要讲?

学生:向神提出的第一个问题之所以如此特别,就是因为这种经过稀释的正义,您可以这么说。能不能以此来前进一步?色诺芬并没有问他的提议是否可以构成真正的好。

[157]施特劳斯:可是,如果阿波罗说这个计划不好,色诺芬的提议当然可以在理论上立足于一种对正义更深层的理解,不是吗?

学生:可以的。

施特劳斯:凭色诺芬对通货膨胀难题的了解,色诺芬的提议也许可以立足于一种关于经济问题的更好理解之上。

学生:但色诺芬也可以说,这提议在一个很浅的层次上是好的。

施特劳斯:这个问题并没有定论。我的意思是,阿波罗的智慧有多高,这没法确定。基于此处所给出的论证,这当然是某种无法确定的东西。请讲。

学生:[听不清]

施特劳斯:可是,就希耶罗而言,希耶罗并不是对自己的财富不满。希耶罗只是不满于人们不喜欢他。于是,西蒙尼德斯告诉希耶罗:我将向你表明如何变得极为受欢迎。一个简单的提议:你自己做所有表示善意的事情,所有令人不快的事情由你的官员来做,到时候你就说,我感到抱歉,对此我无能为力。这是其中的一种简单技巧,凭借这个技巧你就能够变得受欢迎。

学生:这些人会一直满意吗?

施特劳斯:你的意思是,他们可能渐渐会看出来情况并非如此——但是你知道林肯说的话,林肯划分出三个等级的人,[1] 有些人你可以愚弄到底。因此,这个技巧在实践上可以具有一些重要性。

现在让我们来思考这篇小作品的另一个更宽泛的方面。第一个单

---

[1] 1858 年,林肯在伊利诺伊州克林顿县发表过一次演讲,尽管有一些当时在场的人回想起林肯说过这句话,但没有确凿的证据证明林肯说过。见 Thomas F. Schwartz, "'You Can Fool All of the People' Lincoln Never Said That," *For the People*: *A Newsletter of the Abraham Lincoln Association* 5 (2003): 1, 3, 6。

词是"我",最后一个单词是"城邦"。这部作品同色诺芬与雅典有一些关系,我们或许可以说,这部作品的主题正是色诺芬与雅典这一问题。色诺芬为什么赋予这个对他而言极为重要的问题这么独特的形式呢?色诺芬曾遭流放。确切的原因我们不知道。他自己说过自己被流放一事。我们至少可以说是因为政治异见而遭到流放。色诺芬属于骑士阶层,在伯罗奔半岛战争末期,骑士阶层的名声很坏,因为发生了寡头革命。这事当然有可能与苏格拉底有些关系,尽管色诺芬在苏格拉底被处死之前就遭流放了。① 如果我们以政治异见来理解色诺芬遭流放的事实,那么,他在这部作品中表明自己并不是政治异见人士。文中没有批评民主制之类的话,只有立足于民主制并沿着民主制的思路改进民主制的内容。他提出的关于外邦人和奴隶的温和政策甚至相当激进。在这篇作品中,色诺芬根本没有提议任何带有斯巴达或斯巴达主义气息的东西——[158]这一直都是敌对的建议——而是提出比雅典民主制远为民主的提议,特别是在侨民、蛮人和奴隶问题上。

也要思考这一点。在《治家者》中,通过与贤人($καλος κἀγαθός$)

---

① [译按]这一点似乎不易确定。按照布泽蒂对《居鲁士上行记》5.3.4–13 的相关分析,在苏格拉底被雅典人判处有罪之时,色诺芬尚未遭到雅典的流放。见布泽蒂,《苏格拉底式的君主色诺芬:〈居鲁士上行记〉的论证》,前揭,第五章第二节的注释33。布泽蒂说:"我相信,《居鲁士上行记》卷五第三章也概述了色诺芬在上行之后的生活的主要阶段。他的叙述次序暗示出如下的事件次序。(1)上行之后,他暂时回到希腊,并且将献给阿波罗的还愿供奉物存入雅典人在德尔斐的宝库,当时他尚未遭到雅典流放。我们看到色诺芬在《上行记》的末尾(7.7.57)准备回家。(2)感受到雅典人对他的敌意后,色诺芬又返回亚细亚,因为雅典人把他看作雅典城新近的敌人居鲁士的朋友和苏格拉底圈子的成员。雅典人已经在公元前399年处死了苏格拉底,就在上行结束前的几周或几个月。然而,色诺芬没有亲历这场审判,《苏格拉底在法官面前的申辩》(第1节)和《回忆》(1.1.1)都可以证明这一点。(3)色诺芬再次加入居鲁士雇佣军的残部,跟随斯巴达人提布戎(Thibron)、德尔居里达斯(Derkulidas)和阿格西劳斯在亚细亚征战(对比《希腊志》3.2.7)。(4)色诺芬第二次返回希腊(这也是他最后一次返回希腊,以后都待在希腊),站在斯巴达这一边,与雅典人在克罗内亚(Koroneia)交战(公元前394年)。(5)色诺芬被雅典人流放,斯巴达人将他安置在斯基卢斯。"

伊斯霍马霍斯进行对比，苏格拉底揭示出自身的特殊性，自己特殊的生活方式：苏格拉底不是贤人（καλοςκάγαϑός），他只是一个好人（άγαϑός），没有另外可炫耀的东西。我认为，色诺芬也有可能会在一部经济学著作中揭示他自己，尽管《邦国财政》是部政治经济学作品——这个术语当时还不存在，不过我认为还是能够称其为政治经济学著作。我相信"政治经济学"这个术语是在十六世纪创造出来的，但在很长时间内用得并不普遍。十七世纪晚期，这样一种科学得以发展，那时人们称之为"政治算数"（political arithmetic），"政治算数"像统计学（statistics），"统计学"一词也源自"国家"（state）。① 关于这篇文章，我们就讲这么多，我想转向——对哦，这在今天听起来怪怪的，不是吗？可能我弄错了。我没有查任何词典。大家应该查查默雷的牛津词典，看一看"统计学"的词源是什么，因为我知道"地位"（status）这一单词源自"国家"（state），而"地位"比"统计学"这一单词更早出现。这是我心里面的想法。但是应该有人查一查，"统计学"一词的原初含义是什么。② 我们发现的那些隐秘之事一向大有深意。

关于这篇作品，大家有什么想要说的吗？

学生：您可以谈谈关于侨民的悖论吗？侨民被阻挡于步兵之外，却获准加入高等级的骑兵。

施特劳斯：这是极端开明的（liberal）。公民与外邦人之间的区别在一个非常重要的层面上完全遭到忽视，当然不是政治层面，因为外邦人不会当官。但是，大家知道，社会方面雅致时髦的东西并

---

① Sir William Petty，1623—1687，在克伦威尔、查理二世和詹姆斯二世手下任过职，写过经济学史和统计学方面的重要作品，包括《论税务和捐献》（*Treatise on Taxes and Contributions*，1662）和《政治算数》（*Political Arithmetic*），该书在他去世后才出版，即1690年问世。

② 牛津英语词典（OED）的解释是：在后古典时代的拉丁语或德语中，该词的语义经历了一个发展过程，"先是指国家的、精通国务者（statists）的，后来用以指与国家或政府有关的数据的研究，并由此意指关于此类数据的分析（特别是以数字的形式，用数学方法进行的分析）。与古典拉丁词单词 status 的各种意义之间的联系，可能在这个语义发展的过程中发挥过一定作用"。

非完全与政治无关。

学生：可为什么把异族人排除在步兵之外呢？

施特劳斯：因为不安全。我认为，骑兵被看作比重甲步兵更安全的兵种，当重甲步兵才是真正艰难的事情。当希耶罗问［西蒙尼德斯］可曾在战争中经历过真正的生命危险时，希耶罗提到了什么？希耶罗举例子时，他说的是重甲兵（［译按］见《希耶罗》6.7 - 8）。重甲兵是战斗中的精华部分，而骑兵不是。换句话说，骑兵是等到只有百分之一的人幸存时才发动攻击，有些著名的战例，丘吉尔（Churchill）在乌姆杜尔曼（Omdurman），① 最后一个这样的战例。不同之处当然在于这场战斗是持枪的。而古代没有枪。我认为原因就是真正艰难的事情是当重甲兵。

［159］学生：骑兵不是传统上贵族式、寡头式的东西吗，那些可以承受得起所需花费的人？

施特劳斯：骑兵是有钱人的特权，因为一个人必须自己装备马匹，这是自然而然的。

学生：［听不清］

施特劳斯：嗯，除了在一些特定的地区之外，比如亚洲，否则的话，单有骑兵从来就不够。有一些著名的骑兵之战，是由骑兵决定胜负的。克拉苏（Crassus）什么时候吃的败仗？公元前一世纪六十年代，那是一场由骑兵赢得的胜利，② 也有其他这类战例。但在希腊的战争中，骑兵并不是决定性的力量。重甲兵才是，除了在轻装兵占很大优势的多山地区。③

---

① 乌姆杜尔曼战役在1898年9月2日打响，英国和埃及军队在克齐纳爵士（Henry Kitchener）的率领下打败了苏丹领导人阿布杜拉希（Khalifa Abdullahi）的军队，以图重新控制苏丹。丘吉尔（Winston Churchill）当时曾与第二十一轻骑兵团一起作战，他在《河上战争》(*The River War：An Historical Account of the Reconquest of the Sudan*, 1899) 这本书里写到了自己的这次经历。

② ［译按］指克拉苏在远征帕提亚时为帕提亚骑兵所败，见普鲁塔克，《希腊罗马名人传·克拉苏传》。

③ ［译按］可参看色诺芬《居鲁士上行记》卷四第一章和第二章，希腊万人军与住在山间的卡尔杜奇亚人之间的交战。

学生：奴隶问题又怎么样呢？看上去色诺芬的提议几乎像在斯巴达化。斯巴达人更正义，因为斯巴达人待在邦内。

施特劳斯：在这种意义上，真是这样。换句话说，斯巴达拥有的大量奴隶使他们更和平，因为他们担心希洛特造成内部麻烦。通过增加奴隶人数（slave problem），① 雅典也会变得更加和平。有此可能。可是，既然奴隶得到非常仁慈的对待，几乎像公民那样——我不知道。

学生：色诺芬暗示他们会在战争中逃跑。就"自愿"这个语词的任何意义而言，奴隶们并不是自愿的。

施特劳斯：当然，你在色诺芬作品的任何一个地方都可以找到这样的委婉说法。

《雅典政制》部分

施特劳斯：现在我必须转向另一部作品，你们当中的许多人还没来得及读，即《雅典政制》(*The Athenian Constitution*)，或者用大家的叫法，即《老寡头》(*Old Oligarch*)。② 大约一百年以来，我不知道确切的年份，这部作品被认为是伪作，并非出自色诺芬之手，而是出自一个无名作者，人们称其为老寡头。这也许足以使我们以此为由就不去研究它。可是，出于如下理由，我们不能完全忽视它。

我想他们的基本论证是这样的。这篇《雅典政制》写于公元前430年左右，或是伯罗奔半岛战争爆发之前不久，或是战争的第一年。那时，色诺芬大约八岁，也可能十岁，色诺芬实际上不可能在那时写这部作品。这是一个非常有说服力的主张。一个就其本身而言非常有说服力的主张。可是，它怎么就作为色诺芬的作品传下来

---

① ［译按］此处原文为奴隶问题，但根据文脉，应当是"奴隶人数"。

② 上课所用的《雅典政制》选自《色诺芬全集》(*The Whole Works of Xenophon*)，由 Maurice Ashley Cooper 等人翻译，London：Jones and Company, 1832。这个译本将《雅典政制》译作《雅典共和国》(*Athenian Republic*)，上课时读出来的译文看上去提前通篇修改过，目的是更加忠实于原文。

了呢？古代不曾有人质疑这篇文章出于色诺芬，必须解释这个事实。我曾在某个地方看到过一种解释：色诺芬去世后，可能有人在色诺芬的手稿中发现了它，他的遗嘱执行人（无论那是什么人）就理所当然地认为这是色诺芬写的，于是，它进入色诺芬的作品中，［160］就这样传了下来。古典时期，确实有人怀疑《雅典政制》是否真实、是好或坏，我们不知道理由，但有人怀疑。这一点毫无疑问。无论如何，我们必须提出这个问题。

我会说上面那种论证有如下缺陷。像各种有趣的案例中的所有此类论证一样，它基于一种总体估计：估计什么对于这位特定的作者来说是可能的。大家知道的，让我们来看一看。有一些例子，例如，你在一部作品中看到，比如说，如果你看到一部作品，里面提到了相对论理论，那么，你就绝对可以确定，这部作品的写作不会早于1911年，1911年可能是这部作品最早的出版日期。或者举相似的东西，比如里面提到望远镜，那这部作品的写作不会早于伽利略，这是非常清楚的。但即便是这种情况，也一直存在如下问题：可能这一行或这一句是后来插进去的——作为一个注解，如他们所说——而整部作品是古老的。所以，情况远非如此简单。

但在那些有趣的案例中，这种论证都是基于一种估计：估计作者本应写什么。柏拉图的一部对话冒犯了一种特定类型的柏拉图迷，那就是《默涅克塞诺斯》（*Menexenus*）。我绝对可以确定，如果没有亚里士多德的保护，他们在十九世纪肯定会否认《默涅克塞诺斯》的真实性，那时正盛行这么干。说得妙：［亚里士多德］保护它。亚里士多德引用或提到过《默涅克塞诺斯》，故而没有人能够质疑它出自柏拉图之手。但他们否认其真实性所依据的理由是：柏拉图不会做这种事。

就色诺芬的《雅典政制》而言，有一个心照不宣的主张，其大意也是说色诺芬不会做这种事，也就是说，他不会写一篇论雅典政制的文章，并且可以说把这篇文章的写作时间定在实际写作时间的六十年前。但毕竟，一个相当优秀的作家也可以在1963年写一篇政治宣传册，声称它是1863年的政治宣传册，并模仿1863年这一时期的风格和所有其他特征，这种做法本身并非不可能。不过，由于他们假定色诺芬是一个心智非常简单的人，所以也就不会有这种想法，但我不知道有什么相关讨论驳倒了如下可能性：色诺芬写下了关于雅典政制的内容，这些内容的时间被戏剧性地定在——比如说公元前431年，而那个时候色诺芬自己都还不会写字，因为他那时还是个孩子。这为什么就不可能呢？这是有可能的。还有，如果［这篇作品的］风格与色诺芬平时的风格不同——我认为确实不同，作品出自色诺芬之手的这种可能性当然还是讲得通，如果一个人已经领会到色诺芬真正伟大的写作才能的话。

这种可能性，如我所说，人们之所以不加以考虑，是因为人们如此热切地想要得到关于希腊政治史特别是雅典政治史的史料。如他们所说，他们认为这篇作品就是阿提卡散文最早的文献，甚至比修昔底德的还早，这简直太好了，以至于无法不接受。所以，我不会断言它是色诺芬的作品，但我也不会否认它是色诺芬的作品。我认为，我们必须从头开始探讨整个问题，探讨的立足点是更加充分地理解作家色诺芬的伟大之处。

学生：[听不清]

施特劳斯：但那正是问题所在。色诺芬不可以把这篇著作托名于一个基于这种根据来为雅典民主制辩护的人吗？色诺芬不可以模仿这样一个精明之人的风格吗？为什么不呢？如果有人要戏仿（parody）社会学家写作，毫无疑问，这个人自然会读上十卷《社会学刊》和类似的东西。我认为，我们之中的每一个人经过必要的努力，过些时间，比如，花上一年时间，都可以掌握那奇妙的风格，写出一篇可能被此类期刊接受的文章。[161] 依我看，就其本身而言，这件事并非不可能。可能这个人在掌握了那种风格之后，就必须研究一下某个主题，比如芝加哥大学校园或其他地方的青少年犯罪问题，就其本身而言，反正我看不出为什么不可能。好的。但无论如何——有话要讲？

学生：[听不清]

施特劳斯：很好。换句话说，在真实性不可否认的作品中，有许多混乱之处。可是，另外有一个句子，你绝对不会发现任何文献引用过它，它就是《论狩猎》中的一句话，在这里我们必须放弃讨论。那里有一个句子他们不敢译，正如他们不敢译《治家者》（［译按］20.29）中的一段话，在那里苏格拉底说："我相信你所说的，或我信任你所说的：出于自然，所有人都相信①自己爱那些他们相信自己从中受益的东西。"他们不敢译这句话，是因为他们不理解这个句子。《论狩猎》中的那句话是：美美地、井然有序地写就的东西并非美美地、井然有序地写就（What is beautifully and orderly written is not beautifully and orderly written）。② 我曾听一名研究旧约的学者说，当他读到《诗篇》（［译按］见36：9）中的诗文"在你的光中，我们看见光"时，他说这句诗讲不通，所以必须改动文本。但许多人觉得这句诗理解得通。我们在此可能需要稍微深入思考，来看看某种并非美美地、富有条理地写就的东西如何出于这种理由而被美美地、井然有序地写就。但是，《邦国财政》的情况特殊，因为色诺芬看上去是将自己等同于某个资本家，某个雅典资本家（［译按］作者在2.11处提到"我的船"），但他当然不是资本家。好的。

现在让我们来看看这部作品背后的奇想是什么。作者在第一节就开门见山地表达出来：

> 现在论及（περὶ）雅典人的政制（πολιτείας），我却（δὲ）不看好他们曾选择的政制方式。原因在于，选择这种政制方式后，他们便宁愿选择让低劣者（πονηροὺς）过得比高贵者更好。

---

① ［译按］在《治家者》的牛津古典文本系列的校勘本中，第一个 nomi-zein/νομίζειν 被括起来，基于某个并不重要的抄件。见 *Xenophontis Opera Omnia*, edited by E. C. Marchant, vol. 2, Oxford：Oxford University Press, 1901。Lord 的英译本保留了这个 νομίζειν（认为/相信），见 Xenophon, *The Shorter Socratic Writings*, edited by R. Bartlett, Ithaca, NY：Cornell University Press, 1996，p. 99。

② ［译按］《论狩猎》，13.6。McBrayer 的译文如下：Things that have been written beautifully and orderly has been written neither beautifully nor orderly。见 *Xenophon：The Shorter Writings*, Edited by Gregory McBrayer, Ithaca, NY：Cornell University Press, 2018, p. 324。

我夸张了一点点:"因此,我不看好这种政制形式。"大家看,他真的是有些笨拙地在重复了。这样的事,色诺芬不会做。

但既然他们已经这样决定,那么,我将指出:他们怎样维持好自己的政制,以及怎样完成好其他与此相关的所有事情——这些事在其余希腊人看来是在犯错。①

现在简单复述一遍:雅典人错误地选择了一种政制,因为这种政制青睐的是与美好的人相对立的乌合之众。另一方面,在做了这种荒唐的选择之后,雅典人也不是傻瓜。在促进乌合之众的利益方面,他们做得不错。这是这篇东西的论点。

现在让我们来看看。色诺芬甚至超出了这一论点。他在下一节说:考虑到民众($δῆμος$)是雅典权力的源头,雅典人这么做也并非不义。大家看,他在篇首是极端反对民主制,之后逐步转向一种温和支持民主制的立场。民众($δῆμος$)也并非愚蠢得不可救药,他们让那些来自较高阶层的人担任一些职位,例如将领和骑兵指挥官等,然而,获利最多的那些肥缺当然要留给民众自己。这种做法表明他们也并非愚蠢得不可救药。毕竟,雅典民众不想吃败仗。给予乌合之众的东西多于给予贤人的东西,对于雅典民众而言是合乎情理的,因为乌合之众过得好当然有利于民主制。自然,[162] 如果他们增加自己的利益——霍普金斯(Harry Hopkins)是怎么称呼它来着,怎么称呼这个原则的?② 我们征税,我们征税,我们征税;我们花钱,我们花钱,我们花钱;我们选举,我们选举,我们选举。好的。这是民主制的根本缺陷,在第一章第五节。有人带着文本吗?

学生[读文本]:

---

① 《雅典政制》1.1,施特劳斯的译文。

② 霍普金斯是罗斯福(Franklin D. Roosevelt)总统的顾问和联邦政府的官员。这个原则归于霍普金斯是否正确,尚存争议。

而且在所有地方，最好的东西都与民主制相对立（that which is best is opposed to democracy）。因为在最好的人们中，放纵、不正义最少，对有价值之事最一丝不苟；而在民众中，无知、无序、低劣最多。因为贫穷使他们更接近可耻的原则；正如一些人由于缺钱而缺乏教育和无知那样。①（《雅典政制》1.5）

施特劳斯：嗯，不是"可耻的原则"，原文中当然没有"原则"这个词，是"可耻之事"。色诺芬的用语真的很朴实，绝不是哲学式语言。然而，所有这些观点，当你阅读柏拉图或亚里士多德的时候都可以辨认出来：较高阶层的人所持有的简单观点，即不严格要求自己的没有教养和缺乏秩序之人。这就是民主制。色诺芬也持这个观点。现在色诺芬进一步加以详述：当然乌合之众获得了在大会上发言的权利。可非常奇怪：这对乌合之众是好事。现在就出现了柏拉图和亚里士多德，还有其他的智慧之人，还有其他统治阶层的人（country club members）要问的那个重要问题：这样一个可怜的蠢家伙，怎么能够知道什么对自己好？我们在第七节看到一个漂亮的回答。

学生［读文本］：

有人也许会说："那么，这样一个［低劣者］，可能知道什么对自己或对民众好呢？"（1.7）

施特劳斯：大家看，"对民众"（δῆμος）。换句话说，不是绝对

---

① ［译按］这里的《雅典政制》中译文按 McBrayer 的译文译出：见 Xenophon: The Shorter Writings, Edited by Gregory McBrayer, Ithaca, NY: Cornell University Press, 2018。McBrayer 英译文依据的希腊文底本是 Gray 编辑的单行本以及 Marchant 编辑的 OCT 色诺芬全集本：Vivienne J. Gray, Xenophon on Government, Cambridge: Cambridge University Press, 2007；E. C. Marchant, Xenophon, Opuscula, vol. 5 of Opera Omnia, Oxford: Clarendon Press, 1969。只有在施特劳斯对 Marchant 的英译文挑错时，我们才按照 Marchant 的英译文译出。

的好，这一点很清楚。这会是某种可憎的东西。可是，考虑到一个下层平民是那么一个糟糕的家伙，他的提议怎么可能对他自己有好处呢，或怎么可能对民众有好处呢？回答是怎样的？

学生［读文本］：

但他们［民众］知道，比起高贵者的德性（ἀρετή）、智慧与［对民众的］恶意（κακόνοια），这个人［即低劣者］的无知、低劣与［对民众的］好意（εὔνοια），［对民众］更有利（λυσιτελεῖ）。（1.7）

施特劳斯：换句话说，雅典民众说，这个贤人可能拥有世界上所有的德性和智慧，可这个贤人反对我们。而如果一个人对民众（δῆμος）有好感，即便这个人没有智慧和德性，我也更喜欢他。大家在这里可能认出了霍布斯式的主张，霍布斯基本的主张：最智慧和最有德的人，也比不上一个傻瓜对傻瓜自身的自我保存兴趣更大，因此，就让傻瓜自己来选择［最好的自我保存方式］吧。好的。非常有趣。霍布斯是个精明的家伙，毫无疑问。下一节也非常妙。

［163］学生［读文本］：

在这样的生活方式下，一个城邦不可能是最好的，但民主制却可能以此得到最大的维持。因为民众不希望，尽管城邦拥有良好的礼法（εὐνομουμένης），自己却受到奴役，相反，他们想要自由，想要统治；礼法之败坏（κακονομίας），他们则很少关心。（1.8）

施特劳斯：这里的希腊文是εὐνομεισϑαι和κακονομία，εὐνομεισϑαι的意思是由良法来统治，κακονομία是由劣法来统治。民众想要的是自由和统治，这合乎民众的利益——不管法律是否坏，是否败坏道德。比起在良法之下受奴役，民众更喜欢拥有劣法和自由。

学生［读文本］：

虽然你并不认为［城邦］受良法统治，但民众却正是由此变得强大和自由。(1.8)

施特劳斯："正是由于这一事物，民众（δῆμος）才是强大和自由的。"毫无疑问，这就是一种有民人风味的精明。色诺芬在下文中加以详述。

在下面的几节当中，从第十节开始，色诺芬分析的是奴隶和侨民的地位。大家记得这也是《邦国财政》的主题吧？在雅典，侨民所享受的放纵（license）从传统道德的角度来看令人无法忍受，因为在雅典你无法将奴隶和侨民与普通公民区分开来，奴隶和侨民过得非常好。来到雅典的斯巴达人惯于鞭笞奴隶，可这个斯巴达人不知道自己鞭笞的会不会是一个雅典自由民。如果这个斯巴达人不想进监狱，他就只好不鞭笞任何人。好的。这么做的理由是什么？还有另外一点：雅典人不得不和善对待奴隶，因为雅典人有海军，需要许多摇橹手，而自由民又不够用。现在读一下第十二节。

学生［读文本］：

因此，我们在奴隶和自由民之间创制了（ἐποιήσαμεν）平等（ἰσηγορίαν）。——

施特劳斯：紧贴字面的译法是"平等的发言权"。

学生［读文本］：

我们也在侨民和城邦民之间创制了平等的发言权，因为城邦需要侨民，因为他们提供了大多数手艺人，还因为舰队，所以，我们合情合理地为侨民创制了平等的发言权。(1.12)

施特劳斯："我们"，我相信这是文中色诺芬第一次将自己当作雅典人，作为一名雅典公民在讲话。这里显然有一个特定的难题；他最后只提到了侨民，没有提到奴隶。校勘者们提议做各种各样的修改。接下来，色诺芬就开始谈别的事情了。民主制反对体育和音乐教师。让我们来读一下这一节。

学生［读文本］：

［在雅典，］民众已经解雇了那些投身体育锻炼的人和那些训练音乐的人，这是因为，由于民众知道他们不可能训练这些东西，他们便认为这些东西不美（καλὸν）。在歌队，并且在体育、战船的事务上，民众懂得，由富人出资司理歌队，而杂众受资助参与歌队，由富人出资司理体育和装备战船，杂众则受资助参与战船事务和进行体育锻炼。(1.13)

施特劳斯："杂众"当然一直是"多数人"。

[164] 学生［读文本］：

至少，民众觉得，这些钱花在自己身上，用来合唱、跳舞、跑步、驾船航海，是值得的，因为如此一来，他们可能会变得富有［一些］，而富人可能会变得更穷［一些］。(1.13)

施特劳斯：诸如此类。这是个新论题。换句话说，那些令人讨厌的家伙，恶徒，在他们自己的利益上非常聪明。看上去这令色诺芬相当吃惊。接下来色诺芬记述了针对盟邦的政策，这当然十分明白易懂，大家只要想一下，是民众在雅典施行统治，而民众想的是自己的利益，一切都以自己的利益为导向。当然，民众是为了雅典人，特别是穷人的个人利益，才使盟邦变得贫困并让盟邦的案件在雅典审理的，所有这类事都是出于完全相同的目的。

现在让我们转向第二章。该章涉及军事政策。色诺芬说到如下事实：重甲兵，重装步兵，是雅典军队中最穷的部分。但这个情况也有充足的理由，因为雅典是一个占据海上霸权的帝国，因此雅典全力加强海军。在下面几节中，色诺芬以一定的篇幅详细讲述了海军军力的利好。让我们来读第七节。

学生［读文本］：

若还须提及更加细枝末节之事，那么，首先［要说的是］，凭借海上统治，他们通过与其他人交往，发现了各种类型的口腹之乐。所以，无论这些令人快乐之物（ἡδύ）是在西西里、意大利、塞浦路斯，还是在埃及、吕底亚、蓬托斯、伯罗奔半岛或其他什么地方，凭借海上统治，所有这些东西都可以在一个地方获得。其次，由于耳闻各地的方言，他们就从这种方言中取一点，从那种方言中取一点。希腊［其余各城邦的］人更多是使用各自的方言，采用各自的生活方式和衣着习惯，而雅典人却混用从所有希腊人和蛮夷那里得来的［口音、生活方式、衣着习惯］。(2.7)

施特劳斯：换句话说，雅典是最具世界性的城邦。可是，在一定程度上，它适合。顺便说一下，下文中的全部论题，伯里克勒斯的"葬礼演说"都在最崇高的层次上谈论过。我们在这里看到的只是"葬礼演说"重要部分的一个粗野版本，不过在这里是出自一个民主制的反对者之口。

学生：［听不清］

施特劳斯：对，可是这里的视角明显是——让我们先说完。接下来色诺芬谈及雅典的庙宇和城邦的其他美景。这完全是民主制的事务。富人在家里就可以拥有种种美景，穷人则不能。穷人只能通过城邦宏伟的公共建筑，公共事物，来享用美景。下一个论题是雅典的财富，雅典的财富也缘于民主制。让我们来读第十一节。

学生［读文本］：

希腊人和蛮夷中，唯有他们能够占有财富。这是因为，假使某个城邦有很多造船用的木材，如果不取得海上统治者的同意，这个城邦能把木材散卖到哪儿去？又假如某城邦有很多铁、铜或麻，若不取得海上统治者的同意，这个城邦能把铁、铜、麻散卖到哪儿？［165］我的那些船实际上正是靠这些材料制成的：从这个地方来的木材，从那个地方来的铁、铜，从这个地方来的麻，从那个地方来的蜡……(2.11)

施特劳斯：单数的第一人称"我"在这里是什么意思呢？

学生：色诺芬又这么做了［译按：即又一次强调使用了"我"］。

施特劳斯：我知道。

学生："我"的意思难道不就是说"我"作为一名普通的公民吗？

施特劳斯：这是一种可能的解释。下一节也出现了。让我们来读下一节。

学生［读文本］：

除这些之外，我们的敌人，无论这些敌人是谁，就无法获准出口，除非是出口到这些敌人控制了海洋的地方。于是，我没有做任何事，却通过海洋，获得所有这些出自陆地的物产。但没有哪个城邦能够兼有其中的两种物产。(2.12)

施特劳斯：诸如此类。在这第二种情况下，"我"显然可以是指任何雅典人。可是，既然色诺芬说到"他们"与"我"，既然色诺芬在第一种情况下说的是"我的那些船"，那么，色诺芬不可以是一名船主吗？我不知道。可能是。

学生：［"我"］可以用来指色诺芬吗？

施特劳斯：我稍后再说这一点。不，色诺芬不是一个船主。在第十四节，作者谈及雅典人内部的政治问题。

学生［读文本］：

不过，雅典人在一个方面有不足之处：因为既然雅典人是住在岛上的海上强权，那么，只要他们统治着海洋，他们就可以对别人作恶（要是他们想的话）而自己却不受伤害——他们的土地不会遭到毁坏，敌人料想也不会来。但现在雅典的农夫与富人倒去讨好敌人；而民众呢，因为深知自己没什么［财产］可被烧毁，也没什么［土地］可遭毁坏，就毫无恐惧地度日，毫不讨好敌人。(2.14)

施特劳斯：这是伯罗奔半岛战争中的著名境况，修昔底德有很好的记述，还有阿里斯托芬。富人，还有那些有地的人，所遭受的战争之苦远甚于城里人，这是自然的。城里有城墙保护，非常牢固的城墙。作者把富人与农夫放在一起——当然有许多贫穷的农夫——他把富人和农夫与民众（$\delta \tilde{\eta} \mu o s$）对立起来。显然作者理解的民众就只是城里的民众。这就是雅典民主制的特殊之处，即城里的民众居于掌控之位，亚里士多德在列举民主制的种类时，将这种民主制称为最坏的民主制。这种民主制最卑下（见《政治学》卷六 1319a，同参本讲稿英文页码 62 -- 63）。看上去，作者某种意义上不属于民众，也不属于其他阶层。我只是权且这样说；我的感觉是，这个人既不属于民众，也不属于农夫，也不属于这里所说的富人。他可能真的是一个更狭义上的资本家。

第十八节还有一个对谐剧的有趣评论，这评论非常好。有一条关于谐剧的法律，即严格说来不能嘲弄民众。[166] 可是，平民可能变成一部谐剧的主人公吗？因为哪个平民会有足够的名气成为谐剧的嘲笑对象呢？富人。民众蛊惑家才能偶尔成为谐剧的嘲笑对象。让我们来读第十九和二十节，因为这两节再次处理了一个根本问题。

学生［读文本］：

我说，雅典民众辨别得出邦民中孰高贵、孰低劣。(2.19)

施特劳斯："好"与"坏"，真正道德意义上。"正派"与"不正派"。

学生［读文本］：

而且由于辨识得出那些对自身有帮助的和有助益的人，他们就喜爱这些人，尽管这些人是低劣者，而更厌恶高贵者。(2.19)

施特劳斯：更厌恶正派的人。

学生［读文本］：

这是因为，他们认为后者的德性天生就不会给他们带来什么好处，而是坏处。另一方面，有些人看似真的（ὡς ἀληθῶς）属于民众，在天性（φύσιν）上却不是民主派的（δημοτικοί）。(2.19)

施特劳斯：这段话很难译。意思含混。"有的人真的是民众中的一员，在天性上却并非民主派。""自然"这个语词的位置绝对含混。"自然"（nature）这个单词既可以是指"有人天生（by nature）是民众中的一员，却并非民主派的"，也很可能是指这个意思，"有人真的是民众中的一员，却天生（by nature）并非民主派的"。这是一个奇怪的居间位置，作者只是简略一提。下一节。

学生［读文本］：

但就民主制而言，我体谅民众本身；这种体谅在于，所有人都想让自己过得好。(2.20)

施特劳斯：所以，大家看，作者是个心胸非常宽广的人。请继续。

学生［读文本］：

但是，无论哪个原不属于民众的人更宁愿选择住在民主制的城邦，而非少数人统治的城邦，那么，他就已经准备好行不义，而且他知道，比起少数人统治的城邦，恶人在民主制城邦中更可能逃脱注意。(2.20)

施特劳斯：由于民主制的纵容。民众中的一员会喜欢民众，而不是并非属于民众的人，比如说，伯里克勒斯，这是极为自然的事。这展示出一种坏品性。可问题当然是：这篇著作的作者不也选择生活在一个民主制城邦吗？作者的动机是什么？我只重述一下第十九节出现的内容。也有人来自民众，但不是民主派。这种情况当然符合像苏格拉底这样的人。现在让我们来读下一章即第三章的第一节。

学生［读文本］：

而论及雅典人的政制，我却并不赞赏其政制的品质。但既然他们实际上已经决定最好是实行民主制，在我看来，他们用我之前指出的方式很好地维持民主制。(3.1)

［167］施特劳斯：这是在重述论题，也算是一个结论，与作品的篇首一致，我相信，论题极为清楚。作者不赞成民主制，但又必须承认，如果考虑到前提，正如亚里士多德会说，考虑到整件事情基于其上的前设（也就是民众的统治），那么，雅典民众做得好。所以，余下的篇幅就用以反驳专门针对雅典民主制的一些批评：繁琐的审判程序。然而，如作者所示，繁琐的审判程序是由一些完全合法的理由所致。尽管怀有最好的意愿，但雅典人无法实行一种更简单的审理体制，而是必须用这种复杂的审理体制。其中一个理由当然是雅典有许多节庆，雅典是以此闻名的；因此，法庭有许多天无法开庭，这也是一种面对它你无能为力的情况。请读第五节。

学生［读文本］：

这些也是每年都要办的事情。他们有时还须判决涉及军事统帅的案件；若突发某件别的不义之事，他们还须判决行不义者是否做了非同小可的肆心之事，或是渎神……还有很多，我一并略去不论。最重要的都已论及，除了盟金的安排，这通常每四年才有一次。(3.5)

施特劳斯：让我们在这儿停一下。不虔敬是犯罪。不虔敬也是一种让雅典民众费些神的罪行。让我们接着读。
学生［读文本］：

［既然事务如此繁多，］那么，就该考虑：他们［雅典民众］不得不裁决所有这些案件吗？(3.5)

施特劳斯：是的，这就是问题所在，在所有这些事情上。有极大影响的不虔敬案，其审理情况又如何呢？苏格拉底无疑是不虔敬案最著名的牺牲品。作者当然没有加以详述。第八节的末尾。
学生［读文本］：

他们举办的节日是其他［诸希腊城邦］的双倍还要多，在这期间不可能进行审判。但我会假设他们的节日与节日最少的城邦一样多。(3.8)

施特劳斯：继续。
学生［读文本］：

即便是这样，我也会否认雅典的情况可能会不同于现在的情况，除非有可能小范围地增削一二。但如果不去掉民主制的某部分，大的变革（μετακινεῖν）就不可能。有可能找到许多方法来改善这种政制，但要满意地找到一种方法——既存续民主制，又足以使他们更好地去施政——却不容易，除非是，如我方才所言，小范围地增削一二。(3.8–9)

施特劳斯：换句话说，就实际而言，雅典的每一件事情都尽可能（as it could be）有民主式的前提。这就是正当理由。

在文末，作者分析了那些严厉的反对意见。民主制迫害最好的人。第十二至十三节。

[168] 学生［读文本］：

有人可能会觉得，在雅典，没有人曾被不正义地剥夺权利（ἠτίμωται）。我却要说，的确有些人被不正义地剥夺了权利，不过只是少数。(3.12)

施特劳斯：换句话说，事情并非多么严重。
学生［读文本］：

但如果要攻击雅典民主制，需要的不［只］是少数。既然情况如此，那些被正义地剥夺权利的人并不会用心攻击雅典民主制，而只是那些被不正义地剥夺权利的人会这么做。(3.12)

施特劳斯：换句话说，雅典虽不义地对待雅典人当中一些最好的人，但它担负得起后果，因为最好的人人数太少。人数少使这些人无损于雅典民主制。

学生［读文本］：

但是，怎么会有人认为，在民众施行统治的雅典，许多人（πολλούς）会被剥夺权利呢——(3.13)

施特劳斯：换句话说，多数人不会剥夺多数人的公民权。
学生［读文本］：

不正义地统治，或者不言正义，或者不行正义，正是出于这些缘故，在雅典才会有人被剥夺权利。把这些算进来，就没

必要认为，被剥夺权利的人会给雅典带来什么危险。(3.13)

施特劳斯：换句话说，该政制极为安全。该政制有一些不义，但并不影响整体。

现在，我们不妨看一下整部作品，花点时间来试着看一下它如何符合色诺芬的计划：这是对民主制的正当性的辩护，尽管民主制有其不好之处。从什么角度来看呢？这篇作品是从什么角度出发的？让我们花点时间来看看教导王政之事的伊斯霍马霍斯（［译按］见《治家者》第21章）。伊斯霍马霍斯当然是民主制里的一位邦民。他关于王政的教诲在理论上与民主制不可兼容，这不用说。可是，他如何生活呢？就像一名正常的雅典邦民那样生活。色诺芬根本没有暗示说他参与了任何反对民主制的阴谋。或者让我们来说说《回忆》中的克力同。克力同是一个富人，因为自己的财富而陷入各种麻烦。诽谤者们一直盯着克力同，可是，当克力同去苏格拉底身边抱怨时，苏格拉底说：你为什么不找一个人来起诉这些诽谤者呢？（［译按］见《回忆》卷二第九章）换句话说，不需要进行革命，你就能够在雅典照顾好自己的财产。在雅典，有相当多的人本不会选择民主制但接受了民主制，不喜欢民主制但并没有不满情绪。作者显然就是这样一个人。

然而，这个人与伊斯霍马霍斯之间有什么不同呢？我相信，不同之处与如下事实有关：这个人连田地交易都不从事。这是我的假设；我不知道这一假设在细察之下是否站得住脚。如果这个人是我所称的资本家，比如说，某个大船主或贸易者，或无论这个人可能是什么，他接受了上层阶层的官方观点（即认为民主制坏，是乌合之众的统治），但又以某种方式与民主制和平相处——如果我们将这个人与伊斯霍马霍斯进行对照，那么这样一个人不会与苏格拉底对话，苏格拉底也不会与这个人对话。大家可以找到的唯一一个最接近的人就是《王制》中的克法洛斯（Cephalus），[169] 克法洛斯也是个资本家。顺便说一下，克法洛斯连雅典公民都不是，是个侨民。《王制》中的对话，大家知道，完全是无意而为。苏格拉底在佩莱坞斯港遇上了克法洛斯的儿子玻勒马霍斯（Polemachus），于是，玻勒马霍斯一帮人把苏格拉底带回家。苏格拉底以前见过克法洛斯，故而，就有了两个人之间非常短暂的对话。纯属偶然。苏格拉底绝未主动寻求发起对话，克法洛斯也没有。对话的发生是由如下偶然事件所致：克法洛斯有个儿子玻勒马霍斯，苏格拉底与玻勒马霍斯非常熟。

所以，这个人离苏格拉底和苏格拉底圈子非常远，当然也离色诺芬非常远，然而，他有一项伊斯霍马霍斯不具备的能力，即他会写作，这篇作品已经体现出来。我相信色诺芬是可以巧妙利用这种想法的。就用这样一个人：这个人并非民主派，严格说来，即并非民主制的狂热者，但当然并非对民主政体不满，还相当能干地为民主制辩护。这篇作品是一种心照不宣的批评，作者的文化水平并不高。他相当笨拙，可还是天生就非常精明，我认为他的精明处处可见。更一般而言，像色诺芬这样的人，可以在《希耶罗》中巧妙利用僭主制，也可以巧妙利用民主制。

学生：这也可以是追溯作品的写作时间的一个理由吗：一个富裕的船主可抱怨的事情，在伯罗奔半岛战争之初，相比于色诺芬写作这部作品的年代要略少些？

施特劳斯：我只是没有足够的关于雅典社会历史状况的知识来回答你的问题，比如说，关于公元前370年左右雅典社会历史状况的知识。我以上说法的理由只是：在有关这篇短作的大量研究文献中，如下主张是有可能的，即，是色诺芬写下了它，当然不是在文中所暗示的日期，我认为色诺芬完全有可能写下它。另外，这也可以解释它为什么会出现在色诺芬名下的作品中，而此事是必须以某种方式加以解释的。

学生：如果你要在今天从托利党民主派的视角出发做类似的事情，这样一件事情的日期就要定在迪斯雷利（Disraeli）与伦道夫·丘吉尔勋爵（Lord Randolph Churchill）之间。如果将其置于麦克米兰（Harold Macmillan）之口，就会有许多其他方面的考虑和限制。

施特劳斯：噢，对的。但我必须说，如果读得不透彻的话，得到的印象就是这篇短作写于公元前 430 年之前，不是早很久，是伯罗奔半岛战争刚爆发前夕，这是一个有见地的观点。可这样并不影响作者问题，因为作者可以是足够全面的作家。但正如我所说，那些人想获得文献，想获得关于雅典历史的方方面面绝对可信的文献。当有人看到这篇短作写于伯罗奔半岛战争爆发的关键时期，当然早于修昔底德，那简直就是天赐之物。修昔底德自那个时候开始写他的史著，但那时还没有完成创作。

学生：这篇短作有没有可能意在回应伯里克勒斯的葬礼演说？

施特劳斯：不，我相信色诺芬只在一个段落里讨论过伯里克勒斯，这个段落在苏格拉底与后者的对话中，后者是伯里克勒斯的私生子。①

[170] **学生**：《回忆》的第一卷。阿尔喀比亚德与伯里克勒斯。

施特劳斯：在那个地方（即《回忆》卷三第五章），我会说，尽管对伯里克勒斯的评论很少，但的确是批评，对伯里克勒斯的严厉批评，而且绝对与柏拉图的苏格拉底在《高尔吉亚》中言及伯里克勒斯时表达的意思一致。我会斗胆说，尽管真的是斗胆说，完全一致……

---

① ［译按］见《回忆》卷三第五章苏格拉底与小伯里克勒斯的对话。而不是《回忆》卷一第二章阿尔喀比亚德与伯里克勒斯关于"什么是法"的私下对话。苏格拉底对伯里克勒斯的暗中批评，可见 Pangle 的精彩分析，参 Thomas L. Pangle, *The Socratic Way of Life*: *Xenophon's Memorabilia*, University of Chicago Press, 2018, pp. 132 – 134。

第八讲　《拉刻岱蒙政制》

[171] 施特劳斯：卢梭的《社会契约论》卷三第十章第三节。他们将僭主译为暴君（despot）与这段文字有关。他们区分了僭政与专制。在近代，可能卢梭对这个论题所做的表述最重要。

在庸俗的意义上，僭主是一个用暴力来统治的王，不理会正义与法律。在精确的意义上——

这种庸俗的观点当然就是传统的观点。

僭主是一个坚决为自己主张王权的平民，尽管他并没有这项权利。希腊人就以这种方式来理解"僭主"这个词。他们将这个称号满不在乎地加到那些其权威并不合法的好君主和坏君主头上。因此，僭主与篡位者完全是同义词。为了给不同的事物以不同的名称，我把僭主称为王权（royal authority）的篡夺者，把暴君称为主权（sovereign power）的篡夺者。

对于卢梭而言，只能有一种主权，即人民主权。主权与政府并不是一回事；政府的所有权力来自人民的授权。当政府的形式是君主制时，就可以称为王权，所以，考虑到人民主权这个前提，任何正在篡夺人民主权的人，任何正在宣称自己拥有主权的人，当然就是篡位者。它与另外一种只篡夺政府权力的篡位者不同，政府权力不同于主权，主权即立法权。在［卷三第十章的］一处脚注中，卢梭为确证自己的观点，提到了《希耶罗》。

这件事有些复杂，修昔底德在《伯罗奔半岛战争志》卷六对雅典僭政的分析应该会提供一种更好的思考。修昔底德在那里清楚表明，雅典僭主让法律保持完好无损，只占据了政府：法律即主权，立法权即主权。关于用暴君来称呼传统的僭主这一新奇的用法，我认为这很可能是最清楚的表述，我们应该记住。就是这些。①

我们今天要讨论一篇论《拉刻岱蒙政制》的论文。② 一篇非常好的论文，我认为这篇论文将根本问题阐述得非常好。你提出的许多点内容，我都想重述一下。第一，关于标题。你当然绝对正确，标题中的"政体"不是指狭义上的宪制。最好是记住亚里士多德的说法：政制，πολιτεία，是某种生活方式，色诺芬在这部作品中呈现的当然是斯巴达的生活方式，生活方式与社会秩序和社会层级分不开。社会层级，如果社会层级分明，那么，它就与政治层级相重叠，大家知道吧？如果在社会上处于顶层的人在政治上却不处于顶层，这会是一种复杂的境况。这种情况是可能出现的。例如，大家不妨想一想，好莱坞的男女演员现在在道德风尚方面有极大的影响力，显然非常之大，可这些演员显然并非政治上的统治者。这就是个复杂的情况，大家知道吧？再举一个例子，比如社会中的一部分人自认为是真正的社会顶层，例如以亚当斯（Henry Adams）③ 为代表，[172] 并且与政府没有任何关联，或几乎没有任何关联。所以，这一点是清楚的。作品标题指的是斯巴达的生活方式。

接下来，你提出一个尤其有意义的问题：这篇作品为什么是叙事或半叙事体，而不是对话体？不过，我会提出一个更简单的回答：色诺芬的对话作品是四部苏格拉底作品外加《希耶罗》，没别的了。

---

① 从这里开始，以下内容的转抄依据的是重新灌录的音频文件。
② 本次课以阅读学生的一篇论文开始，该论文没有收录进来。
③ 美国知识分子和作家，1838—1918，为人所铭记的最著名之处的是他身后出版的自传体作品《亨利·亚当斯的教育》(The Education of Henry Adams)。

相比于其他作品，这五部对话作品有何独特之处？让我们这么来说：这五部对话作品中有智慧之士现身——四部苏格拉底作品中的苏格拉底，《希耶罗》中的西蒙尼德斯。显然，色诺芬认为，呈现一位智慧之士的唯一方式是行动，也就是说话，在对话中呈现他，而不是对他进行描述。这种方式应用得非常广泛。例如，如果大家拿修昔底德受到尊崇的《伯罗奔半岛战争志》来说，它当然是应受到尊崇，但人们一直说：修昔底德为什么不提一提雅典的荣光呢，比如斐狄亚斯（Phidias）、索福克勒斯和其他事物？而在今天，当有人要写政治史时，我记得最近由两位哥伦比亚大学教授写的内战史，① 我相信。什么？

学生：[听不清]②

施特劳斯：……各种好品质（merits）？当然有一章讲的是[十九世纪]五六十年代的智识生活。这在今天是完全恰当的做法：拿出一些章节描写当时的智识生活，还有其他国家和其他时期的智识生活，以此来装点一部政治史。这些人以为自己能够描写智识生活。你能够描写战斗；可你不能够描写思想。你只能思考那些思想，而呈现雅典思想的方式就是去思考。这就是修昔底德的做法。色诺芬也相似，在呈现智慧之士时，色诺芬是通过思考，或至少通过表达他们如何思想。我相信这就是这个问题的答案。

你的如下说法也正确，即色诺芬对待斯巴达在原则上与柏拉图和亚里士多德相同：尊崇，但也批评。这是实情。还有一点。你明智地将《居鲁士的教育》与《拉刻岱蒙政制》结合起来思考，你特别地思考了这两部作品的篇首。我想博杨（Boyan）先生也会思考这个论题。接下来，你提出了如下尖锐的问题。《居鲁士的教育》呈现的是一个看起来非常好的政制，然而，其自身中包含着自我毁灭的

---

① 施特劳斯可能是指唐纳德（David Herbert Donald）与卡伦特（Richard N. Current）的著作。

② 这一次课程转抄依据的是重新灌录的音频文件，因此，用省略号来表示听不清楚的内容。[译按] 中译文还是用文字来表示。

种子,吕库古(Lycurgus)的斯巴达也一样:看上去非常好,但自身之中包含着自我毁灭的种子。稍后你就谈到斯巴达人晚些时候的衰败。色诺芬在第十四章也明确说起这一点,但在原初方案中就已经存在的毁灭之种是什么呢?你给出了答案:因为斯巴达政制是法律的统治,正如《居鲁士的教育》展示出智慧之士的统治中的缺陷、不可避免的缺陷,因为一个智慧之士随后的继承人可能不是智慧之士。

另外一点:法律的统治也有本质上的局限,可局限不会立即显现出来,而是过一段时间才会显现。这是你的回答,它本身非常好,可是,我相信你在最终的回答中漏掉了一点,而你在前文中关于这个论题的说法好像已经将漏掉的内容表达了出来,即,并非法律的统治,[173] 而是吕库古的那些具体的法律导致了衰败。这一点,我想我们必须试着加以阐明。我这里还写着一个要点,但我也不记得我要表达什么意思了:僭主们的建议。对僭主们的建议,你说过什么吗?或者,我不记得我要表达什么意思了……好的。我的过错。

现在让我们立即转向文本,因为我们有很多事情要做。遗憾的是,从现在开始,我们的时间会更少,因为课程内容更多了。我也是不得不如此。如果我在课程开始时像现在一样明智就好了,我会说我们就只读《居鲁士的教育》,可是,我认为,既然色诺芬如今如此不为人知,我就想着,在我们转向《居鲁士的教育》之前,应该先大体上熟悉一下色诺芬。现在让我们来看篇首。你来读一下?在《回忆》的开篇之处,色诺芬不止一次说:"我过去常感到惊讶。"而《拉刻岱蒙政制》的开头与《居鲁士的教育》的开头一样:曾感到惊讶。这表明了两个论题在色诺芬心目中的相对分量。请讲。

学生:《居鲁士的教育》中是复数。

施特劳斯:什么?

同一名学生:是复数,"我们"。

施特劳斯:是,也对。在开篇处,他说的不是"我",完全正确。"我",而不是"我们",更直接,更家常,"我们"则是表示谦逊同时也表示庄严的复数用法。如果人们说"在我们以前出版的作品中，我们已经表明"，大家知道吧，我相信这种说法在欧洲比在这个国家更常见，是的，"我们著名的理论"等等。[笑声]好的，那么，请再次开始吧。

兰肯[读文本]：

> 我曾经认真思考，斯巴达虽然是人口最稀疏的城邦之一，却曾是希腊最强大又最驰名的城邦，那时我不禁惊讶这何以可能发生。然而，在充分思考了斯巴达人的种种做法后，我就不再感到惊讶了。我也实在对吕库古感到惊讶，他设立了斯巴达人的礼法，斯巴达人服从这些礼法后曾是幸福的，而且我认为他极端有智慧。①（《拉刻岱蒙政制》1.1-2）

施特劳斯：所以，他感到惊讶。马尚特译得好。色诺芬没有说，"我尊崇（admire）吕库古"；色诺芬是对这一点感到惊讶。色诺芬一直都感到惊讶，也对吕库古感到惊讶。有话要讲？

学生：是用希腊文来讲吗？它不也有尊崇（admire）的意思吗？

施特劳斯：是，当然，这个单词意味着尊崇，可这并非毫不含混地意指尊崇。尊崇是另一个单词，ἀγάσθε。θαυμάζειν的意思则既可以是惊讶，也可以是尊崇，因为惊讶与尊崇之间显然有关联。比如你对他的智慧感到惊讶。

学生：[听不清]

[174] 施特劳斯：是，可既然作者在短短一句话或两句话中连

---

① Xenophon, *Constituution of the Lacedaemonians*, trans. E. C. Marchant and G. W. Bowersock, St. Edmundsbury Press, Ltd, 1925. [译按] 这一讲里《拉刻岱蒙政体》相关引文的中译文，依据 Kuiper 和 Collins 的英译文译出，见 *Xenophon: The Shorter Writings*, Edited by Gregory McBrayer, Ithaca, NY: Cornell University Press, 2018. 同时读者可参考陈戎女老师的中译文，见《色诺芬〈斯巴达政制〉译笺》，上海：华东师范大学出版社，2019。只有在施特劳斯对 Marchant 的英译文挑错时，我们才按照 Marchant 的英译文译出。

用三次，那就当然得考虑这个意思，而这个意思显而易见，首先是"我对……感到惊讶"，然后"我吃惊"和"如此这样，以至于我试图解释"。这也是亚里士多德在那句名言中所表达的意思：惊讶是哲学的开端——"惊奇"意味着非常困惑，然后试着搞明白为什么。作者试着搞明白为什么。是的。下一句吧。

兰肯［读文本］：

因为他不仅不效仿其他城邦，甚至还通过构想出与大多数城邦不同的事情，让祖邦在幸福上显得非常突出。（《拉刻岱蒙政制》1.2）

施特劳斯：好的。"不同"译得语气太弱了。是"与大多数城邦截然对立"，"对立的"。斯巴达没有模仿其他城邦。这让你们当中的一些人听着耳熟吗？一个不模仿其他城邦的城邦？

学生：雅典。

施特劳斯：很好。出自哪里？

学生：修昔底德，《伯罗奔半岛战争志》。

施特劳斯：在伯里克勒斯的"葬礼演说"中。当然，色诺芬绝对知道修昔底德。根据传统的说法，是色诺芬编辑了修昔底德的作品，这可能是一种夸张说法，但色诺芬当然知道修昔底德的作品。所以，斯巴达是真正的雅典，这指的是一个绝对原创的城邦。但色诺芬比伯里克勒斯更进一步，色诺芬说，"与多数城邦截然对立"，伯里克勒斯没有说这话。伯里克勒斯只说：只有我们这么做；换句话说，我们与众不同，但并非对立。是的。然而，伯里克勒斯曾说，在《伯罗奔半岛战争志》卷二第四十章第四节，雅典与其他城邦相对立。他曾说过。好的。

作者当然是在篇首处，在下一节开始谈论生养，也就是生孩子。既然在这件事情上母亲比父亲更重要些，色诺芬便从女人的教育问题开始，就像在《治家者》一样，大家记得吧，色诺芬从女人问题开始讲起（即《治家者》第七章至第十章）。色诺芬说了什么呢？

让我们只读前两节,好知道色诺芬的用意。

兰肯[读文本]：

> 首先,关于孩童的养育,当提到给将要生育孩子而且被认为受到了高贵教育的女孩提供食物时,其他[城邦]提供的是在可行的范围内尽可能节制的基本食物以及尽可能少的肉食。此外,至于酒,他们要么让女孩们完全不碰它,要么在其中加很多水来稀释它。而且,正如大部分参与技艺活的那些人久坐不动那样,其他希腊人也认为女孩子安静地坐着纺织羊毛是对的。(《拉刻岱蒙政制》1.3)

施特劳斯：换句话说,她们不是作为女贤人而是作为女手艺人即织女被抚养成人的。请继续吧？

兰肯[读文本]：

> 怎么能指望这样养大的女子生育出什么好的孩子呢？与此形成对比的是,吕库古认为,女奴就足以胜任提供织物的活儿了。[175]而因为他认为,对于女性自由民来说,最重要的任务是生育子嗣,所以,他首先立法规定,女性应该像男性一样锻炼身体。(《拉刻岱蒙政制》1.3-4)

施特劳斯：是的,让我们在这儿停一会儿。关于斯巴达女孩还有她们吃的东西,我们从这里了解到什么呢？不是仅仅给她们最少量的食物,像雅典或忒拜女孩一样,她们得到的是什么？

学生：酒和肉。

施特劳斯：我只说食物呢,可既然你说起了酒[笑声],那么,她们喝的哪种酒呢？

学生：没掺水的。

施特劳斯：没掺水的酒,喝不掺水的酒在希腊被视为放纵之事。所以,斯巴达女孩们得到大量的肉和酒。作者进一步作了详细阐述；

我们不能跟着文本走了，可其中的论证是清楚的：她们吃得过量，喝的酒也太多。其后果是什么呢？她们在其他方面也过着放荡的生活。绝不要忘记最著名的斯巴达女人就是海伦，海伦可是名声在外，无人不晓。她当然是个斯巴达女孩。接下来，斯巴达女孩们也进行体育运动，大家知道的，斯巴达女人不着得体的服装进行锻炼。亚里士多德和柏拉图就这个特殊的缺陷说了许多：斯巴达女人是斯巴达最弱的那一面。但在这篇作品中，意味深长的是，色诺芬并没有明确地把这一点说出来。色诺芬没有明确说斯巴达女孩喝太多不掺水的酒，他只说其他城邦的女孩一点酒也不喝或者至多喝用水稀释过的酒。我们必须自己去弄清楚斯巴达女孩的情况，这是色诺芬的〔写作〕方式。然而，斯巴达女孩的生活方式是吕库古政制的其中一个缺陷。有话要讲？

学生：亚里士多德不是说过吗，吕库古试图将稳定的秩序强加于男人和女人之上，但遇到了问题。

施特劳斯：我们不知道，吕库古现在被视为一个多少带有神话色彩的人物，但无论如何，如果我们用这些词汇来谈论，会怎么样呢？吕库古也想以严格的纪律来要求女孩们，但之后发生了某种暴乱。于是，立法最终向女性作出让步。

学生：所以，至于吕库古，难道真的不是他的智慧甚至生活方式成问题吗？

施特劳斯：然而，评价一名立法者，最终还是要立足于他所制定的法典。我的意思是，正如美国宪法的各种方案并非美国宪法一样，最终被采纳的那种宪法才是。对我们有效的，对吕库古也有效。吕库古是被迫让步，这是为吕库古开脱的说辞，却不会使吕库古最终的法典更好。这一点清楚吧？我们绝不要忘记这件小事：如果什么事情是可以谅解的，那就意味着它是坏事，如果是件好事，你不会说你必须谅解它，对吧？在今天的社会学分析的一些特定分支领域中，这一点已经多少被忘记了，你只要能讲出原因，那对社会分析来说就完事儿了。然而，原因可能是一个好原因，也可能只是一个开脱之辞。巴特沃斯（Butterworth），你有话要讲？

[176] 巴特沃斯："那么，如何能期待被这样养大的女人能生出好的孩子？"第三节中的这句话在多大程度上使如下事实难以成立呢：色诺芬可能指的是一种放荡的生活……在提及其他希腊人时？

施特劳斯："将生出某种体形硕大的东西"（προσδοκῆσαι μεγαλεῖον ἄν τι γενν ῆσαι），μεγαλεῖον，源于μεγα。你现在当然明白，你不能忘记这一点。你不妨从严格的优生学来看待这件事，你想有最好的后代，身体上的后代。然而，这还不是唯一的考虑。我的意思是，如果你关心的是马和牛，只考虑身体就好了，但对人而言就不是如此。让我们来读第七节。

兰肯［读文本］：

如果碰巧一个老男人拥有年轻的妻子，而且由于他观察到，这种年纪的男人尤其会看管他们的妻子——

施特劳斯：作者先说了婚姻关系，现在我们看到的是某些边缘情况。可以继续了吗？

兰肯［读文本］：

在这方面，吕库古也下令规定了截然相反的做法。因为他规定，上年纪的丈夫可引进任何一个他可能欣赏其身体和灵魂的年轻男子，为他自己生小孩。（《拉刻岱蒙政制》1.7）

施特劳斯：请继续。下一节？

兰肯［读文本］：

另一方面，吕库古也使得如下做法合法：如果某个男人不愿意婚后与某个女人同居，但又希望得到让他引以为荣的后代，那他可以跟任何一个他可能认为既能生养好后代又得到好教养的女人生育子嗣，如果他说服了拥有这个女人的那个男人。（《拉刻岱蒙政制》1.8）

施特劳斯：下一句。

兰肯［读文本］：

并且吕库古实际上做了许多这类的让步——

施特劳斯：所以，换句话说，大家看到，这是一个大型机构，大家如何称呼它呢？优生学不是一个正确的词语。如果说的是马，大家怎么称呼这种东西呢？什么？

兰肯：种马场。

施特劳斯：对，一个农场，一个大型种马场。［笑声］当然，就是它了，很好。现在我们看到了亚里士多德在《政治学》卷二指出的后果。下一节。我的意思是，为什么不仅仅是出于优生学的理由才提出这种要求，还有别的动机，是吧？"因为女人们希望"——①

［177］兰肯［读文本］：

因为女人们希望掌控两个家庭，男人们则想给子女增添兄弟，且让这些兄弟分有亲属关系和权力但无权获得财产。（《拉刻岱蒙政制》1.9）

施特劳斯：大家看到了。换句话说，亚里士多德在《政治学》卷二所描述过的斯巴达衰败的根源，已经在这里了。大家看到的是一种贵族制，一种赤贫的贵族制。长子以外的儿子们，这个著名问题，严重削弱了法国和其他欧洲大陆国家，而英国准许次子们经商，从而避免了遭到这种削弱，大家知道的，［在英国，］长子以外的儿子不继承贵族头衔，但可以经商。而在欧洲大陆，如果一个贵族家庭有十个儿子，他们个个都继承头衔但不可以从事任何商业事务。这就制造出一种问题，军队和政府在一定程度上可以解决这个问题，但并非如此容易。请继续，这一节最后一句话。

---

① 马尚特的译文原文为"因为女人们想"。

兰肯［读文本］：

让任何愿意的人去观察一下，关于生养子女，吕库古这样子安排事务，使之与其他人的做法相反，是否就使斯巴达人得以完善，在身形和力量上都出类拔萃。（《拉刻岱蒙政制》1.10）

施特劳斯：换句话说，色诺芬在这句话中作何断言？仅仅从优生学的角度来看，吕库古成功了吗？不，色诺芬没有这么说。各人必须自己判断。色诺芬没有说。

学生：［听不清］人口最稀少［听不清］

施特劳斯：在那时，这是实情，在公元前五世纪晚期和公元前四世纪。至于为何如此，有许多猜测，其中一个理由是一场地震使斯巴达人口锐减，还有其他事情。但是，斯巴达的全权公民很少很少，相对于斯巴达的权势而言，是非同寻常地少。接下来，请读第二章的开头。

兰肯［读文本］：

然而，已经谈论完生育话题后，我也想清楚说明每一方的教育体系。（《拉刻岱蒙政制》2.1）①

施特劳斯：色诺芬当然没有说"教育体系"，只说了"教育"。为什么马尚特在翻译时非要加上"体系"呢，除非这是打算给教育系读，我不知道。请继续。

兰肯［读文本］：

其他城邦那些声称最高贵地教养儿子的希腊人，一等男孩

---

① ［译按］色诺芬在此故意含糊，这里的每一方既可能指斯巴达人与其他希腊人，也可能指斯巴达的男性与女性。

到了可以听懂话的年龄，就立刻让家教奴隶作为侍从照管他们；——

施特劳斯：不是"男孩"，是"孩子们"。这就意味深长了，作者先说起男孩，然后转而泛泛地谈论孩子。可是，这当然提醒我们想起一个问题：斯巴达的女孩们如何接受教育？毕竟，她们在食物和酒上面如此娇纵，因此自制教育看上去就极为重要。让我们从你停下的地方开始。

兰肯：马尚特译成了"在道德导师的照顾和管控之下"。

施特劳斯：这是牛津的一个专门用语，马尚特在注释里面解释了。

[178]兰肯：其实是一名带孩子的奴隶。

施特劳斯：是的。可能马尚特小瞧了这些牛津的道德导师，我不知道。他有可能是那里的一位大人物。我不知道。是的，好。让我们继续。

兰肯[读文本]：

接着立刻送孩童去老师那学习识读、音乐和摔跤学校的运动。(《拉刻岱蒙政制》2.1)

施特劳斯：我们先在这里停一会儿。那么，当然，斯巴达做了什么呢？随后的内容是大力赞扬斯巴达苛刻的禁欲教育：没有鞋子和所有这一类东西。关于文字和音乐方面斯巴达人怎么做，色诺芬未着一字。这与先前的沉默相一致。柏拉图在《法义》卷一也强调了斯巴达教育缺乏诗乐教育或诗乐教育不足的特征。斯巴达人用的当然不是一名奴隶，而是一个深受尊敬的老年公民来看管年轻人。他主要做的事情是什么？他严苛地惩罚。他严苛地惩罚。所以，斯巴达男孩真的是被鞭打得服服帖帖。请读第五节的开头。

兰肯[读文本]：

至于食物，吕库古作出决定，一个男性应向公共食堂捐献一定数量的食物，其量让他不会有过于饱食之虞，也不至于经历不到忍饥挨饿。(《拉刻岱蒙政制》2.5)

施特劳斯：是的。"男孩们"。现在让我们来看，在这里，文本上有一个难题，*eiem*是什么？① 马尚特译得不够紧贴字面。这个单词在那些抄本上的读法意为"男子"。这只是男孩们所经历的事情。所有这些禁欲的苛刻做法只适用于男性。接下来是一项特殊的斯巴达制度，这项制度也——从一开始，那就完全还是吕库古时代的斯巴达，不是衰败的斯巴达。第六节。男孩们因为得不到很多吃的，就一直挨饿，这也有其副作用。让我们来读一下吕库古怎么应对这种情况。

兰肯［读文本］：

他相信，让身材更苗条的膳食，比营养催肥的饮食更有助于身体长高。然而，为了不让他们太挨饿，尽管他不允许孩童轻而易举地随便拿其他任何他们需要的东西，但他的确允许他们偷那些可以减轻饥饿的东西。(《拉刻岱蒙政制》2.5–6)

施特劳斯：靠偷。请继续。

兰肯［读文本］：

想偷东西的人必须既要晚上醒着，又要白天使用欺骗，埋伏等待，而且想要捕获某种东西的人一定得搞秘密侦察。(《拉刻岱蒙政制》2.7)

［磁带断了；重新开始录音时，兰肯正在读第七章第四节］

---

① ［译按］按照 LSJ 的解释，这指的是年满二十岁的拉刻岱蒙年轻人。具体的解释，可参陈戎女老师的笺注，见《色诺芬〈斯巴达政制〉译笺》，页84。

兰肯［读文本］：

他们甚至也不必要为了能够有钱花在公餐的同伴身上而积财，因为他使得通过身体力行去帮助同伴比花钱助人更为荣耀，［179］他指出前者是靠灵魂在做事，后者是靠财富在做事。（《拉刻岱蒙政制》7.4）

施特劳斯：这里有些混杂地使用了关于身体与灵魂的区分。让我们读下文。

兰肯［读文本］：

此外，他也以如下这些方式阻止他们以不正义的手段图谋钱财。（《拉刻岱蒙政制》7.5）

施特劳斯：到目前为止，我们的印象是没有挣钱这回事，无论是公正或不公正地挣钱。

兰肯：他在管理斯巴达人时看上去曾遇到困难。"首先——"

施特劳斯：是的，但我们译得不对。"他禁止用不正义的方式或者从不正义的来源挣钱，也包括禁止臣属人口这么做。"也就是说，他不仅禁止任何全权公民挣钱，就连臣属人口都不允许以不正义的方式挣钱。吕库古是如何做到的呢？

兰肯［读文本］：

首先，他发行这样一种硬币，以至于即便是把价值仅仅十迈纳的硬币搬进屋子，也不可能不被主人或家里的奴仆注意到，因为这既需要大量的空间，又需要马车来拉运。（《拉刻岱蒙政制》7.5）

施特劳斯：是的。铁币，铁币，即便你只想做一个一般有钱的人，你肯定也需要许多马车来运这些铁币，而如果你在色诺芬所在的雅典得到同样价值的银子，且不说金子了，情况则会不一样。可以继续了吗？

兰肯［读文本］：

> 其次，会组织搜查金子和银子，若有任何金银出现在某处，其拥有者会受到惩罚。所以，在这个地方，拥有钱财所带来的痛苦超过了占用它所产生的快乐，既如此，怎会有人严肃对待挣钱呢？（《拉刻岱蒙政制》7.6）

施特劳斯：不是这样吗？所以，吕库古彻底解决了这个问题。钱币的重量阻止人们获取财富。当然，我们可以正确地提出如下问题：能轻而易举地藏匿起来的金银又如何呢？会有人去搜查金银，所以，人不可能拥有金银。后来，在第十四章，作者描写了与早先的斯巴达人截然不同的当代斯巴达人，他说起一件事：早先的斯巴达人害怕被别人看到自己有金子。换句话说，他们对金子的欲求并没有被根除。这个国家在禁酒令时期①也发生了相同的事：那时也有尽可能严密的搜查，大家知道的，然而，十分热切地想要拥有烈性酒的人还是有门路搞得到。这从最开始就是一个缺陷。有话要讲？

［180］学生：但恰恰是臣民们，他们也许在某种程度上渴望拥有金银。真是这样吗？公民们，为什么要让公民们受到这样的教育，以至于什么也不——

施特劳斯：好吧，这是个好问题。我们稍后再看。所以，换句话说，如果公民们连对金银的欲求都没有，也就没有必要搜寻了。因此，我们必须等等。吕库古的斯巴达人受到多大程度的教育，以至于他们摆脱了任何形式的贪欲？有话要讲？

兰肯：我可以提起另一条线索吗？我们正在讨论斯巴达的财富

---

① 这个"禁酒令"指的是禁止酿造、运输、销售所有含酒精的饮料。先是个别州采取这个政策，随着1920年美国宪法第十八修正案获得通过，就变成了全国性的政策。该禁令在1933年被解除。

问题。可是，重温第四章时，我们没有续上如下这条线索，即，是吕库古开启了竞争，然而，他让三位三百夫长来挑选（［译按］具体见第四章第三节以下的内容）。最终，据作者描述，斯巴达在衰落时期不仅贪婪，而且内斗激烈。

施特劳斯：对的。我没有把这一点带进来是因为时间紧。当然，这种竞争精神也有问题，你说得非常对。请读第八章篇首。

兰肯［读文本］：

但真的，我们皆知，在斯巴达，他们最服从统治者和法律。然而，我相信吕库古是先使得城邦里那些最强大者齐心，然后才试图奠定这种好状况的。(《拉刻岱蒙政制》8.1)

施特劳斯：我们所有人都知道这一点。在这件事情上，色诺芬不是仅仅说"四处观察"，他就其他事情说过这个词（例如，1.10），我所说的是否对，或者吕库古是否达到了自己的目的，这我们都知道。好的。下一节。

兰肯［读文本］：

我以这些事情作为证据：在其他城邦里，那些更强大的人甚至不想给人一种惧怕统治者的印象，而是觉得这是奴态的表现。(《拉刻岱蒙政制》8.2)

施特劳斯：紧贴字面的译法是"不自由"（unfree）。"不自由"（illiberal）。请继续。

兰肯［读文本］：

在斯巴达，与此形成对比的是，那些最强大的人既最顺从统治者，又十分以谦卑（ταπεινοί）为荣，每当他们被传召，就跑步而不是走路前去听命，并十分以此为荣。因为他们相信，如果他们自己带头热情地服从命令，别人也会效仿。事实也的

确如此。(《拉刻岱蒙政制》8.2)

施特劳斯:"谦卑"在这里译得正确。在古典文学当中,"谦卑"被用作褒义词的情况非常之少,此处是其中之一,典型地用于一个与斯巴达相关的语境中。柏拉图的《法义》(716a)也是这样,也是用在与斯巴达相关的语境中。换句话说,在斯巴达,谦卑被视为一种德性,在其他希腊城邦却并非如此。斯巴达人是如何做到这一点的呢?下文有说明;斯巴达有一项特殊制度来保障这种谦卑。有话要讲?

学生:只有一个问题。这种谦逊是指你看不起自己吗?这是色诺芬的意思吗?在哪里——

[181] 施特劳斯:嗯,你也可以说——嗯,你必然不能把亚里士多德在《伦理学》中给出的最深刻的分析拿到这里来用。① 在这里,谦卑几乎等同于某种像卑躬屈膝的东西。卑躬屈膝:"是的,长官,是的,长官,完全可以的,长官。"

学生:但这不是居鲁士遇到的那种事,居鲁士谈到他营地中的那个非常美丽的女人时,说自己害怕靠近她,因为当涉及……时,我就不信任我自己了——[笑声]。

施特劳斯:这我不知道。我的意思是,我不知道,希腊语中与"谦卑"对应的这个单词(即ταπεινοί),究竟有没有出现在《居鲁士

---

① [译按]见《优台谟伦理学》1231b,指在面对别人的蔑视时采取低下姿态,中译文参《亚里士多德全集》第八卷,徐开来译,页395;在1244a处,则以动词形式出现,意为"小看或轻视"。在《尼各马可伦理学》1124b和1125a,都是指"地位低下者"。至少在亚里士多德的伦理学著作中,ταπεινός这个单词并未得到施特劳斯所说的"深刻分析"。译者猜测,这位学生貌似因为英译文 humility 而将ταπεινός与亚里士多德笔下的μικρόψυχος(直译"小的灵魂",苗力田先生译作"谦虚",徐开来先生译作"谦卑")弄混了,"大度"(μεγαλόψυχος,直译"大的灵魂")是"虚夸"和"谦虚"的中道。亚里士多德认为,对自己的评价低于实际的情况,一个人明明有大的价值或善的行为,但是小看自己,这就是μικρόψυχος。关于μεγαλόψυχος和μικρόψυχος,尤参《尼各马可伦理学》卷四1123a–1125a,《大伦理学》1192a,《优台谟伦理学》1232a–1233a。

的教育》中。我不知道。①

同一名学生：居鲁士说"我看不起我自己，或把自己看得低，我想——"

施特劳斯：这不完全一样。有话要讲？

学生：［听不清］

施特劳斯：当然，在军队当中，这几乎不可避免，但在公民生活中也会发生。让我们来读下文，到时这会变得极为清楚。可以继续了吗？

兰肯［读文本］：

也有可能的是，就是这同一批人帮助确立了监察官的权力，因为他们确实把服从当作——（《拉刻岱蒙政制》8.3）

施特劳斯：换句话说，吕库古并非完全孤身一人，大家将会看到这一点。他并非那个建立起监察官制度的智慧之士。他有一些帮手。可以继续了吗？

兰肯［读文本］：

因为他们确实把服从当作城邦、军队、家庭里最大的好。统治的官员越有权力，他们认为，就越能威慑公民服从。②（《拉刻岱蒙政制》8.3）

施特劳斯：καταπλήξειν，这是什么意思？拉它下来。拉它下来。我不知道——

---

① ［译按］如果没有统计错的话，在《居鲁士的教育》中，ταπεινός这个单词及其变格，一共出现5次。第一次见于3.3.52，"使坏人一生过卑微的生活"；5.1.5，讲的是潘蒂娅尽管处于被俘的"卑下之境"，站在一众仆人之中，仍难掩其出众的光辉；5.5.8，米底亚王居阿克萨勒斯深感自己的权威被居鲁士冒犯，面斥居鲁士导致他地位"低下"；5.5.9，用法与前一节相同；第五次见于7.5.69，居鲁士使得巴比伦人最为"卑顺"，以最高级的形式（ταπεινότατοι）出现。

② 马尚特的原译文是"影响民心"。

学生：击倒、打倒。

施特劳斯：击倒，击倒它。是的。现在作者谈到了斯巴达这个关键的［监察官］制度。

兰肯［读文本］：

因此，监察官们有能力惩罚任何一个他们想要加以惩罚的人，而且有权威现场做成这一点；实际上，他们有权罢免在任的官员，甚至将其收监，对他们提起可判处死刑的诉讼。由于拥有如此大的权力，他们并不像其他城邦那样允许那些被选上的人如愿统治满一整年，相反，他们与僭主们有共通之处——

施特劳斯：是"他们像僭主一样"。

［182］兰肯［读文本］：

他们就像僭主或者竞技比赛的裁判一样，如果发现谁以任何方式违法，就即刻当场责备他。（《拉刻岱蒙政制》8.4）

施特劳斯：是的。所以，换句话说，监察官们的权力是一种僭主式的权力，这解释了斯巴达人为何极其服从。在这之外，还增添了下一个措施，这是吕库古为了保证人们服从而采取的最后一个措施。下一节。

兰肯［读文本］：

尽管吕库古也有诸多其他鼓励公民自愿服从礼法的高贵的创制措施——

施特劳斯："计谋"。

兰肯［读文本］：

下面这个在我看来也是最高贵之一：在向人们颁布礼法之

前——(《拉刻岱蒙政制》8.5)

施特劳斯：是"民众"。在向民众颁布礼法之前——
兰肯［读文本］：

他与那些最强大的公民一起参拜德尔斐神庙——

施特劳斯：是，"最突出的公民"，但并不一定是在道德上卓越。好的。他们也不直接等同于最有权势的人，但可能就是最有权势的人。是这些人帮助他确立秩序。对。
兰肯［读文本］：

去求问那位神，遵从他制定的那些礼法，对斯巴达而言是否更可欲，是否更好。当那位神回复说，这在每一方面都会更好，吕库古才将这些礼法公之于众，从而确定了人若违反皮提亚所认可的礼法，就不但违法，而且不敬神。(《拉刻岱蒙政制》8.5)

施特劳斯：换句话说，色诺芬清楚表明，宗教许可就是认可吕库古所给出的这套有着属人来源的法律。这是清楚的。某种意义上，这是关键的一章。在下一章即第九章，色诺芬谈论的是吕库古为了使斯巴达人勇敢或有男子气所做的事情。怯懦在斯巴达会带来绝对的耻辱，所以，就连天生最怯懦的人也必须表现得勇敢。因为，如果他达不到军事德性的最高标准，那他就绝对活不下去。在第十章，色诺芬转而论述另一个斯巴达的职部，即长老议事会（γεϱουσία）。请继续，现在让我们来读一读。
兰肯［读文本］：

而且，在我看来，吕库古也高贵地立法规定，甚至在老年时期，德性应该如何得到践行。因为他把［一个人入选］长老议事会［的时间］置于临近生命终点处，从而使得高尚原则甚

至在老年时期也不会遭到忽视。(《拉刻岱蒙政制》10.1)

施特劳斯：这里翻译的所谓的"高尚原则"就是"贤人风范"，καλοςκἀγαϑίαν。这是斯巴达特有的要求。当然，因为你想在老年时变成长老议事会的成员，那么，你就必须有非常好的声誉。可以继续了吗？

[183] 兰肯［读文本］：

同样值得钦慕的是他给那些年迈的好人提供的支持：规定年长者有权审判命案。(《拉刻岱蒙政制》10.2)

施特劳斯：让我们译得稍微紧贴字面一些："通过使老年人在关于灵魂的竞争方面有最高权力。"这个译法绝对紧贴字面［译按："命案"与"关于灵魂的竞争"是同一个词］。意思当然是，"灵魂"也是命案里面的"命"，但"灵魂"这个单词重要。现在让我们看看这导致什么结果。"他因此使得老年比那些盛年时期之人的［身体］力量更受人敬重"。是的，请继续。

兰肯［读文本］：

当然，这种竞赛在人群之间最受严肃对待，这是理所当然的——

施特劳斯：现在人们非常严肃地对待这种竞赛。哪种竞赛？那种生命攸关的竞赛，或者是竞争长老议事会席位的竞赛？此处可是一个微妙的含混。在希腊语中这里绝对是含混的。当然，人们将会认为——可必须这两种都想到。请继续。

兰肯［读文本］：

因为体育竞技也高贵，但它们关乎身体；与之形成对比的是，涉及长老议事会的那种竞赛就好人的灵魂提供了评判（ὁ δὲ περὶ τῆς γεροντίας ἀγὼν ψυχῶν ἀγαϑῶν κρίσιν παρέχει）。(《拉刻

岱蒙政制》10.3）

施特劳斯：大家看出来了吗？所以，这真的也是一场灵魂的竞赛，刑事指控（criminal charge），议事会席位也是一场关乎灵魂的竞赛，他们是否有一颗好灵魂。一定不要忽略这个笑话。是的，请继续。
兰肯［读文本］：

因为只要灵魂比身体更好，涉及灵魂的竞赛也就比涉及身体的竞赛更值得严肃对待。（《拉刻岱蒙政制》10.3）

施特劳斯：是的。好。关于长老议事会，就说这么多。现在，关于斯巴达的德性，至关重要的一句话出现了。可以继续了吗？
兰肯［读文本］：

吕库古下面这些规定怎不大大值得钦慕呢？他观察到，无论什么地方，那些想要这么做的人用心于德性，但并不足以使他们的城邦更伟大。（《拉刻岱蒙政制》10.4）

施特劳斯：紧贴字面的译法是"祖邦"（［译按］复数）："提升他们的祖邦"（复数）。不仅仅在名声方面，还有其他方面。也可能是领土，也可能是财富。这不确定。
兰肯［读文本］：

他便强迫斯巴达的每个人公开地践行一切德性。

施特劳斯："作为一项公共的关切"。这就是著名的斯巴达式要求，亚里士多德和柏拉图都提到过。在斯巴达，每一位公民都被迫践行德性，这是一项公共的关切，而在自由的雅典，践行德性在很大程度上都是留给个人执行。是的。所以，吕库古有更高的目标。他是怎么达到的呢？可以继续了吗？

[184] 兰肯［读文本］：

　　正如在德性方面，私人之间相互有差异——那些践行德性的人不同于那些不用心于德性的人——理所当然的是，在德性方面，斯巴达也不同于所有城邦，

施特劳斯：紧贴字面的译法是"不同于"。"不同于"能够轻而易举地包含"超过"的意思，因为"超过"是"不同于"的一种形式。但紧贴字面来译，是"不同于"。斯巴达在德性方面自然不同于其他所有城邦。请继续。

兰肯［读文本］：

　　因为只有她把践行高贵和好当作公共事务。（《拉刻岱蒙政制》10.4）

施特劳斯：嗯，紧贴字面的译法："把践行贤人风范作为公共的关切"。其他城邦是怎么做的呢？读下文。

兰肯［读文本］：

　　其他城邦惩罚那些对他人行不义的人，而吕库古对那些显然忽视要成为最好的人施加的惩罚不比前者轻，这难道不是一件高贵的事情吗？因为他相信，看起来，那些把他人卖为奴、抢劫、偷窃的人，行不义的对象只是那些受到伤害的人；但品德败坏的人和懦夫背叛的是整个城邦。故此，至少我觉得，他对后者处以最重的惩罚是有道理的。（《拉刻岱蒙政制》10.5-6）①

施特劳斯：是的。不，这是关键问题，直到今天都是关键问题，因为这正是由非斯巴达城邦所代表的现代式原则，只不过形式有所

---

① ［译按］原文为 4-6，当为 5-6。

修改。你只惩罚那些伤害了他人的人——盗贼、谋杀者等等。吕库古没有提到那种关键罪行，这种罪行现在仍然得到承认，而且过去一直得到承认，这就是叛国罪：你的同胞公民作为个人并不必然受到这种罪行的伤害，但作为城邦的一员当然受到了间接伤害。如果我们忽略了最著名的公共罪行，也就是叛国罪，那么，情况就不同了。城邦的职责仅仅是在公民之间确立和平的秩序，还是关心每一名公民的德性呢？古典思想家当然持后一种观点，大家也知道的。亚里士多德非常清楚地表明，下面这种关于城邦职责的看法非常卑下，即城邦应该只保障和平，这种霍布斯-洛克式的观点。城邦应该关心每一位公民变成高贵行为的践行者，这是斯巴达的官方观点。有话要讲？

学生：有意思的是，这里的原则与《治家者》的原则之间有差异。在《治家者》中，原则是"奖赏做好事的人"。这里的原则是"惩罚那些不做好事的人"。

施特劳斯：对。

同一名学生：两者都超出了正常的正义观念，我指的是我们那种维持社会和平的观念。可他们更高——

施特劳斯：斯巴达当然十分强调惩罚和鞭笞，正如我们已经看到的那样，我们将来还会在其他地方看到。但我认为，根本的原则是，以现在使用的语言来说：公民社会的职能是非常有限的吗？是只保护生命、自由和财产——这是非斯巴达式的观点——还是说，公民社会关心最好的事物，关心每一名公民的德性？吕库古致力于最高的目标，但可能他做得不是很成功。[185] 这一点也值得注意，我把一些小事情简要地罗列了出来，以下是其中之一：关于吕库古如何惩罚普通的罪行，色诺芬只字未提。色诺芬没说。可能吕库古太在意使斯巴达人成为爱国公民了，以至于并没有太严肃地对待纯然与私人相关的罪行。嗯，关于这种解释，有什么证据吗？

学生：偷东西。

施特劳斯：当然。自然，吕库古教斯巴达人偷东西，还有他就财产公用所说的话；就不要说其他事情了。所有私人事物都或多或少被公共地使用。在一桩罪行与某种被视为理所当然的事情之间，你如何能够加以划分呢？是的。现在请读下一节。

兰肯［读文本］：

　　而且实际上，他强制性颁令，必须践行所有城邦德性。（《拉刻岱蒙政制》10.7）

施特劳斯："所有政治德性"。这一点会被非常严肃地对待。政治德性并非真正的德性。吕库古相信真正的德性，并且打算以此训练所有的公民。实际上，吕库古训练他们践行的德性，只是那种能够靠惩罚，以及可能还靠一些荣誉产生的德性，而在这篇作品中，主要还是靠惩罚产生的。可以继续了吗？

兰肯［读文本］：

　　一种不可抵抗的必然性。（《拉刻岱蒙政制》10.7）

施特劳斯：另外，这种不可抗拒的必然性有利有弊，大家知道吧，因为如果一个人没得选择，你就了解不到他真实的内在品性。可以继续了吗？

兰肯［读文本］：

　　因为他使得城邦同等属于所有那些履行了礼法的人，而且他不考虑身体上的不足或是金钱上的不足。（《拉刻岱蒙政制》10.7）

施特劳斯：好的。色诺芬在这里用的词是 τοῖς μὲν γὰρ τὰ νόμιμα ἐκτελοῦσιν，"那些完成（finish）、完全遵从法的人"，这与《回忆》卷四第六章第十二节色诺芬定义贵族制时的用词不同。在贵族制中，那些统治的人 ἐπιτελοῦσι τὰ νόμιμα，即"成全（complete）法"，也就是通过公正地解释法而成全法。这是两件不同的事情。换句话说，斯巴达并非贵族制。可以继续了吗？

兰肯［读文本］：

相比而言，如果某人像懦夫那般疏于按照礼法来辛勤苦干，他便规定此人不再被视为属于平等者。但显然，这些礼法是非常古老的，因为吕库古据说出生在赫拉克勒斯子孙后裔的时代。这些礼法尽管很古老，然而，甚至现在对其他人而言，它们仍很新鲜。（《拉刻岱蒙政制》10.7-8）

施特劳斯：他们是谁？

学生：赫拉克勒斯（'Ηρακλέης））的子孙后裔。

施特劳斯：是的，是赫拉克勒斯的儿子们或后代。谁生活在色诺芬的时代呢？斯巴达的国王们。他们还是赫拉克勒斯的子孙后裔。所以，这是关于吕库古的生活时期非常含混的表述。吕库古生活于什么时候，有些模糊。可以继续了吗？

[186] 兰肯［读文本］：

实际上，最令人惊讶的事情是，每个人都齐声赞美这些做法，却没有一个城邦愿意效仿这些做法。（《拉刻岱蒙政制》10.8）

施特劳斯：是的。所以，换句话说，在某种程度上，他们说，可敬的是，在斯巴达，人人都是最高意义上的好公民，但斯巴达所采用的方式却并不怎么吸引他们。这就是该作品核心部分的末尾了，核心部分指的是第五至十章，谈的是斯巴达的政体。

在下面三章中，色诺芬转向军队。让我们只读第十一章的篇首。

兰肯［读文本］：

这些实际上在和平时期和战争时期均是共同的好处。不过，如果有人也想要观察吕库古为军队设计了什么，做得比别人更好，那也可以听听下面这些事情。（《拉刻岱蒙政制》11.1）

施特劳斯：是的，大家看，用了"如果"。可以说，这并不像严格的政治事物那样必不可少。色诺芬，这位据称仅仅是个上校的人，却把军事方面的事物看得不那么重要，在等级上比那些可以同等应用于战争与和平的事物更低。色诺芬在第十一章详细讲述了军事事务，尤其是阐述了战术。就这个论题而言，我完全无法胜任，一名透彻研究色诺芬的学者所要完成的任务就是，研究《居鲁士的教育》中详述的居鲁士所采用的战术，然后与斯巴达的战术进行对比。只有在此基础上，才可以判断出色诺芬对斯巴达战术的真正想法是什么。

下一章，即第十二章，讲的是军营。有一些——从第二节来看，好像斯巴达人不得不当心自己的友人。这是什么意思？友人们不可太靠近武器。除非发生战斗，不然友人们是没有武装的。这是什么意思呢？

学生：指的是雇佣雇佣军或非公民人员在军中服役的那种做法？

施特劳斯：希洛特，这些臣属之民是斯巴达人在战争中不得不使用的。但斯巴达人不信任他们，因为如果希洛特手里拿着武器，就可以轻而易举地割断斯巴达人的喉咙，这不是让希洛特来军营的目的，你知道吧？在第十二节的末尾——应该是在第十二章的末尾。

兰肯［读文本］：

> 不应该惊讶我对这些事情写得如此之多，因为人们会发现，拉刻岱蒙人在所有人中最没有忽视军事战斗中需要用心的任何事情。（《拉刻岱蒙政制》12.7）①

施特劳斯：紧贴字面的译法是："人们将会发现，斯巴达人最少忽略军事上的必要之事。"换句话说，军营的组织很可能是你在斯巴达发现的最好的事物。第十三章仍然讲军务，也就是国王在征战时的地位，而国王所做的最重要之事是献祭。第五节。

兰肯［读文本］：

> 其中的两位监察官也出席［祭典］，如果没有国王召请他们，他们绝不会干预——

---

① ［译按］原文所标的是第二章，实为第十二章，因此改正。

[187] 施特劳斯：所以，换句话说，在征战中，监察官的僭主式权力暂时失效，因为国王处于掌控地位。请继续。

兰肯［读文本］：

然而，监察官通过监察每个人的举止来节制所有人，这是合适的。在祭典结束后，国王传召所有人，宣布接下来要做的事情。其结果就是，如果目睹过这些事情的话，你会把其他人当作军事事务上的外行，而只有拉刻岱蒙人在战争事务上才是地道的巧匠。（《拉刻岱蒙政制》13.5）

施特劳斯：正是在此时，作者说起由国王来进行的献祭。献祭是军事技艺的一部分。第八节。

兰肯［读文本］：

在我看来，涉及武器方面的竞赛，吕库古还精心构设了以下高贵又有益的事情。因为每当献祭一头母山羊，同时敌军已赫然可见时，按照习俗，所有在场的吹乐手都要吹起阿弗洛斯管，而且所有拉刻岱蒙人一律戴上花冠。他们还奉命将武器擦亮。甚至一名青少年都被允许头发上抹油［梳理整齐］上战场，精神抖擞，容光焕发。（《拉刻岱蒙政制》13.8）

施特劳斯：嗯，我会说，这是高贵的事。但是，这个习俗有，当然，就像所有的斯巴达式事物都有一样——至少在雅典人看来，这个习俗一直就接近于某种笑料，即便其用意高贵。我认为，修昔底德的《伯罗奔半岛战争志》也很有力地表达了同样的看法。是的。接下来作者在这一章的末尾转向国王的职能，不仅在战争中，还有在和平时期的职能。我们可以读一下最后几节。请读第十节吧。

兰肯［读文本］：

此外，至于什么时候看起来是扎营的合适时机，在这个方面的那位"吕库古"就是国王,而且国王也负责指出须在哪里扎营。同样的,至于派遣使节,这也是国王之责,无论是向朋友还是敌人派遣。而且每当想要做某事时,每个人都从请教国王开始。若有人来国王这里寻求正义,国王就让他去找军事法庭法官,找国王要钱的,就让他去找财务主管,如果他带来战利品,就让他去找那些负责战利品的人。既然各项事务以此方式得到执行,行军打仗时,就没有其他事务给国王做,国王只需在与诸神相关的事务上担当祭司,在与人相关的事务上担当将军。(《拉刻岱蒙政制》13.10–11)

施特劳斯:是的,紧贴字面的译法是,"就神而言,[国王]是祭司,就凡人而言,[国王]则是将军"。换句话说,国王的职能被严格限制在等级制度和军事方面。所有政治性质、外交性质的职能,更不要说纯粹内政方面的职能了,属于其他官员。军事部分,就说这么多。

现在来到了第十四章,过去一些校勘者认为,这一章即便不是伪作,至少也错位了,因为下面还有第十五章,第十五章与整篇作品一样显然也在赞美斯巴达和吕库古的绝佳制度,而第十四章则是在批评当时的斯巴达。让我们来读开头部分。

兰肯[读文本]:

但若是有人要问我,在我看来,吕库古的礼法至今是否仍旧肖然未变,凭宙斯起誓,我再也不能信心满满地坚称这一点。(《拉刻岱蒙政制》14.1)

[188] 施特劳斯:不对。"宙斯在上,我再也无法大胆地(boldly)说[没有改变]。"之前的事情,色诺芬说得底气十足,可是,这里,他不能这么说,因为事实太明显了。这是作者唯一一次发誓,绝对确定地说这全然是事实。[施特劳斯轻声一笑]是的。接下来作者就描写了斯巴达人的现状,因为伯罗奔半岛战争结束后,所有希腊人都逐渐知道当今的斯巴达人了,当时斯巴达人占领了许

多希腊城邦，行事像完全令人厌恶的僭主一般，同时还向那些城邦派出被称为"总督"（harmost）的统治者，等等等等。斯巴达人当然极为贪婪，极为贪婪。这是人尽皆知之事，没有人可以大胆地说斯巴达人是好人（fine men）。唯一的难题是，为什么第十四章出现在这里，为什么我们还有第十五章这一章？简而言之，如今的斯巴达在每个方面都已经彻底衰落了，只有一个方面除外，第十五章就强调了这个例外。是什么呢？第十五章的篇首。

兰肯［读文本］：

但我也想描述一下吕库古制定的在国王与城邦之间的协约。（《拉刻岱蒙政制》15.1）

［换磁带］

施特劳斯：——这［译按：国王之位］是唯一还保留着原样的官职，还是当初被分立开来的样子。当我们说"城邦"时，我们指的是斯巴达城邦，它是唯一留存下来的东西。然而，色诺芬说的是城邦的这一特定部分，这种特定的官职，即王位，是仅存的斯巴达制度。铁钱，欧尔（ore），[①] 所有其他著名的事物，都已成往事。这就是色诺芬为什么在最后一章写这些内容的原因。现在让我们看看他说了什么。继续，下一段。

兰肯［读文本］：

因为实际上，只有这个统治职位从制定之初沿用至今；而其他［城邦］的法规体制——

施特劳斯：是的，对，"其他的政制"（regimes）。

[①] ［译按］此处可能是指丹麦、瑞典、挪威的硬币欧尔，一欧尔为百分之一克朗。施特劳斯在此处提到欧尔，可能因为某一时期的欧尔与斯巴达钱币一样也是用铁铸成。

兰肯［读文本］：

人们会发现，已然改变了，甚至现如今仍在改变——（《拉刻岱蒙政制》15.1）

施特劳斯：是的，当然。这也是真的，比如说，古老的雅典政制已经被更改过无数次了，许多其他地方也是如此。在斯巴达，至少，斯巴达政制延续了数百年。这是个古老的故事。但是，斯巴达政制还剩下什么？唯一没有变的是国王制度。是的。请读下一节。

兰肯［读文本］：

因为吕库古规定，国王代表城邦献上所有的公共祭牲，基于他是源自那位神，又基于无论城邦把军队派往何处，国王都统率着军队。（《拉刻岱蒙政制》15.2）

施特劳斯：对的，是"城邦派出军队"，而不是国王。国王在严格意义上是将军和祭司，而没有担任其他的什么。请继续。

兰肯［读文本］：

而且他［吕库古］准许国王从祭牲里拿那些带来荣誉的部分，还给国王分配在许多毗邻的边民城镇里的土地——（《拉刻岱蒙政制》15.3）

[189] 施特劳斯：即那些被占领的城镇。斯巴达人当然占领了斯巴达周边的土地，即边民（περίοικοι）的土地。好了，请继续。

兰肯［读文本］：

分量上让国王既不短缺适度的收入，又不至于在财富上突出。（《拉刻岱蒙政制》15.3）

施特劳斯：换句话说，国王获得的薪水也没有变，我们乐意知道这一点。好了，请读下一节。

兰肯［读文本］：

　　而且为了让国王们也在外面进餐——

施特劳斯：请看，请停一下。为什么"国王们"取代了"国王"？① 我们先前所听到的只是单数的国王。有话要讲？

学生：斯巴达不是要有两位国王吗？

施特劳斯：当然是。色诺芬故意只在这篇东西里漏掉了一些事情，这是其中一个，即双王制，双王制自然生出了某种难题，也就是嫉妒，即便不是国王们相互嫉妒，② 至少也是王后们。［笑声］因此，当色诺芬在《居鲁士的教育》开篇处以波斯君主制的形式来描述他所谓的理想斯巴达时，当然就只有一个国王。这又表明了斯巴达政体一开始就有的一个致命缺陷：双王制。好了，兰肯，再从头开始读这个句子吧。

兰肯［读文本］：

　　吕库古给他们分配了一个公餐房，他甚至给他们进餐时双份餐食的荣誉，不是为了让他们津津有味地吃两份——［笑声］（《拉刻岱蒙政制》15.4）

施特劳斯：大家看到了吧？换句话说，吕库古并非纵容国王的不自制。请读。

学生［读文本］：

---

① ［译按］色诺芬只在这里还有 15.5 以及 15.8 处提到了复数的斯巴达国王，以此向读者表明斯巴达的双王制。

② ［译按］比如见色诺芬的《希腊志》4.7.5，国王阿格西珀里斯与另一位国王阿格西劳斯激烈地竞争。

而是为了让他们有能力尊荣某个人，如果他们想这么做的话。（《拉刻岱蒙政制》15.4）

施特劳斯：换句话说，国王们可以总是带客人去这个十分排外的俱乐部。好了，请读第六节。

兰肯［读文本］：

毗邻其住所，一片水塘提供了充足的水源，这也对许多东西有用处，那些没有这东西的人对此知道得很清楚。（《拉刻岱蒙政制》15.6）

施特劳斯：这难道不吸引人吗？［笑声］我的意思是，还有人没看出这里的反讽。我不知道我可以如何解释这里的反讽，但我希望每个人都明白了。［施特劳斯轻声一笑］这也是国王的一种很好的待遇。继续。

兰肯［读文本］：

在国王面前，每个人都起身站立；只有任职的监察官们除外。（《拉刻岱蒙政制》15.6）

[190] 施特劳斯：看到了吧？后世有一些政治思想家非常尊崇监察官，例如，阿尔图希乌斯（JohnnesAlthusius）和一个德国哲人费希特（Fichte），[1] 他们想把监察官制度作为宪政的一种守护者。这种观点当然并不愚蠢，如果你有国王，你也需要一个制度来看守国王。所以，就是这个想法。监察官意为"监督者"。所以，监察官

---

[1] Althusius, *The Politics of Johannes Althusius*, trans. Frederick S. Carney, London: Eyre & Spottiswoode, 1964, 第十八章。关于监察官对抗僭主，见页187-188。至于费希特，见他所著的《自然权利的诸根基》（*Foundations of Natural Right*），Michael Bauer 译，Cambridge，2000，页156。

在斯巴达生活中是非常重要的因素。顺便说一下,修昔底德在思考伯罗奔半岛战争爆发之前的战争时,也以美妙的方式讲出了这一点。斯巴达国王,一个好贤人,是反对战争的;决定开启战争的是监察官。① 大家知道,大众的——大众的,因此,监察官比源自宙斯的尊贵家族会更加包容大众的各种情绪。德莱(Dry)先生,有话要讲?

德莱先生:双王制会是这样的一种失败吗[听不清]

施特劳斯:是的,嗯,有一个关于权威与影响的著名区分,你无疑听说过。在政体中的职能受到这种严厉限制的国王,他仍是国土上的首脑,而国王们的履历却显得并不那么伟大。列奥尼达斯(Leonidas)是著名的范例,大家知道这个光芒四射的范例,从温泉关的事迹中。② 但是,当你读关于斯巴达国王的内容时,比如说伯罗奔半岛战争期间,你会发现国王们表现平平,还经常有人怀疑国王们正收受敌人的贿赂。例如,阿尔喀达莫斯(Archidamos)③ 入侵阿提卡后旋即返回,没有重创这片土地,便立即有人怀疑他。其他这类事情多的是。亚里士多德也讨论了双王制,我相信是在《政治学》卷二,他也将其看作一种缺陷。换句话说,你只有王制的弊端,而没有享有王制真正的好处。

学生:我认为,希罗多德也谈到了斯巴达双王制的缺陷,受

---

① [译按]见修昔底德《伯罗奔半岛战争志》1.79–87,当时的斯巴达国王阿尔喀达莫斯和其中一位监察官都作了长篇发言。

② [译按]见希罗多德《原史》7.220。

③ [译按]讲课稿给出的是阿奇达纳斯(Archidanas),但斯巴达国王中并没有这个人,在希罗多德和修昔底德以及色诺芬的史书里都没有出现过这个名字。根据施特劳斯描述的事件可知,这里应是指阿尔喀达莫斯(Archidamos),相关事件见修昔底德史书卷二第18章。
这位阿尔喀达莫斯是阿基斯(Agis)国王和阿格西劳斯王的父亲,见色诺芬《希腊志》5.3.13。阿尔喀达莫斯的父亲是Zeuxidamus。阿尔喀达莫斯结过两次婚,第一次婚姻生下的儿子是阿基斯国王,第二次婚姻生下的儿子是阿格西劳斯国王,即色诺芬在斯巴达的庇护人。在阿基斯国王病逝后,吕山德帮助阿基斯的同父异母弟弟即阿格西劳斯问鼎斯巴达王位,夺走了阿基斯的儿子列奥提喀达斯(Leotychidas)的王位,见《希腊志》3.3.1–4。

贿……出卖军队［听不清］

施特劳斯：国王们的公共道德，显然没什么好夸口的［听不清］。当然，这事在只有一个王的情况下也会发生，但［双王之间的］竞争一定制造了大量麻烦。好了。让我们继续。……的誓言——

兰肯［读文本］：

> 每个月，他们对彼此发誓：监察官们代表城邦，国王代表他自己。国王发誓，他会遵守城邦业已制定的礼法来统治，对于城邦而言，如果国王恪守誓言，城邦就会保证王权不动摇。（《拉刻岱蒙政制》15.7）

施特劳斯：这当然是城邦与国王之间的一种契约的古典范例，大家知道吧？原初的契约，按照它后来的叫法，如果遭违背，就给予另一方权利，特别是给民众权利、给城邦权利去做反对国王的事。请继续。

兰肯［读文本］：

> 这些就是国王生前在自己邦内被赋予的荣耀，其中的每一个都没有极大地超过平民的荣耀。（《拉刻岱蒙政制》15.8）

［191］施特劳斯：换句话说，国王几乎是一个共和式的长官，仅止于此。大家可以想象得出来，对于十六至十八世纪反对绝对君主制的许多代人而言，这些段落意味着什么。大家知道，这才是真正的典范。国王就应该是这样，而不是像亨利八世或路易十四那样。请继续。

兰肯［读文本］：

> 因为吕库古不希望国王们滋生僭主式的心态，或使得公民嫉妒国王的权力。然而，通过国王死后所得到的那些荣耀，吕

库古的礼法想要表明，它们尊拉刻岱蒙人的国王们为英雄，而非凡人。(《拉刻岱蒙政制》15.8-9)

施特劳斯：即当作半神。所以，只有死后，国王们才得到超出凡人的荣誉；活着的时候，没有这样的荣誉。这也是一个很微妙的笑话。在这里，大家又看到了复数，但我们可以说这个复数指的不是两位同时在位的国王，而是指相继在位的国王们，这样说也对。所以，只有一次能够看到作者明确提及双王制。[听不清]从结尾来看，全文的结构非常清晰。正如色诺芬所说，他从开端处开始，即始于出生，于结尾处结尾，即终于死亡，但并不是每个人的死亡，而是斯巴达地位最高的人即国王的死亡。有人举手，我不记得——

学生：这些词的使用，比如，使用吕库古法律的"用意"这个词，是在表明可能其"用意"没有得到执行吗？

施特劳斯：显然是的，色诺芬在第十四章明确说了。这没有问题。但问题在于，吕库古的原初规划是否英明，这些是更意味深长的事。我认为，毫无疑问的是女人方面的立法宽松，以及允许偷窃的这种可疑制度——《居鲁士的教育》第一卷将会谈论偷窃问题。但在《居鲁士的教育》中，偷窃受到的限制更多。德莱先生有话要讲？

德莱先生：我有些不确信[斯巴达]女人在某种程度上不自制，还有双王制。在我看来，这似乎不足以解释其中的缺陷是法律方面的缺陷，毋宁说是[吕库古]之后的人没有执行好这些法律。

施特劳斯：不好意思。我们必须考察这是不是缺陷，然而，关于女人的制度可以追溯至吕库古，这是色诺芬清楚表明的，这很清楚；双王制也是如此。其中的道理不过如此：女人占了百分之五十的人口，如果她们处于极度的无序状态，这就比少年犯罪还要严重得多。肯定的。现在来想一想，如果所有男人来到邦民大会上时，满脑子都是妻子和女儿惹的麻烦事，大家知道的，就会有无限的麻烦冒出来，他们没有能力像雅典人那样将她们置于自己的掌控之下。

学生：我正在想，这些女人得到的待遇有些像居鲁士对待自己的奴隶那样。她们首先吃东西,她们得到……的周全照顾——

施特劳斯:可并非如此。你看,还有其他的要点。请读一下亚里士多德在《政治学》卷二关于斯巴达的章节。斯巴达人打很多仗。你知道的,斯巴达的公民人口并不是特别庞大,因此,会折损很多公民,在许多情况下都是如此,[192]首先,男人们在外打仗时,谁来掌控奴隶和别的每一个人?第二点:许多男人在战争中丧了命,遗产由女儿继承了。斯巴达的女继承人们引发了著名的问题。她们可以自定计划。对吧?如果一个贫穷的全权公民的儿子娶了一位非常富裕的女继承人,无论法律可能会做出什么规定,这个女人,如果确实精力旺盛的话,其权力就大得惊人。你已经研究过卢梭关于这个论题即关于婚姻所发表的见解,你还记得,噢,你当时不在。这是我们上个学期做的事。我们详细讨论了必须如何安排丈夫与妻子的大笔财产。

学生:普鲁塔克在他的《吕库古传》中提到,吕库古从来都没有能力使女人安分守己,特别是在男人们外出打仗的时候。

施特劳斯:是的,但亚里士多德比普鲁塔克离那个至关重要的时期更近。这是关键。有话要讲?

学生:在某种程度上,色诺芬对国王与城邦之间所定之约的描写,暗示了法律保持着原样,因为如果王制尚未动摇,也就意味着国王们肯定有遵守自己的誓言,虽然只是在形式上。

施特劳斯:是。

学生:如果国王们遵守誓言,他们就是根据城邦既定的法律进行统治。

施特劳斯:是的,当然,但如你所表明的,如果我可以这么说的话,法律极有可能保持原样,但没有得到执行。如果这些外出到希腊各城邦当指挥官或总督的人积攒了金银,而且可能当时有某个地方类似于我们这个世纪的瑞士,大家知道的,人们就可以把不能放在家里的钱存到那个地方。大家知道吧?人是一种创造力十足的动物,特别是如果有这么一种刺激物的话。斯巴达人很可能已经把自己的钱放在拜占庭,怎么说呢?可能把钱投资在某桩私人业务上,比如某种兴盛的船运生意，大家知道的。这与关于钱财的法律并不矛盾；即便形式上法律还是相同的法律，也不意味着它们会得到执行。但至于这个令人印象深刻的表达，即国王一方的誓言与城邦一方的誓言，我们还是能够理解它为何被看成秩序良好和自由共和式社会的一个典范。大家知道的，在所有这些世纪当中，极其重要的问题是如何限制绝对王权。

兰肯：国王的工作难道不是［听不清］和实施法律吗？他们受到非常严格的限制。本来应该由监察官们来监督，使人们——

施特劳斯：是的，当然，可监察官们是一项民主式的制度。

兰肯：监察官们并没有制定法律。

施特劳斯：或许，出于非常充分的理由，法律是由那些——援引色诺芬的说法——有德性和智慧但对民众心怀恶意的人制定的，而监察官们及其同党没有德性，没有智慧，但对民众心怀好意。可能有——有话要讲？

学生：您会怎样称呼色诺芬正在描述的这种政制呢，绝对君主制吗？

[193] 施特劳斯：噢，不。你怎么可以这么说？不。怎么来称呼它呢？例如，我们从亚里士多德那里知道了这个。然而，就算没有亚里士多德的帮助，我们也可能想得出来。

学生：寡头制。

施特劳斯：不是。

学生：有限的君主立宪制。

施特劳斯：不是。并不存在君主立宪制。

学生：混合的。

施特劳斯：混合政制。有一位国王，有众长老。国王是君主制成分，半君主制成分。众长老是贵族制的产物，因为入选长老议事会的条件是德性，监察官职位是民主式的制度。这是正统观点。缪勒（Mueller）先生？

缪勒先生：柏拉图不是以财富为标准把斯巴达与波斯归到一组了吗？

施特劳斯：斯巴达和什么？

同一位学生：波斯。

施特劳斯：在某种意义上是，但当然了，斯巴达国王们的财富加起来都难以望波斯王的项背。

同一位学生：［听不清］

施特劳斯：是，当然，贵族制堕落了就是寡头制，就是关心财富，从这个视角来看，当然。

学生：［听不清］私人所拥有的［听不清］

施特劳斯：不是。可这与……有很大关系，对雅典城的美化与民主制有很大的关系。我们从色诺芬自己的作品中看到这一点，不是吗？这些建筑是为民众而建的？民众可没有这些上好的房子。他们能够走进去并享受的好房子就只有公共建筑、庙宇等等。这与民主制有关。有话要讲？

学生：在全书的许多段落中，其他德性都被降低为军事德性的工具，难道不是这样吗？

施特劳斯：在某种程度上是。是的，当然。

同一位学生：［听不清］

［194］施特劳斯：这是柏拉图在《法义》卷一的批评。色诺芬没这么强调这一点。色诺芬在此强调的倒不如说是斯巴达人培养的德性是一种降低了的德性，即政治德性，你能够通过惩罚什么的培养出这种德性。这根本不是真正的德性。它与知识肯定毫无关系，和苏格拉底式的德性不一样。巴特沃斯先生？

巴特沃斯：回到第十章——

施特劳斯：是的，我自己也想回到那一章。

巴特沃斯：涉及的是公民德性，政体（polity）。

施特劳斯：是的。

巴特沃斯：某个人可能比色诺芬多一丁点哲学气质，然而，还是［听不清］。在斯巴达，这样一个人的处境会如何呢？

施特劳斯：像色诺芬？

巴特沃斯：想思考这些事物并关心它们的某个人。

施特劳斯：从色诺芬那里，我们了解到关于这个问题的一点情况。色诺芬真正喜欢的斯巴达人并非阿格西劳斯，他为阿格西劳斯写过颂文，① 可是，当你读那篇颂文时，你能够轻而易举地看穿它。色诺芬在这些事情上使用的手法非常简单。一个人有一系列德性。[施特劳斯写板书]一，二，三，四，五，六，七。如果色诺芬赞美某个人，说这个人有着过人的自制，好的，然后，你就看看关于其他六项德性，色诺芬说了什么。色诺芬沉默的时候，你就可以自己对其加以猜测。但是，具体到阿格西劳斯，色诺芬把所有的德性都归于阿格西劳斯，可是，色诺芬是如何做的呢？他最为尊崇的同时代斯巴达人是德尔居里达斯（Derkylidas）。德尔居里达斯。这个人出现在《希腊志》当中。[施特劳斯写板书]德尔居里达斯真的是个很棒的家伙，但也是个不合斯巴达常规的家伙。很年轻的时候，他因为不守纪律，即"无序"（ἀταξία）而受过处分。他在拜占庭驻扎时，没有遵守所有的斯巴达规则。他具备一种品质，这个词很难译，φιλαπόδημος。② 他喜欢远离民众，意思是喜欢远离家。[笑声]他喜欢这[听不清]作为军事指挥官，德尔居里达斯远比阿格西劳斯和任何其他人都更卓越，阿格西劳斯一年都没办到的事情，德尔居里达斯六个星期就搞定了，我相信，所用的时间甚至更短。由于他指挥有方，德尔居里达斯并没有展现出斯巴达式的残酷和其他东西而让人反感。德尔居里达斯就是这样一个人。

色诺芬与这样的斯巴达人关系好，斯巴达肯定有这样的一些人，这很正常。毕竟，他们救了色诺芬的命。可以说，当色诺芬从军队被遣返时，大家知道的，那些希腊人跟随居鲁士征战后败回时，唯一的出路就是去当斯巴达的雇佣军。斯巴达人当时在希腊无所不能。这些斯巴达人对色诺芬非常友好；这些斯巴达人在斯巴达的领土上

---

① [译按]见 Agesilaus, in *Xenophon*: *The Shorter Writings*, Edited by Gregory McBrayer, Ithaca, NY: Cornell University Press, 2018。

② 见《希腊志》4.3.2。[译按]按照 *LSJ* 的解释，意为"喜欢外出旅行的"。

给了色诺芬一处地产，他在那里待了几十年，显然没有受到什么困扰。我认为，色诺芬没有公开讲这些事情，只是在作品中加以暗示；[195] 这些斯巴达人不会喜欢他的做法。可他们待他如此之好，他当然心怀一定的感激之情，可感激之情并没有蒙蔽他的双眼，以至于他只是说斯巴达人就是非常好。

我现在认为，这篇文章可以说整体上是在戏仿现实中的斯巴达。首先，非常简单，斯巴达人并非斯巴达所宣称的那个样子，而是问题丛生。但更重要的事情当然不是斯巴达人没能做到自己所宣称的样子。我们又能说哪个国家做到了呢？更值得注意的批评当然是批评斯巴达的所谓"理想"，批评斯巴达所代表的理想，这一理想实际上在第十章体现得最清楚，在我们已经讨论过的段落里：吕库古强制斯巴达人，所有的斯巴达人，ἀσκεῖν。ἀσκεῖν是什么呢，是在所有的德性上练习，训练自己，并要把这视为一项公共要务。经证明，斯巴达的德性是德性中非常成问题的一个部分，并不是说不重要，但确实是一个很低的部分。我们也必须回头看看关于雅典政制的那些作品，即《邦国财政》，还有所谓的《雅典政制》。

过于简单化地推崇斯巴达，这种做法在雅典的上层圈子里很流行，然而，色诺芬一刻也没有被这种做法愚弄。大家知道，这样的雅典人被称为拉科尼亚主义者（Laconist）。这些雅典人留着斯巴达式的发型，等等等等。在柏拉图笔下，提到这些人时，这类事情总是会受到嘲笑。但从民众的角度来看，苏格拉底看起来当然像这帮人中的一员，不是因为他的发型是斯巴达式的，而是因为苏格拉底对斯巴达抱有某种认同感。我们后面将会解释这种认同感意味着什么。

民主制。在这帮人看来，民主制怎么样呢？[他们] 坦率地漠视德性，除非德性对于赢得战争和一起生活是绝对必要的。大家还记得《雅典政制》中的段落吧，那个人坦率地说：该死的智慧和德性，我想要那些对民众心怀善意的人。相比之下，斯巴达的原则更合理，即德性最重要。可是，如果大家看看吕库古如何"解释"这条原则，大家很可能会说，在雅典与斯巴达之间并没有太多东西可选，一者完全否定德性的重要性，一者如此过分地用心于一种虚假的德性观念。我们甚至可以不限于此，比如说，对比名为《雅典政制》的作品与名为《拉刻岱蒙政制》的作品。我相信，当把这两部作品放到一起时，比起关于斯巴达的那部作品，还是关于雅典的那部作品更受人喜爱。毕竟，从表面上看来，《雅典政制》是为雅典政制所做的一种辩护。雅典人已经做到最好，没法做得更好了。雅典人想做的事情并非贤人式的，但他们做得很好。但在斯巴达，无论他们想做的是什么，他们做得差。有话要讲？

学生：逼迫雅典成为它当时的那个样子的那些匮乏（wants），其重要性何在？［听不清］一定数额的岁入，和——

施特劳斯：贫瘠的土地，就意味着要进口；庞大的公民人数，还有外邦人和奴隶。因此，他们依赖船运，而船运必须得到保护，否则在战争期间他们很快就会饿死。所以，你需要海军。

学生：可雅典的处境不是［听不清］

［196］施特劳斯：斯巴达人有肥沃的土地。斯巴达人已经做过雅典人忘在脑后的其他事情。正如丘吉尔有一次提到墨索里尼猛攻埃塞俄比亚，墨索里尼也想拥有一个帝国，丘吉尔说，在二十世纪，这是很不正常的事情。① 丘吉尔的意思是，如果墨索里尼在十九世纪这么干的话，就不会受惩罚。斯巴达人，在做这种事情还正常的时候，即公元前八世纪或更早，侵占了伯罗奔半岛最肥沃的那一片土地，剥夺了他们的血亲兄弟美塞尼亚人（Messenians）的继承权，自此以后就过着可能并非幸福但却富裕的生活，斯巴达人当然并不会因为食物供应的事而依靠海军。雅典人是后来者，雅典直到波斯战争之后才变成希腊强邦，依靠进口，并因此依靠海军，而这事又引出了另一件事情。海军依赖摇橹手。你不太需要重甲兵。摇橹谁都

---

① "墨索里尼对阿贝西尼亚（Abyssinia）所做的各种打算与二十世纪的伦理相扞格。它们属于黑暗时代，那时候白人自认为有权利征服黄种人、棕种人、黑种人或红种人，凭借高人一等的力量和武器使其他人种屈服。" Winston S. Churchill, *The Second World War: The Gathering Storm*, Houghton Mifflin Company, 1948, p. 166。

能干，只要有体力就行。民主制就来了。这是非常粗略的说法，色诺芬在《雅典政制》中所说的话也有些言过其实。

学生：[听不清]美丽的雅典，渴求如此之多的东西[听不清]

施特劳斯：是的，但是如果你从纯政治视角来看，谁想要那些？谁想那些？

学生：伯里克勒斯。

施特劳斯：当然。但是，如果当时没有某种大众的汲汲于此，只有伯里克勒斯自己的话，他也孤掌难鸣。我的意思是，色诺芬提到的这些更加喜爱狩猎、面色红润的斯巴达乡绅——可能是一些供狩猎者休憩的小屋，可他们在斯巴达为什么需要为精美的建筑花费如此多的钱呢？我认为在雅典也有这样的乡绅，只不过雅典乡绅们没有斯巴达的乡绅那么有权力。在雅典，处于掌控地位的是民众，当然不是穷人，但这些人仍然没有能力拥有漂亮雅致的房屋。

学生：雅典人曾一度对叙拉古有爱欲。

施特劳斯：是的，是的，当然了。这是一个我们忍不住要提出来的问题：难道雅典人不就是比斯巴达人有天分得多吗？大家知道的，斯巴达没有什么重量级的人物出现，雅典则伟人云集。可是，这很难讲。在柏拉图的《法义》里，有人说雅典人天生（φύσις）就优异，天生就优异，是优异的种族。① 但这句话出自一个斯巴达人之口，而不是雅典人说的；如果是雅典人说的，当然就是自我表扬了，因此就不恰当了。可是，看上去无疑没有人了解一点，即，为什么这种天分就在这两代人或三代人身上展现出来了，而不是之前或其后的人呢？如果这种现象仅仅是出于种族上的原因，那就应该一直表现出来。这个现象如何发生，是一个十足的谜：[197]在一个特定的时期，在各个不同国家，伟人云集。法国也有相同情况；英国也有。一段特定的时间内伟人辈出，这是令人惊讶的事。德国也是。然后就停了。当然，一个马克思主义者用社会经济状况来解释这一点，那也将是无效的。我不相信——

---

① 柏拉图，《法义》642d。

［磁带断了］

施特劳斯：——有其他要说的？里昂先生（Lyons）？

学生：［听不清］

施特劳斯：嗯，斯巴达人当然以田地为生。欧罗塔斯（Eurotas）山谷的土地非常肥沃。可问题是：斯巴达的全权公民会照管自己的田地吗？斯巴达的全权公民会像希腊其他的农耕部族那样监督耕作吗？你从色诺芬书中得到的印象是，斯巴达全权公民从事的是政治活动和狩猎，还有在公共食堂就餐，远比耕作要多。我们不能只立足于这篇文章来看待斯巴达的经济史，因为这篇文章的内容太宽泛了。我觉得专门研究此事的人很可能知道更多。我不知道，不过翻一翻相关的书也是易事，就是关于古代社会经济史方面的著作，看看关于斯巴达他们说了什么。我必须交代一下，我忽略了这件事。有话要讲？

学生：［听不清］斯巴达的衰落与忽视农耕有什么关系吗？

施特劳斯：我相信，我们能够以《治家者》为依据来提出如下主张：色诺芬认为，如果统治阶层——即那些成就法律的人，那些在社会上拥有决定性影响力的人——确实照管自己的财产并关心它，这是非常好的事。我至少会将其当作一种严肃的可能性提出来。我无法十分肯定地这么说。当然，令人震惊的是，在《治家者》中，色诺芬认为值得让一个斯巴达人，一个至关重要的斯巴达人，即吕山德，一定程度上在一名波斯王子的影响下转向农耕。我的意思是，这位波斯王子是一个最不可能让自己的双手沾满泥巴的人。

我想，我们必须到此为止。

第九讲 《居鲁士的教育》卷一

[199] 施特劳斯：这是一次非常热情洋溢又明晰的发言，[1] 你提出的许多论点都是我们必须考虑的。你从书名问题出发，这是正确的做法。"居鲁士的教育"当然是个奇怪的标题。居鲁士的教育在卷一末尾就结束了。为了在恰当的基础上来看待这个问题，我们必须考虑［色诺芬的］其他标题。色诺芬并非只有一次这样取标题。在《上行记》中，卷一记述了居鲁士的上行，可能还有卷二的部分内容，余篇则都在讲希腊军在色诺芬的带领下开始下行。《回忆》并没有告诉我们，它们是关于苏格拉底的回忆，它们是色诺芬的回忆。当然，关于《回忆》的标题，我们很容易理解。色诺芬真正的回忆（*the* recollections），是那些与苏格拉底有关的回忆，而不是关于他随同小居鲁士征战的回忆。"居鲁士的教育"这个题目在某种程度上也可以是有意义的，如你所讲，居鲁士的教育一直在进行。持续不断的教育。另外，我们也可以说，题目中的属格也可能是宾语属格（objective genitive），不仅仅是主语属格（subjective genitive），指的是由居鲁士强加的教育，而不单单是居鲁士接受的教育。这一点你也看到了。你注意到一些与《拉刻岱蒙政制》的相似之处。你观察到他在《居鲁士的教育》中对女人保持沉默，而《拉刻岱蒙政制》以女人来开篇。让我们绝不要忘记《治家者》的第一个论题就是女人。可是，我们在《居鲁士的教育》第一卷中找不到与此相似之处

---

[1] 本次课以阅读学生的一篇论文开始，该论文没有收录进来。

吗？居鲁士与他的父母有两场对话，一次是与他母亲（见卷一第三章），一次是与他父亲（见卷一第六章）。哪一次在先？

学生：与他母亲。

施特劳斯：所以，你知道的某个东西提醒你想起那一点来了。好的。你也让我们想起上次探讨过的一个问题，即立法，法律的目的是什么？有两种观点：第一种，即狭隘的观点，现代的观点，为了阻止谋杀、偷窃等等，还有阻止破门入户；另一种，教育的目的是让人变得更好。波斯人与斯巴达人一样，采纳的是广义的观点，这实际上导致的结果是，正如你看上去所理解的那样，言论自由受损。如果你想教育人们通往德性，你就不能允许各种各样的言论存在。这应该被称为放肆（license），而你们称之为言论自由。即便是今日，我依旧相信，某些美国的组织看上去所理解的那种意义上的不受限制的言论自由并不存在。色诺芬非常熟悉的古代立场中有一个难题，他用一个例子表明了这个难题。有一种事物，就其性质而言，是不可强加于人的，但波斯法律将其强加于人。你提到了这种东西，但没有加以细说。

学生：感恩之情。

施特劳斯：你怎么能够把感恩之情强加于人呢？就在你强加于人的那一刻，它就不再是感恩之情。非常简单。感恩之情就是不可强加于人的东西。你能够用法律来强迫一个人做某些事，如果有另外一个人依权利对他提出要求的话。这些是法律上的欠债（legal debts），而不再是感恩之情。感恩之情从来都无法强加于人。还有，关于军事技艺，你说的当然对，[200] 军事技艺绝不限于战术。《回忆》卷三第一章也用简单得多的方式表明了这一点，苏格拉底在那里向一个年轻人解释，这个年轻人去一名教授军事技艺的教师那里学习，但只学了战术。战术只是军事技艺的一个组成部分。顺便说一下，《居鲁士的教育》作为军事技艺的经典之作，享有很高的声誉。我只是从别人的引用中得知这一点的，但古代与现代那些最伟大的统帅都把它当作真正的教科书，例如，古罗马的斯基皮奥

(Scipio)，还有十七世纪的阿道尔夫（Gustavus Adolphus），[1] 据说他是现代军事技艺之父。

最后一点，我上次没提到，是刑罚方面的法律问题。这是一个色诺芬的专属笑话，我不记得具体的文本位置了，但它出现在某个地方。法律的问题非常清楚地呈现在刑罚方面的法律中。刑罚方面的法律规定了什么呢？一个干了这件或那件事情的人，将受到怎样怎样的惩罚。是吧？将受到如此这般的惩罚。嗯，这个述谓必然正确吗？为了使这个述谓正确，你必须加上一个条件从句，即如果这个人被逮住了。可是，这么一加，你就面对了事实，你就嘲弄了刑罚方面的法律。你还向人们展示了如何能够逃避刑罚。色诺芬提到了这一点。色诺芬在某个地方说过。

现在让我们转向文本。让我们首先提醒自己，这部著作在色诺芬的作品整体中所占的位置。我们已经从色诺芬关于雅典与斯巴达政体的作品中看到，这两个有代表性的希腊城邦，斯巴达与雅典，其政体都有缺陷。这两座希腊城邦都有缺陷，这可能是个偶然事件。可能也有另一座希腊城邦的政体没有缺陷。但是，也有可能是某种关键的东西，某种关键的必然性在作祟。可能蛮夷在这方面比希腊人更胜一筹。嗯，我们必须心态开放。尽管亚里士多德说在政治上希腊人比蛮夷更胜一筹，但色诺芬可能并不完全同意亚氏的说法。希腊人的缺陷是什么呢？希腊人为什么无法建立起一个好的政体（polity），而蛮夷却能呢？为雅典人与斯巴达人所共有的东西，在波斯人中却找不到，这东西是什么呢？这种东西对你来说特别宝贵，某某先生，它就是自由。这些当然是共和式政府，无论它们可能多么不同，但其原则都是自由。可是，人们这时可以有充分理由说：嗯，自由是出了什么问题，使得自由会是一种缺陷？首先，一座城邦不是只有自由这一个目的。我现在说的是历史上现实存在的城邦，而不是任何可能或不可能存在的最好的城邦。城邦还想要有实力、变得伟大，而不只是自由。自由与伟大（greatness）之间的关系是

---

[1] 十七世纪早期的瑞典将领。

什么？或者，说得更直白些，自由与大（bigness）之间的关系是什么？每一个研究美国宪政的研究者都熟悉这个论题。有话要讲？

学生：[听不清]

施特劳斯：所以，《联邦党人文集》仍旧不得不充分论证拥有一个大共和国是可能的。小而自由的国家，不错。大而自由的国家，则是个难题。如果"大"是一种政治上的价值，蛮夷的情况就好些，因为蛮夷没有自由，因为"自由"与"大"好像在某种程度上处于矛盾之中。

可是，还有一种更具苏格拉底色彩的理由。在色诺芬或苏格拉底看来，统治的最高资格是什么？严格说来，唯一真正的资格是知识或智慧。当然，如果智慧是统治的唯一资格，这显然就是自由的终结，因为自由意味着不明智之人的自由。让我们绝不要忘记这一点，因为[201]智慧之人的自由没有什么实际的重要性，毕竟，智慧者寥寥无几。自由即意味着不明智之人的自由。

然而，关于居鲁士，还有别的东西。居鲁士不仅仅是一位蛮夷的国王（有许多蛮族国王），他还是一个不同寻常的蛮夷国王。可以说，他统治过所有人。他治下的波斯几乎曾是一个普世帝国。这至少是波斯曾经的样子，波斯帝国是至今（指的是到色诺芬时期）最为庞大的帝国。这是绝无仅有的事情，至少对希腊人而言是如此，因为其他帝国，如亚述帝国，是那么遥远。而波斯就在家门口，大家知道的，波斯人甚至还企图征服希腊。亚历山大大帝出现得相当晚，出现在色诺芬之后。色诺芬通过描写居鲁士的宏大功绩，还有在《上行记》中表明希腊人打败波斯人是多么轻而易举的事，即表明希腊人有自己的居鲁士大帝是多么轻而易举的事情，可以说，色诺芬已经为亚历山大的出现做好了准备。这就是亚历山大。所以，我认为这就是更大的背景。

对于色诺芬而言，基本的论题是什么？让我们回想一下巴克利（Buckley）神父上一次就此问题说过的话：《拉刻岱蒙政制》，还有《雅典政制》，通过暗示表达出的观点是法律的统治。在《居鲁士的教育》中，我们在结尾处看到的是绝对统治，但至少是一个知道如何统治的人施行的统治,是智慧的统治。首先就法律的统治而言,要过很久法律的统治才会衰败。而就这里描述的绝对统治者而言,智慧之人一死,就足以导致衰败。所以,换句话说,这是间接支持共和式政府。进入文本要做的准备就是这么多。

现在我们转向第一章,在第一和第二节,色诺芬区分了三种统治:政治统治,专制统治,对无理性动物的统治。哪一种是最容易且最优雅的统治形式?对无理性的动物的统治。没有革命,没有反叛,没有选举,任何这类东西都没有。关于政治统治,大家将会看到色诺芬略去了贵族制和王制。他只说到君主制——避免用"王制"这样的字眼①——民主制、寡头制和僭主制。正如色诺芬所表明的那样,僭主制尤其短命。专制统治是主人对家庭成员的统治,特别是对仆役的统治。这种专制统治也并非十分容易;也有麻烦缠身的主人。但是,其他类型的统治,牧羊人对羊的统治,牧牛人对牛的统治,则肯定更容易些。实际上,就畜群而言,正如色诺芬所强调的那样,畜群对待同一种类的其他畜群成员,即这个群里的一只羊对另一个群里的一只羊,比起对待它们的统治者——也就是人,人与羊分属不同的种类——要更加残酷。这就是秘密;根据这种非常临时性的分析,这也是统治畜群,或说统治兽群如此容易的理由。这个论题,即在统治者与被统治者属于相同的种类或属于不同种类的地方进行统治,在柏拉图的分析中也发挥着重大作用,特别是在《治邦者》中。居鲁士就是这样一个奇迹,他不仅在统治人的事情上取得成功,而且成功地统治了那么多的不同群族(tribes)或民族(nations),他们都自愿服从他。因此,我们转向居鲁士的目的是看看统治人的各种条件是什么。

然而,我们在下文即第四、五两节看到,并非所有的居鲁士臣民都自愿服从。相当多的人都是迫于暴力才臣服的。大家要注意色诺芬对不同群族所作的强调,即人们称之为种族体系的东西,色诺

---

① [译按] 王制,kingship,βασιλεία;君主制,monarchy,μοναρχία,字面意义是"一人的统治"。

芬还强调了语言上的不同。所以，这暗示着，如果人们出身于相同种族而且所有人都说相同的语言（这两者当然不是一回事），比起民族或语言上的异质状况，那么，这些人就更容易统治。但正是借着这个开篇，即居鲁士统治的是自愿服从的臣民，有波斯人、[202] 米底亚人等等，并且其他人也臣服于他，色诺芬以此从一开始就表明，居鲁士的统治介于王的统治——如《回忆》中所定义的那样——与僭主的统治之间。他从一开始就表明了这一点。

在第一章最后一节，色诺芬道出了《居鲁士的教育》的主题。我们应该读一读。

学生［读文本］：

所以，基于这个男人值得惊叹，我们便探究他在出身上是谁，他的天性如何，他是由什么样的教育培养成人的，以至于他在治人之事上如此卓越。①

施特劳斯："以至于他如此大为不同"，大家知道，我们上次说过这一点。"如此大为不同"可以指"他卓越"，但也并不一定就是这个意思。

学生［读文本］：

因此，关于他，无论我们学到了什么，而且无论我们认为已经知道了什么，我们都将试图叙述出来。（《居鲁士的教育》1.1.6）

施特劳斯：色诺芬在这里清楚表明了这一主题。大家看到色诺

---

① Xenophon, *Cyropaedia I*, trans. Walter Miller, Cambridge, MA：Havard University Press, 1914. 中译本里的所有《居鲁士的教育》引文，皆由译者根据 Ambler 的英译本译出：Xenophon, *The Education of Cyrus*, translated by Wayne Ambler, Ithaca, NY：Cornell University Press, 2001。只有在施特劳斯纠正时，才保留了 Miller 译文。

芬在这里谈起自己时用的是第一人称复数。他在第二章开篇处首先谈居鲁士的出身,即居鲁士的父母,还有居鲁士的φύσις,即居鲁士的天性。居鲁士最为上心的事物——他是个极棒的男孩,一个绝对棒极了的男孩(特别是当大家阅读达金斯的译文时,那个英译者,我相信他一定当过公立学校的校长)。居鲁士绝对熟谙世事,他所行走于其上的那片土地,其上的人品性奸诈,在他身上却不见一丝一毫,这对他而言是好事。但居鲁士最为上心的事情是受人赞扬。我们必须把这记在心里。关于居鲁士的出身和天性,色诺芬说得非常简略,就用了一节的篇幅(即卷一第二章第一节)。在第二章第二节,教育已经开始了。那种教育就在波斯的法律当中,因此,色诺芬讲了波斯法律与大多数城邦的法律之间的差异。色诺芬不是说所有其他城邦。为什么呢?

学生:雅典?

施特劳斯:不是雅典。尤其是斯巴达。斯巴达与波斯有某种共通之处。波斯法律关心让公民当一个好人,而不仅仅关心让他们不做一些外在的行动,像谋杀、偷窃等等,只关心这些。但是,有一种制度展示出斯巴达与波斯之间的根本差异,即那种波斯人特有的制度:教导正义的学校。在其他国家,你去学校是为了学习读写。在波斯,你去学校是为了学习正义,当然,这也暗示着波斯人在读写或算数上的能力并不是很强,而在正义上能力强。希罗多德在某个段落中说起过波斯人。希罗多德说:"他们学什么?"学习服从、投掷标枪和说实话。① 大家必须知道,说实话这一点难度很大。柏拉图经常指明这一点的难度之大。好的。但是,这些正义学校,这是独一无二的波斯制度。跟在节制(moderation)后面的当然是服从统治者。节制很容易就沦为服从统治者,大家可以从柏拉图《王制》卷四的谈论中看出来,对统治者的服从直接被归

---

① [译按]见希罗多德,《原史》1.136,中译见希罗多德,《历史》,王以铸译,北京:商务印书馆,2005,页70。

在节制之下。① [203] 接下来我们看到的是自制（continence）。在色诺芬笔下，当然也在柏拉图笔下，自制是某种不同于节制的东西。自制严格地指向饮食方面的自我控制。当然，波斯人也学习如何射箭和猛掷标枪。

现在我们必须思考的一点是波斯的政体（polity）。波斯政体的性质是什么？关于这种自由，我们已经听过挺多的说法。这种自由是什么呢？让我们来读第二章第十五节。

学生［读文本］：

为了更清楚地展现波斯人的整个宪政政策（constitutional policy）——

施特劳斯：嗯，是"整个政制"（regime），"波斯人的整个政制"

学生［读文本］：

为了更清楚地展现波斯人的整个政制，我将后退一点点——

施特劳斯：我相信，这是色诺芬第一次使用第一人称单数，因为迄今为止这种政体（polity）的性质事实上还完全不清楚。现在，说清楚某种东西与说者本人冒险出面成了两件不可分离的事情，一个人自己冒险出面当然意味着以"我"而不是"我们"的口吻说话，除非是用那个著名的第一人称复数——学者们用以表示郑重，我们上次说过。② 例如，"正如我们已经在我们之前的论文中所表明

---

① ［译按］见《王制》卷四，430e–432a，这部分集中谈论节制（moderation），但其中并无对统治者的服从就是节制这一说法，而是主张无论是统治者还是被统治者都要具备节制，反倒是卷三389d处明确并直接地将服从统治者归于节制之下。

② ［译按］见本书英文版页173。

的那样"。请继续。

学生［读文本］：

因为现在，由于先前所说的内容，便有可能十分简练地讲明。据说波斯人口大约是十二万，法律没有阻碍其中的任何人获得荣誉或官职，而是所有波斯人都可以送他们自己的孩子去公共的正义学校。(《居鲁士的教育》1.2.15)

施特劳斯：大家会如何称呼这样一种政体呢？每个人，每个自由民，都有充分的权利进行统治和担任官职，是什么呢？
学生：民主制。
施特劳斯：民主制。波斯是民主制。在谈论波斯政体时，色诺芬压根儿没有提到国王。所以，国王的职能非常有限，就是作为世袭的将军和高级祭司。请继续。

学生［读文本］：

然而，只有那些不用干活就有能力抚养自己孩子的人才真的送孩子们［上学］；那些没法这么做的人则不［送］。

施特劳斯：大家看到色诺芬是如何讲明的，否定的内容已经暗藏在肯定的内容之中，那些不用干活就能够养育自己孩子的人才送孩子去这些学校上学。色诺芬已经暗示出，那些没有能力在闲暇中把孩子们养大的人则不送。色诺芬不想留下任何纰漏，他清楚地说了出来：他们不送孩子们上学。这导致什么呢？让我们先来读一读。

学生［读文本］：

任何受到公共教师教育的人，都准予在年轻人中度过其青年时期；那些没有受到这样的教育的人，则不被允许［这么做］；(《居鲁士的教育》1.2.15)

[204] 施特劳斯：大家看，色诺芬说得十分精确：尽管正面的情况已经完全暗示出负面的情况，他还是道出负面情况。他不想留给理解力最差的人丝毫疑窦。可以继续了吗？

学生［读文本］：

> 那些在年轻人中花时间完成法律所要求之事者，准予录入成熟男人中并分享官职和荣誉。

施特劳斯：是的。继续。

学生［读文本］：

> 那些在成熟男人中度日而没有受到斥责的人，就录入长者（elders）之列。因此，在经历所有高贵的事情后，长者就得到任命。通过使用这一政体，他们认为他们可以变得最好。（《居鲁士的教育》1.2.15）

施特劳斯：那么，这个小小的限定造成的最终结果是什么呢？如果受过国家的官方教育，每一名公民都可以担任任何职务。这个小小的条件暗含着什么意思呢？将大量人口排除在政治职位之外。说每一名公民都有权利承担任何职务，而且是在明确说明的适用于所有人的条件之下，这是一件非常容易的事。并不存在针对穷人的歧视，法律并没有说穷人没有权利，可法律为这种歧视做好了铺垫。换句话说，这种政体名义上是民主制，实际上是寡头制或贵族制。

学生：色诺芬之所以用如此强调的口吻来挑明这种情况，是因为居鲁士后来将会让平民加入贵族（peers）的行列吗？

施特劳斯：非常好。正是如此。但挑明这种情况，［是］居鲁士的第一项措施。

学生：［听不清］

施特劳斯：换句话说，用简明的英语来表达就是：居鲁士使军队民主化，以此作为迈向专制主义的关键步骤。多有意思啊！大家知道军队在现代是何时变得民主化的吗？法国大革命时期。你不必生活在二十世纪就能理解这些事情——色诺芬早看到了——因为那些战斗的人获得了政治权利。他们在雅典就知道了。海军，大量的摇橹手，只需要有强壮的体格，别的什么都不需要。民主制，就是这么简单。可是，我们也必须读读下一节。从一个贤人的视角来看，这并非反对，而是推荐。既然每个人在法律上都有权利，就没有人能够抱怨。有人实际上没有权利，但这并非法律的过错。他们为什么不通过节约和勤劳来试图致富呢？这样一来，他们也可以做到的，当然是机会均等；这整个问题出现在十九、二十世纪，正如我们所知道的那样。我们必须先读一读下一节。

学生［读文本］：

甚至到今天还留有证据，表明他们节制的（moderate）饮食和通过消耗体力来排出吃进去的东西——（《居鲁士的教育》1.2.16）

施特劳斯：换句话说，现在色诺芬提起这种绝佳波斯政体在经居鲁士强行改变之后仅存的遗迹。可以继续了吗？

［205］学生［读文本］：

因为，就算是今时今日，对于他们［波斯人］来说，吐口水或擤鼻涕或被发现排气，都可耻；被人发现离开去某个地方排尿或做其他这类事情，也可耻。（《居鲁士的教育》1.2.16）

施特劳斯：太好玩了。这些就是这个高贵政体了不起的遗风。据我所知，分析过这部著作的大多数学者，在阅读这些段落时都不曾感觉到你们每个人都感觉到的东西，这是多么搞笑啊。这些学者只看到色诺芬还在尊崇并张大嘴巴看着这些绝不吐口水的神奇波斯人。是的。可以继续了吗？

学生［读文本］：

如果他们不节制饮食，不靠劳作来去除湿气从而让湿气以另一种方式排泄掉的话，他们就无法像这样子行动。(《居鲁士的教育》1.2.16)

施特劳斯：我认为这就是我们需要的全部内容了。某某先生，我刚才打断你了，请讲。

学生：您说的民主化作为迈向专制主义的一个步骤，我不理解。

施特劳斯：下次［再回答你］吧，因为我只是先预告一下，我认为先预告一下可能对某某先生有帮助。接下来让我们来读下一节，这一节对于理解整部作品至关重要。

学生［读文本］：

直到十二岁或稍微更大点时，居鲁士就是接受的这种教育。在快速学习所必需的内容上，以及在以高贵和勇敢的方式做一切事情上，他都明显胜过他的所有同龄人。但在这之后，阿斯图阿格斯（Ἀστυάγες）叫他的女儿和她的儿子前来，因为他想要看看居鲁士，因为他听闻居鲁士是高贵又好的。(《居鲁士的教育》1.3.1)

施特劳斯：这个相同的语词，① 我们译作"既美且好的人"。

学生［读文本］：

于是，嫚达妮（Μανδάνη）自己带着儿子居鲁士一起去她父亲那。(《居鲁士的教育》1.3.1)

施特劳斯：居鲁士所受的绝佳波斯教育在十二岁那年就中断了，他去了米底亚外公那里，即阿斯图阿格斯那，在那里接受另一种教育。这是卷一的秘密之一：居鲁士所受的并非单纯的波斯教育，即

---

① ［译按］καλὸνκἀγαθὸν。

共和式教育，还有米底亚教育，居鲁士是这种混合教育的产物。所以，如果居鲁士终其一生都在波斯，他就绝不会成为举世闻名的居鲁士。而如果居鲁士只是在米底亚，也绝对成不了那样的人。这两种文化的交汇，如他们今日所言，造就了居鲁士。某某先生？

学生：除了骑术，居鲁士从米底亚获得了别的什么呢？这一点是清楚的吗？他十二岁去到那里，然后开始教其他人。

施特劳斯：某某先生，你太年轻了，你还没有充分了解他们可能称之为非正式教育的那种东西的重要性。当然，居鲁士在米底亚这位国王的王宫里获得了非正式教育。阿斯图阿格斯是哪一种国王，用严格的政治术语来说？

[206] 学生：一名绝对君主。

施特劳斯：至少可以这么说。一名僭主。所以，大家看，这是共和主义与僭政的综合。这位掌握着王者技艺的大师就出自这样一种综合［教育］，居鲁士既非僭主亦非共和式的统治者。大家可以看到这个书名是多么切题。如果你想理解这部著作，就必须理解居鲁士的教育。

我们没法读所有内容。居鲁士极为中意精美的衣服，极为中意。他在波斯从未穿过如此精美的衣服。他喜欢这些东西，然而，在其他方面，他仍然保持着严苛的波斯人的本色。他对精美的食物没兴趣，继续践行那一清醒的波斯原则，即简单的饭食和水完全可以很好地止住你的饥渴，他恪守这条原则。但他喜欢精美的衣服。但即便是精美的衣服，这种相当无关痛痒的事，也可以是根本性变革的标记。防患于未然（principiis obsta），罗马人说的：微芥之物内含着无穷多的后果的萌芽。

大家将会看到，我们在这里会发现一个奇怪的人物，在政治秩序上，这个人的地位十分之高，但并不发挥特别重大的作用——这是西蒙（Herbert Simon）[①] 感兴趣的一个差别，即法律上的地位与实

[①] 西蒙是美国政治科学家，因为"开创性地研究经济组织中的决策过程"而获得1978年的诺贝尔和平奖。

际地位不符——这个人就是居鲁士的舅父。很久之后,居鲁士舅父的名字才被提起。稍后我们将会看到,阿斯图阿格斯的儿子居阿克萨勒斯(Cyaxares)对于居鲁士的未来而言意味着什么,这是你们之前感兴趣的。要是居阿克萨勒斯不是这样子的,居鲁士就不会成功。不惹人注目在这种情形中就意味着可有可无,居阿克萨勒斯可有可无——他自己的父亲看不起他,并且要是居鲁士当初是生在米底亚,米底亚有这样一位绝佳的僭主,那他会是幸福的。然而,由于命运的安排,居鲁士是波斯人,与米底亚有亲戚关系,居鲁士上升得甚至远高于自己的外祖父。

作者在卷一第三章第十六节把事情交代得非常清楚,居鲁士的母亲要返回波斯,而居鲁士应外祖父的要求留了下来。你提到的那一点,某某先生,当然是对的,就是那件小事,但我们不能什么都讨论。居鲁士是怎么学会阿谀奉承的,当然,但这里的要点是:要奉承,肯定是要有两个当事人,不仅要有奉承者,还要有被奉承者,如果我可以这么说的话,即那个喜欢被奉承的人,这里当然是那位僭主。可是,这一点改变了。你知道居鲁士具备阿谀奉承的能力,这是显然的。否则他就无法进行奉承。可是,至于这种能力得到提升,他将之归功于米底亚人,归功于他的外祖父,也就是说,最终归功于那种政制(regime)。请继续,现在让我们转向第十六节。

学生[读文本]:

> 他母亲说:"可是,我的儿啊,你在这里将如何学习正义呢,毕竟,你的老师们在[波斯]那里?"(《居鲁士的教育》1.3.16)

施特劳斯:原文的语气更具强调意味,因为第一个单词就是正义,"可是,正义,我的儿啊,在这里你将在哪里学正义呢?毕竟,正义方面的老师们在那里"——也就是在波斯。

学生[读文本]:

居鲁士说:"但是,母亲啊,这个东西,至少,我已经确切地知道。"

施特劳斯:我信手拈来。关于正义,我不知道的内容少得很呢。可以继续了吗?

[207] 学生[读文本]:

嫚达妮问道:"你怎么知道的呢?"。

他说:"因为老师任命我来裁断别人的案子,因为我已经完全精通正义。有一次,我因为没有判对而挨了打。事情是这样的:一个穿着一件小外衣的大个头男孩脱下了一个矮小男孩身上的宽大外衣,把自己的那件穿到了矮小男孩的身上,他自己则穿上了矮小男孩的外衣。我在为他们判案时,意识到每个人都有合身的外衣对他们俩都更好。因此,老师打了我,他说,如果我被任命为裁判是否合适的法官,我就必须像我做的那样去做;可是,当必须判定外衣的归属时,就必须审视,老师说,什么是正当的所有物,是拥有靠强力而夺得的东西,还是拥有由人制作的或购买来的东西。他说,既然合法的就是正当的,不合法的就是不正当的,所以,他便发令说,判官应该根据法律来投票裁定。所以,母亲啊,至少在什么是正义上,我已经完全精通。如果我在这方面还需要其他东西,我外公在这里将会教我。"(《居鲁士的教育》1.3.16-17)

施特劳斯:大家看,当然,这是一个重大问题并且表明了法律的统治、共和式政府这一重大问题。例如,这个问题是,正义的事物,即法律规定的事物,并不必然就好,对此我们找不到比高大男孩穿短小外衣而矮小男孩穿宽大外套更妙的例证了。没有什么比这种安排更荒谬的了,但如果高大男孩得到宽大外衣,矮小男孩得到短小外衣,就会好得多。这是居鲁士基于他那未经败坏的感觉而想要做的事情,于是挨了打。我们没法以简洁的话语把正义问题表达得比色诺芬此处的表述更妙了。社会主义的所有问题,你拥有的东西,当然都暗含于其中。明摆着的结果是:没有私有财产。只有而且只要某个东西对某人好,他就应该拥有这个东西,可是,这意味着没有私有财产,每个人都从国家仓库中取,就像在军队里一样,全套装备都合他的身,只要适合他和对他好。结果就是一位智慧之士给每个人分配对其有益的东西。这更好。这是柏拉图的主张,但并非柏拉图的发明。我认为,这是苏格拉底遗产的一部分。有话要讲?

学生:色诺芬的意思是说,真正的正义是真正的好,还是居鲁士所学的正义仅仅是一种不完全的正义?

施特劳斯:在每一种正派的政府形式中,都是这种或那种情形。这是正义不直接等同于好的情形。这是一种篇幅很长的论述,我们借此看到这种有缺陷的正义,即矮小男孩穿着宽大外衣,要比每个人都得到适合自己的东西更可取,而这是出于下面这个非常简单的理由:不然的话,你不得不把极大的权力赋予那个进行分配的家伙。嗯,如果这个家伙极其有智慧和有德性,可能还可以,可是,你有什么可以保证这个家伙将会做这件事呢?因此,更好的做法是暂时止步于这种不完美的正义。这一点可以更详细地加以阐述,也必须如此,但这里只是加以暗示。然而,我们也一定不要忘记,因为[208] 法律的统治一直都是不完美的法律的统治,而法律可以是或多或少不完美的,所以立法要面对的问题就是:让法律更少些不完美。可是,如果你不知道什么是完美的,又怎么能够让法律少些不完美呢?因此,为了在理论上彻底明白好与合法之间的区别,你必须详细阐释这种区别,否则,你在实践中就会盲目而行。某某先生?

学生:居鲁士的判断有可能是对的吗?但居鲁士还不是一名审判一种好的合适性的法官。

施特劳斯:居鲁士仅仅是通过被打来学习判案。换句话说,打表明这里有一种非理性。必须靠打让人明白他们做的某些事并非完全理性。嗯,这并不一定要靠鞭笞,也可以靠吼,有时甚至可能只靠说上一句"不,你就是不应该这么做,不要问任何你还理解不了的问题",这也是一种鞭笞。

学生:可是,居鲁士会长大,大到无人能够鞭笞他,那时他将决定什么是合适的,并且将决定他应该进行统治,即便——

施特劳斯:这在后面会出现。这是这个故事的一部分。稍后我们将看到居鲁士就是活生生的法律[译按:8.1.22],稍后作者就是这么说的。而这意味着居鲁士根据每一桩案件自身的性质来决断,没有什么普遍的法律有约束力。现在让我们来看看我们停下来的地方。居鲁士说:我对正义无所不知。其原则极其简单:遵守法律,别理会好的东西。这简单。十二岁的居鲁士承认:但我可能并非无所不知,在这里,我有我们棒极了的外祖父。居鲁士是一个迷人的男孩。

学生[读文本]:

"是,我的儿,"她说,"可在你外祖父的王宫里,人们并不认可波斯的那些正义原则。"(《居鲁士的教育》1.3.18)

施特劳斯:嗯,译得太过了,应是"你外祖父这里的正义事物与波斯的正义事物并不一致",即它们不一样。

学生[读文本]:

因为他已经使自己成为主子——

施特劳斯:主子,$\delta\epsilon\sigma\pi o\tau\acute{\eta}\varsigma$,统治奴隶的人。

学生[读文本]:

可是在波斯,拥有平等的东西才被认为是正义的。(《居鲁士的教育》1.3.18)

施特劳斯:嗯,我们已经看到了。在某种程度上,这是真的。每个人都能够担任任何职位。然而,又不完全如此,我们已经看到,还是有小小的不成文的限制：一个人先得通过所有考试，接受大学本科教育和研究生教育，等等。请继续。

学生［读文本］：

> 你的父亲是第一个既做城邦（polis）命令之事又接受所命令之事的人，他的尺度不是他的意愿（will）而是法律。

施特劳斯：紧贴字面的译法是"并非他的灵魂（soul）"。大家可以说灵魂最终等于意愿。所以，换句话说，并不是他的欲求、他的喜好，而是法律。

［209］学生［读文本］：

> 你如何避免被打死呢？要是你回家时从他那里学到的不是王的而是僭主的［方式］，按照僭主的方式，一个人应该比其他所有人拥有更多。（《居鲁士的教育》1.3.18）

施特劳斯：所以，作者将论题表达得特别清楚：法律的统治；王意味着在法律之下进行统治的人；米底亚是僭主的统治，可能是仁慈的僭主在统治，但还是僭主的统治。是的，请继续。

学生［读文本］：

> "可是，母亲，"居鲁士说，"您的父亲更精于教导人们拥有得更少而不是更多。或者难道您看不出来吗，他已经教导所有米底亚人拥有得比他自己少？所以，请您放心，您的父亲不会把我或任何别的人教成一个学会如何贪婪的人。"（《居鲁士的教育》1.3.18）

施特劳斯：所以，大家看到，居鲁士并非不善言辞，可是，居鲁士的推理有什么缺陷？他说，您的父亲不想让任何人拥有更多东西，因为您的父亲想让所有人都服从于他，可是，有一个小小的——

学生：［听不清］

施特劳斯：是有这么一种东西，但我认为，有某种具体得多的东西。外祖父爱居鲁士，外祖父也知道自己不会永远活着，于是，像居鲁士这样一个绝佳的人物就会被溺爱，因为外祖父如此喜欢居鲁士。有话要讲？

学生：我们可以回到第三章第十节①所讲的言论自由吗？

施特劳斯：那简单。那是直截了当的、优良的老派道德，共和式道德。这些是宫廷里散漫的举动，喝得醉醺醺的，满嘴都是不当言论。再就是波斯那种严肃高贵的风范。正如我告诉过大家的，那是放纵，而非言论自由。就算是当今，尽管有言论自由，你能否在任何场合使用任何词汇和语言，这仍然是个问题。正如我从阿纳斯塔普罗（George Anastaplo）先生②那里所了解到的，我相信这种做法可并不受美国宪法第一修正案的保护。诸如口头上的伤害、诽谤，还有污言秽语，仍然是会受到惩罚的行为。色诺芬并没有表达更多的东西。他不是指政治上的自由这一问题。大家喝得烂醉之后，僭主当然允许一些臣民稍稍打趣他一下，［210］可能是拿他的胡子开

---

① ［译按］原文为 III.10，根据施特劳斯的回答推测，此处指的是《居鲁士的教育》卷一第三章第十节，该节出现 $i\sigma\eta\gamma o\rho i\alpha$ ［发言的平等权］这个重要的希腊语词，另见本讲课稿英文版页 199，施特劳斯在点评学生论文时，谈到了言论自由问题。

② 阿纳斯塔普罗（2014年去世）"在麦卡锡时代（McCarthy–era）的伊利诺州律师协会（Illinois Bar）面前，最终又在美国最高法院面前捍卫自己依据宪法第一修正案而享有的各种权利"，"伊利诺州律师协会在1950年不准阿纳斯塔普罗加入，因为之前他拒绝依规回答如下提问——他是不是共产党党员——原因是他认为关于政治隶属关系和宗教立场的问题与此无关。品格与资格委员会（the Committee on Character and Fitness）在例行询问律师协会的申请人时，也问共产党党员是否应该获准在伊利诺州从业。'我认为应该'，阿纳斯塔普罗回答说。他又继续为革命的权利进行辩护，认为这是《独立宣言》里确认的，如果是正当的革命的话。阿纳斯塔普罗在伊利诺州法院和美国最高法院为自己的案子据理力争。他在1961年因5∶4的票数而败诉于最高法院。"可看如下网址：http：news/uchicago/edu/article/2014/03/07。阿纳斯塔普罗之前是芝加哥罗耀拉（Loyola）大学的法学教授。

开玩笑,这是真的,但你必须承认这并非政治上的权利。请讲。

学生:我想起了普鲁塔克讲过,斯巴达人为了让希洛特看到醉酒的人多么荒唐可笑,便把希洛特灌醉。

施特劳斯:当然有更多的言论自由——他是用反讽的方式说这话的,我认为我们能够像那样一般轻易地驳倒它。现在让我们转向下一章的第六节,因为,关于青少年时期的居鲁士在米底亚经历了什么,即他在那里受的教育,这一章表达得最清楚。可以继续了吗?

学生[读文本]:

可是,尽管他十分急切地想外出狩猎,却再也无法像还是个男孩子的时候那样哀求他的外祖父了,而是更不情愿去靠近他。(《居鲁士的教育》1.4.6)

施特劳斯:换句话说,随着他长大成人,失去了孩童的天真,他变得更加具有自我意识。请继续。

学生[读文本]:

至于他之前经常责备萨卡斯($Σάκας$)的事情,即萨卡斯不准许他见自己的外祖父——现在他自己变成了自己的萨卡斯——(《居鲁士的教育》1.4.6)

施特劳斯:这是要点。萨卡斯是一个保护僭主免受擅自闯入者之害的那个人。居鲁士,男孩子时期的居鲁士,不喜欢有人将自己与外祖父隔开。后来,他变成了自己的萨卡斯。他变成了有自我治理能力的人。法律就在他心中。是哪一条法律呢?规定接近僭主和从僭主身边离开的法律。这是在居鲁士的灵魂中出现的僭政秩序。

此处描写了狩猎场景,居鲁士完全陶醉了,不是因为醉酒,而是因为陶醉于狩猎,对狩猎发狂,$ἐνϑουσία$(enthusiasm)这个词的本义如此,它原本是个宗教用语,因狩猎而激动不已。

学生:这个单词没有隐含负面意思吗?痴迷者或狂热者?

施特劳斯：有，可是，对于清醒如亚里士多德者，在《政治学》卷七，就并不必然有。Θεός［神］是这个语词的一个构成部分。在某种意义上，居鲁士小小年纪就已经是王了。居鲁士使老僭主对自己着了魔，这是十分了得的成就，老僭主对他十分溺爱。这在某种程度上当然也是教育。当我们说起教育时，我们当然指的是好的教育。当你说一个人是受过教育的人时，你指的是他接受了好的教育。你不会把一个受过坏教育的人称为受过教育的人。这是那些依旧存在的价值判断术语（value terms）的遗迹之一。可是，当行为主义者完成教育时，每个人都将是受过教育的，因为每个人肯定都接受了或好或坏的教育。如果我们不能用价值判断术语，那么，每一个人都是受过教育的人，正如现在每一个人都有文化那样。这一点，你知道的。这是毋庸置疑的，因为有郊区文化，有少年犯罪文化，嗯，每一个人都有文化。所以，相同的情况很快就在教育上出现了。可是，现在，用不那么朴素的方式说，居鲁士在米底亚接受的也是某种教育。除了遭到中断的波斯教育之外，居鲁士在米底亚经受的这种教育也为居鲁士后来的功业奠定了基础。

[211] 第十一节末尾有某种相当有意思的东西。当居鲁士第一次去猎捕真的动物时，即野生动物，而不是园里豢养的动物，他说了什么？

学生［读文本］：

"至少对我来说，那就像是在猎捕捆起来的动物。因为，第一，它们在一个小地方里；另外，它们骨瘦如柴，还少皮没毛的；有的瘸了，有的残了。可是，山里和草地里的野生动物，它们看起来多美啊，多大啊，多有光泽啊！鹿儿像长了双翼那样腾空跃起，野猪向某个人冲过来，那架势就像人们口中的勇士那般。由于它们身躯肥硕，击不中实在不可能。至少对我来说，"居鲁士说，"这些即便是死了，也看起来比那些活着但被关起来的动物更美。"（《居鲁士的教育》1.4.11）

施特劳斯：让我们把这些话记在心间。达金斯完全被居鲁士的话迷倒了，于是将居鲁士比作小狗。小狗当然是和善的动物，像小狗的人也非常和善。可是，这里有一个难题，稍后将会出现。可是，仅仅是这个叫法，即小狗，狗，当然就提醒我们想起柏拉图的《王制》。城邦的护卫者得像狗一样。这一点贯穿了整部对话。

接下来，首次爆发了一场战斗。战斗完全是偶然发生的。没有一个人想战斗，可居鲁士却说服每个人参战。极好的事情，他们胜利了。神奇的成就。有话要讲？

学生：您可以告诉我们您在哪一节看见"小狗"这个单词吗？

施特劳斯：卷一第四章第十五节和二十一节。希腊语是χύων。① 现在请读第二十四节。

学生［读文本］：

> 阿斯图阿格斯随后回师，因骑兵获得的胜利感到极为开心。至于居鲁士，阿斯图阿格斯不知道该如何评价他，因为他知道居鲁士是这场胜利的原因，他还认识到居鲁士疯狂又胆大。（《居鲁士的教育》1.4.24）

施特劳斯："疯狂"（mad）。换句话说，阿斯图阿格斯爱他的外孙，不想外孙被杀。可就是这位十六岁的年轻人敢做所有米底亚军官都不敢想的事情，还侥幸干成了。神奇的家伙。

学生［读文本］：

> 甚至当他们回家时，实际上，除了其他人之外，他独自一人只是骑着马到处转，盯着那些倒下的人看——（《居鲁士的教

---

① ［译按］在古希腊语－英语词典 LSJ 中，我们没有查到χύων这个单词，在《居鲁士的教育》中，1.4.15 处的相关原文为σκύλαξ，意为小狗或泛指兽崽，1.4.21 处的相关原文为κύων，意为狗，母狗。应是打印稿的拼写之误，错将κ写成了χ。

育》1.4.24）

施特劳斯：紧贴字面的译法是"他观看他们"，他的观看（ϑεωρία），我们可以这么说。居鲁士爱看死尸。这很重要。这一爱好当然天生就内在于居鲁士之中。这一爱好在波斯也会以这样或那样的方式得到发展，可这一爱好是如此非同寻常的事情，就连那位老僭主都因居鲁士坦率地表露它而感到震惊。关于居鲁士的品性，这是最值得注意的段落之一，但其他段落也有表现。

大家还记得《希耶罗》中的那个段落吗，希耶罗在那里说了战争的各种乐趣，其中杀人之乐排在中间位置？① 当然，居鲁士此处的做法甚至比这还过分。居鲁士还要通过看尸体来重温这种欢乐的心情。这是居鲁士品性的一部分，也是他所代表的人物类型的一部分。我认为这非常重要。[212] 如大家所知，色诺芬有一些战斗经验，他得出了上述结论。可能色诺芬自己身上也有这种品性，只是可能居鲁士身上的这种品性比色诺芬的要稍微浓重一些，色诺芬的名字意思是"异乡人的杀手"。

学生：[听不清]

施特劳斯：并不一定是。或许是在战争教育发挥一定作用的每一种教育中，这实际上意味着世界上任何一个地方的每一种教育。

学生：[听不清]

施特劳斯：当然。换句话说，这种残酷要素，一言以蔽之，是必不可少的。色诺芬笔下绝妙的事物——在柏拉图笔下说得没有那么明白，《居鲁士的教育》是一部直率到令人惊讶的著作。大家知道，尼采在反对卢梭多愁善感的同情学说（sentimental compassion）和其他直接说"没有残酷"的人时说的那句狠毒的话，表达的也是与色诺芬相同的意思。② 而在《居鲁士的教育》中，这一点以一种既含蓄得多又真实得多的方式表达了出来。如果这种要素在人身上

---

① [译按] 见《希耶罗》2.15。
② [译按] 参尼采《朝霞》前言第三节"道德的毒蜘蛛"。

完全消失了，你哪里还找得到士兵和军官？

我曾看过一部美妙的英国电影，战争片，尼文（David Niven）①在里面扮演一个非常仁慈的军官，士兵们向他抱怨一名中士凶残至极，说这人真是凶残得不可思议。尼文扮演的军官听完便说：我会跟他谈谈。尼文扮演的军官的确不喜欢那名中士，但从未找这名中士谈话，理由很清楚：德国人与日本人正要对这些男孩子干的事情，比起这位令人憎恶的中士所做的事情，要恐怖得多。这就是生活的现实之一种。当然，也有残酷过头的情况。这就关系到好的领导能力和修辞了，可是，既然有这么多并不强硬却不得不强硬起来的人，为了立于正确的中道，大家可能需要另一个极端。这可能就是残酷发挥作用的方式。我不相信那些注释家清楚这种方式有多么重要。某某先生，有话要说？

学生：奥德修斯获得其名字的方式是与此类似的情况吗？

施特劳斯：不，我看不出来。这里的关键点是这种残酷的品性（the strain of cruelty）。我相信，丘吉尔（Winston Churchill）是现今活着的人当中最仁慈的人之一，可是，当你读丘吉尔描述自己年轻时候英勇的征战行为时，例如在奥姆杜尔曼（Omdurman），大家知道，那是最后一次骑兵攻击战，丘吉尔说，看见自己将要射击的那个人时，看着对方的眼白，自己有多么开心。他还曾讲述自己作为一名年轻军官在西北前线②的经历，说那时他的排里有各种各样的蛮人，他只听得懂蛮人语言里的两个单词："冲"和"杀"。丘吉尔当然不是残酷的人，然而，关于流血，他并无羞惭之情。③

---

① 尼文，英国演员，该电影指1961年上映的《纳瓦隆大炮》（*The Guns of Navarone*）。

② 英属印度的西北前线。

③ 丘吉尔与第二十一轻骑兵团在1898年9月2号打响了著名的骑兵冲锋战，其间有激烈的肉搏战。关于战事的记述，见 William Manchester, *The Last Lion: Winston Spencer Churchill, Visions of Glory, 1874 - 1932*, Boston: Little, Bornw & Co., 1983, pp. 277 - 285。

学生：［听不清］

［213］施特劳斯：作为一些伤感情调的解毒药，它当然绝对必要。

在下面两节里（我仅仅是顺带一提，可它有些重要），色诺芬都是在讲，关于居鲁士，人们说了什么。如果要透彻研究的话，你就得清楚区分辨别那些不加限定地归于居鲁士的事情，即居鲁士干了这事或居鲁士是这样的，与"据说"居鲁士是什么样的。你们对这位迷人的公校男生的总体印象，无疑得自你们不加分别地对待了归于居鲁士名下的那些事情，"据说他"干过这事或那事。其中如此多动人的情节，还有居鲁士这种外向热情的品性，都是人们关于他的说法。有话要讲？

学生：［听不清］

施特劳斯：完全足够了，如果你想说一个人的坏话，你会只说一次。鉴于人的恶意，那将比其他东西更被人牢记。

学生：不是有类似于《王制》中的观看尸体的情况吗？

施特劳斯：是有的。相当正确——当时苏格拉底正在讲血气（ϑυμός），勒翁提俄斯（Leontius）爱看死尸，并且为此而憎恶自己。① 可是，勒翁提俄斯的欲求——就是在苏格拉底讲血气的时候，一定是在卷四。非常正确。也是在《王制》中，顺便说一下，孩子们变成了观战者，那些年幼的孩子骑在迅捷温顺的马上，好让他们在观看战斗时不会遭遇什么意外。② 这是个好战的社会。

然后，居鲁士返回波斯，在那里继续接受中断了的波斯教育。换句话说，已注入他里面的米底亚要素自然无法被清除掉。接下来，居鲁士做了首次发言，一场至关重要的演讲。不幸的是，演讲太长了，我们读不了。要点如下。居鲁士要求彻底改变道德风向，彻底改变。到那时为止，波斯人躬行德性都是为了德性自身的缘故，现在波斯人必须为了奖赏而践行德性，为了德性所带来的外在奖赏。

---

① 《王制》439d – 440a。
② 《王制》467c – e。

这是决定性的一步。这场演讲只是向波斯贵族发表的,也就是贤人,居鲁士告诉这些人:别傻了,从你们的贤人风范中获得点好处吧。当然,以前这些人就从中获得了某种东西。我们已经看到,这些人是这片土地的实际统治者,他们把自己免受外邦的征服等等也归功于自己的这些品质。可是,这还不够。居鲁士在这些人的内心里撒下了欲求拥有更多的种子——据说这是那位米底亚僭主的特性,即比他们拥有更多。居鲁士败坏了这些人的节制品质。这是非常关键的一步。

亚里士多德在《优台谟伦理学》(*Eudemian Ethics*)近末尾处探讨过同一个问题。[①] 临近末尾时,亚里士多德区分了好人与既美又好的人,即所谓的贤人。他们的外部行动或多或少相同,可是,好人是为了外在的目的而做,贤人则仅仅为了高贵事物的缘故而做。我建议大家读一读,至少是偶尔读读。可是,即便在《居鲁士的教育》中,在第十二节,有一点也是清清楚楚的:最美或最高贵的所有物是赞扬而非财富。

[214] 我们只读第十三节吧。

学生[读文本]:

> 如果我就你们说了这些事情,但同时我知道这些内容不是这样子,那我就是欺骗自己,因为只要你们不是如我所说的那样,你们的缺点就会直接返回我身上。但我相信,我关于你们和我们敌人的经历体验,不会骗走我的这些好的希望。让我们信心满满地出发吧,既然不正义地渴望属于其他人的东西这一现象远没有阻碍我们,因为我们的敌人正在来到,开始要做不正义的事情,而且我们的朋友召唤我们前去援助。有什么是更无可厚非的(justifiable)——(《居鲁士的教育》1.5.13)

施特劳斯:是"更正义的"(just)。

---

① 《优台谟伦理学》1248b17 – 1249a17。

学生［读文本］：

有什么事情比自卫更正义，或者有什么事情比帮助自己的朋友更高贵呢？

施特劳斯：所以，这是重要的一点。古老的道德在一定程度上得以保留。不可发动不义之战。没有什么比以暴制暴来保卫你自己更正义。那是一回事。补充一下，这是正义的事情；每个人都有资格来做。然而，做正义的事当然并非做最高的事。高贵比正义更高，因为高贵在这里暗示出某种你并非被迫去做的事情。朋友受到攻击时你前去援助，这是高贵之举；而你自卫，保卫你自己的国家，就仅仅是正义之举。这一点很清楚。如果你想理解以道德问题为主题的希腊文本时，高贵与正义之间的区别必须一直铭记心间。

你们现在必须将此记在心间：居鲁士保卫他的盟友，他的那些朋友，他一直保卫盟友，最终成了统治寰宇者，像罗马人那样，罗马人后来也大规模地这样做。现在我们必须密切注意一点：当居鲁士后来不得不偏离这些美好的原则时，他是否会做任何类似的事情。可以料想，肯定是发生了某些事情，肯定会有一些背离原则的事情，否则，居鲁士不会变成统治寰宇的统治者。毕竟，事情并不复杂：如果你保卫盟友，在解放了盟友之后，你便回家，就像美国在二战后那样。这是一回事。可是，如果你留在那里并且说你仍然不得不保卫盟友，这时就成问题了。某某先生有话要讲？

学生：在战斗中，居鲁士得知道敌人是谁，这难道不重要吗？这不是正义方面的教育吗？

施特劳斯：我不知道。那段文字给我的印象并不深刻。我们要做的事情很多，所以没法面面俱到。我会说居鲁士不知道谁是敌人。

第二名学生：居鲁士到得晚。

施特劳斯：毕竟，居鲁士看见那里聚集着一群人，两群人都武装起来了，注视着对方；居鲁士自然不会知道敌人是谁。① 但我相信，色诺芬说出了谁是敌人，这是为了表明，尽管居鲁士可以说对早前的事情毫不知情，可有人向居鲁士讲解了形势之后，他便立即看出战术问题，此前没有人想到。[215] 这位十六岁的男孩告诉他们要做什么，并侥幸成功了。我相信这就是上下文。可是，现在我们必须转向别的内容了，时间正在流走。我有部分责任。

卷一第六章的内容是居鲁士即将离开之前的情节。现在他自然是个成年人了，年轻人，可已经成年，接下来要作为波斯远征军的统帅前去米底亚帮助朋友和盟友。就是在这个背景下，居鲁士与其父亲进行了一次谈话。与母亲谈话时，可以说，居鲁士还是个小孩子；与父亲谈话时，居鲁士已经是个成年人了。理解这场对话的原则是，我们必须看看居鲁士已经知道了什么，居鲁士在一些情况下说"我知道那个"，在另一些情况下他还不知道，也就是那些居鲁士还必须加以学习的事物。可以说，这是居鲁士所受的教育的顶峰。如果我没有搞错的话，一共有七项，居鲁士必须学的最高项目。

第一个主题是需要关心给养。这属于治家之事（οἰχονομία），第六章第十二节。

学生：需要关心给养是居鲁士必须知道的第一个事项吗？这一章的第一个论题是神的预兆。

施特劳斯：居鲁士知道神的预兆。我将只限于讨论这些新事物。所以，换句话说，居鲁士非常清楚如何作战。作战所带来的必然事务，即后勤杂务，他尚未理解。他现在学这个东西。有话要讲？

学生：[听不清]

施特劳斯：不，不。这不会有帮助。也有战术理论和战术实践。有关于如何供应给养和如何做这件事情的理论。这不会起作用。这是重要的主题。这时居鲁士提到了自己已经知道的东西，即修辞术对于战争技艺而言是极端重要的，在第十三至十四节。他知道这一点。我们已经看到他有能力在贵族面前发表非常成功的演讲。居鲁

---

① [译按] 应是指《居鲁士的教育》1.4.18–24 的内容。

士尚不知道的第二点，在第十六节以下，即体育比医药更加重要。你必须有医生在身边照顾伤员，这是最基本的事，可是，你还得首先用恰当的卫生保健和其他事物来照管士兵，好让士兵不生病，这件事他仍然得学。下一项，第三个，在第十九节，唤起没有把握的希望，我们可以读。

学生［读文本］：

"但是，"居鲁士说，"至于给士兵们灌输热情（enthusiasm），在我看来，没有什么比有能力让人们心怀希望更有效。"（《居鲁士的教育》1.6.19）

施特劳斯：προθυμία,，更紧贴字面的译法应该是"热心"，而不是"热情"。请继续。

学生［读文本］：

"但是，儿啊，"冈比瑟斯说，"这如同狩猎中一样，如果狩猎者总是用自己看见猎物时发出的叫声来召唤猎犬的话。我很确定，一开始，他会让猎犬热切地服从他；如果他常常欺骗猎犬，最终，它们就不再服从他，即便是他果真看见猎物并发出呼唤。所以，至于这些希望，也是如此。如果某个人经常欺骗人，灌输对好事物的期待，这样一个人最终就没法说服人，［216］即便他说的是希望的真实来源。儿啊，人必须避免说自己还不清楚的东西，但有时候，其他人可以在发言中产生出渴望的效果。一个人必须尽可能地在最大的风险面前保留［别人］对自己的激励之词的信任。"（《居鲁士的教育》1.6.19）

施特劳斯：居鲁士还太年轻，还不知道这一点。居鲁士知道必须让士兵们变得，用人们现在的说法，变得乐观。鼓舞士气。这有时候可以通过唤起虚假的希望来达成，在艰难的处境中，你说"援军正在前来，我是直接从司令部得到的消息"。其实司令部告诉他的是，连一支可派的连队都没有。可是，如果他们战斗并且打赢了，就根本不需要援军了。现在这位父亲说，或许可以这么干一次，可是如果习惯性这么做，就没有人再相信你了。但你的确时不时需要这些虚假的希望，就让其他人来干这件事吧。大家记得吗？因为那样一来，人们就可以说居鲁士说话诚实的声誉并未受损。其他人在居鲁士的指挥下撒谎。我们已经在《希耶罗》大体上看到过这一点。

现在是第四项，即第二十一至二十三节，如何使得人们甘心情愿地服从。答案是：让人们知道你自己是有理智且英明的人，一个有知识的人。但这仅仅意味着表象，仅仅有英明的声誉不会有什么用。早晚他们必定看出你是否真的有聪明才智。因此，除了真正成为一个理智的人，没有什么方法来继续保持自己是理智之人的声誉。这是最难的事情之一，告诉一个人，要有聪明才智。不过，这条建议在这里是合适的，因为居鲁士当然非常能干。

第五项，第二十四至二十五节，讲的是不容易变得受人爱戴。现在让我们来读，可能是第二十五节的末尾。还是来读第二十五节整节吧。

学生［读文本］：

"在行动中，如果是在夏天，为将者必须表现得比手下的士兵更能忍受炎热［译按：据英文译出，下一段引文亦然］"——（《居鲁士的教育》1.6.25）

施特劳斯：这里的语境就是将领如何变得受人爱戴，不能仅仅靠分发糖果。作为一名战士，他必须真的比任何人都出色。这意味着他必须具备所有这些品质。请读吧。

学生［读文本］：

"如果是在冬天，为将者必须表现得比手下的士兵更能忍受寒冷；如果行军路上困难重重，为将者必须表现得更能忍受艰难困苦，所有这些品质都有助于［为将者］受到自己手下人的爱戴。"

"你的意思是说，父亲啊，"居鲁士说，"为将者必须比他手下的人更能耐受每种事物。"

"是，这正是我的意思，"冈比瑟斯说，"然而，儿啊，要记住这一点：要确信，相同的辛劳不以相同的方式影响相似的身体，如果一方属于统治者而另一方属于普通人；相反，荣誉，还有知道自己的一举一动都逃不过人们的目光，使得辛劳对统治者而言变得更轻松些。"（《居鲁士的教育》1.6.25）

[217] 施特劳斯：如果居鲁士是个软弱的家伙，这番话就是无济于事的安慰而已，可居鲁士当然不是这种人。尽管你只是与那位最能吃苦耐劳的中士一样能吃苦耐劳，但你具备了那位中士所没有的优势：每一个人都看着你，你有这种巨大的荣誉。所以，这位父亲当然还是比居鲁士更有智慧，否则，他就没必要去教居鲁士了。

现在我们来到这个关键段落，第六项，即第二十六节以下，这绝对让居鲁士大开眼界，为的是让他看到自己仍然多么天真。居鲁士的父亲作为一名有德的共和式人物，为了教居鲁士，必须以某种方式败坏居鲁士。下面就是正义的第二个重要问题。我们回想下，第一个问题是，正义与好并不等同：矮小的男孩，宽大的外衣，色诺芬那简洁的表达。现在我们学到别的东西，就是对公民社会至关重要的双重道德，也就是说，居鲁士必须学战争之道，就是拥有得比敌人更多。欲求拥有更多，这是所有罪恶的源头。但在这里这是一种责任。现在让我们来读第二十七节。

学生［读文本］：

"父亲啊，如何才尤其能够赢得对敌人的优势呢？"（《居鲁士的教育》1.6.27）

施特劳斯：紧贴字面的译法是"拥有更多"。也行，你也可以说"赢得优势"，只要心里面记得这层隐含之义。放在平常，"拥有更多"是不被认可的做法。

学生[读文本]：

"宙斯在上，儿子啊，"冈比瑟斯说，"你所问的不是一个普通或简单的问题"——

施特劳斯："这不再是简单的事"。这是件大事，居鲁士提到的最大之事。

学生[读文本]：

"你现在问的"——

施特劳斯：嗯，冈比瑟斯说，"这既非小事，也不是简单的事"。这是重大之事，不简单，而是双重的——不是三重的，等等等等，而是双重的。我们将要看到。

学生[读文本]：

"可是，你要很清楚的是，要做这件事的人必须是个阴谋家、伪装者、诡计多端的人和骗子，必须是贼和强取之人，是那种在每一件事情上都胜过敌人的人。"

居鲁士笑着说，"赫拉克勒斯在上，父亲啊……"（《居鲁士的教育》1.6.27）

施特劳斯：这一点重要。居鲁士笑了。这是很意味深长的事，因为人们是如此邪恶，以至于有人告诉他们道德的一些漏洞时，他们便嘲笑这些漏洞。大家肯定不止一次见过这样的情景。这就是居鲁士说的话。道德责任对于居鲁士来说之所以好笑，是因为道德责任是负担。当你卸下那种负担时，便是一种缓解，于是，你笑了，你解脱了。

学生[读文本]：

"您说我必须成为怎样一个人啊!"

"成为这样一种人,儿啊,"冈比瑟斯说,"你要做最正义同时又最守法的人。"(《居鲁士的教育》1.6.27)

[218] 施特劳斯:这就是正义。正义要求偷窃和其他东西。这当然非同寻常。现在居鲁士绝对感到惊讶。我们从小就被告知绝不要做这些事,现在您说我们必须做。这时这位父亲做了个简单的区分:小时候告诉你的是你要如何对待友人,也就是同胞公民等等,可是,在对待敌人时,情况就完全不同了。"助友损敌"。① 这个说法听起来耳熟吗?

学生:《王制》

施特劳斯:在哪个地方?谁说的?

学生:玻勒马科斯(Polemarchus)。

施特劳斯:Πολέμαρχος这个人名的意思是"战争统帅"。当然。还有,顺便说一下,在短篇对话《克莱托丰》(Cleitophon)中——《克莱托丰》是《王制》的导言——"助友损敌"这一观点被归于苏格拉底。这是件大事,因为这自然产生了某个难题。过去有许多人荣誉隆盛,在战争中对敌人强硬并不择手段,在处理与同胞公民的关系时却绝对是个傻瓜。这种情况当然可能,但其中还是有难题。这里有一个难题——和平主义者以这个难题为乐。和平主义者并不解决它,但这个难题是起点。和平主义仅仅是要指出公民社会的大难题。顺便说一下,我相信新约中的这句话,它是说给旧时代人听的:[你们听见有话说,要]爱你的邻居,恨你的敌人,可是我对你们说,要爱你的敌人②——普通犹太教徒的回应是,这不公平,因为旧约中不止一处说"恨你的敌人"。这完全正确。可是,我认为耶稣的意思更深刻。旧约整体上的道德是公民式的道德,说的是这个[犹太]民族。这是一个问题。之所以是个问题,是因为每一个民族

---

① 《王制》334b以下。
② [译按]《圣约·新约·马太福音》5:43。

都有实际的或潜在的敌人：要战斗，并且毫无限制。当然，阻止杀戮妇女儿童和其他的凶残兽行是易事；可是，这并非要害。在战争中，那可是敌人。我认为最微妙的事情不是杀人，而是撒谎。当我们说一个人是骗子时，他不敢看你的脸。或者，如果他能做到撒谎的同时还直视你，那么，他就是个更坏的骗子，无疑，比起一个笨拙地撒谎的人，他更加道德败坏。不是这样子吗？外交官，谈判官，当然必定一边撒谎一边满脸绝对无辜的表情。如果撒谎都撒到这个境界，说明那种败坏的程度肯定是相当之深。是个问题。但这个问题不能引得我们说，应该取消外交、间谍活动等等，这话完全不现实，可还是必须看到存在这一巨大的、属人的难题。我们可以理解：世事洞明如色诺芬者，其感受是，这一难题是所有政治生活的各种根本性限度的一个标志。第三十节有意思。让我们来读吧。

学生［读文本］：

"那么，父亲啊，"居鲁士说，"如果既懂得如何帮助人又懂得如何伤害人，是有用的，那么，本应该教导关于人的这两样事情。"（《居鲁士的教育》1.6.27）

施特劳斯：这时冈比瑟斯讲了一个长篇故事，过去，有一个人——冈比瑟斯没说是希腊人，不过那人当然是希腊人——他的确尝试教孩子们那些事情，结果是极具破坏性的。

［219］于是，他们制定了一条法律。他们告诉孩子们说：要做好人，对每一个人好，因为对友人好、对敌人坏这种老练的区分，等孩子们成年之后再学也不晚。冈比瑟斯将正义教育比作性教育：就是鹳。[①] 换句话说，孩子们得到的是一种适合小孩子的正义观，大

[①]［译按］这里是比喻说法，指的是适合小孩子的正义教育，内容有所保留或有所遮掩。在十九世纪五十年代以前流传的童话，说婴儿是由鹳抚养大的，这是源于德国和荷兰的保姆故事，所据的观念是鹳在谁家屋顶搭窝就预示着谁家有好运，常常预示着家庭幸福。

家知道吧，当他们长大成人后，他们得到的是真实版的正义观。我们得讨论另外两节内容。第三十八节。

学生［读文本］：

"尽管你热爱学习所有这些事务，你一定不要只是利用你学到的东西，毋宁说，你必须自己也是克敌之计的制作者——"（《居鲁士的教育》1.6.38）

施特劳斯：制作者的希腊文是 ποιητής，[1] 可是，在日常的用法中，这是"诗人"的意思。你必须变成一个会制作巧妙和聪明的计谋的人。请继续。

学生［读文本］：

"正如音乐家们"——

施特劳斯：大家看，冈比瑟斯甚至明确提到了音乐家。

学生［读文本］：

"不仅使用他们学来的曲子，还试着创制其他新曲。即便在音乐上，新的曲式也会十分受好评"——

施特劳斯：就是这样，大家知道，因为一直听相同的音乐，尽管是很悦耳的音乐，你也会生厌。你也想听新东西。

学生［读文本］：

但在战争中，新的计谋会赢得高得多的评价，因为新计谋更能够骗过敌人。（《居鲁士的教育》1.6.38）

---

[1] ［译按］这是亚里士多德《诗术》一书的关键词之一，可参《巫阳招魂》，刘小枫著，生活·读书·新知三联书店，2019。

施特劳斯：自然是这样的，因为它们不在教科书里面。大家看，这是一个罕见的段落，一个古典哲人在其中鼓励发明、鼓励创新。在这里是绝对有必要。在战争中绝对有必要。亚里士多德也这么说。

学生：亚里士多德在论及创新时不是也提到音乐吗？

施特劳斯：当然，这就是难题所在。古典作家在某种意义上是古老事物的赞美者，连他们都一直不得不承认，在音乐中——这也意味着在诗歌中——"新的东西"有特别的吸引力。就连极端保守如阿里斯托芬者（正如某些人所相信的），这位老派的好雅典人，也以相同的口气赞美自己的谐剧构思新颖［译按：《云》547行］。人无法完全靠"旧的东西"来生活。他也需要"新的东西"。问题在于新与旧的恰当比例。可基本的问题是，亚里士多德尤其非常不信任变动因而不信任创新，但在某一方面，关于想要哪些创新、不想要哪些创新，城邦做不了主，这就是在战争中的情况。

在战争中，罪恶而卑劣的敌人在某种程度上将自己的准则强加于有德的好城邦。我会说，这是古典政治哲学中唯一的理论漏洞。理论上的漏洞。这当然是马基雅维利的切入点，即战争，既包括外部冲突，又包括内部冲突，变成了马基雅维利的新政治哲学的引擎。不能过分高估这一漏洞的重要性。城邦可以说有自治权，在内部事务上能够制定自己的法律，可是，在对外事务上，就必须考虑到敌人的品性，［220］而这要求调整自身加以适应。这不可避免。这是关键要点。柏拉图和亚里士多德知道这一点，可他俩在一定程度上又忽略了这一点，因为这一点不取决于政体（polity）自身。

我们要读的最后一点在末尾，即第四十四至四十六节。

学生［读文本］：

"不过，儿啊，也跟我学这些东西吧，最重要的"——

施特劳斯：这一点，我们必须小心盯着看。这甚至比双重道德更重要。请继续。

学生［读文本］：

他说，"绝不要冒险违背献祭或鸟卜，无论是为了你自己的献祭或鸟卜，还是为了军队的献祭或鸟卜；而且你要记住，人们靠推测来选择他们的行动，而且不知道从哪种行动中，那些好的东西会变成他们的。"（《居鲁士的教育》1.6.44）

施特劳斯：大家看到通常的方式了，你不得不采用占卜。这是古老的说法，这并非最重要的东西。接下来出现的是理由。

学生［读文本］：

"你可从历史事实中知道这一点"——

施特劳斯：希腊语中没有"历史事实"这样的词。而是"从已经发生的那些事情中"，"已经发生的那些事情"。

学生［读文本］：

"因为有许多人，看上去在这些事情上最有智慧，已经说服城邦对其他城邦发动战争，而那些被说服发动进攻的城邦随后被［遭受战争的］其他城邦灭掉。许多人曾使得其他许多人或城邦变强，在这些人使别的人或城邦变强之后，便在后者手上遭遇了最大的不义。还有许多人，对于他们本可能将之当作友人来对待的那些人——即通过互惠互利——想要把他们当作奴隶而非友人，受到了这同一批人的惩罚。对于许多人而言，他们不接受快乐地享用属于自己的份额，却欲求成为一切事物的主子，因而就连自己原先的那一份也丢掉了；许多人，在获得过去十分渴望的金子时，却因为它而遭到毁灭。因此，在知道如何选择上好的事物上，属人的智慧并不强过一个人掣签然后照着签文指示的去做［译按：据英文直译］。然而，诸神，儿啊，诸神是不朽的，所以知道一切已经发生的事情，一切当下存在的事情，以及每一件过往和当下之事将来会引发的事情。而且在那些寻求建议的人中，诸神喜爱谁，就会给出征兆，揭示他们应该做什么以及他们不应该做什么。如果诸神不愿意给所有人建议,这也没什么好惊讶的,因为除非诸神想做,否则诸神并不必然要去关心任何人或任何事情。"(《居鲁士的教育》1.6.44–46)

施特劳斯:我十分怀疑色诺芬是否按照字面意思对待这个宗教上的结论,不过,他当然是十分严肃地对待这个前提。大家还记得,我们读短篇作品《邦国财政》时,色诺芬开出那条政策妙方(即大规模扩大银矿开采,还有色诺芬在文中说的其他内容)后,在文末说了这样的话:如果你们认为这是明智的提议,就去德尔斐和多多那询问诸神吧,询问诸神这项提议是否真的有益于城邦。[221] 那么,扩展开来说:不仅仅是这些提议,而是任何提议。你绝不能够判断 [什么有益],因为那是所有属人的明智(human prudence)的根本限度。

某件事情可能是绝对可以去做的正确之事,任何一个明智的人都不能够加以质疑,谁也不能说,这件明智之事后来是否不会导致某件或许更坏的事情发生。有大把例子。任何一个知道二十世纪三十年代左右形势的人,都不会怀疑如下这点:这个国家必得与希特勒斗争并摧毁希特勒。这是明智之事,这一点没有疑问,然而,几乎不可避免但在那时又无法预见的后果却是一个军事巨头的出现,它远超希特勒治下的德国。这样的事情一直都有。

就此而言,色诺芬以这种虔敬的方式来表达了这一点,可是,即便没有虔敬,这个问题还是存在的。当然,冈比瑟斯的这番话也特别在警告居鲁士的扩张主义。这些是诱惑力十足的目标,统治所有人,但将来的结果会是什么,你不知道。可是,就连理智并且有德性的目标,还有实现这些目标的明智行动,都没有人能够知道后果如何,因此,不让政治家为不可预见的结果负责任,是正确的做法。只是,无论结果可否预见,后果仍旧是后果,因此,人必须在自己的预期上保持极其谦逊的态度。即便一项看上去唯一富有见地的政策,而且不可能有什么严肃的反对意见,人不得不照此去做,最后的结果还是会不一样。莎士比亚在剧末表达得非常妙——《理查三世》之前的那部剧是什么?《亨利六世》的最后一幕。① 现在,什么事情都好好的;玫瑰战争结束了,可以说,无论如何,那种特别的混杂状态结束了;什么事情都好好的。在某种程度上,那场结束所有战争的战争结束了。不仅二十世纪是这样子,以前也有发生这种事情:这是最后一步,然后一切都好好的。一切都好好的,只是在场的人当中碰巧有一个人是理查三世,草丛里的蛇。草丛里一直有蛇。

学生:这是居鲁士所不知道的第七项事务?

施特劳斯:当然。居鲁士聪明绝顶,可他还太年轻。可能从未学过这个。有话要讲?

学生:这一节当中令我感到困扰的是,关于没有获得成功的属人智慧,冈比瑟斯举的例子看上去并非十分明智——

施特劳斯:换句话说,冈比瑟斯似乎感觉到,居鲁士被这些米底亚的而非波斯的目标弄得困惑不已,这一点是清楚的。但并非全部。冈比瑟斯是以普遍适用的口吻来表述这一原则的。就算是最明智、最有见识、最有德性的政策,都无法保证不会助长某些同样糟糕的东西,而且它或许比这一政策所针对的东西还要糟糕。用更简单的话来说,就个人而言,正如《回忆》中所言:某个人可能种植一棵树,一个果园,按照农耕或植树技艺的所有规则来种,然而,如果这个人想享用果实,那他可并不知道自己将来能否享用。这是最简单的例子。换句话说,预言仅仅在那些并非最重要的事情上才可能。一个人为了自己享用(还有家人享用)而种满园果树,让我们来假定,他首先是想享用这些桃子或其他什么东西,可是任何人,最能干的 [222] 医生或政治上的医生,都无法告诉这个人将来会发生什么。就是这样。还有,从苏格拉底的视角来看,我相信,这是

---

① 葛罗斯特:我爱生你的大树,我亲吻你这生出的果实。(旁白)说实话,有如犹大亲吻耶稣,口里喊着"万岁",心里却想着害他(见 Shakespeare, *Henry VI*, Part III, V. 7. 32 – 33)。中译采自《莎士比亚全集(增订本)》卷三,《亨利六世下篇》,第五幕第七场,索天章译,译林出版社/凤凰出版传媒集团,1998,页 267 – 268,略有改动。

另一个标记,表明了行动领域的根本限度。即便某人像关心沉思活动一样关心永恒的东西,他也无法知道自己将来是否能继续沉思以及能够沉思多久。这一点是清楚的。但是,他关心什么,他关心的对象,就不受机运控制了。这是要点。某某先生,有话要说?

学生:从例子来看,你几乎可以说这是第八项,即不应该欲求太多。

施特劳斯:当然,这合情合理。但糟糕的是,尽管一般而言,节制明智比无德愚蠢更加安全,这当然是真的,可也并非普遍如此。我的意思是,一些人非常节制也非常明智,并且依此来行动,可行动的后果并不是任何一个看到这个行动的明智之人本来期望的那样。就是这样。

然而,还是回到这个更宽泛的观点吧。必须做这件事,因为这对父子谈论了多个话题,可并非每一个都是新的。其中的许多事项,那位父亲提出相关观点,居鲁士说"是",然后父亲充分阐述这个观点。他父亲也没有什么他不知道的东西要加以补充。但在这七件事情上,如果我数得对的话,居鲁士仍然得学习。所以,这就是居鲁士的教育的精华内容。将来居鲁士是否仍然得学习,则要到后面才能看到。某某先生,要话要讲?

学生:关于创新发明,您就马基雅维利下了个判断。您可以重述一下吗?

施特劳斯:一个城邦在何种程度上能够成为有德的城邦,这在某种程度上取决于敌人。非常简单,比如说,如果敌人如此强大又如此好战,以至于你得始终保有一支强大的军队,那么,花在军备上的精力,就无法花在和平事务上。例如,在第一次世界大战之前,法国人就抱怨,因为他们只有四千万人,而德国有六千五百万,于是,法国人就必须让受过教育的人与其他人一样服三年兵役。受过教育的那些法国人说:受不了了,还是让我们打一仗,一举结束现状吧。这导致一战之前的法国实行军国主义政策。然而,要点是,你如何能够安排自己的内政,这在相当大程度上取决于敌人的品性和品质。这没有问题。这一点也最终会影响道德事务,因为这些事情有各种各样的副作用。所以,当亚里士多德在《政治学》(［译按：1272b］中谈及最佳政制时,完美的情况是这个共同体在一座岛上,别的人都没法上去。乌托邦,那些著名的乌托邦大多数是岛屿,也与此相关。在岛内,外部的政治就完全被排除在外了,就不存在了。可能是南海上的某些岛民。然而,这时他们就没其他事可干了,因为你如果受到如此保护,也就不用努力了,你就只躺着晒太阳、吃香蕉,而不再发展人的各种才能。换句话说,这也不怎么好。因此,马基雅维利,也不只是马基雅维利,因为比如说修昔底德也非常清楚地看到了这一点。马基雅维利可以说是正式地作为理论界的一员来处理这个问题的,而修昔底德属于史学界。马基雅维利处理了这个问题,并且就说古典政体因此有某种根本性的弊端。并且马基雅维利通过夸大其词来表达这一点,他知道自己是在夸大其词,例如,当他说你必须有好的武装和好的法律时,就是在夸大其词。［223］如果你有好武装,那么你就已经有好法律了,所以,唯一重要的是好法律,他那么说并不完全对。然而,为了把这种与古典作家们之间根本性的对立阐明出来,你就得从这些棘手的、最根本的事实出发,这意味着防卫,意味着敌人;而对于古典政治学来说,关于对外政策的考虑绝对从属于邦内政策,本来就应该如此。就像在私人生活中,一个人若是根据自己的竞争者来给自己定位,我们就会认为他不是一个很好的人,我们甚至会说,这是个蠢蛋。今天,人们称这种人为"受他人导向之人"(other‑directed)。我能够用这个口号来表达,城邦不得不受他者导向。这就是麻烦所在。个人能够做到自我导向(inner‑directed);城邦在一定程度上也能做到,可是,城邦迫于其职能,受他者导向的程度远甚于个人。这是城邦的一种限度。请再说一遍?

学生:城邦也可以是受传统主导的。

施特劳斯:这对我们没有帮助。你就算是受传统主导,还是得考虑敌人。嗯,就这一点而言,戴高乐(de Gaulle)的情况应该挺有意思的,可我们没时间了。

第十讲　《居鲁士的教育》卷二

[224]　施特劳斯：这是一篇很好的论文。① 我不知道，你在阅读《居鲁士的教育》的这部分内容之前是否意识到，如果从足够高的层次来看，政治，甚至还有政治理论，可以滑稽到什么程度。你很好地表明了居鲁士是大师级的操控者和算计者。这一点你做得很棒。有几个不太重要的点，你可能言过其实了；这不重要，你对要点的把握非常准。你下的一个论断，我不知道你说的对不对，即正义是缺席的。你是说"正义"这个单词没有出现过？这一点我没有看出来，不过你可能是对的。可能在我们今天阅读文本的过程中我就会看到。事实上，正义当然在。你不止一次用了"优秀品质"（merit）这一单词。正义与优秀品质之间的关系是什么？

学生：[听不清]

施特劳斯：换句话说，不平等的事物之于不平等的人。这就是正义的一条原则。所以，正义实际上当然在其中。你无意间搞出一个笑话，我相信，就掺杂在你有意生出的许多笑话中间。你提到一个名为 Cyaxares（［译按］居阿克萨勒斯，即居鲁士的舅父）的人。你是怎么拼的？

学生：Siahares。

施特劳斯：你为什么把 x 拼作 h 呢？有一门语言是这么做的。西班牙语怎么样？

---

①　本次课以阅读学生的一篇论文开始，该论文没有收录进来。

学生：我从不用西班牙语。

施特劳斯：我也没用。嗯，不管怎样，是 Cyaxares。希腊人也用 x，不过这当然是小事。现在就让我们从卷二开篇处开始，就是在开篇处，就我们的阅读目的而言，我们不需要读头两句。第三句，"他们做完这件事之后"，也就是祈祷完之后，"他们拥抱在一起"。

学生［读文本］：

在他们跨过［边境］后，他们又向居住在米底亚的诸神祈祷，祈求诸神慈祥友好地（ἵλεως καὶ εὐμενεῖς）接纳他们；在他们做了这个之后，他们拥抱在一起，就像这是自然的一样——（《居鲁士的教育》2.1.1）

施特劳斯：我们在这儿停一下。在紧接着出现的两个情景中，① 色诺芬都说，正如米勒所译，"就像这是自然的一样"（as is natural）。这句话译过头了。译作"就像貌似合理的一样"（as is plausible）会更好。② 其意思接近于"自然的"，但又不相同："就像符合期待一样"（as is to be expected）。色诺芬为什么以如此强调的方式来使用这个短语呢？使用一次这个短语本来就应该够了。色诺芬在这里为什么要强调这句话呢？

学生：［听不清］

施特劳斯：并不一定如此。我认为，这与这整部作品的性质有关。你在阅读时会看到，这部作品将自己呈现为一个好孩子，叙述过去发生的事情，［225］也就是呈现为一部历史作品。现在没有人说《居鲁士的教育》是历史著作，他们有一个叫法。他们称之为历史传奇（historical romance）。这个词是米勒用的词吗？然而，这当然是一种将问题抹杀掉的轻率归类法。历史传奇这个术语不像肃剧，人们能够对照谐剧来谈论肃剧，或许还能够对照其他形式的戏剧诗

---

① ［译按］色诺芬在 2.1.1 的末尾和 2.1.2 的开头处都用了 ὥσπερ εἰκός。
② ［译按］这里所用的希腊语短语 ὥσπερ εἰκός。

来谈论肃剧,因为不仅关于外部特征有着清晰的含义,而且关于整体事物的意义也有着清晰的含义。请记着亚里士多德的肃剧定义([译按]《诗术》1449b),它涉及的是如何对待恐惧与怜悯——这是肃剧的核心。可是,历史传奇没有这样的核心。如果你把《居鲁士的教育》当作历史传奇,并且说司各特(Walter Scott)① 正在对你做的事情和司各特希望对你做的事情完全不同于色诺芬对你做的事情和色诺芬希望对你做的事情,那么,历史传奇,有别于诸如肃剧这样的事物,仅仅是一种肤浅的和外在的分类。我们得思考这一点。既然这部作品将自己呈现为历史著作,那我们就得这么看待它。当然,色诺芬也做了区分。在许多情况下,色诺芬都说"据说"有人说过此事。这意味着他并非直接得知,而仅仅是通过传言得知。然而,即便是一名史家,也可以这么说。

色诺芬在他的历史作品即《上行记》和《希腊志》中,也用"据说发生过这事"这样的表达;② 这不是要点。可是,当然,在真实的历史著作中,严格的私人事情,发生在两个探讨某种东西的人之间的事,除非其中一个人外泄,否则是无法为外人所知的。居鲁士父子俩告别时,色诺芬当然不在现场,手头上也没有关于这件事的任何记载。可是,既然色诺芬知道人情世故,他就可以说父子俩做了这件"就像符合期待一样"的事情,因为这是人们常做的事。当父子俩相互道别,儿子正准备出征时,他俩很可能会相互拥抱。这表明了如下这个问题:我们能够知道什么。在"我们能够知道什么"这个方面,我们已经受到严重的败坏,此败坏由几个世纪以来阅读小说这一习惯造成。在小说中,某个人告诉我们书中的两个角色之间最私密的事情,可是,这两个角色从没有向任何外人提起过这件事情,可我们得知了这一秘密。作者是如何知道的呢?福楼拜

---

① [译按] 司各特,是十八世纪末期苏格兰著名的历史小说家和诗人,留下了 30 多部历史小说著作,如《撒克逊英雄传》。

② [译按] 关于"据说"这一用法的分析,见布泽蒂,《苏格拉底式的君主色诺芬:〈居鲁士上行记〉的论证》,前揭,页 27 – 31。

怎么知道包法利夫人对其中一个情人说的话呢？他是如何知道的呢？最终还是因为人们能够那样期待。所以，不应该完全忽略这一点。你想说什么吗？

学生：[听不清]

施特劳斯：噢，不。考虑到这部著作声称要解答政治哲学的真正问题——人如何能够统治人，就此而言，如果我们用一个色诺芬并未使用的术语，那么它是一部关于政治哲学的著作。是的，然而，色诺芬是用讲故事的方式来解答的，他讲述了在这一类最著名的例子中都发生过什么事，也就是居鲁士的例子。例如，托尔斯泰的《战争与和平》也讲述过去发生的事，可是，它当然明确旨在表明关于战争与和平的普遍真理，或者更具体地说，是关于历史运动的普遍真理，即表明伟大的人物什么也算不上。你们知道这类东西的。表面上，《居鲁士的教育》当然是历史著作，讲述发生过的事情。某某先生？

学生：[听不清]

施特劳斯：你在表达它的时候，采用的方式稍带贬损之意，因为人们可以略去那个荒谬的部分。它并非绝对必要。当然，可是，人们并非一定要对历史加以具体分析。历史是记录值得记住的事件，当然是过去之事，可能是去年，也可能是一千年之前，这么说就足够了。就此而言，它就是历史。可是，你看到，这个问题在《回忆》中非常重要，因为在《回忆》中，[226] 色诺芬声称要展现关于苏格拉底的真相。因此，所有这些苏格拉底对话的故事都一定要是真实的叙述。于是，在许多情形中，色诺芬说，"当他进行这次谈话时，我在场"，以此来担保对话的真实性。还有一些情形中，色诺芬则说，"我听说过这事"，意思是他从一个当时在场的可信之人那里得知。柏拉图从未如此声明，如大家所知道的，因为作为柏拉图的"我"从未出现在任何一部柏拉图对话中。柏拉图的对话不仅仅是戏剧；柏拉图的对话与整个真理问题有关。我的意思是，如果得到了正确理解，在某种意义上，一部柏拉图对话当然是真实的，比如说，它展现于关于正义或节制或任何其他事物的真相；然而，在另一种意义上，对话并不真实。我的意思是，苏格拉底与拉克斯和尼基阿斯在这个情境中谈论勇敢，还伴有这样那样的事件，这些当然只是虚构。

值得思考的是，如何能够以虚构的方式来教导真理。一个千年之久的传统（即我们可以做到）严重地败坏了我们，以至于我们不再思考这件事。然而，就算是荷马的作品，也有人提出：荷马如何知道发生在阿基琉斯与阿伽门农之间的事，还有诸如此类的事？荷马有渠道，因为他当然不在现场：缪斯。缪斯告诉荷马并且缪斯担保真实性。当荷马面对颇为棘手的问题时，也就是说，航行至特洛伊的希腊船只具体数目是多少，这时他就专门乞灵于缪斯。因为，尽管他可能凭想象构思出其他事物——毕竟，这是可以预料的——但是这个问题，他就无法构思出来，故而尤其需要缪斯。在更早些的时代，人们以更加严肃的态度来对待这个看上去无关紧要的问题，我认为，这个问题并非无关紧要。

无论如何，当居鲁士到达他舅父居阿克萨勒斯（这是个可怜的家伙，正如我们很快就会看到的那样）身边时，第一个问题是双方的兵力。[波斯和米底亚及亚美尼亚] 盟军有一万四千骑和十万其他兵种；敌人有六万骑和二十万其他兵种。在第六节末尾，你手头上有吗？

学生［读文本］：

"你是说，"居鲁士说，"我们的骑兵比敌人的四分之一还少，我们的步兵大约是敌人的一半。"（《居鲁士的教育》2.1.6）

施特劳斯：一个小细节，原文是"比敌人的三分之一还少"。既然他们①相信，比起色诺芬，他们自己是更好的数学家，而且十四显

---

① 施特劳斯在这里指的是当时的那些译者。[译按] Ambler 的英译本是译为"三分之一"。

然也是少于六十的四分之一，他们便说"少于四分之一"，可是，十四也明显少于六十的三分之一。他们怎么知道色诺芬的军事算数原则是什么呢？好的。当然得解释这一处原文，但谁也没有权利进行这种改动。这是另一回事。

数字重要，可是，兵种当然也重要。现在是骑兵和轻步兵，没有重甲兵，或没有足够数量的重甲兵。既然双方的兵种或多或少一样，那么兵力就有决定性的作用。敌方在数量上完胜我方，现在我们必须为此做点什么。我们无法增加数量，但我们可以提高质量。居鲁士将要做的是增加重装步兵的数量，真正的步兵，重甲兵。居鲁士要将普通波斯平民打造成重甲兵。这是一个纯军事举措，一个应急举措，却是个引发不少后果的应急举措。让我们来读第十一节。

学生［读文本］：

此时，据说居鲁士把他们召集了起来，然后说了如下这番话——

施特劳斯：这是居鲁士第二次面向波斯贵族讲话。大家记得他的第一次演讲①的主旨吗？

［227］学生：践行德性并非为了德性自身的奖赏。

施特劳斯：这是原则。现在我们见到了这一原则的一次应用。顺便说一下，你们也在这里看见"据说他曾说"，色诺芬并没有声称关于这场演讲自己有一份一字不差的记录稿。请继续。

学生［读文本］：

"男子汉们，朋友们，我看到你们这样装备起来，在灵魂中准备与敌人在手搏战中战斗，但我知道，追随在你们身后的那些波斯人以这样一种方式武装起来，以至于被部署在距离你们

---

① ［译按］这次演讲见《居鲁士的教育》1.5.7－14以下，以及本讲稿英文版页码213（见文中以中括号"［］"标示的页码）。

最远的地方作战,因此我便担心,由于你们人数少又缺乏支援者,你们可能会在进攻我们庞大的敌军部队时要遭受某种东西。但实际上,"他说,"你们已经带上了在身体上无可挑剔的人一起来到这里,这些人将会手持与我们自己一样的武器。所以,增强他们的灵魂是你们的任务,因为统治者不仅要让自己变得好,他还必须用心使他统治的那些人变得尽可能好。"(《居鲁士的教育》2.1.11)

施特劳斯:这就是居鲁士的提议。那些贵族有何反应呢?
学生[读文本]:

居鲁士这样发言。他们所有人都感到高兴,因为他们认为自己将带着更多的人投入战斗,其中一个人也发言如下:"或许,我看起来是在说一些值得感到奇怪的话,如果我建议,当那些将要与我们一道作战的人获得武器时,由居鲁士代表我们说点什么。可我知道,那些最有能力行善与作恶的人,他们的话也尤其会深入听者的灵魂里。如果是这样的人送出礼物,即便这些礼物碰巧不如身份与接受者平等的人送出的礼物,接受者也仍然会更敬重它们。所以,我们的波斯同胞在被居鲁士征用时,比起由我们来征用,会高兴得多;当他们被封而跻身贵族行列时,如果这是由我们国王的儿子和我们的将军赋予的,那么,比起由我们来赋予同一种东西,他们就会认为自己更稳固地获得了这种地位。"(《居鲁士的教育》2.1.12–13)

施特劳斯:我们在这里停一下。所以,这位发言者进一步推进了居鲁士的观点。这名发言者很可能就是,如某某先生所表明的那样,我相信,就是所谓的安插人物。[①] 不是你说的吗,此人讲这番话

---

① [译按]此人应该是克吕桑塔斯(Χρυσάντας, Chrysantas),参《居鲁士的教育》8.4.11。

是得到居鲁士的授意？所以，这话特别有效。这清楚地暗示了一切。通过在国王或国王的儿子、将军与平民之间建立起这种直接联系，贵族就不再是中间力量，用孟德斯鸠的术语来讲。① 在那之前，权力实际上握在贵族手中，国王仅仅是世袭的将军，除此无他。在那之前，国王向下的所有往来关系都要经由贵族阶层，经由各团的指挥官，或者随便什么叫法都行。但从现在开始，在决定性的方面，这种往来关系直接从顶层到底层，贵族阶层的重要性相应降低了：这是政体上一个极其重要的变动，其出现形式却是为提升军队战斗力而采取的临时小举措。某某先生请讲。

[228] 学生：[听不清]

施特劳斯：作者在此处声明那名贵族的演讲是如实的、一字不差的记录。② 来读下一节的开篇，第十四节。

学生［读文本］：

> 于是，居鲁士让人将武器放在中间，同时召集所有波斯士兵，发言如下——（《居鲁士的教育》2.1.14）

施特劳斯：不，翻译得不恰当，应该是"他大概以如下方式发言"。③ 所以，此处并没有宣称是一篇如实记录的演讲。作者为什么说上面那个特定的情景中面向贵族的简短发言是一字不差的记录，而面向士兵群体即底层平民的这次发言则被说成"大概以这个方式"，即并非如实引述，这个问题我回答不了。有许多问题，我们在这里只能提出来，要充分地解读色诺芬，就得回答这些问题，此为其中之一。

在修昔底德笔下，这个问题非常简单。在修昔底德笔下，所有

---

① ［译按］见孟德斯鸠的《论法的精神》(1.2.4)。

② ［译按］即 2.1.12 处的末尾。

③ ［译按］这里 2.1.14 和 2.1.12 处用的都是 ἔλεξε τοιάδε，Ambler 译本都译作"发言如下"，并不是如施特劳斯所说的"大概发言如下"，不知道施特劳斯在课堂上参考的是哪一个希腊文校勘本。

重要演讲，所有演讲，都是"大概如此"；演讲末尾就是"他曾大概如此说"。仅仅有一篇非常简短的演讲据说是如实记录，一次非常简短的演讲。就修昔底德这样一位作者而言，我会在这里说，你得设想修昔底德拿到了这次演讲的原记录稿，毕竟，一篇短小的演讲（比如说，十五行）尤其能够被那个发表演讲的人记住，可能后来有人转告给修昔底德。就修昔底德而言，难题毋宁说是他的著作一字不差地引用了一些信件，就是两个希腊叛徒即忒米斯托克勒斯和泡赛尼阿斯（Themistocles and Pausanias）与波斯王之间的往来信函。问题就来了：修昔底德如何可以接触到原件，在苏萨的一些档案馆或任何可能有这些信件的地方？在这里，我不知道如何处理这个问题，不过，我们或许可以解决它，首先得搜集完整的统计资料，然后看看是否会有某种范式显现出来。

学生：关于这段文字，我看到的是另一个怪东西。我不明白它是否与另一个问题有关，我是说，这名贵族看上去清楚地表达出《希耶罗》中西蒙尼德斯向僭主提出来的其中一条主要原则。

施特劳斯：是吗？

学生：可以改进僭主统治的原则。

施特劳斯：就是？

学生：如果一个君主做一件事情，比起另一个人做同一件事情会带来更大的恩惠。

施特劳斯：好事由统治者来做，惩罚由下属来执行。我在这里看到涉及《希耶罗》中某个段落的内容。我认为你的看法是对的。某某先生？

学生：一篇演讲，前面是"据说"，后面是"如下"，这篇演讲的相对分量是什么呢，而面向普通民众的演讲则冠以"大概以这种方式"。

施特劳斯：问得非常好。这可能在真实性上确立了两次演讲的平等地位，因为，第一场演讲，"据说他曾说"，第二场，他对他们说，[229]"他以大概相同的方式对他们说"。看上去语气相同，相当正确。然而，还是得解释这两场演讲的不同之处，我没有能力解释。在这门研讨课上，我不得不提出许多自己回答不了的问题。现在让我们继续。

下面就是面向波斯士兵的演讲，这篇演讲很长。因此，我只会简短地总结一下。其要点是：你们所有人都变得完全平等了。我认为我们应该读一读。第十五节及以下。"波斯人"。

学生［读文本］：

"波斯同胞们，你们与我们一样，在同一片土地上出生然后被养育成人；你们的身体也不比我们的差，如果你们的心比我们的差，这对你们来说并不合适。"（《居鲁士的教育》2.1.15）

施特劳斯：不是"心"，是"灵魂"。所以，换句话说，在天性上你们是完全平等的，一直都如此。

学生［读文本］：

"尽管你们如我所说的这样，但在我们父邦，你们没有与我们一起平等地享有，并不是被我们排斥在外，而是因为你们受必然性的压迫要提供食物。"

施特劳斯：大家还记得［波斯］宪法的那个条款吧。① 请继续。

学生［读文本］：

"然而，在诸神的帮助之下，我将会用心让你们现在拥有这些东西；如果你们愿意的话，你们有可能拿到与我们一样的武器，与我们一样面对相同的危险，如果任何高贵又好的事情因此而来，你们有可能被认为配得上享有与我们类似的奖赏。到目前为止，你们和我们都是弓箭手和长矛手"——（《居鲁士的教育》2.1.15–16）

---

① ［译按］《讲稿》英文版页码203–204和《居鲁士的教育》1.2.15。

施特劳斯：换句话说，是轻装兵，而不是中坚力量。

学生〔读文本〕：

"如果你们过去在使用这些技巧时比我们相差甚远，也没什么好惊讶的；因为你们没有什么闲暇来操练这些技巧，而我们有。"

施特劳斯：大家看，贵族与底层平民之间的典型差异：没有闲暇，没有教育。现在要向你们提供教育了，虽然有点晚，可将来还是会起作用的。请继续。

学生〔读文本〕：

"可是，身穿这种装备，比起你们，我们将没有优势。每个人都将有适合自己胸部的胸甲，左手持盾——我们所有人都已经习惯了这么拿，右手拿一把匕首或小刀——我们必须用它来攻击那些与我们对打的人，乃至于我们在发动攻击时无需害怕失手。"（《居鲁士的教育》2.1.16）

施特劳斯：正如远距离射击时应该用武器。这么近的时候，你不可能失手的。可以继续了吗？

学生〔读文本〕：

"在这种情况下，我们如何能够超过另一个人呢，除了靠勇敢之外（πλὴν τόλμῃ）？培育勇敢，对你们而言和对我们而言，是同样合适的。"（《居鲁士的教育》2.1.17）

施特劳斯：换个词，居鲁士说的不是"勇敢"（courage），而是"大胆"（daring）。①

---

① 〔译按〕这里用的是τόλμα，这个希腊语单词意为"勇敢、鲁莽"。

[230] 学生［读文本］：

"为什么欲求胜利于我们而言就比于你们而言更恰当呢,既然胜利才获得和保存所有美的和好的事物?我们比你们更需要力量,为什么这是合适的呢,既然力量将属于更弱者的东西作为礼物送给更强者?"(《居鲁士的教育》2.1.17)

施特劳斯：现在,平等全面确立起来了。教育上的这种细小差别——平民们没有去贵族去的正义学校——并不重要。主要理由是好东西靠武器获得,当然是靠最好的武器来获得。现在,你们也得到了最好的武器,再也没有什么重大差别了。去道德化（demoralization）以极快的速度加速进行。贵族阶层本该有的道德层次上的差异现在完全遭到忽略。下面请读居鲁士发言的结尾部分。

学生［读文本］：

居鲁士总结道,"你们已经听到所有的话了,你们看看这些武器。就让想要这么做的人拿起这些武器,去与我们相同的连队,在百夫长那里登记名字吧。让任何满足于当雇佣军的人,继续用属于奴隶的武装吧。"(《居鲁士的教育》2.1.18)

施特劳斯：所以,他们当然支持这种做法,现在我们有一支正规军,不再是一支由公民组成的军队。这一点在第二十一节非常清楚地表达了出来：ἔργον,单一的工作,单一的活动。正如柏拉图《王制》中的关键表达：每个人各司其职。唯一要做的事情就是战斗和获胜,别的事情一概不理会;然后,你就可以得到所有好东西,因为,其他人,例如木匠,农夫,或者随便什么人生产出来的好东西自然属于那个获胜的人。我相信,这个公理一定不,不需要专门的证明。需要证明的人随后会在《居鲁士的教育》卷三中发现这种证明。好的。

下文第二十五节也详细阐述了这一点。士兵们得过公共生活。

没有私密的寝室，就是兵营，在野外。又是《王制》：那里已论及这一切，而在这里仅仅是具体的运用。色诺芬大篇幅详述了这种野外公共生活所具备的重大好处。让我们读一下第二十八节，当作一个例子。

学生［读文本］：

居鲁士认为，让他们一起就餐，他们也可以受益，因为他们就更不愿意互相抛弃，因为居鲁士观察到，就连在一块儿被喂养的动物，如果有人将它们分开，［彼此］都特别依恋。（《居鲁士的教育》2.1.28）

施特劳斯：与动物相比较，某某先生提出来过，这种做法遍布全书。大家还记得在《治家者》中，当伊斯霍马霍斯详述如何培训管家和做这类事情时，还有工人们——用胡萝卜与大棒。这基本上就是对驴子和羊的教育，在某种程度上，也是对人的教育。好的。第三十一节。

学生［读文本］：

军需官们——

施特劳斯：嗯，不仅仅是军需官们，还包括与低下的职能有关的所有人，如炊事班，即那些非战斗人员。今天应该怎么称呼他们呢？后勤人员。[231] 从某个角度来看，这些人当然不具备士兵的身份，可是，得好好对待这些人，因为，如果这些人不好，全局都会被毁掉。请读这一节。

学生［读文本］：

居鲁士总是习惯于甚至让军中的服务人员平等共享所有东西，因为他认为，在军事事务中尊荣这些服务人员，不比尊荣那些传令官或使节更不值得，因为居鲁士认为有必要让这些人保持忠心，让他们知晓军务、聪明，另外，还要精力充沛、反应迅速、毫不迟疑和不易糊涂。此外，居鲁士判定有必要让服务人员与那些被视为最好的人有相同的品质，而且有必要让他们训练自己不拒绝任何任务，因为他们应该认为，做统治者命令的任何事情都是合宜的。(《居鲁士的教育》2.1.31)

施特劳斯：换句话说，民主统治以某种方式更进了一步。军队里的所有阶层和所有部分都必须得到恰当的对待。现在让我们转向下一章。

我们必须提出的重要问题是：面对这种新形势，贵族阶层作何反应？因为，根据人天性中的某些简单原则，普通民众将会不喜欢贵族。也就是说，在改革落实之后，贵族阶层作何反应？一项改革尚未付诸实施之前，人们有时候并不知道它意味着什么。大家当然知道这一点。毕竟，贤人与普通民众之间，在教育或养育上，有天壤之别。在第二章第一节，这个问题就被提出来了：普通民众是什么样的战士，这一点贵族们还不得而知，因为还没有发生过战斗，但是，在战斗之外，普通民众是什么样的同伴呢？这是开篇处居鲁士就提出来的问题。许斯塔斯帕斯（Ὑστάσπας）说，普通民众是脾气相当臭的家伙，不具备贤人身上的温文尔雅和泰然从容之风。这是这一章的开篇。这就是要点。

下文第二至五节提到的第一件事情是那种遭人嘲笑的恐惧，即恐惧得不到自己的那一份。有人讲了一个故事，大概是这个意思。全部都是非常好玩的故事，可我们没有足够的时间来读每一个小故事，我希望大家读过了。其要点是：有一个人，非常迫切地要得到自己的那一份，可这个人在最后的位置上，所以没得到足够的一份。于是，军官说：坐在我身边，你就可以有十足的把握。然而，下一次分东西的时候，他们是从桌子的另一头开始，于是这个人又没分得任何东西。当他坐在中间时，又发生了某件插曲，这个人又没有得到自己的那一份。让我们来读第五节。

学生［读文本］：

他现在如此难过地忍受着他的遭遇，以至于他失去了他所拿到的那些肉。沮丧之余，他又打翻了他还剩下的肉汁，因为他对自己的机运（τύχη）感到吃惊和生气。(《居鲁士的教育》2.2.5)

施特劳斯：是的，τύχη，机运。所以，这是要点。大家看，尽管这个人享有法律上的平等地位，可以说，机运仍旧在不平等地对待他。法律上的安排不能避免、消除这种事。请讲。

[232] 学生：这段文字与《回忆》的那个段落有什么联系吗？在那里，苏格拉底告诫一个吃面包时配太多调味品的人。①

施特劳斯：没有直接联系。这里不是自制与不自制的问题，这里的问题是，此人感觉到自己从前到现在都是贫困之人。这个人实际上处于贫困中，但现在再也不是法律导致的，而仅仅是机运导致的。有人天生就遭遇霉运。他们的腿折了，到得太晚，于是错失了他们想要得到的什么东西。有这样的人。如果这样一个人是天生不幸，那么，任何平等主义的立法都无法补救这一点。

下一个故事，在第六节，第六节至第十节的开端处：普通民众可笑的愚蠢。大家必须看到，这些贤人一贯看不起这些不可思议、并非贤人的普通民众。当然，现在他们不得不接纳他们为自己的战友，可还是流露出鄙视之情。看看他们多笨拙，多愚蠢。这些是极为有趣的人。然而，居鲁士听到这些故事时高兴得很。让我们来读第十节。

学生［读文本］：

现在，其他人都因为一封信竟有一支武装护送队而笑了起来，这是可以预料到的。居鲁士说："噢，宙斯和所有的神啊！我们有这样的人作为同伴：他们是些如此容易用善意争取过来的人，以至于有可能甚至只用一点肉，就可以使他们中的许多

---

① ［译按］见《回忆》卷三第 14 章。

人成为朋友；他们中的一些人如此服从，乃至于他们尚不知道命令，就已经服从了。我不知道，除了像这些人一样的士兵，我们还应该祈祷拥有什么样类型的士兵！"所以，居鲁士就这样在笑的同时表扬了这些士兵。(《居鲁士的教育》2.2.10-11)

施特劳斯：有趣。居鲁士也发觉它——你有自己想要的士兵，这是一件严肃的事，可居鲁士同时在笑。居鲁士这一笑，含义是什么呢？我认为我们得将此铭记在心。让我们来读接下来的两节。

学生［读文本］：

然而，在帐篷里的那些队长（ταξιάρχων）中间，碰巧有某个叫阿格莱塔达斯（'Αγλαϊτάδας）的人，这个人是性格最严厉的人之一，他发言大致如下（ὃς οὑτωσί πως εἶπεν）——

施特劳斯："大致如下"，大家看，并不是完全如实的记录。请继续。

学生［读文本］：

"你认为，居鲁士啊，他们在讲这些时讲的是真话吗？"
"但是，他们可望从撒谎中获得什么呢？"居鲁士问道。
"还有什么呢，"他说，"无非想要拿别人来开玩笑之外，所以他们才如他们做的那样发言和胡诌。"(《居鲁士的教育》2.2.11)

施特劳斯：更紧贴字面的译法是"他们说大话"（ἀλαζονεύονται），而不是"胡诌"。

学生［读文本］：

居鲁士说："别说啦！别说他们是说大话的人。因为，在我看来，'说大话的人'适用于那些假装比实际上更富有的人，假装比实际上更勇敢的人，还有［233］那些承诺做到自己办不到

的事情的人，或者，那些显然在这些事情上为了得到某种东西和有所收益而这么做的人。"（《居鲁士的教育》2.2.12）

施特劳斯：说大话的人，其目的是通过说大话而获益。这是居鲁士对说大话之人的看法。请继续。

学生［读文本］：

"可是，那些设法逗同伴一笑的人，不是为了自己有所收益，也不是惩罚他们的听众，也没有造成任何伤害，为什么这些人被称为'说大话的人'呢，他们不是更应该（δικαιότερον）称为'温文尔雅的人'和'迷人的人'吗？"（《居鲁士的教育》2.2.12）

施特劳斯：顺便说一下，这里的希腊原文中有"正义"这个语词："为什么不是更正义地被称为风趣的人，而不是说大话的人呢？"在这里，我们看到的是一个脾气暴躁的贤人；迄今为止，我们已经看到一个脾气暴躁的普通人（见2.2.5）。阿格莱塔达斯不喜欢搞笑，他反对搞笑；他是个严肃的人。而居鲁士站在笑的人这一边，为搞笑辩护。为什么居鲁士是支持搞笑的人呢？请记住，为了充分理解这个问题，就得阅读色诺芬的苏格拉底作品，看看苏格拉底有没有笑过。苏格拉底终其一生只笑过一次。而居鲁士经常笑，这是缺乏严肃性的一个标志；另外，居鲁士做得更多：居鲁士还鼓励搞笑。这很奇怪。那么，居鲁士为什么喜欢搞笑呢？这是个问题，不是吗？苏格拉底为什么不喜欢笑，这也是个问题。

学生：［听不清］

施特劳斯：你的意思，可以这么来表达吗：为了严肃性的缘故，笑是好的？正如为了工作的缘故，我们需要放松一样，所以，趁着还有时间的时候，就让这些男孩子耍笑吧。他们很快就完全无法耍笑了。

学生：您说苏格拉底只笑过一次，您指的是在某部柏拉图对话中吗？

施特劳斯：我指的是在色诺芬笔下，在这里，色诺芬是更相关的人物。那个情境与柏拉图笔下的相似。①

学生：我们刚刚读过的第十二节，强烈地提醒我想起卢梭《孤独漫步者的梦》的第四篇，② 我认为，它并非完全不像最终得出的论点，两者都旨在被用于阅读的技艺。

施特劳斯：正是如此。可是，我不会转而去谈阅读技艺，而是要说某种更直接相关的东西。只要笑着先是为了让他们尽量高兴，那么，笑就是好的，因为笑真的会有助于他们在严肃的形势中展现出好品质。

另一个就是一种完全不同的考虑，即笑作为愚弄人们的手段。实际上，居鲁士愚弄了他们所有人，某某先生将这种行为称作操控（manipulation）。大家还记得在居鲁士与父亲的对话中，当父亲对居鲁士说，你得是贼和强盗而不仅仅是做到诚实，这时候居鲁士的第一反应是笑（见 1.6.27）。从邦民间和平道德的束缚中解脱出来，这是一种放松，一种缓解。关于把笑当作愚弄人们的一种手段的人，居鲁士更为具体的说法是什么来着？

[234] 学生：他称赞这种人。

施特劳斯：噢，不是。他用了一个更具体的词。

学生：在第十二节的末尾？

施特劳斯：当然，居鲁士怎么称呼他们？

学生：那些编造故事来逗同伴一笑的人。

施特劳斯：噢，不是。居鲁士不仅仅是个演艺人。居鲁士正在算计；居鲁士把笑作为愚弄人的一种手段。在第十二节，他怎么称呼把笑作为愚弄手段的这些人呢？他称其为说大话的人。居鲁士的

---

① ［译按］这里指的是色诺芬的《苏格拉底在法官面前的申辩》里面的一个情节，见第 28 节。当时的情节是，某个叫阿波罗多洛斯（Apollodorus）的人看到苏格拉底被判死刑，非常难过，据说苏格拉底在轻抚此人的头后说了一句话，同时苏格拉底笑了。柏拉图的《苏格拉底的申辩》中没有类似的情节，苏格拉底在柏拉图笔下笑了两次，见《斐多》84d 和 115c。

② 卢梭，《孤独漫步者的梦》，1782。

叫法是否对应于"说大话"这个单词在现今英语中的义涵,这不是我们关心的事。下面才是要点。那么,关于居鲁士,接下来是什么情况呢?居鲁士绝不会用于自身的一个特定词语:他是个说大话的人。居鲁士是个说大话的人,这并不意味着居鲁士并非极其聪明之人——后面将会展现出他的聪明——而是从最高的视角来看;另外,根据他自己对"说大话"的定义,他就是说大话的人。为什么是这样呢?这是全书的关键问题。苏格拉底不是说大话的人;居鲁士是个说大话的人。"说大话的人"的义涵必须加以扩展。说大话的人未必仅仅是个诈骗者,某人声称自己是医学博士,却从未拿到毕业文凭就给人动手术,这种人是诈骗者。我们听到过这样的故事,还有其他这类事情。"说大话的人"可以有更深的含义。在苏格拉底看来,"一个说大话的人"的确切意思是什么呢?一个人若是声称自己知道他所不知道的事情,就是说大话的人。或许居鲁士以特别令人印象深刻的方式声称知道他不知道的事情。可能是这样吗?

学生:[听不清]

施特劳斯:不一定,只是居鲁士知道什么是好的。比如说,统治数以百万计的人,这是好的,这是居鲁士行动所依照的那个原则。

学生:[听不清]

施特劳斯:居鲁士转变了整个政制,以对他自己有利,而且是在任何人不知不觉的情况下。这一点后来才会显现出来。一旦他们所有人完全落入居鲁士之手,当中的一两个人就会开始醒悟过来。可是,当下,他们非常开心。我认为,这就是一种非常好的欺骗,我的意思是,如果你能够用"一种好的欺骗"这个说法的话。

学生:[听不清]

施特劳斯:然而,这是个问题。这种利益是用盾形徽章和战利品来衡量的吗,或者,自由也有一定的重要性?

学生:我说的是这个具体的事实,即敌人在数量上超过他们。

施特劳斯:一流的政治家从不会做只对自己有利却不利于公共善(common good)的事。这是要点所在。这就是人们要有宪法的理由，这不仅仅是［235］对狭义的公益的考虑。一个人，极具聪明才智，找到解决问题的最简单的办法后，就直接发布应该做什么的命令，这种方式总是符合公共善。其他人也是。这能够成为范例。我认为居鲁士当然欺骗了他们。

下文又是为搞笑所做的另一个辩护，辩护人不是居鲁士，而是许斯塔斯帕斯。让我们来读一下。第十五节。

学生［读文本］：

> 许斯塔斯帕斯随后大致发言如下："如果你服从我，阿格莱塔达斯啊，那你将会大方地把这价值连城之物用于我们的敌人，你将会试图让敌人哭泣；而以各种方式，对我们，你的朋友们，尽情挥霍这不值钱的东西，即笑。因为我知道你有大量存货，因为你从未在自己使用时挥霍它，也不曾自愿给予朋友或陌生人任何笑声。因此，你没有借口不给我们提供笑声。"
>
> 阿格莱塔达斯说，"你认为，许斯塔斯帕斯啊，你将能从我这里骗得笑？"
>
> 那位队长说，"宙斯在上，如果他这么做，那他肯定就失去理智了，因为从石头上摩擦生火可能都比引出你的笑更容易。"
>
> 听了这话，其余的人都笑了（ἐγέλασαν），因为他们都知道阿格莱塔达斯的性情。阿格莱塔达斯微微一笑（ἐπεμειδίασε）。居鲁士看到阿格莱塔达斯颜开，便说："这位队长啊，你是不义的，因为你说服了我们之中最严肃的一个人笑起来，以此败坏了他，而且是在他是笑的大敌时这样做。"
>
> 这些事情此时停了下来。（《居鲁士的教育》2.2.15 – 17）

施特劳斯：许斯塔斯帕斯的论点是什么？居鲁士与许斯塔斯帕斯都为搞笑辩护，为了理解居鲁士，看清居鲁士的辩护与许斯塔斯帕斯的辩护之间有何区别，这非常重要。无需色诺芬告诉我们什么，搞明白居鲁士为搞笑辩护的独特性何在是非常简单的方式，我们只须加以思考。许斯塔斯帕斯说，笑就其自身而言比哭好。

这是要点。这当然并非居鲁士的看法。这怎么会是居鲁士的看法呢？大家还记得吧，他从观看尸体中得到极大的乐趣，而从任何角度来看，观看尸体都不是什么惹人发笑的事。好的。下面我们就来面对宪政式法律的一个非常重大的问题，并且不止于此。请讲。

学生：我想知道许斯塔斯帕斯是否没讲一个非常重要的原则，也就是说，我们的敌人在一定程度上是我们最好的朋友。

施特劳斯：没有。我认为原则非常简单，非常朴素：应该让自己的朋友笑，让自己的敌人哭。

[236] 学生：可是，敌人教给我们关于我们自身的一个非常重要的实情。

施特劳斯：是的。然而，你无法同时提出所有重大的问题。初看起来的一点是：笑比哭好。这是许斯塔斯帕斯说的话。好的。正如朋友本身就比敌人更好。不对吗？敌人可能极有价值，因为敌人让你枕戈待旦，这也是真事，可这是衍生出来的。你知道自己不必增添什么理由来说明为什么拥有朋友是好事。或者说，理由如此明显，以至于根本不必说出来，这样才更好。

现在让我们转向这个重大的宪政问题。第十八节。

兰肯［读文本］

　　随后克吕桑塔斯发言如下："但是，居鲁士啊，还有所有在座的，我的意见是，一些人对我们来说是更好的，而其他人则应得更少。"

施特劳斯：大家知道这种微妙的话语。迄今为止，这是一个显然不平等的社会：贵族在这边，平民在那边。请继续。

兰肯［读文本］

　　"然而，如果这产生出某种好东西，那么，他们所有人都会认为，自己配享平等的一份。可我认为，在人类中间，没有比

认为好人与坏人配享平等的份额更不平等的事了。"(《居鲁士的教育》2.2.18)

施特劳斯：紧贴字面的译法是："好人与坏人若被视为配享平等的地位，没有比这更不平等的"。所以，换句话说，克吕桑塔斯说出了贵族制的原则以反对民主制：不是所有人都份额平等，而是好人与坏人的份额不平等。克吕桑塔斯引出了这个问题。居鲁士如何回应？

学生[读文本]：

居鲁士对此回应道，"那么，以诸神的名义，男子汉们啊，我们是不是最好向军队宣布来一次集会，以决定，如果神让我们从我们的辛劳中获得某种好的东西，是否要让所有人平等地分享，还是说审查每个人的行为，据此给每个人分配荣誉呢？"(《居鲁士的教育》2.2.18)

施特劳斯：换句话说，居鲁士，这名宪政下的统帅，绝非仅仅以理性为依据来决定这个重大问题。居鲁士的建议是，让众人来就这条贵族制原则投票吧。以后，居鲁士就再也不需要这些繁琐的程序了，但眼下他仍然需要。我们也能够说，民主制原则所提议的是机会平等，而非所得平等。不存在所得平等，然而，可以有份额平等。不要份额平等，而要机会平等。每个人都能够尽己所能地表现优异，然后据其优异的程度来获得奖赏，这也是现代民主制的原则。在下文中，即第十九节和二十节的开篇，看起来必须以民主的方式确立起这条原则。我们必须读一读。

学生[读文本]：

"为什么你必须宣布关于这件事的讨论，"克吕桑塔斯说，"而不是直接宣告说这是你正在做的方式呢？以前你不就是用这种方式来宣布比赛项目和奖品的吗？"(《居鲁士的教育》2.2.19)

[237] 施特劳斯：大家看，之前有独裁做法的惯例。为什么在这件事情上不采用呢？

学生［读文本］：

"但是，宙斯在上，"居鲁士说，"两种情况不同。因为人们在战斗中得来的东西，我以为，人们将会把它们看作共同属于他们自己的；然而，对军队的指挥权，他们还是完全把它看作是我的事，来自邦内，所以，当我任命裁判时，我相信，他们认为我没有做任何不义的事情。"（《居鲁士的教育》2.2.19）

施特劳斯：大家看到了吧？大家不认为这是一场有趣的讨论吗？

学生［读文本］：

"你果真认为，"克吕桑塔斯问道，"那些参加集会的杂众会投票赞成让更好的人在荣誉和礼物上占优，而不是投票赞成让每一个人享有平等的份额？"

"我的确如此认为。"居鲁士说。

施特劳斯：相比于贵族阶层出身的那个人，居鲁士是个更好的民主分子。

学生［读文本］：

"部分是因为是我们推荐的，部分是因为否认如下这一点是可耻的：最努力而且尤其让共同体受益的那个人，配享最多的东西。我认为，好人应该得到更大的份额，这就算在最差的人看来也是一种好处。"（《居鲁士的教育》2.2.20）

施特劳斯："看来将是有用的"。换句话说，他们［这些最差的人］会盘算：如果那些为他们付出了更多辛劳的人可以得到鼓励获得更多东西，那么，他们自己的处境也会变得更好吧。所以，换句话说，居鲁士由此才敢肯定，分配正义这一原则，即份额上的不平等，可以以民主的方式得到辩护，而且明显得很。至少，每个人都将耻于反对这一点。大家知道，他们可能不喜欢这条原则，可并非我们不赞成的每一件事，我们都愿意公开表态不赞成。大家知道，反对（contradict）一件事情与对抗（oppose）一件事情，两者大为不同。这就是不记名投票还有民意调查的大问题，人们不必为了他们心中的想法而公开站出来。可以设想，那些无法得到辩解的提议由此便能够表达出来了，而如果他们还得在市场上站起来然后说"我赞成这个"，这些提议就将无法表达出来。大家可以看到，这些事情把我们引向了多深的地方。分配正义这一提议，本身就是合理的，居鲁士说，对于理解能力最低下的人，这一点也是明摆着的，所以，我们在一个民主集会上提出这一原则，不会冒什么风险。

从下文可见，看上去从现在开始，贵族阶层将再也没有法律上的特权。假如贵族天生就是更好的人，且这种好是儿孙继承自父亲和祖父的，假如这种假定还有几分道理的话，那么，这种好将会表现在权利的行使上。但如果不是这样的话，因为高贵的人据知生出过低劣的后代，嗯，对于高贵的人来说就太糟糕了。可是，到目前为止，后代好还是坏并不重要，因为有法律上的特权。可特权不复存在了。

学生：高贵不是依赖于后天的习惯培养吗？

[238] 施特劳斯：我们到后面再谈。现在只简单地把问题表达出来：在大多数民主社会中，一直都有一种社会等级制。然而，如果处于较低等级的人们感觉那些人配得上居于最高阶层，也就是说，如果社会等级制与自然等级制一致，社会等级对于处于较低等级的这些人而言就是可信的。两者从不等同，但即便是高度接近，等级制也将是可以接受的；如果除了法律上的特权，再没有一条尘世的理由来解释为什么这些人应该位居最高阶层的话，人们就不再会拥护等级制度了。这一点我们后面再谈。

在第二章第二十二至二十三节，有一个分队队长讲了某个懒汉的故事，他觉得这个故事非常有趣。现在我们来看看居鲁士的反应是什么。让我们读一下。

学生[读文本]：

其中一名队长笑着说，"但是，我知道甚至普通民众中的某个人也将会建议，不要有这种不加区分的相同份额。"

另一个人问这名队长指的是谁；这名队长回答说，"宙斯在上，这个人与我同一个营帐，他渴望在每件事情上都得到更多。"

另一个人问他，"甚至包括劳动？"

"当然不是，宙斯在上，"这名队长说，"但在这一方面，至少，我被逮住撒谎了。因为在劳动和其他这类事物上，他倒是谦和地让任何想要的人得到更多。"（《居鲁士的教育》2.2.22）

施特劳斯：有趣的故事，不是吗？居鲁士对这个有趣的故事作何回应？

学生[读文本]：

"但是，男子汉们啊，"居鲁士说，"我知道，这样的人，像你刚才提到的这个人，如果我们的确需要有一支有活力和服从的军队，他就必须被排除在军事事务之外。"（《居鲁士的教育》2.2.23）

施特劳斯：换句话说，居鲁士在此不再笑了。这是件严肃的事。好的。我认为，我们也得考虑下，居鲁士并不单单是笑声的朋友，因为懒汉们当然可以是非常好笑的。我猜你们当中有人读过关于护林者的精彩故事，大家知道，这些人一天工作一小时，还仅仅是有人在旁边的时候才干。这真的有趣，没有问题，还是有人可能会在市议会上说：这不光是好笑的事，还有纳税人的钱。第二十六节。

学生[读文本]：

"然而，不要想着如何再用自己的邦民来填补行伍中的空缺，而是正如你在寻找最好的马匹而不是本国出产的马一样，至于人，也是这样，从四面八方来选取任何人，只要你认为这个人最有助于增加你的力量和好秩序。"（《居鲁士的教育》2.2.26）

[239] 施特劳斯：大家看到了吧？这种革命的程度要更深入得多。现在，我们不仅仅在波斯人内部实行某种民主制，甚至不再非得是波斯公民。任何有望成为一名好士兵的人，都会被接纳。希腊文中的这句表达非常强烈："最好的马，而不是祖邦出产的马。"在原则上，这是彻底的普世主义。我的意思是，整件事情从一开始就是为一个普世帝国量身定制的，在这个帝国中，最好的人，不管他们可能出身于哪个地方，都将根据自身的功德拥有属于他们的地位：即一个普遍同质的国家，如科耶夫所说的那样。[①] "同质"，没有任何方式或形式上的地位不同。"普遍"，这个国家在原则上拥抱整个人类。大家看，色诺芬多么时髦。普遍同质的国家实现的实际条件在那个技术不发达的阶段当然并不存在，可是，色诺芬非常清楚这一原则。有人说，所有这些都预示着亚历山大的帝国，这帝国在色诺芬身后一两代出现。说这话的人相当短视，因为，这种普遍同质的国家远超出亚历山大所取得的成就，甚至远超出亚历山大所敢梦想的东西。人们知道，色诺芬知道，未来的亚历山大帝国不会接纳所有人。印度并未成为亚历山大帝国的一部分，尽管亚历山大行军至印度的西北地区；并且这里出现了印度人，[②] 正如某某先生的报告所表明的那样。所以，居鲁士迈出的这一步非常大。

现在让我们来读第二十八节。

---

① 见 Alexandre Kojeve, "Tyranny and Wisdom" and Leo Strauss, "Restatement on Xenophon's *Hiero*," in Leo Strauss, *On Tyranny*, Free Press of Glencoe, 1963，特别是页 181–184 和 221–226。

② [译按] 施特劳斯这里指的是《居鲁士的教育》2.4.1 处出现的印度使节。

学生［读文本］：

在这之后，居鲁士又开始戏谑——

施特劳斯：大家看，我们刚才非常严肃，现在居鲁士又开始说笑了。请继续。

学生［读文本］：

因为居鲁士注意到，有一个百夫长（τινα τῶν λοχαγῶν）挑了一个毛发很浓又非常丑陋的人当他的同席者和躺在一旁就餐的人。他叫了那位百夫长的名字后，说了如下这番话：''桑巴乌拉斯啊（Σαμβαύλας），''他说，''那位躺在你旁边的年轻人，你是按照希腊人的生活方式带他到处走吗，因为他是美的（καλόν）？''（《居鲁士的教育》2.2.28）

施特劳斯：我可以问一下，居鲁士说的是哪一种希腊的生活方式吗？

学生：男童恋。

施特劳斯：是的。大家必须知道这一点，否则就理解不了这里的意思。

学生［读文本］：

''是的，宙斯在上，''桑巴乌拉斯说，''我至少享受和他在一起以及盯着他看。''

听到这话，那些在营帐里的人就看他；看到那人极为丑陋，他们就都笑了。有一个人说：''以诸神的名义，桑巴乌拉斯啊，这家伙做了什么事情，让你如此依赖他？''

[240]桑巴乌拉斯回答说：''宙斯在上，男子汉们啊，我这就告诉你们。过去，我每次叫他，不管是黑夜还是白天，他从未找借口说他自己很忙，也从未拖拖拉拉地服从，而一直都是

奔跑而来。每当我吩咐他做什么事情，我从未见他不是做得大汗淋漓；他也让十人小队的成员像这样，不是靠言语，而是靠行动，向他们表明他们必须成为什么样的人。"

其中一个人说："既然他是如此这般的人，你不像亲你的亲人们那样亲他吗？"

那个丑陋的人对此回答说，"不，宙斯在上，因为他不是爱劳动的人；如果他愿意亲我，这一吻就足以抵得上他所有的锻炼了。"（《居鲁士的教育》2.2.31）

施特劳斯：这个故事讲的是什么呢？这是一个有趣的故事，稍稍有趣的故事，但它当然大有深意。这个桑巴乌拉斯从一个相当可敬的原则出发得出了那个终极的结论：好仅仅是灵魂的一种品质，唯一可爱的好东西是灵魂的好。就作为一名士兵而言，这个人拥有完美的灵魂，因此是一个绝对可爱的人。可我们为什么笑呢？居鲁士和其他人为什么笑呢？这笑声意味着什么？这笑声有深远的意味。

学生：这不是在拒斥那一原则吗？

施特劳斯：当然是。请你重述一下那条原则吧，经过校正的原则。

学生：好（goodness），不仅是灵魂的一种品质，也是身体的一种品质。

施特劳斯：或者至少是如此：长得可爱与灵魂的好并不等同。所以，换句话说，爱是一种特殊的事物。我们后面再谈这个话题。爱是一种特殊的事物。在爱与笑之间，有一种联系吗？笑可是卷二第二章的重大主题？

学生：我们在朋友中间笑。

施特劳斯：我们的确是这样，但那是在宽泛得多的意义上。

学生：我知道，我们后面会在卷六发现，爱很可笑。［听不清］爱以某种方式受到轻视。

施特劳斯：这是从居鲁士的视角，而不是从色诺芬或苏格拉底的视角来看。所以，我们必须把这一点当作一个重大问题记在心间，因为这一问题贯穿全书。居鲁士与苏格拉底之间的冲突主要是政治与哲学之间的冲突。在一个更平常的层面上，这是政治与爱之间的冲突，哲学是对真理的爱，大家明白，哲学是爱欲的一种特殊形式，这一点在哲学中反映出来。

爱欲就其自身而言并非一种政治激情，这一点能够轻易地予以证明。如果我们拿爱情的正常形式来说，属于不同政治社会的人会碰巧爱上彼此，[241]而假如爱欲在本质上是政治性的，这就是不可能的事了。这样，人们就只会爱上自己那个政治社会当中的成员。曾有人告诉我，这一点太正确了，以至于就连其他形式的政治团体，比如政党——属于不同政党的人也可能会爱上彼此。甚至共产党员也可能爱上非共产党员，这样的事是值得考虑的，大家知道吧？爱欲与政治之间有张力，因为两者没有完全相同的最终目标。有话要讲？

学生：实用性（utility）问题又怎么样呢？

施特劳斯：什么实用性？嗯，在这里，实用性是一种德性。这个人是一个有德之人。在这里，桑巴乌拉斯是在最低层次上将德性理解为某种东西，这种东西接近于我们所谓的效力。他是一位得力的士兵，而他的指挥官最大的利益当然是拥有得力的士兵，我的意思是，在运用兵器和任何可能出现的其他事务上服从。他是桑巴乌拉斯队伍中最好的人。如果下面这一条定理是真的，即最有德的人最可爱，那么，桑巴乌拉斯一定会爱上这个丑极了的家伙。显然，他的丑陋与他在军事上的得力一点也不相干。我必须证实这一点吗？一个非常丑的人，就不能成为一流的士兵乃至一流的政治家吗？丑与此毫不相干，可是，爱与美貌之间有关系，尽管对于什么是美众说纷纭。爱本身就与美有关，而对效力的关切是某种在根本上就不一样的东西。

学生：我正在试着回顾一个问题，即好是针对一种特定的目的，那时我们正在研读《回忆》，这个问题最终还是落入好与美纠缠在一起的境地。

施特劳斯：是否可以到此为止，这是个问题。苏格拉底仅仅试图将美与好等同：一把好伞就是一把美伞。苏格拉底的意思在一定程度上是清楚的：仅仅有装饰物，比如你有一把伞，色彩极其鲜艳照人，可能甚至还镶了珠宝，可是你打不开它，那它就不是一把美伞。从这种低的事物出发，我们就能够暂时得出结论：好等同于美。这正像"德性即知识"，根本而言，如果恰当地予以理解的话，这说法是对的。可是，退一步，这说法就不对，正如日常经验所表明的那样。这就是一个矛盾命题；"德性即知识"是一个矛盾性的论断，不是一个简单的论断。

学生：以爱一个人而论，我理解这一点，然而，我难以看出爱智慧，即对智慧的爱欲（eros），与灵魂的好缺乏同一性。

施特劳斯：这个问题一言难尽，很是复杂。换句话说，你会说爱灵魂中的好——即爱慕灵魂中的好——与爱之间的最终一致就是相等同。可能在最透彻的分析中，能够让这一点成立。然而，如果缺少最透彻的分析，这一说法显然就不对，难道你会不承认这一点吗？这一说法意味着，只有智慧的男人能够爱智慧的女人，反之亦然。我相信，在芝加哥大学做个简单的调查，调查结果会向你表明，这种说法一定要大大地加以修正。会有一定比例的人，但并非普遍情况。

学生：爱与政治之间的分离并不是这样一种明显的分离，因为严格意义上的真正的政治人爱永恒的荣耀、爱荣誉，这种爱欲（eros）显然是政治性的。

[242] 施特劳斯：当然是这样子，可这里的要点是：居鲁士并不缺乏政治爱欲，但他还是被明确地称作一个冷淡的人。我们后面再谈这个问题。爱荣誉或爱称赞看上去以某种方式被排除在外，并且色诺芬，由于遵循他在极为日常的层面上谈论这些事物的一贯做法，而且只是暗示出更高的层面，便从普通的现象出发。从常识的层面来看，某个人可以极为丑陋却极为得力，这绝对讲得通，不是吗？我们得把这种情况想透，这暗示了什么东西。好的。

现在我们转向第三章，第三章可能是卷二最重要的一章。在第三章的开篇处，居鲁士对所有人，即对集合起来的贵族和平民讲话。居鲁士怎么称呼他们？

学生：朋友们。

施特劳斯："朋友们"。先前，他称贵族为"朋友们"，称平民为"波斯人"。这个小小的称呼变化现在表明了已经发生的变化：普通民众现在与贵族们之前一样，都是朋友。这次集会旨在决定机会平等或分配正义这个重要议题，无论大家想怎么叫这个问题。发言者是普通民众中的一员，叫作——不，是居鲁士第一个发言。抱歉，居鲁士第一个发言。让我们来读第三章第三、四节。

学生［读文本］：

"因此，你们必须知道，在战争中的伙伴，能迅速完成许多高贵的事情，如果每个人自己都有如下这一想法：除非每个人都自己热心积极，否则，必然发生的事情就不会发生。对于这样的伙伴而言，任何需要做的事情一件也不会被落下不做。然而，如果每个人都认为，即便他自己放松下来，其他人会去行动和战斗，那么，请确信：每一种艰难困苦都会快速落到他们所有人身上。"（《居鲁士的教育》2.3.3）

施特劳斯：原则是清楚的。每个人必须知道，一切都取决于自己。请继续。

学生［读文本］：

"并且神让事情像这样一般：对于那些不愿意命令自己为了好东西而劳作的人，神就委派其他人做这些人的指挥官。因此，现在就让任何一个人在这里站起来并且就如下这一点说一说：他认为何种情况下我们中间将会更多地践行英勇（ἀρετήν），是愿意劳作又愿意冒最多风险的人获得最多的荣誉时，还是我们知道做得差也没什么两样，因为我们所有人都将获得相同的份额时。"（《居鲁士的教育》2.3.4）

施特劳斯：译者用的这个单词，译者翻译成"英勇"的这个单词，是通常用来指"德性"的希腊语单词。所以，问题是：德性应该得到回报呢，还是每个人应该得到相同的份额呢？居鲁士在这里说出一种自然法，即无德之人将会以自然的方式受到惩罚。他们将会被打败，他们将会服侍他人。请讲。

学生：机会平等与分配正义是等同的吗？

施特劳斯：当然。我有意把两者当作同义词来用，我认为这完全没问题。当然，机会平等并不完全一样，因为分配正义意味着有一个［243］分配者，这个分配者把荣誉奖给好人并惩罚坏人。而当你说起机会平等时，你是认为有一位无名的分配者，即所谓的无形之手①——你听过这个叫法吗？因此，情况并不完全相同。我的意思是，如果要说的话，例如，洛克菲勒先生，老洛克菲勒，② 把自己的机会运用得如此之好，而其他一些人则运用得如此之差，在美国并不存在一个权威给洛克菲勒数以百万计的财富，给其他人救济金，如果有什么的话，这也是由某种市场机制来完成的安排，或者随便你怎么称呼它。分配正义涉及某个分发荣誉的人或某群人。就此而言，两者存在差别，然而，就我们讨论分配正义时所立足的这种初步的层面而言，两者的差别可以忽略不计。请讲。

学生：一个概念暗示着正义，而另一个则没有，不是吗？

施特劳斯：哪一个？

学生：分配正义暗示着正义，而另一个没有。

施特劳斯：说得非常好，可是，我说的话中已经暗含这个意思。当我们说起机会平等时，我们暗示出机会平等的结果——正义要求每个人都有相同的起点，所以，在这种意义上，是平等，然而，如果人们在过程中变得不平等了，因为一个人努力工作，另一个懒懒散散，那么，这是他们每个人应得的。每个人得到应得的，这是对的，正义的，是吧？我在这里并不否认它们存在差别，我只是说，

---

① 亚当·斯密，《国富论》（*The Wealth of Nations*），1776，卷四，第二章。
② 老约翰·戴维森·洛克菲勒，生卒年 1839—1937。

就我们现在的目的而言，我们可以忽略差别。居鲁士当时已经给出提议并且告诉他们，如果每一个人不拼尽全力，那么，所有人都会遭受的严厉制裁是什么。因此，就算是那些有缺陷的人，也将得益于最好之人的努力，因为前者仍将保有自由民的身份。

现在，贵族阶层的反应是什么？看看克吕桑塔斯。请读下面两节。

学生[读文本]：

此时此刻，克吕桑塔斯站起来了，他是贵族中的一员，看上去既不高大也不强健有力，但因其明智而与众不同。

施特劳斯：是的，我们应该把这句话记在心间，因为描写人物特征的地方非常之少，此为其中之一。为什么克吕桑塔斯不是，换句话说，一个令人印象深刻的人物——人们现在的叫法——而是在实践智慧方面出类拔萃呢，这是什么意思？克吕桑塔斯说了什么？

学生：我们之前见过他。[1]

施特劳斯：是的，当然。不过，那里没有描写他的特征。请继续读。

学生[读文本]：

他说："我不认为，居鲁士啊，你发起这场谈论，是因为你认为坏人必须与好人享有同等的份额。不如说，你是要检验是否有这样一个人，他愿意表明自己想要平等地分享其他人靠德性所取得的东西，即便自己一点高贵与好的事也没做。[244]我腿脚不灵敏，臂膀也不健壮，而且我知道，从我靠身体完成的事情来看，我不会被判为第一或第二，我以为，甚至不会被判为第一千名，或者甚至第一万名也不会。可是，我也清楚地知道，如果那些健壮有力的人奋发有为，那么，我将会以正义

---

[1] [译按]《居鲁士的教育》2.2.18 和本讲稿英文版页码236。

的方式获得尽可能大份额的好东西。而如果坏人什么都不做，好而强大的人又灰心丧气，那么，我恐怕也会得到大过期盼的份额，只不过是获得好东西之外的某种东西。"（《居鲁士的教育》2.3.5－6）

施特劳斯：换句话说，克吕桑塔斯强调自身的缺陷，是为了挑明，他可以提起那些在"缺陷"这个单词的任何意义上有缺陷的人，为了挑明这些人受益于健全之人的努力。现在，那篇主要的发言出现了，即斐饶拉斯（Pheraulas）的发言，请读第七节。

学生［读文本］：

所以，克吕桑塔斯就这么发言。在克吕桑塔斯之后，斐饶拉斯站了起来，斐饶拉斯是波斯普通民众中的一员，他不知怎么地在很早以前就与居鲁士相当熟络而且受到居鲁士的喜爱。他在身体上并非没有天赋，而且在灵魂上并不像出身低微的人。斐饶拉斯发言如下（ἔλεξε τοιάδε）——

施特劳斯："大致如下"。是的。他的这篇发言很长，我们不能全读，可我们必须至少读读其中的一部分。请开始吧，我会告诉你在哪里停一下。

学生［读文本］：

"居鲁士啊，还有所有在场的波斯人啊，我认为，我们所有人现在都以平等的地位，开始参加一场比拼德性的竞赛"——（《居鲁士的教育》2.3.8）

施特劳斯："我们正在从一条平等的起跑线开始"。即机会平等。请继续。

学生［读文本］：

"因为我看到，我们所有人都正在以相似的方式锻炼身体，我们所有人都被认为配得上获得类似的聚会，所有相同的奖品都放在我们所有人面前，因为所有人都共同被要求服从统治者。而且我看到，不管是谁，只要毫不推脱地明显如此行事，都从居鲁士那里得到了荣誉。英勇顽强地面对敌人，不是某种适合这个人而不适合另一个人的事情，这一点也已经被判定对所有人来说最高贵。现在，已经向我们展示的那种战斗模式，是我看到所有人出于天性就理解的模式，正如其他各种动物也各自知道某种战斗模式那样，它们不是从任何别的源头习得，而是得自本能。"（《居鲁士的教育》2.3.8–9）①

施特劳斯：是"得自天性"。请继续。
学生［读文本］：

"例如，公牛用角撞击，马用蹄子，狗用嘴巴，野猪用长牙。并且它们也都知道在与之对决时最需要自我保护的东西面前保护自己，尽管它们从未去找任何教导这些事情的老师。"（《居鲁士的教育》2.3.9）②

[245] **施特劳斯**：所以，仅仅是靠天性，而不是其他来源。
学生［读文本］：

"从我的童年起，我也已经知道如何保护我自己，通过避开任何我认为可能打在任何一个部位上的攻击。如果我没有任何其他东西可用，我过去就习惯于尽我所能地伸出双手来拦截打我的人。我这么做，不是因为我被教导这么做，而是为了避开，即便我正是因为这一点而挨打。"（《居鲁士的教育》2.3.10）

---

① ［译按］原文是2.2.8–9，应是输入失误。
② ［译按］原文是2.2.9，应是输入失误。

施特劳斯：换句话说，即便针对那个自然而然的举动会有惩罚措施，斐饶拉斯还是那样做。天性的力量如此强大。这就是此处的整个论题。请继续。

学生［读文本］：

"而且，甚至在我还是个小家伙的时候，我就曾抓起一把我看到的剑，尽管，我声明，除了得自天性之外，我就连如何握剑都绝没有学过。"（《居鲁士的教育》2.3.10）

施特劳斯：斐饶拉斯只有一个老师，即天性；这个东西再次出现了。请继续。

学生［读文本］：

"甚至在我是个男孩时，我也经常在我看到有刀的地方握住那刀，尽管我没有从其他地方学习如何握住它，如我所说的，而是从自然那学得。我过去经常这么做，不是因为我得到教导，而是正如我受自然的强迫做其他事情那样，尽管我遭到我母亲和父亲的反对。而且，是的，宙斯在上，我过去还常常用刀冲着一切我能够刺的东西刺过去，只要不被抓到。因为，这么做就不仅仅像走和跑一样是自然的，我认为这么做除了是自然的以外，还是令人愉悦的。"（《居鲁士的教育》2.3.10）

施特劳斯：是的，"这么做除了是天生的以外，还令人快乐"。请继续。

学生［读文本］：

"现在，既然得到批准的战斗模式是这样一种更涉及勇敢而不是技巧的模式——"

施特劳斯：紧贴字面的译法是"更涉及热情而不是技艺"。请继续。

学生［读文本］：

"我们岂不是必须快乐地与这些贵族竞争吗？至少在给德性的奖赏平等地摆在我们面前的地方。我们在冒这次险时，所赌上的东西不一样，因为贵族们所赌上的是有荣誉的生活，单单是有荣誉的生活便是最令人快乐的，而我们所赌上的是辛苦且没有荣誉的生活，我认为这种生活最艰难。"（《居鲁士的教育》2.3.11）

施特劳斯：我们必须在这里停下。或许到后面我们将会读这篇演讲的另一部分。斐饶拉斯的这篇发言，其要义是什么？到目前为止，在我们读过的所有演讲中，斐饶拉斯是唯一一个提起自然的人，他诉诸自然，自然与由人施加的教育，或与技艺截然不同。最后但并非最不重要的一点是，斐饶拉斯没有提起礼法（νόμος）。无疑，贵族接受的教育是那种礼法的部分内容。普通民众没有接受过教育；只有自然教过普通民众，而这当然不是教育。斐饶拉斯这个民众中的一分子是诉诸自然的那个人，这意味着什么呢？大家看，有些人除了潘恩（Thomas Paine）的书便从未读过其他东西，他们认为，这一切都开始于十八世纪，可是它们很早就已经在这里出现了。为什么民主分子诉诸自然，而贵族则没有这么做呢？当我们谈起古典政治哲学时，这一方面并没有得到充分思考。

［246］根据柏拉图和亚里士多德的公开教诲，根据自然的统治就是最好之人的统治，而这就是贵族制。然而，在字面上，这当然意味着最好的人进行统治，按天性最好并且按后天训练最好，但在任何一种实际的贵族制当中，却并不是完全如此。为什么会有这种贵族制呢——为什么是他们统治着普通民众呢？基于什么呢？

学生：出身。

施特劳斯：出身。你可以说出身是自然的。出身与自然之间有密切关联。然而，这当然意味着，更具体来说，基于礼法。有一种由人建立起来的规则，即这些人和那些人、这些家族和那些家族来进行统治。其表达方式多种多样，盾形纹章（coat of arms）上的诸多更小的组成部分是其中一种。① 你也可以说，例如，第一批拓荒者。统治者未必非得是封建贵族。"五月花"号的后代，只有"五月花"号的后代应该统治，这是一条站得住脚的原则，因为"先到先得"，这意味着第一批到来的人要清理土地，防御野兽和野人，让这片土地变得适宜居住，等等等等。可以这么做；过去也常常这么做。但也会出现各种难题，因为，如果殖民者大批涌入，那么，"五月花"号的后代将会被淹没，他们的人数不足以自卫，不得不扩大基础，因此，就有了移民上的种种限制和所有这一类事情。说来话长。

可是，无论如何，其要义是：借助礼法，人口当中的某一部分人被挑选出来，以享有特权。被挑选出来的人声称自己出于自然就享有特权，但这是个复杂的问题。可能如此，也可能并非如此。就此而言，严格理解的分配正义，或者，如果你喜欢的话，也可以说是机会平等，是自然的原则：每个人都依据自己的价值，而价值最终取决于这个人的自然。这是要点。

马基雅维利以一种十分有意思的方式使用过这种思想，某某先生提到过马基雅维利，而随着这次课程的推进，我们在后面将多次听到马基雅维利的名字。现在，这一次我要说，在《佛罗伦萨史》中，② 马基雅维利谈及 1378 年（你很容易就能够找到，因为这本书

---

① ［译按］一个最标准的盾形纹章一般包括下面这些组成部分：crest ［羽饰］，helmet ［头盔］，crown ［冠饰］，top banner ［顶旗］，top mantle ［上披风］，motto ［箴言］，shield supporter ［扶盾者］，shield layout ［盾牌区］，shield ［盾徽］，charges of shield ［寓意物］，bottom mantle ［下披风］ 和 bottom banner ［底棋］。比较重要的部分是盾徽、冠饰和箴言。

② ［译按］马基雅维利，《佛罗伦萨史》，卷三第三章，李活译，商务印书馆，2005，页 145 – 148。以及《马基雅维利全集·佛罗伦萨史》，王永忠译，吉林出版集团，2011，页 115 – 119。

是编年体著作）发生在佛罗伦萨的叛乱，他描写了一场平民反抗贵族的叛乱。底层平民的那位领袖发表了一篇《佛罗伦萨史》中极其不凡的演讲，与斐饶拉斯的发言非常接近，只是更激烈一些，这是大家可以期待的，因为这是一场革命，反抗统治阶级的流血革命。这场演讲也诉诸自然（nature）。随后是现代民主制理论：它在十七至十八世纪出现，那时正是"自然"在所有"意识形态"中占有重大地位的时代，它有一段长长的、长长的前史，一段长长的前史。当然，强调的侧重点不同。斐饶拉斯这里的强调不在于一人一票意义上的平等，而更多在于机会平等意义上的平等。所有人天生都平等，意思是就起点而言，然而，只是在这一方面平等。如果他们由于自己的成就而有所区别，那他们就应该有差别，这是依据自然。请讲。

学生：居鲁士岂不是用民主制作为过渡，让以出身为基础的贵族制向以功德为基础的贵族制转变吗？

施特劳斯：绝对是。是的，因为你知道，以出身为基础的贵族制并不要求一个仲裁者来裁定谁属于和谁不属于贵族阶层，因为贵族阶层的每个孩子，每个儿子，婚生子，将来都是贵族。你知道，贵族制并不需要一个人来说你属于［247］上层阶级。可是，如果你没有这样一种法律上的安排，你是否属于贵族阶层就取决于个人的拣选，这样的话，就必定要有一位拣选者。这位拣选者当然不是依据任何法律来处事，而是依据拣选者对每个人的情况所作的判断。因此，这自然是一种绝对的统治。你明白吗？法律的每一种规定（rule），在某种意义上，都含有专断的因素。是吧？你明白吗？

学生：这是在政治上对柏拉图《王制》的改进，因为力量与智慧在这里联手了，如果您把智慧与居鲁士等同起来的话。

施特劳斯：是的。

学生：他们接受这个，这没有问题，他们不得不削弱他的统治，这也没有问题。

施特劳斯：我明白了。非常好。如果色诺芬比写作《王制》的柏拉图更为实际，你会感到惊讶吗？毕竟，色诺芬一直都是在一个比柏拉图更低、更实际的层次上进行论证。可是，你可不要这么轻易就打发这个问题。色诺芬采取一种对自己来说容易的方法来做这件事，就是彻底将苏格拉底与居鲁士分开，而柏拉图则将二人融合起来。因此，问题某种程度上存在于《回忆》的内容与《居鲁士的教育》的内容之间，而在《王制》中，就在单独一本书的内容里。两种做法都可行，可是，为了不错过问题，你必须一直想着另外一个做法。请讲。

学生：有一点点奇怪，不是吗，关于贵族阶层的不满，他什么也没有说？我的意思是，我们在第二章看到许多人得到提拔了，这当然暗示着同时有许多人被降级。

施特劳斯：是的，当然是。这时候起作用的原则是什么呢？

学生：我认为我们已经提到过。

施特劳斯：我的意思是，当你反思你刚才提到的事情时，起作用的那条原则是什么？

学生：提拔最好的人。

施特劳斯：当然，可文中并无只言片语涉及降职。

学生：肯定有降职的事。

施特劳斯：当然，尽管也可以有相当大规模的扩大编制，你知道的。例如，现在，因为存在极大的需求，在大学或学院中，就没有人一定要被降职。可是，某某先生，请讲出你的看法。

学生：你也可以让别人来做降人职的事。不过，这种膨胀式的进路是做这件事情的一种方法，同时还可以不让任何可见的人来做。你只擢升每个人的头衔并且有些人——

[248] 施特劳斯：这不是要点。我相信最重要的点是：居鲁士进行提拔和降职；依据先前陈述的准则，居鲁士将会在场并且会指定另外一个人什么的。到时候，若有人要被降职，就会有别人负责这件事，这个人将会受诅咒，而居鲁士将得到普遍的称赞。你看，当色诺芬对降职保持沉默时，他是在像居鲁士那样行事，不是吗？色诺芬说出了居鲁士做过的事，不提居鲁士让别人做的那些事。色

诺芬的写作方式与居鲁士的行事方式相符。美好的事物属于色诺芬，不美好的事情属于你们这些发现了不美好事物的人。换句话说，色诺芬是个政治性作家。这是真的。

让我来看看。民主制与自然。还有两段文字，我们必须思考的，在下一章的第二十节。我们无法读完这些非常有趣的东西。因为斐饶拉斯还用长长的篇幅描述了穷人在波斯得到的是多么优质的教育。穷人没有去上教导正义的学校，而是上了教导必然性的学校，这其实一样好——大家知道，穷人学习非常努力地劳作并且置身于所有恶劣天气之下，这不是游戏，他们是为了生存不得不这样干。对教育的所有称赞——整件事就是以此开始的——一点点消失了。这是我们为居鲁士正在建立的这个实效大得多的统治形式所付出的代价。请讲。

学生：到目前为止，第二章所有的论证都实际上与关于自然的论证有关，而且到目前为止，这些发言都是关于一种德性，即勇敢。

施特劳斯：不只是勇敢，还有守纪。

学生：一切都发生在设定好的场景中，因为这些波斯人不是在波斯讲话，他们现在在一支弱小的军队中，每个人都非常关心自我保存。

施特劳斯：嗯，这与我们下次将要讨论的另一个问题有关：即只有洞察力，理解力，是否足以使人们变好。泛泛地看出这种秩序——即机会平等，或随便你怎么称呼它——是好的还不足以让人接受它，可能还需要施加其他压力。当时的形势提供了部分压力。当前的压力无疑是战争，这一点是清楚的。可是，一般性的问题是：德性如苏格拉底公开声明的那样等同于知识吗，或者不是这样？我们留待下次再探讨这个问题。

让我们转向卷二第四章第二十节。

学生［读文本］：

居鲁士一到达边境，就立即开始狩猎，就像他过去习惯做的那样：大量步兵和骑兵，排成一队，为他向前行进，为的是在靠近猎物时把它们吓出来。最好的步兵和骑兵则分散开，等待被惊起的猎物，然后追捕它们。他们猎得许多野猪、鹿、羚羊和野驴，因为甚至是现在，这些地方还有大量驴子。(《居鲁士的教育》2.4.20)

施特劳斯：大家看，这是色诺芬用来保留其叙事的历史特征的另一种方式。色诺芬知道这一点，那里的植被和动物，因为这些没有改变，他当时到过那里。[249] 下一次大家将会看到，作者的个人情况，即作者去过这些地方，为什么对于理解整部著作有根本的重要性。可我不希望夺走所有合理的张力或预期。

让我们读第二十六节。

学生 [读文本]：

"不要像你有时做的那样行事了，克吕桑塔斯啊，就是你热爱狩猎，你常常忙碌一整夜而不睡觉；现在你必须让你的人有适量休息，这样他们才可以抵抗得住困倦。也不要做这个：你 [经常] 不安排人来当向导，而是在山里上下游荡，猎物把你引向什么地方，你就跑到什么地方。不要走那些难行的小道，而是命令你的向导带你走最好走的路，除非最好走的路要远得多，因为对于士兵而言，最好走的路就是最短的路。不要带着你的人跑，因为你惯于跑着上下山，而要以适当的速度领着前行，这样一来，你的士兵就可以跟得上你。有时候一些最强壮和最有热情的士兵留在后面鼓励 [其他人]，也是件好事；当纵队经过时，当这些士兵被看到跑步经过那些走路的人时，这会激励所有人加速前进。"(《居鲁士的教育》2.4.26–29)

施特劳斯：大家看，这些非常合理的战术课，是特别给克吕桑塔斯上的，原因是克吕桑塔斯有可能会想不到这些事情。这是对克吕桑塔斯的一种特征描写。大家看，在这本书中，乍看起来让许多当今的读者感到反感的是，这本书缺乏戏剧技艺。这里是有戏剧技艺的，它只是受到了克制。我们得观察这些细微的东西，然后再来看。关于克吕桑塔斯特有的缺陷，我们在这里了解到的内容，如何有助于我们理解克吕桑塔斯的其他行为呢？大家可能还记得，克吕桑塔斯是在那场著名的关于政体的会议上为贵族发言的人，在那场会议上，波斯这个共同体的结构遭到彻底改变，大家知道吧？这又是我提出的一个问题，我自己也不知道如何回答。

学生：在卷二第三章第五节。

施特劳斯：就是在那。

学生：米勒的译文说克吕桑塔斯理解力过人，人们会认为一个人如果理解力过人，是不会有战术方面的这些缺点的。即便他不勇敢又不强壮，但他仍然是有理解力的。

施特劳斯：是的，可是，显然——我只要紧贴字面来译，就能够为色诺芬辩护："一个看上去既不高大也不强壮的人，可是由于实践智慧而与人不同。"① 所以，现在，"与……不同"这个词在不知不觉间转变为"优越"之意，这是真的，然而，就其本真的意思而言，这个词不是指优越，就仅仅是指"不同"而已。克吕桑塔斯的实践智慧有一种特殊的东西，是吧？这是一个要点。

色诺芬的称赞，正如修昔底德的那样，一直是不完整的，一直是不完整的。这是色诺芬的主要魅力之一，对于恶和缺陷，色诺芬说得少之又少。色诺芬是个美好的人。他不会说，例如，在推荐一个学生的时候，[250] 他不会说这个学生很机灵但懒得要命，他只会完全不提这个学生在勤奋上的表现，仅仅说与这名学生的聪明才智有关的话。如果收信者是一个能够把字里行间的意思读出来的人，他就会读出这一信息，否则就不会。保持沉默这种简单的方式，如果你一直说好的事物并且不说坏的事物，是更和蔼亲切的，色诺芬在令人震惊的程度上拥有这种，拥有这种品质。所以，这就解释了

---

① ［译按］这句话对应的希腊文如下：ἀνὴρ οὔτε μέγας οὔτε ἰσχυρὸς ἰδεῖν, φρονήσει δὲ διαφέρων。参 OCT 系列的《居鲁士的教育》校勘本。Amber 的英译本译作：a man neither tall nor strong to look at, but distinguished by his prudence。

你的问题。可是，必须研究和追踪书中每个个体的命运。在整本书中，并没有很多人物。这种做法会引出第三个维度，在我们简单一读时所发现的二维图画中，这第三维度是不可见的。某某先生？

学生：跨过边境的精细仪式给我留下的印象非常深刻，因为在我看来这种仪式是一种虔敬做法。

施特劳斯：当然是。

学生：然而，我注意到，当他们进入亚美尼亚时［听不清］。

施特劳斯：是的，当然。嗯，你看到，这套仪式令人想起了斯巴达的仪式，尽管并不完全相同。每当斯巴达人跨过自己的边境外出征战时，都要举行献祭。波斯是蛮夷版的斯巴达，并且在许多方面比斯巴达更优越，我们知道这一点。我们得看看我们是否能够辨认出这里提到的其他亚细亚的民族。

学生：在这一点上，色诺芬与修昔底德的观点一致吗？

施特劳斯：跟谁？

学生：修昔底德。

施特劳斯：不，很简单。修昔底德笔下只有斯巴达和雅典，现实中的城邦。修昔底德不伪造各种形象，他只是深化各种形象，而色诺芬当然是自由的，这就是所谓的历史传奇的意思嘛：色诺芬能够改变各种形象。波斯是亚细亚的斯巴达，就像数十年以前人们把日本称作远东的普鲁士，大家可能记得，这在色诺芬那里有些不同。顺带说一下，关于这些事情，色诺芬写了一部真实的作品（如果可以这么说的话），在《居鲁士上行记》中，他随小居鲁士出征小亚细亚；在《上行记》中，其中的一些民族，特别是亚美尼亚人，起着重要的作用。阅读《上行记》非常有助于阅读《居鲁士的教育》中这些可以相互对勘的部分。亚美尼亚人是特别和善的人，某某先生，我不知道，但这无论如何都是色诺芬的观点：亚美尼亚人特别和善、特别欢快，色诺芬显然最喜欢他们。可是，色诺芬用这些仅仅是实际观察所得却又相当远地超出任何事实的东西做了一些事情。

学生：在卷二第三章第一节，提到了第三次奠酒，［米勒的英译本］还有一个脚注，内容是色诺芬对波斯人的理解。

施特劳斯：哪里？

学生：卷二第三章第一节，编者在这里指出，色诺芬引入了一种希腊风俗，因为波斯人是不奠酒的。

[251] 施特劳斯：你会如何解释它呢？

学生：编者的结论看上去简直太过简化了。我会说这可能是色诺芬所作的一个暗示：即波斯人不是波斯人。

施特劳斯：换句话说，即表明这是一部历史传奇，这些人并非真实的波斯人，并非真实的居鲁士，而是色诺芬以这些人为材料创造出来的某种东西。色诺芬让我们在这些蛮夷身上看到希腊人，这当然也意味着相反的事：他让我们看到希腊人的野蛮。这是要点。色诺芬的《希腊志》名为'Ελληνικά，意为"希腊的事情"（things Greek），如果你称之为"希腊史"，那就会错失要点，"希腊的事情"，意味着并非蛮夷的事情。当你读《希腊志》时，就仅仅是按顺序读，你就会看到人们所做的事情非常野蛮。当然有一些不同之处：希腊当时有那么多的共和式城邦，而希腊之外几乎没有，这一点有些重要。可是，希腊城邦对彼此做出的事情，杀戮和劫掠等等，都相当野蛮。

学生：可这个解答也太简单了吧。

施特劳斯：嗯，所有的解答都必须是复杂的吗？

学生：从我们在色诺芬笔下看到的其他事情来看，是这样。

施特劳斯：换句话说，你认为一定有某种更深的背景。然而，你不妨看看这本书的前设，正如卷一第一章所述：色诺芬将要向我们展示那位完美的统治者。完美的统治者。这是每个人都最感兴趣的东西。在如此陈述时，色诺芬将普通人把政治视作终极事物的那种看法视作理所当然。在这本书当中，色诺芬并不明确地批评这一看法，但他在最后一章陈明了居鲁士最终的失败（也是非常直白的，一个鲜明的反驳）。这一章可以仅仅在表面上表明：就连完美形式的统治，即绝对君主制，都有某种问题，因为它取决于继任者。继任者极可能达不到创建者的标准。然而，还有更深层的意思，这一章还暗示出关于所有政治生活而不仅仅是绝对君主制之限度的一个洞见。你看出了所有政治生活的野蛮特性，这一事实更加突出了以上洞见。这是一种表达方式。或者说，你看出了野蛮的政治生活中的希腊品性，这仅仅是把话反过来说。

学生：这可能只是在推动事情向前进行。

施特劳斯：可是，让我们一再提醒自己想起这个问题，即这些事情看上去是如此简单。我的意思是，我从未像一个必须这么做的人那样透彻地研究过《居鲁士的教育》，这种透彻的研究还包括数据统计，以及对比性的数据，例如发誓的次数，这是哪一种誓言，在苏格拉底作品中和其他地方又是哪一种誓言。这项工作也必须做。很多时候，我开研讨课前都会掌握这样的数据，可是在读这本书时，我没有。还有一些人物，克吕桑塔斯、许斯塔斯帕斯等等，我也没有足够了解他们，大家知道，因为我没有做这一类功课。

可是，我认为，如果每一位教授都一定要就他阅读的每一个文本做所有可能的功课，那么，他可能不得不停业了。因此，我已经读过，这就足够了，我不是说我只是比你们先读一遍。[252]这样的事常有，我曾听说，特别是年轻的大学老师，如果他们的阅读比研讨会的阅读进度快一周，就非常高兴。然而，我相当熟悉色诺芬的著作，可是专就《居鲁士的教育》而言，我所知道的内容还不尽如人意。可是，我正在面向年轻人讲话，你们中是否会有一个人，或者可能不止一个，愿意花上五年或更长的时间来研究这部著作，我不知道。这么做当然会有收益，没有问题，可是我认为，即便是粗略一读，关于那些基本的理论议题，我们还是学到了一些东西。不过，我们还是要时不时地提醒自己，让我们保持警觉吧。好的。

第十一讲 《居鲁士的教育》卷三

[253] 施特劳斯：我特别喜欢你对"蛮夷"一词的用法所作的评论。① 这个用法的意味是，波斯人并不是蛮夷，他们实际上并非真实的波斯人。你看得很准。至于你对"谨慎"（discretion）一词的评论，你说它也有自制（continence）和明智（prudence）的意思，嗯，是哪个希腊词呢？

学生：σωφροσύνη。

施特劳斯：σωφροσύνη。可我一直像对待某个主题那样用 moderation 来译这个单词，即便在某个情境的英语句子中听上去有点怪。这样一来，我们就一直会记得这是同一个词。σωφροσύνη这个词的意涵范围非常之广，一极是饮食方面的自制，另一极则是指疯狂和肆心（ὕβρις）的对立面。可是我们得接受这一点，这种宽广的意涵范围。顺便说一下，在柏拉图那里，情况也一样。所以，moderation 一方面可以是某种很低、很有限的东西，就仅仅是一种低级的清醒和谦逊，又可以是很高的东西。② 这些含义之间有关联，我们可以用辩证的形式将其呈现出来，可是，我们必须以某种方式保留这种意涵范围，就是始终以同一个词来译它。某某先生？

学生：据您的判断，哪个词的意涵范围通常更宽广，是自制

---

① 这次课转抄依据的是重新灌录的音频文件。因此，用省略号来表示听不清楚的内容，除非有另外标注。[译按]中译文还是用文字来表示。

② 本次课以阅读学生的一篇论文开始，该论文没有收录进来。

（continence）还是节制（moderation）？

施特劳斯：我写一下 σωφροσύνη。[施特劳斯写板书] 这是 ἐγκράτεια（自制）。节制的意涵要宽广得多。而且自制，在色诺芬的用法中，只是指自我控制，按照色诺芬的说法，自制是德性之基础，也就是说，它不是真正意义上的德性，而是德性的一个条件。任何一位征服者，像居鲁士或亚历山大大帝，甚至一名有远见的强盗，都肯定有自制这种品质。他必须在睡、喝等事情上表现得相当自制。所以，它只是基础，并非德性本身。

在亚里士多德的用法中，比如在《尼各马可伦理学》中，σωφροσύνη 的意思是肉体之欢方面的自我控制，是真正地从内在摆脱了肉体之欢，而 ἐγκράτεια 则仅仅是自我控制。在《伦理学》卷七（有可能是 1151b–1152a），亚里士多德探讨了 σωφροσύνη 与 ἐγκράτεια 之间的差异。好的范例会是什么呢？如果某个人某种程度上在每一种情形中都不得不控制自己的感情使自己冷静下来，而不是屈从于什么，那会是 ἐγκράτεια。可是，如果它已经变成习惯——

学生：居鲁士自己会是一个范例吗，他都无法看——

施特劳斯：可是，我们还没有说到这一点呢。色诺芬的用法与亚里士多德的不同，我们到后面会说。这里还有一点。你描述得非常好，每个人，经居鲁士的一番操作之后，如何变得更好，有亚美尼亚人，有卡尔狄亚人（Chaldeans），当然还有波斯人和米底亚人。每个人都变得更好了，包括居鲁士自己。因此，整本书读起来就像一部童话。每一件事情都很精彩，当然，在这个过程中不得不被干掉的许多人，[254] 以及其他被降职而不是真的被杀掉的人，都没有特别得到强调。

让我们暂时回想一下当时的状况，否则的话这么多外国人名可能会把我们弄晕。我们从波斯即居鲁士的国土开始。波斯人是米底亚人的亲戚和近邻，两个皇室通过联姻而相互关联。我们知道这一点。米底亚与亚美尼亚之间有一种联系。之前，亚美尼亚人为米底亚人征服，臣服于米底亚人，可是现在起来造反了，居鲁士不得不就此做些事情。同时，米底亚与亚述之间有一场大战，亚述实力雄厚，是波斯之前的帝国，至少根据色诺芬的表述是这样。实际上，巴比伦出现在亚述之后：亚述，巴比伦，之后才是波斯帝国。但是，我们只关心色诺芬笔下的地理和历史，而不是历史上真实的地理和历史。所以，是与亚述之间的大战。卡尔狄亚人只是短暂地露面，这也是个小族群，与亚美尼亚一样，居鲁士只是捎带关照它一下。大事是征服亚述，卷三末尾说了这件事情的开端，卷三之后将继续讲述。

然而，更重要的是思考《居鲁士的教育》实质性的语境，我将简要提醒一下大家各个要点，因为截至目前，我们推进的步子或许太大了。卷一用两场对话向我们呈现出正义问题，一场是居鲁士与其母的对话，另一场是居鲁士与其父的对话。

在第一场对话中，问题是正义与适宜或好并不等同：大个子男孩，短小的外衣，大家记得的。由此引出的便是，如果你想要有一个好的解决方法，那么，正义就必须等同于适宜，也就是说，每个人都拥有或得到适宜的东西，对这个人好的东西。这当然意味着共产主义，而如果想透彻了的话，还就还意味着智慧者的绝对统治，他分配给每个人对这个人来说好的东西。

与父亲对话中的难题是双重道德问题：和平时期你不应该偷，可是在战争中你应该偷。只要没有战争，只要再也没有分离的政治社会，这个难题就可以解决。换句话说，我们需要的不仅仅是绝对统治和共产主义，我们还需要一个普世帝国。大家知道，正如亚美尼亚和卡尔狄亚再也不需要任何军队，因为这两个地方成了帝国的一部分——但当然是个有边界的帝国，正如居鲁士的帝国有边界一样。这个难题在对话中没有得到解决；只有一个普世帝国才可以解决这个问题。普世帝国当然只有靠征服才能建立起来，因此，这整本书，还有居鲁士的行动，都带有军事特征。就其意图而言，这是对所有人的征服。

我们最终可能会到达的是一个普遍同质的国家，这意味着所有以任何方式辨认出来的以及在任何方面略为重要的差异，都仅仅是自然的差异。没有基于法律，或基于礼法的差异，甚至没有基于教育的差异发挥任何作用。关于正义问题的整个展现，也提醒我们想起另一个关于正义问题的更著名的展现。我可以问一下大家是哪一个吗？［施特劳斯轻声一笑］

学生：《王制》。

施特劳斯：《王制》。色诺芬的展现与柏拉图在《王制》中的展现有哪些差异？有话要讲？

学生：［听不清］

［255］施特劳斯：这很重要，是的。

学生：统治者的天性不同。也就是说，居鲁士与哲人王不一样。

施特劳斯：是的，的确如此，可是，哲人王在《王制》中是很晚才出现的，你们知道的，在卷六的末尾。① 让我们先暂时别管哲人［王］。你说得对，可是，我会从一个有些不同的视角出发。有话要讲？

学生：［听不清］《王制》［中的共同体］是一个城邦。

施特劳斯：是的。毫无疑问。换句话说，柏拉图所关心的一直是城邦，因此，根据柏拉图的看法，经由战争而进来的不正义因素总是无法被消除，而根据色诺芬的方案，好像可以消除。我会从另一件事情开始，即居鲁士消除了平民与贵族之间的差异。这种差异据说是基于教育的差异，而教育上的差异在柏拉图的《王制》中绝对是关键要素，阶级的差异即基于教育的差异。这种差异现在被消除了，然而，可以说（那么，我就渐渐地接近德莱先生所暗示的意思了）：可能在军队之内没有此类差异。大家看，大家知道的，在柏拉图笔下，护卫者阶层，即白银阶层，他们有这样的称号，他们当然分布在各种军衔之间，从列兵到五星上将，并且他们所有人都接受相同的教育。可能色诺芬与柏拉图在这方面的差异仅仅缘于如下事实：在《王制》中，我们找不到关于战争中的最佳政制的描述，即运动中的最佳政制，只有和平时期和静止的最佳政制。《蒂迈欧》的开篇证实了我的描述是正确的，苏格拉底在这部作品的开端处要

---

① 哲人王在卷五出场，474d - e。

求看一看《王制》中所描述的最佳政制在运动中即在战争中的样子，因此，便有了接下来的《蒂迈欧》和《克里提阿斯》。这只是换另一种方式说，柏拉图或苏格拉底得给出某种类似历史的东西，其中再也不是无名的最佳城邦，而是一座有名字的最佳城邦与另一座有名字的城邦处于战争状态。这是一种由《克里提阿斯》给出的历史，正如我们在《居鲁士的教育》中看到一种历史一样。这就是我想说出来的要点。请讲。

学生：[听不清]

施特劳斯：[听不清] 不。《王制》包括了战争 [听不清]

学生：[听不清]

第二位学生：[听不清] 战争产生出官僚制度 [听不清]

施特劳斯：[听不清] 可是，柏拉图笔下有一种制度，在色诺芬那里是完全没有的 [听不清]。

学生：两性平等。

[256] 施特劳斯：是的，两性平等。这很重要。为什么，我是说，柏拉图在《王制》中要求两性平等，这种要求的基础是什么？有话要讲？

学生：[听不清]

施特劳斯：换句话说，抽除两性之间基本的自然差异。既然这种自然差异是通常意义上的爱欲的基础，那么，《居鲁士的教育》中就没有抽除爱欲，没有爱欲对城邦①的直接从属，这是《王制》中的基础概念。因此，两性之间的爱情问题在色诺芬的《居鲁士的教育》中非常重要，这一点在下文中将会更明显。然而，我们已经在卷二第二章末尾看到过爱情的迹象，是一名波斯军官爱一个极丑之人的故事，在这个故事中，好直接等于美这个观点遭到否弃。大家还记得吧。这是什么意思呢，用通常的术语来讲的话？我们看见的是一个完全正义的社会方案，一个普遍同质的社会方案。这个社会当然是不平等的，因为有自然天赋上的不平等和成就上的不平等。

---

① 磁带断了几分钟。直到录音恢复，转抄都是依据原抄写稿。

在这样的社会中，没有任何一种不平等仅仅是习俗性的，所有的不平等都与自然相对应。所以，即便是这样一个社会，也仍然不完全令人满意，因为人不能在社会中并且经由社会来让自己完全满意，无论这个社会多么正义。

现在大家不用走得太远。就看看当今的社会科学吧。有两位起决定性作用的主角，其实是三位，不过，这两位起了决定性作用：其一是马克思，另一个是弗洛伊德。马克思主张并倡导通过人类社会来解决人类问题，弗洛伊德则否定了在人类个体身上找到政治的解决方案的可能性。当今的社会科学家综合了马克思与弗洛伊德：这两个人的主张加起来也许可以让人完全幸福。我的意思是，我知道在当今的社会科学中还有别的东西，这种东西与马克斯·韦伯的名字联系在一起，可是，我现在不想深入去谈。

无论如何，我们最终关心的问题，以及在今日的论战中反映出来的问题，是公共事物与私人事物之间的张力。两者之间存在张力，任何政治的或社会的方法都无法消除。但是，问题就来了：这两种事物无法调和吗？《居鲁士的教育》卷三以某种方式探讨了这个问题，我们现在就转向这一卷。

我们无法读全部内容。让我们从第一章第九节开始。这里的情况很清楚。发动反叛的亚美尼亚王被抓住了，居鲁士想怎么处置他，就可以怎么处置他，居鲁士可以惩罚他。有话要讲？

学生：[听不清]①

施特劳斯：然而，柏拉图是用大为不同的术语来呈现这个问题的。柏拉图在呈现时所采取的形式是这两种事物在最佳政制的社会中完美地调和在一起，在这个社会中，哲人当王。[257] 有完美的和谐，当然也有代价。代价是爱欲无情地从属于城邦。人们彼此相爱，这对于城邦是不相干之事，无关紧要的事。唯一的问题是，统治者是否说男孩 A 和女孩 a 从生育角度来看是最佳［结合］。这才是

---

① 原抄写者把这位学生的发言描述为"关于公共与私人的问题，说得不清不楚"。

唯一的事情。好的。现在让我们来读第九节及以下。

学生［读文本］：

当一切都弄好时，居鲁士便开始审查。

施特劳斯：紧贴字面的译法是："他便开始发言"。

学生［读文本］：

"亚美尼亚王啊。"

施特劳斯：不是"亚美尼亚王"，居鲁士一直都只是说"亚美尼亚人"。

学生［读文本］：

"亚美尼亚人啊，"居鲁士说，"我首先建议你在［我］对你的审判中讲真话，从而你至少可能避开最令人憎恨的东西，因为你要清楚知道，被发现撒谎尤其会妨碍人得到任何怜悯。此外，你的妻儿都在这里，还有所有在场的亚美尼亚人，他们都了解你所做的一切事情。如果他们察觉到你说的东西与已经发生的事情相反，他们将会认为，一旦我发现真相，就连你自己都已经判了自己遭受最极端的东西。"（《居鲁士的教育》3.1.9）

施特劳斯：为什么这样呢？为什么这样呢？

学生：［听不清］

施特劳斯：不，不。亚美尼亚王为什么否认呢？答案是：因为亚美尼亚王认为他若承认就会遭受惩罚，因此撒谎就是一种供认。他已经犯下了要受惩罚的罪。这是要点。可以继续了吗？

学生［读文本］：

"你想问什么就问吧,居鲁士啊,"他[亚美尼亚人]说,"我保证将会实话实说,结果将是什么,就让它来吧。"

"那么,请告诉我,"他[居鲁士]说,"你可曾对阿斯图阿格斯发动战争,即我母亲的父亲,还对其他米底亚人发动战争?"

"我干过",他说。

"当你被他征服之后,你可曾同意你会献上贡品并派遣军队去他命令你去的任何地方,并且你不得占据任何堡垒?"

[258]"是这样。"(《居鲁士的教育》3.1.9-10)

施特劳斯:这是居鲁士对亚美尼亚王的一次审问。这场审问让大家想起别处类似的事情来了吗?甲说"请告诉我"。然后乙回答,然后是别的内容,然后乙继续,然后造成了一种与这位亚美尼亚人的处境并非完全不同的处境,因为这位亚美尼亚人现在是绝对无助,而在类似的情节中,那个家伙也完全无助。这样的事发生在何处呢?有话要讲?

学生:与克法洛斯?

施特劳斯:不仅仅是在《王制》中,在色诺芬笔下,苏格拉底也是如此。这是苏格拉底一直在做的事情。用希腊文来讲,这件事情叫作 elenchus[问难],这个单词的意思是——这是一个古老的术语,这个名词从动词变化而来,其动词形式①意为"羞辱某人""使某人感到羞愧",还有"向某人提问""证实""检验""否定""反驳"和"揭露"的意思。所以,有一种居鲁士式的问难,还有一种苏格拉底式的问难,我们得考虑这一点。两者有明显的差异。由居鲁士审问和揭露的那个人不能说谎。受审者不能撒谎,是因为居鲁士知道所有事实,并且每一个在场的人都知道所有事实,故而撒谎会是绝对荒谬之事。而看上去,在苏格拉底式的对话中,受审者可以说谎。受审者可以说——如果苏格拉底问什么是勇敢,受审者可以给苏格拉底一个他自己并不相信的回答。在《王制》卷一,你可

---

① [译按]动词的现在时主动态第一人称单数形式是ἐλέγχος。

以找到一个精彩的例子，见346a3 – 4，还有349a6 – b1。那是苏格拉底与忒拉绪马霍斯（Thrasymachos）之间的对话。在第一个例子中，苏格拉底说，忒拉绪马霍斯，你必须实话实说你心里的真实想法，否则我们就无法向前推进。然而，在第二个例子中，苏格拉底说，你是否说出心中所想并没有什么影响，［因为］我们是来挑战你所坚称的那种逻格斯的。那段内容本身相当难懂。

让我们来重新思考这个简单的区分：在居鲁士的"问难"中，受审者不能说谎，而在苏格拉底的"问难"中，受审者可以说谎。就苏格拉底的"问难"而言，受审者实际上与那位可怜的亚美尼亚王一样没有能力说谎。苏格拉底将自己呈现为与居鲁士截然相反的形象。居鲁士说：我知道每一件事情，我知道每一件事情，我想看看你是否会承认每一件事情。苏格拉底说：我一无所知，我只能提出问题；我是无知者，你是智慧者。实际上，当然，苏格拉底是知者，而绝非无知之人在向智慧之士求问什么。出于这个理由，那里的情况并不像这里说的那样怪诞滑稽，可是，在本质上并无太大的不同。没有什么可以瞒得了苏格拉底，正如没有什么可以瞒得了居鲁士一样。苏格拉底是与居鲁士分量同等的法官。可是，他们二人所判的罪行不同。就亚美尼亚王而言，其罪行是违背条约；而苏格拉底所判的罪行则不是。苏格拉底要判的罪行是什么呢，揭露人们的什么呢？

学生：无知。

施特劳斯：是的。可是，有一个简单的说法。我们上次用过的。

学生：说大话。

施特劳斯：是的，说大话。罪行是说大话。这个亚美尼亚王，这个可怜的家伙没有说大话。苏格拉底施予的惩罚是什么呢？被拆穿，但这还仅仅是令人不快而已：是变得更好。当然，正如某某先生指出的，在亚美尼亚王的情况中，也有某种相似之处。［259］亚美尼亚王的确变得更好了，可是方式不同。现在我们已经回答了这个问题：居鲁士的"问难"与苏格拉底的"问难"有何差异？这一点将在下文出现。第十三节。每件事情都值得读，可我们没有这么多时间。

学生［读文本］：

当亚美尼亚人的儿子——

施特劳斯：换句话说，那位父亲已经承认，在这样的情形下，死刑是唯一应得的下场。这时他的儿子说了什么？

学生［读文本］：

亚美尼亚人的儿子听到这话，便扯掉自己的头巾（tiara），撕开自己的袍子，女人们抓破自己的脸颊，放声大哭，就好像他们的父亲现在完蛋了，并且他们自己已经被毁掉了。

居鲁士再次命令他们安静下来，说："所以，亚美尼亚人啊，这就是你的正义/你的这些［回复］是正义的；在此基础上，你建议我们做什么呢？"

当然，这位亚美尼亚人沉默不语，因为不知道是应该向居鲁士建议处死自己呢，还是教导居鲁士去做与他所说的他自己的做法相反的事情。

他的儿子提格拉涅斯（Τιγράνη）对居鲁士说："请告诉我，居鲁士啊，既然我父亲看上去像一个不知所措的人，那么就他而言我认为对你最好的事情，我可以提个建议吗？"

由于注意到，过去提格拉涅斯与他一同打猎时，有一位哲人——

施特劳斯：不是"哲人"，是"智者"（σοφιστήν），我们必须修改一下译文。

学生［读文本］：

有一位智者过去经常与提格拉涅斯在一起，而且他受到提格拉涅斯的尊敬，因此，居鲁士非常渴望听一听提格拉涅斯会说什么，居鲁士命令他要满怀信心地表达自己的意见。

"如果你赞成我父亲所建议的内容或者是我父亲所作的事情,"提格拉涅斯说,"那么,我就强烈建议你去模仿他。可是,如果你认为我父亲已是处处做错了,那么,我建议你不要模仿他。"

"在做正义之事上,我绝不会去模仿一个做了错事的人,"居鲁士说。

"这是对的",提格拉涅斯说。

"那么,至少根据你的说法,你父亲必须受到惩罚,如果惩罚不义之人的确是正义的话。"(《居鲁士的教育》3.1.14 – 15)

[260] 施特劳斯:更紧贴字面的译法是:"如果惩罚他这个行不义的人实际上是正义的。"这样的话,意思会更清楚。请继续。

学生[读文本]:

"你认为,居鲁士啊,哪种做法更好呢:是施加符合你自己利益的惩罚呢,还是施加那些给自己造成伤害的惩罚呢?"

"在后一种情况下,那我就是在惩罚我自己了",居鲁士说。(《居鲁士的教育》3.1.15)

施特劳斯:非常有趣。提格拉涅斯引进了另一条原则:什么是好的,区别于什么是正义的。大家还记得吧。你可以用简单的政治式措辞表达如下,这样的措辞可能太过狭隘,尽管意思讲出来了:做到绝对正义并非政治家的任务,就"什么对共同体好"而言,做到绝对正义并非政治事务。我们国家每一场战争的末期所发生的事情都说明了这一点。你的问题是?

学生:[听不清]

施特劳斯:可是,第一个问题直接就是——但整个正义议题是什么?现在我们转向使人变得更好这个问题。首先,什么对居鲁士而言更好,而这时,什么对这个亚美尼亚人更好这个问题也就来了。让我们来读下一节。

学生［读文本］：

"但是，你会遭到严重惩罚，"提格拉涅斯说，"如果你要杀掉那些属于你的人——在他们最值得拥有的时候。"（《居鲁士的教育》3.1.16）

施特劳斯：提格拉涅斯没说"朋友们"，他只是说"你自己的那些人"（τοὺς σεαυτοῦ）。

学生［读文本］：

"怎么，"居鲁士说，"会是最有价值呢，在他们被逮着行不义的时候？"

"他们会的，我认为，如果他们随后变得谨慎（discreet）的话。"（《居鲁士的教育》3.1.16）

施特劳斯：不是"谨慎"，是"节制"。所以，现在的关键词是节制，而不是正义。我们可以说，这是从修昔底德的观点来看所包含的内容。在修昔底德笔下，坚持正义的人，要么是没有其他可能性来自卫的人，就像弥罗斯人（Melians），要么是非常恶毒的人，就像克勒翁（Cleon）。和善的人不会就正义说太多，而是说什么对雅典城邦好。杀死米提林（Mytilene）的居民对雅典有好处吗？① 我们可以说，节制对于那件事而言是个好词，节制，而非正义。请继续。

学生［读文本］：

"因为，在我看来，居鲁士啊，是像这样一般的：没有节制的话，任何其他德性都无法产生什么利好。因为，可以用一个强壮的人或一个勇敢的人做什么呢，［261］或者用［一个骑兵或］一个富裕的人或一个掌握城邦权力的人做什么呢，如果这

---

① ［译按］见修昔底德《伯罗奔半岛战争志》3.36。

个人不节制的话?"(《居鲁士的教育》3.1.16)

施特劳斯：提格拉涅斯在"勇敢的人"后面还加了一种人，即掌握了骑马技艺的人。"擅长骑术的人"(ἱππικός)。① 好的。请继续。

学生［读文本］：

"可是，如果有节制的话，每个朋友都会变得有用，每个仆人都会变好。"

施特劳斯：现在我们得提出这个问题了，什么是节制？

学生：［听不清］

施特劳斯：为了解答这个问题，我们就得等，直到我们知道了这个单词出现在色诺芬笔下的所有地方，然后看一看这些地方如何彼此联系。可是，在这里，节制看上去等同于整个德性。这当然完全是苏格拉底的特征，例如，正如大家在柏拉图的《拉克斯》(Laches)中所见，这篇对话的问题是"什么是勇敢"，结果勇敢经证明等同于作为整体的智慧。然而，我们平常在这个基础上所做的划分非常粗略。最终便只有一种德性。"什么是节制"这个问题，在这里意指某种非常不同的东西。我们会想起一位老朋友，不过不是苏格拉底。我们会想起另一位哲人。让我们来读一下审慎在这里是指什么。

学生［读文本］：

"那么，你的意思是说，"居鲁士说，"在这一天之内，你那先前不节制的父亲就变得节制了？"(《居鲁士的教育》3.1.17)

施特劳斯："而他过去是糊涂的(ἄφρων)"。他曾经是那样一个

----

① 源于希腊文的"马"(hippos)。

傻瓜，之后，他能在单单一天之内就变得节制吗？这是一种有趣的德性，你能够如此之快地获得它。

学生［读文本］：

"那么，你是说，审慎是灵魂经受的某种东西，就像悲痛一样，而不是灵魂习得的某种东西？"（《居鲁士的教育》3.1.17）

施特劳斯：节制不是知识；他没有说德性是知识。一种激情，不关学习的事。提格拉涅斯所说的节制并非知识，而是一种激情。所以——

学生［读文本］：

"因为肯定的是，如果说那个将要变得节制的人至少必须先变得明智，那么，他在不节制之后，无法立刻变得节制。"（《居鲁士的教育》3.1.17）

施特劳斯：所以，换句话说，在这里，节制并不同于那种与实践上的智慧相等的东西，这一点是明显的。后者只是前者的一部分。

[262] 学生［读文本］：

"但是，居鲁士啊，"提格拉涅斯说，"难道你从未察觉到，一个人若因为其不节制而冒险攻打一个比自己更强大的人，战败之后，他就直接不再对后者不节制了？再者，难道你从未看过，一个城邦若对另一个城邦用兵，兵败之后，战败方立即就乐意屈服于胜利者，而不是继续作战？"（《居鲁士的教育》3.1.18）

施特劳斯：换句话说，有立即发生转变的情境。可是有某种困难。这里没有深入事情的本质。让我们继续读吧。

学生：［听不清］

施特劳斯：我们没有掌握所有的证据。第二十节。

学生［读文本］：

"那么，难道你是认为，"居鲁士问道，"知道别人比自己更好，这样一场失败就足以使人们节制吗？"

"是的，"提格拉涅斯说，"这比在战场上吃了败仗更有用，因为，一个人若被他人在力量上战胜，有时候会认为，通过锻炼身体，自己可再次准备交战；被占领的城邦则认为，通过结交新的盟友，便可能再度开战。可是，人们通常愿意服从那些他们认为比自己更好的人，即便没有受任何必然性所迫。"（《居鲁士的教育》3.1.20）

施特劳斯：大家看到"通常"这个词作为限定。不是"总是"。继续。

学生［读文本］：

"那么，你不太可能认为，"居鲁士说，"有肆心的人（πολύνοῖα）"——

施特劳斯：有肆心的（τοὺς ὑβριστὰς）源于名词"肆心"（ὑβριστὰς），肆心是"节制"（ὕβρις）的反义词。

学生［读文本］：

有肆心的人知道那些比他们自己更节制的人，贼知道那些不偷窃的人，说谎者知道那些说实话的人，不正义的人知道那些做正义之事的人。（《居鲁士的教育》3.1.21）

施特劳斯：这里的用法证明了他们并不知道。我听说，恶棍把不是恶棍的人称为正直之人，色诺芬在此处指的就是这种事。恶棍知道他们自己不正直。所以，这里并不是缺乏知识，问题仅仅是：做一个正直之人好吗？

学生［读文本］：

"难道你不知道吗，你父亲刚才撒谎了，不遵守与我们之间的协议，尽管他知道我们根本不曾违背由阿斯图阿格斯制定的协议？"

"可是，我不是说，仅仅知道了比自己更好的人就可以让人节制——"（《居鲁士的教育》3.1.21-22）

[263] 施特劳斯："仅仅是知道"。或者，你不妨想想识别中的认知性因素，知道并不使人们变得节制。知识并不足以使人获得节制这种德性。请继续。

学生［读文本］：

"除非也受到了那些比自己更好的人所施加的惩罚，就像我父亲现在这样。"

"可是，"居鲁士说，"你父亲还没有遭受到丝毫伤害呢；不过，可以肯定的是，他害怕他将要遭受最极端的伤害。"

"你认为，"提格拉涅斯说，"还有什么比可怜的畏惧更能俘虏一个人的吗？——"（《居鲁士的教育》3.1.22-23）

施特劳斯：不是"可怜的畏惧"，是"强烈的畏惧"。

学生［读文本］：

"难道你不知道，那些被铁打伤的人——铁被认为是最严厉的惩罚工具——还是会愿意再次与同一个敌人交战吗？而当人们彻底畏惧一个人时，他们甚至都无法看他一眼，就算这个人鼓励他们看他。"

"你是说，比起真正的纠正，畏惧更能惩罚人。"居鲁士说。（《居鲁士的教育》3.1.23）

施特劳斯：不是"真正的纠正"，是"比起在行动中遭受伤害"。

学生［读文本］：

"你知道我说的是真的，"他［提格拉涅斯］说，"因为你知道，那些害怕从自己的祖邦被流放出去的人，那些在战斗来临前害怕自己会战败的人，沮丧度日，还有那些害怕沉船的水手也是如此，那些畏惧奴役或监禁的人也是如此。这些人，因为他们的恐惧，吃不下，或睡不着。而那些已经遭流放或已经战败或已经受奴役的人，有时候比起那些幸福的人，甚至都更能吃、更能睡。从下面这些情况来看，畏惧是怎么样的重担就更加清楚了：有些人害怕自己一旦被抓住就要被处死，于是就因为恐惧而提前结束自己的性命，一些人是投崖自尽，其他人则是上吊，还有人抹脖子。所以，在所有可怕的事情中，畏惧尤其能够压垮灵魂。"（《居鲁士的教育》3.1.24–25）

施特劳斯：我们可能得到此为止了。所以，换句话说，重要的处方是恐惧。凭靠恐惧，人们能够在某种意义上变好，能够获得这里所理解的节制这种特定的德性。卷二第二章中的讨论已经间接提到这个论题，当时那个家伙，那个笑声的憎恨者发言说，哭比笑更具教育功能（［译按］即阿格莱塔达斯，见本讲稿英文版页码 235–236）。大家还记得吧？但是，类似的意思在这里以激进得多的形式陈述出来。畏惧是好的根柢，［264］这种特定种类的好——即节制——的根柢。这让大家想起别的政治思想家了吗？

学生：霍布斯。

施特劳斯：还有马基雅维利。但霍布斯更为明显，马基雅维利稍微微妙一些。当然。这是一码事。所以，如果说苏格拉底教导德性是知识，那么，他还教导，有一种德性源于激情，植根于畏惧这种激情。这种特定的德性在此处被称作节制。动词 sōphronizein，"使［人］变得节制"，就是表达惩罚的文雅委婉的说法：使人们更明智审慎，正如旧式儿童教育中的打屁股，显然就是一种旨在让人害怕的形式，它被认为是一种有助于儿童改进的非常健康和有益道德的方式。请讲，你想说些什么吗？

学生：［听不清］

施特劳斯：当然，这与它有些关系。色诺芬不会区分带有奴性的畏惧与单纯的畏惧。请讲。

学生：［听不清］

施特劳斯：非常难说，但我们只能这么说。既然苏格拉底的观点，即德性是知识，显然并不全对，不能够涵盖我们提起德性时的所有情形，那么，必定有另一种德性，此处提格拉涅斯就在说这另一种德性。至于是否可以有充分理由将这另一种德性描述成从畏惧中产生出来的节制，这是一个开放的问题。我们还没有掌握充分的证据。

学生：［听不清］

施特劳斯：嗯，我建议我们先讨论完这一章，然后你再提出你的看法，好吗？好的。我承认你说的，提格拉涅斯这番论证并不仅仅是为了启蒙居鲁士。提格拉涅斯想帮助父亲摆脱困境，这非常真实。在第二十九至三十节，提格拉涅斯表明自己的父亲就处于这种有益情形中。提格拉涅斯的父亲受到惊吓并且害怕自己丢掉性命，你可以放心，这种恐惧会持续起作用的。现在，我们知道在其他一些事例中，既有私人生活中的，也有公共生活中的，这种受到惊吓的情绪并没有持续起作用——如果你的意思是这样的话。你是这个意思吗？换句话说，畏惧并不一定能持续起作用，但可能持续起作用。

某人可能已经吸取了教训，就像我们说的那样，就像后面的一个故事证明的那样，这位国王已经吸取了教训。后来亚美尼亚没有造居鲁士的反，就我所记得的而言。理由是什么？可能，揣测一下，可能是苏格拉底的观点，即德性是知识，太过特殊了，实际上，我们都可以忽略它。可能是畏惧并非唯一一种可以激发德性的激情。是吧？那么，其他激情可能会导致其他的行为方式。这让你想起了什么吗，某某先生？其他激情可能是什么呢？其中一种激情甚至被提到过，正如某某先生的论文所表明的那样。有另一种欲求。是什么促使这位亚美尼亚王行不义？

学生：自由。

[265] 施特劳斯：对自由的爱。对自由的爱。在畏惧起到了自己的作用然后消退之后，这种对自由的爱可能会死灰复燃，这一点是清楚的。可是，这并不会抹消如下事实：对许多人（可能在某些情境中是对于几乎所有人来说）来说，这种畏惧可能恰好会起到提格拉涅斯心中所想的那种作用，这种作用对居鲁士非常有吸引力，自然，因为恐惧显然是统治的一个工具。或者你会否认这一点吗？

学生：[听不清]

施特劳斯：耐心温和的对待。可是，耐心温和的对待当然指向最后的手段（ultima ratio），你知道，在欧洲，他们把这个短语写在大炮上。国王最后的手段（Ultima Ratio Regis）——如果所有其他的劝说方式全都无效，国王就可以动用大炮。

学生：不，我觉得你指的是如下事实——亚美尼亚王非常关心女眷属和孩子们的福祉。

施特劳斯：是的，亚美尼亚王为他们感到担心。色诺芬并没有采纳霍布斯所采纳的那种最狭隘的观点，即认为畏惧自己遭受暴死是最根本的畏惧范围，是担心自己，还是担心某个自己离开了就活不下去的人，这不会有什么不同。某某先生？

学生：[听不清]

施特劳斯：解除人们的武装当然非常有助于压制人们，无疑。相当正确，但话说回来，这仅仅是实情的一部分。当他们被解除武装后，他更能恐吓他们。这一点不清楚吗？因为，如果他们有能力回击，你自己在使用武力时可能会有所犹豫。这只是此处所说内容的必然结论。接下来还是让我们先继续读吧。让我们来读第二十九节，具体到这位父亲的情况。

学生[读文本]：

"你现在能够，居鲁士啊，"提格拉涅斯问道，"在当下这种情况，找到任何其他人，你给予他的恩惠能够比得上你给予我父亲的恩惠吗？比如说，如果你现在赐任何一个从未对你做过不义之事的人活命，你认为他将为此对你怀有什么样的感恩之情呢？再者，如果你不夺走他的孩子和妻子，比起那个认为自己理应失去自己妻儿的人，谁将会为此而更加友善待你呢？据你所知，有什么人会比我们因为没有坐在亚美尼亚的王位上而更加痛苦的吗？那个因为无法当国王而感到最痛苦的人，也是那个如果能获得统治而对你最为感激的人，这不也是清楚的吗？如果你十分关心，在你离去之时，这里的事务能尽可能少些混乱，那就请你考虑下，你是认为，是让新的统治开始，还是让之前的统治继续，会使这里的事务更加平静呢？"（《居鲁士的教育》3.1.29–30）

施特劳斯：让我们在这里停下。大家看，这些是某某先生心中想到的要点。他［译按：居鲁士］不仅仅是恐吓亚美尼亚王，而是在极力恐吓他之后再抚慰他说：如果你是一只好狗儿，就再也不会遭受什么了，但是再也别干这种事了。然而，大家必须［266］承认，畏惧是他的先决条件中的一种要素。除非以恐惧为根基，否则他无法为其他事物做准备。这当然是他的意思。你说什么？

学生：［听不清］

施特劳斯：嗯，如果某个人没什么好期盼的，那么当然，既然没有希望了，只有绝望，那他什么事都干得出来。后面会有这样的事例。在卷四（［译按］见4.1.3），我们将看到一个从战争中选出来的事例。如果敌人有逃走的希望，那敌人就是无害的，可是，如果他们没有逃走的希望，那他们将会变成打不垮的人。

现在让我们转向第三十八节，到时候我们将总结这一点，三十八节至这一章的末尾。

学生［读文本］：

晚宴之后，还在营帐里时，居鲁士问道，"请告诉我，提格拉涅斯啊，过去经常与我们一道打猎的那个人，在哪里呀？在我看来你当时看上去相当崇敬他。"

"实际上，是我的这位父亲把他处死了，"他说。

"发现他犯了什么不义之行啊？"

"他［我父亲］说他正在败坏我。然而，居鲁士啊，他是如此高贵，如此地好"——（《居鲁士的教育》3.1.38）

施特劳斯："是如此这般高贵和好的人"。

学生［读文本］：

"以至于就连他即将死去时，他把我叫到身边说：'提格拉涅斯啊，不要因为你父亲处死我的事情而生他的气；你父亲做这件事，并非出于对你的恶意，而是出于无知，至少我认为，人们由于无知而犯下的错，全都违背了自己的意志。'"（《居鲁士的教育》3.1.38）

施特劳斯：是"非自愿的"。

学生［读文本］：

居鲁士对此说道，"唉啊！这是怎么样的人呀！"。[1]

这时，那位亚美尼亚人说——

施特劳斯：指提格拉涅斯的父亲。

学生［读文本］：

"居鲁士啊，人们发现其他男人与自己的妻子厮混，不是因为这些男人使妻子变得不那么明智才杀死这些男人的，而是因

---

[1] ［译按］这里的φεῦ是个感叹词，可以表达悲伤或惊叹，或两者兼而有之。见 Ambler 英译本的相关注释：Xenophon, *The Education of Cyrus*, translated by Wayne Ambler, 前揭，页293的注释11。

为人们认为，这些男人把妻子的爱意转移到他们自己身上，所以，他们把这些男人当作敌人。同样，我嫉妒他，因为我认为他使我的儿子对他比对我崇敬。"

[267] 居鲁士说，"不过，诸神在上，亚美尼亚人啊，你犯下的过错在我看来是属人的罪过；提格拉涅斯啊，你要怜悯你的父亲。"(《居鲁士的教育》3.1.39－40)

施特劳斯：这就是我们需要的内容了。这个简短的故事当然有些重要，某某先生毫无困难地就辨认出，这是一个披着亚美尼亚外衣的苏格拉底故事。也就是说，[在这里杀人的]不是雅典民众，民众只可在民主制中杀人，而是君主制中的成员，与民众有对应的权力又数量相反的角色，当然是国王了。从另一方面来看，事情完全讲得通：这位国王与父亲们相一致，与雅典的许多父亲一致，他杀死了一名智者，这位智者同时是一名贤人，因为这位智者败坏了他们的儿子。国王的动机是妒忌。父亲们妒忌苏格拉底。再次套用雅典的情况，父亲们妒忌苏格拉底，因为苏格拉底使儿子们更崇敬他苏格拉底而不是父亲们。父亲们想当家里的重要人物，可父亲们回到家里，其智慧却不再让儿子们如此印象深刻。这种处境不可忍受。关于苏格拉底的遭遇，这是色诺芬笔下出现的最坦白的一种说法，我的意思是，这是一种简单的与心理相关的解释。

依我说，这位智者是蛮夷版的苏格拉底：他因为败坏国王的儿子而被亚美尼亚王杀掉。什么？嗯，好的，苏格拉底在哪些作品中出现过？肯德里克（Kendrick）先生不在这里，所以我必须来解释一下。当然，首先是在四部苏格拉底作品中。还有其他地方吗？

学生：在《上行记》中。

施特劳斯：还有在《希腊志》中。苏格拉底出现在《上行记》和《希腊志》的哪个地方？在［《上行记》]卷三开篇处（见 3.1.4－7)。① 这是其中一个原因，使得我相信卷数的划分可能出自色诺芬，

---

① [译按] 苏格拉底出现在《希腊志》的 1.7.15。

而非仅仅归于亚历山大里亚城的图书馆馆员们。① 但是，色诺芬希望在自己严格意义上的非哲学作品中让读者第一眼就想起苏格拉底。苏格拉底一直都以某种方式在场，即便是在这里，而且恰恰是在这里，在这个苏格拉底的名字当然不可以被提及的地方。一个亚美尼亚人，名字叫苏格拉底，这绝对是件令人震惊的事。

可是，如果大家读色诺芬的《上行记》，即色诺芬前往亚细亚的真实旅程，在描写亚美尼亚时，大家看到，亚美尼亚是个非常特别的地方，尤其让人想起雅典。② 所以，顺便说一下，这让人有些怀疑，《上行记》是否像看上去那样如此符合史实（historical）。关于色诺芬的英勇行为的记述，毕竟，关于发生在小亚细亚的事情，有一份对应的记叙，可以追溯至一个叫厄弗儒斯（Ephorus）的史家，这份记叙在西西里的狄俄多儒斯（Siculus Diodorus）的著作中可以看到。③ 当你读狄俄多儒斯的史著时，就会看到色诺芬在其中没有起任何作用。当然，厄弗儒斯可能本就是个不怀好意的人，可是，理论上当然也有如此可能：一个事实上没做什么特别之事的人写出一个精彩的故事，自己在故事中起着关键作用，写得那么令人愉快，就好像他自己做过那些事一样。

并且色诺芬甚至有一个特定的理由：他想展示出苏格拉底的学生能够做什么。这的确是了不起的事：色诺芬拯救了希腊军队，色诺芬差点就在亚细亚建立起一座城邦。建城者，色诺芬本可以成为他所谓的君主，可是他拒绝了，他不愿意做。当然，这可能扯得太远了，可我们没有外部的证据来加以核实。某某先生有话要讲？④

[268] 学生：智术师与哲人之间的差异，其意义是什么呢？

施特劳斯：就"智术师"这个词的首要意思而言，没有什么差

---

① ［译按］这指的是亚历山大大帝去世后的希腊化时期，托勒密国王在亚历山大里亚城建立的藏书馆。

② 《上行记》卷四。参见布泽蒂，《苏格拉底式的君主色诺芬：〈居鲁士上行记〉的论证》，前揭，第四章。

③ 狄俄多儒斯，《史集》（*Bibliotecae Historicae*）。

④ 从这里开始，转抄依据的是重新灌录的音频文件。

异。差异产生于——这种区分的形成更多缘于像柏拉图、色诺芬这样的人，当然还有亚里士多德，而不是其他人。对于普通人而言，对雅典人来说，这两者就是一回事：苏格拉底当然应该是一名智术师吧。嗯，如果你认为——我的意思是，我相信，这一情况在我们这个有福的时代早已彻底改变。在这个时代，就连那些为去污粉做广告的人都会用"认同"（identify with）① 这种表达，还用其他词语——你知道的，"我认同（identify with）这款特别的去污粉"。[笑声] 今天，每个人都是智识分子[听不清]。然而，真的有过这样的时代：智识分子当时真的是受怀疑的对象。

  真的。我说的头脑正常的人（sensible people），指的是那些以诚实的方式并做其他事情来谋生的人，然后还有另一种人，他们靠劳苦之人而活并享乐。约翰逊（Alvin Johnson）②（你们当中的一些人可能听说过他的名字）曾告诉我——然而，约翰逊是有实在的理由才这么说的——他说，他年轻的时候，也就是六十年前，在这个国家，学者们被人看不起，被当成一种骗子——至少得将哈佛校园排除在外，我猜。而现在，这种事情以各种形式在各个地方都有发生。当然有某些应加上引号的"智识分子"形式，例如，显然你得雇用律师和医生等等，可律师和医生那时并非真正的智识分子。可是，那些没有特别明确的职业而又显得在哪里都有用处的人，自然会被当作奇怪的人。这在古代尤甚，那时世界上还从未有过一所大学，因为与大学沾得上一点边的是柏拉图学园，且这学园是在苏格拉底去世之后过了一段时间才成立的。③ 因此，这些人是受怀疑的对象。这些人提出各种各样的问题，而头脑正常的人是不会提这些问题的，因为这些问题令人糊涂又令人不安。因此，苏格拉底当然被指责为智术师。我的意思是，区分就形成了。于是，柏拉图他们试图做出

---

  ① [译按] 这个短语应该是哲学上的表达。
  ② 约翰逊（1874—1971），经济学家，纽约社会研究新学院的创始人之一，曾为施特劳斯《论僭政》的第一版写过前言。
  ③ [译按] 柏拉图的学园大约在公元前387年建于雅典。苏格拉底死于公元前399年。

区分，特别是立足于苏格拉底，举一些相当粗鄙的事情为标准，例如，一名智术师做这些怪事是为了钱，比如普罗塔戈拉，而苏格拉底不挣钱。直到今天，还有人站出来说：这是多么不公平的标准，苏格拉底也得生活啊。柏拉图学园收费很高，所以，柏拉图也是智术师咯，教书挣钱有什么错呢？当然没有一名教授会否认这一点。［笑声］当然，这番极妙的说辞也出自一名教授之口。［笑声］

更深层的东西是，当然——问题是：苏格拉底与这些智术师之间的差异是什么？这些智术师，所谓的智术师，像普罗塔戈拉和希琵阿斯，在智识方面当然比苏格拉底低得多。然而，我们得说出，普罗塔戈拉和高尔吉亚等等背后的哲人是谁，是其他伟大的人物，比如赫拉克利特和帕默尼德。那么，问题就是：苏格拉底的教诲，与前苏格拉底式的教诲相比，其特殊性是什么？在何种程度上，苏格拉底的教诲与城邦的各种要求更加贴近？这构成了前苏格拉底教诲的实践论题。这是个无法穷尽的复杂问题。

此处只是暗中影射苏格拉底，而它表明——当然，这提醒我们想起了苏格拉底与居鲁士之间的差异。看到他们二人反驳时所用的不同方式后，我们不可避免会看出这种差异。［269］大家知道，一开始，居鲁士知道那位亚美尼亚王的所有恶行，并且对话者们只有一次承认这一点，而苏格拉底式的"问难"则显然有不同的重点。还有别的东西。既然提格拉涅斯是这位智术师即苏格拉底的学生，作者在这里也就是将居鲁士描述成在间接地从苏格拉底那里学习某种东西，那位统治者从苏格拉底那里学得某种东西。我们也必须把这一点记在心中。

最后一点，这一点引出了一大堆我回答不上来的问题，完全是从篇首就开始出现的：波斯，是升级版的斯巴达，经过美化的斯巴达。现在我们在亚细亚的腹地发现了另一个熟悉的东西。亚美尼亚是什么呢？

学生：雅典。

施特劳斯：雅典，对。大家看一看亚美尼亚王做的错事，其中一件是他不应该重建防御工事。这听起来耳熟吗？

学生：城墙。

施特劳斯：是的，伯罗奔半岛战争之后，斯巴达人拆毁的长城，斯巴达人禁止雅典人重修，可雅典人当然一直在试图重修。有话要讲？

兰肯：提格拉涅斯看上去像个流亡中的演说者，并且是凭借斯巴达人的势力返回的。

施特劳斯：是的。那可能暗示什么呢？

学生：演说者，色诺芬。

施特劳斯：是的，当然。我的意思是，我不知道这种做法可以扩展到什么程度。得重温整个基础内容才行。得观察那些人物，特别是居鲁士身边的人，例如克吕桑塔斯和许斯塔斯帕斯，看一看这整个象征手法是就此停止了，还是在继续起作用。这么去看，当然不会没趣。我一度想过，在这部作品中，色诺芬以居鲁士和居鲁士的圈子来表现蛮夷版本的苏格拉底和苏格拉底圈子，这个想法可能并非全错。要是苏格拉底和苏格拉底的圈子是蛮夷，他们当然可能早已在苏格拉底的率领下成为世界的征服者。［笑声］有话要讲？

兰肯：后面色诺芬在描写卡尔狄亚人时，听起来非常像是在说斯巴达人。他们喜爱战争［听不清］

施特劳斯：是的，可是这样的话，你就会面临难题，因为波斯人已经代表斯巴达人。

兰肯：并且米底亚人已经是［听不清］

施特劳斯：不。他们不是雅典人，他们是吗？

兰肯：这种对应关系总是再一次突然出现。雅典之于斯巴达，就像米底亚之于波斯，就像亚美尼亚之于卡尔狄亚。

［270］施特劳斯：噢，我明白了。可能是。还是让我们对所有这些事物保持开放心态吧。可是，眼下，我认为，亚美尼亚的事尤其让我们想起了雅典最有名的事：城墙以及因为败坏国王的儿子而被杀的智术师，这是没问题的。

让我对这一章中的关键问题再多说一句。这部作品一直都有探讨德性问题，当然，第一次是在居鲁士对贵族的演讲之中，在卷一第五章。践行德性不是为了德性自身的缘故，而是为了外在的奖赏，我指的是为了致富等等。如果是这样的话，德性当然就低于这些奖赏，德性仅仅是服务于获得这些奖赏，仅仅是达到这些目的的手段。手段一直都低于目的，因为手段取决于目的，并且由目的来证明其合理性。在这个特定情况下，根据居鲁士所暗示的观点，德性的根柢是什么呢？什么使人们成为有德之人？

学生：爱收益。

施特劳斯：正是，爱收益。你也可以说是贪婪。这是另一种德性理论：爱收益，如果聪明地加以践行的话，就非常接近于德性。我想，我们所有人都知道，诚实乃上策，正如人们所说。这是一种德性观。我们在这里又看到了另一种德性观，不是由居鲁士表达出来的，而是居鲁士从提格拉涅斯那里学到的：德性派生于畏惧。这是某种非常不同的东西。派生于畏惧的德性，比派生于爱收益的德性，使人在要求上适度得多。①

学生：这里也表明，在畏惧这一情况中，是缺少柔和的［听不清］

施特劳斯：是的，可它当然是一种不同的德性，其根柢在于畏惧，不同于根柢在于贪婪的德性。值得注意的是，派生于畏惧的德性，而不是另一种［派生于爱收益的］德性，被称为，被等同于节制，被等同于节制。在柏拉图笔下，也有相当多的类似做法。所以，换句话说，这里所理解的节制，不是派生于贪婪。它不是派生于贪婪。有话要讲？

学生：如果波斯是理想化的斯巴达，并且居鲁士的观点是爱收益使人成为有德之人，而亚美尼亚与雅典有些相似，那么，这在某种程度上指的是斯巴达与雅典的对立关系吗？

---

① ［译按］原文为：The virtue derivative from fear leads to much greater modesty in demands that the virtue derivative from love of gain。根据语境和句法判断，这里的 that 应改为 than。

施特劳斯：不完全是。你看，原本的波斯，原本的波斯，未经居鲁士败坏的波斯，是美化过的斯巴达。在旧波斯，践行德性是出于德性自身的缘故。还有，受提格拉涅斯教诲之前的亚美尼亚也不是提格拉涅斯的亚美尼亚。不一样的。是的。

然而，还是让我们来思考另一点吧，先返回斯巴达一阵子。我们已经读过《拉刻岱蒙政制》，看到斯巴达人声称他们实际上在践行贤人风范（gentlemanship）。大家知道的，这是吕库古制定的一条法规，为的是要每一名斯巴达人都成为贤人。然后，色诺芬用"政治德性"这一术语置换了"贤人风范"这一术语。现在，政治德性是某种德性。政治德性不是纯粹的德性，而是有所限定的德性。于是，这问题就是：是什么激发了有别于真正德性的政治德性呢？这种说法，即政治德性或庸俗的德性，它有别于真正的德性，在柏拉图笔下也有，并非色诺芬的独特用法。关于这种植根于畏惧的德性，[271] 后来经由马基雅维利，再经由霍布斯，当然有了一段精彩的历史，做一番对比是非常有趣的事，因为在霍布斯笔下，那是唯一存留的东西。在霍布斯笔下，德性的其他动机统统被废掉了。

再说一点，就解释够了。除了爱收益或贪婪以及恐惧，当然还有别的东西作为德性的动机。让我们来看看居鲁士自己。是什么在激励居鲁士呢？荣誉，荣耀，赞扬。又是某种与爱收益和恐惧大为不同的东西。这当然在某种程度上是最重要的形式，因为这种形式鼓舞着居鲁士和其他统治者。有话要说？

学生：我觉得，您说过"德性是知识"出现在《居鲁士的教育》中。

施特劳斯：在与亚美尼亚人的讨论中，哪个地方出现的？

学生：居鲁士［对提拉格涅斯］说：不要责备你父亲，因为他并非自愿行事，他不知道自己正在做什么。这暗示"德性是知识"，因为他若当时知道自己正在做什么，他本来会正义地行事的。

施特劳斯：是的，对。所以，换句话说，提格拉涅斯很清楚有另一种德性存在。可是，这并不是那种提格拉涅斯期待自己的父亲或居鲁士去获得的德性。提格拉涅斯只是附带性地把这用作自己论证的一部分。但是，没人认为提格拉涅斯的父亲会变成任何意义上的知者。

同一名学生：[听不清] 当我读到这里时，因为我认为这位父亲在这里面临的各种畏惧中有某种真相。换句话说，我不是非常确定这位父亲获得的这种节制完全出自激情的作用。它或许也可以直接解释成获得了知识，[听不清] 我在这次讨论中会处理，我认为在苏格拉底身上可以更清楚地看到它。苏格拉底不断地使年轻人受益，采取的方式就是让年轻人认识到他们的一些希望毫无根据。换句话说，苏格拉底使年轻人变得更谨慎，他[听不清]害怕，并且这样一来就是他们得到的一种知识。

施特劳斯：是的，可你说的是"某种"知识。

学生：一种激情或某种东西——

施特劳斯：是的，可是，关键点，重大的问题，当然是这个。你会承认，经居鲁士教训后发生转变的亚美尼亚王，其德性与苏格拉底的德性之间有差异。你会承认这一点吗？或者就此而言，是居鲁士的德性与苏格拉底的德性之间有差异。

学生：在我看来……让我看看。我认为他们两人，这个是那个的某种较低等的例子。我认为他们有很多相同之处。恰恰是它们的差异，我看不出来。

施特劳斯：你说"较低等的"，是承认存在某种差异吗？

同一名学生：是的。

[272] 施特劳斯：可是，你会说，那可能只是程度上的差异，而不是种类上的差异。

同一名学生：亚美尼亚王清楚看到自己身处无可逃避的境地，不亚于一个在海上的人，他看到他真是身处极度困境之中。

施特劳斯：可是，让我们来看看最高的例子：居鲁士，一个从未惹上这种麻烦的人，他依据自己特有的那种德性自我实现，而他仍然与苏格拉底全然不同，不仅在程度上，而且在种类上。我认为，你避不开两种德性的问题，甚至可能是更多种。

同一名学生：可至关重要的是，居鲁士并不比苏格拉底更想毁掉这个人，他停下来并且聆听，这方面又反映出居鲁士有仁慈之心（humanity）或某种类似的东西，您知道的——

施特劳斯：他不是仗势欺人的人。是的，当然。他是个有聪明才智的人。可是，我也只能够说到这里，至于各种德性之间有没有本质性的差异，就让这个问题继续悬置吧。下一次在卷四中我们将会遇到一个段落，十分清楚地表达了种类上的差异。而此处的论题仅仅是：可以有这样一种德性吗，它的基础，它的最终基础是恐惧？这个论题由提格拉涅斯予以详述。后来这个论题又有一段相当漫长的历史。令人吃惊的是，总的来说，读者在色诺芬的著作中更接近现代政治哲学的某些基本思想，无论是与亚里士多德相比还是与柏拉图相比。这一点我在读《治家者》的时候说过，在《治家者》中尤其清楚，在关于雅典的作品中也是，你们知道的。巴特沃斯？

巴特沃斯：您这是要返回苏格拉底的"问难"与居鲁士的"问难"之间的差异这个问题吗？

施特劳斯：这又是德性问题。在何种意义上，居鲁士希望使亚美尼亚王变得更好呢？在何种意义上，苏格拉底希望使人们变得更好呢？只要亚美尼亚王服从他，居鲁士就完全满足了。

学生：可是，关于"问难"，我有一个更平实的问题。您不可以在撒谎问题上将苏格拉底与居鲁士区分开来吗？当苏格拉底与人对谈时说"我什么都不知道"时，他是在撒谎，而居鲁士不撒谎。

施特劳斯：是的，可这也不完全正确。我们已经看到居鲁士说了很多谎言，可能撒谎的方式并不是明确地说谎，而是对自己真实追求的东西保持沉默。不，我认为我们得到这个问题为止，即苏格拉底的德性与居鲁士的德性之间是否存在本质区别，然后看看我们是否会遇上某种东西可以十分清晰地解答这个问题。我相信这样东西在我们将要读的下一卷中会出现。可是，现在我们还有许多东西要考虑。

在下一章中，我将只限于谈要点，即居鲁士作为亚美尼亚人与卡尔狄亚人之间的调停者，这样做是十分和善的。过去一直争吵打架的人，现在将要亲切和平地生活在一起。然而，有一件事情可以理解：调停者统治受调停者，并且居鲁士对统治受调停者非常感兴趣。[273] 这里又一次提醒我们想起霍布斯的一条原则，保护与服从是关联在一起的。居鲁士保护他们，他非常和善。可是，他们当然得服从居鲁士。这是居鲁士所欲求的结果。调停者的动机是什么呢？我相信将此表达得最清楚的段落是卷三第二章第三十一节。

兰肯［读文本］：

这是居鲁士所说的话。他相信，那些即将离去的亚美尼亚人与卡尔狄亚人会说起关于他的这些事情，他自己渴求所有人都谈论他自己又都听到关于他的东西。（《居鲁士的教育》3.2.31）

施特劳斯：是的。在这里大家看到动机显现了。居鲁士希望得到所有人的崇敬和赞美。考虑到那个落后的时代通信条件糟透了，居鲁士实际上达不到他的目标，但这一点并不影响如下事实，即他的动机——居鲁士不知道任何限度。没有，居鲁士的扩张没有限度。在下一章，即本卷最后一章，我们在开篇处看到那个强烈妒忌苏格拉底、妒忌智者的亚美尼亚人，反而一点也不妒忌居鲁士，尽管每个人都远为崇敬居鲁士而不是他。这需要非常深刻的心理学来回答：怎么会这样呢？可是，我认为你们所有人都能回答这个问题。在第四节［译按：《居鲁士的教育》3.3.4］，我们看到一句话，部分地回答了麦伽蒂（Megati）先生的问题。那些亚美尼亚人见到居鲁士时，是怎么说他的？"称他为施益者，即好人"，注意是"逗号"然后"好人"。施益者和好人被等同。而根据色诺芬或苏格拉底的观点，这两者完全不同。完全不同的。两者可能有重合，可是我们看它们时的视角完全不同。就施益者而言，仅仅是从最普通的利好来看的。谁给我一碗热汤或任何我可能正需要的东西，或者栖身之处，他就是施益者。可是，这样的事任何人都能做到，在别的方面，施益者有时可能是非常卑劣的人。

学生：［听不清］还有什么？亚美尼亚人称居鲁士为施益者，然后是什么？

施特劳斯：逗号，"施益者"，逗号，"好人"。第十节非常有趣。

兰肯［读文本］：

再说，居鲁士看到，既然他们在彼此竞争的那些事情上爱荣誉，那么，许多士兵还相互嫉妒（jealous）——（《居鲁士的教育》3.3.10）

施特劳斯："妒忌"（envious）。为什么不直言不讳呢？可以继续了吗？

兰肯［读文本］：

也是出于这些理由，居鲁士希望尽早带领他们外出，进入敌境，因为他知道共同面临的危险会使得盟友们彼此和善相待，而且在这样的险境中，他们不再妒忌那些在武器上加以装饰的人，或者那些渴望名声的人。此外，这类士兵甚至称赞和表扬那些像自己的人，因为相信他们是为共同的善而协同合作。（《居鲁士的教育》3.3.10）

施特劳斯：我们已经看到平等或不平等问题正在起作用。现在我们已经将不平等置于最稳妥的基础之上：没有地位上的不平等，只有优秀品质上的不平等。不过，尽管听起来或许可怕，但人们对优秀品质上的不平等怀有的妒忌之情，比起对世袭地位的妒忌之情，可能更重。［274］因为，对于世袭地位，人们能够理直气壮地说："我们是过去一开始就没机会。"然而，如果仅仅是优秀品质，下面这句话说起来就当然相当令人沮丧："我们就是比他们差劲，我们该比他们差劲。"所以，优秀品质比世袭地位引发的妒忌之情要重得多。我们怎么能够解决机会平等不可避免造成的糟糕后果呢？答案是：时时刻刻提醒人们其他人得多么多么辛劳，他们得在战斗中和别处冒哪些风险。这时人们就会说：嗯，那些人为了让自己变得优越受了如此多惩罚，所以，他们的整体处境并不值得羡慕。有话要讲？

学生：几个月之前的《纽约人》杂志上登了一幅漫画，一位精神病医生对他的病人说：你不是有自卑情结（inferiority complex），你就是更差。［笑声］

施特劳斯：现在关于妒忌这个问题。这个问题非常清楚地出现在《希耶罗》的末尾，《希耶罗》的最后一个词。① 西蒙尼德斯告诉希耶罗，如果希耶罗成为好的统治者，他会遭遇什么事情。他说，你希耶罗将会幸福，有福，富足兴旺或随便你怎么译，并且将不会遭人妒忌。这一点是如此重要，因为如果人们起了妒忌心，往往会非常令人不快。如果大家不知道的话，就读读文学作品吧。顺便说一下，有一部以妒忌及其可怖为题的小说，写得非常之美，即巴尔扎克的《贝姨》（*Cousine Bette*）。② 我不知道英译是什么，可能是 Cousin Betty？妒忌造成的灾难，可怕的灾难。第四十三节。就在亚述王的发言前面一点的地方。

兰肯［读文本］：

> 居鲁士和他手下的人就像这样忙碌着；而亚述人，吃过早餐后，就大胆地出去，坚决地列队作战。国王坐上战车沿着阵列奔驰，亲自让士兵进入战斗队列并像这样鼓励士兵——

施特劳斯：我们就只读开篇处吧。

兰肯［读文本］：

> "亚述男子汉们，现在你们必须当一名好男子汉，因为现在

---

① ［译按］这个单词 φθονηθήση 是动词 φθονέω［嫉妒］的第二人称单数将来时直陈式被动态形式。

② Honoré Balzac, *Cousine Bette*, 1846, 英译是 Cousin Bette 或 Cousin Betty。［译按］中译本参：巴尔扎克，《贝姨》，许钧译，上海三联书店，2015。

的争斗是关于"——(《居鲁士的教育》3.3.43)

施特劳斯：又说了一次"现在"（νῦν）。这当然是色诺芬经过深思熟虑之后的做法："现在"。亚述王之前没有想过争斗，亚述人之前没有想过争斗。亚述王现在向所有人说着同一番话，而居鲁士对不同部分的士兵说不同的话，这显然是更明智的发言形式。那位亚述王说的是危如累卵的东西：自由或奴役。居鲁士则告诉士兵那些得做的事情。他们知道什么东西处于险境，远为重要的是，告诉他们得做这件事、得做那件事，把他们的注意力从危险还有畏惧等等转移开来。所以，在这里居鲁士以一种简单的方式证明了自己比对手更胜一筹。后来，在第四十八节，在与克吕桑塔斯的一次谈话中，居鲁士挑明了他行事方式背后的原理：在开战前夕你能够说的内容，仅仅一次发言，并不能使人们勇敢起来。有效的做法是通过长期训练来做好准备，而不是靠一次发言。发言的作用仅仅是告知人们在这场战斗中必须如何行动，或者，如果可能发生什么不曾预料到的事情，就必须让士兵清楚。德莱先生？

[275] 德莱先生：同时，这也是我们在全书中看到的唯一一次敌方领袖的发言。

施特劳斯：只有这一次？

德莱先生：这也是唯一一次敌人在某种程度上获了胜。居鲁士被迫后撤，就此而言，我们可以把它看作一场胜利。

施特劳斯：你说的是在营地。不，我不会把这称为敌人的一场胜利。至多是居鲁士的一次战术撤退，因为居鲁士无法在一次进攻中拿下［敌人的］营地。我先前不知道这是不是敌人的唯一一次发言。如果是的话，就使得展示居鲁士的主要敌人是多么悲惨这件事愈加重要，这场讲话和居鲁士与克吕桑塔斯对话时发表的评论表明了这一点。你核实过吗？这是唯一一次发言？嗯，让我们把这一点记在心间吧。第五十四节，我们可能还得读一下第五十四至五十五节。

兰肯［读文本］：

> "当士兵身着武装开始出发进入战斗时，许多人在这个时候连早早以前学的东西都丢掉了，如果某个人这时候有能力靠某种即兴的史诗朗诵就可以使人们变得好战的话，那么，学习和教授在人类中间最伟大的德性，就会是所有事情中最容易的事了。"（《居鲁士的教育》3.3.54）

施特劳斯：是的，"在人类中间"。换句话说，大家看到居鲁士关于在人类中间最伟大德性的观念：战场上士兵的德性。这也是——我们必须把这记在心间。可以继续了吗？

兰肯［读文本］：

> "至于这些我们现在带在身边并且之前在我们一旁训练的人，如果我没有同时看到你们在场的话，至少我不会相信他们会坚持。你们将是他们的表率，告诉他们应该如何做，如果他们忘记了什么，你们也能够提点他们。至于那些在德性方面完全没有受过训练的人，我会感到惊讶的，克吕桑塔斯啊，如果一番以高贵的方式发表的话会有益于他们的话——"（《居鲁士的教育》3.3.55）

施特劳斯：是"在德性方面完全没有受过教育的"。所以，换句话说，德性方面的教育现在意味着第一流的军事训练。在波斯，德性方面的教育还多了一层意思，他们要进正义学校。现在他们不再进这些学校了，是吧？我认为，这表明我们已经行进了多远。在这里，我做了笔记，我希望可以解释下。我可以把笔记读出来。噢，是的，与马基雅维利的关系，我认为我们必须把这个问题记在心间。在色诺芬那里，我们看到两部——如果我们完全忽略关于苏格拉底的作品而局限于更狭义的政治作品——除了《居鲁士的教育》，我们看到有《拉刻岱蒙政制》。《拉刻岱蒙政制》的主题是共和式统治，据称是最好的共和式统治；《居鲁士的教育》则是绝对君主制，据称是最好的绝对君主制。这让大家想起马基雅维利那里的什么东西吗?

学生:《李维史论》对《君主论》。

施特劳斯:是的,是的。在马基雅维利那里,《君主论》是绝对型的统治,绝对君主制;《李维史论》的首要论题,无论如何都是共和式统治。可是,我们会立刻想到一样东西,你可以说这是任何一本书最外在的东西。

[276] 学生:篇幅颠倒过来了。

施特劳斯:是的,篇幅颠倒过来了。《君主论》短得很,一百来页,《李维史论》则四百多页。① 相当正确。可是,还有某种东西,还有另一种差异,因为《李维史论》与《君主论》的关系,不仅仅是共和统治与君主统治或绝对君主式统治之间的关系,而且《君主论》最终讨论的是某种类型的君主,马基雅维利称之为全新国家中的全新君主:创建者。创建者。《李维史论》毋宁说讨论的是已经创立的社会,或民众。

可是,谁是创建者呢?当我们通盘思考马基雅维利的思想时,创建者实际上并非十分明显。我的意思是,人们当然可以说,罗穆卢斯之于罗马,或者吕库古之于斯巴达,摩西之于犹太人。可是,这并没有触及问题的根本。完美政治体的真正创建者,最终是马基雅维利自己。只有当人们稍微认真些阅读他的著作时,这一点才会显现出来。马基雅维利是哲人 - 创建者。只有到那个时候,才能看出他与苏格拉底的关系。苏格拉底不是任何意义上的政治社会的创建者。大家可以说,在《王制》中,柏拉图在某种意义上是创建者,可是,在研读《王制》的过程中,有一点就变得清楚了:在柏拉图自己看来,这本著作的内容不是一种可能的解决方案。所以,这一点,我相信——色诺芬与政治保持着一定的距离。没有一种政治上的解决方案能够使色诺芬感到满意。马基雅维利与那种认为用政治方案解决人类问题的观念靠得近,霍布斯也是一样,后来相当多的

---

① [译按] 而在色诺芬笔下,《居鲁士的教育》很长,《拉刻岱蒙政制》则很短。

思想家也一样。

学生：不是还有另一个相似之处吗？我只是在猜测，只是某种感觉。马基雅维利与色诺芬之间不是有某种相似之处吗，基于他们的写作方式？［听不清］在一定程度上是因为色诺芬的羞怯，换句话说，通过不明言许多非常令人厌恶、非常邪恶的事物，他使得实际上非常令人厌恶、非常邪恶的事物显得比实际情况要更好些。马基雅维利，通过降低标准和通过——

施特劳斯：是的，然而，你必须对比可比的事物。我在私人谈话时也愿意说，色诺芬有些像政治哲人中的简·奥斯汀。你知道，他是如此温良，读他的书时，你可以轻易获得达金斯（Dakyns）① 直到生命的最后时光都还保持着的印象。我以前提起过达金斯。他看见的只是伊顿（Eaton）② 的操场——在伊顿的操场上，有的只是这些温良的英国公立学校男孩。有时候，达金斯也得承认居鲁士有点太狡猾了，而英国人，至少是那些进了外交部的英国人，也从未因清白无瑕而闻名——当然达金斯其实没有真正考虑这些。可是，马基雅维利则因自己说的那些可怕言论而臭名昭著。色诺芬没有这样做。所以，从这个角度来看，他们二人正好相反。实质上，我认为这个结论是对的。

在《治家者》中，我们看到了这一点。先是色诺芬那严格的贤人标准，就是农耕，农耕，农耕，没有任何庸俗的追求；可后来我们看到，这位超级贤人伊斯霍马霍斯实际上是位农田交易商——这是色诺芬可能做出的、最接近于对亚当·斯密让步的举动了。而马基雅维利则无所拘束。有话要讲？

同一名学生：我能说点别的吗，或者我们已经把这一点讨论透彻了吗？

施特劳斯：没有，我们尚未把任何东西讨论透彻。

---

① ［译按］19世纪末20世纪初著名的色诺芬英译者。另见本书英文版页11。

② ［译按］不清楚施特劳斯这里是否指著名的英国贵族中学伊顿公学（Eton college），但伊顿公学在施特劳斯讲课的那个时期可不是公立学校。

[277] 同一名学生：马基雅维利没有区分僭主与王者，他取消了这种区分。

施特劳斯：然而，这区分失去了自身的含义，我的意思是说，当你——马基雅维利是从一个传统上著名的简单区分开始的，至少是从亚里士多德开始，随后当你越来越深入时，这区分就消失了。我的意思是，换句话说，变成了国家拯救者的僭主，就不再与王者有重要区别。这是马基雅维利的观点。换句话说，不得不发生某些宪政式君王或合法的王不会做的事情，这是真的。可是，接下来马基雅维利会提出如下问题：合法君王的祖先在成为君王之前做过什么事情呢？政治共同体的开端，如伯克（Burke）所言，更好地得到了掩饰，① 因为政治共同体开端的合法性与非法性在那片［时间的］迷雾中可不像在美国 1962 年选举中的那样容易区分开来，［施特劳斯轻声一笑］，尽管有些人说，即便在美国 1962 年选举中也没有那么容易区分开来。有话要讲？

学生：返回我们刚才正在讨论的问题，卷一第［听不清］章，关于爱收益［听不清］，您说到了苏格拉底的德性与居鲁士的德性之别，我回想起来，我们读《治家者》第十四章时，您在谈论爱收益时提到某部对话（［译按］见本讲稿英文版页码 70），这部对话表明某人，即苏格拉底的某个对话者，以为爱收益是好的——

施特劳斯：是《希帕库斯》，柏拉图的《希帕库斯》，现在通常被看成伪作。② 希帕库斯［施特劳斯写板书］是一位雅典僭主的名字。你看，这是要点。在关于苏格拉底的大量著作中，你一直可以找到——再说一次，的确如此——在苏格拉底的论证中，有某种东西带有非常低级的实用主义（utilitarianism），我们在《回忆》读到的内容中也找到了一些低级实用主义的痕迹。这东西对什么东西有

---

① 见 *Reflections on the Revolution in France*，1790。
② ［译按］这是一篇短篇对话，中译文可参《政治哲学之根：被遗忘的十篇苏格拉底对话》，韩潮等译，北京：商务印书馆，2019，页 1 – 14。

用？与此同时，正如他①那一代人中最好的古典学者之一所言，苏格拉底一直都在宣讲用处，对于实践型、低级的实践型事物的用处。不过苏格拉底自己从不使用这些利好，苏格拉底并不关心这些利好。可苏格拉底最终的意思是：有一种简单的清醒（sobriety）。你知道的，在我们日常的常识性交往中，我们能够轻易区分出明智之人与不明智之人。我们在各色技艺中以另一种方式看见了这种清醒。一名鞋匠完全可以向你讲述自己的每一步行动，他为何优先选这块皮料而不是另外一块，还有其他每一件事情。这些低的事情，日常技艺中日常的明智，给了我们关于更高者的提示。人们在最高的层次上应当像他们在最低的层次上一样清楚，一样明智。

当你从简单的实践事务转向政治事务时，你就可以十分容易地看到困难所在。在政治事务上，激情出现了；在政治事务上，你发现只有寥寥无几的人在政治行动中像单纯的手艺人那般清醒，或像单纯的农夫——或者你随便举什么人为例——在技艺上或平常生活中那般清醒。这是要点。苏格拉底从这个视角出发谈论爱收益；爱收益平常遭受许多中伤，这种中伤并不完全真实。你当然得考虑真正的收益。于是，问题就是：什么是真正的收益？是银行账号上最大的存款金额吗？这造成明显的荒谬。明显的荒谬。你知道的，可证明的荒谬。所以，有见地的人都不可能在财富，或权力，或通常为绝大多数人所欲求的所有其他东西中寻找自己的目标，你得想一下某种更好的东西。你知道，你在社会科学的探讨中可以见到这个话题。

我在讲座课上探讨过这个问题，当时某个人说：嗯，[278]为什么智慧或此类的某种东西就是这种高的事物呢？为什么不是权力？人很容易说这话。你也可以说，为什么不是集邮呢？为什么不是溜冰？这为什么不是最高的好（the highest good）？你可以轻而易举地这么说，可是你无法这样子去思考。把你的想法套用在一个人身上：

---

① ［译按］这里的"他"指谁？我们并不清楚，很可能是提问的学生提到了某个古典学者。

他最大的满足感在于集邮，或者在于权力本身。我不是指使用权力所针对的目的，这是另外一回事了；我说的是一个心系权力本身的人完全就是一个绝对令人厌恶的蝇营狗苟之人。这样的人没有人会尊敬他，他自己也无法尊重自己，因为他仅当自己在权力上取得成功时才尊重自己，可他无法一直都成功。这是苏格拉底心中所想的东西：清醒。有人曾说得非常好，是我以前的一个学生：苏格拉底代表着崇高的清醒（sublime sobriety）。[①] 可是，有别于形容词的那个名词是清醒；你得从此处开始。不动感情的。

学生：您认为这可以解决我们的问题吗，即苏格拉底的德性与居鲁士的德性之间有什么差异这个问题？居鲁士，例如，宣扬忘我和节制，可居鲁士为了什么呢？

施特劳斯：正是如此。

学生：为了获得权力，获得财富。

施特劳斯：是的。居鲁士的德性在过程中看起来令人赞叹。嗯，我来预告一下我们下次将会看到的内容。在过程中看起来令人赞叹：这位神奇、有聪明才智、办事高效的征服者，骑在一匹白马上，大家知道吧？而且他自己不畏惧任何危险，有事情向来都是不顾艰难险阻，一往无前，这令人赞叹。然而，居鲁士的德性的目的是什么呢？它会导致什么结果呢？最后，居鲁士会老死，我们知道。可是，居鲁士的德性，其目的是什么？让我们假设居鲁士已经征服了全世界。我们就任由居鲁士为所欲为而犯错吧。会怎么样？居鲁士的生活将与他那个令人厌恶的舅舅一模一样，你知道吧？居鲁士将会拥有内心所渴望的任何东西，他将会享用它们，因为他不知道还有什么更好的东西。所以，尽管他的行为和生活方式无疑比他那位令人厌恶的舅舅令人赞叹得多，而且理所当然如此，可是，他的生活方

[①] 施特劳斯本人用这个词来描述那种"使"古典政治哲学"生气勃勃"的精神。Strauss, *What is Political Philosophy?*, Chicago: Chicago University Press, 1959, p. 28.［译按］中译见《什么是政治哲学》，李世祥等译，北京：华夏出版社，2019。

式仍然是一种缺乏思考的生活,因为他不曾思考过 finis［目的］。有话要讲?

学生:我只是想知道卷三最后一节［听不清］那个词被译成［听不清］。

施特劳斯:并不一定是这样,不是。我认为色诺芬的意思是这样。在这里,军纪比在其他情境中引人注目得多。例如,如果他们在撤退中遵守纪律,当时他们所有人都满怀忧虑,意欲逃跑保命,可以说,这时军纪就是某种低微的事物。可是,如果是在胜利之时,这时他们相信他们即将占领整个敌营,就连在这个时候他们都服从［听不清］。后者,比起前者,才是更能体现军纪的更非凡的表现。我认为这是正确的。单就军事智慧方面而言,色诺芬当然具备军事智慧,我们一定不可低估他的造诣。既然我们不是身处一所军事院校,［施特劳斯轻声一笑］,我们就没有强调军事智慧。我认为,色诺芬也会认为,军事智慧从属于道德-政治论题。可是,军事智慧当然存在于这部著作里。

［279］学生:它听起来像审慎。

施特劳斯:当然,是节制的一种:即自我控制(self-control)。当然。

兰肯:第五十六节令我困扰不已。与您让我读过的内容相反:

> 居鲁士急切地要让士兵开战,可是,居阿克萨勒斯又对居鲁士说,居鲁士正犯下严重错误,因为他在拖延而不是尽快地带领士兵去攻打敌人。居鲁士两次都回复说,我不想先进攻,我想先等所有敌人都出来。

居鲁士起初千方百计想要让自己的军队上战场,却又在参战的事情上犹豫不决,并且当敌人的一半兵力进入战场、一半在战场之外时,他还拒绝发起进攻,大概当时敌方军队混乱至极?

施特劳斯:是的,我没看出这一点。德莱,你有话要说?

德莱:我的解释是,［他之所以如此,原因是,］如果他仅仅打败了一半敌人，敌人将觉得自己没有被打败。

施特劳斯：是的，让他们冒险来吧，这样居鲁士就能砍倒他们。

学生：居鲁士可能得战斗两次。而他不想战斗两次。

兰肯：与敌人的一半兵力作战，不是更容易吗？

施特劳斯：你说什么？

学生：[听不清]

施特劳斯：这个话题后面还会再出现，我相信。下次课，下次到谁宣读论文呢？噢，是某某先生。

第十二讲 《居鲁士的教育》卷四

[281] 施特劳斯：这是篇好论文，聪明颖悟并且理解通透。① 我特别感谢你，因为，我有一种感觉，比起前三卷，还有卷五，阅读第四卷带给读者的满足感要少些。你很好地阐明了一些要点，我认为你有能力这么做，因为你切入的问题是正确的：卷四如何有助于回答整本书的真正问题，即人对人的统治如何可能，② 这是政治哲学的基本问题；或者，按照你的说法，居鲁士是一位智慧之人吗？这一点你表达得非常到位。

有几个要点我想重复一下。你阐明了智慧需要知识，可是，居鲁士的知识虽令人称奇，却并非真正的知识。居鲁士具备的知识是知识的一个有限的部分，并且在某种意义上是次要的部分。你以一定的篇幅探讨了居鲁士的节制，他所具备的节制。在某种程度上，你陈述得非常清楚，居鲁士不具备完整意义上的节制，但他具备某种节制，这种节制对于达到他的目的而言完全足够了。你开始阐述这个问题并说起这一点时，用如下事实作了证明：居鲁士有能力使自己的士兵变得节制。某个人能够使得属下变得节制，这一点可以作为节制的证明吗？

学生：就其本身而言不可以，不可以，这也是我为什么写第二部分的原因。

---

① 本次课以阅读学生的一篇论文开始，该论文没有收录进来。
② 从此处开始，转抄依据的是重新灌录的音频文件。

施特劳斯：嗯，据我所知，最漂亮的例子是阿尔喀比亚德，在修昔底德的《伯罗奔半岛战争志》卷八，他当时教那个雇佣希腊雇佣兵的波斯总督说，绝对有必要仅给这些士兵小笔的薪水，因为在下一个港口，这些士兵就会像喝醉的水手那样把钱花掉。① 所以，阿尔喀比亚德在教授节制。所以，这不是——你并没有乐呵呵地止步于此。好的。

当然，我们在前面谈到过居鲁士的智慧这个问题，但并不一定就是以这个标题来谈，例如在卷三，亚美尼亚王的儿子提格拉涅斯的智术师朋友出场时，这位智术师在某种程度上就是苏格拉底。于是，我们就有了标准，某种程度上，这种标准是在《居鲁士的教育》自身中呈现出来的；还有，提格拉涅斯要教给居鲁士某种东西，居鲁士过去没有充分了解的某种东西，仅这一事实便证明提格拉涅斯在这方面比居鲁士更强。

还有两个较小的要点。一个，你说财富比食物和喝的东西更好。我说这话让你充满不信任，充满怀疑地摇头了。

学生：我不记得我说过这话。

施特劳斯：是的。你说过财富比食物和喝的东西更好，我记得。

同一名学生：[听不清] 我不是不同意这个主张，即居鲁士的目标是财富。是一个贵族说居鲁士的目标是巨额财富，不是居鲁士说的。

[282] 施特劳斯：换句话说，你同意格伦（Glenn）先生的说法，即财富比食物和喝的东西更好？

同一名学生：是的。

施特劳斯：有人可加以质疑。

另一名学生：我当然会 [笑声]

施特劳斯：你会否认？格伦先生，请捍卫你的观点吧。

格伦先生：这是一种解释。

施特劳斯：是的，可是，你要说的是什么？

格伦先生：我当时正盯着这里的这个问题并试图解决，即，为

---

① [译按] 见修昔底德《伯罗奔半岛战争志》8.45.2。

何出于财富这个目的而宣扬节制饮食呢？

施特劳斯：是的。

格伦先生：显然必定是因为财富更高，至少在比饮食更为可欲的意义上是更高的东西。

施特劳斯：你力陈了观点，却一点也没有加以证明。

格伦先生：是的，我承认我证明不了。

施特劳斯：可是，你进行了初步的论证，我记得。什么来着？

格伦先生：理由是财富为所有人共享，而饮食是一种［听不清］完全主观的、完全私人的乐趣。

施特劳斯：可是，你当然也可以——财富是什么？一切有用之物，一切好的事物，一切有价值的事物。在这些有价值的事物中，当然包括牛、谷物、鸡蛋和其他事物，甚至白兰地和威士忌。你可以共享财富，也可以共享食物和喝的。

格伦先生：［听不清］亚里士多德出于某种理由将可以共享的德性置于不可以共享的德性之上。［听不清］

施特劳斯：《政治学》里面是这么说的，是的。

格伦先生：我说的只是一种似是而非的解释［听不清］

施特劳斯：不过，你的说法有一定道理，这一事实——即柏拉图在《王制》里面把寡头制，即财富的统治，放在了比民主制即身体欲望的统治更高的等级上——至少历史性地证明了你的观点有一定道理。［283］这基本上与你说的一样。从什么角度，我们可以把财富和欲求财富放在比欲求饮食更高的位置上？

学生：长远的自我利益与短期的自我利益之间有差异吗？

施特劳斯：与此有些关系，为了弄得一清二楚，可能我们需要一个使大家都感到恶心的词。

学生：［听不清］

施特劳斯：不。看看四周。你们所有人都十分了解某些动物，像鸟啊、猫啊、或狮子什么的。他们有欲求饮食的欲望吗？

学生：有的。

施特劳斯：他们欲求财富吗？

学生：这就太傻啦！

施特劳斯：所以，换句话说，这里有理性的因素，虽然非常低级，但是有某种算计，某种长远的算计。某种被认为是长远的算计。就此而言，欲求财富，无论是好是坏，是专属于人的；而欲求饮食不专属于人。就此而言，欲求财富更高些。

学生：［听不清］［笑声］

施特劳斯：是——可是，当然。你的设想会是它们——人们用来解释这些事物的一个简单的词语是什么？

学生：简单的本能。

施特劳斯：本能。所有那类动物都做这件事，而就人而言，有些人做，其他人不做。这意味着就人而言，这件事真的与本能无关，而是与虑及未来和不虑及未来有关。我认为可以有把握地这么说。另外，为来年冬天储备足够的食物与欲求财富还不一样。一个关心变得富裕的人想的远不只是来年冬季。他甚至想到了将来要留给自己孩子的东西。

学生：财富，如您正在定义的那样，尽管预设了某种理性，是有用之物构成的财富，人们还是可以说到无用的财富。

施特劳斯：最终，最终，即便你拿起一张毫无价值的纸，在上面印些东西，说这是一千美元等等，你还是必须承认，纸币的价值最终取决于你能够凭借纸币得到某种东西。这在如下事实中可以轻易得到证明：在一次来势凶猛的通货膨胀中，当你凭借纸币什么也得不到的时候，它就再也没有价值了。所以，所有财富最终都是为了可用的东西。即便你是向大工厂投资，［284］最终，它也应该生产出供人们使用的东西并给予工厂主和工人金钱上的回报，然后他们又用所得的回报来购买可用之物。我的意思是，他们可能用钱来买坏东西，他们可能用钱来买海洛因，可这是另一回事了。从他们那种悖谬的眼光来看，海洛因是好东西。换句话说，我认为某某先生是正确的。

那么，你说了一些让班上某些同学摇头的话。好斗为军事技艺所需吗？你看上去是在质疑这句话，而这句话让我觉得是个悖论。

你这么说是什么意思呢？或许我不理解你说的"好斗"是什么意思。

学生：嗯，我的意思是——我试着去描述，在上一节，在居鲁士凭着居阿克萨勒斯的准许令而匆忙离去后，他就直接忽视了米底亚王，这个人在军阶方面应该是与他平起平坐的人。并且这是——

施特劳斯：你能说这就是好斗吗？我的意思是，你所暗示的是一个性情极其温柔和气的一流将领。这才是其中的意思，我会说，在原则上，这有可能。我认为阿兰·布鲁克（Alan Brooke），[①] 你知道的，英军司令，就是这样一个人。至少我从他日记中得到了这样的印象。当然有这样的人。可是，我不会把这种情况本身称作好斗——如果你指的是一个喜欢战斗的人。

同一名学生：不［听不清］，不过，我指的是某个职位上当然有一个人——

施特劳斯：你无法恰当地把这称作好斗，你只能说那是不义，某种不义。这当然是一个我们将记在心里的问题：居鲁士，这位政治技艺的大师，因而也是正义方面的大师，是保持正义方面的大师，在某种意义上并不正义。关于居鲁士将其舅舅居阿克萨勒斯排挤出去所采用的方式，并且将在相当长的一段时间里都起作用的方式，你给我们举了一些例子。我相信这个问题正让你大受烦扰。我没有看过你的表述，但你口头上跟我说过。

学生：这正好与我上次提出的那点内容相关。

施特劳斯：噢，我明白了。如果我们卷四差不多讨论完时还有时间，就可以探讨一下。

那么，我们现在开始读卷四的开头。从居鲁士对波斯人讲话的第二节中，我们看到，居鲁士没有能力依据自己的知识给予每个人恰如其分的奖赏。居鲁士能够恰如其分地奖赏克吕桑塔斯，后者是波斯人的指挥官，因为居鲁士已经观察过这个人。这就提出了一个

[①] ［译按］即第一代阿兰布鲁克子爵（Alan Francis Brooke, 1st Viscount Alanbrooke，1883 年 7 月 23 日—1963 年 6 月 17 日），在第二次世界大战期间曾担任英国陆军元帅和帝国总参谋长，是丘吉尔的主要军事参谋。

非常有趣的问题。让我们来设想下，我们有一个正义至极并且智慧至极的人在最高位，我们失去了通常意义上的自由，可是另一方面，我们获得了彻底的正义。这里有某种复杂的情况，因为这个极为正义并且极为智慧的人不可能对所有事情都了如指掌。他不得不依靠其他人的报告——这意味着依靠其他人的判断。依靠其他人，这意味着你得从将军下降到没有军衔的军官那里，而在更低的等级那里，是否有相同水平的明智判断，这事无法指望。我只是略带提及。[285] 本卷第一章开篇处出现的重大问题是：波斯人没有骑兵。我们在全书开篇处读到过，波斯自身，严格意义上的波斯地区，是个多山的地方，一直没有骑兵。现在居鲁士强烈感觉到需要骑兵。波斯人该怎么做呢？让我们来读第十一节。

兰肯［读文本］：

某个人说，"为什么不尽可能快地追击敌人呢，既然这些好东西如此显而易见？"居鲁士说，"因为我们没有马。至于我们敌人之中最好的兵力，就是那些本来尤其适宜［我们］逮住或杀死的人，将骑在马背上。有诸神的帮助，我们有能力打得他们逃跑，现在却没有能力追击拿下他们。""你为什么不去跟居阿克萨勒斯说这个事情呢？"他们说。他说："那就跟我一起去吧，你们所有人，好让居阿克萨勒斯可以知道这是我们所有人的看法。"（《居鲁士的教育》4.1.11-12）

施特劳斯：换句话说，居鲁士现在还不敢以自己的名义提出这个要求。必须是整支军队的一个要求，如此一来，即便面对的是那位僭主或绝对君主居阿克萨勒斯，也必定会产生些影响，让我们不要忘记这一点。是的。于是，他们去了。居阿克萨勒斯如何回应他们要骑兵一事呢？第十三节。

兰肯［读文本］：

现在，由于是他们首先提出这条提议，居阿克萨勒斯心生嫉妒；或许他同时觉得他们最好不要继续冒险；因为他碰巧正忙于享受乐子，并且他看到许多其他米底亚人在做相同的事。(《居鲁士的教育》4.1.13)

施特劳斯：换句话说，居阿克萨勒斯的动机复杂：第一，他心有妒忌；第二，他满足于现状。当然，这两种理由都不可告人。总是有这样的演讲，你知道的，发言者所说的内容与他的动机并不一致，这个简单的事实并非当今社会科学对政治宣传进行分析之后的发现。[笑声] 好的。居阿克萨勒斯怎么说？

兰肯[读文本]：

所以，他发言如下："居鲁士啊，在所有人中，你们波斯人以最高贵的方式小心地不让自己在任何一种快乐上不知餍足，我是通过看和听知道这一点的。然而，在我看来，在最大的快乐上保持自制，尤其是最有益的。有什么东西能比现在降临在我们身上的胜利给人提供更大的快乐呢？"(《居鲁士的教育》4.1.14)

施特劳斯：不是"胜利"，更紧贴字面来译是"好运"。可以继续了吗？

兰肯[读文本]：

"如果，当我们走好运时，我们节制地保护它，那么，或许我们能够不带风险地在幸福中老去。然而，如果我们在这方面不知餍足而且试图追求这个然后追求另一个[好运之事]，请小心让我们不要遭受人们说的许多人在海上遭受过的事情，即由于过去的好运而不愿意放弃航海，结果消失[在海上]。而且人们说，许多人碰巧赢得一次胜利之后又渴望下一次胜利，结果连第一次赢得的东西也失去了。"(《居鲁士的教育》4.1.15)

[286] 施特劳斯：于是，居阿克萨勒斯给了——我们不能全读。接下来的三节是第二条主张：不要把挨了打的敌人逼入绝望。现在敌人还乐见自己能摆脱危险，然而，如果你将敌人追赶至他们自己的国土，他们最后的退让之处，那么，他们就会像一头保卫自己草窝的母猪那样行事（如果草窝是个合适的说法的话）。好的。这是第三条主张。接下来，在第十八节的末尾：居阿克萨勒斯说，米底亚人，即我自己的民众，该歇息一下了。以上就是三条表面理由。居鲁士在下一节做了回应。让我们来读。

兰肯［读文本］：

> 居鲁士回应说，"但请不要强迫任何人，而是准许那些自愿跟随我的人前去，可能我们可以给你和你这里的每一位朋友带回来一些东西，你们所有人都会喜欢的东西。敌人的主力，我们当然不会再追了，我们怎么能够赶上他们呢？可是，如果我们赶上了单独行动或掉队的小分队，我们会带回来给你。"（《居鲁士的教育》4.1.19）

施特劳斯：以及其他的说法。所以，居鲁士的建议是：米底亚人当然不应该被迫参加这项令人不快的事，可是，只要有人急切地想毛遂自荐，请不要加以禁止。此乃居鲁士回复的实质。居鲁士没有回应第一条说法里的问题——即必须在任何快乐上保持节制或自制，即便是胜利之乐。这意味着——这为我们了解居鲁士带来了什么启发，如果我们除了这一次交谈之外便一无所知的话？

学生：居鲁士一直都在追逐更多的东西。他从不会真的知足。

施特劳斯：让我们用居阿克萨勒斯所使用的那些近乎专业术语的词汇。

学生：［听不清］海员？

施特劳斯：不，不。居鲁士所展现出来的这个特定的缺点，用来表达这个缺点的专业术语。居鲁士不节制，不自制。有话要讲？

学生：可是，如果居鲁士认为居阿克萨勒斯的这条主张谬误的话，不是有可能直接忽视它么？因为它是公然冒犯的而且有损于当下的事业。

施特劳斯：这毕竟是个严肃的问题：一个人不应该在某些时候停止征服吗？你知道，历史上的居鲁士并没有停止征服，征服在他战死之后才被动停下。当然，色诺芬这么温良的一个人，允许居鲁士寿终正寝并且当时家人绕膝，一切都美好；不幸只是发生在居鲁士刚刚死了之后。这是色诺芬对现实所作的改良。问题是：一个人可以因为认为这一意见愚蠢而不作回应，这完全正确，然而，这一反对意见愚蠢吗？

学生：从一位击溃敌军的将领的视角来看，当我们赶着敌人跑的时候让我们停下来——

施特劳斯：当然，但主要的任务是保护米底亚免受这支蛮人军队的伤害。就此而言，他们已经做到了。这就够了，你知道吧？当时没有二十世纪意义上的总体战（total war）。可以说，这一点已经得到证明了。我们得说，问题当然是，居阿克萨勒斯有资格提出这条主张吗？罗泰拉（Rotella）先生？

[287] 罗泰拉先生：当色诺芬说居阿克萨勒斯心怀嫉妒时，看上去他给了我们回答这个问题的线索，并且这将是居鲁士回避这个问题的好方式，我们不知道这条建议是否真的 [听不清]

施特劳斯：可是，居鲁士丝毫也没有回应第一条说法。某种程度上他只是说：你很对，可我们不是想做什么大事，就只是小小地消灭残敌。你自己麾下的一些官兵也急切地想做同样的事，请不要扫他们的兴。这就是他们所寻求的休息，而不是坐在这里喝醉酒。居阿克萨勒斯毕竟是个性子软得很并且无能的统治者，他说：好吧，我不想扫人兴，就这么着吧。我的意思是，居鲁士非常聪明，论狡诈，他远远胜过其舅父，可是问题依旧是：这位舅父的说法可能有道理。你必须做出区分。这位舅父可能没有道理，因为他的动机中包含着妒忌，还有他十分满足于醉酒以及类似事情，是吧？据我看来。然而，一个没有权利提出主张的人提出了一条非常好的主张，这种事以前发生过，将来还会再发生。我的意思是，你每天都可以看到这样的例证。我昨天看过一篇反对参议员基廷（Kenneth Keating）[1] 的专栏文章，说他很是和蔼可亲，具有为公精神，然而，他一心想博取人关注。我们可以说，这位专栏作家的友人们，在政治上的友人们，也可能并不反对博得关注。一心想博取关注可能是一种恶习，可是在这里，它是不相干之事；或者，不如说，这位专栏作家没有权利用"一心想博关注"来指责基廷。可是，这样的事一直都有。

居阿克萨勒斯的观点有道理，其真正的原因在于——尽管他没有权利提出该观点——最后发生了什么事情？格伦先生已经指出，居鲁士想要的是成功，军事上的成功，一个接一个的成功，还有不断变得越来越富有和不断变得越来越有名。他们在某个时候一定得停下来，但愿是在征服了全球之后，可是，因为当时落后的通信状况，这项征服全球的事业在那个时候是不可能做到的，正如我们在其他情形中已经看到的那样。所以，他们在某个点上一定得停下来，即便是在地球或金星和月球的末端，或无论那个时候的界限可能是什么。到那个时候，他们将会做什么？正是居阿克萨勒斯现在正在做的事情：坐下来，庆祝，醉酒。[施特劳斯敲了下桌子]这就是整本书的教诲。这事发生了。所以，从这个角度来看，居阿克萨勒斯，这个让人瞧不起的家伙，比居鲁士更智慧。居阿克萨勒斯现在就做，他不推后这件事。首先，因为在这里，在这个相对小的米底亚，米底亚人有这样或那样的统治者差别并不十分大。然而，在居鲁士征服了全世界，可以说，还有奴役了所有这些民族之后，居鲁士的享

---

[1] 参议员基廷，来自纽约的共和党参议员，"先于肯尼迪政府得知苏联于1962年在古巴设置导弹基地的消息，或者乐意先于肯尼迪官方公开这个消息。通过毫不留情地抨击苏联在加勒比岛（Caribbean island）上集结兵力的问题，基廷使民主党政府在为九月的国会选举造势期间尴尬不已"。Thomas G. Paterson, "The Historian as Detective: Senator Kenneth Keating, the Missiles in Cuba, and His Mysterious Sources", *Diplomatic History* 11 (1987): 67 – 70, p. 67。然而，帕特森（Paterson）的主张是"基廷和政府完全是同时得知"了导弹基地的"存在"。

乐所造成的坏影响，就不像一名更低劣的统治者在单个国家中造成的坏影响那样容易消除了。所以，我认为居阿克萨勒斯说得有道理，尽管某种意义上他没有权利这么说。可是，从某种意义上，他又有权利这么说，因为居鲁士及其友人所希求的最终目的，与居阿克萨勒斯现在已经在乐享的结果并无不同。有一则寓言，关于兔子和另一个慢的——

[288] 学生：龟。

施特劳斯：龟，对，赛跑。龟不动，兔子跑啊跑啊，结果是龟先到达。居阿克萨勒斯已经到达，而这只相当迅捷的兔子，居鲁士，还在跑啊。有话要讲？

学生：将对居鲁士未来的预言归给居阿克萨勒斯，您是否认为这样不公平呢，如果——

施特劳斯：不，居阿克萨勒斯太笨了，做不了这事。可是，某个人可能会说出本身相当有见识的话，并且这话的见识程度超出了自己所知的范围。这种事常有。

学生：出自婴孩之口。

施特劳斯：是的，如果更一般地来说。我们表达的意思总是比我们所知的内容更多。我们所说的内容总是超出我们的本意。这些暗含的意思可能是愚蠢的，也可能正确。因此，黑格尔偶尔说的一句话非常好：说一个人不知道自己在说些什么，这是一种非常不公平的批评。我们所有人都不知道自己说的是什么。知道自己说的是什么，需要一种不可希求的清醒。在我看来，这就是此处所暗示的要义。居鲁士生活方式中所有的宏伟和高贵，与居阿克萨勒斯卑下的生活方式形成对照，但这种高贵整个地最终服务于肉体享乐。[施特劳斯敲了下桌子] 此乃这种高贵的荒谬性，这种荒谬性暗含非常严肃的意义。

现在让我们转向下一章。还有人要发言吗？

学生：[听不清] 要让人们保持高贵，您说他们一直得与某种东西进行斗争 [听不清]

施特劳斯：如果目标达到了。不是这样吗？我的意思是，如果目标是战胜其他人,如果可以达到,那么,这项事业的前提就是目标能够达到。实际上,从未有人达到过,正如你所知的。拿破仑在俄国没有做成,亚历山大没有做成——他很年轻的时候就死了。在某种意义上,就连凯撒也没有做成,他遭人暗杀了。从来没有人真正地一统天下。

学生:[听不清]

施特劳斯:他做成了什么?他不得不自杀。不,曾经有一两个短暂的时刻前景可观,并且考虑到当时的情形,相当的[听不清]现在让我们来读下一章的第一节。

兰肯[读文本]:

就在居鲁士做这些事情时,许尔卡尼亚人($Υσκάνιας$)的信使来了,就像是天意一样。

施特劳斯:是"以某种出于神意的方式"($θείως πως$),请继续。

兰肯[读文本]:

许尔卡尼亚人是亚述人的邻居,但他们并不是一个大的民族,因此,他们过去也是亚述人的臣属。在那个时候,他们享有好骑手的声誉,现在仍然享有此声誉。(《居鲁士的教育》4.2.1)

[289] 大家知道,这里又一次提到色诺芬某种意义上是靠直接的知识,靠现存的知识,得知这些事情的。所以,保存下来的是含有历史真实性的小说。

兰肯[读文本]:

所以,亚述人像拉刻岱蒙人使用斯基里泰人(Sciritae)那样使用他们,不让他们免掉艰辛或是危险。因此,在当时那个时候,亚述人命令许尔卡尼亚人断后(他们大约有一千骑兵),

为的是，如果有任何来自后方的危险，他们将首当其冲。(《居鲁士的教育》4.2.1)

施特劳斯：是的，所以，这当然给了许尔卡尼亚人一个方便的机会换边。"这以某种出于神意的方式发生"，我们发现这句评语也在第十五节以不同的方式重复出现。让我们先来读第十五节——当他们正在行进时。

兰肯［读文本］：

当夜幕降临时，他们正在行军，据说来自天空的一道光非常明显地出现在居鲁士和他的军队面前，所以，他们所有人都对着神战栗起来，但对敌人则勇敢起来——(《居鲁士的教育》4.2.15)

施特劳斯："敬畏，对神的战栗"，诸如此类。大家看，居鲁士的新企图，从防卫转向侵略，得到了神的赞同，是吧？所以，诸神并不关心人的节制；诸神赐福给这个缺乏节制的人。让我们把这一点记在心间。在第二件事情中，大家看，色诺芬说"据说"。色诺芬没有声称这件事实际上发生过，而在第一件事情中，色诺芬直接断定许尔卡尼亚人的到来是神的安排。无论如何，我们可以说色诺芬表达的意思是，居鲁士得到了自己的骑兵，不是通过居阿克萨勒斯，而是通过诸神——当然，这也意味着他对居阿克萨勒斯的依赖更少了。第十节。

兰肯［读文本］：

在米底亚人中间，一些人出来了，因为他们还是男孩时就是居鲁士的朋友，那时居鲁士也是男孩；另一些人则是因为当他们与居鲁士一起捕猎时，他们钦佩他的方式；另一些人则是因为感激他，既然他看起来为他们挡开了一次严重的威胁——(《居鲁士的教育》4.2.10)

施特劳斯:"巨大的畏惧感"。

兰肯［读文本］:

> 其他人也希望,因为居鲁士看上去是一个幸运的好人,他有一天将极其伟大;其他人则希望报答居鲁士,如果居鲁士在米底亚长大的过程中曾为他们效劳过——(《居鲁士的教育》4.2.10)

施特劳斯:是的。这五条理由,并且每一条都是以一模一样的方式引出: *οἱ μὲν, οἱ δέ*。这些人和那些人。中间的那条理由是,他们感激居鲁士,因为居鲁士将他们从巨大的畏惧感当中解放了出来。大家还记得吧,在居鲁士与提格拉涅斯之间的对话中有畏惧这一主题。米底亚人的国王无法把他们从亚述王带来的危险中拯救出来,而居鲁士做到了。好,让我们来读下一节。所以,换句话说,所有米底亚人都乐于跟随居鲁士,因为居鲁士拯救了他们的国家。有话要讲?

［290］学生:这表明居阿克萨勒斯不够了解自己的人。要是居阿克萨勒斯足够了解的话,就不会如此轻易地同意准许居鲁士用他们。

施特劳斯:当然。嗯,居阿克萨勒斯在每一方面都是一位笨拙的国王,不是吗?

同一名学生:还有,我认为,这指向在我看来是居鲁士所接受的教育的真正部分的内容——哦,这不是教育;那就是,居鲁士小时候在米底亚待着,最重要的因素是这些人脉关系。

施特劳斯:是的,当然。这是对的。除了居鲁士学到的奉承与被奉承之外,你还记得吧?在僭主的统治中,居鲁士当然也建立起了人脉关系,这是自然而然的。如果某个人进入研究生院学习,他会得到两种好处:第一,他会得到某种教诲;第二,他遇到的其他同学日后可能会成为他生命中的贵人并且可以大有帮助。当然。好的。然而,这一条可并不是人们进入大学学习的表面理由。第十一节。

兰肯［读文本］：

因而，几乎所有米底亚人都出来了，除了那些碰巧在居阿克萨勒斯的营帐中宴饮的人，这些人还有他们的属下留在了后面。然而，其余所有人都兴冲冲地、热情地出发，因为他们不是出于必然性才出来的，而是自愿地出来，而且带有感激之情。（《居鲁士的教育》4.2.11）

施特劳斯：是的。不是"被迫"，而是出于χάρις（charis）。希腊语中的χάρις含义比"感激"要广，它包含了感激："好意"（grace），"好意地"（gracefully）。"感激"在某种程度上是它的一个部分。强迫与好意之间的对立，顺便说一下，对于《希耶罗》来说至关重要，因为我们可以表明，在展示僭政的坏处的那一部分，即前七章，"强迫"一词比"好意"一词出现得频繁得多。在第二部分，即描述好僭政的地方，提到"强迫"的次数与提到"好意"的次数不相上下。换句话说，统治的秘密就是百分之五十靠强迫来统治，百分之五十靠好意来统治。在这里，居鲁士的成就更大：他不靠任何强迫就赢得了这些米底亚人的心。他不可能去强迫这些米底亚人。这是居鲁士的个人魅力（charisma），这个词源自χάρις，如今在社会科学中相当常见。

学生：您这是在暗指一种马基雅维利主义吗？居鲁士此处的行动，靠着它，他［听不清］

施特劳斯：这很清楚。居鲁士经常会这么做。文中甚至还提到了。没有提到吗？

学生：在卷一。

施特劳斯：是的，对的。自然而然的。你看，一定不要对明显的东西视而不见。当你在简单阅读时看着居鲁士现身，若不做任何思考，就单凭印象的话，你就会看到居鲁士在某种意义上是个非常和蔼可亲的人。大家知道的，若是一个彻头彻尾的算计者，每个人都会看得出他在对他们保密，以及诸如此类的事。他会为每一个人所憎恶。他没有朋友。他无法有朋友。我的意思是，但居鲁士是那种友好外向的类型，他一直都在为他人鼓劲。这可以与算计协调并行，非常协调。要点是这类人并非一直都在算计。这些人拥有一种自然禀赋，当和蔼可亲大有用处的时候，就表现得和蔼可亲。［291］他们在某种意义上是真正有天赋的人。居鲁士就是这样一个人，你知道的，他有成为和善之人的强烈意愿。当然，居鲁士平时不得不一直杀人，然而，这是不可避免的。［笑声］他不做这件事——大家知道，他可能会杀死多少人——到目前为止，他没有必要用自己的手杀死哪怕是一个人，所以，我相信这正是居鲁士成功的秘密所在：他看上去对每一个人都和蔼可亲。有一些例外情况，我们将会看到的。有话要讲？

学生：我想要往回看，就一小会儿，如果我可以——

施特劳斯：只有一点。看完下一节，然后就让你说。第十二节。"当他们在外面时"。

兰肯［读文本］：

> 当他们在外面时，居鲁士首先去到米底亚人那儿，称赞了米底亚人，并且特别祈祷诸神好意地引领他们和波斯人，他还祈祷自己有能力回报他们这份热情。（《居鲁士的教育》4.2.12）

施特劳斯：是"他可以有能力给予 $\chi\acute{\alpha}\varrho\iota\varsigma$"，恩惠（grace），感激。所以，换句话说，是两方面都充满感激：米底亚人感激居鲁士，居鲁士感激米底亚人。这是一种非常吸引人的关系，如大家所知，在对外关系中，通常缺乏的就是相互感激。是吧？每个人都理解吧？我读过一本有关二战的书，看到了法国人与比利时人在解放后的差别：比利时人发自肺腑的感激之情比法国人要浓烈得多。因为法国人有些羞愧，他们自己竟然要靠别人来解放，而他们以前在军事上可是举世闻名；而比利时人，作为一个小民族，从未有志于成就军事上的伟业，这种情况至少有好几百年了，所以，他们就是心怀感激。所以，感激之情极为罕见。在这里我们看到了感激之情。这种印象贯穿全书，即一个靠着自己的微笑而获得胜利的人，在某种程度上征服了整个［听不清］你知道，这就是一个童话故事。但是，在这种悦人的表面之下，我们还是容易看出某种异常冷酷残酷的东西。塞尔策先生（Seltzer）请讲。

塞尔策先生：我想往回看，就一小会儿，回到您的观点，关于居鲁士与居阿克萨勒斯之间的对比，即居鲁士最终将会坐下来纵情吃喝，就像居阿克萨勒斯现在的所作所为那样。然而，在我看来，居鲁士最终有一个比肉体快乐好得多的目的，即荣耀和赞扬。

施特劳斯：你说得对。可问题还是在于：荣耀是如此不成问题的东西，以至于我们能够直接就到此为止吗？荣耀是一个无需再加以分析的目标吗？假设居鲁士仅仅心系荣耀，那么，居鲁士的那些臣民又怎么样呢？居鲁士的臣民都不可能享有居鲁士自己享有的荣耀。相应地，既然情况如此，胜利带来的其他回报可能会变得更重要。有某种关于荣耀的错觉——我的意思是，这些心系荣耀的人，对于永恒的荣耀，永远存在的荣耀，这些古典时代的人比现代人表达得更为坦率。但有这样永远存在的荣耀吗？我的意思是，请想一想伯里克勒斯，他当然就是这样一个人，他相当坦率地说起过永恒的荣耀。但伯里克勒斯享有永存的荣耀至今，这是谁的功劳？你说什么？

学生：［听不清］

［292］施特劳斯：不，不，归功于一个人：修昔底德。假如我们没有修昔底德的著作，也还是会有人在某种程度上谈论伯里克勒斯，可伯里克勒斯就不会作为一个有个性的人出现了。凯撒也是类似的情况。当然，凯撒的情况不一样，因为他创建了罗马帝国，罗马帝国持续存在了许多个世纪，即便到现在它的遗迹仍然可见。另外，就不要说胜利者了，永恒的荣耀无疑也非常依赖未来世代的人怎么想。你知道的，可能会有解释上的变化。他们没有在场（there is no presence）。比如说亚里士多德：嗯，你总是可以看到亚里士多德本人的东西。亚里士多德可能错，也可能对，可我们是直接面对

他。就这些伟大的征服者来说，就不可能了，他们不可能这样子在场（there is no such presence possible）。关于他们的思考和提议，我们能够知道什么呢，他们每个人在何种程度上是自己计划的原创者？很难说的。

塞尔策：我提出这个问题，主要是针对您在总结您的观点时说的话，也就是说，居鲁士的生活方式，他的高贵和宏伟，是服务于肉体享乐的——

施特劳斯：不，不。你说得很对。可是，我们必须增添一些过渡的内容。你说得很对。可是，读卷八最后一章时，我们将会看到整件事情如何结束，看到色诺芬描述的这幢极其宏伟的大厦——现在我不关心历史上的真实性——如何一天天坍塌。嗯，没有什么东西永恒存在。我指的是，幸存下来的荣耀，以及事功，当然不会永远都在。荣耀能够比事功留存更久，这一点是清楚的。可问题还是，假如我们不是通过旧约、希罗多德还有色诺芬了解了居鲁士，那么，居鲁士就仅仅是一个人名，是某个征服过全世界的波斯人。所有现代考古挖掘工作和诸如此类的事物，都不会从根本上改变这一点[听不清]

学生：现代的事例[听不清]

施特劳斯：是的，然而，我们可以阅读他，至少现在可以。就此而言，我们拥有更多的一手知识。

学生：凯撒还写信给罗马元老院和其他人。

施特劳斯：特别是他的《高卢战记》和《内战记》。是的，可是，伯里克勒斯等人从不写作。他们发表过演讲，然而，除了亚里士多德的《修辞学》当中有两三处引用之外，什么都没有留下来。请讲。

学生：您会说居鲁士的成功有赖于他身后的历史纪念碑吗？并且这会是[听不清]

施特劳斯：是的。关于居鲁士努力实现的目标这个论题，还有一点，在二十二节的开端处。居鲁士的一篇发言。可以继续了吗？

兰肯[读文本]：

"因此，如果我们希望将来能吃得香、睡得安稳、过得舒适，就让我们不要给他们闲暇"——（《居鲁士的教育》4.2.22）

[293] 施特劳斯：以及其他东西。大家看到了吧？在这里，至少就居鲁士接下来的话而言，他仅仅是说：让我们现在不要吃，现在不要睡，为的是我们能够永远在绝对安全的条件下吃和睡。在二十五至二十六节，还有大意相同的话。在二十九至三十节，有一小点内容我会当作一个问题提出来。在此处，居鲁士说起亚述王的同盟们，亚述王的同盟们所做的事情。你可以读一下吗？第二十九节。

兰肯[读文本]：

"既然当时是夏天，吕底亚王**克洛伊索斯**（Κροῖσος）早已安排他的女人们夜间乘马车前行，夜间凉爽，好让她们可以更舒适地前行，他自己则带着骑兵在后相随。他们说，弗里吉亚王，即赫勒斯滂的弗里吉亚的统治者，也这么干。"（《居鲁士的教育》4.2.29-30）

施特劳斯："他们说"。色诺芬为什么要在说弗里吉亚王而不是克洛伊索斯的时候加上"他们说"这个限定呢？我不知道。我只是把它当作这部著作真正的解释者必须要加以解答的问题提出来而已。

学生：色诺芬提到神的时候，同样是这么做的。[1] 在那唯一一处，是——

施特劳斯：是的。[听不清]我们无法解决这些问题中的任何一个，这是我们当前的探讨的许多缺陷之一。我唯一能够解决的是个简单的问题，色诺芬说居鲁士的母亲是嫚达妮，父亲据说是冈比瑟斯，这个容易解决。然而，至于其他问题，我不得其门而入。现在

---

[1] [译按]见本书英文版页码289，以及《居鲁士的教育》4.2.1和4.2.15。

他当然——

稍微靠后些的地方，有一篇居鲁士向波斯贵族的发言，我们从中看得出来，居鲁士有多么关心拥有关心盟友的福祉这种声誉。没有这种声誉，这份关心在政治上就没有价值，是吧？换句话说，声誉这一要素，也就是说，虚伪这一要素，掺入了荣耀之中。大家知道吧？荣耀是别人认为的东西。别人认为的东西。关于荣耀，原则上来说有某种虚假的东西，尽管如果没有荣耀的话，人类的生活便不可思议。请讲。

学生：整件事情又在兰肯读的段落中出现了，见第二十二节。如果他们未来想安全地这么做［译按：指吃喝］，那么，现在就得加入战斗。因此我要问如下问题，即，居鲁士力促眼下的战斗成为一场确定的胜利，算不算不节制。他们可以重新部署并获得——

施特劳斯：居鲁士就连一条明智的军事方面的理由都没有给出，以说明他们为什么一定得突破现状。他只是闪避这个问题［听不清］。没有证据表明居鲁士是出于更高层级的明智的理由，比如说，重组亚细亚，才着手此事。任何地方都丝毫没有表达这种意思的暗示。

学生：嗯，看上去这里有［听不清］在那个地方，他说，如果我们想将来酣睡饱食，现在就得大力向前推进。

施特劳斯：每一场自卫战当然都是这样子，当然的，而且侵略与自卫之间一直都不是那么泾渭分明。然而，这正是居阿克萨勒斯心中所想。他们现在可以睡了，因为亚述人现在已经受损，而且亚述人也乐得不再受侵扰。现在没有来自亚述人的威胁了。

［294］同一名学生：这就是我问的事情。或许现在是可能的，然而，或许明天形势就变了。

施特劳斯：是的，可是，一直都会有这样的明天。你知道吧，在早先的时代里，人们相信，每一代人都会有一场战争，或者，至少在每两代人之内就会有战争。你可以翻阅一下世界年鉴，看看是否找得到超过七十年没有爆发战争的一段时期。我的意思是，你可以有和平组织、和平游行和别的事物，可是，迄今为止，这些东西都没有帮助。在我们身处的这个据认为已使战争终结的世纪里（你记得海牙吧，国际法庭，还有他们审判的所有事情），战争反倒比任何一个早前的世纪都更频繁，战争规模也更大。可能在某种意义上，和平主义者的政治喧闹声越大，战争就越频繁。［笑声］无论如何，这不是一个经验上的方法能够轻易驳倒的论点，而且通过热核战争，战争的规模已臻至这种级别，但这个事实当然并不意味着将来就没有战争。可能不会有热核战争，或许吧，可是，人类也可能会打这样的战争，大家知道的。直接的例子，人们在这个问题上经常引用的例子，就是毒气战。在第一次世界大战中，毒气对于战争双方来讲都一样没有价值，因此，他们在第二次世界大战时就没有使用。可他们使用了其他武器。所以，这不是一个稳妥的考虑。终结所有战争的一场战争是二十世纪特有的想法。［施特劳斯敲了下桌子］

在早先的时代，人们的心态是：我们打我们的战争，至于三十年或四十年之后是什么样子，我们不知道。希腊人在战争的事情上走得相当远：他们不缔结永久和约，他们只是缔结一个有期限的和约，例如三十年，因为神才知道三十年以后的形势会如何。将来会有年轻的一代人，他们尚不知战争为何物并且渴望战斗。这是常有的事。修昔底德在《伯罗奔半岛战争志》的开篇处也很好地描述过这一情况。自公元前479年的波斯战争以来，希腊地区就没有过大战，什么时候爆发战争呢？公元前431年。48年了。所以，请想象一下：一整群到了可以配备武器年龄的人长达48年从未见过一场战争。人们对战争只有痛恨之情这个观点并不正确，并不完全正确。我认为，即便是在遭到德军猛烈空袭期间的英国，这一点都可以察觉得出来。我当时不在英国，但我的印象是：尽管在很多方面这次空袭都很可怕，但空袭也中断了单调的生活，算是激荡人心的事。一个人必须面对这件事。

兰肯：他们最美好的时光。

施特劳斯：一定不能忘记那一点。让人们有能力开始战争并忍耐下去的不单单是一种责任感。

学生：可能归纳出一个结论吗，即居鲁士清楚他明天无法避免战争，并且这——

施特劳斯：这意味着征服世界。如果你想打一场终结所有战争的战争，就必须对所有人做居鲁士对亚美尼亚人做的事，以及他对那些当地人做的事情，怎么称呼他们来着？

学生：卡尔狄亚人。

施特劳斯：卡尔狄亚人。也就是说，卸下他们的武装，并且你要有一支庞大军队来保护他们免受所有来犯者之害。或许，如果有一个世界国家，你就只需要警力。然而，[295] 这支警力当然必须具有一支军队所具备的一切功能。让我们假设一下，假如印度发生饥荒，如果这件事由莫斯科或北京来管制，那他们必然会往那里运送食物来平息暴乱，这种做法可能非常不便并且行不通，因为别的地方也需要食物。此时少许炸弹就可以解决问题。我的意思是，这是——世界国家的这支警力就是一支军队。事实上，严格来说，不再有对外政策，可是，在内部，有与对外政策等同的东西。所以，我相信，这不是一个反驳我说的内容的主张。第三十八至三十九节，让我们来读。

兰肯[读文本]：

> 所以，他们听到这些之后，便带着极大的热情做着他所命令的事情，同时居鲁士召集起分队队长，发言如下："男子汉们，朋友们，我们知道，现在我们[先]吃午餐是可能做到的事，我们可以比那些不在场的战友先用餐，并且有可能好好享用如此精心准备的这些食物和饮品。然而，我不认为，吃这顿午餐相比于看起来关心我们的盟友，会对我们更有利——"
> （《居鲁士的教育》4.2.38）

施特劳斯："看得见"。是的，"看得见"。他们一定得看见，否则就没有用了。请继续。

兰肯[读文本]：

"我也不认为，这顿盛宴为我们增添的力量比得上如果我们可以使我们的盟友热情高涨［而给我们增添的力量］。如果我们表现得忽视他们，乃至于甚至在我们知道……之前，我们就公开地吃午饭——"

施特劳斯：又是"表现出"，"如果我们看上去"。诸如此类。现在让我们读第四十节。

兰肯［读文本］：

"请记住，即便我们没有必要在他们面前感到羞愧——"（《居鲁士的教育》4.2.40）

施特劳斯：紧贴字面的译法是，"即便我们并不一定要觉得愧对他们"。所以，纯粹是出于羞愧感才不这么做，因为他们将会小瞧我们，人家正在战斗，而我们却在吃东西。可以继续了吗？

兰肯［读文本］：

"现在我们也不适合吃饱喝足，因为我们愿望得到的还没有实现，相反，现在这些事情都正需要极度的用心。因为营地里的敌人是我们人数的好多倍——"（《居鲁士的教育》4.2.40）

施特劳斯：换句话说，这里的要点是：饮食上的克制是必需的，无关乎是否为人所知，因为我们只有做到自制，才能够对付敌人。自制是一种不依赖于为他人所知的德性，而这种对声誉的关心则绝对依赖于为人所知。不是这样吗？好的。又出现在第四十二节中。

兰肯［读文本］：

"另外，营地中还有巨额财宝，我并非不知下述事实：我们是可以尽情地贪占，尽管这巨额财宝共同属于那些一起夺得它的人。可我不认为，拿走这笔钱，相比于通过显得对他们正义来试图让他们比现在更喜欢我们，会带给我们更大的收益——"（《居鲁士的教育》4.2.42）

[296] 施特劳斯：是的。"显得正义比得到这些东西更有收益"。再一次，就正义而言，重要的是别人知道你是正义的。就自制而言，则不是这样。简单的证据是：如果你吃得过饱，你就会因此受惩罚，不管这件事是否公开地为人所知。或者说喝酒过多。可是，如果你不诚实而又从来都没有人知道，你就能够免受惩罚。因此，正义，比起那些仅仅与个体的人自身相关的德性，更与声誉有关。有话要讲？

学生：[听不清] 自制本身就是好的，正义则仅仅是对……而言才好——

施特劳斯：是的，这是所谓的智术师所持有的极端版本，对于智术师这样的人来说，正义压根儿就不是德性，因为正义不是一种真正的德性。智术师的部分主张在一种低的层次上当然是对的。在下文中，居鲁士提到了波斯教育。第四十四节。

兰肯 [读文本]：

"因为现在攫取这种利好，会给我们带来那种短暂的财富，而牺牲掉这种利好，则会得到那种财富从其中自然而然地流淌出来的东西，据我看，这有能力为我们以及我们的后代提供永久的财富。我认为，甚至在邦内，我们都训练自己，克制我们的食欲和不合时宜的收益——"（《居鲁士的教育》4.2.44-45）

施特劳斯：是的，"不合时宜的收益"。可以了吧？

兰肯 [读文本]：

"这样一来，我们就有能力运用这种克制来获得利好，只要有需要。我看不出来，还有什么比眼下更重要的情势可以让我

们展示自己所受的训练。"(《居鲁士的教育》4.2.45)

施特劳斯：居鲁士所说的"训练"一词，其希腊文意为"教育"（παιδείαν）。居鲁士现在在重述波斯教育的意图或目的，大家记得吧，在第一卷？居鲁士在第一场面向波斯贵族的演讲中所造成的败坏，即德性是为了获得物质回报，居鲁士现在把它归因于原先的波斯教育本身。是的。所以，从波斯贵族制到当前的状态，我们已经走过了很长一段路。

接下来，居鲁士因波斯得仰赖外国骑兵一事而感到不快，也就是仰赖得许尔卡尼亚人和米底亚人的骑兵，波斯人没有自己的骑兵。于是，在下一章，他向波斯贵族发表了一番演讲。我们只读其中的一部分，第八节的末尾。

兰肯［读文本］：

"好的，那么，我认为，没有人会反对这一点——如果波斯人有自己的骑兵，情况会完全不一样。但是，你们或许在想这一点如何能够实现。那么，就让我们审视一下，假如我们想组建一支骑兵队，我们现在有什么，以及我们需要什么。就在这里，在营地里，的确有许多已经被逮住的马，连同约束马匹的马笼头，以及许多别的使用马匹时必须要用到的东西。我们甚至有一名骑手必须要用的那些东西：我们有胸甲，作为我们身体的防护；还有我们可以用来投掷和刺杀的标枪。还剩下什么呢？显然，还需要人。现在我们尤其拥有这些，因为没有什么像我们自己这样完全属于我们自己。然而，可能有人会说，我们不知道如何［骑马］。的确，我们是不知道，宙斯在上；但即便在那些现在知道如何骑马的人当中，也没有一个人在学习之前就知道如何骑马。然而，有人可能会说，人家还是孩子的时候就在学了。［297］难道就学习别人解说和展示的内容而言，男孩比男人更明智吗？谁更能够以体力劳动实践他们所学的东西，是男孩还是男人呢？而且我们当然有闲暇去学习，而孩子和其他男人都没有，因为我们不像男孩那样还得学习射箭，我们已经学会了这一点；或者还得学习投射标枪，因为我们也已经学会了。还有，不像其他人的处境，我们其中的一些人没有忙于农耕，另一些人没有忙于贸易，另一些人没有忙于家务——"（《居鲁士的教育》4.3.8–12）

施特劳斯：不是"忙于贸易"，而是"忙于技艺"，就是居鲁士说"训练"（training）① 的那个地方。请继续。

兰肯[读文本]：

"而我们不仅仅是有闲暇，更是有必要继续征战。"（《居鲁士的教育》4.3.12）

施特劳斯：是的，"而且有必要"。他们是这样——以前这一点从没有如此清晰地展现出来。波斯贵族被迫发动战争。可以说，色诺芬对波斯政制的描述早已暗示出这一点，可是，我认为，之前从未以如此清晰的方式表达出来。

所以，现在居鲁士向波斯人提议他们应该拥有自己的骑兵。他请求波斯贵族，即迄今为止的重甲兵，重装步兵，转变为骑兵。支持居鲁士这一动议的发言者是克吕桑塔斯。我们以前见过他。他是居鲁士最忠诚的追随者，他发表了长篇演说，第十五节及以下。我们无法全读。

让我稍稍提醒一下大家克吕桑塔斯的情况。他支持军队的民主化，大家知道的，支持分配正义，凭靠分配正义，每个人得到自己应得的地位。他支持由居鲁士的命令来达成这种变革，而不是由集会上的民主式投票来达成。他的体格和力量都不突出，可是他拥有

---

① [译按] 此处似有误，施特劳斯显然指的是其他三种情况中的第二种，此处米勒译成 some with their trades，而希腊原文是 τοῖς δὲ τέχναι，可能是施特劳斯的口误，也可能是转抄者的笔误。

过人的明智或理性。然而，正如我们所看到的，他的毛病是不理智且不适时地用力过度。他还有些高估言词或逻格斯的力量。这大致是克吕桑塔斯的特征。克吕桑塔斯支持拥有一支波斯骑兵的理由是什么呢？严格说来，克吕桑塔斯的理由不是政治上的或实用主义的。我们无法全读。让我们来读第十七节。

兰肯［读文本］：

"在所有动物里头，我认为，我尤其妒忌人头马 ἱπποκενταύρους)，原因是，它们是如此这般的东西（如果它们真的是这样的话），能够用人的聪明才智进行思虑，用双手制作自己需要的物品，同时还具备马的敏捷和力量，所以能赶上逃跑的东西，能推倒那些坚立的东西（τὸ δ' ὑπομένον ἀνατρέπειν）。如果我变成一名骑兵，我不也为我自己提供了所有这些吗？我至少能够用我属人的判断来为每一件事情深谋远虑，我会用我的双手拿武器，我会用我的马来追捕，我会用我的马的冲力撞翻任何阻挡我的人，但是，我不会像人头马那样与我的马天然地连在一起。当然，这比天然地连在一起更好，因为我认为，人头马会不知道如何使用为了人类而发现的许多好东西，也不知道如何享用许多让马自然愉悦的东西。然而，如果我学会了骑马，只要骑在马背上，我当然就可以做到人头马做的事；只要我下了马，我就会像其他人那样进餐、穿衣和睡觉。所以，除了变成可分可合的人头马之外，我还会变成别的什么东西呢？此外，相比于人头马，我也会有优势：人头马用双眼来看，用双耳来听，而我会用四只眼睛来判明方位，用四只耳朵来进行感知，因为人们说，马先用自己的双眼看到许多东西，再让人注意到，[298] 马先用自己的双耳听到许多东西，再发出提示。因此，写下我的名字吧，把我算作其中一个十分渴望骑马的人吧。"（《居鲁士的教育》4. 3. 17 – 21)①

---

① 尽管朗读者读了全文，这里还是有所删节。

施特劳斯：所以，这是克吕桑塔斯想成为骑兵的理由。大家如何描述他的欲求呢？有话要讲？

学生：成为身体上更完美的典范，一名孔武有力的战士［听不清］

施特劳斯：是，绝对正确。可是，有谁可以说得更简洁些吗？这也会让我们对他的欲求所代表的东西略知一二。

学生：自豪？

施特劳斯：不是，不是。

兰肯：用于自卫的力量。

施特劳斯：不，不止如此。他能够更好地看、更好地听。有话要讲？

学生：［听不清］现代化进程的反转，你正派出一组人去骑马［听不清］

施特劳斯：不，我不这么认为［听不清］缪勒先生？

缪勒先生：他变得更加独立。

施特劳斯：是，这是这种新身份的一种特征，可是怎么来描述它呢？

学生：如果说他最接近居鲁士，是太牵强了吧？［听不清］

施特劳斯：这一点我倒没看出来。有话要说？

学生：可以只是意味着他想增强自己的能力吗？

施特劳斯：是，当然是，可是，我想把这个与……关联起来——

学生：他在卷［听不清］的开篇处撤退了［听不清］

施特劳斯：是的，这表明他是多么服从。

同一名学生：在马背上他更加迅捷。

施特劳斯：噢，我明白。好。换句话说，他想——我相信这也是。有话要讲？

［299］学生：人头马不是半神吗？

施特劳斯：当然是。换句话说，克吕桑塔斯想成为超人（super‑human）。他想变得比人更厉害，想具备人的一切优长，并且还想有更多的优长。嗯，我会说，这是克吕桑塔斯关于一个人上人（a man surpassing man）的观念的上限了。这使问题扩大了，是吧？换句话说，兽-人是比人更厉害的。有话要讲？

学生：我们应该把这一点与居鲁士成神的欲望进行对比吗？

施特劳斯：是的，当然，必须这样对比。这是克吕桑塔斯的想法。关于自己的热望，克吕桑塔斯的想法是成为合成式的人头马。我的意思是，他用"合成式"这个词，是因为每一个夜晚他都能卸下束带，于是就又变回一个人了。

学生：这再次表明了克吕桑塔斯的明智？他知道有局限，因此，他没有成为神的热望，而是要成为半神。

施特劳斯：是的，可是，你们看，这是一件非常复杂的事情。我并不宣称自己能解释，可是，我想，作为一个解释范例，我会举我们在阅读《治家者》时观察到的那个事实——当时伊斯霍马霍斯教苏格拉底植树的技艺，而苏格拉底什么都知道，于是就有了一个反思："知识就是回忆"。苏格拉底记得自己曾经路过一些田地，看见人们当时如何植树：知识就是回忆。这当然是在提醒人们想起哲学层面上的、柏拉图层面上的"知识就是回忆"这一学说。色诺芬有能力这么做，这是他特有的方式，即在低的层面呈现更高的论题，正如谐剧所做的那样。我的意思是，例如，当你读阿里斯托芬的《云》时，会发现他在一名雅典农夫的层次上来呈现占星术、地理学或随便什么论题。苏格拉底正在地下进行探究——嗯，这当然意味着苏格拉底想找到适合种洋葱的地方。其他的笑话，我记不得了。色诺芬现在做的事情与此类似，只不过是从一种亲苏格拉底的立场出发，而不是从一种反苏格拉底的立场出发。所以，我会说，在克吕桑塔斯的人头马后面，可能有这一类东西。

现在让我们来看一看：克吕桑塔斯所描述的人头马是什么样的？人头马由一种有理性的生物即人，与一种非理性的生物构成。人本身当然是由理智与低于理智的东西构成，低于理性的东西，也就是欲望和其他事物。现在，在人身上，逻格斯，即理智，应该统治非理性的东西。这是一件事。另一件事，我们也一定不要忘了，人身上的理智受到非理性的帮助，正如在人头马身上那样，马匹更灵敏的听觉对人有帮助，大家记得吧？换句话说，人在某种意义上就是人头马。人在某种意义上就是人头马，人头马是混合了理性与非理性的生物。我相信，这甚至启发了斯威夫特写作《格列佛游记》的第四部分，即慧骃国（Houyhnhnms）部分。柏拉图的《斐德若》将人描写成一个人驾着两匹马和一辆马车。① 两匹马代表欲望，人代表理性，马车代表身体。我的意思是，换句话说，克吕桑塔斯以其野蛮的方式言中了（divine）某种东西，可是，既然他是以野蛮的方式言中，他也就毁了这东西。

学生：他为什么如此强调人头马？他为什么说马－人头马（Horse－centaur）呢？②

[300] 施特劳斯：因为用希腊语来说，centaur 这个单词就完全足够了？我不知道。在《论狩猎》中，色诺芬说的是马－人头马（hippocentaur）？③

学生：不，说的是人头马（centaurus）。

施特劳斯：色诺芬说的是人头马（centaurus）。这问题很好。

学生：与军队有什么关系吗？

施特劳斯：是的，他显然想突出如下事实，即人头马的一个构成部分是马，是的，否则的话，仅仅 centaur 这个名字是无法与骑兵搭上关系的，文字上的关系。这是我会提出的说法，可能不够圆满，但是值得考虑。我不声称我能够充分解释，我仅仅说出我想到的东西。我们现在转向下一章。有话要讲？

学生：[听不清] 这一章末尾的段落 [听不清] 比如说 [听不清] 安排某一组人做骑兵，这是从民主制后退 [听不清]

---

① 见《斐德若》246a。
② [译按] 克吕桑塔斯在 4.3.17 处首次提到人头马时，用的是 ἱπποκένταυρος 这个希腊语单词，它由 hippos 和 centauros 构成。hippos 意为"马"，而 centauros 本身也可以指"马人"。
③ [译按] 色诺芬在《论狩猎》这篇短文里只是提到了马人刻戎（Cheiron）的名字，并没有提到"人头马"这个单词。

施特劳斯：换句话说，是重新引入等级制社会。

学生：那是在第二十二节。

施特劳斯：第三章的二十二节？其次，这是一个严格的军事组织。他们必须服从。他们并不是王国的权贵，有着与统治者一样大的话语权。这一点很重要。我要感谢你。

现在看下一章，第四至八节（遗憾的是，我们读不了），我们看到居鲁士再一次作为施益者出现，他如何处理平民。这些平民将不会受到任何伤害。当然，他们必须解除武装，这无需说。他们得为军队运送食品和其他东西，这件事也显而易见。然而，他们随后会受到很好的对待。当然，其中的部分文字表达的就是字面上的意思。有某些非常基本的行为规则，其中普通的正派（decency）和低级的明智确实重合在一起，而且这些行为规则经常遭到轻率之人的忽视，无论是轻率的士兵抑或轻率的将领。我所记得的最令人印象深刻的例子，又是出自修昔底德（见《伯罗奔半岛战争志》3.32）：一名斯巴达将领，叫阿尔奇达斯（Alcidas），杀死了所有来自希腊各岛屿的战俘，无论他们是亲斯巴达还是反斯巴达的。这时候就要有人告诉他：你这个傻瓜，你这种不加区分的滥杀将会在各地激起反斯巴达的情绪。于是，他立即收手了。可是，凭他自己的才智，他就想不到这一层。所有国家中，在所有情形中，都有这样的人，就此而言，在处理这些事务的方式上，居鲁士当然是榜样：不要激起不必要的敌意。比起以非和善之道对待这些人，以和善之道待之，居鲁士会好过得多。起来武力抵抗的每一个人都被杀掉，不带任何怜悯之情。在这事情上，不带一丝胡闹。但是，那些没有战斗并能为军队服务的人，他们当然必须得到善待。他们是军队的施益者，所以，军队将反过来施益于他们。约翰逊（Johnson）先生？

[301] 约翰逊先生：[听不清] 居鲁士原本是要处死那位亚美尼亚国王的，他可能了解到了这么做会有益得多——

施特劳斯：嗯，居鲁士真的从未想过这一点。因为居鲁士非常懂得那一要点——我是说提格拉涅斯给出的实用教诲，即如果亚美尼亚王和统治者照旧存续并且亚美尼亚人派遣军队的话，居鲁士本身的处境会更好。就此而言，居鲁士不必从提格拉涅斯那学习；居鲁士从提格拉涅斯那里学到的，是与此有关的理论上的推演。

还有另外一点，在色诺芬笔下处处可见，而那也是马基雅维利笔下的要点之一：一个人正派，真正派还是仅仅在算计别人，在一个大范围之内并无重大区别。在一个大范围之内，这没有区别。换句话说，假设居鲁士是个有聪明才智的自私之人，那么，他仅仅是受自我利益引导还是受真正的善行引导，这在相当大的程度上并没有区别。是吧？这其中有几分真理。对马基雅维利而言，人们可以说，这几乎就是全部的真理了。对于色诺芬而言，这并不是全部的真理，但在一定限度内，这当然是真的。

在第九节，当战俘们到来时，是的，战俘到来，这些平民——在这一部分的末尾，即第十三节，最后一句话是什么？居鲁士以非常仁慈的口吻对他们发表讲话，这并不是因为他是一个非常仁慈的人，而是因为他不是一个傻瓜。这些可怜的家伙，他们对居鲁士而言不再是威胁。如果居鲁士善待他们，他们就能给居鲁士带来相当的帮助，所以，居鲁士将和善待之，仅此而已。第十三节的最后一句话。

兰肯［读文本］：

他［居鲁士］说了这些话，之后他们拜倒在地，并且承诺会遵令行事。（《居鲁士的教育》4.4.13）

施特劳斯：此处的"跪倒在地"，其希腊文是 προσκυνέω，派生于那个用来指狗的希腊语单词，① 意思是像一只狗一样朝统治者走去，可以说是在巴结。这是他们用来指称向波斯大王致敬的单词。这样的事在这里是第一次发生。居鲁士逐渐变成东方式暴君。他原本是像斯巴达国王，顶多是个"同侪中的首席者"（primus inter pares）。

---

① ［译按］希腊文里表示"狗"的单词是 κύων。

这是第一个迹象。有话要讲？

学生：这个单词的意思是"拜倒在地"吗？因为色诺芬在卷八中说，当居鲁士以盛大的排场外出时，人们拜倒在地——

施特劳斯：这些人之前是所谓的自由人，自由公民，是的。

同一名学生：所以，这就是区别。

施特劳斯：是的。现在我们转向下一章。在第四至七节，让我们来读一下。

兰肯〔读文本〕：

  这时米底亚人和提格拉涅斯的亚美尼亚人洗澡，而且由于已经做好了这种准备，他们更换了衣服，然后进餐。他们的马匹也吃了它们所需要的东西。他们将自己的一半面包送到波斯人那里，但既没有送佐料，也没有送酒，因为他们以为居鲁士和他的士兵已经有很多这些东西。然而，居鲁士的意思是，饥饿就是他们波斯人的佐料，他们的水来自旁边流过的河流。（《居鲁士的教育》4.5.4）

[302] 施特劳斯：还有第七节。

兰肯〔读文本〕：

  因而，波斯人就这样行事。而米底亚人则在饮酒，在宴饮，在听长笛吹奏，用各种乐子来满足自己。因为他们夺得了许多这类东西，所以，那些还醒着的人是绝不会找不到事儿干的。（《居鲁士的教育》4.5.7）

施特劳斯：这再次让人想起最初的情形：波斯人自制，米底亚人不自制。是的。在下文中，色诺芬描述了米底亚王居阿克萨勒斯：缺乏自制，而且妒忌人。我的意思是，他真是个可鄙的人，他没有能力控制自己，因此他得不到荣誉，于是，他就妒忌那些的确控制得住自己并且因此得到荣誉的人。他派了一名信使到居鲁士那里，但信使第二天才能见到居鲁士（［译按］见4.5.18）。换句话说，出于某种偶然，拖延战术经证明是非常有用的，正如它们屡屡见效一样。第十五节，居鲁士再次向波斯贵族发言。

兰肯［读文本］：

"男子汉们，神展示出很多好东西，可是，我们波斯人，现在人太少，以至于无法持续控制它们。如果我们守护不了我们的付出为我们带来的东西，这将会再次成为其他人的东西——"（《居鲁士的教育》4.5.15）

施特劳斯：在希腊语原文中，这里有一定的笑话成分。米勒翻译成"控制它们"的这个希腊语单词 $ἐγκρατεῖς$，与意为"自制"的希腊语单词一模一样，意思是"成为它们的主人"。自制当然意味着做自己的主人。这层意思在翻译中无法充分表达出来。

兰肯［读文本］：

"一方面，如果我们守护不了我们的付出为我们带来的东西，这将会再次成为其他人的东西；另一方面，如果我们把我们的一些人留下来守护落入我们手中的东西，我们立刻就会显得兵力不足。［16］因此，在我看来，你们当中应当有一个人尽快返回波斯，既要教导我所说的内容，又要敦促波斯人以最快的速度派出一支军队，如果波斯人至少是欲求统治亚细亚并得到这种统治的果实的话。［17］那么，来吧，你这位最年长的，你去把这些事情告诉波斯人，并且告诉波斯人我会安排好他们派出的士兵的给养，在他们抵达之后。你看到了我们现在拥有的这些东西，不要对波斯人隐瞒这些东西。至于我应该从我们所拥有的东西中送什么到波斯，为了我能以高贵的和符合法律的方式执行属于诸神的事情，你去问我的父亲吧；至于属于共同体的事情，你就问那些执政者。"（《居鲁士的教育》4.5.15–17）

施特劳斯:"执政者"([译按]色诺芬用的是τὰς ἀρχάς)。大家看,居鲁士当时依然是一名属于共和国的官员,在涉及国内的掌权者时,他以一种绝对符合宪政的方式行事。然而,他已经在那些被征服的国家内建立起属于自己的帝国,尽管还不是一个正式的帝国,但这很快就会出现。有话要讲?

学生:[听不清]居鲁士的父亲是冈比瑟斯,波斯国王。

施特劳斯:是的,可冈比瑟斯是一位宪政式的王,是大祭司和总司令,仅此而已。所有国内事务上的大权,也就是所有的政治大权,在那些选举出来的共和式执政者手上。

[303] 同一名学生:我明白了。

施特劳斯:喔,是的。噢,是的,是的。这很重要。居鲁士现在如何对付居阿克萨勒斯呢?第二十一节。

兰肯[读文本]:

"可是,我们怎么就该受到责备呢,既然我们是在给他带来好处,甚至都不是我们主动做这件事的?我当时说服了他,让他允许我带上你们出发,而且你们不像那些渴望这次征战的人,并没有要求离开来这里。毋宁说,你们——你们当中凡是不反感这么做的人——直到他如此命令之后才来。"(《居鲁士的教育》4.5.21)

施特劳斯:这不令人惊奇吗?居鲁士做了改动。他把准许说成了命令。嗯,在某种程度上,这个改动当然是对的。准许当然不是禁止,可也不是命令。然而,居鲁士做了最坏的打算,即万一居阿克萨勒斯没有冷静下来的话。下文详述了这一点,其中我们还看到居鲁士给居阿克萨勒斯的一封信,格伦先生对这封信的释读十分到位。请讲。

学生:我从第二十一节中读到的意思是:实际上当初居鲁士前去要米底亚人跟着他自己出征时,这就是居鲁士告诉米底亚人的内容,他原本就告诉他们,他们是受命出征,他们受命于——

施特劳斯：可是仍然——可能你在这一点上是对的，然而，居阿克萨勒斯知道或可能知道他并不曾下命令，而仅仅是允许。居阿克萨勒斯是个大傻瓜，可还不至于傻到看不出居鲁士正在从他身边把他自己的臣民吸引走。这也是下一卷的部分论题。让我们仅仅读第三十二节，那封信的末尾。

兰肯［读文本］：

"尽管我更年轻，但我建议你不要收回你给出的东西，以免你遭到敌视而不是得到感激；当你想要某人快速来到你这里时，也不要语带威胁地传唤他；当你宣称你单独一人时，不要威胁数量庞大的一群人，免得你把他们教得不把你当回事。"（《居鲁士的教育》4.5.32）

施特劳斯：是的。我们已经在论文中听过了，现在我们读到了这里。在下文中，有一篇居鲁士面向骑兵长官们的讲话，骑兵指挥官，当然还有许尔卡尼亚人。我们可以来看第——太长了。第四十八至五十四节看起来尤为重要。里面有他们应当如何回报居阿克萨勒斯的内容。让我们来读第五十一节。

兰肯［读文本］：

"不过，我接受它们（［译按］指马匹），"居鲁士说，"而且在我们变成骑兵的过程中，在你们分配那些公共的东西的过程中，愿有好运伴随。现在，首先为诸神选出玛戈指示的无论什么东西。然后，也为居阿克萨勒斯挑选任何你们认为尤其会令他满意的东西。"他们笑了，还说他们得挑女人［给居阿克萨勒斯］。"那就挑女人吧，"居鲁士说，"还有其他任何你们觉得好的东西。当你们为居阿克萨勒斯挑选时，许尔卡尼亚人啊（ὦ Ὑρκάνιοι），你们一定要在你们的能力范围内确保所有这些自愿追随我的人都没有理由抱怨。［304］你们米底亚人啊，轮到你们来荣耀这些作为我们第一批盟友的人了，从而他们将会认为,他们变成我们的盟友时,他们当时考虑得好。也从所有东西中分拨出一份给居阿克萨勒斯派来的信使,既给他本人,又给那些与他一起的人。邀请这位信使跟我们待在一起,这是我决定的事情,目的是在他了解每一件特定事情后,他可以向居阿克萨勒斯报告情况。至于与我一起的那些波斯人,在你们高贵地得到供应之后剩下的任何东西对他们都已足够,因为我们不是以非常精细的方式被抚养成人,而是以质朴的方式,所以,如果我们身穿任何一件上好的衣物,你们可能会嘲笑我们,就像当我们骑在马背上时肯定会给你们提供大笑料一样,并且我以为,当我们从马背上摔下来时也肯定会。"(《居鲁士的教育》4.5.51-54)

施特劳斯:所以,听了这个绝妙的笑话,他们当然笑起来了,这是那些狡猾的笑话当中的一个,大家知道的,因为这使得波斯人作为一支军队完全自足。这件事影响甚大。

在下一章,第二节,敌方即亚述王的一名旧臣来了,名叫戈布吕阿斯(Gobryas),戈布吕阿斯在第二节中首次称居鲁士为"主子"ὦ δέσποτα)。"噢,主子啊",这是奴隶对主子的称呼。这也是更进一步。这位戈布吕阿斯曾经受到当前这位亚述王绝对残暴的可怕虐待。大家知道,在居鲁士的军队占领亚述的军营时,老亚述王在战斗中死去了,于是,太子登基。这位太子,其行事与太子们在其他情形中一样,曾经犯下一桩可怕的罪行,一桩不可原谅的罪行,他杀死了戈布吕阿斯的独子。所以,戈布吕阿斯现在当然非常乐意背叛这种主子。这是居鲁士从其他人的愚蠢行为中得到的许多好处之一。请讲。

学生:这是许久之前犯下的一桩罪行了。

施特劳斯:是的,可戈布吕阿斯还是忠于老亚述王,因为老亚述王与此事无关。然而,老王死后,现在是这位谋杀者登上王位了,戈布吕阿斯才这么做。让我们来读第十一节。尽管这个故事十分动人,可我们没法读这个故事。我们还会看到另一个这种类型的人。

兰肯：如果你要叛变，不带一个至少是那般好的故事来，那会是愚蠢的做法。

施特劳斯：很好。你的说法很好。换句话说，当你阅读整本书时，一切看上去都是合法而坦诚的。我的意思是，居鲁士成为世界的统治者，却没有犯下任何不义之行，仅仅是靠他的各种德性和正义。那些帮助他的人统统都是不错的人，那些抗拒他的人就真的活该被镇压。这是个童话故事。再没有比这更好的事情可期待了［听不清］可是，如果我们稍微深入些来看，这些事情并没有那样简单。现在来读第十一至十二节。

兰肯［读文本］：

所以，他留下了一名向导，离开了——

施特劳斯：也就是戈布吕阿斯。

[305] 兰肯［读文本］：

这时候，米底亚人进来了，他们已经把玛戈宣称他们选给诸神的物品运送到玛戈那里。（《居鲁士的教育》4.6.11）

施特劳斯：顺便问一下，玛戈是谁？这可能不是一下子就可以明白的。

学生：波斯祭司。

施特劳斯：是的，波斯祭司。那么，波斯祭司当然也会首先为哪个国家着想呢？

学生：波斯。

施特劳斯：波斯。所以，大家看，居鲁士的虔敬对他的国家利益非常有用。可以继续了吗？

兰肯［读文本］：

米底亚人也为居鲁士挑了最华丽的营帐和那位苏萨女人，

据说她肯定是亚细亚最美的女人,还有两名最好的女乐师;其次,他们为居阿克萨勒斯挑了第二好的。米底亚人也充分地给自己提供了自己所需要的其他同类物品,好让自己在征战时可以无所缺乏——(《居鲁士的教育》4.6.11)

施特劳斯:可是,这种分配方式是怎么回事呢?这是按照居鲁士的命令来的吗?

兰肯:可能发了额外的奖励。

施特劳斯:什么?

学生:做出这种更改是为了承认居阿克萨勒斯排在最好的人之后[听不清]

施特劳斯:是的,你只需与卷四第五章第五十一节对比一下。居鲁士并没有说自己应该得到比居阿克萨勒斯更好的一份,而是说居阿克萨勒斯应该得到更好的。可是,米底亚人为什么要更改呢?他们为什么如此不听话,以至于给居鲁士最好的,给居阿克萨勒斯的仅仅是次好的?

学生:或许可以说,统治者之间的分配,现在根据的是优秀品质[听不清]

施特劳斯:可米底亚人不应该遵守一个明确表达的命令吗?是什么推动米底亚人这么做?让我们假设,是对居鲁士的崇敬。让我们到此为止吧。可是,居鲁士不应该非常在意严格服从自己的命令这一事情吗?我们已经听说他平常是多么严格,你们知道的,可是,在这件事情上,他当然不严格,因为米底亚人这么做是承认居鲁士身居首位,而不是居阿克萨勒斯。所以,换句话说,有助于加重居鲁士权威的违令并不是违令。这是一个简单却并非不重要的问题。是的。接下来便是这场分配的其余部分。是的,这至少是我所发现的具有特殊重要性的东西的实质所在。瓦伦(Warren)先生?

学生:如果有人给出这一卷的概要,我会感激不尽。

施特劳斯:或许兰肯先生能做到。

[306] 兰肯:在我们处理一般性的问题之前,我先回看第五章

第五十一节，居鲁士成功地以一种不完全禁止这么做的方式下达了指示。居鲁士当时说：随你们的意给居阿克萨勒斯挑东西。

施特劳斯：是的，可还是——

兰肯：居鲁士虽惊讶，却相当开心。

施特劳斯：好吧，如果你想，可能这是真的。可是，这个问题，给居鲁士的这份礼物将此处与下文联系起来，因为这个美丽的女人将在下文成为主角，特别是居鲁士与她之间的关系，这关系绝对无可指摘，却让居鲁士变得有些可疑。至于博扬（Boyan）先生提出的问题，我们怎么说呢？嗯，这一卷的大情节，我会说，就是骑兵的创建以及创建骑兵所带来的一切，导致波斯从而也就是居鲁士本人的兵力和独立性增强，并且我们看到了专制政体的第一个迹象。然而，从形式上来看，居鲁士仍旧是波斯国王的儿子，而波斯国王是宪政式的王。嗯，仁爱所要求的东西，与居鲁士的利益本身所要求的东西之间惊人的一致，对此我们现在以及在其他细节里看得比以前更清楚一些了。作为总体性的概要，我只能说这么多了。

兰肯：你或许可以把这一卷当作居鲁士获得各支部队的过程来分析。如果你进行另一种文学式的分析，对比居鲁士获得各支军队时所采用的不同方法和方式，这可能既有乐趣又有启发。我们看到居阿克萨勒斯为拿回自己的部队所作的失败尝试，也看到居鲁士为得到一支部队而采取了有天壤之别的方法。那支部队将来可能是［听不清］波斯。那是甜言蜜语。

施特劳斯：但是，做居鲁士的臣民，比起做居阿克萨勒斯的臣民，从每一个方面，从军事荣誉和战利品来看，回报都远为丰厚，不是吗？你得到的是像人一样的对待，而这位糟糕的僭主对自己的臣民却非常恶毒。我的意思是，当然，当我们这么说的时候，我们忘了一样东西，那就是法律。米底亚人不是受法律强制要更爱他们的王而不是居鲁士吗？这是法律上的强制能够在多大范围内起作用的问题。我的意思是，一个人可以受法律的强制而忠实于他的国王，可是，任何法律都无法强迫一个人去尊敬他的国王。这是不可能的。法律能够禁止一个人在公共场合说出他对国王的看法，否则这个人将犯下大不敬之罪。这能够做到，可还是有一种冲突，一种可能的冲突，法律与本身合理的事情之间的冲突，礼法（νόμος）与自然（φύσις）之间的冲突。这种状态将会在下文出现。所以，现在我们所能够期待的就是：居鲁士与居阿克萨勒斯之间的关系将会如何发展？因为这事情迟早肯定要当机立断加以解决的。对居阿克萨勒斯来说，以一种非常有限的方式维护自己的王权在将来某个时刻会变成事关生死的事情，无论他再怎么沉沦于低级的享乐中。

然后，另一件事情，当然是针对亚述人的军事行动如何推进。这是件很大的事，因为巴比伦是一座巍巍大城，居鲁士一定得准备得当，一定得从亚述王那边争取到比他已经得到的多得多的投奔者。最后但并非最不重要的一点是，居鲁士手里有特殊的战利品：那位美丽的女人，下文将会讲述她的故事。某某先生，请讲。

学生：[听不清]居鲁士和居阿克萨勒斯之外的那些角色，也就是居鲁士的友人们和下属们，我们应该留心看[听不清]克吕桑塔斯和他所做的每一件事情，[307]您把这看作一个小圈子的形成吗？这个圈子最后终于出现，这个圈子可与另一个著名的人及其友人小圈子进行对比吗？

施特劳斯：是的，可我相信——问题仅仅是这个对比在多大程度上深入细节。我要说的仅仅是：亚美尼亚的王太子提格拉涅斯，作为亚美尼亚的苏格拉底的学生，从这个视角来看，看上去应该会要求一种特别的[听不清]我们不妨试着翻译成明白易懂的语言：提格拉涅斯是个亚美尼亚人，后来追随了波斯王。亚美尼亚是什么，波斯又是什么？我们必须首先把这翻译成明白易懂的语言。

学生：亚美尼亚是米底亚的一块领地，是——

施特劳斯：是的，但我指的是城墙。被禁止重建城墙的人们。他们是谁？

学生：雅典人。

施特劳斯：所以，换句话说，提格拉涅斯是雅典国王的儿子。雅典当然没有国王，所以，他是城邦的儿子，而且追随了波斯王。

波斯是什么呢？

学生：斯巴达。

施特劳斯：你知道有什么雅典人，雅典的儿子，追随斯巴达吗？

学生：色诺芬。

施特劳斯：色诺芬。他色诺芬也是那位亚美尼亚智术师的一名学生。所以，在某种意义上，提格拉涅斯——我相信，可以这么说：色诺芬在这里的故事中描写的是，如果阿格西劳斯或其他斯巴达领袖，如吕山德等人，不是低级的傻瓜，并且没有以他们的愚蠢行为使得全世界即整个希腊世界与之对立，而是具备色诺芬笔下的居鲁士那般的智慧，那会发生什么事情呢？他们原本可以轻而易举地建立起一个泛希腊帝国，甚至将小亚细亚囊括在内，并且这位来自希腊的征服者原本可以有一个在最好学校受过教育的咨议官。可是相反，斯巴达人顶多就是给色诺芬某块位于伯罗奔半岛西部的上好地产，那里非常便于狩猎。有话要讲？

学生：关于这位年轻人的性情，我以前就想问一个问题，也就是，他的父亲首先是被居鲁士判处了死刑［听不清］

施特劳斯：当然，正如斯巴达在伯罗奔半岛战争结束的时候，受同盟特别是忒拜怂恿去灭掉雅典一样，如果我所记不差的话。那时斯巴达人说：不，你们永远不知道我们可能会多么需要这些家伙，因为波斯大王还在周围。还有一种多少更高贵些的情感：对雅典人在希波战争中的所作所为抱有感激之情。我相信，这不是出于对索福克勒斯和斐狄亚斯（Phidias）① 的感激之情。这些事物在先前的时代并没有发挥那么大的政治影响，你知道的，虽然文化关系在1963年是如此重要的事情。所以，回到我们的童话故事：先是波斯王救下了亚美尼亚王；提格拉涅斯，也就是色诺芬，在某种程度上与此事有关。在某种程度上。这当然已经彻底成谜了。

已经发生的事情是，色诺芬有了可以要求斯巴达人感激自己的

---

① ［译按］雅典著名的雕刻师，生卒年约为公元前490年至前430年。

权利，[308] 这件事是后来发生的，在公元前 401 年，而伯罗奔半岛战争结束于公元前 404 年。你们知道的，公元前 401 年，他随小居鲁士出征并且带领希腊人返回希腊，而这支希腊军队，这支雇佣军，可以说是被并入了斯巴达军队，故此，随后色诺芬对斯巴达人具有了某种价值。色诺芬甚至站在错误的一方进行战斗，也就是在斯巴达一方，在大约八年之后的克罗内亚战役中；或者至少可以说，色诺芬当时在敌营里。可色诺芬之前做过什么事，就难说了。

你们看，可能必须这么来理解。在当时的雅典有某一群人，人们可以称其为一个派别，他们与骑士阶层有关。骑士当然是骑兵，可是这也意味着是富人，最富的人。色诺芬就是这样的骑士。他们以某种方式反对激进民主政体，很可能也反对任何形式的民主政体。若是色诺芬年轻时与这种立场有关系，我不会感到惊讶。这个派别大体上都支持斯巴达。大体上。他们当然反对与斯巴达的战争；既然民主制与海军相互伴随，整个海军力量，雅典的商业力量，因此，这股势力与反斯巴达的政策有关联。这是大致上的意见分歧。色诺芬很可能是这些人当中的一员，正如柏拉图也是。你们一定不要忘了，年轻的柏拉图，二十岁时，曾对这些可怕的家伙如克里提阿斯、卡尔米德等等寄予厚望。伯罗奔半岛战争之后，这些人在斯巴达人的帮助之下摧毁了雅典的民主制，他们就是所谓的三十僭主。但是，不久之后，柏拉图就不再支持他们并且打消了期望。不过，色诺芬身上当然也有这些简单的东西。当时还有一个人，那时的一位著名政治家，忒拉梅内斯（Theramenes），① 人称变节者，因为在辉格党得势时，他是托利党人，在托利党得势时，他是辉格党人，你们知道的，因为他是个中间派，当生活非常艰难的时候，这些人的处境最糟糕。他被三十僭主杀害了。

忒拉梅内斯与苏格拉底之间也有关联。简而言之，有一些关联。情况并不像那些从政治史的视角出发看待一切事物的人们所见到的

---

① 见《希腊志》卷一和卷二。请特别参看 2.3.23 – 56。

那样简单，然而，苏格拉底的圈子与反民主的圈子之间，有些意气相投。这很可能就是那个理由，苏格拉底被处以死刑，可能有一种潜在的理由。它当然不是指控里明确提出的罪行，指控提出的罪行就只是不虔敬。然而，苏格拉底可能非常不招人待见，尤其是像安努图斯（Anytus）① 之类直言不讳的民主派分子，所以，这一点以某种方式处在背景之中。柏拉图和色诺芬从未说起过这一点，因为提起这些事情并不容易。

有人相信雅典没有类似第一修正案的东西，我相信这是一种谬见，绝不要忘记这点。伊索克拉底（Isocrates），他也是与苏格拉底有关联的人，在某个地方说，公元前399年苏格拉底被判处死刑时，哲学在雅典的情况是一蹶不振。换句话说，没有人敢说话。我们有一份记录，修昔底德的一份细致入微的记录，他记录了公元前415年发生的事，当时赫耳墨斯神像遭到毁坏，还有其他罪行，据说是受阿尔喀比亚德怂恿的。当时有一种普遍的恐惧，一种真正的恐惧，不是人们谈论麦卡锡（Joseph McCarthy）议员时的那种情况。② 真有许多人被杀死，仅仅因为他们被怀疑与那些罪行有关。所以，我认为这就是我们对这些事情知道得比较少的原因。我们所听到的——现代学者已经试图填补这些空白，他们的说法是，[309] 这些政治上的分歧的确与此有些干系，但可能还涉及更多事情，还有更多内幕。

或许《居鲁士的教育》给我们的不是可以用于任何法庭的确凿事实，而是一种提示：色诺芬，我的意思是他作为苏格拉底的一名学生，实际上是在与斯巴达人一道帮助自己的城邦雅典。这是一种当然有所夸大的象征性表述，但在伯罗奔半岛战争结束时，斯巴达人对雅典人还算宽厚，苏格拉底的圈子应该可以说有贡献。可是，

---

① ［译按］指控苏格拉底的人之一，也是推翻雅典三十僭主的主要领导者之一。

② 参议员麦卡锡（右翼），曾任参议院调查常务委员会的主席，该委员会在1953年调查了一系列共产主义在美国政府内（尤其是国务院内）进行渗透的行为。

谁能知道，谁又可能知道，作为平民的个体之间的对话说了什么呢？据我们所知，他们中一些人可能受到了苏格拉底的影响。无论如何，这是一个，该怎么说呢，一个令人高兴的想法，一个令一些人恼火的想法，但思考起来当然是有趣的。色诺芬只提到如下事实：他遭到雅典合法的放逐，即流放。他没有给出其中的原因。所以，我们不知道。

第十三讲 《居鲁士的教育》卷五

[310] 施特劳斯：[进行中][听不清] 换句话说，这个惹人反感的词汇"操纵人们"就得以避而不用了。这是一篇很好的论文，① 就这篇论文所涉及的内容而言，我几乎没有什么要补充的。但你的论文提醒了我，之前我从未想到过这一点。你的论文一开始就从我们在这本书中学习如何成为一名统治者这个总体性问题入手，即统治人的技艺，还有色诺芬陈述的三样所需，即出身、天性、教育。教育在某种程度上当然并不是居鲁士专属的教育。毕竟，所有波斯人都受过那种教育的波斯部分，所有米底亚人都受过那种教育的米底亚部分，然而，或许这两种教育的混合是罕见的情况。这是部分解释。

至于居鲁士的天性，他在天性上超越任何人，这被视为理所当然之事。可是，这种天性上的优越就足够了吗？你必须承认，无论我们可能多么崇敬居鲁士的自然天赋，他总归还是有他优越的起点，因为他是波斯国王的儿子和米底亚王的外孙。大家知道，他拥有的不只是机会平等。现在，如果有人想呈现这个论题的话，下面是这个问题的有趣形式：那个没有任何起点的人。一个弱者成为统治者，这会有意思得多。

我仅仅知道有一部伟大的作品探讨过这个论题，即阿里斯托芬的《骑士》（*Knights*），某个来自社会底层的人——嗯，这个问题与

---

① 本次课以阅读学生的一篇论文开始，该论文没有收录进来。

我们这个世纪希特勒的情况有某种类似之处。上等阶级的人受到民众的威胁，受到一名可怕的蛊惑民心的政客的威胁，然后，他们就试图挑选出蛊惑民心的政客中最坏的那个，让他去攻击克勒翁（Cleon）。这就是上等阶层发现的那个香肠贩子。事实表明，香肠贩子在所有低级的蛊惑技艺上都表现得比克勒翁更加高超。他诽谤人的能力与克勒翁不相上下，或者更高一筹。另外，他还会拳斗。他打了克勒翁。然后，一件怪事发生了，这是这部剧显而易见的荒谬之处。这个家伙变成了蛊惑民心的政客，还成了克勒翁的继任者，他经证明是非常优秀的男子汉。曾经将他发掘出来的上等阶层不再能够利用他。他们出局了。这件事情的奥秘是：香肠贩子是个天生的统治者，但缺乏所有的文雅教养。他天生就是统治者，不仅仅因为他有聪明才智，而且因为他并不愿意统治。他是被迫，或者是以某种方式被人说服才进行统治的，并且他是个天性优良的家伙。他对统治不感兴趣，而这也是——正如你知道的，根据柏拉图的观点——证明一个人是真正统治者的证据之一。这是一部非常值得留意的谐剧，我认为，人们应该在这方面加以考虑。

然而，回到居鲁士，若要对居鲁士有一个公平论断，我们一定不可忘了那一点。可居鲁士的天性毕竟还是相当引人注目。你的论文中有一个要点——我忘了我在哪里做的笔记了。你可能说的是居鲁士不嫉妒其他人，而这位亚述人即亚述国王嫉妒别人。是的，可是，对此的说法是什么呢？

学生：居鲁士没有必要嫉妒。

施特劳斯：是的，正是。换句话说，这位天生的统治者当然，如果他是单个的人，本来就没有必要嫉妒任何人；另外，居鲁士还具备优越的起点。所以，用色诺芬说过的话来讲，居鲁士为诸神所钟爱。优越的起点属于某种并不是靠居鲁士竭尽全力争取到的东西，也不能够从居鲁士自己的天性这个角度出发来理解。你的说法，早前的论文也是，当然经常提醒我想起［311］塔列朗（Talleyrand）著名的说法。当拿破仑犯下可能是他最大的一桩罪行的时候，即他把奥尔良公爵（Duc d'Orleans）从外国领土上抓来，然后在法国的土地上将其枪毙，每个人都对这种违反国际法的行径和其他所有事情感到震惊。塔列朗，至少可以说他是一个没有道德义愤倾向的人，他说："这比一桩罪行更坏，这是个错误。"① 这样的事在［《居鲁士的教育》］这里一直都有发生，这些人以他们的罪行犯下过错。居鲁士则一直保持着合法性（legality）的表象，你正确地强调了这个事实。这是居鲁士获得成功的部分奥秘，因为迄今为止，米底亚人被居鲁士吸引仅仅是靠自愿臣服。没有任何种类的法律义务问题。这种法律义务仅仅经由米底亚人自己的国王才非常间接地存在。所以，保持合法的表象对居鲁士来说某种意义上很重要。

这对我们绝不可忘记的一个问题来说很重要，即居鲁士与僭主之间的区别。色诺芬表述方式中的简·奥斯汀式的特质某种程度上掩盖了这个重大问题，在色诺芬笔下，居鲁士这位绝佳的人物一直在微笑，并且每个人也都微笑，等等等等。但是，背后当然有非常严酷的事实。如果我们对这个问题加以分析就会看到，那位僭主是不合法的统治者。不存在带有合法性的表象。然而，这种合法性的表象并不仅仅是一种精明，它也是好的。无论居鲁士打算得到什么，它都确实是好的，因为有一些纽带，对于作为一个整体的社会而言十分重要的纽带，并没有惨遭割裂，否则会产生无法衡量的后果。

我认为，对比克伦威尔（Cromwell）与奥兰治的威廉（William of Orange），你在英国历史上可以相当清晰地看到合法性的表象。克伦威尔的统治就是篡位；奥兰治的威廉，其统治至少在形式上合法。这意味着在威廉治下存在解决问题的可能性，而在克伦威尔治下则没有解决问题的可能性。可是，有许多其他相似的历史案例涌入我们脑海，例如，在居鲁士与其舅父的关系中，在俾斯麦（Bismarck）

---

① 这句话常常被误归于塔列朗的名下，引述的这个说法，要么出自默尔特的安托万·布雷（Antoine Boulay de la Meurthe），此人是来自默尔特的立法议员（legislative deputy）（据《牛津引文词典》［*Oxford Dictionary of Quotations*］），要么是出自拿破仑的警署总长（chief of police）福什（Joseph Fouché），据巴特莱特（John Bartlett）的《耳熟能详的引文》（*Familiar Quotations*，第十版，1919）所载。

与当时的普鲁士国王威廉一世（William I）的关系中。这令人感到惊讶。威廉一世不是热衷于非分占有不属于自己的女人的男人，他一直是一个非常严厉、禁欲、严肃的普鲁士人。但是这个问题，他知道他所有的伟大都源于俾斯麦，而不是源于他自己，而且他获得了各种大荣誉——他成了皇帝。对于这位非常可敬的人来说，这是一种困难，可是，他以真正光荣的方式面对这个困难。他知道俾斯麦是什么人，可他不得不有所克制，没有问题，尤其是既然还有一位皇后在左右。好的。那么，让我们——某某先生？

学生：我想起了合法性问题更宽广的含义，这可能是现代的问题，即当社会变革发生时，如果社会变革是在革命背景中产生的话，其后十分经常的事情是，那些问题看上去并没有真正得到解决。后革命时代的社会还是包含着那些根本的差异。想想法国。

施特劳斯：换句话说，你把什么称为社会变革（social change）。我不知道这个词的意思；你指的是革命（revolution）吗？

学生：是的。

施特劳斯：我明白了。

[312] 学生：此时他们所有人都需要当机立断并且试着建立一种新的合法性。到那个时候，社会就逐一着手处理一个问题，他们满足于在此期间解决问题。

施特劳斯：嗯，这些词语的使用频率如此高但人们却并不知道其意思是什么。但在每一场革命中，不是有一种新的合法性（legality）原则吗，或者可能应该称之为正当性（legitimacy）？可是，古老的原则也还在，并没有随着革命时刻的到来而消亡。在这个问题上的经典例子，正如在许多其他问题上一样，是法国：在法国，我认为，两种正当性（two legitimacies）之间的冲突在戴高乐（De-Gaulle）之前尚未得到解决（假如说现在已经得到了解决的话）。你们知道的，当时正在进行的斗争不止一次几乎颠覆了第三共和国，并且在贝当（Pétain）治下还以某种方式自我伸张。你们知道的，意识形态方面的领袖，莫拉斯（Charles Maurras），① 一名保皇党人，他与希特勒缔结了全面和平，其做法远超出贝当本人。于是，戴高乐就有了双重正当性：第二次世界大战中的自由法国，以及军事长官，后者当然与法国君主制关联起来了。所以，戴高乐看上去成了第一个在某种程度上统合这两种正当性的人，两者自1789年以来就相争不已。俄罗斯没有这种争执，显然，因为俄罗斯人要成功得多，很明显，成功得多。古老的正当性原则很可能会存活下来并且制造出大难题，这一点是没疑问的。在德国，十分明显的是，旧政制强大得多，君主制比民主制更强大。

学生：与这一点相关的，我只想问一点：维持合法性（legality）的连续性，其可欲之处是什么。

施特劳斯：我明白。是的，当然。那是绝对清楚的。人们在1688年的英格兰做了这件事，堪称经典。我们还是应该读一读由麦考莱（Thomas Babington Macaulay）所写的最妙评语。② 他很好地表明，在那次，连续性当然没有完全得以保持，而是在某种程度上得以保持。麦考莱关于连续性的保存所发表的言论，应该成为每一篇有见地的政治科学导言的组成部分，因为它真是一篇精彩的分析。他大致上用这些词汇来描述这件事。它包含一个三段论，其中大前提与小前提互相抵触，结论也不是从这两个前提中推出，然而，大前提得了两百票，小前提得了又另外两百票，结论得了又另外两百票。这是一种政治式的解决，有别于逻辑上的解决。可是，英国人只是在某种程度上保持了那种连续性，然而，尽管如此，它在英格

---

① 原抄写者没有写莫拉斯的名字。施特劳斯可能指的是"法兰西行动"（Action française）的那位莫拉斯。[译按] Action française 是一场法兰西的拥护君主制的极右政治运动，与这场运动相关的一个杂志也叫这个名字，莫拉斯虽然不是这场运动和这份杂志的创始者，但他是其主要的意识形态旗手。在莫拉斯的影响下，Action française 成了保皇主义的、反革命的（即反对法国大革命的遗产）以及反对议会的运动。

② Macaulay, *The History of England*: *From the Accession of James II*, New York: Harper & Brothers, 1856, vol. 2, chap. 10.

兰一直维持到了1745年，到小王位觊觎者（the Second Pretender）的时候。① 直到那个时候，英国人才确实达成了"共识"——我们叫得如此好听，即基本的意见一致。可如果我们用"共识"来表达关于基本的正当性（legitimacy）的共识，而并非指个别举措方面的共识，那它当然非常重要。我的意思是，举个例子，在这个国家，我相信人们在宪法和修正案上有共识，尽管并不一定在当今最高法院作出的每一条解释上有共识。只有从长远来看，最高法院的解释才是共识问题。

那让我们转向卷五。在卷五的开篇处，我们看到居鲁士的一个友人，一位爱缪斯的友人，向居鲁士索求其中一位歌女，居鲁士非常高兴地满足了此人的请求，[313]因为居鲁士用不上这样的女孩。因为——理由是什么呢，为什么居鲁士用不上她们？因为居鲁士不是缪斯之友。当然，此处并没有明确讲出来，但可能下文将予以证明。下文是一场关于爱欲的讨论。在讨论中，居鲁士关于爱欲的看法可能会暗示出居鲁士不是缪斯之友，如果我们假设爱欲与缪斯之间有某种和谐的话。这个假设即便在今天依然讲得通，你可能记得小说，roman，这种写作形式已经在相当大的程度上取代了先前时代的诗，它主要写的就是爱情故事。我们有时候还会说"这是风流韵事"（romantic affair），所以，就是如此。这位年轻的米底亚人，阿拉斯帕斯（Araspas），面临着某种困境，第二至三节提到了。让我们来读一读。"他把米底亚人阿拉斯帕斯叫到身边来"——

学生[读文本]：

居鲁士把米底亚人阿拉斯帕斯叫到身边来，他小时候就是

---

① [译按]小王位觊觎者（1720—1788）即斯图亚特家族的查理·爱德华·斯图亚特（Charles Edward Stuart），又称"小王子查理"，是老王位觊觎者詹姆斯·斯图亚特（James Francis Edward Stuart）的长子，英国国王詹姆斯二世之孙。1766年后，他自称理查三世；他领导了著名的1745年的苏格兰叛乱；他意图为其父亲夺回英格兰王位。虽然他在1746年最终在卡洛登（Culloden）战役败北，但其表现出的浪漫英雄主义长久在苏格兰人中得到传唱。

居鲁士的伙伴，居鲁士离开阿斯图阿格斯［的宫廷］返回波斯时，把他当时穿着的那件米底亚式长袍给了这位阿拉斯帕斯，居鲁士召唤阿拉斯帕斯为他守好一名女人和她的营帐。这个女人是苏萨人阿波拉达塔斯（Abradatas）之妻；亚述营地被攻占时，她丈夫碰巧不在营里，因为他作为使节去了巴克特里亚人的王那里。亚述王派他去洽谈［缔结］盟约事务，因为他恰好与巴克特里亚人的王有客卿关系。（《居鲁士的教育》5.1.2–3）

施特劳斯：这个关于苏萨男人之妻的特别故事，让大家想起什么来了吗？在其丈夫不在场时，她被抓了，被监禁了。这本书里面，谁在丈夫不在场时被监禁起来？谁的妻子是在其夫不在场时被俘虏的？提格拉涅斯的妻子。提格拉涅斯——色诺芬。她被擒获。所以，这可能有些重要，因为有某种相似之处。所以，这个年轻人，因为年轻，应该会特别容易受到美貌的吸引，他将当她的卫士，并且他绝对被她打动了，不仅是因为她的美貌，也因为她的德性、她的优雅和她的一切。于是，这导致了一种困境。让我们来读第七至八节。

学生［读文本］：

此时，她的大部分脸都可以看到——

施特劳斯：嗯，换句话说，她带着面纱，所以，他们只能够看到她的体形和身段，可是，现在他们看到了她的脸。

学生［读文本］：

"她的脖子和手也是。肯定的是，居鲁士啊，"阿拉斯帕斯说，"在我和所有其他看到她的人看来，在全亚细亚，凡人父母还没有生过这样一个女人，不过，你也必须去看一看她。"

居鲁士说，"不，宙斯在上，那就更不可以去了，如果她像你说的那般。"

"为什么是这样呢？"这位年轻人问。

"因为，"居鲁士说，"如果现在我听你说她是美人，这促使我现在去看她，即便我没有这么多闲暇，我怕将来她会更快得多地说服我再去〔314〕看她。结果便是，我可能就坐在那里盯着她看，从而忽视我需要去做的事情。"(《居鲁士的教育》5.1.7-8)

施特劳斯：有一个与此相似的例子，某某先生肯定知道并且会跟我们讲讲。

学生：苏格拉底去见忒奥多特（Theodote）。

施特劳斯：是的，有一天，雅典城里有个美丽的女人，其美不可言传，他们说，超出言词可形容的范围。这时苏格拉底说：嗯，如果她的美貌不可名状，那我们一定得去一睹芳容，如果她的美超出言词可形容。于是他们去了，苏格拉底与她进行了长篇对话，甚至还向她提了建议，相当奇怪的建议，也就是说，建议她如何可以吸引住男人。经证明，人们理所当然地认为她本应该相当擅长的方面，她却相当不在行，① 我怀疑是因为她是一个荡妇，与这里的潘蒂娅（Panthea）不一样。所以，这是关键。

与苏格拉底截然不同的是，居鲁士没有时间去看美丽的事物，甚至害怕看美丽的事物。这与他对缪斯缺少兴趣有关。居鲁士没有爱欲，正如他是不爱缪斯的（amusic）一样。然而，另一方面，他有一个特点，这个特点未必与无爱欲互不相容，却当然与无爱欲不同。有居鲁士喜欢看的东西：尸体。如果那些常用词在翻译时可以恰当地保持一致，大家看到这么做多么好了吧？居鲁士喜欢看尸体。人身上的什么东西，我的意思是说，如果是爱欲促使人们看美丽的事物，那么，灵魂中的哪一部分力量引诱人去看尸体呢？根据一种老派的灵魂学（psychology）的看法——

学生：残酷？

施特劳斯：残酷仅仅是它的一个特殊形式。它的意涵范围更广，

---

① 〔译按〕见《回忆》卷三第11章。

正如爱欲的意涵范围更广一样。

学生：灵魂中与禽兽相像的那一部分？

施特劳斯：可爱欲也有它的兽性深渊。

学生：Θυμός。血气。

施特劳斯：血气，柏拉图灵魂学中的血气。血气：对优越感的热爱，爱胜利，爱杀戮。是的，这其实就是实情。在居鲁士身上，爱欲被血气牺牲掉了。居鲁士是个征服者。我们已经看到《居鲁士的教育》与柏拉图《王制》的其他相似之处，我们也应该把这一点记在心间。可是，我们当然不能就止步于如下事实，即色诺芬暗示出这么一个观点。我们得问：为什么一定是这样？为什么完美的统治者一定是无爱欲的，正如这本著作中所展现出的居鲁士？完美的统治者一定是无爱欲的，这个论断由下面这个明显的反例得到确证。大家记得僭主希耶罗。希耶罗最关心爱欲，他是个不完美的统治者，所以就确证了这个论断。但是，爱欲的何种特质使得它原则上与做政治家格格不入？当然必须审慎地理解这一点。曾经有过非常伟大的政治家，他们同时是很好的丈夫和诸如此类的角色，可是，此处以一种非常过激的方式理解这个问题。根本性的东西是什么？爱欲的什么特质，真正地与政治家的职能处于冲突之中？有话要讲？

[315] 学生：[听不清]

施特劳斯：换句话说，你确证了色诺芬说的话。克勒奥帕特拉（Cleopatra）无法让奥古斯都着迷，阿克提乌姆（Actium）之战，即那场海战，是对这场冒险的回报。可是，返回到核心点：为什么那样呢？爱欲的特质是什么呢？

学生：爱欲专注于某个个体。

施特劳斯：是的。所以，个体，特殊的东西，有别于并且对立于公共的东西和整体。我认为这是对的。并且我认为，接下来的讨论恰恰处理了这个论题。让我们来读第九至十一节。

学生 [读文本]：

这个年轻人边说边笑,"难道你认为,居鲁士啊"——

施特劳斯:我们应该完整统计本书所有明确提到笑的地方,并与色诺芬的其他作品进行对比。

学生[读文本]:

"一个人的美貌足以强迫一个人违拗最好的原则来行事吗,即便这个人不愿意这么做?如果这是一条自然法——"(《居鲁士的教育》5.1.9)

施特劳斯:应该译为:"如果依自然就是如此,那么它就会以一种相似的方式强迫所有人。"

学生[读文本]:

"你看到火是如何以相似的方式烧灼所有人的吧?"

施特劳斯:"因为这是自然的。"换句话说,自然的东西平等地影响所有东西。

学生[读文本]:

"可是,涉及美丽的事物时,他们喜欢一些,但不喜欢另一些。这人爱一个人,那人爱另一个人,因为这是自愿的事,并且每个人爱他想要的任何事物。例如,兄弟不会爱上自己的姊妹,但别的人会爱上她;父亲也不会爱上自己的女儿,但别的人会爱上她。因为恐惧和大地的法律足以禁止这种爱。"(《居鲁士的教育》5.1.10)

施特劳斯:"大地的"是译者添加的内容。译者试图改进色诺芬的表达。我们不知道是哪种法。可能色诺芬指的是神法。

学生[读文本]:

"如果立下一则法律，规定没吃饭的人不可以感到饿、没有喝水的人不可以感到渴、人们在冬天不可以感到冷或在夏天不可以感到热，那么，没有任何法律会有能力使人们遵守这种境况，① 因为人们自然地被它们所征服。"（《居鲁士的教育》5.1.11）

施特劳斯：不是"这种境况"，而是此类事物，即热、冷等等。
学生［读文本］：

"但爱是自愿的，无论如何，每个人都爱适合自己的东西，正如衣服和鞋子一样。"（《居鲁士的教育》5.1.11）

［316］施特劳斯：那些以某种方式属于他的东西，ἑαυτοῦ，就像衣服和鞋子。阿拉斯帕斯不害怕那种美，因为爱或坠入爱河在严格意义上是涉及意志的事。你可能会也可能不会坠入爱河。阿拉斯帕斯是一个好人，因此，他将来不会坠入爱河。这不是自然必然性的事，因为首先，并非所有人都爱同一个人，假如爱是自然的，那么，所有人就都会爱同一个人了。第二，法律能禁止爱，却无法禁止人感到饿，所以，爱在严格意义上不是自然的，而是自愿的。不止如此，爱欲还能完全依法去爱。每个人都爱属于自己的东西，或者至少可以说，人倾向于此，即爱他的合法所有物。一个人能够避免爱上另一个人的妻子或自己的姐妹，就像能够避免偷窃一样简单。爱欲根本就不是什么危险的东西。这就是这个乐天亲切的年轻人所持的观点。但是，阿拉斯帕斯的论说当然并不透彻，是吧？我的意思是，还有某些可能仅仅由于他缺乏经验而忽略的难题。他没有读过你们知道的那个切题的文学作品，作为主要信息源的文学作品。有什么区别？我们来举饿和渴的例子。有什么区别，从相当宽阔的视

---

① ［译按］只有这个表达是按照 Miller 的英译文译出，因为施特劳斯随后特意提到了这个错误的译法。该段的其他译文皆按照 Ambler 的英译文译出。

角来看？嗯，我想我们所有人都知道，不吃不喝的话，人就不能活。就算是甘地，也仅仅是在某个限度之内不吃不喝。可是，没有性事，人能够活下来，这在过去已经不止一次得到证明。就此而言，爱欲不同于饿和渴，因此，可以说爱是自愿的。一个人可以立誓不沾性事并且做到，这是经验问题。这是一点。

阿拉斯帕斯提到的另一点，与第一点没有什么关系。如他们所说，爱欲是针对这个女人，或者就某些游移不定的人来说，是对这个、对那个，但肯定不是对所有人。对饮食的欲求则没有这个特征。一个人可能很挑嘴，可是，如果饿得厉害，就不挑嘴了。还是必须做出区分，一方面是爱欲和激情，另一方面是由爱欲和激情导致的行动。谁都不是被爱欲欲求强迫去做出与爱欲之欲求相符的举动，这可能是真的。可是，坠入爱河这件事本身几乎无法说是自愿的。甚至乱伦之爱就发生在那些相当守法的人身上。如果不相信的话，那么，你知道的，在我们这个弗洛伊德的时代，这是初级中学就教的知识。

那么，居鲁士在下一节是如何回复这番言词的呢？

学生［读文本］：

"那么，怎么会呢，"居鲁士说，"假如坠入爱河是自愿的事，任何人在自己乐意的时候怎么可能停不下来呢？可是，我甚至看到过人们因为爱的悲伤而泪眼婆娑，而且沦为他们所爱之人的奴隶，即便他们在坠入爱河之前相信受奴役是不好的；我看到人们给出许多东西，而这些东西不被夺走才是更好的；我还看到人们祈求自己摆脱爱情，就像摆脱某种疾病一样，却又无法摆脱，而是受到某种必然性所缚——假如他们以前戴过铁镣的话，这种必然性比铁镣更强。无论如何，他们听任所爱之人的诸多兴致的摆布。然而，他们甚至不试图逃跑，即便他们遭受这些坏处，他们甚至充当守卫，好叫他们所爱之人不逃跑。"（《居鲁士的教育》5.1.12）

[317] 施特劳斯：是的。那么，简而言之，居鲁士说的是什么呢？爱欲之强大，远超你所想，年轻人。好的。居鲁士没有深入细节，他仅仅说这是一个事实。即便假定你正确，即是否坠入爱河取决于一个人的意愿，但坠入爱河之后再止步肯定不是件那么容易的事，经验已证明这一点。可是，居鲁士提出了一个说法，这个说法表明了居鲁士的特点。居鲁士为什么反感坠入爱河？

学生：居鲁士不想未经盘算就把自己的东西送出去。

施特劳斯：是的，但说得更具体一些，居鲁士是不想臣服于任何人。他想统治。如果他想统治并且永不臣服于任何人，那他就绝不可沦为这个祸因的牺牲品。

阿拉斯帕斯在下文中继续他的论说。他重申了自己的说法，可他仅仅表达了他从一开始就表达出来的意思：爱欲对低等级的人才有这般危险的力量；爱欲无法作用于贤人，既然他阿拉斯帕斯是贤人，那一切都没问题。让我们只读一下第十七节。

学生：我可以就一个句子问个问题吗？

施特劳斯：当然。哪里？

学生：第十三节。"这些同样的人还试图偷窃并且不克制去不碰他人的财产。"这句话说的是居鲁士。

施特劳斯：嗯，你是说如果你更深入挖掘这句话的意思，就连居鲁士——

学生：居鲁士没有不碰他人的财产。

施特劳斯：但是，你看到，那一直是个问题。我同意你的观点。可这是山上宝训（Sermon on the Mount）的著名主题，你知道的。一方面，不这么做非常容易，非常容易。另一方面，不这么做，几乎不可能。所以，这是个问题。作为实践型的人，居鲁士当然持一种实用的观点，朴素的观点。他不偷窃，他不进别人的营帐拿金子回家，而是在战争中取敌人的东西，这是完全不同的。我们在卷一第六章见过这样的事。居鲁士舅舅的事就是一个阴暗的例子，我们晚点会提到。居鲁士在某种意义上拿走了属于他舅舅的东西，给人的感觉却是他是个完全正义的人。让我们只读一下第十七节。

学生［读文本］：

"你要有信心，居鲁士啊，"阿拉斯帕斯说，"就算我一直盯着她看，我也不会受到摆布，以至于做出不应该做的事。""你说得非常高贵，"居鲁士说，"像我命令你的那样，看守着她吧，好好照顾她，或许这女人来日对我们大有用处。"（《居鲁士的教育》5.1.17）

施特劳斯：换句话说，对于居鲁士来说，潘蒂娅只是棋盘上的一颗棋子。居鲁士知道她关系网强大，将来能派上用场。［318］下文中，作者在第十九至二十三节记述了居鲁士招揽居阿克萨勒斯的米底亚臣民，并且在做这件事的时候行事端正无可指摘。嗯，我们已经熟悉这个论题，尽管其中的某种东西我们尚未看出来。有话要讲？

学生：结果阿拉斯帕斯坠入了爱河。

施特劳斯：对，可是，另一方面，如果一个男人如此过分自信，我们本来就几乎可以预料会发生这样的事。不过，你说得很对。我们应该提到这件事。但潘蒂娅完整的故事将会出现在卷六，到时候我们会更加深入细节。让我们来读第二十四节的内容。所以，在这次演讲中，居鲁士给米底亚人的确切提议是什么？你记得吗，某某先生？他们是否应该继续进行战争，或者是什么？

学生：［听不清］

施特劳斯：让我们读一下第二十四节。我们会弄明白的。

学生［读文本］：

居鲁士如是发言。首先发言的是那个曾经宣称自己是居鲁士亲戚的人。

施特劳斯：你记得是谁吗？他爱居鲁士的青春美貌。可以继续读了吗？

学生［读文本］：

"不过，我噢，王啊——"

施特劳斯：此人称居鲁士为王。那个时候，居鲁士当然怎么说都还不是王。这样的事，以前没有发生过。可以继续读了吗？

学生［读文本］：

"因为在我看来，您看上去生来就是王——"

施特劳斯："本性上就是王"。让我们译得信实些。

学生［读文本］：

"不亚于蜂群中天生的蜜蜂最高统治者。"（《居鲁士的教育》5.1.24）

施特劳斯：那位译者为什么译成"最高统治者"（sovereign）呢？① 好的，请继续。

学生［读文本］：

"因为蜜蜂自愿服从它。如果它待在一个地方，没有一只蜜蜂会离开它所在的地方；如果它出去别的什么地方，没有一只蜜蜂不跟随它。它们天生渴望受它统治，这种热爱之情如此热烈。这引人注目。在我看来，人们也在某种程度上以类似的本能对待您。"（《居鲁士的教育》5.1.24–25）

施特劳斯：不是"本能"，是爱欲，一种如此强有力的爱欲。居

---

① ［译按］这里是根据 Miller 的英译文译出。根据 Ambler 的英译本，译文如下：不亚于蜂群中蜜蜂们天生的统治者。

鲁士本性上就是王，在此处的情况下，这当然十分清楚地意味着不是凭法律、不是凭习俗。原本的译文没有把原文的意思表达出来，因为说到蜂群中的统治者，这个人说的是"统治者"，在希腊文中这是一个阳性名词，即 $\eta\gamma\epsilon\mu\omega\nu$，故而，他一直用的是阳性单数。说话人模糊了一个事实，即蜂群由蜂后统治，就像我们从《治家者》中所了解到的那样——如果我们自己没有养蜂知识的话［就不知道这个］。蜂群的特质是什么？我们在此处看到的这个有些不太恰当的类比，它是什么意思呢？请讲。

［319］学生：雄蜂都是平等的。

施特劳斯：可是，除了雄蜂，还有其他工蜂。我相信，这里的要点是：发言人把蜂后转变成一种蜂王，借此暗示王的众臣民都是女人。一位绝对国王的臣民，一位暴君或僭主的臣民不是真正的男人，这讲得通，难道不是吗？这个意思已经表达过不止一次了。《希耶罗》（［译按］5.3）的某个地方提到过这一点，当时讲到僭主臣民的德性。勇敢或男子气这种品质仅仅局限在战争上。在僭主治下，公民的勇敢品质当然不可能存在。有话要讲？

学生：［听不清］

施特劳斯：这个对比当然很普通，可是在这里，它出现得无疑相当妙：王的臣民像女人一样，对王满怀爱欲。这个王是卓越的男人。臣民们无论如何都是受爱欲所驱，从上一场讨论来看，这一点又是重要的。居鲁士对臣民们没有爱欲，这种爱欲是单向的。在同一场发言中，第二十六节，这个米底亚人还说——此人指出，他们害怕在没有居鲁士的情况下返回米底亚，因为他们在米底亚将要臣服于合法统治者居阿克萨勒斯，他们将会由于不忠实于居阿克萨勒斯而受到惩罚，因为他们如此迷恋居鲁士。现在让我们先来读第二十八节。你有问题要问？

学生：在那个米底亚人发言的末尾处，"可是我，居鲁士啊，以及我控制的那些人，将待在您身旁，我们将忍受看着你，并且在你的施益面前保持坚定"。

施特劳斯：当然。"将在受你恩惠这件事情上展示出忍耐力"。

换句话说，这有些开玩笑的成分。在得到各式各样的糖果这件事情上展示出忍耐力，这是易事。这是玩笑。跟居鲁士在一起就是好。好的。让我们转向第二十八节。

学生［读文本］：

  那位许尔卡尼亚人说，"如果你们现在走开，米底亚人啊，我会说，这是那个罪恶之人的阴谋——"

施特劳斯："罪恶之人"，当然，这是基督教语境中的说法。"某个恶魔"。

学生［读文本］：

  "我会说，这肯定是某个神明的阴谋，阻止你们变得尤其幸福，因为按照属人的判断，当敌人正在逃跑时，谁会转身离开呢，或者敌人投降献上武器时，谁会不接受敌人的武器呢，或者当敌人既献上他们本人又献上财产时，谁会不接受它们呢——特别是因为我们有这样一位领袖，在我看来，我以所有神的名义向你们发誓，他是如此这般，比起让自己致富，他更乐于为我们做好事。"（《居鲁士的教育》5.1.28）

施特劳斯：所以，居鲁士就是绝好之人。此乃这位米底亚人和那位许尔卡尼亚人的看法。波斯人当然赞同这种看法，因为不管怎么说他们都是居鲁士的最爱。在这位米底亚人和许尔卡尼亚人的发言之间，有一个具有特殊重要性的男子，即提格拉涅斯，他有一段十分简短的说法。现在让我们读第二十七节。

[320] 学生［读文本］：

  随即，提格拉涅斯这么说，"永远不要感到惊讶，居鲁士啊，如果我没能说话的话——"

施特劳斯：不是"如果我没能说话"，是"如果我沉默的话"。为什么不完全紧贴字面来译呢？

学生［读文本］：

"因为我的灵魂已经准备好不去思虑，而是执行你下达的任何事情。"（《居鲁士的教育》5.1.27）

施特劳斯："我的灵魂不是准备提建议，而是准备执行你的任何指令。"所以，这就是提格拉涅斯。大家绝不要忘记这个人多么重要。大家还记得居鲁士与苏格拉底之间的关联吧？现在提格拉涅斯说的是什么呢？他沉默不语，所以，我们不知道他是怎么想的。他服从居鲁士。但是，你可以出于一堆随便的因由来服从，所以，服从这一事实并不能告诉大家任何与服从的理由有关的东西。提格拉涅斯没有说居鲁士是自然的统治者，也没有说他对居鲁士满怀爱欲。他没有说。我们不知道他为什么没有说。嗯，我们在一定程度上知道：提格拉涅斯知道，如果自己不追随居鲁士，他那可怜的父亲和他可怜的国民就会遭受大难，这是一条足够充分的理由。我认为这是要点。既然提格拉涅斯对居鲁士没有爱——我认为作者清清楚楚表明了这一点，如果我们暂时回头看一下卷三第一章第四十一节。"他们回到家后"，你看到了吗？请开始读。

学生［读文本］：

他们回到家后，有一个人谈及居鲁士的智慧，另一个人谈及居鲁士的坚定，另一个人谈及居鲁士的温和，还有其他人谈及居鲁士的美貌和身高。于是，提格拉涅斯问自己的妻子："我的亚美尼亚［新娘］啊，你也认为居鲁士英俊吗？"

"但宙斯在上，"她说，"我甚至都没有看居鲁士一眼。"

"那看谁了？"提格拉涅斯问。

"看那个人，宙斯在上，他说他就是豁了命，也不让我沦为奴隶。"（《居鲁士的教育》3.1.41）

施特劳斯：也就是看提格拉涅斯。换句话说，如果有可能从提格拉涅斯妻子的态度推出提格拉涅斯的态度，那么，他们两人都没有对居鲁士如此满怀倾慕之情。他们关心别的事物。我认为，这一点在此处也适用于提格拉涅斯。有话要讲？

学生：[听不清]

施特劳斯：但这正是核心问题。居鲁士是如此完美的统治者吗？这是同一个问题。居鲁士智慧吗？说得婉转一些，这对于提格拉涅斯来说是个问题，故而他保持沉默。他每一件事情都做，于他而言别无选择，可他所据的因由与那些完全确信这么做是对的人不一样。

在第三十节，我们了解到，大体上了解到我们现在的处境。

[321] 学生 [读文本]：

然后，居鲁士命令其他人布置岗哨并照顾好自己，他命令波斯人分发帐篷，给骑兵分发相配的（πρεπούσας）帐篷，给步兵分发够用的（ἀρκούσας）——

施特劳斯：很巧妙的差别。"给骑兵分发相配的（πρεπούσας），给步兵分发足够用的（ἀρκούσας）。"如我们所知，这是新的等级制，我们上一次看过它。

学生 [读文本]：

他还命令他们做出安排，好让军需官可以准备好所有需要的物品，把它们送到波斯人的编队，又给他们提供得到完备照料的马匹，好让波斯人除了践行战争任务便无别的任务要去做。（《居鲁士的教育》5.1.30）

施特劳斯：所以，换句话说，这是一个以等级制安排起来的帝国：居鲁士绝对在顶端，其次便是波斯人。波斯人又分为两部分，骑兵和步兵。骑兵的等级更高。其次是那些臣服的民族，可这些臣服的民族并不相信自己是臣服者。情况就是这样。

在第二章，我们现在就转向第二章，居鲁士正在与戈布吕阿斯一起行进或走路，就是那个从亚述王那边叛逃到居鲁士这边来的人。我们看到居鲁士行事机智，他非常小心。居鲁士并不知道自己能否信任那个叛徒。这对叛变者历来都是重大问题。可结果表明居鲁士可以很信任戈布吕阿斯。有话要讲？

学生：在我们结束讨论那个曾假装是居鲁士亲戚的米底亚人发表的讲话（［译按］5.1.24-26，对比1.4.27-28）之前，我就提一个问题。色诺芬提醒我们再次想起这件事（［译按］即1.4.27-28），这个事实本身不是有助于我们理解这个米底亚人的讲话吗？亲戚关系本来是明摆着的事情，这个人还撒谎，就血缘关系这种事情撒谎，为的是得到居鲁士的一记亲吻，难道这一点不会被认为成问题吗？

施特劳斯：不。他就是爱着居鲁士。嗯，如果你充分阐发这一点——可我不知道我们在这里是否有权利这么做。毕竟，这样的爱欲关系不应该发生在近亲之间。你不至于说这是一种早期的乱伦吧，通常来说？

学生：很难理解。

施特劳斯：我没有什么反对那一点的。我没有细看或搜集关于这个人的所有材料，因为作者有时候以他的名字提起他，有时候以间接迂回的方式提到他。这种做法意味着什么？我不知道，所以我犹疑。你提出来的问题绝对有必要提，必须提。我确定色诺芬是个谨慎的作家，这么做并不仅仅是为了变换表达方式。某某先生，你想说点东西？

学生：我只是想知道，他们之间绝对没有某种亲戚关系吗？居鲁士没有看穿他，这一点并不清楚。

[322] 施特劳斯：居鲁士绝对没有为之所动。[这个米底亚人]只是一个可以轻易控制的家伙。这一点是明摆着的。可是，还有一件事情是明摆着的：我认为，这个米底亚人的事情再次表明了居鲁士那没有爱欲的性情，这种性情贯穿全书。

学生：居鲁士稍稍受到了触动，不是吗？

施特劳斯：我们看到居鲁士许多次动了感情。我们甚至会看到他哭。可问题是，这些做法是否都是巧妙地出现在恰当的时候。请讲。

学生：［听不清］

施特劳斯：我不记得这一段落，可我知道卷一中强调过一个事实，即如色诺芬所说，居鲁士具有"温情"（φιλοστοργία）。这个单词当然有双重意思：爱展现温情，以及爱获得温情。这就是含混之处。可是，现在我们比开始的时候更加了解居鲁士的性情了，当时我们看到这位魅力绝佳的男孩，尤其迷倒了他的外祖父。我们已经超出那一阶段了。我们必须把那一阶段也纳入思考。

学生：那么，您会认为，居鲁士是不是——在居鲁士身上是否完全缺乏爱欲或对美的爱，这是个悬而未决的问题，或者是另一种情况，就仅仅是自我克制？

施特劳斯：嗯，居鲁士最亲密和最忠诚的追随者克吕桑塔斯，在卷八如此评价居鲁士："你冷冷的"。冷酷。居鲁士的生活和激情是政治抱负。

学生：［听不清］

施特劳斯：那么，美意味着什么？你知道的，伯里克勒斯在著名的葬礼演说中讲道，[①] 我们雅典人爱美，他这么说是什么意思呢？当今的大多数读者想到的是雅典的雕刻师斐狄亚斯，谐剧和肃剧，以及雅典其他一切美的事物。但至少同样有可能的是，伯里克勒斯的意思是，我们雅典人是荣誉和荣耀的热爱者。在希腊语中，这是同一个词，τὸ καλόν，这词意为"美，美好（fine），高贵，辉煌"。这不一定就是指爱艺术。爱艺术只是很狭隘的含义。

现在让我们转向卷五第二章第九节。

学生［读文本］：

戈布吕阿斯在揣摩这到底指的是什么，他怀疑居鲁士说的

---

① ［译按］见修昔底德《伯罗奔半岛战争志》2.34–46.

是他［戈布吕阿斯］的女儿，于是便问居鲁士——

施特劳斯：我们一定不要忘了戈布吕阿斯是个很富有的人，他女儿也很美。这就是本书格外好的地方，一切都好极了。没有瑕疵。或者他们都罪大恶极，像亚述王一样。色诺芬的这种简单做法具有很强的欺骗性。但我们波斯人当然不为所动。我们是山地硬汉，这种炫耀打动不了我们。现在请读第九节。

学生［读文本］：

［323］"这个东西是什么呢，居鲁士啊？"

居鲁士答复道，"戈布吕阿斯啊，我认为，有许多人都不会自愿地不虔敬或者不正义——"（《居鲁士的教育》5.2.9）

施特劳斯："自愿地用假话欺骗人"。在翻译时用删除的方式来避开难题，这真是轻而易举。

学生［读文本］：

"但是，因为没有人愿意赠予他们大笔的宝贵之物、王者般的权力——"

施特劳斯：不是"王者般的权力"，是"僭政"。无论古希腊诗人们的情况是什么样的，至少色诺芬肯定有区分王政与僭政，所以，我们得保留这个区分。

学生［读文本］：

"僭政、有防御的城墙或者值得爱的孩子，所以，在人们清楚他们是什么类型的人之前，这些人就去世了。但是，你现在把有防御的城墙、每一种财富、你的兵力——"

施特劳斯：不是"你的兵力"（your forces），是"你的权力"

(your power)。① 此处必须紧贴字面来译。

学生［读文本］：

"你的权力和你那值得获得的（ἀξιόκτητον）宝贝孩子交到我手上——"

施特劳斯：不是"宝贝孩子",是"女儿"。这很妙,因为他第一次说的是值得被爱的孩子,现在的说法是一个值得被获取的女儿。好的。微妙的说法。请继续。

学生［读文本］：

"你向所有人表明,在要求好客的时候,我不会自愿不虔敬,不会为了有价值的东西而行不义,或者在协定上自愿行欺骗——"（《居鲁士的教育》5.2.10）

施特劳斯："自愿"。是的。"自愿在契约的事情上撒谎",即自愿违背契约。是的。只有在有诱惑时,真正的德性才显现出来,这是居鲁士提出的第一点,我相信,我们也同意居鲁士的话。真正的德性包括不自愿撒谎。换句话说,真正的德性与谎言是相容的,不过是与不自愿的谎言相容。什么是不自愿的谎言呢？

学生：迫于必然而说的谎言。

施特劳斯：首先是被迫而说的谎言。好吧,可是,有两种出于强制的谎言。你必须区分开。

学生：如果你不知道实情。

施特劳斯：是的。这是强制性最强的谎言。换句话说,如果你不知实情,那么你就是被迫去说不真实的情况。说不真实的情况与撒谎,在希腊语中是同一个语词,即ψευδεσθαι,既有主动的意思,也

---

① ［译按］这里的古希腊单词是δύναμιν,这个单词有"力量、权力、兵力"之意。

有被动的意思，而英文里的 to lie 却没有。主动之意是说不真实的情况；被动之意是你自愿说不真实的情况（即中动态）。这就是最强制人去撒谎的强制力。这当然是无知。

[324] 可是，还有另一种。想想那位亚美尼亚王的处境。如果居鲁士事先并不知道所有实情，他会跟居鲁士说些什么呢？"我没干过这些事"。换句话说，例如，为了救自己的命而撒谎，也是另一种出于强制的谎言。这一点我们必须加以考虑。重复说起时，居鲁士稍微有所变动，讲的是关于协定的谎言，即违背条约。这就有限得多了，因为一个人可以在不违背条约的情况下以许多其他方式撒谎，可是甚至在这里也作出了限定，即在受强制的情况下，将来他当然会违背条约。在后一种情况中，违背条约不可能缘于不清楚条约的条款，而是缘于另一种强制力。

学生：有第三种形式的强制力吗？

施特劳斯：可能有吧。

学生：不告知。

施特劳斯：这是一种谎言吗？这是一个在某种程度上有争议的问题。如果你拒绝回答——以第五修正案为例——那不是严格意义上的说谎。例如，如果有人把你当作一名博士来对待，一直以"某某博士"称呼你，甚至可能以此为依据给你提供一个非常吸引人的工作职位。如果你不说"我不是哲学博士"，在某种程度上并不能说你撒了谎，你又从来都没有告诉他你是博士。可是，你又必须承认没有哪家法院会认可你的做法。不过，我认为，对于我们的主要目的而言，只讨论前两种强制就够了。

我们看到居鲁士罗列了两次。我把第一次罗列的内容写在这里[施特劳斯写板书]：财富，僭政，堡垒和孩子们。第二次是：堡垒，财富，权力，女儿。"女儿"无疑在当下的情形中说明了"孩子们"的具体所指。财富和堡垒是两次罗列中共有的内容，所以，就剩下僭政和权力了。僭政与权力之间显然有关联，因为僭政是最大的权力。居鲁士在这里断言的有意思的事情一定程度上是，你无法知道一个人是什么样的人，特别是在其没有面临过僭政的诱惑之前。在此处，在与戈布吕阿斯的关系中，居鲁士没有面临僭政的诱惑。这个可怜的家伙没能力让居鲁士当上僭主。所以，我们根本就不知道，如果居鲁士面临僭政的诱惑，他会做什么。这就留待每个人根据色诺芬的记述来猜测了。如果居鲁士并非波斯大王的儿子，也没有那么多其他有优势的起点，如果有机会让他成为他共同体的僭主，那么，像居鲁士这样的人，他会做什么呢？任何人都可以来猜测。这将取决于我们如何来评价居鲁士对待他舅舅的做法。居鲁士当然一直是个十分务实的人，他着眼于针对亚述的战争，于是利用这个机会，向亚述王之前的臣民即戈布吕阿斯和那位许尔卡尼亚人询问地形。第二十三和二十四节比较有趣。

学生［读文本］：

所以，居鲁士将那位许尔卡尼亚人和戈布吕阿斯召至身边，因为他认为他们尤其清楚他认为自己需要学习的东西，于是，他说："男子汉啊，友人们啊，我认为，就这场战争与你们商议，如同与我信任的人商议一样，我不是在犯错，因为我观察到，你们甚至比我更多地考察如何不让亚述人征服我们"——

［325］施特劳斯：居鲁士在夸大其词地表扬他俩。

学生［读文本］：

"如果我在此地失败了，可能还有其他地方避难；但是，如果他征服了你们，我看，你们所拥有的一切都将要落入他人之手。"（《居鲁士的教育》5.2.23）

施特劳斯：我的意思是，居鲁士不必完全仰赖其他人的诚实。是他们被迫对居鲁士诚实。可以继续了吗？

学生［读文本］：

"他对我抱有敌意，不是因为他憎恨我，而是因为他认为，如果我们变得强大，便会损害他的利益，出于这个理由，他才向我们开战；可是，他还憎恨你们，因为他认为他在你们那遭受了不义。"（《居鲁士的教育》5.2.24）

施特劳斯：嗯，"对他干坏事"，也就是"你们过去对他行了不义"。对于我们的阅读目的来说，这些就够了。那位亚述王认为，他的这些臣民干了不义之事，违背了某种协定。这些臣民们是被迫这么做的吗？一言难尽的问题。不管怎么说，居鲁士都没有深入这一问题，因为这么做不符合他的利益。居鲁士受益于其他这些人的不义，如果这算是不义的话。但是，我们敢说，假如敌方阵营中明显发生了无端的叛乱，居鲁士当然会最大程度地加以利用。你有什么疑惑吗，某某先生？

学生：没有。

施特劳斯：没有。你看，这也是个很有趣的问题。一名统治者从不义当中获得收益，例如，从敌人臣民的不义中获得收益，这是正义的吗？这是个有趣的问题。但是，这些微妙的问题对居鲁士这样的人而言并不会出现，他片刻都不会受其困扰。

接下来，居鲁士提议立即朝巴比伦进军，以充分利用亚述人的恐惧之情。在第三十二至三十四节中，我们没法读这一部分，关于"杂众心理学"（mass psychology），有一段很清晰的陈述。所以说，数量，尽管是军事力量的如此重要的因素，可是，如果出现恐慌的话，数量也会转化为军事上致命弱点的构成要素。陈述得非常巧妙有力。我们没有时间读。

这样的小问题我们回答不了，下一章也有一个。居鲁士向指挥官们发表了一通简短的讲话，在第三节，有一个指挥官说了下面这些话。在透彻的讨论中，我们得思考作者为什么仅仅说"某人"，而不具体交代此人的身份。我就这么顺便一提。不，这名指挥官的发言真是有意思。让我们来读一下。第三章第三节。

学生［读文本］：

听闻此言时，他们所有人都赞扬居鲁士的提议，所有人都表示赞同；其中一个人还发言如下："居鲁士啊，一定让我们做吧，因为在我看来戈布吕阿斯认为我们是乞丐，因为我们不是装满大琉士金币来到这里，因为［326］我们不用金爵来饮酒。如果我们做你所说的这件事，戈布吕阿斯就会认识到，就算没有金子，人们也有可能是贤人。"（《居鲁士的教育》5.3.3）

施特劳斯：紧贴字面的译法是"自由人"（free men），而不是"贤人"，"没有金子的自由之人"（liberal men）。这让大家想起了什么？

学生：苏格拉底和那匹马。

施特劳斯：出现在《治家者》［译按：见 11.4 – 6］里面。没钱的马也可以是一匹好马，苏格拉底据此推导出的结论是：没钱的人也可以是个好人。所以，这就是我要细看这一小段文字的理由。这话可能出自提格拉涅斯之口。

学生：我认为这段讲话有一处年代错误。老居鲁士的继任者大琉士（Darius）最先开始铸造大琉士金币，不是吗？

施特劳斯：谁关心这本书里面的历史事实呢？

学生：可能是一个有意为之的年代错误。

施特劳斯：我还不知道。可是，我认为年代错误要远为根本，因为就像人们说的一样，这是一部历史小说。如果我是你，我就不会担心这个。顺便说一下，出于一些我还不便于透露的理由，我认为，发言的人可能不是提格拉涅斯，即居鲁士与苏格拉底之间的关联人物，而是克吕桑塔斯。你知道，就是那个地位很高的人。他的名字中部分包含有"金子"这个词。Χρυσάντας, χρυσός。可是，除了名字的构成之外，我还有其他更有分量的理由。

我们还是接着读吧。同一章的第三十一节，是居鲁士讲话的一部分。

学生［读文本］：

> "所以，现在，男子汉们，在我看来，如果我们热情地援助伽达塔斯（Γαδάτας），他是我们的施益者，那我们就是在做高贵的事；同时通过报恩，我们就是在做正义的事。但在我看来，我们也将是为我们自己做有利的事情。"（《居鲁士的教育》5.3.31）

施特劳斯：让我们在这里停一下。此处，居鲁士做出一个非常有名的区分，可是，人们又无法足够经常地想起这个区分。高贵：

> "如果我们帮助了伽达塔斯，就会是一件高贵的事，他是我们的施益者，同时我们是通过报恩来做正义的事，正义有别于高贵。可是，如果我们为自己而行动，这也会是权宜之计。"①

这些是三种不同的考虑。权宜之计（expedient）与道德之间的区别我们所有人都知道，可我们不那么熟悉高贵与正义之间的区别，因为在现代语言中没有一个确切的词汇与之对应。我们所谓的道德，希腊人的说法是高贵与正义，正义的事是你非做不可的事情，高贵的事则在义务的要求之外。最简单的例子：还债是正义的行动，可并不高贵。好的。被送到监狱里关十年，不试图越狱是正义的做法，没人会说它高贵。好的。居鲁士随后将以相反的顺序重提这三点。我们现在无法深入。

[327] 在下文里，第三十八节及以下，作者描述了行军的队列次序。他指名道姓地提到了十一位指挥官。我没能发现任何发人深省的东西，但这并不意味着其中没有任何发人深省的东西。在第四十六及以下几节中，有某某先生探讨过的一个段落，尽管如此，我认为我们还是应该读一读。第四十六至五十节。

学生［读文本］：

---

① 这是施特劳斯的翻译或意译。

然后，他们去往自己的营帐，在前往的路上，他们相互说起居鲁士的记忆力多么好，居鲁士向所有那些他安排位置的人发布指令时叫出他们每个人的名字。居鲁士小心地做这件事情，因为他认为这种情况令人惊讶：如果每一个技工都知道自己这个行当里面工具的名称，医生知道自己使用的所有器具和药物的名称，可是将领却愚蠢到连麾下军官的名字都不知道；然而，必然性迫使将领把军官们当工具使用，当将领想要夺取某种东西、保卫某种东西，激发起勇气或引发畏惧之时。每当居鲁士想赐予某人荣誉时，在他看来称呼此人的名字都是恰当之举。在居鲁士看来，那些认为统治者知道自己的人，既更加渴望被别人看见自己在做高贵的事情，又更愿意避免做任何可耻的事情。当将领想让一件事情得到执行时，像某些主人在田地里那样发布命令，"谁去打个水吧"，"谁去劈下柴吧"，居鲁士认为这也是愚蠢的做法。若是这种方式发布命令，他认为，那么所有人都是你看着我、我看着你，就是没人去执行命令——（《居鲁士的教育》5.3.46–50）

施特劳斯：每个人都想着："让乔治干吧。"我认为，这是一条重要的实践真理，不是吗？如果你指挥一支军队，那么，你就可以大致上说"B 连"，这就会管用。可是，如果派某个人出去执行一项特殊任务，那就应该具体地点到名字。那么，要点是什么呢？将领与手艺人之间的对比：手艺人知道工具的名字，所以，将领就应该知道工具的名字。可是，其间的不同之处是什么？手艺人叫剪刀为"菲利普"吗？当然，大家得把这点想透。我想这位手艺人不会这么叫，除非他有点疯疯癫癫的。换句话说，手艺人知道的名字并非专名，不是个体的名字。如果他的剪刀丢了，他就另拿一把，仍然管它叫剪刀。可是，如果将领在自己的排里新增一名士兵，这位新兵的名字便与离开的那名士兵不一样。

学生：剪刀不会自己走掉，如何看待这个事实？

施特劳斯：可是，另一方面，在某种意义上，他们一定不是更像——这是一个非常好的［听不清］——你说的东西。工具不是活物。你可曾听说过"活的工具"这个词？某某先生？

学生：奴隶。

施特劳斯：谁说的？

学生：亚里士多德。

［328］施特劳斯：然而，可能在亚里士多德之前的某个人就已经有这种聪明的想法，可是我们不知道。但是无论怎么说，此处的意思当然是：他们仅仅是有大利好的活工具，他们能自己走动；可是另一方面，尽管如此，他们仍只是器具而已，不是别的什么。是的。每件事情都非常清楚地显示出来。他们有专名，这个事实就表明了他们是活物这个事实——你知道的，当我们对动物特别感兴趣时，我们用不一样的专名来称呼它们。这件事常常因地而异。我在以色列时感到非常惊讶，因为以色列人竟然不给他们的驴子起专名。我认为这是野蛮的做法。可是，这真的取决于人们现在称之为文化的东西；我料想，在这个国家，也是每一头奶牛都会有名字吧。是这样的吗？

学生：这有争议。

施特劳斯：可是，如果我心里想的是从得克萨斯到堪萨斯城的那些大畜群，它们就不大可能有专名。或者羊。我不知道希腊人的习惯是什么，可是关于狗我知道，因为我们是直接从色诺芬口中得知的：在他那部以狗为主题的作品中，他列出了一长串狗的名字，告诉人应该如何称呼它们。① 嗯，给狗起一个什么专名呢？

学生：那些是种属名称吧？

施特劳斯：基本上是种属名称。

学生：长矛，伏击，所有种类的事物。

施特劳斯：是的。是战争味十足的名字：$\vartheta\upsilon\mu\acute{o}\varsigma$，即血气和怒气，还有其他这一类的名称。这份清单中一个专名都没有。嗯，无论如

---

① ［译按］即《精通猎狗狩猎术之人》（*Cynegeticus / The One Skilled at Hunting with Dogs*），一般简称《论狩猎》。

何，关于希腊人是否像西欧的养牛户和农民那样以专名来称呼他们的家养动物，如果不是一大群一大群的话，我们一定得找出点东西来，西欧人当然是这么做的。我知道这一点。马也是。马的情况怎么样？人们给马起专名了吗？

学生：赛马。

施特劳斯：这个我应该知道，但我不知道。好的。有话要讲？

学生：您将推迟关于伽达塔斯的讨论，晚些时候再说吗？

施特劳斯：什么讨论？

学生：您要评论他的天性吗？爱欲问题某种意义上冒出来了。

施特劳斯：我认为我们将谈到这一点。现在让我们来看第四章的第五和第六节；里面又有一些例子。请只读一下第五节的开头。

学生［读文本］：

> 伽达塔斯和他麾下的人看到他们［译按：指亚述王的手下］，他们便开始逃跑，就像是自然的——（《居鲁士的教育》5.4.5）

［329］施特劳斯：不是"就像是自然的"，是"正如所料"。其他人便追赶，也是"正如所料"。在第六节，又有一些同类的例子："显然地—自然地"，一定得设想他们当时是开心的。这都是我之前提到的问题，色诺芬时不时地说"当然，我当时不在现场，可我敢肯定他们这般那般行事"，以此来表明本书的虚构性。大家知道的，我敢肯定，当有人逃跑时，便有其他人追击他们。所以，你不必掌握专门的证据。仅仅是顺带讲一下。第十二节。

学生［读文本］：

> "以诸神的名义，居鲁士啊，假如我现在像我刚开始的自然情况一样，并且如果我有孩子，那我不知道能否为自己获得一个像你这般的孩子。因为我知道，其他小孩以及当今这位亚述人的王，他们给自己的父亲带来的痛苦，比他现在能够给你带

来的痛苦要多得多。"(《居鲁士的教育》5.4.12)

施特劳斯：现在的情况是：伽达塔斯，从亚述王那边过来的另一位叛逃者。当今的这位亚述王把他阉了，这是他生命中的不幸，他因此憎恨亚述王。现在，他在这里发表了自己的观察结论，我们刚刚读到。这个结论是一个巨大的悖论。这种经历完全是真正的不幸，然而，这种不幸导向了一种大得多的幸福。伽达塔斯找到了一个对自己好得多的人，比任何一个儿子可能给予父亲的对待都更好。这是一个悖论。前面有几处地方提到过这一点。让我们返回去读一下卷五第三章第十九节。

学生［读文本］：

"你放心吧，你这么做，就已经与我们这些人结交为友，我们将尽力，如果我们能做到的话，在你身边给你援助，给予的援助不比你自己的孩子更差，如果你有孩子的话。"(《居鲁士的教育》5.3.19)

施特劳斯：这是居鲁士说的话。所以，这是居鲁士的承诺。在这个阉人自己看来，居鲁士的承诺兑现了。伽达塔斯那时候尚未看出，那位亚述王给他造成的损失，并不像他迄今为止认为的那样大。然而，尽管如此，他仍然对那位亚述王怀有不共戴天之恨，是亚述王将那种不幸加之于他，他现在才知道，这种不幸以一种不可预见的方式，成了通往更大幸福的道路。这件事或许是个谜。我认为，我们应该把这一点记在心里。这就是你说的意思吧，某某先生？

学生：我当时想的是别的东西。第三章第十九节前面的句子，居鲁士在那里告诉伽达塔斯，那个亚述人夺走了他生孩子的能力，可没有剥夺他获得朋友的能力。爱欲与交朋友之间的对照不知怎么地触动了我。

施特劳斯：我认为，这个语词稍微有些不同。让我看看。亚述王夺走了他生产孩子的能力（power），可并未夺走他获得朋友的能力（power）。这当然指的是孩子与朋友之间的区别。朋友不是他自己的血脉。

学生：我想的范围更广，爱欲问题看上去在此处进来了，因为伽达塔斯是缺乏爱欲的化身，再加上他仍然算是某种统治者。居鲁士身上也缺乏爱欲，然而，并非同这人一样在身体方面。居鲁士是伟大的统治者，同时当然具备生产孩子的能力。

施特劳斯：可问题是下面这样的。我们还没有思考过这个问题，我自己尤其如此。居鲁士身边的人首先是克吕桑塔斯和许斯塔斯帕斯。[330] 对此我们有过一些思考。可他俩都是波斯人。然后是提格拉涅斯，亚美尼亚人，他的重要性现在显而易见。然后，还有两个从亚述王那边过来的叛逃者。一个是戈布吕阿斯，亚述王纯粹出于嫉妒杀死了他的儿子（这便是戈布吕阿斯），后来我们看到了阉人伽达塔斯。问题是这个：这五个人如何向我们揭示了居鲁士的性情？根据一份理论纲要（schema）——它对于柏拉图来说非常自然，因而可以假设色诺芬也有此观念——真正高超的人，所有其他人与他相比，都是碎片。在某种意义上，如果看不懂其他人，看不懂所有这些东西如何共同构成了这个伟人，那么，就理解不了这个伟人。然而，基于你刚才说的一番话，我们很容易地看到，伽达塔斯如何也是居鲁士身上的一种构成要素。这是你要表达的意思吗？

学生：是的。

施特劳斯：这值得思考。可是，有一个更表面的问题。色诺芬在虚构这些事例的时候，为什么单单挑选这两种罪行呢，即杀子和阉割？毕竟，还有无数种其他可能性。亚述王原本可以夺走那个人的妻子，诸如此类。你只需读一读亚里士多德列出的那个长长的清单，在卷五，[①] 他列出了过去人们杀死僭主的各种理由，你知道的，各种私下罪行，一份长长的清单。色诺芬只选取了这两种。这两桩罪行之间当然有某种近似之处：杀子；扼杀一个人拥有儿子的可能性。请讲。

---

① 见《政治学》。

学生：我认为我们可以增添一个有趣的要素，尽管我还不能完全把它与我们的主题联系到一起，这就是：那位米底亚王貌似很想要居鲁士做儿子。然而，这本书的重大论题之一始终围绕着如下这个事实，即已经有了居阿克萨勒斯，然而居鲁士要比他高出许多，就连居阿克萨勒斯的父亲都可以看得出来。

施特劳斯：外孙的潜力。

学生：是的。

施特劳斯：这带出了另一点，也就是说：年老的阿斯图阿格斯不会像他的笨儿子居阿克萨勒斯那样，轻易就被愚弄得失去自己的王国，所以，外祖父与外孙之间的差别就足够大。嗯，人尽皆知的老说法是，至少在之前的时代里，这是真的，即祖父母对孙辈较之于父母对子女，要更富温情，或者被认为更富温情，并且更娇纵。所有这些东西我们完全忽略了。这糟透了。两年之后，我得再开一次研读课，到那时我们能够多多少少以这次课的收获为基础更上层楼。我认为这绝对有必要。①

学生：色诺芬还提到另一种罪行，亚述王企图将潘蒂娅与其夫分开，因此，其夫对亚述王的忠诚才不复往昔。

施特劳斯：然而，我们在此没有证据。可是，潘蒂娅的丈夫无法归居鲁士所有，因为不久之后此人便战死了。某某先生？

[331] 学生：我不理解您就伽达塔斯那种迟迟不退的仇恨所说的内容，即便他已经得到某个比他儿子更好的人——

施特劳斯：嗯，这不是一个有趣的"心理学"问题么？如果一个人由于某种巨大的不幸才经历了某种事情——假如没有这桩不幸就很可能绝对不会经历的事情，那他仍然会怀恨在心，他现在与过去一样非常愤怒。这种经历难道不是也在某种意义上造成了不幸吗？当然，在伽达塔斯身上，问题很简单，他的大幸运是他找到了复仇

---

① ［译按］施特劳斯随后在芝加哥大学没有再开过研读色诺芬著作的研讨课，1969—1970年期间他在著名的圣约翰学院讲过色诺芬的《治家者》和《回忆》，这份讲稿也留下来了。

者，故而这两件事情不可分割。可是，如果我们将这个问题普遍化，我们得这么做，我相信，我们就会走到这个有点意思的问题中。可是，我们得继续读。

后文中，色诺芬描述了某些新盟友犯的一个错误，即卡杜西亚人太莽撞，因此受到了惩罚。他们吃了败仗，居鲁士不得不安慰他们。让我们来读第十七至十八节。

学生［读文本］：

当居鲁士意识到发生了什么之后，他便去见卡杜西亚人。每当他看见任何一个伤员，他便接待此人，然后送他到伽达塔斯那里去治疗。他还帮助其余的人进到营帐里，并且留心让他们有所需要的给养，居鲁士还随身带了一些波斯贵族帮他照看他们，因为在这样的情势下，好人［即没受伤的人］乐意坚持苦干。居鲁士看起来很苦恼，因为当时到了时间，其他人正在吃饭，但居鲁士仍然与医生及其仆人们一起，他不愿意让任何人缺乏照顾：他或者是亲眼照看他们，或者如果他做不到这一点，他就以引人注意的方式派其他人去关照他们。（《居鲁士的教育》5.4.17–18）

施特劳斯：这是一个有关居鲁士之和善的事例，他如何照顾伤兵。可是，当然也有——马上就会更加清楚——"他亲自看"。这是不是又在影射他观看死尸的事，我们无法知道。

学生：［听不清］

施特劳斯：很好。所以，他不看美的东西。这是一个好想法。这是可以证实的。好的。在第二十二节，我们看到，卡杜西亚人还是一个共和式的共同体。在下文中，一条重要的国际法原则确立起来，当然仅仅立足于一条特定的约定：战争仅限于战士之间。做工的人将被排除在外。大家知道尤其是现代国际法中的这条重要原则：平民不是战斗人员。然而，正如大家从第二十八节所见，它与现代国际法有些微差别，我们应该读一下这一节。

学生［读文本］：

所以，居鲁士就劳作者完成了这些事情。然而，至于畜群的牧场，他让朋友们安全地放牧，如果他们愿意的话，在他们自己控制的土地上。至于从敌人那获得掠夺物，他们从任何他们能够获得的地方带来掠夺物，好让这场战争更令盟友们愉快，因为即便他们没有拿走粮草，他们还是要面临相同的危险，[332] 而且从敌人那取食，看起来会减轻战争的负担。（《居鲁士的教育》5.4.28）

施特劳斯：换句话说，有些平民不务农。请读第三十一节，伽达塔斯说的话。

学生［读文本］：

"我向你发誓，居鲁士啊，以诸神的名义，他们看得见一切，听得见一切，尽管我没有说或者做什么不正义或可耻事情，却遭受了如此大难。"他说着说着，为自己的命运大哭起来，再也说不出话来。

居鲁士听后，的确可怜伽达塔斯所遭受的苦难，但他这样回答——（《居鲁士的教育》5.4.31）

施特劳斯：在希腊语中，这么说更好一点，"他确实因伽达塔斯的遭遇而怜悯他，却如此说道"，因为随后这番话中没有丝毫的怜悯。这番话完全是公事公办的派头，并且与当时的形势有关。这段话非常值得注意，因为伽达塔斯向我们呈现了约伯（Job）问题。他全然无辜，却遭遇了他所能够想到的最惨重的不幸。诸神知道这一点。可以说，伽达塔斯只是顺嘴一提诸神；他以无所不见的诸神之名义起誓。他们知道这一点。居鲁士在下文中当然绝口不提这个神义论（theodicy）问题。居鲁士不提，并非出于，例如，出现在第十二节的那个考虑，即伽达塔斯通过这桩不幸已经意识到某种东西，而如果没有这桩不幸，伽达塔斯本不会意识到。这绝对不在居鲁士关心的范围之内。这个难题是一个非常现实的难题，因为，如果居鲁士现在就离去，伽达塔斯的处境便甚是危险。亚述王会来抓住他，这将是十分不幸的事。请读第三十五节。伽达塔斯说的话。

学生［读文本］：

"现在可能有人会说：'那么，为什么你在造反之前不考虑这事？'"（《居鲁士的教育》5.4.35）

施特劳斯：换句话说，你为什么着急着要造反，在可以安全地造反之前就急着这么干呢？

学生［读文本］：

"由于我遭受的傲慢行径而且我感到生气，居鲁士啊，我的灵魂并未考虑最安全的做法，而总是充斥着如下想法：是否有可能报复这个被诸神与凡人憎恨的人？他这个人在仇恨中消磨时间，不是在某人对他行不义的时候，而是在他怀疑其他人比他更好的时候。"（《居鲁士的教育》5.4.35）

施特劳斯：让我们在这里停留一会儿。伽达塔斯是遭受了严重的不公。他从未做过邪恶之事。然而，之后，出于愤怒，伽达塔斯犯下了大错。他说亚述王"为诸神所憎恨"，可是，就以伽达塔斯在第十二节的言论为基础，人们难道不可以说，伽达塔斯自己不就为诸神所憎恨吗？这至少是个问题。让我们来读下一节。

[333] 学生［读文本］：

"因此，我认为，由于他自己是个恶棍，他找不到盟友，除了那些比他自己更坏的恶棍。但是，如果盟友中任何一个显得比他好，请放心，居鲁士啊，你绝不要担心自己将不得不与这个好人交战，因为那个［亚述人］就足以完成此事，他会不住地谋划，直到他除掉那个比他好的人。然而，至于我，我认为他甚至靠那些无用的家伙就能轻易强大到让我不胜烦扰了。"

(《居鲁士的教育》5.4.36)［译按：此段据施特劳斯课堂用的英译本译出］

施特劳斯：这番话的确切意思是什么？换句话说，伽达塔斯自己是个更好的人，这是他说的意思吗？伽达塔斯是这个意思吗？

学生：嗯，他是。

施特劳斯：他还是处于自己的视角里，当然。他甚至会说，他现在比亚述王还要更好。

关于下一章，我们必须说点什么。这一章无疑至关重要。居鲁士的舅舅居阿克萨勒斯自然感到难堪，因为他现在顶多就是个傀儡，尽管真正的权力尚未全部转移到他的外甥居鲁士手上。他向居鲁士抱怨并且是真生气了。居鲁士对他造成的伤害大于敌人所能给他造成的伤害，因为一个敌人可以打败并且杀死他和他的全部随行人员，可敌人绝不会赢得他的随行人员的喜爱。所以，居鲁士对他的所作所为要比亚述王所能对他做的事情更坏。居鲁士回应了这一点。我们没法全读。让我们来读第十一节。

学生［读文本］：

"然而，你被激怒了，你感到害怕，我不觉得惊讶。至于你对他们动怒（χαλεπαίνεις）是正义的还是不正义的，我就不管了，因为我知道，如果你听到我为他们辩护，你不会悦纳。然而，在我看来，对统治者来说，同时对自己的全部臣民动怒（χαλεπαίνειν），这是个严重的错误；惊吓许多人，那他肯定是在树敌，同时对他们所有人动怒，那他肯定是向他们所有人灌输同样的态度。"（《居鲁士的教育》5.5.11）

施特劳斯："使他们团结一致"。"如果一个人对他们所有人动怒或惹恼他们所有人，那就是让他们所有人达成一致。"这是非常客气地在说：你是个傻瓜；他们比你强大得多。这是居鲁士的意思。请读下一节的开头。

学生〔读文本〕：

"这就是为什么，我向你保证，我没有派遣这些士兵独自回来，因为我害怕你的怒气可能会给我们所有人激起某种痛苦的东西。"（《居鲁士的教育》5.5.12）

施特劳斯：当然。所以，换句话说，居鲁士不能说得再清楚了，不是吗？在这里，正如我们所见，居阿克萨勒斯是否有正义的理由抱怨其臣民，居鲁士未下定论。现在呢，臣民是一码事，而居鲁士又是另一码事。这一点十分确定，居鲁士表达得一清二楚。居阿克萨勒斯再也承受不起他对臣民动怒所引发的后果。现在让我们从你停下来的地方继续读吧。

[334] 学生〔读文本〕：

"由于我现在出现，在诸神的帮助下，这对你而言才不成危险。"（《居鲁士的教育》5.5.12）

施特劳斯：是的。所以，换句话说，无论关于诸神的说法有什么是真的，总之居鲁士的在场一定可以保障居阿克萨勒斯的安全。请继续读。

学生〔读文本〕：

"然而，你觉得你遭到了我的不义对待，我非常痛苦地忍耐这一点，如果我在我的能力范围之内尽可能地为我的朋友们做尽可能多的好事，那么，我似乎做了与此相反的事情。"（《居鲁士的教育》5.5.12）

施特劳斯：接下来便是一长串居鲁士给予其舅舅的许多好处。居阿克萨勒斯连半分抱怨的理由都没有。让我们来读第二十四节，此处提到了最重要的一点内容。

学生〔读文本〕：

"一切之中最重要的和最高贵的东西是，你看到你自己的领土得到扩大，敌人的领土正在缩小；你看到敌人的堡垒遭到占领，而你自己的那些堡垒，以前都是最终落入叙利亚人的控制之中，你现在看到，以相反的方式重归于你了。如果在这些事情中对你而言有某种有害的东西，或者有某种对你而言不好的东西，我不知道我可以以何种方式说我想了解它。"（《居鲁士的教育》5.5.24）

施特劳斯：于是，居阿克萨勒斯大发牢骚，某某先生对此总结得非常好。居阿克萨勒斯心怀嫉妒，可他声称自己的嫉妒是正当合理的。居阿克萨勒斯指控居鲁士（专业术语是什么来的？）离间情感。不仅仅是离间他妻子对他的情感，而且是每个人对他的情感。在居鲁士所能够对他做的事情当中，这比任何其他事都更严重。然而，在此处，我们必须采取更加宽阔一些的视野。我们之前见过一位心怀嫉妒的王。

学生：亚美尼亚王。

施特劳斯：所以，就有了这个对应关系：居阿克萨勒斯之于居鲁士，就相当于亚美尼亚王之于苏格拉底。这位心怀嫉妒的王干了什么？

学生：杀死了他嫉妒的那个人。

施特劳斯：居阿克萨勒斯为什么不杀居鲁士？如果我问的是一个如此简单的问题，请不要怪我。

学生：他没这个实力。

施特劳斯：所以，换句话说，这是苏格拉底与居鲁士之间的一个差别：居鲁士不可能被轻易杀掉，因为居阿克萨勒斯缺乏实力。这不是偶然。居鲁士能照料好自己；苏格拉底无法以这样的方式照料自己。居阿克萨勒斯稍后发出的指控，其要点在三十二节及以下的内容里：居鲁士没有像一个友人和亲人那样行事。我认为，可以说这是一个完全合法的指控，不是吗？居鲁士实际上废黜了他的舅舅。可是，另一方面，真的这么简单吗？请讲。

[335] 学生：这最终取决于我们如何看待居鲁士统治的正义，不是吗？

施特劳斯：就此问题而言，在哪一个确切的时刻，情况变得严重了？在某个时间点之前，居鲁士的行事完全无可指责。他舅舅请求波斯人的援助，于是居鲁士来了，打败了敌人。

学生：随后，情况就变得严重了。

施特劳斯：换句话说，其中关键的决定是对亚述人发动侵略战争。这是关键问题，不仅仅是就那位舅舅而言，而是普遍来看，因为这件事原则上意味着征服全世界：因为当居鲁士征服了整个亚述帝国之后，亚述帝国的各个边界都有人居住，于是就有某种理由去征服边界之人了，等等等等。原则上，这要求征服全世界。就此而言，居阿克萨勒斯的事业就是居鲁士的全部事业，但并不必然是这样。那种形势可以想得到——尽管色诺芬没有这样来描述——在那种情势下，这位外甥凭他绝然的高超和这位王无可救药的笨拙，使得这位王黯然失色。居鲁士能够做他想做的事情。居鲁士和气地对待这位王这个事实，当然是对这位王最严重的贬低。对此，他也只能听之任之。我认为，在第三十五节的末尾，我们看到了居鲁士的相关说法。让我们只读第三十四节。

学生［读文本］：

"你认为这些是好的做法吗，居鲁士？请你确信，如果你真的关心我，居鲁士啊，你就会尤其防范剥夺我的尊严和荣誉。如果我的领土扩大了但我自己损失了荣誉，那我得到了什么呢？因为我被立为米底亚的王，并非由于我比他们所有人更强大，而毋宁是由于他们尊重我们，认为我们在所有方面都比他们更好。"（《居鲁士的教育》5.5.34）

施特劳斯：但我认为要点是这个。居阿克萨勒斯在此说出了他的统治的基础。他的统治的基础，如他在这里所说，不仅仅是实定法，还有这个假定——即皇室之人比臣民更好，因此配得上施行统治。这是世袭君主制真正的资格，最终的资格，自然的资格。当然，这种假定现在遭到驳斥，已经一次又一次遭到驳斥。这当然算是证明了居鲁士的相对正当（the relative right）。因为，比起居阿克萨勒斯，居鲁士当然是个更好的人。

我们在第四十六至四十七节找到的最后一个要点，在本卷的末尾，可以读一读。也是出自居鲁士的发言。

学生［读文本］：

"可是，正如有必要进行战斗时，征服最多人的那个人，会被视为最强大的人，同样，当有必要进行说服时，使得最多人分享我们的观点的那个人，也会被公正地当作在言辞和行动上最高明的人。"（《居鲁士的教育》5.5.46）

施特劳斯："最擅长言辞和最擅长行动"。这种说法出现在《回忆》卷四第三章、第五章和第六章的开篇处。所以，他们必须擅长言辞和行动。但行动在此指的不是打仗，指的是劝说人们去行动，指这种效能。请接着读。

［336］学生［读文本］：

"然而，不要关心你们将如何向我们展示你们会对他们每个人说哪种话，毋宁说，你们要做准备，同时心里得想着那些被你们说服的人将会以自己的行动表明他们是怎样的人［译按：此处据斯特劳斯课堂所用的英译本译出］。"（《居鲁士的教育》5.5.47）

施特劳斯：所以，换句话说，指挥官一定得是演说者。他们不可以丧失演说家这一优点。可是，当然不是为了表演，不是炫耀性的——不是炫示，不是花哨表演，而是让其言说能够确定听的人会行动。《回忆》卷三第八章第一节有一处文字可与此对勘，你们可以思考一下。当中有一个相当难懂的句子。

第十四讲　《居鲁士的教育》卷六

[337] 施特劳斯：文章讲得又清楚又好。① 我认为只有一个地方，我相信你可能弄错了，关于召居鲁士回波斯一事。你相信召他回去的事由是一个善意的谎言，也可能是一个险恶的谎言。

学生：[听不清]

施特劳斯：没有问题，但这可能证明不了它是一个谎言。你还得考虑居鲁士被召回的可能性。你也得考虑这件事有什么暗含之义。

学生：暗含之义是他会有麻烦。

施特劳斯：与波斯的当权人物之间，是的。

学生：警告居鲁士不要变得太自命不凡。

施特劳斯：出于明摆着的理由：军队。不得不这样做，因为整本书都标榜居鲁士凭借完全合法的手段成了一名绝对统治者，在居阿克萨勒斯身上，这已经是个复杂的问题了。在波斯，可能也是如此。因此，我们得仔细看。某某先生？

学生：我只是有一个问题想得到解释。过去我们一直在用这个希腊语词，原文是ἔρος。有什么含义是这个希腊文单词有而它对应的英文单词所没有的吗？

施特劳斯：是的。你看，至少有三个，实际上有四个希腊文单词，立即跳了出来，都可以译作"爱"（love）。第一是ἔρος，它首先意味着某种像欲望的东西，但在通常的用法中无疑局限于性欲（当

---

① 这次课以阅读一篇学生的论文开始，该论文没有收录进来。

然还有在最高的解释里性欲所暗含的一切)。接下来是 $\varphi\iota\lambda\acute{\iota}\alpha$，是友谊，是某种不同的东西，但 $\H{\varepsilon}\varrho o\varsigma$ 和 $\varphi\iota\lambda\acute{\iota}\alpha$ 可以轻易地相互转换。再一个就是 $\sigma\tau o\varrho\gamma\acute{\eta}$，关爱（affection，例如，它甚至可以用于非理性的动物身上，指动物对幼崽的关心和喜爱）。第四个是 $\acute{\alpha}\gamma\acute{\alpha}\pi\eta$，它更多在新约里处于显要地位，就是仁爱（charity）。所以，这得仔细看，每一种情况都得仔细看。我认为，当我说 $\H{\varepsilon}\varrho o\varsigma$ 时，是这个希腊语词在文本中出现时，我才用它。

学生：潘蒂娅的爱欲可能转移到居鲁士身上吗？

施特劳斯：并非这么简单。当然不可能。她感激居鲁士。这不是爱欲。但我们将探讨某某先生心中所想的这个问题。

现在，我想先就某某先生的论文说几句。这篇论文相当令人满意。其中有几点内容我想提一下。第二页：

> 居鲁士将潘蒂娅交给阿拉斯帕斯保护，对于这位米底亚发小，这是居鲁士送出的第二件美的事物。我们回想起，阿斯图阿格斯曾送给居鲁士一件美丽的长袍，那时我们第一次了解到居鲁士对美的喜爱。[338] 而居鲁士返回波斯时将长袍赠予的那个人就是阿拉斯帕斯。

我认为这说得好。还有第五页，可能只是个打字错误，居鲁士告诉父亲他想要一支军队，"他可以用这支军队为朋友做好事，从敌人那里得到帮助"。这一定是打字错误。应该是"伤害"敌人。下面还有一点，你引了一个段落，这一段说的是居鲁士决定去救援，好向每一个人表明，他尽力加倍伤害那些伤害我们的人，对我们好的人，我们加倍待人好，而这样做的后果会是许多人想与我们交朋友，没有人想成为我们的敌人。你推出的结论是：没有一个敌人。我们得把这弄清楚。你没有标明你在哪里看到这段话，所以我就没法根据原文来核对。

在我们提出更一般性的问题之前，已经是时候了，还是让我们首先开始连贯地研习卷六吧。我们从开篇处开始。嗯，某某先生已经充分描述过开篇的内容，在开篇处，我们看见了波斯人许斯塔斯帕斯和亚述阉人伽达塔斯某种意义上一起出现了（［译按］见6.1.1-2）。大家还记得我上次画的那张人物结构图吧。有两名波斯人，克吕桑塔斯和许斯塔斯帕斯；有两名亚述叛徒，戈布吕阿斯和伽达塔斯。当然还有提格拉涅斯，我们绝对不可忘了这个亚美尼亚人，他是苏格拉底的学生或是色诺芬，这一点得以某种方式加以解释。在开篇处，我们看到两个人［译按：指许斯塔斯帕斯和伽达塔斯］一起出现；你说得非常对，许斯塔斯帕斯不再单单是个波斯人，他身上有某种世界性的东西，正如你所说的。这个说法中有正确的成分。我们看到他们二人联合起来了。他们二人希望居鲁士不要解散军队。让我们来读第二至三节。

学生［读文本］：

　　随后，居鲁士由于了解到伽达塔斯很早之前就已经因为害怕军队遭解散而几乎吓死，他便笑着说："伽达塔斯啊，显然你表达出这种想法，仅仅是因为你被许斯塔斯帕斯说服了去这么做。"伽达塔斯朝天空伸出双手，发誓说他不是受许斯塔斯帕斯的说服才做出如此判断的。"而是，我知道，"伽达塔斯说，"如果你们所有人都走了，我就全完了。出于这个理由，我才自己主动去找许斯塔斯帕斯，问他是否知道在解散军队的事情上你有什么想法。"（《居鲁士的教育》6.1.2-3）

施特劳斯：是的。大家看到，居鲁士看到可怜的伽达塔斯几乎要吓死的时候，他就笑了。这也有助于我们理解居鲁士的性情。换句话说，他不太有人情味，只顾自己。但我们定不可忘记另一面。伽达塔斯的这种畏惧之情于居鲁士而言大有用途。大家知道的，居鲁士的笑从未脱离实用主义的考虑。以前我们见到过。让我们继续读，下两节。

学生［读文本］：

> 居鲁士说,"那么,是我错误指责了许斯塔斯帕斯。"
> "确实是,宙斯在上,居鲁士啊,"许斯塔斯帕斯说,"因为我只是对伽达塔斯说:你不可能继续征战了。我告诉他你的父亲正召你回去。"(《居鲁士的教育》6.1.4)

[339] 施特劳斯:大家看这句不折不扣的反语。仅仅是这一小点——仅仅是这一小点内容:你明天一早将要被处死。请继续。

学生[读文本]:

> 居鲁士说,"你在说什么呢?你也胆敢提出这个吗,我是否渴望回去呢?"
> "是的,宙斯在上,"许斯塔斯帕斯说,"因为我观察到你在波斯人之间走动时非常渴望被人以钦慕的眼光看待,非常渴望向你父亲表明你如何完成每一件事情。"
> "难道你不想回家吗?"居鲁士问。
> "不,宙斯在上,"许斯塔斯帕斯说,"我也不会回去;我将待在这里并担任将领,直到我让这位伽达塔斯成为亚述人的主人。"(《居鲁士的教育》6.1.5)

施特劳斯:许斯塔斯帕斯的意思当然是让他成为亚述王。居鲁士已经被宣召回波斯。我会说,在我们有证据表明居鲁士没有被召回之前,我们得相信这个召回令,因为居鲁士毕竟还是一介臣民。大家绝不可忘记这一点。居鲁士实际的权力与他在法律上的地位之间有一种不相称。

学生:[听不清]

施特劳斯:召回令有可能是个谎言,为的是让伽达塔斯出于畏惧而比之前更忠实,这么说没有问题。但也可以是另一种情况,你看,随后——

学生:[听不清]

施特劳斯:可是,确切地来说,是什么呢?其中有一种混合,他们当然是在严肃地开玩笑。可是，问题是：什么是严肃，什么是玩笑？居鲁士收到过回家的召令，这可能是严肃性的一部分，另一件当然严肃的东西是伽达塔斯的恐惧。但伽达塔斯的恐惧对于居鲁士的政策所起的作用则是玩笑部分。你看，也可以是相反的情况。居鲁士被召回家，许斯塔斯帕斯不喜欢回家。许斯塔斯帕斯发现留在这里战斗更有乐趣。因此，许斯塔斯帕斯便把居鲁士被召回一事告诉了伽达塔斯，好让伽达塔斯央求居鲁士留下来。这个玩笑可能还有部分这样的含义：居鲁士看穿了许斯塔斯帕斯的心思，他还很喜欢这一点，因为那正是他想要的东西。居鲁士也不想回家。

学生：这个严肃笑话的部分意思是，许斯塔斯帕斯真的表示，如果居鲁士回家，他自己便会成为将领。

施特劳斯：我明白，你是在紧贴字面意思来理解。可以是这样。如果你紧贴字面意思来理解的话，"我将成为这支军队的领袖"，我将取代你。但这里当然不可能就是指字面意思；居鲁士绝不会这么做。所以，还有另一个维度。居鲁士在第六节开始讲话。[340]问题是，现在得解决的关键问题是：我们要把战争继续下去吗？我们已经成功击退敌人，将敌人赶了回去，是就此停手呢，还是继续战斗，然后在敌人的国土上将其一举粉碎呢？一共有五种回答。让我们来读中间的那种。这是居阿克萨勒斯第一次发言，如我们所知，这位舅舅之前实际上从未在公开场合讲过话。可是，我们从上下文可以看到，他只不过是被居鲁士推上去讲的（[译按]见6.1.6和6.1.13）。他只是个傀儡，他实在没什么可说的。上下文里最值得注意的东西是居阿克萨勒斯自己臣民的发言，在第九至十节。让我们来读一下。

学生［读文本］：

在他之后，阿尔塔巴佐斯（Artabazus），就是那个曾经声称自己是居鲁士亲戚的人，讲了下面一番话："居阿克萨勒斯啊，我非常不同意前面的那些发言者。他们说我们仍然有必要留在这里进行战争，可是我要说，过去我在邦内的时候，我经常进行战争。在邦内时,当我们的财产被人夺走时,我经常不得不前去救援;而且我经常害怕和担心我们的堡垒,因为它们曾是敌人谋取的对象;此外,我还得自己花钱来做所有这些事情。现在我们正占据着敌人的堡垒;而且我不怕敌人了;我纵情享受着敌人的东西,畅饮敌人的东西。既然过去家中的生活是战争,而现在这里的生活是节日,那么,我认为我们不应该解散这个节日聚会。"(《居鲁士的教育》6.1.9 – 10)

施特劳斯:换句话说,阿尔塔巴佐斯的举止再也不像僭主或绝对统治者治下的一个顺民了。阿尔塔巴佐斯清楚自己的利益所在。达金斯,就是我多次对你们提起的那个译者,他从一名英国公立学校学童的眼光来阅读色诺芬,可他迷恋色诺芬的文字,于是便有了一个好处:他比较用心地阅读色诺芬的文字。达金斯对色诺芬的爱慕之情,也使得达金斯对色诺芬的微妙之处视而不见,可还是有好处。关于这处文字,达金斯评论说,这里是波斯人阿尔塔巴佐斯第一次有名有姓地出现,① 达金斯还提出了这个绝对必要的问题:为什么?我不知道答案,但我认为我应该提请你们注意这个问题。他此前都是匿名出现,而现在,恰恰是此处,则带着他的名姓提到他,非常奇怪。

学生:我不确定对不对。在卷三([译按]当为4.1.22),居阿克萨勒斯派了名叫阿尔塔巴佐斯的人去居鲁士那里。

施特劳斯:当然我没有仔细查看整本书,我只是细看了索引。我查看了索引提到的所有段落,索引也不全,这我知道。可是,当作者有几次说起那个自称是居鲁士亲戚的人时,也说起过阿尔塔巴佐斯,但色诺芬从没有确切说过这两个人是否是同一个人。

---

① [译按]此人的出场,分别见《居鲁士的教育》1.4.27 – 28(匿名),4.1.22(匿名),5.1.24 – 26(匿名),5.3.38(实名),6.1.9(实名,交代他就是那个曾假装是居鲁士亲戚的米底亚人),6.1.35(实名),7.5.48(实名,再次交代他就是那个假装是居鲁士亲戚的米底亚人),8.3.25(实名),8.4.1(实名),8.4.12(实名),8.4.27(实名)。

学生：色诺芬在这一段将二人等同起来了？

施特劳斯：当然，他确实是这么做的。"没有什么会像再看一看这项事务一样"，① 像苏格拉底常说的那样。

学生：作者在随后的卷七这么做了。

[341] 施特劳斯：达金斯说的是第一次，他没说是唯一一次。

学生：为什么又来一次呢？

施特劳斯：这也是个问题：这么做为什么必要呢？这个问法是对的。可首要的问题是：为什么是此处第一次提到阿尔塔巴佐斯的名字？有话要讲？

学生：某某先生提到的卷五那个段落，译者认定里面那个人就是这位阿尔塔巴佐斯，我认为译者是对的。译者说，卷五第三章第三十八节的阿尔塔巴佐斯是个常见的波斯名字，此处提到的波斯人阿尔塔巴佐斯是波斯步兵或骑兵的头领。

施特劳斯：他说："阿尔塔巴佐斯应领导波斯轻装步兵。"

学生：人名与事件对上是在卷四第一章第二十二节，

曾说自己是居鲁士的亲戚并得到居鲁士一记亲吻的那个人，现在碰巧在场。于是，居鲁士立刻说："他对我而言就足够了。""那就让他跟随你吧。"居阿克萨勒斯说。

施特劳斯："阿尔塔巴佐斯"这个名字出现在哪里呢？

学生："'你'，他对阿尔塔巴佐斯补充道。"

施特劳斯：希腊文中没有这个名字。

学生：没有吗？

施特劳斯：没有。没有，我会说：我会指望达金斯，在这个简单的纯事实问题上，达金斯有可能是对的。不，英译文不够用。好的。现在请读第十三节的开头。

---

① ［译按］见本讲稿英文页码 56 页的相关内容，这句话出自色诺芬《治家者》3.14，即"没什么会像探究［这事］一样"（οὐδὲν οἷον τὸ ἐπισκοπεῖσθαι）。

学生［读文本］：

"那我为什么要建议居阿克萨勒斯提出关于解散军队的讨论呢？"（《居鲁士的教育》6.1.13）

施特劳斯：此处居鲁士所说的"建议"一词在希腊文里也有"指挥"和"命令"的意思。换句话说，到现在，居阿克萨勒斯绝对被挫了锐气。这一点是清楚的。请读第十四节。

学生［读文本］：

"冬天肯定就要来临，即便我们自己有避寒之处，宙斯在上，我们的马匹或我们的随从或兵卒还是无处避寒，而如果没有所有这些东西的话，我们就无法进行战争。"（《居鲁士的教育》6.1.14）

施特劳斯：希腊原文是"士兵民众"。这更有力地让我们想起了军队的等级制特征：兵卒有别于军官，后者是军中的贵族阶层。

学生："如果没有他们，我们就无法进行战争。"

[342] 施特劳斯：当然没法进行。这就是巨大的难题所在。可是，"无之便不成立"成了一个哲学术语，即拉丁语里的 conditio sine qua non［必要条件］，这与真正的原因有区别。这是柏拉图或苏格拉底的独特之处，必要的条件有别于真正的原因。必要条件就是质料，可以说，它是不同于作为真正原因的形式的质料。关于民众与统治者之间的关系，这便是苏格拉底的看法。顺便讲一下，至少必须提一下其他人针对居阿克萨勒斯的提问所说的话，统统都是在说：哪怕千方百计，让我们继续吧。但是，棘手的问题是，做什么，如何保证更加深入的战争一定能获得胜利，当然是由居鲁士来解决。换句话说，他们必须有堡垒，要塞，这样在敌人的国土上才有人身安全可言。现在让我们来读居鲁士的解决方法。

学生［读文本］：

"我们现在并非不同于那些在大海上航行的人,因为他们一直在航行,然而,他们所航行过的地方与没有航行过的地方都不属于他们自己。而如果我们有堡垒,它们就会剥夺我们敌人的国土,一切都将更加顺利。你们当中的一些人可能害怕,因你们需要远离自己的国家进行守卫。你们不要对此犹豫不决。既然我们现在实际上就是背井离乡,我们也将独自在最靠近敌人的地方承担戍守的职责;你们来占有并耕种亚述与你们接壤的部分。如果通过戍守,我们能够守卫好那些靠近敌人的地方,那你们这些占据着更远离敌人的地区的人将生活在和平中,因为我相信敌人将无法无视那些近在咫尺的人,却来阴谋对付你们这些远离他们的人。"(《居鲁士的教育》6.1.16–18)

施特劳斯:我相信,这里的整个说法暗示出两点内容。第一,波斯人的优势。波斯人将负责戍守。我们现在远离家园,这当然是指着波斯人说的,而米底亚人将来只是守卫自己的边界,因此是在自己的国土内。我们波斯人将承担起烦难之事,这当然也意味着荣誉、荣耀和权力的重担。我仍旧坚持的第二点是:居鲁士拒绝服从他父亲和国内的权威人物。居鲁士将继续远离家乡。我们必须跳过许多段落。让我们转向第二十六节。

学生[读文本]:

所以,兵卒们都这么说——(《居鲁士的教育》6.1.26)

施特劳斯:不对,这里是 $\check{o}\chi\lambda o\varsigma$,其意思是"人群"。嗯,它不是一个正式的术语,指的是人群,请想一想里兹曼(David Riesman)先生的书名,[①] 什么来着?

学生:《孤独的人群》(*The Lonely Crowd*)。

[①] 里兹曼与格拉泽(Nathan Glazer)和丹尼(Reuel Denney)合著的《孤独的人群》(*The Lonely Crowd*),New Haven:Yale University Press,1950。

施特劳斯：意思不是孤独的选民，即民众。就此我们得另写一本著作。选民没法是孤独的，不是吗？因为它是一个整体，而人群自然可以是孤独的，因为它不是整体，而是整体的一种虚假形式。可以继续读了吗？

[343] 学生[读文本]：

他[亚述王]已经因为害怕而离开，以保护自己的财宝。然而，居鲁士知道，他[亚述王]离开，是为了集合起一支可与居鲁士的军队相匹敌的军队——如果有可能做到的话，所以，居鲁士怀着战争仍然必要的信念做了充分有力的应对准备。所以，居鲁士将波斯骑兵全员补足——（《居鲁士的教育》6.1.26）

施特劳斯：是的，波斯的骑兵。请继续。
学生[读文本]：

他从俘虏那里弄到了（obtained）一些马匹，也从朋友那弄到了一些马匹——

施特劳斯：不是"弄到"。是夺取（taking）。① 他的朋友是谁？
学生：指的是盟军。
施特劳斯：当然。所以，居鲁士是靠牺牲盟军的力量来加强波斯骑兵的力量，从这个视角来看，此举还是一个好策略。请继续。

学生[读文本]：

---

① [译按]米勒的译文没有保持古希腊语原文的结构，意思当然不免偏离，原文之意应为：从俘虏那里夺取了一些，又从朋友那里夺取了另一些。米勒译作 obtained 的希腊语单词是 λαμβάνων，是 λαμβάνω 的现在时分词阳性单数主格形式，所以，施特劳斯将之译作 taking。

因为居鲁士从每个人那里都接受这些礼物，如果某人给他送的是精美的武器或者一匹马，他从不拒绝。（《居鲁士的教育》6.1.26）

施特劳斯：可问题是，用这种方式，你所得甚少，事实上他就是夺取——你甚至从芝加哥的市政府那听得到此类故事。现在这里出现了一个间奏曲，某某先生说得对，不完全是间奏曲，它在某种程度上出现得恰到好处，即美丽的潘蒂娅。大家记得，阿拉斯帕斯以前如此绝对地确信自己抵挡得住她的美貌的诱惑，可他错了。他爱上了这个美丽的女人，一个完美的女人，行事完美无瑕，同时是个有人情味的女人。但是，她向居鲁士告发了阿拉斯帕斯，仅仅是因为她被迫如此。让我们转向第三十四节。

学生［读文本］：

居鲁士听到后，他嘲笑那个人——

施特劳斯：居鲁士是个常常大笑的人，他的笑声，我相信，其特征一贯都相同。它有一些恶意的成分，德国人称之为幸灾乐祸（schadenfreude），从另一个人受损中获得快乐。并且这件事用处极大，因为阿拉斯帕斯的这次挫败和蒙羞使他成为执行如下任务的理想人选：假装背叛居鲁士，叛逃至敌方，然后探出所有秘密。居鲁士将人性的缺陷用得出神入化。请将这个句子再读一遍吧。

学生［读文本］：

居鲁士听到后，他嘲笑那个人，因为这个人曾经宣称自己比爱更强大。居鲁士派阿尔塔巴佐斯与那个女人的阉人一道回去，并要求阿尔塔巴佐斯告诉阿拉斯帕斯不要对这样一个女人使用暴力。可是，居鲁士又说，如果阿拉斯帕斯能够说服她，居鲁士就不会阻止这件事情。（《居鲁士的教育》6.1.34）

施特劳斯：大家看，严格说来，她是一名战争囚犯。可居鲁士还是再一次料事如神，阿拉斯帕斯将羞愧不已，而且这个女人已经表现出她的抵制力，所以，即便居鲁士说"如果你能说服她，就试一试吧"，也没什么危险。阿拉斯帕斯没有一星半点的机会可以成功。请读下一节。

[344] 学生［读文本］：

阿尔塔巴佐斯去到阿拉斯帕斯身边，把他痛骂一顿，他把这个女人称为一种神圣的信任，还一一细数阿拉斯帕斯的渎神、不正义和缺乏自制。阿拉斯帕斯因此痛哭流泪，羞愧难当，几乎因为害怕自己会遭到居鲁士的折磨而吓死。（《居鲁士的教育》6.1.35）

施特劳斯：居鲁士手头上总是有人为他干得罪人的事。这是统治的秘密之一。

学生：［听不清］

施特劳斯：你是说阿拉斯帕斯与居鲁士有爱欲关系？不好意思喔，假如这是真的，阿拉斯帕就会［对潘蒂娅］有免疫力。就好像你派某个惯于伪造假支票的人去某个犯了武装抢劫罪的人那里，这个造假支票的人会说：武装抢劫是多么严重的罪行啊，因为造假支票毕竟没有使用暴力。这些事情上有大量所谓的心理学内涵，大家无疑都明白。现在阿拉斯帕斯深感愧疚，此处已细致加以描写。作者的相关描写有些意思，因为对于人之缺陷的两种态度，已经有文献提出一个观点。大家很可能读过。有一本关于这方面的书，在这本书中，有个人区分了耻感文化与罪感文化。是多兹（E. R. Dodds）先生？[①] 我从没读过，但听说过。简单来说就是：以圣经为源头的文

---

① Dodds, *The Greeks and the Irrational*, Berkeley：University of California Press, 1951. ［译按］中译本见：多兹，《希腊人与非理性》，王嘉雯译，生活·读书·新知三联书店，2022。

化是罪感文化，这当然就是弗洛伊德之所以极为重要的理由，摆脱罪感；而日本，我相信，是耻感文化的实例。你看上去在这方面知道些什么。

学生：各种东方文化都是耻感文化的实例。

施特劳斯：东方，笼统来说都是？你读过那本书？

学生：作者是多兹。

施特劳斯：我相信，他是个英国人。

学生：我记不得了。

施特劳斯：事情很可能要稍微复杂一些。我相信，按照这种算法，希腊人当然属于耻感文化，不是吗？或者个中情况复杂？

学生：我现在一时还真没法说。

施特劳斯：个中可能有某种对的东西。我对日本一无所知，可是关于希腊人，人们几乎无法说出他们与一些圣经情节之间的区别是什么。请讲。

学生：有一个有趣的故事，讲的是一个日本人被指控谋杀之后便自杀了。

[345] 施特劳斯：这难道不可以说是一种极端的、可能还愚蠢的荣誉感吗？

学生：这不是由文化所要求的。

施特劳斯：我明白。不过，让我们把这一点与西欧封建制度下的道德进行对比，这种道德尚有一部分还活在我们的世界里，你可以在每一部西方电影中见到。如果有人说你是撒谎者，你否认说谎或耸耸肩，都还不够或不恰当，你必须猛打那个家伙。嗯，这种做法背后的想法当然是：如果你表明自己在体力上胜过他，那就等于表明你不必害怕任何东西，因此，你没有理由撒谎。我认为，这就是其中的道理。但是，在更古老的西欧封建制度下的道德中，你知道，荣誉的这种非常严格的要义——荣誉的这种要义在基督教的骑士精神中无法达到必须为之自杀的程度，因为自杀被看作一种罪。可是，如果你拿掉那种圣经中的看法——自杀即谋杀，当然就导致如下结论：当你的荣誉受到严重损害时，那你就得自我消灭。此处的差别与三段论的小前提有关，与大前提无关。

学生：［听不清］

施特劳斯：不，那是个特殊情况。阿尔塔巴佐斯说得完全对，潘蒂娅代表着神圣的信任，大家都懂。这没有问题。这不是一座给军队抢劫的城市。不是这样的，这清楚得很。有话要讲？

学生：即便是这样，我认为，还是要看到阿尔塔巴佐斯没有准确地以居鲁士下达指令的方式来传达消息，这很重要。

施特劳斯：我猜你没有在军队待过。可是你知道，即便是在日常生活中也偶尔有这一类事，银行行长对二把手说：你为什么不跟这个出纳员谈谈？这位二把手有一定的灵活裁决权。水平高的一把手，所下的命令都带有极大的灵活裁决权，也包含着对二把手聪明才智的信任，相信二把手在具体情境中会采取最好的处理办法。

学生：可居鲁士说过，阿拉斯帕斯若说服得了潘蒂娅，便可以拥有她。

施特劳斯：确有其事。然而，或许以某某先生指出的那些内容为依据——显然阿尔塔巴佐斯觉得这些事情特别令人作呕。可这次谈话的效果还是完全符合居鲁士的期望。可能居鲁士就是因为阿尔塔巴佐斯聪明绝顶才派他去的。

学生：［听不清］

施特劳斯：不是很充分。我认为这不是很充分。我认为，日本人也会关心那些没有人看到的事情。你不这么认为吗？我是说，根据严格的日本人的叙述，如果某个日本士兵干了坏事并且没有别的人看见他这么干？希腊人也是如此，但普遍意义上的羞耻观并非如此。现在我相信做出如下区分要重要得多：关于人们是否认为人类有可能完全摆脱这种缺点，圣经的假定是没有人可以摆脱。这也没有那么简单。可是，［346］如果你把亚里士多德当作某种程度上的希腊道德反思的顶峰，那他明确说过，羞耻感属于年轻人，因为年轻人绝不可能成为完美的人，他们还年轻。可是，对成熟男人来说，就没有羞耻感的存身之地了，因为如果他是贤人，他将会把每一件事情都干好。亚里士多德在卷四末尾说的。① 这是亚里士多德说的。我发现丘吉尔在某个地方重复了亚里士多德的意思。不幸的是，我没做笔记。某某先生应该知道。丘吉尔谈及那个神奇的英国人时，就是毕肯海德（Birkenhead）勋爵，你记得吗？丘吉尔不是说毕肯海德勋爵确实完美吗？②

学生：[听不清]

施特劳斯：是的。毕肯海德在所有情况下总是做得绝对正确。丘吉尔读过亚里士多德的《伦理学》。毕肯海德给过他这本书，他对此书极为满意。所以，这并非无趣。你看，亚里士多德这句话中就羞耻感所说的内容，正是耶稣说起法利赛人（Pharisees）时所表达的意思。这是一个悬而未决的重大问题，就是新约是否正确描述了法利赛人。这是个一言难尽的问题。当然，严格意义的犹太教就有非常浓烈的"罪感文化"意味，这一眼就可以看出。尽管如此，新约通过法利赛人表达出来的意思，正是亚里士多德所表达的意思：那些不做任何错事的人。当你阅读，例如，伯里克勒斯的演说时，你当然可以发现这一点。他没有明说，可当然暗含此意。他可能在各处犯过政治上的错误，可是——

[磁带断了]

施特劳斯：——哪里都没有道德上的不足之处。请讲。

学生：[听不清]

施特劳斯：换句话说，这是一种惩罚，就像流放一样。好的。我仅仅认为，我们应该看看，阿拉斯帕斯对阿尔塔巴佐斯的责备所做出的反应，与圣经上几处可相对勘的地方所作的记述，并无根本上的不同。

学生：柏拉图的《申辩》中有可对勘之处吗？

---

① 《尼各马可伦理学》，IV. 9. 3 – 7。[译按] 即1128b，中译见《亚里士多德全集》第八卷，苗力田译，页92 – 93。

② 丘吉尔如此评价毕肯海德勋爵（即 F. E. Smith）："他令人瞩目地拥有犬科动物的所有德性——勇敢，忠实，警觉，爱追逐。" Churchill, *Great Contemporaries*, New York: Putnam, 1937。

施特劳斯：但当然非常有限。你说的是《斐多》的结尾处？

学生：我说的是《斐多》。

施特劳斯：是的，苏格拉底是他那一代人当中最正义的人，等等等等。这当然意味着他并非纯然的好人。柏拉图，出于他对德性的理解，当然说的是没有人真正有德，人仅仅能够奋力追求德性，因为德性是智慧，因而人无法拥有智慧，只有对智慧的渴求。

[347] 学生：[听不清]

施特劳斯：我不记得了。不是的。现在让我们看看居鲁士如何回应阿拉斯帕斯的懊悔。第三十六节。

学生[读文本]：

居鲁士听说此事后，便召他前来，与他进行了一场私密的谈话。

施特劳斯：严格意义上的私密。一对一（μόνος μόνῳ）；居鲁士一个人对阿拉斯帕斯一个人。大家看，居鲁士是个精细的人。

学生[读文本]：

"我知道，阿拉斯帕斯啊，"居鲁士说，"你怕我并且羞愧不堪。请不要这样子，因为我听说，诸神都被爱征服了——"（《居鲁士的教育》6.1.36）

施特劳斯：是"爱欲"。

学生[读文本]：

"而且我知道，人——"

施特劳斯：大家看，"我知道"。关于诸神，他是"听说"过，关于人，他是"知道"。请继续。

学生［读文本］：

"我知道，即便是那些看起来非常明智的人——"

施特劳斯："非常有理智的人"。

学生［读文本］：

"同样因爱欲而受苦。我自己就清楚，我无法坚定到能够在美人相伴时忽视他们。是我导致你身陷此事，因为我把你和这个无法征服的麻烦（this unconquerable problem）一起关了起来。"（《居鲁士的教育》6.1.36）①

施特劳斯："这不可抗拒的事"（this irresistible thing），指的是"事"，居鲁士当然没有把潘蒂娅称作一件东西，他指的是爱欲。

学生：［听不清］

施特劳斯：可是，你记得，他本可以说得不一样，但现在他出于人性方面的理由这么说。在下文中，居鲁士利用了阿拉斯帕斯的这个缺陷。他要阿拉斯帕斯应该要因为受到羞辱而跑掉，然后成为一名叛逃者，利用这次表面上的背叛在敌营刺探情报。这种做法非常可行，非常可信，因为这件事情会散播开来，敌人也会听说。现在，让我们转向第四十一节。

学生［读文本］：

"你能够放得下这位美丽的潘蒂娅吗？"居鲁士说。

"能的，"阿拉斯帕斯说，"因为我显然有两个灵魂。如今，在那个不正直的智术师即爱欲的学校里，我已经得出了这条哲

---

① ［译按］这一段是根据 Ambler 的英译文译出。施特劳斯随后用的是 this irresistible thing，他部分沿用了 Miller 的译法——this irresistible creature，同时也纠正了 Miller 的译法。

学学说。"(《居鲁士的教育》6.1.41)①

[348] 施特劳斯：紧贴字面的译法是："我与那个不义的智术师一起用哲学思考推导出了这条结论。"好的，请继续。

学生［读文本］：

"如果灵魂的确是一，那灵魂就不是同时既好又坏，也不能够同时欲求高贵的与可耻的行为——"

施特劳斯："高贵与卑劣的行为"。

学生［读文本］：

"也不能够同时既想要又不想要做同一件事情。可是，明显有两个灵魂，每当那个好的灵魂得胜时，它就做高贵的事；但每当坏灵魂得胜时，它就干可耻的事。现在，既然它已经拉你为盟友，就是好的灵魂得胜，而且是完全如此。"(《居鲁士的教育》6.1.41)

施特劳斯：这是个引人注目的段落。罪恶灵魂的学说。在《法义》卷十中，柏拉图在宇宙层面上重复了这个学说：一个好的世界灵魂与一个坏的世界灵魂。如果大家想查看具体的内容的话，在《法义》896。② 此处的说法与柏拉图《王制》中的说法有几分相似。柏拉图证明了理性、血气和欲望这三者彼此不同，当然，在柏拉图笔下，相关论证更为详尽，但论题是完全一样的。还有柏拉图《斐德若》那种暗中的推理：他说起两种欲望时，用高贵的马与卑劣的

---

① ［译按］这里的译文是洛布版的英译文。Ambler 此处的翻译与施特劳斯的课堂口译基本一致："我在与这位不正义的智术师即爱欲一同进行哲学思考的时候，得出了这个结论。"

② ［译按］尤其见《法义》896e5 前后。

马来比喻。在柏拉图笔下，这两者当然不是被称为灵魂，而是被称为灵魂的某部分，可是推理是相同的：在灵魂中，一定有罪恶的部分与高贵的部分。阿拉斯帕斯在此超出这种说法，直接说起两种不同的灵魂，这是极端得多的说法。很值得注意的是，此处的这种二元论，即人身上好的部分与坏的部分，这种二元论的基础是什么？

学生：它后来出现在波斯的学说当中。

施特劳斯：不，绝不要这么去揣测。顺便说一下，色诺芬可能听说过波斯学说中的某种东西，可是，既然文中没有提及，那么，我甚至不会引入这一点。但在此处，在阿拉斯帕斯的论说当中——

学生：阿拉斯帕斯自己对爱欲的亲身经历？

施特劳斯：但更具体一些，关于爱欲的什么看法，爱欲方面的什么经历？爱欲是坏的，爱欲本身是坏的。这是区分灵魂好坏部分的基础。这一点很有趣。

学生：[听不清]

施特劳斯：可是在这里，阿拉斯帕斯将某种东西哲学化了，还推出一种理论，我们首先得理解这种理论还有它所宣称的基础是什么。如果我们认为我们能够证明这是个错误的理论或其推理不充分，那么，我们可以紧扣主题提出如下问题：这种错误的源头是什么？接下来，我们就可能有所发现。可是，我们可以不做这同一件事情吗？我们可以与不少学派思考过的一样，直接说，不，一个是灵魂，另一个是身体，而不是说有一个好灵魂与一个坏灵魂吗？相对而言，两种学说各有什么优长？何者更合理，是阿拉斯帕斯的学说，还是某种灵知主义的（gnostic）学说？请讲。

学生：[听不清]

[349] 施特劳斯：这种平常的朴素看法，是的。换句话说，将罪恶追溯至身体，追溯至物质，还不够深入，因为罪恶具有某种无法从物质角度来理解的精神特质。如果你仅仅将罪恶追溯至物质和身体，那么，罪恶的深度便显露不出来。并且，爱欲当然不是身体性的事物。因而，阿拉斯帕斯的二元灵魂论是更高一筹的学说。可

是，再重复一遍，这不是色诺芬的观点。我们没有权利说这是色诺芬的观点，因为色诺芬并没有说这是正确的观点。它出自阿拉斯帕斯之口，另外，它出现在一个特殊的情境里。现在让我们转向第四十五节。

学生［读文本］：

当潘蒂娅得知阿拉斯帕斯离开后，她便捎话给居鲁士说："不要为阿拉斯帕斯投敌的事感到难过，居鲁士啊，因为如果你允许我捎话给我丈夫，我可以向你保证，一个比阿拉斯帕斯忠诚许多倍的朋友将会来到你身边。至于兵力，我知道他将会尽己所能带最多的兵力前来。现任亚述王的父亲是我丈夫的朋友，可当今这位亚述王甚至曾企图将我与我丈夫分开。因此，既然他认为现任的亚述王傲慢无礼，请放心，他会乐于逃到像你这样的一个人这边。"（《居鲁士的教育》6.1.45）

施特劳斯：居鲁士的一切事务都蒸蒸日上。一切都有利于居鲁士。他并未失去阿拉斯帕斯，因为阿拉斯帕斯正在亚述阵营中为他效力。另外，他将从亚述王身边拉过来一个头面人物。简直棒极了。第四十七节。另一件事情，潘蒂娅的丈夫从亚述阵营投奔到居鲁士阵营。

学生［读文本］：

当这个女人与阿波拉达塔斯看到彼此时，他们拥抱在一起，正如所料，[①] 在如此无望的一段时期之后。

施特劳斯：大家看，色诺芬当时并不在场，他只是猜的，猜得好。

学生［读文本］：

---

① Miller 的英译文译作"自然而然的"。

在这之后，潘蒂娅便［向丈夫］讲起居鲁士，讲起他的虔敬、节制和对她的怜悯。(《居鲁士的教育》6.1.47)

施特劳斯：有三种东西。居鲁士的虔敬，这里的虔敬是在更狭隘的意思上指人行事合乎神法，而不是指崇拜诸神。色诺芬在此处使用的语词ὅσιόν，是非常有趣的，意指某种像神圣性的东西。ὅσιόν也有凡俗（profane）之意，是"神圣的"或"神所专用的"（holy）的反义词：凡俗是一种级别低一些的神圣。不存在任何凡俗的东西。有些人说，多神教凭着不承认有一个完全凡俗的领域而比圣经宗教更虔诚，表达的就是这个意思。这是一个例子。这个区分是重要的。这里提到一种由神保证的正义——还有节制，节制在这里几乎与自制同义，但两者是大为不同的东西。同情也再一次成为不同的东西。某个人可以具备其他两种品质，但没有同情心，反之亦然。

[350] 下文出现了一种区分，关于这种区分我无法下什么定论：阿波拉达塔斯的创新。这可不是坦克。我想，居鲁士的创新即改进战车。阿波拉达塔斯在军事单元方面所做的事（不深入军事上的细节），与居鲁士所做的改进相比，二者有何联系呢？阿波拉达塔斯所做的事与居鲁士所做的事并不一样。居鲁士进行了某种创新或改进，而阿波拉达塔斯进行了另一种创新或改进。以实际的军事术语来讲，结果是什么呢，且不论创新的技术方面？这就是我发问的原因所在。可能下一次当我们看到阿波拉达塔斯创造的东西运行起来时，我们就会知道。当然，这个新创之物导致阿波拉达塔斯将来在战场上死去，这件事有极为重要的实际影响，特别是对于他的妻子来说。

学生：不是有八匹马吗？

施特劳斯：可是，如果他们向轻装兵方阵发动攻击，它会如何影响这次战斗呢？

学生：它肯定是笨拙得很。它只能向前行进，要转向的话，你得是个好骑手。

施特劳斯：换句话说，居鲁士的创新比阿波拉达塔斯的创新更好。

学生：阿波拉达塔斯没想过要脱身。

施特劳斯：这个我感觉到了。

学生：四辕马车跑得很快。如果不可以拐弯的话，它就会一直向前冲向敌人方阵，你将再也听不到阿波拉达塔斯的声音了。

施特劳斯：这正是我感觉到的。他极乐意牺牲。他不考虑安全，居鲁士考虑过安全。我相信我看到了这一点。好的。在第五十五节的末尾，这是本章的最后一节。

学生［读文本］：

当知道拉动这些塔是易事时，他便准备随军带上它们，因为他认为在战争中斩获利好同时也是安全、正义和幸福。（《居鲁士的教育》6.1.55）

施特劳斯：紧贴字面的译法是，"他相信，在战争中想要拥有更多的那种渴望或贪婪，同时也是安全，还有正义和幸福。"所以，换句话说，贪婪，爱收益，或者随便你怎么称呼它，这东西并不完全就是坏的。只有和平时期在同胞邦民之间，它才是坏的。它不仅很有助益，而且是正义的。大家还记得居鲁士与其父亲之间的谈话吧，当时其父亲向居鲁士讲解和平道德与战争道德之间的差异。

下面印度使节团来了，居鲁士当然会加以利用。换句话说，这些印度人（不要误以为是今天的印度人）也会去居鲁士的敌人那里，他们当然应该利用这个机会来查明敌人的部署，这样一来，敌人的部署就无法为害了。让我们来读第二节的末尾。

[351] 学生［读文本］：

"如果你们在这件事情上也替我做得好，比起你们带着钱来到我这里，我会为此更感激你们。假扮成奴隶的探子所能够探得和汇报的消息不过是人人皆知的事情，而像你们这样身份的

人通常就连筹划的东西都了解得到。"(《居鲁士的教育》6.2.2)

施特劳斯:"人人皆知的事情":人人看得见的事情,比如说,你可以在五月一日莫斯科的游行中看到的东西。但这没什么意思,因为我们知道这件事情,重要的是那些已经筹划好但仍然保密的事情,因为它已经筹划好了可还没有付诸行动。这对我们理解色诺芬《回忆》中的一个段落有些帮助,即卷一第一章第十七节,色诺芬正在讨论苏格拉底的虔敬问题,以反驳那种指控苏格拉底不虔敬的说法:

> 有些事情他怎么想,这并不清楚,在这些事情上法官们要是错判了他,也根本不令人惊讶。但有些事情人所共知,如果他们不予考虑,这难道不奇怪吗?[①]

所以,在此处,我们看到了某种相同的区分:人所共知的东西,另外的东西是,人们并不清楚他知道的东西。我们必须将其他可加以对勘的文字纳入考虑:在色诺芬的《苏格拉底的申辩》开篇处,色诺芬表明这篇作品的主题将会是苏格拉底沉思默想的东西。这当然是与人所共知的东西相反的内容,因为一个人沉思默想的内容并不是任何人都知道的。我提及《申辩》的开篇,仅仅是因为这个共同之处。

现在事态变得紧张起来,作者描述了当时军中的情绪。让我们来读第十二节。自然是一片畏惧情绪。他们听说那位亚述人正在集结起一支多么骇人的军队。现在让我们来读第十二节。

学生[读文本]:

> 当居鲁士的士兵听到这些消息时,他们变得不安起来,正

---

① 有可能是施特劳斯的译文。

如所料的那样——①

施特劳斯：是的。这也可以猜得出来。

学生［读文本］：

他们比惯常更为消沉地走来走去，他们看起来并不光彩照人，三五成群，每个角落都挤满相互问问题的人，都在谈论这些消息。（《居鲁士的教育》6.2.12）

施特劳斯：是的。我认为这也可以说是如人所料的。请读下一节。

学生［读文本］：

当居鲁士察觉到恐慌——

施特劳斯：紧贴字面的译法是"畏惧"。畏惧之情在军中快速蔓延。

学生［读文本］：

在自己军中蔓延时，便召集军中的军官们，还召集了居鲁士认为其沮丧可能会伤害军队的那些人，以及那些其热情会有些助益的人。居鲁士还命令自己的随从，如果任何别的有武装的士兵想旁听发言，不得阻拦。人们聚齐后，居鲁士发言如下。（《居鲁士的教育》6.2.13）

［352］**施特劳斯**：修昔底德《伯罗奔半岛战争志》卷二第八十九章中有一处文字有意思，可与此处对勘。一名雅典指挥官，波尔弥翁（Phormio），观察到军中的畏惧情绪后——他是在观察到之后，

---

① Miller 的英译文译作：如自然的那样。

立足于此,将他们召集起来,然后向他们讲话。那段话可能值得读一读,还有上下文。下文是居鲁士的演说,我们现在读不了,其发言的大意是,没有理由恐惧,因为我们知道,但凡重要的方面,我们都胜敌人一筹。克吕桑塔斯,某某先生给他的评价很好,在第二十一节发表了另一篇演讲。我认为我们应该读一读。

学生[读文本]:

居鲁士讲完后,波斯人克吕桑塔斯起身发言如下——

施特劳斯:大家记得克吕桑塔斯是地位最重要的两个波斯人之一,另一个是许斯塔斯帕斯。

学生[读文本]:

"居鲁士啊,不要感到惊奇,如果军中的一些人在听到消息后变得闷闷不乐的话,因为他们有这样的心态并非出于害怕,而是出于恼火。类似地,如果某些人想要吃午饭而且认为自己马上就可以吃,然后某项在吃饭之前不得不干完的任务突然下达,我认为,没有一个人在听到的时候会感到高兴。所以,我们也是,当我们想着我们马上就要变富了,却又听到还剩下某项任务需要完成时,我们也会闷闷不乐,不是因为害怕,而是因为我们期待这项工作已经做完了。然而,既然我们不仅为了盛产谷物、畜群和枣椰的叙利亚而战斗,还为了吕底亚而战斗,吕底亚这片土地有很多葡萄酒、无花果和橄榄油,而且海洋冲刷着吕底亚的海岸,更多人们没有见过的好东西经大海运抵——当我们想起所有这些时,我们就再也不恼火了,毋宁说,我们的自信心立刻回归,有信心可以更快享受吕底亚的这些好东西。"他这样说;盟友们都为他的发言感到高兴并且赞扬这一发言。(《居鲁士的教育》6.2.21-22)

施特劳斯:所以,大家看,这两篇演讲很好地相互补充。居鲁士直面这个棘手的难题：畏惧。克吕桑塔斯说：谁怕了啊？我们只是烦恼而已；我们仍然得克服这点小困难，就拥有全世界的财富了；结果，畏惧之情将得以抚平，希望将得以唤起，接下来，我们就能够期盼士兵们好好作为了。如果想着财富正等着我们，就没有人会感到烦恼。

接下来是居鲁士的另一篇演讲，第二十五节及以下，我们没法读。我们只读其中的一两节。某某先生已经提到过其中的一节，就是第二十九节。其要点是，现在他们不得不穿越一些荒漠，或至少是荒无人烟之地，[353] 所以，再也不会有酒喝，他们得转而喝水。居鲁士，作为一流的饮食学家，告诉他们如何可以戒掉饮酒的习惯。第二十九节。

学生［读文本］：

"其次，我们一定也得拿走我们餐后的酒，直到我们不知不觉变成喝水的人，因为逐渐的调整转变使得每一种自然（φύσιν）都能忍受变化。神（ὁ θεός）也以这种方式教我们，神引导我们一点一点地逐渐从冬天的寒冷到忍受夏天的酷热，从夏天的热到冬天的酷寒；我们通过模仿神，通过预先使我们自己适应，向我们需要抵达的地方前进。"（《居鲁士的教育》6.2.29）

施特劳斯：某某先生正确地说到了对自然的模仿。这完全正确。"自然"这个术语在此处没有被使用，这里用的是"神"，可是，我们已经从《治家者》中看到，自然的意思基本上就是神。在这里，他们要模仿自然的什么特性呢？Natura non facit saltus［自然不作突变］。① 我们得做相同的事：慢慢地，稳步地从饮酒转变为不饮酒。但居鲁士也说明了难处，无关这一特定的内容，而是与涉及面更广的原则有关，在第三十一节。

---

① ［译按］这是自然哲学的重要原则，也是达尔文在《物种起源》一书里讨论自然选择时的基本要素。

学生［读文本］：

"因为肉——"

施特劳斯：翻译成"肉"不是很对：应该指的是你配着面包一起吃的东西。任何东西，可以是蛋糕或这一类东西。主食面包之外的任何东西，都是配着面包一起吃的菜肴（ὄψον）。请继续。

学生［读文本］：

"我们必须准备那些辣的、重口的和咸的肉和配菜，因为这些引着我们去吃面包而且放得最久。"（《居鲁士的教育》6.2.31）

施特劳斯：大家看这些种类的东西，重口的、辛辣的和咸的东西。根据希腊人的理解——这一点很容易就可以得到文献的印证，我在我自己关于僭政的研究著作的一处注释中做过这件事——这些是反自然的东西。我认为，居鲁士提到这些东西，有某种理由。[①] 它们为什么是反自然的呢？"符合自然"和"反自然"这些词汇有非常具体的含义。为什么这些是反自然的，而例如甜的东西，就符合自然呢？

学生：首先，它们刺激胃口；第二，人得去寻找它们。得靠人来腌制或加盐或以某种方法来制作。

施特劳斯：盐可以找得到。

学生：是可以找得到，但得由人添加进去。

施特劳斯：噢，不。我确定，有不少水果和草本植物都具有这些性质。这不是要点。酸苹果，我记得。

学生：是因为这些东西需要一种后天获得的味道吗？

施特劳斯：不。紧贴字面意思。

---

① 《希耶罗》1.22。［译按］参见如下中译本：《论僭政》，彭磊译，北京：华夏出版社，页79，注2。

[354] 学生：它们需要防腐剂，它们存放不了多久。

施特劳斯：可为什么它们是反自然的呢？

学生：咸与水之间有关联吗？在盐的刺激下，人们将会喝更多水。

施特劳斯：原因更严格，更精确。

学生：如果食物坏了，这些东西以某种方式掩盖一下。

施特劳斯：不。嗯，让我来试着给出答案，就像你在例如亚里士多德还有其他作家笔下发现的一样。答案很严格。这些种类的东西，你们当然知道的，是通过吃，也就是通过舌头，来摄入的，有的东西与舌头相合，有的东西让舌头反感。这些是与舌头格格不入的东西。然而，不排除它们可以有好的用途。可在严格的意义上——嗯，举个涉及其他感官的例子吧。有的声音，尖锐的声音，令耳朵反感，此外，也有悦耳的声音。类似地，有的东西对口味，另外一些东西则不对口味，正像尖锐的声音可以非常有用，例如，如果突然着火，你不会期待悦耳的声音，而是期待尖锐的声音来叫醒那些睡着的人。所以，我认为，这就是居鲁士的意思。

学生：同舌头相合，同舌头外面的触觉相合，这两者相同吗？

施特劳斯：有些不同。触觉与味觉之间没有不同之处吗？我的意思是[听不清]

学生：有些东西，你特别不喜欢去碰触，但舌头觉得美味。

施特劳斯：反之亦然。请讲。

学生：我之所以说上面的话，是因为早先居鲁士还是个男孩的时候，他拜访米底亚的外公，他点评过外公正在吃的一些食物（我记不得具体的文本位置了），他特别不喜欢碰那些东西，某个人必须把它们递过去。

施特劳斯：下次你可以给我们找出具体的文本位置吗？①

学生：居鲁士现在说的内容是如何给以前所说的话造成困难的呢？

施特劳斯：没有困难，但仅仅是，嗯，如果一个人详尽阐发过，我认为他得大大扩展范围，我不知道我能否即兴讲好。但是，这一

---

① [译按] 见《居鲁士的教育》1.3.5–7。

点，征战中的士兵必须用这些东西，与如下这个事实相关——与和平相比，战争更不符合自然。[355] 我相信这是居鲁士表达的意思，这并不是说战争并非必然，这是另一回事，而是说战争是为了和平，而不是相反。

学生：您这会儿知道亚里士多德是在哪里讲解这些与舌头格格不入的东西的吗？

施特劳斯：抱歉，我现在手头上没有。

学生：是在《论灵魂》里吗？

施特劳斯：也可能在其中一本所谓的生物学作品中，我现在记不得了。你在哪里能查到呢？因为不仅仅是在亚里士多德的作品中，也有一些前苏格拉底的文本可以确证这一点。如果我手头上有书，我或许可以找到，《希耶罗》（［译按］1.22）有一个段落，其中希耶罗在谈论重口的和酸的东西，你记得吗？你可以在《论僭政》中查找这一处文字，找到那个注释，下次告诉我们吗？某某先生可负责另一处。

学生：与舌头格格不入的东西，关于这些东西的解释预设了如下标准：快乐是符合自然的。

施特劳斯：不完全是。有几分道理，可是，我会说，柏拉图，亚里士多德，还有色诺芬，他们所给出和暗示出的对享乐主义的基本批评，毋宁说是，泛泛地谈论快乐与痛苦是不够的。这是简单的享乐主义所犯的错误。如赫拉克利特（Heraclitus）所说，一头驴子的快乐与人的快乐不一样。① 有不少东西，我们绝不会吃，当然也不会快快乐乐地吃，而一只狗却吃得津津有味。试试狗粮。这意味着什么呢？这意味着一种存在物的快乐取决于这种存在物的构造，因此，基本的现象不是快乐，而是构造，这就是他们称之为自然的东西。你得在某种程度上区分好的快乐与坏的快乐。每一位享乐主义者都承认这个区分，当然的，可是，享乐主义者这时候得说：嗯，

---

① 赫拉克利特，辑语 9："驴子喜爱草料胜过黄金。"见 Kathleen Freeman, *Ancilla to the Pre-Socratic Philosophers*, Cambridge, MA: Harvard University Press, 1948, p. 25。

好的快乐是持久的快乐，没有坏结果的快乐，你知道的，他说的就是这种东西。可是，从苏格拉底式的视角来看，要点在于：符合人的构造并且符合人的灵魂中各部分之间的比例的快乐，在根本上是好的快乐，所以有更高的快乐与更低的快乐。你看，这是前人做过的事（that is what was done）。可是，前人的探讨当然也展示出快乐的重要性。可以说快乐，如果未经败坏的话，凭其本性就是令人的各个部分感到愉悦的东西。当然，你不能把舌头的快乐单独拿出来作为你生命中的事业；那样的话，你可能会变成饕餮，可是，人存在的目的不只是成为饕餮而已。我知道有些人是在某种程度上专门研究吃的乐趣，我知道的，可是，关于这种快乐，有某种成问题的东西。所以，快乐并不是本身就不好。我敢说，这是人们从柏拉图的《高尔吉亚》中得到的印象，我们在阅读时未注意其他所有的柏拉图对话，你知道的，这是《高尔吉亚》中特别的假说：快乐就是与好或高贵对立。《高尔吉亚》出于某种理由才做出这么一项概括。我希望在秋季学期的《高尔吉亚》研读课上探讨《高尔吉亚》这个文本的意义。好的。

[356] 在下一章，我们碰到的就是严格的军事事务。我们只读一个小段落，第二十二节及以下。它讲的是战术这种有限的问题，即得到恰切理解的战术。也就是说，战术来自 $\tau\acute{\alpha}\sigma\sigma\omega$ 这个单词。$\tau\acute{\alpha}\sigma\sigma\omega$ 的简明译法是什么？

学生：排序（to order）。

施特劳斯：排序，对，安排（arrange），排兵布阵（draw up）。如何列阵应战。

学生［读文本］：

> 其中一个统领万人的将军说道，"如果我们列成这样浅的队形，居鲁士啊，你认为我们足以抗衡那样深的方阵吗？"
> 居鲁士说道，"方阵过深以至无法用武器与敌人交接，难道你认为他们能够伤害敌人或者帮助朋友？我会希望这些列成一百纵深的方阵的重甲兵被列成一万纵深，因为这样一来，我们每一次就与非常少的敌人作战。"（《居鲁士的教育》6.3.22 – 23）

施特劳斯：大家看这条原则。这条原则当然至今还在，自然是在不同的领域里。我记得，在第二次世界大战中，关于1944年的［诺曼底］登陆，当时摆在德军最高司令部面前的难题是：他们应该做些什么呢？他们是应该占领整个海岸，至少占领他们料定盟军会登陆的那一部分海岸，还是说他们应该派出一支机动的预备部队而不占领每一个地点？前一种做法被称为把所有东西都摆进橱窗，人们认为这种做法有违最基本的战略原则。但是，这场讨论是我在威尔莫特（Chester Wilmot）的《为欧洲奋战》① 一书中读到的，"应该做什么"这种问题当然在每一种情况下都有。有就其自身而言相当合理的教科书式的规则，但你得决定哪一种教科书式的规则适用于此处，这就是人们所说的判断力，判断力不是人们通过教科书或在教科书中就可以找到的东西。这是此处的难题之一。换句话说，如果每一个人都作战，看起来会比保留一支庞大的、只在前列溃败时才加入战斗的后备部队要好很多。

学生［读文本］：

"然而，从我将为我们的方阵安排的纵深来看，我认为我将会使整个方阵都活动起来，并且方阵本身处处都可以相互照应。我会把矛兵放在那些穿胸甲者身后，把弓箭手布在矛兵身后。因为那些人甚至自己都同意自己在短兵相接的战斗中坚持不了，为什么还要把他们布在前列呢？当那些矛兵和弓箭手得到那些穿胸甲者的掩护时，他们会坚守阵地，越过在前方的所有人的头顶给敌人造成痛苦。一个人不管用什么给敌人造成伤害，他都显然在减轻其盟友的负担。然而，在所有人的后面，我将会［357］布上那些被称为'殿后者'的人，身经百战的预备队。就像一座房子如果没有结实的地基或没有那些构成屋顶的东西，就无法从中获得益处一样，同样的，如果方阵的前锋和殿后队伍不好的话，甚至从一个方阵中也无法获得益处。"（《居鲁士

---

① Chester Wilmot (1911—1954), *The Struggle for Europe*, 1954.

的教育》6.3.23 – 25）

施特劳斯：好的。方阵。也就是说，重装步兵，战斗中的王牌。谁在前方，谁又在后方？哪种部队？让我们来读第二十七节，要不也加上第二十六节吧。

学生［读文本］：

"你们要照我的指示来列队，你们这些轻装兵的军官，要把你们的分队以类似的方式排在他们后面，你们这些弓箭兵的军官要以类似的方式排在这些轻装兵的后面。你们这些统领那些在所有其他人后面的士兵的人，让你们的手下在最后面，而且要告诉每个人去监督在他们前面的那些人。告诉他们去进一步鼓励那些正在做所需之事的人，去严厉恐吓那些软弱的人，而且如果有人转身逃跑，自愿逃离的，就用死刑惩罚他们。那些作为前锋的人，其责任是用言词和行动去鼓励那些跟随自己的人，而你们被放在所有其他人后面的这些人，需要比敌人提供更多的恐惧给那些差的人。"（《居鲁士的教育》6.3.26 – 27）

施特劳斯：具体情况是什么？我们看到有前锋、殿后和中间部队。谁是前锋部队？重装步兵，重甲兵。谁殿后？也是重甲兵。骑兵是在两翼的某个地方，像鸟儿一样。谁在中间？轻装步兵和辎重队。轻装部队。居鲁士在此是怎么样形容轻装部队来着？"那些承认自己——"。你们记得那段文字吗？

学生：是胆小鬼们。

施特劳斯：胆小鬼们。所以，让我们称其为"C"。这些胆小鬼们位处中间。我认为这些就是苏格拉底在《回忆》卷三陈述过的关键的战术原则。① 这对于一种非军事的战术而言，即对于如何增强逻格斯——一次发言，也是一种战术原则，而不仅仅是就增强一支军

---

① ［译按］见 3.1.7 – 8。

队而言。以法庭修辞术为题的作品明确讲过这一点。当你得在法庭上为某个被告辩护时,就得在前面和后面谈论有利于被告的内容,没那么有辩护效力的东西就放在中间讲(正是基于这个心理学原则;我不知道今天的心理学家有没有以一些必要的图表来证实它)。可是,从自己的经历出发,你们每个人都知道,我们的注意力,理所应当,在一开始的时候好集中,除非来上课之前喝了酒或者在睡觉。这种情况也有可能出现,但一般来说,人们去听一场讲座时,前二十分钟都听得注意力集中,这很正常,之后注意力就开始分散。到了演讲者说"现在我来总结"时——明智的演讲者常常在结束前的二十分钟说这句话——这时候听众就又醒了。所以,那些不那么具有辩护效力的东西就放在中间。大家在西塞罗笔下和别的修辞术作品里可以发现这个现象。这一战术当然也用于非法庭式的逻格斯,即非法庭式的言辞中,像《回忆》《居鲁士的教育》这些著作,或柏拉图的对话,等等等等。这是我仅仅通过经验,[358]也就是说通过行动而知道的原则。我从未发现任何一个这类作者明确说过:处于中间的内容最重要。现在的难题便仅仅是,为什么位于中间的应该是胆小鬼或辩护效力最弱的内容?嗯,我会说,因为这些是不允许明确公开探讨的关键议题。这是我的假设。

学生:您一般将这一做法归于古代著作,我知道您上个学期还将之归于卢梭。您认为这一做法是在哪里断掉的?

施特劳斯:我会说,在伟大的作家中间,差不多是在卢梭那里。你明白的,这一做法是在十九世纪断掉的,在英国和荷兰要更早些,可是在大陆,在欧洲大陆,而且在美国,我认为也是如此。因为在写作方法上美国属于英国这一脉,美国至少比欧洲大陆要更早些。可别有谁指控我企图质疑独立战争。抱歉说一声,你不能不非常小心,倒不是因为联邦调查局,而是因为某些学者。可是,在欧洲大陆国家,直到法国大革命前,包括法国大革命与拿破仑时期,什么东西可以说,那肯定是有明确的界限的。所有在今天非常出名的作品,卢梭的著作是例外,均为匿名出版。请想一想这样一本书,就是孟德斯鸠的《论法的精神》:这种带有节制的文本,这种带有政治节制的文本——假如曾经有过这样的文本的话——都不得不在瑞士匿名出版。在当时法兰西的等级制中，孟德斯鸠的位阶相当之高。他的确切职务是什么来着？在波尔多，他是高等法官，其头衔的准确说法我忘了，一个高等地方官。① 情况仅仅在十九世纪才改变，笼统而言，是在共产主义出现之前。当时有了一定程度的法律所保护的言论自由，特别是在学术言论上，早先的时代则没有这样的先例。有时候会有非常自由的实际操作，雅典在某种程度上算是有，罗马帝国更多。可是，宽松的实际操作不等于法律上有保障。我的意思是，那些相信法律不重要的傻瓜，你们知道的，单单是实际操作并不作数，因为任何一名法官，任何一名立法者，都可以在任何时间变更实际操作；而修改法律就没那么容易。那些在更早时代里最常受到检控的人是否应该遭迫害，则是另一回事。

但是，现在我们只关心作为第一修正案之基础的那个基本问题。古希腊和古罗马都没有第一修正案。第一修正案不存在，因此，谁不同意那些已被人接受的观点，不同意城邦奉为神圣的那些观点——这也涉及政治秩序的确立——在雅典，关于既成的政治秩序即民主制可以说些什么东西，实在令人诧异。令人诧异，可是法律对此没有保障。败坏青年是苏格拉底所受指控的部分内容。关于败坏青年的指控，色诺芬提到的第一点是苏格拉底说抽签选举是愚蠢的做法，你们知道的，在雅典，有些非常重要的官职是靠抽签选举出来的，这是叛国罪。请讲。

学生：看看在今天的苏联，那些制造异见或者有些不成体统的处事方法的人是否可能做同样的事情，这是件立足于经验的趣事。

[359] 施特劳斯：你看，要点是这个。首先，当我开始观察这整个现象时，是在三十年代，二十世纪三十年代，当战争已经爆发时，它对我来说就变得清楚了。当时我理所当然地认为，当战争结束时，将会有一些家伙，至少在德国（因为那时我仍然对德国的学术有非常大的信任，这是由于我童年时期的偏见），到时候将会有一

---

① 孟德斯鸠是波尔多议会的主席。他还主持议会刑法部门的工作。

些观念史学者，或者随便你怎么称呼他们，他们将会作出我已经进行过的同样的观察，因为他们过去天天见到这种现象，即他们不能谈论希特勒的政制。关于这类东西，有一些著作。一个名为恽格尔（Jünger）的德国作家写了一本书。① 我从未读过此书，但听说过。恽格尔以象征笔法讲述了希特勒及其政制，有人告诉我这一点很容易看穿；此外他还写了其他此类的事物。我见过一位德国学者的点评，他看到希特勒的政制虽然在形式上特别险恶，但在原则上仍然是某种古老风气的复归。那时你如果不遵从某些限制，就不能够公开谈论相关的事宜。这位学者没有从中得出任何结论，但他已经观察到了。我认为，我们只是得重新了解：这个原则发挥的影响相当大。一般而言，对于所有异端作家来说也是如此——异端作家不是指那些虔敬的人，因为虔敬的人就表明真正信仰的责任，甚至应为坚持自己的信仰而甘冒一切危险，但这是另一回事。可是，像孟德斯鸠这样的人没有责任去不惜一切，其实他看到了路易十四的绝对君主制的种种缺点。他认为，如果他足够清楚地表明，如英国政体那般的政体比法兰西政体更值得青睐，而且表明在法国原本就有英国政体的元素，即议会和其他机构，只不过在法国人们让它们衰落，它们甚至遭到上层人物有意的破坏——如果这样，那他就已尽全力了。当然还有其他涉及宗教问题的事情。我们必须把这一点记在心里。我认为，我们一直见得到的那些微芥之事，例如列举五项内容，列举一些鸡毛蒜皮的事情，即便是这样的列举中，也总是值得思考某个特定的项为什么在中间、在中央。② 请讲。

学生：您说的那位学者是谁呀？

施特劳斯：克吕格（Georg Krüger），在他战后出版的一本著作中，他写下了那条评论，却没有得出任何结论。你们当中的一些人

---

① Ernst Jünger, *Auf den Marmorklippen* [*On the Marble Cliffs*] (1939).

② ［译按］英文版此处的写法是：it always pays to consider why in this particular item in the middle, in the center, 这句话应是有打字讹误，应改为：it always pays to consider why this particular item is in the middle, in the center。

知道，我关于各色作家都做过这个论断，其中一个便是洛克，而且我因此受到过极为严厉的惩罚，因为人们不喜欢这个说法。可问题不在一个人喜欢什么，一个人不喜欢什么，而是什么是真实的。我相信，就洛克而言，可以相对容易地表明这一点，只要我们考虑他的所有作品而不是仅仅单独阅读《政府论下篇》——我相信只读《政府论下篇》是一般人的做法，有些人甚至可能只阅读《政府论下篇》的一些小片段。

现在，让我们转向最后一章。在这里，我们看到了那位完美的妻子与完美的丈夫之间感人的告别情节。我们只读第五和第六节。

学生［读文本］：

就在那时，潘蒂娅屏退了所有站在身边的人，然后说道："阿波拉达塔斯啊，如果曾有其他哪个女人尊荣自己的丈夫胜过她自己的生命（ψυχῆς）——"

［360］施特劳斯：可以这么译，不过，那个希腊语词当然是"灵魂"，"灵魂"在这里被理解为那种赋予生命的东西。

学生［读文本］：

"我认为，你知道我也是这些人中的一个。现在为什么我应该一一陈明每一点呢？既然我认为，我已经给你提供了我的行动，比起我现在说的话，这些行动更有说服力。尽管我以你所知道的方式那样对待你，我仍然要以我的友谊和你的友谊的名义向你发誓，我宁愿与你一起入土，当你是一名好人的时候，而非继续活着，一个可耻的妇人与一个可耻的男人一起：所以，我认为你和我自己都配得上非常高贵的东西。"（《居鲁士的教育》6.4.5-6）

施特劳斯：大家看，她在这里以"友谊"或"爱"（φιλία）的名义发誓，而不是以诸神的名义发誓。我认为，这是唯一这样的例子，某人以某种东西的名义发誓，而不是以诸神的名义。好的，下一节。

学生［读文本］：

"而且我认为我们欠了居鲁士一个大人情，因为当我沦为俘虏并且被选给他之后，他并不认为理应把我当作奴隶或者不名誉的自由女人来拥有，而是为你守护着我，就像他对待其兄弟之妻一样。"（《居鲁士的教育》6.4.7）

施特劳斯：所以，很清楚。这位完美的丈夫与这位完美的妻子之间这种最高的、完美的爱，在这种情况下自动转而为居鲁士效劳。可是，其中有个奇怪的矛盾。我的意思是，一方面，这完全正当，因为他们欠了居鲁士一份大人情。然而，如果我们笼统地说，那么就是完美的爱情，一对完美的夫妇，在某种程度上为居鲁士牺牲了自己。这也有一些突兀。为什么呢？是什么东西在鼓动居鲁士？又是什么东西在鼓动这对夫妇？何者更高？这是问题所在。我相信，这是一种对哲学与城邦关系的反映。换句话说，是城邦与夫妻爱情之间的紧张——在这里不仅仅是城邦，而且是这个普遍的帝国。两者之间的紧张反映出更高的东西。你也可以说，家庭与城邦之间的紧张，家与市场之间的紧张，指向某种超出这种冲突的东西。嗯，根据我们所有人从亚里士多德那里获知的正式学说，即在《政治学》的开篇，家庭仅仅是城邦的一部分，一个附属的部分，是城邦的一个阶段。大家知道的，斯巴达：那里的女人生育孩子，好让他们日后成为战士，如果这些男孩战死沙场。嗯，如果你想，你也可以对他们怀有一些同情，可是这份同情无关紧要，他们就是为战死沙场而生的。这个说法并不是非常充分。母亲们，如果她们不是斯巴达人，就不会同意你的说法，而且这种紧张指向某种超出自身之外的东西。换句话说，城邦之于家庭的优越性并非完全真实。公共之于私人的优越性并不完全真实。根据古典哲人的观点，解决之道是哲学，只要哲学作为在某种意义上最私人性的事物，即一个人内心里发生的事情，关切的是最具公共性的事物，关切整体——这是某种远比城邦更具公共性的事物。

我想就这个一般的问题多说几句。潘蒂娅遭到俘虏后，居鲁士的一名手下进入帐篷。阿拉斯帕斯讲述了这件事。她当时正在哭泣。那个人说：别再哭了，因为尽管你的丈夫英勇高贵，但我们将给你一个更加英勇高贵的丈夫。她的反应却是哭得更伤心了，与提格拉涅斯的妻子一样。

［361］每个人都因为居鲁士伟大的德性而崇敬他，潘蒂娅甚至都没见过他。就此而言，提格拉涅斯妻子的经历与潘蒂娅的经历之间有一种相似性。我认为，当我们阅读这一卷并且继续向前推进时，特别是在卷六和卷七，我们看到，在这两卷里，这位统治者，据称是最完美的统治者，将自己表现为最完美的统治者、征服者和军事技艺的大师，这个现象要求我们进行一些反思。为什么是这样？为什么这位统治者在决定性的方面是一名战士，一名征服者？根据《回忆》卷三第二章末尾的一个定义，好领袖的定义是他使得他所领导的人幸福。在希腊语中，εὐδαιμονία有极为广泛的意涵，上至像"神佑之福"的某种东西，下至单纯的"繁荣"。我们必须考虑这种宽广的意涵范围。居鲁士是一名好统治者，因为他使得所有波斯人幸福，因此，他是一个完美的统治者。还没有过一名统治者使其臣民幸福，如同居鲁士使得波斯人幸福那样。是的，可是，他如何使得波斯人幸福？以牺牲其他人的幸福为代价。故而，这位统治者的行事与征服不可分并且以征服为根基，故而他最为仰赖的就是他的军事能力。另外，居鲁士使得其他许多人需要波斯人，他以此相应地消除了其他人的嫉妒。因为，正如我们读过的一节非常生动的文字所言，当一个人需要这些更好的人及其优越之处时，就会相应地停止嫉妒。如果你看见有人拿十倍于你的薪水，那么，你可能会嫉妒他们；可是，当你看见他们经受的烦难和危险是你的十倍，而且他们经受的烦难和危险对你有益，那么，你的嫉妒很可能就会减弱。

最后但非常重要的一点是，居鲁士无疑使得波斯人和其他人都需要他，所以他们无法嫉妒居鲁士，因为他对每一个人都极为有用。

而且他不说"瞧瞧我"这样的话来大招嫉妒,他有这种明智。他总是极为屈尊,友好,仁爱。我们见过许多事例都体现出这一点。所以,其中的关联,我们能够以更为普遍的方式陈述如下:居鲁士是一名完美的统治者,是因为他正在建立,尽可能地建立,一个普世的帝国。"普世帝国"的字面含义是一个包含了全人类的帝国。换句话说,最好的统治者无法是单个城邦的统治者,因为城邦是一个部分,因此,一直会有战争或战争的可能性。可是,在一座普世帝国当中,无论如何都不再有任何战争。我们已经见过这方面的一些例子。大家还记得那些彼此一直在打仗的部族吧:居鲁士平息了他们之间的战争,直接拿走了他们的武器,他们被保护起来了。如果任何一个部族攻打另一个,到时候老大哥就会从上边下来,处理此事。这不是一种合法的表达吗?我相信,奥威尔(Orwell)将它引入了政治科学。① 好的。

可是,这种普世主义是什么呢?它的难题是,本书的最后一章将会表明,这种普世主义是不可能的。首先,它并非普世的。它仅仅是——比如说,即便是整个亚洲,但他当然没有全部征服。他没有征服印度,没有征服欧洲,没有征服非洲。就不要说美洲了,那时他们还不知道有这地方,澳大利亚也是。所以,一个普世帝国并未建成,而就其建成的部分而言,在居鲁士死后,它便立即坍塌了,正如我们将会看到的那样。所以,这种普世主义是不可能的,它是一种虚假的普世主义。可是,如果没有真正的普世主义,人们也看不出那种普世主义的虚假之处。这一点看上去有悖所有的逻辑规则,可它是色诺芬喜欢用的论证方式,可能它并不与所有的逻辑规则相悖。可是,即便是在日常的意义上,如果没有真正的普世主义,人们也无法谈及虚假的普世主义,[362]否则的话,人们就得说普世主义就是坏的。现在那种真正的普世主义,根据这个观点,是思想,思考,哲学的普世主义,或者随便你怎么称呼它。虚假的普世主义是对真实的普世主义的一种反映。人们可以说是对真实的普世主义

---

① 乔治·奥威尔,《1984》,1949。

的一种歪曲。

现在我从希腊思想,哲学的世界跳跃到圣经思想的世界。这时你会看到一个令人惊讶的相似之处。我认为,为了更好地理解色诺芬,我们应该想到它。色诺芬不会使用这些词汇,可问题就是摆在那里的。对最高东西的这种歪曲,这叫什么?圣经中用什么来象征它?

学生:堕落的天使?

施特劳斯:是的,堕落的天使。它身上有一些高贵的东西,这就是天使般的东西,可是走上了邪路,用圣经语言来说,这就是恶魔般的。但对于色诺芬或者修昔底德或柏拉图和亚里士多德而言,那不是圣经意义上的"恶魔般的"——因为这对于他们来说并不存在——而是高贵走上了邪路,我认为,就此而言,这是他们表达的意思。所以,居鲁士做的这件了不起的事情,其伟大的迷人之处和雄伟得到了充分理解,而没有被贬低轻视,这甚至是一开始阅读这本书时就映入眼帘的东西。我相信,绝大多数读者别的没看见,只看见了那种雄伟。于是,有人宣称最后一章是伪作,又有人说色诺芬写作最后一章时已经丧失心智,我也说不上来。可是,最后一章讲述的内容从一开始就属于这本著作,因为《居鲁士的教育》的作者就是《回忆》的作者,这是事实,人们必须根据现有的事实进行推断。换句话说,在阅读《居鲁士的教育》的时候,你必须想着《回忆》,反之亦然。我认为这才是要点。《回忆》所拥有的雄伟,别的任何作品可能都没有。别的任何作品。正如修昔底德笔下最高贵的人物[即伯里克勒斯]所说,最伟大的事物,[即]政治自由,自由与帝国——德意志诗人席勒(Schiller)模仿了这个说法,他说,人类伟大的目标,即帝国与自由。① 就是这样。我相信,当一个人看见那些伟大的政治家和军官时——为什么他们显然吸引得到更多的人?我们当中的每一个人,我相信都是如此,除了彻头彻尾的教条主义者,大家知道,就是和平主义者之类的人。就是这样。然而,

---

① 席勒,《华伦斯坦三一论》(*Wallenstein Triology*),序言,II. 61 – 69。

在这种宏伟后面,有某种从根本上来讲成问题的东西,我认为,色诺芬相当清楚地表明了这一点。我认为,这就是其中的根本关联。所以,色诺芬已经通过《居鲁士的教育》这整本书的结构很好地表达出这一点。人对人的这种统治,如果它遵循它自己的逻辑的话,就是征服,普遍的征服。故而,人们将这本书看作关于军事技艺的经典之作。关于这一特定的主题,我说不出什么来,尽管我十分有兴趣阅读一个通晓军事技艺及其历史的人所作的分析。从理论上来说,色诺芬关于军事技艺所说的内容,这些简单的规则,当然是非常简单的。然而,看上去在色诺芬之前,没有人不辞烦劳地将它们写下来并且详加阐释。人们得做一些工作,至少将《居鲁士的教育》与马基雅维利的《用兵之道》(*Art of War*)① (可古代也有一些写战争技艺的作品) 对比一下,到时候可以看出色诺芬关于这些事务的教诲有何独特之处。

---

① 中译本可参《马基雅维利全集3:用兵之道》,时殷弘译,吉林出版集团有限责任公司,2013。

第十五讲 《居鲁士的教育》卷七

1963 年 2 月 20 日

[364] 施特劳斯：现在来看某某先生的论文。① 你对克洛伊索斯（Croesus）的讨论理解得非常到位。阿里斯提普斯的观点确实不同。阿里斯提普斯不需要一场失败来明白这个问题。享乐的生活，如阿里斯提普斯所理解的，即非政治的生活，是不可能的。因为苏格拉底指出的关键之处是，你想望脱离城邦，同时又以某种方式受到城邦的保护，苏格拉底说，这是挺难的一件事（［译按］见《回忆》2.1.12 – 15）。所以，这两种情形并不完全相同，因为克洛伊索斯当然得到了居鲁士的保护，因为居鲁士迫切需要这个人。不过，你援引得还是很恰当。你还注意到了居鲁士对阿波拉达塔斯的尸体感兴趣。我们在前面见到过居鲁士对尸体感兴趣。

阉人问题当然十分重要。我们在后来的一本非常著名的现代政治哲学著作中读到，阉奴问题有着漫长的历史。在孟德斯鸠的《波斯人信札》中，阉奴是东方专制主义的关键象征，在这本书里，一个生活在法兰西的波斯人，以他在家中与妻妾和阉奴之间的问题，来描写那些根本的政治问题，这些问题代表的是绝对君主与其大臣还有臣民之间的问题。这本书可能值得大家偶尔一读。你从居鲁士的一次发言中得出一个观点，即有一些是我们与所有人共享的东西，

---

① 这次课以阅读一篇学生的论文开始，论文没有收录进来

与我们的奴隶共享，比如热、渴等等，这一点当然在某个平等主义式的主张中起到了一定的作用。那个所谓的智术师安提丰（Antiphon），他的作品残篇在仅仅五十或六十年前从莎草纸识读并辑录出来，他的论点是，所有人都呼吸，都需要面包，因此，所有人平等，这当然不是一个合理的（legitimate）结论。即便人们在某些方面平等，他们不一定就得在所有方面都平等，也不意味着人们在那些最重要的方面都平等。这一主张也出现在莎士比亚的《威尼斯商人》中，是夏洛克提出来的，[1] 居鲁士提出了这个相同的基本难题。

因为卷七特别重要，今天我们就以稍微不同的方式来进行。某某先生？

［听不清楚，是关于阿里斯托芬《吕西斯特拉特》（*Lysistrata*）的一段交流］[2]

施特劳斯：要点是这个：阿里斯托芬的每一部谐剧在初读时都有一个明显的难解之处。但《吕西斯特拉特》没有，所以，它特别受欢迎。可是，障碍就在这里。这里有一个问题，因为这部剧所立足的假设是：性关系只有在婚姻中才可能。如果不是这样的话，那么，我们就会看到，这部剧立足于如下前提：不合法的东西，不合乎礼法的东西，对于人性来说是不可能的。一旦我们看到这一点，将自然与礼法等同便是这部剧隐秘的前提。一旦我们看到这一点，就来到了一个非常深的层面上，在这里当然也有爱欲与政治的问题。现在我必须到此为止。

［365］我建议今天我们以有些不同的方式来进行，因为其中有一节文字对于理解整部《居鲁士的教育》特别重要，因此，我们从篇幅短的第四章开始。到后面，我们再转向卷七的其余部分。现在让我们来读第四章第一节。

学生［读文本］：

---

① 《威尼斯商人》3.1.58，"难道犹太人没有双眼吗？"
② 这是原转抄者写的说明。

在这之后，卡里亚人（οἱ Κᾶρες）陷入分裂，相互交战——

施特劳斯：是的。顺便说一下，卡里亚在哪里？非常粗略地来说。

学生：小亚细亚的西南部。

施特劳斯：是的，靠近海岸，靠近希腊地区。请继续。

学生［读文本］：

而且既然他们双方的住所都位于有防御工事的地方，双方都求助于居鲁士。居鲁士本人那时候待在萨尔迪斯，同时制作围城器械和攻城锤，目的是摧毁那些不服从之人的城墙，而且他交给阿杜修斯（Adousios）一支军队，派他去卡里亚。阿杜修斯是一个波斯人，既在其他方面不缺乏判断力，也不是不好战，而且他尤其有魅力——

施特劳斯：译成"风趣的"会更好；文雅的，一个文雅的男人。迷人的，机智的，就不要说优美了，色诺芬曾在他以狩猎为题的作品中用相同的谓语来形容野兔（［译按］见《论狩猎》5.33），一只蹲坐着的野兔，这种绝妙的造物，迷人的，εὔχαρις［使人欢喜的］。请继续读？

学生［读文本］：

齐里齐亚人（Cilicia）和居普里亚人（Κύπριοι / Cypria）都以极大的热情与他一起出征。（《居鲁士的教育》7.4.1）

施特劳斯：我们在这里看见另一个人，他被称为阿杜修斯，他的特点是也有一个希腊名字。另一个深得居鲁士欢心的地位高的波斯人也有一个希腊名字。大家还记得他吗？

学生：克吕桑塔斯。

施特劳斯：克吕桑塔斯，好的。让我们读一读阿杜修斯在第三节中做了什么。

学生［读文本］：

所以，阿杜修斯领着一支军队前往卡里亚，卡里亚的［敌对］两派都去到他那，都准备把他迎入自己的堡垒之内，以伤害敌对的派别。阿杜修斯以相同的方式对待双方——

施特劳斯："对双方做同样的事情"。换句话说，阿杜修斯是个公正的人。他同等地对待他们。是的，这是一个要点。接下来呢？

学生［读文本］：

他与任何一方交谈时，他都说他们的说法更为正义——

施特劳斯：大家明白吧？

学生［读文本］：

而且他说，他们不可让自己的敌人知道他们成了朋友，因为他能够以此方式攻敌人于不备之时。［366］他认为这么做是对的：他们［卡里亚人］给出保证，而且一方面卡里亚人要发誓为了居鲁士和波斯人的利好不带欺骗地将其接入城堡，另一方面，他自己也同意发誓——（《居鲁士的教育》7.4.3）

施特劳斯：是"他自己愿意发誓"。他没有说他发过誓。所以，不存在发假誓的行为。可以继续读了吗？

学生［读文本］：

他会为了那些接纳他之人的利好不带欺骗地进入他们的城堡。他做了这些事之后，便在同一个夜晚与双方立下约定，而且两派都彼此不知情，在那个夜晚，他开进双方的堡垒并且占领了双方的要塞。天亮时，他率军坐在两派之间，召来了两派

的领袖。彼此相见时，他们都感到生气，因为双方都认为自己受了愚弄。(《居鲁士的教育》7.4.3-4)

施特劳斯：是"双方都认为自己受了骗"。阿杜修斯如何摆脱这一困境？

学生［读文本］：

然而，阿杜修斯说了如下内容：

我曾向你们发誓，为了那些接纳我的人的利好，我不带欺骗地进入你们的堡垒。如果我消灭你们其中的任何一派，我认为，我就是在伤害卡里亚人，但如果我为你们带来和平，让你们双方都可以安全地耕种田地，我认为，我来到这里是为了你们的利好。因此，现在，从今天起，你们有必要友好地相互交往，无需带着恐惧之情去耕种田地，你们有必要相互［在婚姻中］送出和接受孩子。如果有任何人试图违反这些规矩而行不义，那么，我们与居鲁士将是这些人的敌人。(《居鲁士的教育》7.4.5)

施特劳斯：我认为，对于我们目前的阅读目的来说，这些就够了。阿杜修斯做了什么？就"诚实"这个语词的严格意义而言，他并非百分百诚实，因为其间有欺骗，一目了然的欺骗。这种欺骗的结果，这个行为的结果是什么？他使得两派达成一致。他的名字，Ἀδούσιος，不见于古典希腊语，仅仅见于一部很后来由赫胥基俄斯（Hesychius）编纂的字典中。① 然而，那里是动词形式，不是名词或形容词形式。它的一个意思相当于"达成一致"的动作，所以，我把这个名字的意思理解为"一个使人达成一致的人"。同时，人们已经发现在更早些时候某个碑文上用了这个词语，我相信是四世纪，

---

① 亚历山大里亚的赫胥齐俄斯在公元5、6世纪时编纂的一部字典，收录现存下来的词语。

它的意思并不直接就是"达成一致",而是"变成某个团体的成员",其含义当然相近。不管怎么样,这是一个使人们达成一致的人,达成一致,从而他们生活在和平与和谐之中。我们可能还记得《回忆》中的一个人物,《回忆》也探讨过相同的问题。答案是:苏格拉底。苏格拉底一直都在做这件事,但《回忆》对这个问题的探讨更理论化。

学生:卷三?

[367] 施特劳斯:是的。不,是卷四第六章。你说的不是十分正确。卷四第六章,色诺芬在那里呈现了苏格拉底的双重辩证法,即科学辩证法,我们可以这么说,还有流俗辩证法(popular dialectics)。流俗辩证法的目的是使人们达成一致,也就是,使人们生活在和平之中。谁是苏格拉底提到的权威,谁是这种流俗辩证法的典范?

学生:奥德修斯。

施特劳斯:奥德修斯。诡计多端的奥德修斯。所以,换句话说,阿杜修斯在模仿奥德修斯。奥德修斯以缺乏诚实而闻名,可是,根据某个思想学派的观点,他是个高贵之人,因为他不是为自己的利益而说谎,而是为公众的事业。但也有一个思想学派说奥德修斯为自己的利益而说谎。关于这个问题,有两个派别。可还有别的东西。我已经提到如下事实,即阿杜修斯有一个希腊式的名字。在色诺芬自己的《希腊志》当中,有一个希腊人,他是色诺芬那个时代的人,此人也在某些方面与奥德修斯形成对比,名为德尔居里达斯(Derkylidas)。他是一位斯巴达将领,一个极其温良的人,也许是《希腊志》中最温良的一个人,当然是在前面那些卷目里。① 德尔居里达斯是位外交大师。我的意思是,他不是摆弄花架子的外交人员(cookie-pusher),② 而是一个可以成功缔造和平的人,不是总是靠

---

① [译按]此人首次出现在《希腊志》3.1.8。
② [译按]美式俚语,既指那些爱奉承的人,也指不把时间花在外交工作上而是花在外交礼仪和社会活动上的外交官,以及那些在工作中只是表面上起到作用的人。一般用来泛指外交官,特别用来指美国国务院的工作人员。

武力，而是靠说服。斯巴达人或者雅典人称他为西绪弗斯（Sisy-phus），奥德修斯的祖父是西绪弗斯。① 嗯，当然，我不是在强调西绪弗斯在地狱中的悲惨命运，而是这两个人名意味着过人的聪明。希腊词语"西绪弗斯"表明了此意，它源于 $\sigma o \varphi ó \varsigma$，即"有智慧的"。$\Sigma í \sigma u \varphi o \varsigma$："智慧过人的"。所以，换句话说，作者在这里让我们想起了德尔居里达斯。就让我来猜测一下。此处是德尔居里达斯，克吕桑塔斯又是什么情况呢？我们现在能够确定他的身份吗？色诺芬时代在小亚细亚参战的一名斯巴达人。在那里还有其他哪个杰出的斯巴达人？——用一个贬义词来说，色诺芬通敌的对象就是此人。请再说一遍？

学生：阿格西劳斯。

施特劳斯：阿格西劳斯。想到这一点时，我相当震惊，可是，我立即就恢复了镇静。阿格西劳斯的特点是什么，他的一个特点？

学生：[听不清]

施特劳斯：是比这还明显得多的东西。大家还记得色诺芬在描写克吕桑塔斯的外貌时怎么说的？他的身躯并不十分伟岸。后来作者会说他矮小（[译按]见《居鲁士的教育》8.4.20）。阿格西劳斯也没有十分伟岸的身躯。他腿瘸，我认为从任何一个方面来看，他都不是一个出众的人。大家记得我们还看到提格拉涅斯吗，那个亚美尼亚人？他不是斯巴达人，他对应于色诺芬。所以，我相信这有些重要。如果色诺芬所知的那些最伟大的斯巴达人，我是说最杰出的那些人，即阿格西劳斯和德尔居里达斯，作为居鲁士的副将出现在这里，那么，这意味着，用平实的话来说，斯巴达人没有他们的居鲁士。如果我们看一看当时的斯巴达人，我们找不到一个像居鲁士一般的人物。当然，布拉西达斯（Brasidas）是修昔底德笔下的杰出斯巴达人，可色诺芬从未提起过他。布拉西达斯生活在色诺芬之

---

① [译按] 根据荷马史诗的叙事传统的说法，西绪弗斯并非奥德修斯的祖父或外祖父。但根据一种非荷马史诗的叙事传统的说法，西绪弗斯是奥德修斯真正的父亲。因此，并没有说法说西西绪斯是奥德修斯的祖父或外祖父。

前的时代，死于公元前422年。所以，斯巴达人没有他们的居鲁士，当然也没有他们的苏格拉底。在斯巴达找不到可能替代这两个人的人物。顺便说一下，这也延续了修昔底德的主张。斯巴达人没有他们的忒弥斯托克勒斯（Themistocles），没有他们的伯里克勒斯。而他们顶多只是美好的贤人，雅典有大把这样的人。可是，杰出的人物，超出平均线以上的人，就只有布拉西达斯。修昔底德用如下事实来刻画他：本性上是个雅典人，[368] 出于偶然生在斯巴达。① 所以，我认为，这一点与我说过的内容完全一致。

现在我必须要结束这一点。我来告诉大家为什么我觉得这一点有些重要。现在，我收回一些我相信了二三十年的东西，我现在会说过去我是想偏了。关于提格拉涅斯的观察——即提格拉涅斯与苏格拉底，相当一目了然，亚美尼亚与雅典——曾诱导我相信，《居鲁士的教育》以蛮人的外观描写了苏格拉底的圈子：居鲁士可以说就是蛮人中的苏格拉底，然后所有这些人物，克吕桑塔斯、许斯塔斯帕斯、戈布吕阿斯、伽达塔斯，都以某种方式是苏格拉底圈子的成员，即便他们原本出生在波斯或亚述。我还是有一种感觉，这个想法也许并非完全错了，可是，现在我当然收回它。我相信这种新的提法绝对说得圆。色诺芬用的方法是：首先我们看见的是克吕桑塔斯和许斯塔斯帕斯，大家记得，两位波斯头面人物；然后色诺芬写了两位亚述人，两个有名的叛徒，戈布吕阿斯和伽达塔斯；提格拉涅斯我们知道。于是，一种新视角浮现了，与民族并无太大干系，波斯—亚述，而是人名。克吕桑塔斯，这显然不是波斯名字，而是希腊名字。可是现在，如果我们将克吕桑塔斯与阿杜修斯联系起来，他们，我相信，可以等同于色诺芬《希腊志》中的两位主角，事实上等同于色诺芬自己生活中的两位主角，我指的是《上行记》中色诺芬的生活。《上行记》临近结尾时没有提到阿格西劳斯吗？

学生：还有颂文。

---

① [译按] 布拉西达斯的事功主要见于《伯罗奔半岛战争志》卷四，关于布拉西达斯品质的直接论述，见4.81.1，4.84.1，4.108.2。

施特劳斯：是的。我发现这篇颂文好笑，可以说不光是好笑。某某先生？

学生：[听不清]

施特劳斯：他是个斯巴达人。德尔居里达斯是色诺芬笔下与布拉西达斯旗鼓相当的人物。可是，他不同于布拉西达斯。柏拉图在某个地方，在他的《会饮》里，如果我所记不差的话，将布拉西达斯比作阿喀琉斯。① 德尔居里达斯不是阿喀琉斯那一类型的，而是奥德修斯类型的，可他仍然是个斯巴达人。我认为他是色诺芬笔下最迷人的斯巴达人。

学生：[听不清]

施特劳斯：这是要点。这一对，即阿格西劳斯—德尔居里达斯，指向另一对，即克吕桑塔斯—阿杜修斯，他们，如果理解得正确的话，向我们揭示了《居鲁士的教育》中的人物与真实历史中的人物之间的关联。这是要记住的关键内容。对于《希腊志》的头脑简单的读者来说，那些显得登峰造极的人物，我认为——我没读过近来关于色诺芬的研究文献，但我绝对可以肯定，他们相信色诺芬崇拜阿格西劳斯。我想说的是，即便你读到了色诺芬对阿格西劳斯的赞美或至少读过《希腊志》，也可以看出，说"色诺芬崇拜阿格西劳斯"是错误的。可是，因为色诺芬提到了阿格西劳斯的一些德性，而没有提其他东西，他们就认为色诺芬完全是阿格西劳斯的崇拜者。阿格西劳斯是愚昧呆板（martinet），而有一点变得非常清楚：他事事都大动干戈却一事无成，而德尔居里达斯则不声不响就平定了小亚细亚的西北部，即希腊这一边，在十日之内，我相信是在很短的时间内。然后，斯巴达人竟愚蠢到把德尔居里达斯召了回去。当然，后来混乱再起。可是，我认为这仅仅确证了我的解释。某某先生，你的观点是？

[369] 学生：[听不清]

施特劳斯：嗯，我是从如下事实开始的，有两极，即居鲁士与

---

① [译按] 见柏拉图《会饮》221c–d。

苏格拉底。苏格拉底，全然是对话体，而居鲁士则是叙述体，当然并不排除在叙事中间也有一些对话，不过更多是演讲。对话是苏格拉底的特点，不是居鲁士的特点。有话要讲？

学生：[听不清]

施特劳斯：这个我不记得了。

学生：您可能正在谈两点内容：第一，《回忆》上升到顶峰这个事实和你没有看到苏格拉底与柏拉图之间的对话；另一个克制做法是并非苏格拉底与一名统治者谈论统治技艺。在《希耶罗》中，你看到的是诗人西蒙尼德斯（Simonides）。

施特劳斯：是的。噢，我明白了，《希耶罗》与[听不清]之间的对比，是的，我现在明白了。如果我们把苏格拉底放在一极，把居鲁士放在另一极，这两极绝不会相交。看一看这两座顶峰，当然极为有趣。可是，这当然行不通，因为居鲁士在苏格拉底出生很久之前就去世了。然而，这并没有阻止很多人来设计此类事情，请想一想柏拉图为帕默尼德（Parmenides）与苏格拉底的会面做了什么。可还是有一点点不方便，我承认。然而，我们在《希耶罗》中有一个对应的人物。里面有一个智慧之士，名字也是以"S"起头，即西蒙尼德斯，他谒见统治者希耶罗。但这里的情形并不是很好，因为希耶罗显然是个不完美的统治者，那位智慧之士绝对处于教师的位置，尽管在一开始这位智慧之士把自己表现为想知道那些只能从希耶罗这里听到的事情，从而有苏格拉底会向居鲁士学习的情形，正如他向伊斯霍马霍斯学习一样。这是要点。《治家者》是个特殊的作品，在书中，据色诺芬的记述，苏格拉底向一名统治者学习。但是，我们随后得反思反思，为什么色诺芬就不可以轻而易举地这么来写：苏格拉底向居鲁士学习，然后在那里学习统治技艺。他采取次好的做法，选取最受尊敬的雅典人，而且不是那些著名的人物之一，而仅仅是伊斯霍马霍斯，让苏格拉底向伊斯霍马霍斯学习。反讽之处当然是，苏格拉底对待伊斯霍马霍斯的姿态，较之于苏格拉底对待老居鲁士而不是伊斯霍马霍斯所采取的姿态，并不会有太大不同。这是要点。

学生：［听不清］

施特劳斯：可要点是他们更差，我认为我能够证明这种差别实际上是重要的。在提格拉涅斯的简短回应中，当时他紧跟在许斯塔斯帕斯（我认为，说话的那个人就是许斯塔斯帕斯）之后发言，许斯塔斯帕斯曾说起他对居鲁士，天生的统治者，所怀有的爱欲。大家记得吗？或者，说这话的是另外一个人？阿尔塔巴佐斯？是的，可许斯塔斯帕斯也做过一番意图相近的发言。① 提格拉涅斯可谓用一行字作了回应，他只是说：我不告诉你我服从的理由了，可是我服从。② 不，提格拉涅斯没有承认居鲁士的优越之处，因为他记得一个家伙，是的，他父亲杀死的那个人。大家记得吗？这个人给了提格拉涅斯一个超出居鲁士之外的观看标准。有话要讲？

［370］学生：［听不清］

施特劳斯：好的，如果我可以预先告诉大家下一次会出现的一点内容，［我会说］：大家看，我们看到了一些事情，与这位令人厌恶的亚美尼亚王对那位智术师的所作所为相似。那位亚述王对戈布吕阿斯和伽达塔斯做了什么？他杀死了戈布吕阿斯的儿子，扼杀了伽达塔斯生育儿子的可能性，而且也是出于嫉妒。如果这条推理正确的话，即嫉妒甚至可以为杀戮开脱，那么，这看上去也会适用于那位亚述王。我认为这是自洽的逻辑（good logic），除非某个人发现我犯了——就是说我用了同一个具有不同含义的词语来指代不同的东西。可是，在这两种情况中，谋杀都源于嫉妒。对母鹅有好处的东西，就对公鹅有好处，这是逻辑最神圣的规则之一。于是，看上去那位亚述王也是可以得到原谅的。可是，伽达塔斯和戈布吕阿斯的行事与苏格拉底的并不一样，或者与那位亚美尼亚的苏格拉底并不一样，亚美尼亚的苏格拉底当然是一位思想者——但这会引出另

---

① ［译按］在提格拉涅斯前面发言的是阿尔塔巴佐斯，见5.1.24-26，许斯塔斯帕斯表达了类似的感情，施特劳斯在此应是指许斯塔斯帕斯与居鲁士在8.4.9-12的对话。

② ［译按］见《居鲁士的教育》5.1.27。

一件事，我建议我们推迟到后面再看。

顺便说一下，就是在这里的上下文里，在第九节，作者提到了小亚细亚的希腊城邦。在第十一节，我们发现居鲁士将阿杜修斯与许斯塔斯帕斯混编在一起，带上他俩一起，他俩指挥一支军队。我相信，将阿杜修斯与克吕桑塔斯①混编本就是一望即知的事。既然我们就在这一章，就读一读第十二至十三节，来看看另一个例子吧。

学生〔读文本〕：

> 所以，这就是他们正在做的事情。居鲁士，在萨尔迪斯留下一支庞大的步兵卫戍部队后，便带着克洛伊索斯一起从萨尔迪斯出发。他带走了许多辆载有大量不同珍宝的马车。克洛伊索斯带着一份精确的清单来了——（《居鲁士的教育》7.4.12）

施特劳斯："已经写下来的东西"，"文字作品"（writings）。做一个完整的索引，收录这本关于蛮人的著作中所有提到文字作品的地方，也会是趣事一件。稍后将会缔结一桩婚姻，其中的部分嫁妆，至少从新郎的角度来看，是其岳父写下的一部文字作品。非常奇怪。好的。请继续。

学生〔读文本〕：

> 当他把清单递给居鲁士时——

施特劳斯：应该译为"文字作品"。

学生〔读文本〕：

> 把文字作品递给居鲁士时，他说："有了这些东西，居鲁士啊，你就会知道谁正确地把自己所运输的东西交还给你，谁没

---

① 〔译按〕《居鲁士的教育》7.4.11 提到的是阿杜修斯和许斯塔斯帕斯，而不是克吕桑塔斯。

有这么做。"

居鲁士说道,"你提前考虑,干得好,克洛伊索斯啊。然而,那些为我运输这些财物的人,正是那些也配得上拥有它们的人;所以,如果他们偷窃任何东西的话——"(《居鲁士的教育》7.4.12)

施特劳斯:大家看,居鲁士比克洛伊索斯好得多。他的先见之明高明得多。然而,他接下来说什么呢?

[371] 学生[读文本]:

"他们将是偷窃属于他们自己的东西。"说这些话时,他便把这些写好的文字册子给了他的朋友们和军官们,好让他们可以知道哪些监管员完好地归还那些东西,而哪些没有做到。(《居鲁士的教育》7.4.13)

施特劳斯:换句话说,可能在较低等级的人员中间存在某些偷盗现象,可是,在较高的阶层中,居鲁士给的东西比他们偷到的要好得多。既然我们现在正在读第四章,不如就先转到第五章。第五章第五节以更强烈的语气重述了我们上次探讨过的战术规则。① 最好的士兵在前锋和后卫部分,中间是最差的士兵。这一次的语气比之前的更加有力。让我们来读第三十二节。

学生[读文本]:

所以,这就是他们正在做的事情。而且伽达塔斯和戈布吕阿斯来到了。他们首先向诸神跪拜,因为他们已经对那个不虔敬的王报了仇,然后他们流着喜悦的泪水亲吻了居鲁士的双手和双脚。(《居鲁士的教育》7.5.32)

施特劳斯:紧贴字面来译的话,应译为:"流下了许多泪水,又

---

① [译按]见《居鲁士的教育》6.3.23–27。

是欢喜，又是感到高兴或欣喜若狂（ἅμα χαρᾷ καὶ εὐφραινόμενοι）。"有人认为最后两个词多余，就给删了。每当他们不理解的时候，他们就删掉，未经——如果他们说这是个棘手的段落，可以的，可是如果他们说色诺芬不可能写了这东西呢？色诺芬在什么地方说过：我将要这么来写，好叫林克（Lincke）先生，[①] 或者随便名字叫什么，一看就懂？色诺芬或许并不是为他而写作。这两个词语表面上是多余的，可是，我相信我们可以理解这一点，如果我们考虑到如下事实——这里有两个现在分词，一个分词指正在流泪，一个分词指感到高兴。作者想要表明的是什么呢？哭即刻表达出某种悲伤，悲痛，而作者立马就表明，整件事情中没有一丁点悲痛之情。即便是他们的流泪，那也是完全欢喜的泪水。我认为色诺芬很好地阐明了这一点。

在下文，居鲁士自立为王，波斯人占据着特权位置。此举显然与法律不符。严格根据法律来讲，它可能并不违法，这是有争议的问题。可是，这个时刻现在无疑已经到来了。于是，就有了某某先生提到的在第三十八至四十一节的那个情节，居鲁士在人们眼前（ad oculos）证明，所以，再傻的人都可以看出来他必须与人分隔开来。大家看，他没有摆出王的架子，没有突然就改变行事方式。这样的话，人们就会说：这个势利小人，以前那么和善，那么温良，现在就不搭理人了。不，他不是这么做的，他事先向每个人表明他必须在某种程度上与人隔绝。这件事做得很好。我们只读一下第四十六节。

学生［读文本］：

"现在可能有人会问我，为什么我不从一开始就这样子安排，反而是让我自己处于众人的中间？因为我知道战争事务的性质如此，以至于统领者在知道他必须知道的事情上或者在做时机合适的事情上都不可有延误，而且我认为那些几乎见不着

---

① Karl Lincke，《居鲁士的教育》希腊文的一个校勘者，他认为 7.5.32 这一节有一处后人窜入的内容。

人的将领会忽略许多需要做的事情。"(《居鲁士的教育》7.5.46)

施特劳斯：换句话说，让自己难以得见。居鲁士使自己难以得见，这是他新地位的一部分。他说明了为什么此前他不让自己难以得见：[372]因为一名将领承受不起这么做的后果，他必须维护纪律，必须激励下属，必须下命令。可是，作为王，最高的内政权威，方方面面都高高在上，他必须让自己难以得见。现在请读第五十六节。

学生［读文本］：

"可是现在，你不仅拥有这些人，而且有权力来获得其他人——那些适宜获得的人，所以，现在你配得上拥有家。"(《居鲁士的教育》7.5.56)

施特劳斯：这是克吕桑塔斯说的话。请继续。

学生［读文本］：

"从你的权力中你会享受到什么呢——"

施特劳斯：是"你的统治"。请继续。

学生［读文本］：

"如果你独自一人而没有家灶作为你分享到的东西的一部分？大地上没有什么地方［比家］更神圣，更令人愉悦，或更属于自己了。"(《居鲁士的教育》7.5.56)

施特劳斯：大家看到了吧？没有比一个家更神圣、更具神圣性、更令人快乐、更属于自己的地方。请读下一句。"此外"。

学生［读文本］：

"难道你不认为我们会感到羞愧吗？如果我们看着你置身户外忍受困苦，而我们自己却在房子里面，看上去在占你的便宜。"（《居鲁士的教育》7.5.56）

施特劳斯：毕竟，居鲁士这个可怜的家伙也需要一栋房子，就连他最卑微的臣子都有房子，即隐私。可是，对于王来说，房子的意义稍微有所不同，因为王需要与人隔绝，为的是更加庄重、更加威严（σεμνότης），好让他显得更加伟岸。熟悉滋生轻慢。可能一年见一两次，以便保留适当的距离。请读第五十八节。

学生［读文本］：

做完这件事之后，他立即开始筹办所有其他事宜。他把自己的问题揣在心里，即他要着手开始统治许多人，他正准备定居在所有城当中明显是最大的城里，并且这座城对他抱有敌意，就像一座城可以对任何人抱有敌意一样。考虑到这些时，他判定自己需要保镖。（《居鲁士的教育》7.5.58）

施特劳斯：大家看，我认为，毫无疑问的是，居鲁士不再仅仅是一名统治自愿臣民的统治者。我同时提到这一点和其他内容，是因为它们统统都为那貌似矛盾的最后一章做了铺垫。这位满怀仁爱之心，也就是除了爱人类之外再无其他的绝佳人物，而且每个人都知道他是个好心人——随着他一死，一切都轰然倒塌了。如果阅读时稍加用心，就会看出色诺芬早已为此做了很充分的铺垫。紧接着下来，当然是使用阉奴的理由，文中做了详细交代。我们只读第六十节。

学生［读文本］：

因此，他认识到，那些有孩子或有情投意合之妻的人——

施特劳斯：注意限定条件。

[373] 学生［读文本］：

或那些有男朋友的人，这样的人受自然强迫尤其爱这些人。(《居鲁士的教育》7.5.60)

施特劳斯："受自然所迫"。对比《希耶罗》第三章第九节。阉奴当然不受此类束缚所迫，会自由自愿效忠于居鲁士这样一个人。这很有趣，我们没法［全读］——就请读第六十六至六十八节吧。

学生［读文本］：

因为他判定这种防卫并不足以对付大量心怀恶意的人——

施特劳斯：大家看。又说了一次。

学生［读文本］：

所以，他便考虑从其他人之中应该找谁作为王宫附近的最忠心的卫士。既然他知道邦内的波斯人由于贫困而过着最艰苦的生活，并且他们过着最辛劳的生活，因为他们邦内多山崎岖，还因为他们躬身劳作，所以，他相信，这些波斯人尤其会珍惜他们与他一起过的那种生活方式。于是，他从他们中间挑选出一万名矛兵——(《居鲁士的教育》7.5.66-67)

施特劳斯：诸如此类。所以，另一个大的群体就是波斯人。我们从此处获得关于波斯的一些附加信息。卷一描写波斯时，作者只字未提这一点，大家还记得，因为波斯是一个乌托邦。在这里我们总算对波斯略知一二。这里自然播下了败坏的种子。波斯人突然从那种非常贫困的生活转成非常富足的、富裕的社会，这种快速的转向必然会带来影响。

学生：［听不清］

施特劳斯：可并不排除他们也可能是重装兵。这仅仅意味着他们是额外增加的保镖。我不知道这是否排除了重装兵。

学生：可矛兵就未曾服役于重装部队。

施特劳斯：不，不，他们不是用来打仗的。他们是用来保护他本人的，一直在他身边，你知道的，就好比保护总统的保镖不用去打仗一样。现在请读第六十九节。

学生［读文本］：

> 由于他认为整个巴比伦也需要充足的防守，不管是他自己恰好在那里居住还是在巴比伦外走动，于是，他也在巴比伦布置了充足的卫戍部队。他命令巴比伦人也要负责这些卫戍军队的开支，因为他希望尽可能剥夺他们的资源，以便使他们极其顺从和容易管得住。（《居鲁士的教育》7.5.69）

施特劳斯：这是僭主统治的原则。《希耶罗》第五章第四节。请读第七十二节和七十三节。

学生［读文本］：

> 他们聚到一起后，他说了如下这些话——

［374］施特劳斯："他"指的是居鲁士。

学生［读文本］：

> "男子汉们，朋友们和盟友们，让我们以最大的感恩感谢诸神，因为诸神允许我们得到我们认为自己配得上的东西，因为我们现在拥有大量沃土和负责耕种土地来供养我们的人；我们还有房子和房子内的家具。"

施特劳斯："为我们供应食物"。更紧贴字面来译："靠种田来为我们供应食物"。所以，我们再也不必干脏活了。请继续。

学生［读文本］：

"而且请你们当中的任何人都不要认为，在拥有这些东西时，你们拥有的是属于其他人的东西；因为这是一条人间永远都有的既成法律——"

施特劳斯："在所有人之间的常存的（sempiternal）[①] 法"，这是色诺芬所有作品中唯一一次提到这样一条法。请继续。

学生［读文本］：

"一座城被那些交战的人攻下时，城里的那些人的身体和财产便都属于那些占领了城的人。故而，你们拥有你们可能拥有的无论什么东西，都并非出于不义，但是如果你们让他们保有什么东西，那是你们出于仁慈而不夺走。"（《居鲁士的教育》7.5.72 - 73）

施特劳斯：善心的慷慨，因为胜利者需要他们。大家看，不杀死他们是因为得有人干脏活。这一点当然重要，因为它出现在第六十九节的僭主统治原则后面。居鲁士，与每一位在他之前和之后的领导者一样，得表明这是正义的。哪个统治者也不可能说：我立足于不义，立足于单纯的武力。谁也不可能这么说。一名指挥官，或者无论人们怎么称呼集中营里的这些家伙，可能会这么说，但统治者不会这么说。他一定总是要有某种法律上的根据，正当的根据。此处表述的正当之处是：胜利者有权拥有一切。我们已经赢得了战争，我们甚至是温良之人，不把他们统统杀死，不把他们统统关进监狱或集中营。这种慷慨当然极为有益。

学生：［听不清］

施特劳斯：是的，你提的是同一个问题。说法虽然不完全一样，但原则是相同的。

[①] ［译按］直接源自晚期拉丁语的 sempiternalis，sempiternalis 则源自 sempiternus，sempiternus 则源自副词 semper ［常常，总是］和 aeternus ［永恒的］。

学生：［听不清］

施特劳斯："永恒的"（eternal）很难翻译成希腊语。而"常存的"（sempiternal），出现在此处的词语，来自 ἀεί（副词，意为"时常，经常，永远"），ἀΐδιος νόμος（常存之法）。表达的语气已经最强烈了。这是居鲁士的根据。某某先生？

学生：［听不清］

施特劳斯：还不是。不，不。伊斯霍马霍斯也没有深入到这些事物当中。如果你得到一个合适的管家，这管家就可以使用鞭打进行惩罚，[375] 假如出现任何大的反叛，身边有人会采取必要措施，那你就不必担心。我们可以信任居鲁士，他知道如何做这件事。让我们来读第七十五节。

学生［读文本］：

"因为人们是勇猛的这一事实并不足以让他们继续勇猛，除非某人关心这一点到最后。"

施特劳斯：米勒在此译作"勇猛"的这个语词当然是希腊语中的"好"这个语词，这个语词经常首先意味着战斗中的英勇，但并不一定都是这个意思。请继续。

学生［读文本］：

"正如其他技艺在荒疏时就会变得价值更少，身体也一样，至少那些状态好的身体是如此，当某人为了悠闲而放弃身体，身体就会再次变得更差，所以，节制、节欲和力量也是如此，如果停止践行，也会再次变得一文不值。"（《居鲁士的教育》7.5.75）

施特劳斯：大家看，这里所要求的三种德性。根据我通常的译法，我译成：节制、自制和战斗力。节制在这里区别于自制，根据我们在《回忆》卷四里看到的内容，它可能会包括正义，但正义本身没有被提起。大家也再一次看到了节制与自制之间明明白白的区别。现在请读下一节。

学生［读文本］：

"因此，人们不应该为了当下的快乐而漫不经心或放纵自己，因为我认为，赢得帝国是一件巨大的任务，但在赢得之后安全地保有它则是更大的任务。"（《居鲁士的教育》7.5.76）

施特劳斯：这就是居鲁士。请继续。

学生［读文本］：

"仅仅展现出勇气的人经常能成功地获取，但至于获取之后继续保有，如果没有节制，没有自制或没有非常用心，这是不会发生的。"（《居鲁士的教育》7.5.76）

施特劳斯："没有节制，没有自制，没有非常小心注意"。所以，这些是和平时期要求的德性：节制、自制，在两个时期都是一样的，可是，在和平时期，战斗勇气和胆量就再也比不上用心那样重要了，后者的意思是：监督好你的管家，留心奴隶暴动的任何苗头，诸如这一类事情。请读下一节。

学生［读文本］：

"由于认识到这一点，我们现在必须比以前更多地躬行这些德性，比我们得到这些好东西之前更多。因为我们很好地意识到，当一个人拥有最多的时候，绝大多数人就会嫉妒他，阴谋推翻他，成为他的敌人，特别是如果他还是从不情愿的［臣民］手中获得他的财富和他人的效劳。"（《居鲁士的教育》7.5.77）

施特劳斯：是的，大家看，这就是再次回来的正义问题：统治不情愿的臣民。据《回忆》所述，此乃僭主统治的标志。请读下一节。

学生［读文本］：

"现在,我们一定要认为,诸神站在我们这一边,因为我们不曾不义地获得我们的所有物,不曾阴谋反对他人——"

施特劳斯:大家明白吧?"而是"。
[376] 学生[读文本]:

"而是在遭到别人的阴谋反对后,我们报了仇。"(《居鲁士的教育》7.5.77)

施特劳斯:我们现在获得这样的地位,是因为我们仅仅是自卫,但仅仅通过自卫,我们接收了属于敌人的一切所有物。这是一个非常难的问题,即你是否可以拿更多的东西作为补偿,多于敌人给你造成的损失。而且,波斯人昔日保护的盟友们现在忽然就成了他们的臣民。所以,你可以说,居鲁士为自己统治的正义性所提供的证据,完全就是人们现在称之为意识形态的东西。请读第七十九节。

学生[读文本]:

"而至于战争科学和战争实践,对于那些我们想要把他们当作劳工和进贡者的人,我们一定不可与他们分享。毋宁说,由于意识到诸神已经向人们揭示出这些东西是人类获得自由和幸福的工具,所以,我们需要在这些锻炼上胜过我们的臣民。正如我们剥夺了他们的武器,所以,我们自己必须永不与我们的武器分开,因为我们非常清楚,那些最靠近自己武器的人,就最能完成他们的愿望。"(《居鲁士的教育》7.5.79)

施特劳斯:没有人可以比色诺芬说得更妙了:我们解除他们的武装,不让他们操练或者哪怕是看见武器。顺便说一下,关于武器的重要性,有一些简单又好的评论,当居鲁士说起阉奴时,当时有一条评论,我忘记说了。第六十五节,让我们读一读。

学生[读文本]:

那么，即便他们看起来在体力上稍弱，但钢铁使弱者在交战中与强者平等。(《居鲁士的教育》7.5.65)

施特劳斯：大家听说过，在十九世纪，在这个国家，人们把这个观点应用于另一件武器。人们把枪称为伟大的平衡器（equalizer）。① 在大约一百年前的美国，② 这是每个人都可以轻易买到并轻易学会使用的东西。你不需要一副盔甲或一匹马，枪使得所有人平等，无论人们之间存在什么样的自然不平等。

所以，现在让我们转向卷七的开篇处，我们必须思考一些要点。在开篇处有一场大战，这场大战本身将决定整场战争的结局。居鲁士当然要鼓励这支新军队，在第一章第十至十三节。居鲁士一共发表了五次演讲（这相当有趣），从根本上来说，他向所有人发表相同的讲话，可他做了不同的改动。作为一个想象力丰富的人，他不必一字一句地重复表述。只有在中间那次讲话中，居鲁士提到了诸神。第十七节提到居鲁士"说大话"，这一点某某先生注意到了。在第十七节的中间位置，你可以看看这一处吗？

学生[读文本]：

在战斗爆发前夕，他就是这样子吹嘘的；否则的话，他则不怎么吹嘘——(《居鲁士的教育》7.1.17)

施特劳斯：或者"不太吹嘘"。顺便说一下，苏格拉底吹嘘吗？是相同的单词，"说大话"。

学生：在《申辩》中。

[377] 施特劳斯：在色诺芬的《申辩》中，苏格拉底据说在法

---

① [译按] 这个单词是"使得……平等的东西"，在北美英语里，也指武器，尤其是指枪。

② [译按] 原文为 in use [在使用中]，当为 in USA 之误。

庭上自我辩护时"说了大话"。

学生：意思一样吗？

施特劳斯：当然。意思当然一样。可是既然——在译者和解释者出现之后，大家知道的，斯威夫特在《格列佛游记》卷三里描写了译者和解释者这些著名人物，当他们下行至地下世界时，他们看到两个庄严宏伟的人物，然后看到许多团阴影正在逃开。于是，格列佛问这些人是谁，他被告知：这两人是荷马与亚里士多德，这些阴影是那些注疏者。① 居鲁士说大话，这尚可忍受，可是色诺芬说苏格拉底在说大话，这却不可能。可我没有把《申辩》的译本带来，但我确定他们会译成别的。他们会用一个委婉说法来满足他们那种十分精致的品味。

学生：我不想推得太远，可是，如果"说大话"是真正的译法，那么，依据不同的上下文，它就有两种不同的含义。②

施特劳斯：我明白。对于希腊语来说，这可能是正确的。可是，据我所知，色诺芬的这段文字是 μεγαληγορέω 这个希腊语词用作褒义的唯一证据。不过，当然大家得核实一下。现在，在这场战斗中，最值得注意的事当然是埃及人，只有他们在真正抵抗并且给敌人制造了困难。埃及人当然也要为美人潘蒂娅之夫阿波拉达塔斯的死负责。既然无法撼动埃及人，居鲁士便从后面攻击他们，所以，居鲁士在这种情形中是身处险境的。我们只读第四十节。最后，埃及人四面被围，可他们岿然不动。于是他们遭到屠杀，可他们没有投降屈服。请读。

学生［读文本］：

  登上塔楼之后，他看到平原上满是马匹、人和战车，一些在逃跑，一些在追赶，一些胜利了，其他人遭到征服。但他找不到任何地方还有任何一支队伍仍旧在固守阵地，除了埃及人之外。

---

① 斯威夫特，《格列佛游记》，第三部分，第八章。
② ［译按］μεγαληγορέω 有两种含义：一，说大话，夸口；二，高度赞扬。

由于不知所措，于是他们排列成一个圆圈并且在盾牌后面坐下，只露出他们的武器；他们不再做任何事情，但遭受了许多可怕的事情。(《居鲁士的教育》7.1.40)

施特劳斯："他们没有再做任何事情，但遭受了许多惨痛的事情。"这是最后一句话的意思。关于埃及人的这个段落当然完全是虚构的，因为据我所知居鲁士从未打败过埃及人。他当然没有征服埃及。此处也没说这样的话。可是到后面，我相信，作者在卷七将埃及写成被居鲁士征服了。可是，实际上是谁征服了埃及呢？居鲁士的儿子冈比瑟斯（Cambyses）。当然是希罗多德详细讲了这件事。冈比瑟斯是个什么样的家伙？我们得花些时间思考这个问题，因为色诺芬当然是知道希罗多德的。

现在，非常简略地说一下，希罗多德的谋篇是这样的。在《原史》的第七至九卷，首先当然是希腊人，以及希腊人与波斯人之间的战争。可是，波斯人是一个极端，埃及人是与之相对立的另一个极端。希腊人，节制并且理智的民族，[378] 居于中间位置。波斯人与埃及人之间的不同之处是什么？波斯人不虔敬。他们在波斯战争中毁坏庙宇。埃及人是其对立面：如希罗多德所记述的，他们过分虔敬。他们崇拜一切。每样古老的事物都是一位神。因此，有"以狗的名义"所发的誓言，因为任何一只狗、一只猫、任何东西，都会成为一个神。苏格拉底明确地说"以狗的名义，它是埃及人的神"，这提醒我们想起了这种关联。所以，当波斯大王冈比瑟斯来到埃及时，其最令人震惊的行为之一是，他杀死了神牛阿匹斯（Apis），这是重罪一桩。在希罗多德看来，此举当然展现出冈比瑟斯绝对的疯狂，而他的下场很惨。① 希腊人居于中间。他们虔敬，但又不过分虔敬。这大致是希罗多德的谋篇。西塞罗《论共和国》中的一个段落复述得更清

---

① [译按] 希罗多德，《原史》3.29，中译见希罗多德，《历史》，王以铸译，前揭，页206。

楚，① 西塞罗在那里谈到了这三个民族并且以这些话描述他们，而在《原史》中，你还得自己进行推断。

让我们来看这里的内容。现在回到我们正在读的这一段，居鲁士的儿子冈比瑟斯征服了埃及人，他就是杀死了神牛阿匹斯的那个疯子。在色诺芬笔下，居鲁士，他当然是个虔敬之人，而且没有像冈比瑟斯沾染渎神之罪，他打败了埃及人。如果我们看看这一段，其中是有某种疑难的，因为卷六第四章第十七至十八节讨论了居鲁士的布阵。这是一个问题，我没有现成的答案，即居鲁士是否低估了埃及人（当然，最优秀的将领也会干出这样的事），或者这种表面上的低估是否是一种伪装，因为他知道自己突破不了［埃及人的阵线］。阿波拉达塔斯是否牺牲性命，纠缠住埃及人，与此同时居鲁士转身走了，这是另一回事。换句话说，居鲁士可能从一开始就想过，他只能在将军之道上胜过埃及人，单纯靠勇气打败不了埃及人。

可是，色诺芬为什么要虚构这个没有根据的事件呢？我在莱辛（Lessing），一位十八世纪非常著名的德意志作家笔下，读到了这则评语，据我所知可能出自一个更早的评注者之口："埃及人，在［居鲁士的］所有敌人当中最不懂军事技艺，却是居鲁士唯一无法打败的。"② 换句话说，根据这个解释，埃及人靠他们神奇的坚守展现出军事技艺的局限。我们正在读的这个段落写道：埃及人无法做其他事情，只是非常擅长受苦受难。在这一方面他们是打不垮的。换句话说，埃及人身上的勇毅（fortitude）是消极被动的，而非积极主动的。这当然提醒大家想起，这当然让我想起另一个段落——积极的勇毅与消极的勇毅在该段落中相互对立，在同一部政治科学著作里，不一定是二十世纪的作品。

学生：修昔底德，雅典人对阵埃及人时失败了。③

---

① ［译按］参西塞罗，《论共和国》，3.14。《西塞罗文集·政治学卷》，王焕生译，北京：中央编译出版社，2010，页93-94。

② 《莱辛文集》，卷五，《文学批评、诗学和语文学》（*Literaturkritik, Poetik und Philologie*），慕尼黑，1973，页768。转引自克尔贝尔（Hannes Kerber）。

③ ［译按］修昔底德，《伯罗奔半岛战争志》，1.110。

施特劳斯：非常好。那件事算是个转折点。雅典人不再向东扩张，也因此，雅典人转而向西扩张，最终是向西西里扩张。非常正确，然而，在这方面，即埃及人身上消极的勇毅与雅典人身上积极的勇毅相对立，修昔底德不予置评。嗯，像马基雅维利这样的重要人物，他在《李维史论》第二卷第二章里，在一个对比异教徒与基督徒的非常著名的段落里（相当长的一章）写道：

> 既然我们的宗教已经展示出真理和正确的道路，它就使得我们不那么看重尘世的荣誉，可异教徒由于把尘世的荣誉看得相当之重，把尘世的荣誉奉为等级最高的好，所以，他们在行动中更凶猛。①

[379] 接下来他描写了例如那血淋淋的献祭，听起来像极了居鲁士：

> 所以，大量动物遭到屠杀，场面可怖；动物成了与它们相似的人。另外，古代的宗教不酬报任何人，除了有尘世荣誉的人，如军队统领和共和国的统治者。我们的宗教则更多是给予谦卑者和静心默祷者，而不是给那些积极有为的人以荣耀。进而言之，它把谦卑和自我的禁欲（abjection）还有贬低人间事物列为等级最高的好。另一种宗教［译按：即古代宗教］所奉为等级最高的好则是：心智的伟大，身体的力量，其他所有能够让人们变得最为可赞的事物。而我们的宗教若要求你勇毅，那么，它是希望你逆来顺受，而不是干一件惊天动地的事。②

这些说法恰恰与色诺芬在这里得出的观点相同。这已经导致了世界的现状。当然，那时的色诺芬心中不可能已经想到基督教，可

---

① 马基雅维利，《李维史论》，2.2。施特劳斯译文。
② 马基雅维利，《李维史论》，2.2。施特劳斯译文。

是如果大家想起来希罗多德提供的象征，也就是说，虔敬的国度是埃及。当然，没有一个希腊人去过小亚细亚的内陆，他们知道腓尼基人的城市推罗（Tyre）和西顿（Sidon），可他们从没有去过犹太（Judaea）这块贫乏的腹地。那样的话，他们就会改变他们对埃及人的看法。但因为不知道犹太，所以，对他们来说，埃及就是虔敬的国度，埃及人的祭司等等在许多地方都可以见到。我认为有可能，这段文字——这段古典的，尤其是出自色诺芬的文字，与马基雅维利后来所写的文字极为相似，马基雅维利更了解当时［基督教］的实际情况，当然他仅仅是掌握了更多的经验知识。有话要讲？

学生：［听不清］

施特劳斯：是的，可是你看，这一切归结为第四十节末尾那句简洁利落的话：他们再也无法有所作为，只是遭受了许多苦难。我不敢说自己已经穷尽了这个问题，但我相信，这里所作的思考有些重要。

在第二章，我们看到萨尔迪斯沦陷了，其国王克洛伊索斯被俘。这当然是一个古老的故事并且基本上是真实的，希罗多德也记述过。① 显然，这是许多虚构著作的主题：通过自己的失败而变得冷静的落败国王克洛伊索斯，与这位温良、智慧、获得胜利的居鲁士王之间的几次对话。

学生：抱歉，我不理解莱辛的解释与马基雅维利之间有什么共同之处。

施特劳斯：莱辛没解释什么，他只是陈述了一个事实。算是一种解释吧，是的，考虑到他说埃及人完全缺乏军事技艺。就我所能看到的而言，《居鲁士的教育》中没有这句话。

学生：那么，您是从这一处②扩展到了消极与积极对立的这一问题？

---

① ［译按］希罗多德，《原史》1.85 – 90，中译见希罗多德，《历史》，王以铸译，前揭，页 43 – 47。
② ［译按］指《居鲁士的教育》的卷七第一章第四十节。

施特劳斯：是的，这是基于色诺芬，然而，我得说，莱辛的话，我没有核查上下文，是他很年轻的时候说的，我不知道他的根据是什么。我认为他不是在引用什么，只是漫不经心地提一提。但就我所能够看到的而言，文中没有说埃及人缺乏军事技艺。埃及人当然没有达到居鲁士的标准，[380]可是，其他没有达到居鲁士标准的人也不能说是缺乏军事技艺。作者说的是，埃及人没有做任何事，仅仅是承受苦难。他们具备积极勇毅还是消极勇毅是由作者的如下描述证实的：埃及人不屈服，直到居鲁士给他们开出体面的条件。有话要讲？

学生：尼采不是这么区分过吗？

施特劳斯：当然，可是，你不可忘记，在这个问题上，尼采没有说过任何马基雅维利以前没有说过的东西。尼采以种种不同的方式阐述了这个问题，不过我想说，上述这个简单的区分在马基雅维利那里是以更现代的词汇表述的，比在尼采那里更现代。

学生：这也适用于尼采。

施特劳斯：可马基雅维利不管怎么说都是个极为重要的作家。我是说，他们所有人都读过马基雅维利的作品。黑格尔的一个同时代人，一个叫作费希特（Johann Gottlieb Ficht）的德意志哲人（黑格尔熟知此人，因为黑格尔尚年轻时，费希特正值盛年，大家知道，像黑格尔这样的年轻人满怀热情地阅读这些东西）专门就马基雅维利写了一篇文章。① 马基雅维利在当时的知名度与弗洛伊德在今日的阅读率相当。可能，顺便说一下，比起读弗洛伊德，读马基雅维利时必须更加细心。

此时在这方面最重要的行动，是居鲁士采取措施对付洗劫城市这种行为，我们读不了这段记述。当然读不了。居鲁士倒不是从崇高的道德原则出发，但洗劫城市是愚蠢的行为。相比而言充公更可行。每个人都把财产带来，然后根据功劳来分配：这么做自然远远

---

① Ficht, Über Machiavelli als Schriftsteller, und Stellen aus seinen Schriften, 1807.

好过让每个士兵去抢自己想要的东西。这么做不需要特地说明其正当性。不幸的是,并非所有将领都能够像居鲁士那样卓有成效地禁止洗劫。

第十五至十七节。这个对话我们得考虑下。

学生［读文本］:

"可是,无论如何,克洛伊索斯啊,请告诉我,德尔斐神谕的答复给你带来了什么结果?"他说,"因为据说你非常好地侍奉阿波罗,并且你做每件事时都服从他。"(《居鲁士的教育》7.2.15)

施特劳斯:大家看,这是一场仅仅由好奇心触发的对话。居鲁士完成了所有难事,于是,他有时间来进行一场闲暇的对谈,这让他感兴趣,就是这样。

学生［读文本］:

"我倒是希望事情是这样的,居鲁士啊,"他说,"可实际上,就在一开始的时候,我以正好相反的行为与阿波罗打交道。"

"怎么样呢?"居鲁士问,"请教我,因为你说的话与人们期待的内容完全相反。"

[381]"因为,首先,"他说,"我忘了问这位神我是否需要某种东西,反而是检验他是否能够说出真相。即便是高贵又好的人,意识到自己没有得到信任时,他们也不会友好对待那些不信任自己的人,就更别说诸神了。"(《居鲁士的教育》7.2.16-17)

施特劳斯:这让大家想起一件相似的事情了吗?阿波罗受到检验,这位神一点也不喜欢受检验,与任何一个在西方的印度战士一样。如果你暗示他可能撒谎了,他便心生怨愤。谁曾试图检验阿波罗是否会说出实情呢？柏拉图《申辩》里的苏格拉底。[①] 苏格拉底向阿波罗发问。苏格拉底描述说，阿波罗说苏格拉底在全希腊人当中最有智慧，苏格拉底说这完全不可信，所以，他必须检验阿波罗。这种检验使他陷入麻烦，他面临的麻烦并不是像这里这样主要与阿波罗有关，而是与雅典人有关，因为他只有通过向全雅典人证明他们都不如他智慧，才能够检验阿波罗所言属实。雅典人不喜欢这个结论。可是，你当然可以说，这也是阿波罗造成的后果，间接的后果。这很难讲。所以，这是第一个要点。阿波罗像一个贤人那样行事，他不喜欢受检验。现在，请读下一个要点。

学生［读文本］：

"然而，当他意识到我正在干什么时，尽管这非常奇怪而且我离德尔斐路途遥远，当然我还是派人去向他询问关于子嗣的事情。一开始他都不回答我。可是，如我所认为的，当我献上大量金银和大量牺牲来让他息怒后，我便询问如何做才能有孩子，他便回答了我。他说我会有儿子。"（《居鲁士的教育》7.2.18–19）

施特劳斯：所以，大家看，阿波罗一开始的时候行事像一个贤人，后来，他行事不像贤人，因为他感到愤怒。他起初不肯回答，直到克洛伊索斯送给他许多礼物，所以，难怪克洛伊索斯得不到阿波罗的欢心。请继续。

学生：［读文本］：

"他们确实出生了，因为即便在这事情上，阿波罗也没有说谎。可是，尽管他们出生了，但他们没有给我带来好处。因为其中一个是哑巴，最好的那个在其花季时就死了。我孩子们的

[①] 《申辩》，21a。［译按］中译本参：柏拉图，《申辩》，吴飞译疏，北京：华夏出版社，2017，页77–78。

这些不幸压垮了我，于是，我又派人询问这位神，应该做什么来最幸福地度过余生。他回答我：'认识你自己，克洛伊索斯啊，你将幸福地度过余生。'"（《居鲁士的教育》7.2.20）

施特劳斯：克洛伊索斯听了这句话很高兴，那个愚蠢的克洛伊索斯，因为他认为没有什么事情比"认识你自己"更容易了。认识别人很难，因为他们隐藏自己，把自己表现得比实际的更好。可是，每个人都可以照镜子，然后看到自己。认识自己当然是一件打垮克洛伊索斯的事。第二十一节从一开始就尤其表明了克洛伊索斯的愚痴。

学生［读文本］：

"我一听到这神谕，就高兴起来了，因为我认为，阿波罗是在赐予我幸福，给我分派了最简单的事情。就别人而言，[382]我相信是有可能可以认识一些人，但无法认识另一些人；可是，我认为，每个人都认识自己，知道自己是谁。"（《居鲁士的教育》7.2.21）

施特劳斯：顺便说一下，还有另外一点必须说出来。当然，阿波罗的意思是，这是专门针对克洛伊索斯的建议，如果这样，那么克洛伊索斯就没有理解到，这位神，或者那位女祭司的意思是，这一点适用于所有人。它当然是说给所有人听的：自知是幸福的保障。假如自知像克洛伊索斯以为的那样唾手可得，那么，所有人实际上都会是幸福的，而这显然有悖事实。克洛伊索斯完全欠考虑，而且还把一件欠考虑的事归于这位神或那位女祭司。这是要点。我只需重复某某先生说过的话。克洛伊索斯的自我知识是：他不可能打赢这样一个人——他出身于神族，祖祖辈辈都是国王，并且从年轻时起就培养德性。当然，这一点他应该预先就知道了。只是他对居鲁士特有的天性一无所知。居鲁士特有的天性仅仅通过其神圣的出身得以透露一二。请读第二十五节。

学生［读文本］：

"可是现在，居鲁士啊，"克洛伊索斯说，"我认识自己了。可是，你认为阿波罗的话依然是真的吗，即如果我自知便会幸福？"（《居鲁士的教育》7.2.25）

施特劳斯：紧贴字面的译法是："你依然认为阿波罗说的是实情吗？"换句话说，克洛伊索斯依然在得罪这位神。他依然在设想阿波罗可能没说实情。这是弦外之音。

现在来看下文。克洛伊索斯依然在得罪阿波罗，非常巧合的是，他变幸福了。克洛伊索斯仅仅是通过居鲁士的介入才变得幸福，因为居鲁士认为救下他并饶他一命有方便之处。居鲁士对克洛伊索斯做的事，确证了阿波罗所言属实，这当然符合居鲁士的虔敬品质。可是，对居鲁士来说，阿波罗会是个骗子，因为如果换作另一个征服者，他会杀掉克洛伊索斯（或严刑折磨或其他做法）。所以，这就是这个故事。

在下文中，克洛伊索斯身阶被降，过上了富婆的生活，他这时非常幸福——不光是个女人，光是个女人对他来说不够好，某某先生，因为她还必须是个生活奢侈的富婆。居鲁士是真正的男人，ἀνήρ，我们之前已经看见了。较之于居鲁士，其他所有人都是女人。请读第二十九节。

学生［读文本］：

听到这些话时，居鲁士对克洛伊索斯的好心态感到惊奇，此后他便一直去哪里都带着克洛伊索斯，这或是因为他认为克洛伊索斯有某种利用价值，或者是因为他认为这么做更安全。（《居鲁士的教育》7.2.29）

施特劳斯：居鲁士感到惊奇。他无法理解一个男人怎么会在身阶被降低后还心满意足，同时，他当然是讲究实际效果的，他一直都是。居鲁士从未忽视这一点。我们在这一卷第二章已经看见克洛伊索斯及其妻子的完美幸福,在下一章,我们看到的是潘蒂娅及其丈夫的大不幸。如果我们可以从这个简单的事件当中总结出一个普遍的结论,那便是,居鲁士使得像克洛伊索斯这样的傻瓜幸福至极,使得爱人们不幸至极。我们将会看到是不是这样。然而,大家也记得提格拉涅斯和他的新娘,居鲁士没有使他们堕入大不幸,因为他们比潘蒂娅夫妇更小心谨慎。我们现在看到潘蒂娅的丈夫已死,她为自己的愚蠢感到后悔。第八至十节。

[383] 学生[读文本]:

当他看到那位贵妇人坐在地上——

施特劳斯:嗯,当然是一个女人,"贵妇人"在如下意义上用得有道理:这个单词的意思和用法与ἀνήρ一样,指的是真正的男人,而不是女人。

学生[读文本]:

以及看到尸体躺在那里时,居鲁士因这件令人悲伤的事件而流下了眼泪,他说:"唉!你这好且忠诚的灵魂,你在走开和离开我们吗?"在说话的同时,他握住了阿波拉达塔斯的右手,但这尸体的手落在他的手里,因为埃及人用刀剑割断了阿波拉达塔斯的手。见此情景,居鲁士便更加难过——(《居鲁士的教育》7.3.8-9)

施特劳斯:这当然非常没有哲学味。他怎么样都不可能像这样让这个死人的状况更糟糕了。他是个普通人,此时动了情感。

学生[读文本]:

这位妻子失声痛哭,她从居鲁士手中拿回那只手,亲吻了它,然后尽她所能地重新安了上去——

施特劳斯：有一点点骇人，不是吗？但是，或许我们不应该像现在这样发笑。

学生［读文本］：

> 并且说："剩下的也是像这样子的，居鲁士啊。可你为什么要看它呢？"（《居鲁士的教育》7.3.10）

施特劳斯：她不了解居鲁士。

学生［读文本］：

> "我知道，他落得如此下场，尤其是由我导致的，或许在同样的程度上或在更大程度上是由你导致的，居鲁士啊。因为我，傻乎乎地——"

施特劳斯：是的，"我，我这个蠢人"。

学生［读文本］：

> "经常鼓励他要以行动向你表明他是你的一位有价值的朋友。我自己知道他从未想过他会遭受什么事情，而是想他能够做什么来感激你。所以，他自己死得无可指责，而我作为鼓动他的人却活着坐在他身旁！"（《居鲁士的教育》7.3.10）

施特劳斯：她说"一种无可指责的死亡"。"无可指责"当然不是最高的赞美词。当苏格拉底在雅典最富裕的家庭里吃到一顿绝佳的饭菜时，他说这是无可指责的一餐饭，[①] 今天没有人在受邀到一个相当富裕的家庭里会说这样的一句话。我相信这是令人咋舌的轻描淡写，因为苏格拉底肯定不会说一顿绝佳的饭菜，因为他把这个词留给了别的东西，而不是用在一餐饭上。接下来发生了什么？

---

① 色诺芬，《会饮》，2.2。

学生［读文本］：

居鲁士无声地流了一会儿眼泪，然后提高嗓音说："但是，女人啊，他当然是获得了最高贵的结局——"

［384］施特劳斯："最美的结局"，不是不可指责；这不可以——如果人们将来认为死于战场只是最不可指责的死亡形式，那居鲁士从哪里找士兵呢？所以，他换了另一个词。

学生［读文本］：

"因为他胜利地阵亡——"（《居鲁士的教育》7.3.11）

施特劳斯：因为在胜利的同时，他最终找到了他的结局，那是最美的结局。

学生［读文本］：

"你从我这收下这些东西吧，用这些东西来装扮他"——因为戈布吕阿斯和伽达塔斯已经带着许多美丽的饰品来了。

施特劳斯：紧贴字面的译法是"装饰他"。因为他的结局最美、最高贵，所以，他的尸体需要装饰。这与死亡之美相符。

学生［读文本］：

"此外，让我向你保证，他在别的方面也不会缺少荣誉，因为许多人也将堆起与我们相称的纪念坟丘，而且为他宰杀牺牲，一个好人适合拥有多少就宰多少。而且你，"他说，"将不会被孤立，相反，由于你的好和所有德性——"（《居鲁士的教育》7.3.11 – 12）

施特劳斯：不是"你的好"，是"你的节制"，在这里当然是指女性的德性。"和你的所有德性"。请继续。
学生［读文本］：

"我也会在其他方面尊荣你，还将派人护送你去自己渴望去的地方。只是要让我知道你想被护送到谁那里。"
潘蒂娅回答说，"你放心，我不会向你隐瞒我想要去谁那里。"（《居鲁士的教育》7.3.12－13）

施特劳斯：大家看，居鲁士认为，这死亡如此完美，以至于通过赋予死者和寡妇荣誉，死亡就不再如此重要。我们有一个可与之对勘的段落，比这里令人印象深刻得多，在修昔底德《伯罗奔半岛战争志》中的伯里克勒斯的葬礼演说里。大家知道，你们所有人都读过，我认为，葬礼演说中最独特的特点是，伯里克勒斯绝口不提"死""死亡""尸体"这些语词，除了有一次他说起"感觉不到的死亡"。这种做法也是一种微妙做法，相较之下，葛底斯堡演说（Gettysburg Address）中林肯的的确确提到了死亡。林肯丝毫没有不提死亡和死人这些念头，因为演讲的场所可是在墓地。但伯里克勒斯的葬礼演说层次更高，像居鲁士在此处的做法。当然，对居鲁士而言，荣耀造成的不朽幻觉，正如在伯里克勒斯那里，是死亡遭到极力淡化的原因。

我们必须再读一节。第十五节。潘蒂娅自杀了。她不想再活下去。
学生［读文本］：

[385] 居鲁士听闻这个女人做的事情后，他惊恐不已，赶紧去看看自己是否可以帮上什么忙。至于那些阉奴，有三名，他们目睹了发生的事情，在他们站立到潘蒂娅命令他们所站的地方之后，也抽出短刀刺死自己。

［据说即便到了今日——］① （《居鲁士的教育》7.3.15）

---

① 文中有方括弧。

施特劳斯：看到米勒译了这段文字，我很欣慰，因为在这个版本中，丁多夫①先生认为这段文字并非原作中的内容。十九世纪，正是最盛行删除窜入文字（ἀθέτησις）的时期。它当然是原文内容。请读。

学生［读文本］：

[据说即便到了今日，为阉奴们树立起的纪念坟丘还矗立在那里，到现在还堆得高高的。他们说，那个男人和女人的名字用叙利亚文刻在墓碑上方的板上，在下方，他们说，有三块牌子，上面刻的是"执权杖者"。]②（《居鲁士的教育》7.3.15）

施特劳斯：也就是阉奴们。现在这块纪念物，人称阉奴纪念碑，当然，尽管这纪念物首先是为了纪念那对夫妻而立的。阉奴们得到的声誉比潘蒂娅夫妇的更响，荣誉更高，荣耀更大，无论居鲁士可能想要下达何种命令。人们记得更牢的是他们，这三名忠诚的阉奴，而不是那对夫妻。对于设计好的身后荣耀或荣誉而言，这种事是很可能发生的。我相信，这里有这个意思是完全合适的，而不是像丁多夫所认为的那样。丁多夫想以他自己的简单快乐的层面来解释一切。某某先生？

学生：另一方面，阉奴们有更响亮的声誉，更多是因为色诺芬，而不是其他人。

施特劳斯：好的，但这当然是一个稍有不同的故事，因为据我所知，我认为任何人都知道，这是色诺芬的虚构。这是一个不同的故事。可伯里克勒斯是那个真实的政治家，他把雅典带到其荣耀的顶峰，最深的动机是他自己和他的雅典荣耀永存。虚构出来的伟大当然最终取决于虚构者。关于仅仅虚构出来的荣耀，一个好的范例会是怎么样的呢？有哪个伟大统治者是仅靠言词而不靠行动存在的

---

① Karl Wilhelm Dindorf，十九世纪德国的一位古典学家。
② 文中有方括弧。

吗？现在我一个也不知道。一定有。

学生：好国王文策斯拉斯（Wenceslas）？

施特劳斯：嗯，我不知道他的故事。他从未在这个世界上生活过吗？

学生：一首圣诞颂歌里有纪念他，好像没有地方可以证实确有此人。

[386] 施特劳斯：上个世纪有没有一篇小说或戏剧写某个纯粹由想象力虚构出来的头领人物？我不知道。如果没有此类的小说或戏剧，那倒是相当有趣的事。我的意思是说，如果不存在这样的小说或戏剧，这会为我们理解上个世纪的小说和戏剧带来些许启发。

学生：您是说完全虚构出来的王吗？

施特劳斯：是的。

学生：大约在世纪之交时，有一些小说受人欢迎。

施特劳斯：可是，如果它们现在已被遗忘，那我猜它们不是很好的小说啊。

学生：当时是非常流行的。

施特劳斯：当然，我料想许多西方英雄都是同一类型的。

学生：李尔王。

施特劳斯：是的，李尔王当然是，他更大程度上是由莎士比亚创作出来的，过于取自霍林瑟德（Holinshed）① 或什么其他的材料来源。

学生：我认为，一方面居鲁士自己可能就纪念碑的事情下过命令，因为它仅仅是为执权杖者立的。

施特劳斯：当然，但是现在怎么就叫做阉奴纪念碑，而不是以这对令人肃然起敬的夫妇命名呢？或许有别的什么原因，来想一想：

---

① [译按] 指十六世纪英国的一位编年史家，即 Raphael Holinshed（约 1525—1582），其最著名的著作是《英格兰、苏格兰和爱尔兰编年史》，常称作《霍林瑟德之编年史》（*Holinshed's Chronicles*）。此书对莎士比亚的创作影响不小。

因为居鲁士对完美的已婚夫妇缺乏兴趣,他自己的生活可以证实这一点,他自己就是阉奴得到强调的原因。

学生:从这里起,阉奴们在某种意义上更加重要。

施特劳斯:是的,对。他关心阉奴们远超他关心幸福的已婚夫妇。当然。

学生:关心忠诚的仆人。

施特劳斯:是的。

学生:伽达塔斯和戈布吕阿斯二人带礼物来,这相当合适。

施特劳斯:是的。原因简单:因为他们同是亚述王的臣子,亚述王的老朋友。

学生:亚瑟王(King Arthur)怎么样呢?

[387] 施特劳斯:我想到过他。可他实有其人。我从丘吉尔的《说英语之民族的历史》中得知这一点。① 他是个国王,最后一批抗击罗马人或撒克逊人的不列颠国王之一,我忘了是罗马人还是撒克逊人了。

学生:这一点仍在激烈争论中吧。

施特劳斯:嗯,我们还是不要——因为我们毕竟不可能解决此类事情。是的,这里还有另一个层面,我突然想起来了。大家知道,这段文字得以某种方式处理一下居鲁士及强调对象转变的问题,就是从首要的荣誉对象,那对已婚的情侣,转至次要的荣誉对象。是的,这讲得通。

学生:希罗多德在他的作品中不是让居鲁士为自己在一面墙还是悬崖上刻下了铭文吗?

施特劳斯:是的,我记得,可是对此,我的回答非常清楚。我们现在正在读色诺芬,但在希罗多德笔下这意味着什么,如果我们将来阅读希罗多德,到时候会搞清楚。遗憾的是,这个学期根本没

---

① Winston Churchill, *A History of the English-Speaking Peoples*, 4 vols. (1952—1957), vol. 1, pp. 58 - 61. 亚瑟与之作战的入侵者是撒克逊人。丘吉尔下注说,柯林武德(Collingwood)说亚瑟是"最后的罗马人"。

有机会读希罗多德。

学生：[听不清]

施特劳斯：如果要恰切地解释，我们当然得用心研读希罗多德关于居鲁士的记叙，正如你们所知，希罗多德关于居鲁士的记叙完全不同——这并不一定意味着希罗多德所说的所有内容都是明显的实情，因为关于这些事情，他也有所隐藏，留待恰当之时再说出来，我相信是这样。还有谁想提出任何别的内容？某某先生？

学生：阿杜修斯（Adousius）这个名字有可能在第一次提及的时候被忽略了——动名词或某种与之相像的东西？①

施特劳斯：让我看看。你说得很对。在那些最好的抄本中。我得收回一些话。它当然仍旧是希腊语，可是在最好的抄本中，那个名字是卡杜修斯（Kadousius）。

学生：是大写字母让它成了人名？

施特劳斯：不。Kadousius；这我没考虑过。然而，我不知道是否——这个版本不是很好。我将来得用最好的《居鲁士的教育》校勘本。当作者后来提到阿杜修斯时——让我看看，第九行——这个版本上再也没有提到过。嗯，换句话说，很可能，在所有最佳抄本中，在所有其他的情形中，他都被称为阿杜修斯，只有在这一处才被称作卡杜修斯。可能是。所以，这可能是一些人把此处读成阿杜修斯的某种理由。我不知道。我们无法解决这些问题。

我记得我曾经开过一次讲马基雅维利《李维史论》的研读课（一定是在1952年前后），② 我那时候只是简单地基于下面这个假定来读它：《君主论》[388] 以君主式政府为题，以君主制为题，而《李维史论》是以共和政体为题。也就是说，在《李维史论》中，最高的思考对象是马基雅维利所理解的公共善的观念，即流俗含义

---

① [译按] Adousius 首次出现在第七卷第四章的开篇，这个名字随后出现在第八卷第六章第七节，全书仅出现这两次。

② 施特劳斯在芝加哥大学于1950年秋季学期开设过马基雅维利《李维史论》的研读课，第二次是1952年的秋季学期。可惜的是，两次课都没有音频文件保存下来。

上的"公共善",而自由、权力、财富和德性仅仅是带来公共善的一种手段。在那次研读课上,我们,即我的学生和我自己,很可能糟透了,但那时候还没有这种发明,① 所以没留下录音。

我只记得那次研读课的最后三次课,我在课上终于明白了,马基雅维利立足于《李维史论》的最后十四章,在最后十五章里质疑了这种公共善的概念。我之前没发现他更早之前就已经在质疑它了。于是,我的整栋大厦,反正算不上太美,就倒塌了。我当时就决定,在最早有恰当机会的时候——也就是在两年之后——再开一次《李维史论》的研读课,就从我们在第一轮研讨课上看出的东西开始。于是,许多早先时候完全一头雾水的东西都成形了。在那次研读课上我看到,理解这本书的关键是我从这本书一开始的地方就本应该看出来的东西。也是发现得太晚了,因而对那一次研读课没有什么大帮助。此发现即,这本书不是称作 *De Republica* [论共和国],而是"论李维史书的前十卷",换句话说,"李维史书的前十卷"是理解这本书的线索。没有什么比这更一目了然、更基本、更为常识所需要的了。而这就是麻烦所在:我们从来都不够简单。所以,我做了另一个决定,从现在起两年后再开一次研读课,于是,以前阻碍理解的主要难题确实都扫清了。

现在把读《李维史论》的体会应用到我们这次研读课上来。如果从现在起的两年之后我还活着,身体或道德意义上活着(道德意义上,我的意思是,从事学术活动有一定时限),那么我会说,我们应再开一次《居鲁士的教育》研读课。在这门课程相当晚的阶段才出现的一些东西,我们可以在新的研读课上以之为起点,到时候我们也许可以看出更多东西。他们是怎么称呼这种做法的?继续教育。

---

① 施特劳斯可能说的是磁带录音机。

第十六讲 《居鲁士的教育》卷八

[389] 施特劳斯：我相信我能够说，你试图做的是表明第八章，①即全书最后一章，来得并不突然［听不清］之前有一些迹象暗示了这一点。从全书一开始，对居鲁士所做的赞美就是有所限定的。

学生：［听不清］

施特劳斯：我的意思是说，在阅读的过程中，我们对亚美尼亚人已经有所了解。

学生：［听不清］

施特劳斯：标题问题，你探讨得很好——在色诺芬笔下，缺乏严格意义上的法律，强调"我"和［听不清］。居鲁士作为父亲与作为牧羊人之间的区别，也很有见地。你对《回忆》结尾的点评非常好，在结尾处，色诺芬告诉我们去读他别的作品，他在别的作品中描写了除苏格拉底之外的人物，当然首先是居鲁士，还有阿格西劳斯和其他人。完全对。是的，还有对声誉的关心。居鲁士征服了世界，却丧失了他的灵魂［听不清］。他的帝国就是个令人印象深刻的空壳。因此，帝国坍塌了。

在我们继续读文本之前，我得说几点。艾美尔特（Kirk Emmert）先生（这件事与我们的课没有直接的关系，但我想说一下）

---

① 这次课以阅读一篇学生的论文开始，该论文没有收录进来。

就丘吉尔的［听不清］写了一篇很好的硕士论文。① 在这篇论文中，他得出的观点是：丘吉尔最重要的理论著述是《身处风暴之中：思想与冒险》(Amid Storms: Thoughts and Adventures)。我读这本书的时候没看出你的观点，后来我读到第三卷末尾时，发现此处印证了你的观点。其中的一段文字与我们的课只是有间接关系，大概因为主题是笑，它出现了不止一次。请允许我读一下。

那位已故的德文郡公爵（Duke of Devonshire），即著名的哈廷顿勋爵（Lord Hartington），有几次跟我谈起开公共大会的事。有人曾指责他在众议院做一个重要演讲的过程中打哈欠，那是他自己的发言。有人问起是否真有其事时，他回答："你听了那场演讲吗？"［笑声］ 在另一个场合，他更放得开："我做梦了，"他说，"梦到自己正在众议院演讲。然后醒了，我在朱庇特身边！"②

精彩绝伦的故事。约翰逊（Johnson）先生给了一篇以《居鲁士的教育》中的笑和［听不清楚的几个词］为主题的论文，我认为是篇非常好的文章，可惜我点评不了。他试图将所有提到笑的地方搜罗起来并且加以解释。你带了几份？这份我可以留下吗？好的，我将来会用到它［听不清］。

现在让我们转向卷八。是的，卷八的开篇是克吕桑塔斯对贵族们发表的一番演说。他将好统治者看作好父亲。他们必须做的是服从，［390］就像孩子一样［听不清］。每一个只要是有点地位的人现在都成了统治者，当然是在居鲁士的治下。每一个人期待下属们做什么，他自己就必须对居鲁士做到。整个这一套系统现在在第四

---

① 艾美尔特，《丘吉尔的政治思想》(The Political Thought of Winston Churchill)，University of Chicago MA thesis, 1963。

② Winston Churchill, Amid Storms: Thoughts and Adventures, New York: C. Scribner's Sons, 1932. 这段文字逗得全班哄堂大笑。

节被称为 $\mu o\nu\alpha\rho\chi\iota\alpha$，即"一人统治"。原先当然是共和制，不是一人统治。治人者的好与治于人者的好完全一致，这使得服从明显成为必要之事，这没有问题。领导阶层意见一致地采纳了克吕桑塔斯的提议。这是居鲁士统治的法律基础。让我们来读第八节末尾。兰肯先生？

兰肯［读文本］：

于是，那些受到尊荣的人经常带着他们的马匹和长矛来到居鲁士的宫廷门前，因为那些与居鲁士一起赢得帝国的人当中的所有最好的人定下了这条规矩。（《居鲁士的教育》8.1.8）

施特劳斯：是的。贵族们的一致同意奠定了基础。在下文中，色诺芬描写了军事秩序作为内部事务管理的模板，此处称后者为治家事务（economic things），相当于我们今天用 administration ［行政管理］所指的意思。economy 在希腊语中有一个更广泛的含义，即比喻义。例如，economy of the truth 这个表达，即真相有可说的内容也有不可说的内容，被称为 economy of the truth。

第十六至二十节详细阐述了一个非常重要的论题，我们或许可以读一下。

兰肯［读文本］：

于是，他用这种方式为他自己和他的圈子提供了闲暇，而且他开始负责让他的同伴们有该有的样子。首先，对于那些级别高到靠别人的劳动活着的人，他便询问他们有没有在他的大门前报告，因为他认为来报告的人不会愿意干任何邪恶的或可耻的事情，既因为他们是在统治者面前，又因为他们知道无论做什么都会被最好的人看到。那些不来报告的人，居鲁士相信，他们不露面，是因为某种不自制或是不义或是玩忽职守。因此，我们将首先来描写居鲁士如何使这些人来——（《居鲁士的教育》8.1.16–17）

施特劳斯：译成"强迫"会更好。请继续。

兰肯［读文本］：

他会命令他妻子的某个最亲近的朋友去没收那个缺席之人的财产，并且宣称他是在拿走属于自己的东西。所以，一发生这样的事情时，那些被夺走财产的人就会立刻来抱怨他们遭受了不义。（《居鲁士的教育》8.1.17）

施特劳斯：大家明白了吧？

兰肯［读文本］：

然而，居鲁士不会有空长时间听这些人［诉冤］，当他确实听这些人说话时，也会将审判推迟很长时间。他认为，这么做可以使这些人习惯为自己服务，［391］比起他自己用惩罚来强迫他们前来报告，这么做会更少激起憎恨。这是居鲁士训练这些人到场的方法之一。（《居鲁士的教育》8.1.18–19）

施特劳斯：可以继续了。

兰肯［读文本］：

另一种方法是把最简单、最有利可图的事务交给那些到场的人去办。还有一种方法是从不给那些不到场的人分享任何东西。当然，他最重要的强迫方法是：如果一个人不理会［上面的］任何这些，居鲁士就会夺走这个人拥有的一切并且送给另一个人，某个居鲁士认为一旦需要就会出现的人。以此方式，居鲁士最终以无用的朋友换到一个有用的朋友。如果有人该出现却没有现身，这位波斯王也会询问此人的情况。（《居鲁士的教育》8.1.19–20）

施特劳斯：所以，［听不清］在居鲁士治下，退休生活是不可能的，这一点是清楚的。剥夺独处状态也包括，如我们将要看到的那样，对私人财产的实际剥夺。博杨（Boyan）先生？

学生：[听不清] 将来的亲人……

施特劳斯：你不可忘记征服者居鲁士，不要与小居鲁士混淆。波斯王[阿尔塔克瑟尔克瑟斯]的弟弟小居鲁士，企图废黜其王兄。这个故事在[听不清]章[听不清]。色诺芬企图帮助小居鲁士干这件不义之事。但色诺芬后来可以说：嗯，这不关我的事，这是波斯人的事。波斯人的合法性对希腊人没有约束力。希腊人是雇来的，是雇佣军，色诺芬是其中的一员。他们[听不清]幸运或不幸地在色诺芬的领导下返回海边。这是色诺芬《上行记》的内容。所以，色诺芬了解波斯，所有这些事情都部分地立足于[听不清]征服波斯人也会是多么容易的一件事，后来亚历山大做到了。某某先生？

学生：第八章[听不清]

施特劳斯：当然。这是他喜欢的一点——或者至少他们有一种成问题的好——即他们不吐口水。他们不当众吐口水。不当众吐口水本身无疑是件好事，但这并非好政府最根本的基础。我们要读一下第二十二节。

兰肯[读文本]：

> 他认为他看到就连成文法都使得人们变得更好，但他认为，好统治者对于人们而言是长着眼睛的法律，因为好统治者足以奠定秩序，也足以看出谁脱离秩序并加以惩罚。（《居鲁士的教育》8.1.22）

施特劳斯：是的，这是一个关键内容：长着眼睛的法（the seeing law）。因此，它优于任何没有长眼睛的法，优于任何原初的法。可是，它实际上当然意指某种内容更多的东西，因为这种长着眼睛的法也是立法者，那个有能力制定法律和取消法律的人，因此，他当然在所有方面都在法律之上。请读下一节．

[392] 兰肯[读文本]：

所以，由于有这样的判断，他首先向外人展示，他自己在他最幸福的这个特殊时期更操劳与诸神相关的事情。然后，玛戈们第一次被赋予在每天到来的时刻向诸神唱颂歌的责任，① 并且他每天都向玛戈指定的神献祭。（《居鲁士的教育》8.1.23）（省略号为原文所有）

施特劳斯：是的。大家看，这是明显的矛盾，因为作者之前已经几次提起玛戈。可是，我们能够轻而易举地化解这个矛盾。宗教势力团体，即便先于居鲁士就存在，现在还是自居鲁士而出。这个宗教势力团体，即便它在居鲁士之前就存在，但现在是源自居鲁士。它的法律有效性的来源从现在起是居鲁士。或者用后世的语言来讲：不存在双重权力。不存在玛戈的独立权力，只有一位世俗统治者。请读第二十五节。

兰肯［读文本］：

居鲁士认为，那些与他在一起之人的虔敬对他而言也是好的，他心里是这么盘算的——

施特劳斯：换句话说，不单是对他们自己好，对居鲁士也好。是的。因为，如果他们不具备后一种品质，那是不够的。

兰肯［读文本］：

---

① ［译按］这半句话，米勒的译文是：玛戈团体第一次建立起来……他从没有在哪一天天亮时不向诸神唱颂歌。从施特劳斯接下来说的话看得出来，他并未对译文提出质疑，而是着重解释了色诺芬为什么现在说玛戈制度第一次建立起来。这半句话，各校勘本上有两处分歧，一是此处到底有无省略的内容，一是"唱颂歌"这一动词是不定式还是未完成时形式，Hude 校勘本上保留了六个点的省略号，取不定式，Marchant 校本与 Hude 本一致，Bude 版上没有省略号，动词是未完成时。Ambler 说他的译文依据的是 Bizos 和 Delebecque 校勘的版本：见 Xénophon, *Cyropédie*, vols. I–II, ed. Marcel Bizos, vol. III, ed. Édouard Delebecque, Paris: Belles Lettres, 1971–78。

就像那些选择与虔敬者一起航行的人，而不选择与那些看起来在某些事情上不虔敬的人一起航行一样。除此之外，他在心里盘算，如果他的所有伙伴都惧怕神，那么，他们会更不愿意对其他人和对他自己做任何不虔敬的事情，因为他认为自己是他的伙伴的施益者——（《居鲁士的教育》8.1.25）

施特劳斯：换句话说，他们对施益者怀有的感激之情具有一种宗教上的约束力，因此，信仰宗教的人，虔敬的人，可能有更多感激之情。可是，这完全是从居鲁士一己之私的视角来看的。

他在这里罗列了这些德性［听不清］虔敬、羞耻感、服从、节制和自制。正如巴特沃斯（Butterworth）指出的那样，没有关于正义的任何内容。在你手上的版本里，第三十一节括在方括号里了，可我认为不应该括起来。可以读了吗？

兰肯［读文本］：

他是这样子区分体贴（considerateness）——

施特劳斯：不对。是"羞耻感"。

兰肯［读文本］：

与自制——

施特劳斯：是与"节制"（moderation）。

兰肯［读文本］：

［那些有羞耻感的人是在别人看得到的场合避开那些可耻的事情，但那些节制的人即便在无人看到的情况下也这么做］[①]（《居鲁士的教育》8.1.31）（方括号乃原文所有）

[①] 米勒的英译文用方括号括起了这句话。

施特劳斯：好的，请连三十二节也读了。

[393] 学生［读文本］：

他认为节制——

施特劳斯：不对，是"自制"（continence）。
兰肯［读文本］：

他认为，自制将会得到践行，尤其是如果他自己可以表明自己不会被暂时的快乐带走而不再去追求好的事物，而是愿意秉持高贵的事物并为了令人快乐的事物率先躬身劳作。（《居鲁士的教育》8.1.32）

施特劳斯：所以，这里重复了节制与自制之间的区别，结果是？请读下一节。
兰肯［读文本］：

这样一来，他因此在他的大门处让下属们非常有秩序地行事；他们服从比自己更好的人，而且相互之间十分尊重并礼貌相待。（《居鲁士的教育》8.1.33）

施特劳斯：是的。"羞耻感"。居鲁士不说其他东西。换句话说，周围都是体面的行为。可以继续了吗？
兰肯［读文本］：

你不会看到那里的任何人愤怒地大喊大叫或以无礼的笑声为乐，而你一看到他们，你会觉得他们真的活得高贵。（《居鲁士的教育》8.1.33）

施特劳斯：是的。"会相信"。［听不清］会相信［听不清］因为完美的行事方式给人的印象是品行的完美。但是，这个结论并不可靠。有人要提问。某某先生，请讲。

学生：[听不清]在节制上[听不清]

施特劳斯：是的，当然，我们讨论过的，在我们思考《回忆》卷四的那些章节，那些探讨节制的章节时，节制包含着虔敬与正义。这是一个问题[听不清]节制被理解为[听不清]。因此，当色诺芬最终在卷四末尾谈起三种德性时，他明确说到虔敬和正义有别于节制。理由是那里的正义并非守法，而是施益于同伴，因为守法很可能会伤害同伴。证据是：穿着宽大外衣的矮小男孩和穿着短小外衣的高大男孩。

作者随后讨论了居鲁士的臣民通过狩猎而获得的那些德性。仅仅一种：自制。你们当然无法通过狩猎变得节制，可是，你们的确可以变得自制，因为你们得忍饥耐渴，很长时间睡不了觉。请读第四十节。

兰肯[读文本]：

> 我们认为，我们得知居鲁士认为，统治者们不可只靠这一点，即比他们的臣民更好，而不同于他们的臣民，而且他认为他们必须迷住臣民。(《居鲁士的教育》8.1.40)

[394]施特劳斯："使他们着迷。"

兰肯[读文本]：

> 至少，居鲁士不但自己选择穿上米底亚的袍子，还说服他的同伴也穿上，因为他认为，如果一个人有什么身体方面的缺陷，这种袍子便会将其遮掩。而且，这些袍子使得着装者看起来尤其俊美高大，因为米底亚人有一种鞋，尤其有可能在鞋底下面插入某个东西而不被发现，所以，穿这些鞋子的人看起来比实际更高些。他还允许他们在眼睛下面涂颜色，好让眼睛可能看起来比实际的更漂亮，又允许他们在脸上涂抹颜色，好让

他们的气色看起来比自然所赋予的气色更好。他还注意不让他们当众吐口水或揩鼻涕，目不斜视，仿佛他们对什么东西都不感到崇敬。他认为，这一切都在某种程度上都有助于他们在臣民面前显得更难让人轻视。(《居鲁士的教育》8.1.40–42)

施特劳斯：考虑到前面的评论，这种迷住人们的行为是为吹嘘服务的，以便他们比实际看起来更好、更高。所以，居鲁士是个吹嘘者，正如我们在另一处所猜测的。他们切不可转头看什么，切不可转头凝视什么，例如，不转头凝视一个美女，或者任何其他值得看的东西。"对一切都不感到崇敬"（admire nothing），① 这是贺拉斯（Horace）的著名诗句，但在贺拉斯那里，它有某种更高贵的含义。可在这里是一种精明地逐渐培养出来的自命不凡。它不是那种能触动我们的东西［听不清］

兰肯：色诺芬自己说他是个好惊奇的人［听不清］

施特劳斯：不。苏格拉底会转向它们，那时有人告诉苏格拉底有一个女人，她并不是因为德性而特别杰出，但她非常美，据说没有人能够用言语描述她。苏格拉底说，如果难以用语言描述她，那我们就去看一看她。② 大家在此处看到这一点的开始，还有更多的例子，色诺芬在此处用第二人称复数，③ 他经常这么做，然后在某个地方转变成第一人称单数。

下两节。内容好多，可我们的时间又是如此之少。让我们来读下两节。

兰肯［读文本］：

所以，以此方式，他靠自己让那些他认为必须进行统治的

---

① "努米齐乌斯啊，对一切都不感到诧异，几乎是一件以及唯一一件使人幸福并保持幸福的事情。"语出贺拉斯，《书信集》，6。

② ［译按］见《回忆》卷三第 11 章。另见本讲稿英文版页 314。

③ ［译按］似有误，应为第一人称复数。本讲稿英文版页 397、398、412、415 又再次谈起作者使用的人称问题。

人做好准备,既通过他们所受的训练,也通过有尊严地统治他们。而至于那些他准备让其接受奴役的人,他既不敦促他们在属于自由人的任何劳动上进行训练,也不允许他们拥有武器。他的确关心让他们不会缺少食物或喝的——为了自由人所从事的训练,因为当他们为骑士驱赶猎物到平原上时,他会允许他们为这次打猎带食物,但他不允许任何自由人这么做。[395]而当要出征时,居鲁士会带他们去找水,就像对待驮兽一样。当是时候吃饭时,他会一直等到他们吃点东西之后,好让他们不至于饿到饥肠辘辘。所以,就连这些人都称居鲁士为"父亲",与那些最好的人一样,因为他用心让他们可以永远作为奴隶而且毫无抗议地过日子。(《居鲁士的教育》8.1.43–44)

施特劳斯: 福利国家作为首善,色诺芬对此只有彻底的蔑视。我想,这么说是恰当的。色诺芬随后解释了居鲁士如何安排自己的安保事宜,其安保成员选自那些可能有宏大灵魂的人,那些可能是大度的人。我们得读一读第四十六节。

兰肯[读文本]:

然而,至于那些他认为非常强大的人,他也看到这些人既有武装又聚在一起;他知道,他们之中的某些人是骑兵的统领,其他人是步兵的统领;他注意到他们当中的许多人也自以为有能力进行统治;尤其是这些人会接近他的卫兵,而且他们中的许多人经常与居鲁士本人往来(因为他们必然这么做,如果居鲁士要用到他们的话),因而,尤其是在他们手上,他自己有可能会以许多方式中的任一种遭到某种不测。所以,由于想着如何才可以使他们也不对他造成危险,他便决定不夺走他们的武器,不让他们变得不善战——(《居鲁士的教育》8.1.46–47)

施特劳斯: [听不清]

兰肯［读文本］：

因为他既认为这么做不正义，又认为此举会瓦解他的统治。此外，至于不允许他们靠近自己以及公开表现出不信任他们，他认为这标志着战争的开端。代替所有这些政策的是，他判定有一种做法既对他自己的安全最好，又最高贵：如果他能够使最强大的人对他自己更友好，而且比他们彼此之间的友情更浓。因此，我们将要试着叙述在我们看来居鲁士如何开始变得被人爱戴。（《居鲁士的教育》8.1.47-48）

施特劳斯："因此我将要试着。"［听不清］色诺芬以第一人称单数说话。①

学生：［听不清］

施特劳斯：一部分，是的，但色诺芬心里当然不可能想到这个的，［听不清］我得把达金斯对这段文字的评论读给你们听，那位老翻译家，真是个很有魅力的人。"进行统治的那个人"，archic 对应的希腊语是 $\alpha\varrho\chi\delta\varsigma$，意思是统治者，

与其臣民中那些适合进行统治的人打交道，就是那些有想法和崇高抱负的人，他必须经常与这些人联系。单单是精神上的优势就足以对他们起作用。［396］他将使得他们更爱他而不是他们自己。（在这里，唯一不和谐的东西是某种马基雅维利式的自我意识，在这位进行统治的人身上令人厌恶。）②

---

① ［译按］不清楚施特劳斯在此是依据哪个校勘本的希腊文，无论是洛布版的英译文，还是施特劳斯的后学的英译本，都把此处翻译成第一人称复数。随后在卷八第二章第6-7节倒是出现了三次"我"，可看下文。

② 这是达金斯对卷八第一章第四十六至四十八节下的注，见 The Education of Cyrus, trans. Henry Graham Dakyns, London: J. M. Dent & Sons; New York: E. P. Dutton, 1914。

所以，换句话说，这么做不是非常仁爱。在这里，对于第四十六节，达金斯说：

> 一个累赘而不连贯的句子，但它所表达的思想足够清楚。就连色诺芬的风格都会垮掉——当他试图一口气说出更多东西，比他正常情况下所说的东西要多时。这是衰老的一个迹象吗，或者是没想透吗，或者是什么？①

但这也可能与这一思想在道德上令人略有不快有关，达金斯先生未曾想到这一点。在下一章——

学生：［听不清］

施特劳斯：嗯［听不清］那些自认为配得上巨大荣誉和有价值的人。那些人可以这么说：嗯，我可以做一个与居鲁士一样好的统治者。或者我们一起也可以做这件事，因此［听不清］

学生：［听不清］

施特劳斯：这些自视颇高的人，这些被打压下去的可怜家伙，得整日在田里劳作，他们对［听不清］没有兴趣。他们周围有许多草，弄得他们［听不清］但这些人，即将领们，可能是危险的。大家可以看到一些法国将领的自评情况是怎么样的。［笑声］好的。作者在下一章论述的是居鲁士如何交朋友这一问题。嗯，这里的原则是，你如何使一条狗成为你的朋友？你给它好吃的，与居鲁士在这里的做法一样。我们没法全都读，让我们读第五至六节，它们在此是非常切题的。居鲁士的超级厨房这个问题。

兰肯［读文本］：

> 然而，就是如此，这并不令人惊奇，因为，正如其他技艺在大城市中也被发展到一个非凡的程度，王的食物烹制也是如此，达到了尤其非凡的程度。在小城镇，同一个工人既制作床，

---

① 达金斯对卷八第一章第四十六节下的注，出处同上。

又制作门，还制作犁和桌子，这同一个人还经常盖房子，即便如此，如果他能得到足够的顾客来维持他的生活，他便心满意足了。因此，一个从事多种行业的人不可能高贵地做所有这些事情。(《居鲁士的教育》8.2.5)

施特劳斯：大家从另外一个地方得知这种思想［听不清］《王制》：一人一艺，各司其职［听不清］可以继续了吗？

兰肯［读文本］：

在大城市中，鉴于许多人都需要每一种匠人，一种技艺就足以养活每一个人，很多时候甚至不是从事一种完整的技艺，而是一个人制作男鞋，另一个人制作女鞋。也有这样的地方：在那里，一个人仅仅靠缝鞋养活自己，另一个靠裁开鞋养活自己，另一个人仅仅靠裁开鞋帮养活自己，还有人这些工序一道都不干，仅仅靠组装这些鞋的部件来养活自己。(《居鲁士的教育》8.2.5)

[397] 施特劳斯：大家看，这里对劳动分工的描写令人惊奇［听不清］可是，大家看，这不是亚当·斯密。这比亚当·斯密古老得多，他仅仅是将其写入一个现代文本中。可以继续了吗？

兰肯［读文本］：

因此，必然的是，那个人如果投身一份内容更有限的工作，他当然被迫把它做得最好。这一点同样适用于与住所相关的事情，因为我认为，无论谁让同一个人在不同的时间整理卧榻、装饰餐桌、揉捏面团以及制作不同的酱汁，无论每一件事最终可能做成什么样子，他都一定得对之感到满意——(《居鲁士的教育》8.2.5–6)

施特劳斯：色诺芬在这里说的是"我必然相信"。是的，他明确地做［听不清］可以继续了吗？

兰肯［读文本］：

但如果一个人负责炖肉就足够了，另一个人负责烤肉就足够了，另一个人就负责煮鱼，另一个人就负责烤鱼，另一个人就负责做面包条，甚至不是所有种类的面包条，而是只需要提供某种得到高度评价的面包条就足够了，那么，必然的是，我认为，每个人就都会以一种非常出色的方式开发出像这样子做出来的这些东西。（《居鲁士的教育》8.2.6）

施特劳斯：紧贴字面的译法是"我相信"。作者在此语境中重复使用了这个说法，"我相信"，因为这意味着他对此没有确定的知识，只是猜测出来的。色诺芬就厨房说这话，与苏格拉底在卡里阿斯家里吃了一顿绝佳的晚餐后所说的话，是出于相同的理由。苏格拉底说，"这是无可指责的一餐饭"，[①] 这完全是得罪人的话，也只有用无知来为苏格拉底开脱了。让我们读下一节。

兰肯［读文本］：

于是，通过做这样的事，他在用食物讨好人这件事情上远超其他每个人。他是如何也用其他所有方式在讨好人一事上赢得巨大胜利的，我现在就来叙述。（《居鲁士的教育》8.2.7）

施特劳斯：又一次出现"我"。大家看，我们没有统计文中使用的"我"和"我们"。为解释得充分起见，我们本该找一个人，让他像约翰逊先生统计"笑"和"哭"那样来统计"我"和"我们"。请继续读。

学生［读文本］：

---

① 色诺芬，《会饮》，2.2。

尽管居鲁士在收到最多的岁入方面远超其他人，可他在送出最多的礼物方面更是远超其他人。因此，是居鲁士开了赠送的先河，即便是到今日，这种做法还在［波斯］大王中间延续。谁的朋友比波斯大王的朋友看起来更富裕？还有谁比大王用更漂亮的长袍来明显地装饰自己的朋友？谁的礼物像大王所赐的一些礼物那样一眼即可认出？例如手镯、项圈和戴着金辔头的马。因为在波斯，除了王赐予礼物的那个人，其他人当然不可能拥有这些东西。（《居鲁士的教育》8.2.7 – 8）

施特劳斯：是的。换句话说，有些特定的财产只可能是来自皇室的礼物。然而实际上，在波斯，如果没有大王的首肯，就没有什么财产是安全的。因为［听不清］［398］接下来的一点内容至关重要。第十至十二节，我们一定得读，因为在二十世纪，它是非常热门的话题，至少与那个时候一样热门。

学生［读文本］：

此外，我们——

施特劳斯："我们"。

兰肯［读文本］：

我们已经得知，居鲁士也获得了所谓的"王的耳目"，所用方法不是别的，就是通过赠予礼品和授以荣誉，因为居鲁士大方地施益于那些有适合他得知之事便报告的人，以此让许多人用他们的耳目去探知可报告的事，这些事会有益于王。于是，当然地，人们最终相信王有许多"耳目"。可是，如果有人认为是王选定某个人做他的"眼线"，那他就搞错了，因为一个人看的东西很少，听的东西也很少，如果这个任务仅仅指派给一个人，那就好像所有其他人被命令不要理会这件事一样。另外，人们也会知道自己需要提防任何他们知道是"眼线"的人。

(《居鲁士的教育》8.2.10-11)[笑声]

施特劳斯：当然了。

兰肯[读文本]：

> 所以，不是这样子的，而是任何人若宣称自己听到或看见了一些值得注意的事情，王都会聆听。于是，人们相信王有许多耳目；人们处处都害怕说任何对王不利的事情，宛如王本人就正在听，或者害怕做任何对王不利的事，宛如王本人就在跟前。因此，没有人胆敢对其他什么人讲任何贬损居鲁士的话，而是每个人都如此对待任何一个在自己面前的人，就好像他们所有人都是王的耳目一样。至于人们以这种方式对居鲁士，我不知道，除了说居鲁士愿意以巨大恩惠回报小恩惠之外，一个人如何可以解释这一点。(《居鲁士的教育》8.2.11-12)

施特劳斯：在这里，色诺芬说"我不知道"——我是个头脑极度简单的人，正如你们从这句话当中可见。令人感动的简单。

色诺芬随后讲的要点是：居鲁士是一名好统治者，好牧羊人意义上的统治者，不再是好父亲意义上的统治者。这是重要的一点，可关键点是——巴特沃斯对此解释得非常好，可有一点我们切不可忘记。牧羊人作为统治者，与被统治者属于不同的物种。而父亲属于相同的物种。因此，从这个角度来看，父亲的统治要低于牧羊人的统治。这是我们不可忘记的。当然，要让人们相信统治者属于不同的物种，就需要迷惑术。某某先生？

学生：[听不清]

[399]施特劳斯：当然，牧羊人是为了主人的利益而照顾羊群。下面的说法在此当然是恰当的：这里的牧羊人同时也是主人。我的意思是，剪羊毛、杀羊、屠宰统统都做了——我没有听清楚，可以再说一遍吗？

兰肯：他不是个吃素的牧羊人。

施特劳斯：嗯，这个可能性，我们在此可以不予考虑，因为色诺芬在这里没有探讨这一点。我连一条关于素食者的说法都记不起来。希腊有这种东西，有一些学派是素食者，毕达哥拉斯、恩培多克勒，等等，但色诺芬不是。请读第十九节。

学生［读文本］：

这变得一目了然时，据说居鲁士曾说："你看到了吧？克洛伊索斯啊，我也有珍宝。但你叫我把它们聚在一起放在我身边，从而因它们遭嫉妒和憎恨，而且在安排雇佣兵来看护它们之后，你还叫我信任他们。而我却使得我的这些朋友富有，并且认为他们就是珍宝，与此同时，对我自己和我们的好东西来说，他们也是更值得信赖的看护者，比起我任命雇佣兵守卫。"（《居鲁士的教育》8.2.19）

施特劳斯：换句话说，居鲁士的慷慨使他总是重重地回报人，这当然也等于舍弃任何私人财产。人们拥有所有这些奴隶，但是，每当居鲁士需要某种东西时，他会和善地说：你可以［听不清］那个家伙能做些什么呢，除了用自己的善意来回报居鲁士的浓浓善意之外？某某先生，你想说些什么吗？

学生：在《居鲁士的教育》中，居鲁士提出了父亲的统治与牧羊人的统治，所以二者肯定有种类上的差异？我们得思考，为什么这些能人，比如说，克吕桑塔斯，可能不能够担当父亲-统治者的角色。当然，他们也谁都不会是牧羊人-统治者，那会是同一种类［听不清］我不知道为什么这个东西这么快就崩掉了，因为他身边有一众能人。父亲之治［听不清］牧羊人之治［听不清］为什么就不能［听不清］

施特劳斯：如果你是政治科学专业读研多年的研究生，我会担心你被培养得习惯于低估法律的重要性。可是，既然你刚进这个系不久，那我的这个诊断就是错的。所以，是什么样的法律状况准许居鲁士变成这样的统治者，又阻绝任何人在居鲁士死后变成这样的统治者呢？居鲁士仅仅是一个有限君主制共同体的储君，这个共同体实际上是共和国。居鲁士看起来丝毫机会都没有。但这里的情况是，居鲁士担任了外派至米底亚部队的将军，然后他以完全合法的方式建立起帝国，因为米底亚王居阿克萨勒斯准许这么做，居鲁士实赖此人之助。一旦你建立起了帝国，比如说，例如，像哈斯廷（Warren Hastings）[①] 在印度那样，嗯，他不够强大——某个人建立起一座帝国并且能够公然违抗国内的政府，有这样子的实例吗，历史上的实例？

学生：[听不清]

施特劳斯：不是。

[400] 兰肯：凯撒！

施特劳斯：凯撒算是。凯撒在高卢那边。好例子。征服高卢，凯撒完全是在履行官方赋予的职责时做了这件事，他当时是行省总督（proconsul），征服高卢给了他极大的不受法律约束（non-legal）的权力，不一定是非法的（illegal）权力，这种权力准许他在错综复杂的局势中跨过著名的卢比孔河（Rubicon），成为罗马的主人。对的。这当然仅仅是个近似的例子。换句话说，当水被搅浑，而不是局势非常明朗时，有人就获得了不受法律约束的权力。例如，你面临诸如多党派体制这样的绝好形势，然后，一个党派获得，比如说，500 个席位当中的 249 个席位。既然他们显然就是少数，让我们假设他们没有任何盟友。那么，组阁就不可能。这是一种混乱状况。正是在混乱之中，最聪明的猎手趁机夺取权力。在居鲁士死后，局势非常明朗：居鲁士以形式上合法的方式把权力传给了他的长子，给予次子的是受限定的权力。这些仅仅是合法性的支撑。但他们开始打仗。这是趣事。可是，其他家伙会无法立足，除非他们能够使自己成为其中一人的王座背后的力量。

我们读到哪里了？第十九节。噢，我们读过第十九节。好的。

[①] 哈斯廷是英国驻印度第一任总督（Governor General），任期为 1773 至 1785 年。

读第二十至二十三节，作者探讨了居鲁士对待私有财产和财富的态度。很清楚：取之无度。取之无度。我的意思是，一个人应该合法或正义地获取财富，而不论多少，在这方面没有限度。《治家者》当然以某种方式为这一观点铺了路，正如我们在读这一著作时看到的。穷人无法是幸福之人。这是其中的意思，它当然显示出［居鲁士］与苏格拉底之间的区别，大家知道的，苏格拉底就那匹马发表的言论非常清楚地表明了这一点。①

在这一章末尾，作者表明了居鲁士如何在这种环境中让他们互相嫉妒和抱有恶意，好让他们不能搞阴谋推翻他。我们只读最后的第二十八节。可以继续了吗？

兰肯：我能返回第二十三节问个问题吗？紧挨着最后一个句子那里，方括号括起来的内容καὶ τὰ χρήματα，我在想自己拼凑得对不对。［听不清］我认为他是［听不清］我把他看作最幸福的［听不清］我还把他看作钱。

施特劳斯：不，不。只能译成"我认为这个人在金钱方面也最幸福"［听不清］你的叫法是什么？"方面"的宾格（the accusative of respect）。② 好的。让我们读第二十八节，这一论题的结论部分。

兰肯［读文本］：

而且就像其他居住在城里的人一样，想要首先得到居鲁士的友谊的那些人也会彼此嫉妒，因此，他们中的大多数人会想望着把另外一个人弄出局，而不是为了他们相互的利益来做任何事。所以，这一点表明了，居鲁士如何设法做到让所有那些更好的人爱他胜过爱彼此。（《居鲁士的教育》8.2.28）

施特劳斯：这是该话题的结尾。在下一章，作者首先表明波斯

---

① ［译按］见《治家者》，11.4–5。
② ［译按］可参考《剑桥古典希腊语语法》，顾枝鹰、杨志城等译，上海：华东师范大学出版社，2021，第30.14条。

人如何在生活方式上变成了米底亚人,接下来是那个超级波斯人,波斯平民的代表人物,即斐饶拉斯,再次出场。居鲁士在这里算是将斐饶拉斯置于波斯贵族之上。我的意思是,斐饶拉斯负责这次游行,这次盛大的游行,所以,他可以偏袒也可以不偏袒任何一个他可能喜欢的人。让我们来读下一章的第十四节。我们没法全读。

[401] 兰肯[读文本]:

他把双手置于袖外。

施特劳斯:指的是在游行中。居鲁士可以——所有其他人都得将双手置于袖内,以便他们不能够射击,可居鲁士当然可以把双手放在外面,因为他不会射击。他毕竟不是阿尔·卡彭(Al Capone)。①

兰肯[读文本]:

一名高大的御者在居鲁士旁边御马,可是,比居鲁士更矮,无论是实际上如此还是以某种其他方式,而且居鲁士看起来高得多。一看见居鲁士,所有人都跪拜,或者是因为一些人事先被命令要带头这么做,或者是因为他们被这个展示或者被居鲁士看起来的高大和美镇住了。以前没有一个波斯人会在他面前跪拜。(《居鲁士的教育》8.3.14)

施特劳斯:大家看,这种彻底的变化。我们现在看到的是东方专制主义。达金斯在此处也下了注,我认为我可以读给大家听一下。

色诺芬多少有点以这种场景为乐。它是一个转折点,名副其实的道德突转,尽管很久以前就迈出了那决定性的一步。色

---

① [译按]卡彭(1899—1947),生于纽约,二十年代曾为芝加哥的黑帮大佬。

色诺芬记述此事的意图是什么？他有先入之见吗，他是赞成还是反对？他希望我们得出结论？或者，它与色诺芬自己心里的复杂道德状况（a moral meeting of waters）一致？这里爱斯巴达的简朴，那里爱华丽、皇家气派和君主统治？他没有提示说，这一体制的逐渐败坏肇始于此：那个进行统治的人不再仰赖自己精神上的最高品质，而是开始靠造作的手段和外在的敬拜仪式来竭力维持自己的威严。①

嗯，有些人怎么都不理解，除非你重重地敲打他们，他们才会理解。可我们必须承认，达金斯的注还是有魅力的。它是真的有魅力，相比于大家在当今的某种文献中读到的关于古典文本的某些评语，它要吸引人得多。因为，至少达金斯依然对色诺芬作品的绝妙特性心怀敬意，尽管他并不是十分理解这些内容。可是，我会说，这是更富温情的姿态。好的。

我们在下文也发现了一些富有启发的东西。阉奴伽达塔斯指挥着波斯的一支骑兵队。大家注意，伽达塔斯连波斯人都不是，大家知道的，他是个外族人。这是个大变化。第二十五节，还是让我们从第二十四节开始吧，好让我们能理解文脉。

兰肯［读文本］：

> 当他们抵达圣所时，他们向宙斯献祭并且宰杀了很多公牛；接下来他们焚献了很多马向太阳神致敬。接下来他们向大地神献祭，遵照玛戈的指令，最后是向居住在叙利亚的英雄们献祭。（《居鲁士的教育》8.3.24）

施特劳斯：顺便说一下，色诺芬在此处提到具体的神，他之前

---

① 达金斯对卷八第三章第十四节下的注，见 *The Education of Cyrus*, trans. Henry Graham Dakyns, London：J. M. Dent & Sons；New York：E. P. Dutton, 1914。

也这么做过,我解释不了这种提法。而这是要加以研究的内容。我有一些模糊的想法,但还不够详尽细致。请继续。

[402] 兰肯[读文本]:

在这之后,因为此地是个美丽的地方,居鲁士便指定了五斯塔迪之外的一处目标,然后命令每一个部族全力纵马朝那奔去。他本人与波斯人一道骑马,并且远远地将其他波斯人甩在后面,因为他以前特别用心于马术。(《居鲁士的教育》8.3.25)

施特劳斯:嗯,就连我都会说这话。即便他没有这么说,又有谁敢骑在居鲁士的前面呢?可以继续了吗?

兰肯[读文本]:

在米底亚人中间,阿尔塔巴佐斯胜出了,因为居鲁士将自己的马送给了他——

施特劳斯:[听不清]马匹的品质。

兰肯[读文本]:

在叛逃[至居鲁士身边]的亚述人中间,伽达塔斯胜出了;在亚美尼亚人中间,是提格拉涅斯胜出了;在许尔卡尼亚人中间,是那位骑兵指挥官的儿子;在萨齐亚($Σάκια$)人中间,某个普通的士兵骑着他的马甩开了其他马近半个跑道的距离。(《居鲁士的教育》8.3.25)

施特劳斯:是的。这一点有些重要。他是赢家。大家看,在这里提到的这些人里,提格拉涅斯位于中间,这并不让我们觉得惊讶。现在让我们直接跳到第三十三节。

兰肯[读文本]:

居鲁士也以部族为单位进行马车竞赛，所有获胜者他都给发了牛，好让他们可以献祭和宴饮，还发了杯子。他自己也拿了牛作为胜利的奖品，但属于他的那个杯子，他送给了斐饶拉斯，因为他认为，他把这场始于王宫的游行办得很好。（《居鲁士的教育》8.3.33）

施特劳斯：是的。这就解释了随后的一个情节，即斐饶拉斯与萨卡斯（Sakas）① 之间的对话。斐饶拉斯如今在宫中地位甚高，原先则是个很穷的家伙，而那个萨齐亚人是赛马的获胜者。斐饶拉斯在经历过以前贫困不堪的生活之后，现在非常富有，但他一点也没有变得更幸福。这是他的问题。请读第四十二至四十三节。

兰肯［读文本］：

那位萨齐亚人说："可是，宙斯在上，当它们都安全完好时，看着你的如此多的东西，这给你带来的快乐比我的快乐多好多倍。"

斐饶拉斯说，"拥有财富所带来的快乐，比不上失去财富所带来的痛苦。你将会知道我说的是真话：因为没有一个富人被他的快乐逼迫得睡不着觉，而那些失去某种东西的人，你会看到，没人能够睡着，因为他们经历着这般痛苦。"（《居鲁士的教育》8.3.42）

施特劳斯：大家理解这个，是吧？没有一个富人会因为自己的财富而乐得一直睡不着，可是，许多富人因为忧心会丧失财富而一直睡不着觉。那人如何作答？

［403］兰肯［读文本］：

---

① ［译按］应是口误，应改为"那个萨齐亚人"，见本讲课稿英文页码404以及《居鲁士的教育》8.3.35以下。

那个萨齐亚人说,"不是的,宙斯在上,你也看不到任何一个得到某种东西的人因为体验这样的快乐而打盹。"(《居鲁士的教育》8.3.43)

施特劳斯:可这是得(getting)财问题,有别于失财。斐饶拉斯的问题与僭主希耶罗的问题相像,希耶罗也说:嗯,当一名僭主根本就不快乐。于是,西蒙尼德斯说:你为什么不丢掉它?[听不清]希耶罗说,我办不到,因为如果我放弃僭主之位,我将会被杀死并且一定会遭到报复。这当然明显是假设性的说法。斐饶拉斯要诚实得多。损失是一种巨大的痛苦,希耶罗没有诚实或坦率地承认一点:尽管僭政麻烦重重,但失位对他而言当然是不可承受的。希耶罗曾说,丢弃财富是不可能之事,这当然是废话,只要愿意,任何人都可以丢弃他的财富。我们得再多读一点。第四十六[节]。

兰肯[读文本]:

"那么,以诸神的名义,"斐饶拉斯说,"为什么你不立即变得非常幸福,而且让我幸福起来呢?把所有这些东西都拿走,据为己有,你想怎么使用就怎么使用。你只需要把我当作客人来供养,甚至比不上客人,因为分享你拥有的任何东西,对我来说就够了。"……

像这样子说了这些后,他们同意这些条款,并且照此行动。其中的一个人认为自己已经成了幸福之人(εὐδαίμων),因为他已经掌握大量财富,而另外一个人认为自己最有福(μακαριώτατος),因为他拥有一个管事,管事会给予他闲暇,让他可以做他乐于做的任何事。(《居鲁士的教育》8.3.46–48)①

施特劳斯:请把下一节的开头也读了。

---

① 尽管兰肯在课堂上大声读了这几节的全部内容,但这里还是不全。

兰肯［读文本］：

斐饶拉斯自然是个好伙伴——

施特劳斯：紧贴字面的译法是"是个爱伙伴的人"，同志情谊，同伴情谊。可以继续了吗？

兰肯［读文本］：

在他看来，没有什么事情像服务人那样如此令人愉悦或有益，因为他认为，人在所有动物中最好而且最知恩图报。他看到：人们受到某个人的称赞时，会热切地报之以称赞；别人让自己高兴，他们便试图反过来让别人高兴；认识到有人待自己和善，便报之以善意；知道有人爱自己时，就没法讨厌这个人；人比其他动物更愿意回报父母的关爱，无论生前还是死后。他断定，相比于人，其他动物既更不知感恩，又更无情。(《居鲁士的教育》8.3.49)

[404] 施特劳斯：所以，换句话说，斐饶拉斯看出了人与野兽之间的本质区别，但他的这番话有些乐观。是吧？这当然使得他成为一个如此好的伙伴。他没有看到人天性的败坏，因此，他被居鲁士的仁爱愚弄了。

但是，斐饶拉斯就生前死后照顾父母所说的这一观点，当然是正确的。希腊的作品常常探讨这个话题，就野兽来说，父母照顾孩子，人也是。可是，人的独特性在于，孩子将会，或者有义务照顾父母。在某种程度上，事实也是如此，色诺芬间接谈论了这个著名的话题。我妨碍巴特沃斯讲话了。

巴特沃斯：斐饶拉斯脸被泥块击中的事，[①] 您略过没讲。您可以解释一下吗？

---

① ［译按］见《居鲁士的教育》，8.3.28。

施特劳斯：没有一个英语单词来形容这一点，怪就怪居鲁士幸灾乐祸。

巴特沃斯：这就足以解释它了吗？

施特劳斯：我想不出别的了。我能够轻而易举地将居鲁士这一令人厌恶的特性与某种更深刻的东西联系起来。例如，我们已经见过居鲁士如何从观看尸体中得到快乐。这次幸灾乐祸是观看尸体的一种较柔和的形式。

学生：这件事发生后，斐饶拉斯继续骑行，于是，那个萨齐亚人问：他为何不停下来？居鲁士回答：我认为他一定是个蠢货。据居鲁士的看法，［听不清］会是愚蠢的做法。①

施特劳斯：是的，肯定正确。是的。斐饶拉斯当然具备某种天生的慷慨，但层次并不是很高，相比于那位萨齐亚骑手，斐饶拉斯更喜欢获取而非据有，因此，他喜欢一直待在居鲁士左右并且不要为管理自己财产的事务所困。萨卡斯，顺便说一下，是阿斯图阿格斯的［听不清］那位侍酒的名字［听不清］让我们转向下一章。

学生：它不是那个族群的名字吗？②

施特劳斯：是的，但它并非完全无足轻重。好的。居鲁士也召集了那些非波斯人的统领，伽达塔斯的特殊地位由此显示出来。第七至八节清楚地表明：将兵之艺与$\varphi\iota\lambda\alpha\nu\vartheta\rho\omega\pi\acute{\iota}\alpha$，即仁爱，是互相对立的。这就有几分意思了，大家知道，有趣的是，居鲁士一方面如此仁爱，一方面又是冷酷的将兵之艺大师。我想，这个论点本身并不令人惊讶，因为一名将领必须杀戮，即使出于好的目的，可仍旧是杀戮。尽管苏格拉底完美掌握了将兵之艺，可他并不传授于人，这就是原因所在。《回忆》卷三第一章，大家读的时候，你们会看到，关于这门技艺，苏格拉底无所不知，可是，当一个年轻人想学习将

---

① ［译按］更准确地说，居鲁士是说"因为他是个疯子，看起来是"，而不是说"他愚蠢"，见8.3.30。

② ［译按］根据Ambler在英译本里给出的注释，Sakas这个名字（见于1.3.8）好像是基于这位侍酒的族群名。萨齐亚人后来被居鲁士征服了。另一名重要的萨齐亚人出现在8.3.25-50。见Ambler的英译本，页288。

兵之艺时，苏格拉底打发他到别的教师那里去，而苏格拉底传授治家之艺，正如我们已经亲眼所见。

接下来是地位最高之人，即重臣要员们的一次欢愉会餐。许斯塔斯帕斯问苏格拉底——不对，是问居鲁士，请大家原谅——为什么居鲁士更喜欢克吕桑塔斯而不是他？大家还记得克吕桑塔斯吧，他一直——此处我们印证了之前一直抱有的猜测，即，克吕桑塔斯是上好的工具人。[405]每当居鲁士想在集会上提出某些东西，而自己又不方便说时，便安排（这对吗？），便安排克吕桑塔斯出场，于是，克吕桑塔斯便出面提出动议，随后这动议就得到居鲁士的认可。许斯塔斯帕斯从未做过这种事。请读第十二节的开端。

兰肯［读文本］：

　　许斯塔斯帕斯对此回答说，"赫拉在上"——（《居鲁士的教育》8.4.12）

施特劳斯：让我们在这里停一下。许斯塔斯帕斯，如果我没搞错的话，是这本著作中唯一一个以赫拉名义发誓的男人，朱诺，即宙斯的妻子和妹妹。谁干过这事？特别是在色诺芬笔下，还有在柏拉图笔下，谁以此举而出名呢？

学生：苏格拉底。

施特劳斯：绝对是。苏格拉底。这是一个女人的誓言。这个奇怪的男人苏格拉底以一个女人的誓言起誓。许斯塔斯帕斯与苏格拉底有某种共同之处。让我们来看看是否能够将这件事与其他事情放在一起。在第十四节，亚述的变节者之一戈布吕阿斯发表的言论，我们应该读一读。

兰肯［读文本］：

　　"因为那个时候我看到他们满怀热情地承受辛劳和危险，可是，现在我看到他们自制地享受好东西。"

施特劳斯：是"节制地"。

兰肯［读文本］：

"在我看来，居鲁士啊，找出一个能够高贵地享受好东西的人，比找出一个能够高贵地承受坏东西的人，看上去更难，因为前者会导致大多数人有肆心，而后者会激发起所有人的节制。"①（《居鲁士的教育》8.4.14）

施特劳斯：所以，逆境使所有人变得节制。这提醒大家想起什么来了吗？

学生：［听不清］

施特劳斯：这当然让人想起提格拉涅斯，他说畏惧使人节制。不完全相同。可以继续了吗？

兰肯［读文本］：

"许斯塔斯帕斯啊，你听见戈布吕阿斯的话了吗？"居鲁士说。

"听见了，宙斯在上，"许斯塔斯帕斯说，"如果他有许多这类的话要说，较之于他向我展示许多高脚酒杯，他会更能让我成为他女儿的求婚人。"（《居鲁士的教育》8.4.15）

施特劳斯：戈布吕阿斯说了什么？

[406] 兰肯［读文本］：

［戈布吕阿斯说：］"我的确有很多这样的作品，如果你娶我女儿为妻，我不会舍不得把它们给你。而至于我的高脚酒杯——"（《居鲁士的教育》8.4.16）

---

① 在 Miller 的英译文中是"自制"。

施特劳斯：我们不关心高脚酒杯。所以，戈布吕阿斯这个写作智慧名言的人，以某种方式提醒我们想起了提格拉涅斯，也就是想起了色诺芬。这是真的。在第十八至十九节，居鲁士明确地称自己为媒人。这让你们想起什么来了吗？谁是媒人？

学生：苏格拉底。

施特劳斯：是的，在柏拉图的《泰阿泰德》中也是。居鲁士是个媒人，像苏格拉底那样。许斯塔斯帕斯像苏格拉底那样以赫拉的名义发誓。接下来在第二十节，克吕桑塔斯出现了。同时，我以前看到——我以前说过克吕桑塔斯代表阿格西劳斯。我查过色诺芬的《阿格西劳斯》，关于阿格西劳斯的外貌，色诺芬只字未提，不过，普鲁塔克在他的《阿格西劳斯传》①中说此人身材矮小，瘸腿，哪里长得都不起眼。这与色诺芬此处对克吕桑塔斯的描写完全一致。监察官罚了阿格西劳斯的款，因为他娶了个小巧的女人。他们说，她将来给我们生的不是国王，而是小国王（kinglet）［笑声］，因为她也身材矮小。这里是矮小的克吕桑塔斯。在下文，这些愉快的玩笑，达金斯注意到这些是玩笑，但看不出它们为何如此好笑。我相信，目前约翰逊对此的理解要好得多。在此处，关于玩笑，第二十三节中的一个玩笑是居鲁士冷淡或冷冰冰的，是一个完全没有爱欲的人。居鲁士结婚很晚，在曾经缔结过的婚姻里属于最冷静的婚姻之一。在第二十四至二十五节，许斯塔斯帕斯娶了戈布吕阿斯的女儿。让我们来读第二十五节的开头部分。

兰肯［读文本］：

"就请您给我，"许斯塔斯帕斯说，"好让我可以得到这些格言集。"（《居鲁士的教育》8.4.25）

施特劳斯：更紧贴字面来译，是"得到这些作品"。所以，许斯塔斯帕斯娶戈布吕阿斯的女儿，为的是得到戈布吕阿斯那些有智慧

---

① ［译按］见《希腊罗马名人对比列传·阿格西劳斯传》第2章。

的作品。他是"一名智识分子，不带引号的"。［笑声］这再次让我们想起了苏格拉底，因为在《回忆》卷一第六章，苏格拉底与其同伴们一起阅读古代智慧之人的作品。许斯塔斯帕斯，顺带说一下，在卷二第二章［译按：《居鲁士的教育》，2.2.15］也是一个爱笑声的人，并且爱有智慧的作品——以他的方式，是个爱智慧的人，哲人。我对上面的内容提出的解释是：居鲁士的圈子中包含着苏格拉底圈子的碎片（fragments）。居鲁士是媒人，许斯塔斯帕斯具备其他品质，克吕桑塔斯具备其他的，提格拉涅斯具备其他的。我相信，这是起码的有把握之论。我旧有的设想是：居鲁士的圈子可能是带着蛮夷伪装的苏格拉底圈子。我将会依然拒绝接受这个假设，当它是未经检验的假设（［译按］参本讲稿的英文页码页 368）。让我们来读第三十节。

兰肯［读文本］：

> 每一名统治者在核定他手下的被统治者的份额之后，他们分发了其余的钱；分到最后，统领六人的那些统治者核定那些在他们手下的普通士兵的份额，然后根据每个人的应得份额给每个人分发最后的那些东西。所以，所有人都收到了他们应得的一份。（《居鲁士的教育》8.4.30）

施特劳斯："正义的一份"。这当然显示出如此大范围内的分配正义这个严重的问题。假设居鲁士出于自利的理由做到完全公平，也有好的判断力，但越是向下走，每一名军士都具备所需的道德品质和智识能力吗？所以，正如今人的说法，这就变成了官僚机器的问题。［407］所以，我们相信，通过建立起绝对君主制可以获得的巨大利益——即比起法制而不是人治的宪政社会，我们可以获得更高程度的正义——可能就落空了，即便是在最理想的情况中，即凭借必须建立的复杂体系。

在下一章，作者谈及家中秩序与军中秩序之间的相似性（kinship)①。我们可以读一下第七节。

兰肯［读文本］：

居鲁士认为，在家中，秩序也是一种高贵的行为，因为每当有人需要某样东西时，便清楚知道自己要去哪里找到它。但居鲁士相信，在一支军队的所有部门里，秩序还要高贵得多，因为在战争中使用东西的机会来得更突然，而且由迟缓而导致的错误也会付出更高的代价。当那些东西在合适的时候现成可用时，他看到了在战争中出现的有着最大价值的财产。因此，他特别注意这种秩序。(《居鲁士的教育》8.5.7)

施特劳斯：军中的秩序当然比家中的秩序重要得多。如果你没有适时找到盐然后当作佐料加进菜里，这不会造成严重的伤害，可是，如果在关键形势中四周没有坦克，形势就大为不同了。居鲁士不是严格意义上的治家者，斐饶拉斯也不是，而那个萨齐亚人和伊斯霍马霍斯——当然是《治家者》中的伊斯霍马霍斯——是这一类治家者。

居鲁士在后文变成了米底亚王的女婿和合法继承人。这是一桩获利甚丰的婚姻。我们还在下文看到波斯人民与居鲁士之间的一个契约，这种做法也是部分立足于斯巴达的先例，大家知道的，尤其是在英格兰历史上，国王与人民的著名契约发挥过十分重大的作用。在第二十八节末尾，居鲁士结婚了。让我们来读这十分令人感到高兴的一节。

兰肯［读文本］：

在回来的路上，在米底亚时，居鲁士娶了居阿克萨勒斯的

---

① ［译按］这里的 kinship 原文误写为 kingship，根据卷八第五章的内容可知，这里讲的是两者之间的相似性，虽然军中秩序远比家中秩序重要得多，故改为 kinship。

女儿，因为这在他的父母亲看来是好的。(《居鲁士的教育》8.5.28)

施特劳斯：大家看，每一件事情都完全合法：他不是一个违逆父母意愿来缔结婚姻的叛逆少年，通过婚姻，他基本上变成了米底亚王位的继承人。他当然是事实上的波斯王位继承人，并通过征服来继承其他王位。如果这都算不上正义的统治者，我们就不知道谁是了。可以继续了。

兰肯[读文本]：

甚至现在，人们还在谈论说她非常美丽。

施特劳斯：大家看，自然而然的是，这样一个有权势的人物，谁会说他妻子的坏话呢？

兰肯[读文本]：

一些著作家说，居鲁士娶了他母亲的姐妹。可是，这个女人那时候无论如何都是个老女人了。① (《居鲁士的教育》8.5.28)

[408] 施特劳斯：是的，所以，换句话说——好的。因此，居鲁士娶她是不可能的事。这种不可能性在此类情形下当然并不存在。是吗？如果嫁妆如此之多，就不用考虑年龄了。可以继续了吗？

兰肯[读文本]：

结婚以后，他就立即带着她离开。(《居鲁士的教育》8.5.28)

———————

① [译按]洛布版的英译者认为这句话是后人窜入的衍文，而施特劳斯学派的英译者 Ambler 认为这不是衍文，本就是出自色诺芬的文字。

施特劳斯：好的。所以，作者用很长的篇幅来描写这位王的游行，关于这场当然非常美且昂贵的婚礼，作者却只字不提，而且他还用了很长的篇幅描写潘蒂娅和阿波拉达塔斯的葬礼。巴特沃斯，你有话要讲？

巴特沃斯：在第四章开篇处，即宴饮开始的地方，色诺芬告诉我们谁将获邀。居鲁士邀请了他的一些朋友，接下来还邀请了提格拉涅斯和其他人。换句话说，这个举动让人想知道提格拉涅斯和戈布吕阿斯是不是居鲁士的朋友。

施特劳斯：不是。我解释过。他也一起召来了非波斯籍的统领，当然也有波斯籍的统领。有一点点奇怪。

巴特沃斯：这是译文吗？

施特劳斯：不，不。这是有一点点奇怪。你得到的第一印象是只有非波斯籍的统领，这需要解释。而此时此刻我解释不了。

巴特沃斯：我试着琢磨出来的另一个问题［是］提格拉涅斯是不是居鲁士的朋友，我的［根据］是作者说居鲁士与"他们一起"，"与朋友们一起"邀请了提格拉涅斯，还有其他那些人［听不清］

施特劳斯：我可能忽略了某种东西。

兰肯："朋友们"后面有个描述从句。

施特劳斯：请读一读卷八第四章的第一节。

兰肯［读文本］：

他邀请了朋友们当中尤其明显渴望提升居鲁士地位的那些人——（《居鲁士的教育》8.4.1）

施特劳斯：巴特沃斯说得对："阿尔塔巴佐斯和提格拉涅斯，那个许尔卡尼亚人和戈布吕阿斯"，都并非显然最依赖于扩张居鲁士权力的那种人。这绝对正确。这有些重要，因为至少提格拉涅斯，这个最有趣的人，不属那种人。而其他三人为什么不是，就难说了。伽达塔斯当然是那些人当中的一员。

学生：［听不清］

施特劳斯：他属于核心圈子。百分之百地好。意味深长的是，米底亚人阿尔塔巴佐斯与居鲁士不是那么亲近。提格拉涅斯当然值得注意。[409] 那个许尔卡尼亚人和戈布吕阿斯我们需要思考一下。比起我已经所作的思考，这一处值得我们给予更细心的思考。好的。

学生：阿尔塔巴佐斯给出了一些理由说明他为什么不喜欢下述事实，即居鲁士现在如此——

施特劳斯：是的。嗯，更宽泛地说，你指的是这个事实：他企图为了自己而独占居鲁士。

学生：对——

施特劳斯：在这个意义上，你说得对。提格拉涅斯并不太被居鲁士吸引。那个许尔卡尼亚人和戈布吕阿斯的情况则需要研究一下。就戈布吕阿斯而言，可能与他算是一个智慧者有些关系，稍带蛮夷意味的智慧者，不过，他算是一个智慧者。这可能使得他对居鲁士有些免疫力，而伽达塔斯是百分百与居鲁士一伙的，当然还有克吕桑塔斯和许斯塔斯帕斯。你提出的是个好观点。

学生：[听不清] 在演讲中，居鲁士有时候说朋友们和盟友们，有时候说盟友们 [听不清] 在此处，所有这些人都是盟友。

施特劳斯：自然是这样。这些人，是的。可是，后来似乎波斯人也在那里。但这不是一个足够好的答案；我认为，第四章第一节的关键是，这四个人在某种程度上被排除在这个圈子之外，这个圈子百分百忠诚于居鲁士，百分百确信居鲁士有过人的伟大之处。有话要讲？

学生：这可能是一种表达方式，但这些人也可能不是最渴望助居鲁士扩大统治权或者尊荣他的人，换句话说，他们不是谄媚之人。

施特劳斯：是，当然，这是我们说的意思。我们得看看原因是什么。就阿尔塔巴佐斯而言，他绝对爱居鲁士，可他想独占居鲁士，而这是居鲁士无法忍受的事。就提格拉涅斯而言，与他和亚美尼亚智术师之间的关系有关。就戈布吕阿斯而言，与他那蛮夷式的智慧有关。我解决不了的是那个许尔卡尼亚人，可是，关于这个许尔卡尼亚人，总之有个问题。或者他是个卡尔狄亚人（Chaldean）？

学生：[听不清]

施特劳斯：我记得，达金斯在某个地方说：作者为何从来不提许尔卡尼亚人的这名指挥官的名字？我的观点是：他不像其他一些人那样是百分百的好臣民。

兰肯：他首先是个许尔卡尼亚人，其次才是居鲁士的追随者。

施特劳斯：是的，是的，很可能就是，这可能就是解答。换句话说，他不是一个个体，而仅仅是那个族群的一分子，这是决定性的东西。这个观点好。[410]我们得跳过下一章，转到第七章，在这一章，居鲁士主要是对他的两个儿子讲话，也对其他友人讲话。他的妻子当然不在场。她是个完全不起眼的角色，很可能正端坐在某个内室。

学生：他平时甚至都不让她出房间。

施特劳斯：不，她不在那里[听不清]他平时向她问好。可他不[听不清]他把王权留给了长子，当然不是留给那位最好的儿子。这是从绝对统治到合法统治的改变。居鲁士完全明白，他自己在次子心中留下了一根刺——很自然，次子可能会看着父亲说：我父亲并非通过继承获得这座帝国，为什么我就得靠继承呢，我将来也不会继承它，我将为自己获取它。我们应该读一读第十三节。冈比瑟斯是长子。

兰肯[读文本]：

"你也知道的，冈比瑟斯啊，并不是这根金色的权杖维护着帝位；毋宁说，可靠的朋友才是君王最真实、最安全的权杖。你不要认为，人自然而然就是天生忠实可靠的，因为同一个人会显得值得所有人信赖，正如其他自然的东西在所有人面前显得一样。"（《居鲁士的教育》8.7.13）

施特劳斯：是的，所以，忠诚或值得信任并非出自自然。否则，根据一条简单的理据，正如所有人自然就有两条腿和两只眼睛，所有人自然就会是忠诚的。可以继续了吗？

兰肯［读文本］：

"可是，每个人都需要让人们值得自己信赖；赢得这一类可信赖的人绝非靠强迫，而是靠善意。"（《居鲁士的教育》8.7.13）

施特劳斯："而毋宁是靠善意"。米勒的译文在此处遣词不当。"可是，每个人都一定要为自己树立忠诚者，忠实者"，我的这个译法也不够好，但稍贴［希腊文］一些。那个希腊语单词是 $\tau i\vartheta\eta\mu\iota$，译成英语是放置（put）。源自它的名词是［施特劳斯写板书］thesis，大家时不时得写的论文（thesis）最终就是源自这个单词。$\vartheta\eta\sigma\iota\varsigma$ 相当常见地被用作自然（$\varphi\acute{v}\sigma\iota\varsigma$）的反义词，正如礼法一词（$\nu\acute{o}\mu o\varsigma$）。在此意义上，它是被用作礼法的同义词。所以，换句话说，人们值得信任，靠的是创立，靠的是某种习俗——就这个词非常宽泛的本体论意义而言——而不是出于自然。下一节，我们得读一读。

兰肯［读文本］：

"如果你试图使任何其他人成为守护你王位的卫士，就最早从与你同一来源的那个人着手。邦民同胞比那些来自其他地方的人更熟悉亲近，同桌就餐者比那些分开扎营的人更亲近；至于那些源自同一粒种子的人，他们由同一个母亲哺乳，在同一个家里长大，得到同一对父母的珍爱，称呼相同的人为父母，这样的人怎么会不是在所有人中最亲近的呢？"（《居鲁士的教育》8.7.14）

施特劳斯：换句话说，在此处，可靠性，即兄弟之间的信任，它有着自然的基础，只要他们天生出自相同的父母。这是对前面内容的矫正。

［411］为了使两个儿子遵守他的训诫，居鲁士随后告诉他俩，他死后也将依然在场，监督他们的行为。为了证明这一点，他得谈

论灵魂不朽，他在第十九至二十二节做了这件事。我们得读一下这一点。

兰肯［读文本］：

"我，至少，我的儿子们啊，从来不相信如下这一点——灵魂只有内在于必朽的肉体时才活着，但每当它脱离肉体后就死了。因为我看到，只要灵魂在必朽的肉体之内，灵魂便赋予肉体生命。过去我也不相信，当灵魂与不智的肉体分离时，灵魂会变得不明智——"（《居鲁士的教育》8.7.19–20）

施特劳斯：这是个值得注意的区分。十八世纪之前，它在关于灵魂不朽的讨论中发挥过重大的影响。那时候，他们区分了（他们的叫法是什么来的？）灵魂的永存（permanence）与严格意义上的不朽（immortality）。灵魂可能会永久存续，但在某种程度上死后是处于一种睡眠之中。不朽则当然意味着灵魂是醒着的、有意识的。此处表达出的观点与这种区分有些相像。可以继续了吗？

兰肯［读文本］：

"可是，当精神（spirit）被分开，不混杂并且是纯净的时候——"

施特劳斯：是"努斯"（νούς），心智。所以，换句话说，他在此处区分了灵魂与心智，或智力。这是十分常见的区分，他所主张的实际上是智性的不朽，智性有别于宽泛而言的灵魂。

兰肯［读文本］：

"它也可能是最明智的。当人被分解时，显然，人的几个部分会离开去到与之相似的东西那里，只有灵魂除外；只有灵魂是看不见的，无论是它在的时候还是它离开的时候。请思考一下：在属于人的东西之中，没有什么东西比睡眠更接近死亡，但是，那个时候，人的灵魂当然正是看起来最神圣的，它有某种预见未来之事的能力，因为看上去此时它尤其自由。如果这些事情就如我所认为的那样，而且如果灵魂会离开身体，那么，出于对我的灵魂的尊敬而按照我的要求行事吧。如果不是这样的话，如果灵魂在身体之中并且与身体一起死亡，那么，出于对永存、无所不见和全能的诸神——诸神甚至联络起整全的秩序，诸神也不受损伤磨损，不会衰老，不会犯错，在美丽和宏伟上难以形容——的畏惧，永远不要去干或图谋任何不神圣或渎神的勾当。"（《居鲁士的教育》8.7.20 – 22）

施特劳斯：请只读下一句。
兰肯［读文本］：

"在诸神之后，还请尊重整个人类种族，因为他们代代相传，生生不息。"（《居鲁士的教育》8.7.23）

施特劳斯：最后这一句话的前设是否认灵魂不朽。在诸神之后，不是灵魂，不是他的灵魂，因为它可能并非终有一死，而是整个人的族类。在色诺芬关于苏格拉底的作品中，灵魂不朽是怎么样的呢？我们必须一直思考这两极：居鲁士—苏格拉底。

［412］学生：［听不清］苏格拉底。

施特劳斯：在什么地方出现的呢？我记得有两处。第一处，我们读过，在《治家者》篇末，当那位僭主当苏格拉底说起僭主死后的生活时。或者，这仅仅是个明喻，"它像"？

学生：［听不清］

施特劳斯：可是，在《阿格西劳斯》中——不幸的是，我没有提到它［听不清］也有提到。不过，《阿格西劳斯》当然与《居鲁士的教育》而非与色诺芬的苏格拉底作品属于同类。顺便说一点，区分灵魂与心智，可能相当于不动声色地拒绝阿拉斯帕斯先前所阐发的双重灵魂学说。

但在第二十六节，有一项内容我们必须要读，因为在如此庄重的背景中，它太搞笑了。请继续读。

兰肯［读文本］：

"可是，我的灵魂在我看来现在正在离开，就是从灵魂看上去开始离去的部位离开。如果在我还活着的时候，你们有人想握握我的右手或想要直视我，就上前来吧；在我把自己盖上之后，我请求你们，我的孩子们，不要让任何人再来看我的身体，即便你们自己也不要看。"（《居鲁士的教育》8.7.26）

施特劳斯：大家应该看得出要点吧。要点是什么呢？

学生：他自己的双眼看死尸。

施特劳斯：是的。很好。任何人都不应该看他的尸体，可是，他想看其他所有人的尸体。这算是个不正义的要求。好的。

我们现在来到了最后一章，先前我们曾多次期盼这一章。只讲几个要点。我们读一下第二节的最后一句话。

兰肯［读文本］：

"我知道——"

施特劳斯：不是，不是，前面一些。让我看看："我说的是实情——"

兰肯［读文本］：

我说的是实情，我将会从［波斯人对待］神圣之事开始。（《居鲁士的教育》8.8.2）

施特劳斯：好的。"神圣的事物"。

兰肯［读文本］：

我知道——

施特劳斯："因为我知道。"大家看，第一人称单数。好的。
[413] 兰肯 [读文本]：

我知道，在早先的时代里，王及其臣属，即便是对待那些干过最极端的事情的人，也会信守誓言，如果他们发过誓言的话，也会信守协约，如果他们曾伸出他们的右手的话。如果他们不是这种人的话，如果他们没有这种声誉的话，那么，就不会有人信任他们，正如今日没有一个人再信任他们，既然他们的不虔敬已经臭名昭著——

施特劳斯：作者略过没说吗，在这里，关于那些将领，作者说了什么？

兰肯 [读文本]：

因此，与 [小] 居鲁士上行的那些 [希腊] 将领本不会信任 [那些波斯统治者]，即便是在那样的情境中，如果他们知道他们 [波斯人] 的不虔敬的话。实际上，当然，他们信任他们 [波斯人] 先前的声誉，拱手把自己交出去，被人带到波斯大王面前，然后他们就人头落地了。就连许多参加那次远征的蛮人都死去了，因为不同的人被不同的誓言欺骗了。（《居鲁士的教育》8.8.2-3）

施特劳斯：大家看，色诺芬在这里几乎是明确提起了自己与波斯人打交道的经历，如《上行记》所讲述的那样。再讲一点，我就试着非常简明地总结一下。请读第八章最后一节。

兰肯 [读文本]：

现在我认为，我已经完成了我所提出的事。我说，我已经证明了，当今的波斯人及其附庸，比起他们的先辈，在涉及诸神方面更缺乏虔敬，对亲人更不恭敬，更不正直待人——

施特劳斯："在对待他人时更缺乏正义"。
兰肯［读文本］：

在属于战争的事务上也更不勇敢。如果有人持相反的看法，在他考虑了波斯人的各种行为后，他将发现这些行为会证实我的说法。(《居鲁士的教育》8.8.27)

施特劳斯：是的。现在这里所提到的这些德性，或者不如说是恶习，［是］［缺乏］虔敬、正义和勇敢。我认为，如果细细阅读第八章，我们将看到，此章的大部分篇幅都在写波斯人缺乏勇敢［听不清］大部分篇幅。其他德性也提到了，但作者各用一节大致讲了不虔敬和不正义，大部分篇幅都在讲波斯人的军事状况。

嗯，我们当然不止一次地思考过整本书的主题是什么，现在我想只说说这一点。乍看上去，这本书显然以赞美居鲁士的统治为题。当我们细心阅读此书时，我们发现这种赞美十分有限，这是真的。可是，我们永远不能否认第一印象。色诺芬赞美居鲁士的统治，柏拉图与之相应的做法是在《王制》中赞美最佳政制，《王制》当中有相当多的近似之处——正如我们已经看到的，这两部作品有相似之处。居鲁士的统治和《王制》中的最佳政制都是不可能的，它们永远无法真正出现。不过，居鲁士的统治有某种事实根据。我的意思是，历史上曾经有个名为居鲁士的征服者。① 这是真事。柏拉图和色诺芬都在追问的这些不可能性，这些实验，其意义是什么？有人会说，他们试图琢磨透城邦的逻辑（the logic of the polis）。除非在政治社会中，否则，人就没法生活。政治社会有某些根本的局限，作

---

① ［译按］可参 The Cambridge History of Iran, vol. II, Cambridge: Cambridge University Press, 1985, pp. 392–419。

为局限，[414] 它们指向超出自身之外的东西。比如说，高大男孩——短小外套就是简单的例子；和平与战争时期的双重道德。这些都是重大的起点。经透彻思考之后，它们会导向某种完美的政制（politeia），可这种完美经证明是不可能的。所以，大家不得不承认城邦的根本局限。

另外一点：城邦指向超越自身之外的某种更高的东西，这种东西在政治上不再可能，用柏拉图的语言来讲，那就是哲学，用色诺芬的语言来讲，那就是苏格拉底。如果没有城邦，哲学就不可能，可是，就其自身而言，哲学又超越城邦。也可以用不同的说法来表述。亚里士多德持有基本相同的观点，城邦以及所有与城邦相伴的东西都低于他所说的沉思生活。可是，在亚里士多德笔下，质疑城邦以及属于城邦的一切东西的做法，没那么明显。在一个如此引人注目的地方即《尼各马可伦理学》的结尾，这种质疑才变得明显，可是，当你把《尼各马可伦理学》当作一个整体来阅读时，就不明显了。在《尼各马可伦理学》那里，对城邦及城邦相关事物的质疑几乎没有变得明显，而在柏拉图和色诺芬笔下一直都明显可见，前提是不像比方说晚近的达金斯那样阅读色诺芬。① 达金斯满怀热情，然后看到一丁点与这份热情相冲突的内容时，就说色诺芬可能那时做梦了，睡着了，荷马自己有时候也睡着了，为何色诺芬就不会呢？好的。

不过，我们可以用如下最简单的方式，来表述柏拉图和色诺芬或苏格拉底这一方与亚里士多德一方之间的这种差异。以一种在形式上正确的简单方式来说——我们能够找到大量证据——苏格拉底将德性等同于知识。② 而亚里士多德说：不，德性不单单是知识；有

---

① [译按] 指十九世纪末期色诺芬全集的英译者达金斯，施特劳斯在课上好几次提及此人。

② [译按] 即"美德即知识"，柏拉图在《申辩》《高尔吉亚》《普罗塔戈拉》《美诺》和《法义》等对话中都提到了这个说法，可参 Lorraine Smith Pangle, *Virtue is Knowledge: The Moral Foundations of Socratic Political Philosophy*, Chicago & London: University of Chicago Press, 2014。

一种重要的德性，在实践上最重要的德性，就不是知识，在这种德性中，知识仅仅起着从属作用，那就是亚里士多德称之为道德德性（moral virtue）的东西，它不是通过学习而是通过习惯获得。苏格拉底、柏拉图和色诺芬所持看法的特点在于：不存在严格意义上的道德德性。是亚里士多德创造了"道德德性"这个术语，① 这个事实如此明显，瞟一眼任何一部希腊语单词词典就可以证实这一点，这个事实对于我们理解自己的传统有极重要的意义。对正义的日常理解，即正派得体（decency），从道德德性来看，是非常切合实际的，因此，我们可以说，人作为人是知道道德德性的。这完全正确，但他不知道它是道德德性。［施特劳斯敲桌子］这是一种理论式的理解，其对象是一种严格来说超越日常理解的广为人知而又普遍存在的现象。

现在，我毫不犹豫地断言，亚里士多德更接近用前理论生活的视角加以理解的那些现象。不过，当然也正因为如此，亚里士多德让这个世界为之着迷的时间比任何其他哲人都长，亚里士多德的支配地位，当然是直至今日（虽然是以稍作调整的方式），但在许多世纪里也都一直是公开的唯一权威，是那些知识人的主宰。可是，正如我所说，在柏拉图、苏格拉底和色诺芬那里，［道德德性］并不存在，这一点意味着，我们日常理解的德性或正派得体或者随便你怎么叫都行，从根本上来说，是某种不稳固的东西。当然，某个人在日常意义上是正派得体还是不正派得体，这有重大影响。但它本身是某种不牢靠的东西，因为它不是基于理解或知识。最明白易懂的证据，首先是柏拉图的这一用法：真正的德性——它等于哲学——有别于流俗的德性（vulgar virtue, δημότες ἀρετή），他还有另外一个词，我现在暂时想不起来。有另外一个与流俗的德性同义的词。是政治德性（political virtue），是公

---

① ［译按］可参亚里士多德《尼各马可伦理学》，1103a5，即ἠθικός这个希腊语单词。现在的 ethics［伦理学］源自希腊语的 ethike，即关于伦理的学问，基于 ethos［人的性情］。

民德性（citizen virtue）。在柏拉图笔下，将此意思表达得最清晰的段落出现在《王制》的末尾，① 他在那里描写灵魂如何在死后选择来世的生活，[415] 其中一个灵魂受到权力、财富和僭政的其他特征吸引，选择了最富僭政色彩的生活。他是什么样的人？他在上辈子是一个相对正派得体的人，在一个还算正派得体的社会中长大成人，但他仅仅是靠习俗或习惯才具备这种德性，也就是亚里士多德所理解的道德德性。

换句话说，色诺芬在这部作品中相当广泛地向我们表明：城邦以及绝对隶属于城邦的德性，当有最充分的自由如其所是地展示自身时，到底是什么。在一个普通的、权力有限的政府治下，许多事情当然不会发生。在这种政府治下，可能有一些贤人，对自己的命运和所有这类事情心满意足，但这类事情缺乏稳固性。而在贤人看来，只有哲人才能拥有这种稳固性，这并不是因为哲人是个特殊的行当或哲人是智识分子；他们再没有什么关于哲人的想法比这更深入的了。我们称之为智识分子的人，他们称之为智术师。这可不是什么令人羡慕的叫法，因为他们将智术师比作娼妓；我的意思是，他们在这方面坚决不妥协。但他们的确非常严肃地对待哲学，不仅仅是因为所有的社会科学问题都会导向方法论上的问题，而社会科学家本人再也无法胜任解决这种方法论问题，而且是因为他们把哲学理解为一种生活方式。对他们而言，两者不可分离，对亚里士多德而言，同样如此。好的。

《居鲁士的教育》与《王制》之间有些独特的相似之处，我现在想不起来了，不过，你们可以在笔记中找到，如果有做笔记的话。所以，我们不必重复了。大家知道，财产问题，智慧之人的绝对统治，还有别的，但它们也有差异：《居鲁士的教育》中没有我们在《王制》中看到的两性平等，还有别的。

我们还有几分钟时间，如果大家有什么想要提出来，我会很高

---

① ［译按］参柏拉图，《王制》，619b5–619e。中译文参：柏拉图，《理想国》，王扬译注，北京：华夏出版社，2012，页391。

兴。我总体上的感觉是——很可能你们当中的一些人也有同感，即便不是所有人都有同感——就像我上次说的那样，我们现在多多少少做好了开始严肃地研究《居鲁士的教育》的准备。一次研读课可无法完成这种严肃的研究。大家需要有完备的统计数据，我的意思是，不可小觑经过明智挑选的统计数据。如果只是为了数据而统计数据，这就成问题，就不是智慧的做法。但如果大家知道，例如，使用或不使用第一人称单数和第一人称复数，这有些重要，那么，实际上就只有关于这些用法的统计数据，绝对可靠的统计数据，方能引导我们进步。某某先生，请讲。

学生：您如何解释居鲁士关于宇宙和灵魂的描述［听不清］

施特劳斯：我没有解释过。这让我想起，大家明白的，大家一定不可高估，我该怎么说呢，我的体力。我做不到以应有的细心来研究这本书。我就是读，如果有触动我的重要内容，我就记下来。我读了居鲁士的描述，它当然重要。它让我想起《回忆》中的可对勘之处。我没法告诉你确切的位置，很可能是以神学为主题的两章中的一章，卷一第四章和卷四第三章。非常详尽地比较这两者，当然会是非常有趣的事，苏格拉底的说法与居鲁士的说法之间是不是没有什么差别。我会说，这是一条法则，我敢断定它是普遍有效的：我们在阅读这部关于居鲁士的著作时，一定要总想着位于另一极的苏格拉底，反之亦然。阅读《回忆》时，也一定要想着某个人，他好像在做苏格拉底一直告诉人们要做的事情，然后看看差异所在。麦伽提（Megati），你有话要讲？

［416］麦伽提：居鲁士之死与《斐多》和其他地方所讲述的苏格拉底之死，两者之间表面上的相似性触动了我。

施特劳斯：色诺芬几乎没有，几乎没有［描写苏格拉底去世时的情景］。

麦伽提：例如［听不清］居鲁士的妻子，在这里居鲁士将妻子遣走，并且他盖住自己的脸。

施特劳斯：并且禁止任何人看他。你说得完全对。

麦伽提：这对于我们理解居鲁士有什么启发吗？

施特劳斯：有。例如，这件小事，这个禁令，苏格拉底——

麦伽提：难道它不是暗示着苏格拉底的做法么，他不想让人看见毒药发作时他的样子。他可能会表现出畏惧或某种类似的情绪。

施特劳斯：是的，这是问题所在：苏格拉底为什么把自己包裹得严严实实，从而没有人可以看见他呢？我相信，他是不想展示这种极度的痛苦。[当时在场的]这些人对死亡已经够忧虑，够震惊的了，大家知道的，西姆米阿斯（Simmias）、刻贝斯（Cebes），还有其他人。苏格拉底不想再雪上加霜了。苏格拉底，大家知道他说过的话：你们想怎么处理我的尸体都行，因为它再也与我无关了。但我认为，据我所见，最有启发的是，居鲁士禁止别人看他的尸体。这与阿格西劳斯如出一辙，我前面讲过阿格西劳斯有身体缺陷，色诺芬从未提及这一点，色诺芬只是说阿格西劳斯如此谦虚，[1] 禁止为自己立像。[2] 但是，参照普鲁塔克的记叙，可以想象得出来，阿格西劳斯不仅仅是由于谦虚才禁止为自己立像。那么，它如何引起[听不清]居鲁士想让别人仅仅在他好看的时候看见他，这一点是清楚的。苏格拉底则没有这种动机。

学生：我有一个问题[听不清]在第二十五节，在发出不许看他的禁令之前，他给出了确切的指示[3][听不清]而苏格拉底死的时候，他并不关心埋葬自己的方式或自己是否会得到埋葬。他撇开不管他们是否想将他火化或者——

施特劳斯：当然，居鲁士遵循的是波斯风俗，即埋葬。我不知道。希罗多德在某个地方有一段长篇幅的，其实也不算长的讨论，他谈及这种差异：有的人埋葬死者，其他人则焚烧，每一方都认为

---

[1] [译按]此处原文为"居鲁士"，结合此处文脉和《阿格西劳斯》的内容来看，当为笔误，应是"阿格西劳斯"。与阿格西劳斯形成鲜明对比的另一位斯巴达名人是吕山德（Lysander），根据萨摩斯的杜里斯（Duris of Samos）的记叙，在希腊人中，吕山德是第一个有希腊城邦为他建立祭坛并且把他视作神来向其献祭的人，萨摩斯人还投票同意把赫拉节改称为 Lysandreia。

[2] [译按]见《阿格西劳斯》11.6。

[3] [译按]居鲁士要求儿子们以土葬的方式安葬他。

对方的做法十分令人震惊。苏格拉底则毫不关心这事。

学生：在我看来，这正是苏格拉底所说的话的结果：我的灵魂正离开我的身体，不要担心它。居鲁士也开始说这个，但您在课上指出，他在说灵魂不朽时有些许犹疑。

施特劳斯：是的，当然。我明白了。说得好。所以，我们就此结束这学期吧。

Lectures On Xenophon: A course offered in the winter quarter of 1963
Copyright © Jenny Strauss Clay
Published by arrangement with Jenny Strauss Clay
Simplified Chinese Translation Copyright © 2023 by Huaxia Publishing House Company Co., Ltd.
All rights reserved

版权所有　翻印必究
北京市版权局著作权合同登记号：图字 01 - 2023 - 3422 号

图书在版编目（CIP）数据

苏格拉底与居鲁士：色诺芬导读：1963 /（美）施特劳斯（Leo Strauss）讲疏；（美）纳顿（Christopher Nadon）整理；高挪英，杨志城译． -- 北京：华夏出版社有限公司，2024.1

（西方传统：经典与解释）

书名原文：Lectures On Xenophon：A course offered in the winter quarter of 1963
ISBN 978 - 7 - 5222 - 0329 - 4

Ⅰ.①苏…　Ⅱ.①施…②纳…③高…④杨…　Ⅲ.①色诺芬（Xenophon 约前 431 - 前 355）- 哲学思想 - 研究　Ⅳ.①B502. 29

中国国家版本馆 CIP 数据核字（2023）第 199587 号

苏格拉底与居鲁士——色诺芬导读（1963）

讲　　疏	［美］施特劳斯
整　　理	［美］纳　顿
译　　者	高挪英　杨志城
责任编辑	李安琴
责任印制	刘　洋
出版发行	华夏出版社有限公司
经　　销	新华书店
印　　装	北京汇林印务有限公司
版　　次	2024 年 1 月北京第 1 版
	2024 年 1 月北京第 1 次印刷
开　　本	710×1000　1/16
印　　张	44.75
字　　数	616 千字
定　　价	158.00 元

华夏出版社有限公司　地址：北京市东直门外香河园北里 4 号　邮编：100028
网址：www.hxph.com.cn　电话：（010）64663331（转）
若发现本版图书有印装质量问题，请与我社营销中心联系调换。

施特劳斯讲学录

已出书目

追求高贵的修辞术：柏拉图《高尔吉亚》讲疏（1957年）

论柏拉图的《会饮》（1959年）

西塞罗的政治哲学（1959年）

斯宾诺莎的政治哲学：《神学－政治论》与《政治论》讲疏（1959年）

尼采如何克服历史主义：尼采《扎拉图斯特拉如是说》讲疏（1959年）

卢梭导读（1962年）

修辞、政治与哲学：柏拉图《高尔吉亚》讲疏（1963年）

苏格拉底与居鲁士：色诺芬导读（1963年）

修辞术与城邦：亚里士多德《修辞术》讲疏（1964年）

古典政治哲学引论：亚里士多德《政治学》讲疏（1965年）

从德性到自由：孟德斯鸠《论法的精神》讲疏（1965/1966年）

女人、阉奴与政制：孟德斯鸠《波斯人信札》讲疏（1966年）

尼采的沉重之思（1967年）

哲人的自然与道德：尼采《善恶的彼岸》讲疏（1971/1972年）

即将出版

从形而上学到历史哲学：康德讲疏（1958年）

马克思的政治哲学（1960年）

自然正当与历史（1962年）

维柯讲疏（1963年）

政治哲学：回应实证主义和历史主义的挑战（1965年）